叢書・20世紀の芸術と文学

みんなの寅さん from 1969

佐藤利明 著

αβ Books アルファベータブックス

目次

第三章　昭和四十九～五十四年

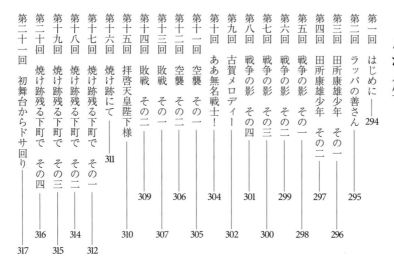

第五章　みんなの寅さん

第六章　昭和五十五〜六十年

第七章　昭和六十一年〜平成七年

ようこそ「みんなの寅さん」の世界へ

山田洋次原作・監督『男はつらいよ』の第一作と出会ったのは、昭和四十四(一九六九)年八月。満六歳の誕生日を迎えてしばらくのことでした。

映画好きの両親の影響もあって、映画館で封切の作品を観ることが、日常だったことが幸いして、渥美清さん演じる車寅次郎は、僕にとってかけがえのないヒーローとなりました。

以後、シリーズは欠かさず、映画館で観ることが出来ました。特に思春期の多感な時期は、寅さんの新作が待ち遠しく、出版されたシナリオ集を繰り返し読み、「男はつらいよ」の世界を脳内のスクリーンで楽しみ続けました。それが娯楽映画研究家の道に進む直接のきっかけになったと思います。中学、高校、そして成人してからも新作が次々と公開され、「男はつらいよ」は僕の人生とともにありました。

幸運なことに、映画の仕事に就いてからは現場取材で松竹大船撮影所にも通いました。第四十七作『男はつらいよ 拝啓車寅次郎様』の劇場プログラムで、山田洋次監督に初めてインタビューをすることが出来ました。その後も、様々な形で「寅さん」「渥美清さん」「山田洋次監督」についての原稿を執筆してきました。平成二十(二〇〇八)年には、CSの衛星劇場で「私の寅さん」というインタビュー番組を企画、ホストとして二十二人のスタッフ、キャストの皆さんと対談することが出来、国民的人気シリーズの舞台裏に触れることが出来ました。

そして平成二十三(二〇一一)年四月、文化放送で「ラジオで楽しむ『男はつらいよ』の世界」をコンセプトにした番組「みんなの寅さん」の構成作家とパーソナリティになり、平成二十八(二〇一六)年九月の放送終了まで、「寅さん博士」としておよそ七〇一回の長寿番組に出演させて頂きました。

この『みんなの寅さん from 1969』は、文化放送「みんなの寅さん」公式サイトで、平成二十三(二〇一一)年四月から三年に亘って、毎週連載を続けたコラムを中心に、夕刊フジ連載「みんなの寅さん」、デイリースポーツ連載「天才俳優・渥美清 泣いてたまるか人生」をまとめたものです。

文化放送「みんなの寅さん」コラムは、放送と並行して「男はつらいよ」シリーズを三周したことになります。毎週、一作品ずつをテーマに、様々な視点で綴ったものです。三年間、ちょうどシリーズ全四十八作、毎週、一初出の原稿に一部加筆しました。折々の視点で、それぞれの作品をぼくなりに綴っております。作品をご覧になる時のガイドになれば幸いです。

また、二〇一五年、東京大学大学院の伊藤毅教授(当時)をリーダーとする柴又地域文化的景観調査チームの依頼で執筆した柴又地域文化的景観調査報告書論文(柴又地域文化的景観調査委員会・葛飾区教育委員会)「柴又の景観認識『男はつらいよ』にみる柴又」を、シリーズの成り立ちと総論として、第一章に採録しました。この調査、論文により、平成三十(二〇一八)年、葛飾柴又が国の重要文化的景観に選定されました。

シリーズ五十周年を記念して公開される、待望の第五十作『男はつらいよ お帰り 寅さん』(二〇一九年)と共に、帰ってきた「みんなの寅さん」の世界を再び楽しんで頂ければ幸いです。

二〇一九年冬　　佐藤利明

プロローグ
寅さん名場面！

平成二十三（二〇一一）年四月四日、文化放送でスタートした、ラジオで聴く『男はつらいよ』の世界「みんなの寅さん」は、平成二十八（二〇一六）年九月二十四日まで、通算七〇一回に亘って、放送されました。

番組後期は、娯楽映画研究家・佐藤利明が「寅さん博士」として、シリーズの様々なトリビア、名付けて「寅ビア」を披露するスタイルの十分番組でした。オープニングは、シリーズの名場面を音声で紹介する「寅さん名場面！」からスタートしました。

ここでは、平成二十七（二〇一五）年四月四日から、平成二十八（二〇一六）年二月二十七日にかけての「みんなの寅さん」オープニングトークを採録しました。

それでは「みんなの寅さん」すすめてまいりましょう！

第一作　男はつらいよ

さくらのお見合いに同行した寅さん、一杯機嫌で、妹の名前の由来を話すうちに、漢字の成り立ちの面白さを解説し始めます。しかばねに水と書いて尿！　しかばねに米と書いて……劇場でこれを観た六歳のとき、とにかくおかしくって、これが僕の漢字への興味となりました。「男はつらいよ」は、こうした、学校じゃ教えてくれないことを、たくさん教えてくれるのです。ちなみに、さくらのお見合いの相手を演じたのは、声優として活躍することになる広川太一郎さん、お見合い場所はホテル・ニューオータニという設定でした。

二〇一五年四月四日

第二作　続 男はつらいよ

寅さんは三十八年前に生き別れになった瞼の母と、京都で再会を果たしますが、夢に見ていた理想の母親のイメージとは裏腹で、大きなショックを受けます。お母さんのお菊を演じていたのはミヤコ蝶々さん。この息子にして、この母あり、という感じなのですが、失意の寅さんは、同行してくれた幼なじみの夏子さん(佐藤オリエ)の優しさに、つい甘えてしまって、傷ついたポーズを続けます。はたして夏子さんの同情は愛情に変わるのでしょうか?

二〇一五年四月十一日

第三作　男はつらいよ フーテンの寅

久しぶりに帰ってきた寅さんに、お見合い話が持ち上がります。贅沢は言わないといいながら寅さん、女房の条件を滔々《とうとう》と語り出します。帰ってきたら、風呂が先か、酒が先か、顔を見てわかるようじゃないとダメだとか、酒のお燗の仕方にも、細かい注文が入ります。何もそこまで、というのが寅さんであり、その理想は果てしないのです。おいちゃん、おばちゃんの呆れ顔が目に浮かびます。それにつけても、寅さんのアリア、見事ですね。

二〇一五年四月十八日

第四作　新 男はつらいよ

この時の寅さんの啖呵売シーンでの、売りものは易断本。場所は川崎大師です。第四作は、テレビ版のプロデューサーでディレクターだった小林俊一さんが監督を務めていますが、実はこの川崎大師、寅さんの故郷になったかもしれない場所だったのです。テレビ版の舞台をどこにするか、江戸時代からの風情が残る門前町ということで、川崎大師も候補地だったそうです。それを考えながら見ると、実に興味深いシーンでもあります。

二〇一五年四月二十四日

第五作　男はつらいよ 望郷篇

寅さんが額に汗して油まみれになって働こうと一念発起。タコ社長の工場に向かいます。博に借りた労働着を着て、やたらとポーズをとるのがおかしいです。気分はプロレタリアートです。しかも、やれビールを冷やしておけだの、マッサージを呼べだの、疲れて帰ってきてからのことを、おばちゃんにあれこれ注文します。結局は、半日も持たずに辞めてしまうことになりますが、なんでもカタチから入らないと気が済まない寅さん。それがまたいいのですが。

二〇一五年五月二日

第六作　男はつらいよ 純情篇

おばちゃんの「従姉妹の嫁行った先の夫の姪」、すなわち遠縁にあたる夕子さん(若尾文子)への想いが募って、恋の病で寝込んでしまった寅さん。夕子さんの「江戸川へ行ったことないの」のひとことで元気ハツラツ、ランデブーと相成ります。そこで寅さんが、テキ屋仲間の仁義を語ります。夕子さんが興味を持ってくれたので、寅さん張り切りますが、彼女の「素敵、とっても素敵よ」に込められた微妙なニュアンスまでは読み取れません。ここから寅さんにとって、残念な展開の幕が開くことになるのですが……。

二〇一五年五月九日

第七作　男はつらいよ 奮闘篇

沼津のラーメン屋で、津軽出身の花子ちゃん(榊原るみ)と出会った寅さん、天使のような無垢な花子のために文字通り奮闘します。会話に出てくる福士先生は、津軽の小学校の先生で花子の面倒をみてくれた田中邦衛さん演じる恩師のこと。ここで花子は、寅さんならずともドキリとする爆弾発言をします。「わたし、寅ちゃんの嫁ッコになるかな」と。ここから寅さんは、ホーム・スイート・ホームの夢を真剣に見るのですが……。

二〇一五年五月十六日

第八作　男はつらいよ 寅次郎恋歌

帝釈天の脇に喫茶店「ローク」を開店した、貴子さん(池内淳子)は、三年前に夫を亡くして、女手ひとつで小学生の息子・学(中澤佑喜)を育てています。あまりの美しさに、おいちゃんやタコ社長は、彼女を寅さんに会わせまいと必死の小細工をしますが、結局二人は出会ってしまいます。学校を早退して一人ぼっちの学に、寅さんが声をかけているところに貴子さんがやってきます。こういうときの寅さん、大人ですね。寅さんの「このまま行ったら、どういうことになるんでしょうか?」のことばは、映画のこれからを暗示して、劇場では大爆笑でした。

二〇一五年五月二十三日

第九作　男はつらいよ 柴又慕情

寅さんは福井の京福電鉄・永平寺線・京善駅前の戸枝屋という味噌田楽の茶店で休んでいます。そこに吉永小百合さん演じる歌子たち、旅のOL三人組がやってきます。彼女たちの目を意識した寅さん、娘が巣鴨にお嫁に行っているというおばちゃんの話を聞いて、自分の在所を話します。もちろん多分に格好つけていますので、その脚色ぶりがおかしいのですが……。ここで寅さんは長楊枝をくわえています。もちろんこの頃、空前のブームだった「木枯し紋次郎」を気取ってのことでしょう。「昔流にいうなら、葛飾郡《ごおり》柴又村さ」のことばに、その紋次郎気分が感じられます。

二〇一五年五月三十日

第十作　男はつらいよ 寅次郎夢枕

寅さんが久しぶりに帰って来ると、「とらや」の店先ではおいちゃんたちが何かを話しています。てっきり自分の悪口と思い込んだ寅さん、裏の工場で「俺のいない時には、いつも悪口ばっかり言ってるんだろう」とすごい剣幕。被害妄想というかヒガミなんですが……。その誤解が解けた夕餉のひととき、すっかり反省した寅さん、今度は自分を卑下しています。寅さん、極端すぎです。この改悛の情がいつまで続くことやら、なのですが、この時、寅さんが「むらさき」すなわちお醤油を「みどり」と間違えるのが、なんともおかしいです。

二〇一五年六月六日

第十一作　男はつらいよ 寅次郎忘れな草

北海道は網走に向かう夜汽車で涙を流していた、

浅丘ルリ子さん演じるリリーと寅さんが、翌日、網走橋のたもとで出会います。二人は少しことばをかわすだけで、お互いの境遇を理解します。ここから渡世人の寅さんと、放浪の歌姫・リリーの長い長い恋の物語が始まるわけです。リリーがふと漏らす、自分たちの生活は「あってもなくてもいいもの、つまり、アブクみたいなもの」に対する、寅さんの「上等なアブクじゃねえやな」のことば。二人は定住者になりきれない、放浪者としての悲しさと自由さを知っています。何度観ても、聞いても、素晴らしい出会いのシーンです。

二〇一五年六月十三日

第十二作　男はつらいよ 私の寅さん

岸惠子さん演じるマドンナで、画家の柳りつ子さんと寅さんは、大げんかという最悪の出会いから始まりましたが、いつしか二人は心が通うようになりました。りつ子さんがパン屋でバケット、いやフランスパンを買おうとしたときに、財布を忘れたことに気付きます。そこで、寅さんがすかさず「いくらだい？」。りつ子さんにとって、今日の糧《かて》を支えてくれた寅さんは、立派なパトロンです。寅さん、たぶん、初めて「パトロン」ということばを知ったと思います。でも、このシーンがタイトルの「私の寅さん」の由来となったに違いありません。

二〇一五年六月二十日

第十三作　男はつらいよ 寅次郎恋やつれ

吉永小百合さん演じるマドンナ歌子さん二度目の登場です。夫に先立たれ、自立を目指す歌子さんは、津和野から上京。「とらや」に下宿しています。寅さんにしてみれば、歌子さんが待っている家というのは、新婚家庭のようなもの。今日もせっせと啖呵売をして、夕焼け小焼けの帰り道。さくらには、ハンバーグなんて横文字のモンは嫌いだよとにべもないですが、歌子さんの手料理と知ったら、一八〇度態度が変わります。「今夜あたり洋食食いたいなと思ってた」なんて。

二〇一五年六月二十七日

第十四作　男はつらいよ 寅次郎子守唄

寅さんが九州で赤ん坊を押し付けられて柴又に帰ってきました。赤ちゃんが熱を出していても、家族は寅さんを病院に行かせまいとしていたのは、十朱幸代さん演じる看護師・木谷京子さんに逢わせないためだったのです。おカンムリの寅さん、博を「脅かしてやる」とか、穏やかではありません。ところが、京子さんがお団子を買いに戻ってきた途端の、この豹変ぶり。たちまち穏やかになってしまいます。これぞ寅さん！

二〇一五年七月四日

第十五作　男はつらいよ 寅次郎相合い傘

寅さんと最もお似合いのマドンナは、やはり浅丘ルリ子さん演じるリリーです。第十一作『寅次郎忘れな草』から二年、さくらは博と相談して、リリーに思い切って「お兄ちゃんの奥さんになって欲しい」と頼みます。寅さんの代わりにプロポーズしたわけですが、なんとリリーの返事は「私みたいな女で、よかったら」でした。寅さんもリリーを想い、リリーも寅さんを想っている。この後の展開は、何度見てもハラハラドキドキします。

二〇一五年七月十一日

第十六作　男はつらいよ 葛飾立志篇

柴又駅前の喫茶店《キッチャ》で本を読んでいる、樫山文枝さん演じるマドンナ筧礼子さんを、近所の工場勤めか何かの女の子と思い込んだ寅さん。「ねえちゃんは何のために勉強してるんだい？」と問います。礼子さんは東大考古学教室に勤める才媛ですが、このことばに自身の存立危機事態を感じるのです。寅さんの答えは明快、「己を知るためよ」。無論受け売りなのですが……。

二〇一五年七月十八日

第十七作　男はつらいよ 寅次郎夕焼け小焼け

寅さんは、日本画の大家・池ノ内青観先生（宇野重吉）のお供の宴会で、太地喜和子さん演じる播州龍野の芸者・ぼたんと出会います。柴又へ帰ってからの寅さん、口をついて出てくるのは龍野のことばかり。そこへ、なんとぼたんが、寅さんを訪ねて来てしまったのです。山田洋次監督の喜劇的演出が冴える、屈指の名場面です。粋な寅さんと鯔背《いなせ》なぼたん、二人の物語は何度観ても素晴らしいです。

二〇一五年七月二十五日

第十八作　男はつらいよ 寅次郎純情詩集

お嬢様育ちのマドンナ、綾さん（京マチ子）のもとへ、足繁く通う寅さん。相手に話を合わせているうちに、あにいもうとの歴史も微妙というか、大幅に改ざんしてしまいます。意中の人の前で、ちょっと二枚目ぶりたい、苦労人をアピールしたいというのは、誰しもあること。あなたお幾つ？と聞かれて、真面目に自分の歳のことを言い出す寅さん。かなりマドンナにホの字であることがわかります。天才俳優・渥美清さんが、絶妙の間《ま》で笑わせてくれます。

二〇一五年八月一日

第十九作　男はつらいよ 寅次郎と殿様

寅さんが伊予大洲で出会った、嵐寛寿郎さん扮する殿様から、亡くなった末の息子の嫁を探してくれと頼まれます。結局は見つからずに、寅さんは旅に出ようとします。「他人のお嫁さんの心配よりも、自分のお嫁さんのことを」とはさくらの気持ちです。失意の寅さん、冗談交じりに「この敷居を跨《また》いだところで、いい女にばったり会って」と言ったそばから、大洲で出会った美しい女性・鞠《まり》子さん（真野響子）と再会。ここからの偶然の連続は、この映画の幸福感でもあります。「そういったことを信じて、生きていこう」と僕らも思うのです。

二〇一五年八月八日

第二十作　男はつらいよ 寅次郎頑張れ！

「とらや」に下宿している中村雅俊さん演じる、ワット君こと良介が、近所の食堂「ふるさと亭」の看板娘で、大竹しのぶさん演じる、幸子とデートの約束を取り付けました。ならばと恋の指南を買って出た寅さん、段取りをテキパキと決めていきます。映画を観て食事をして、それから肝心の、公園での告白タイムです。こういう時の寅さん、実にイキイキしています。ここでも、寅さんが目は口ほどにモノをいう「お目々アタック」を重視していることがわかります。「できるか青年！」と言われてもですが……。ともかく寅さん、頼もしい限りです！

二〇一五年八月十五日

第二十一作　男はつらいよ 寅次郎わが道をゆく

寅さんが茶の間で語る「とらや」近代化へのビジョン。すごいですね。江戸風情が残る、老舗の建物を思い切って壊してしまう。そして鉄筋コンクリートのビルに立て替えてしまうなんて。しかも工場はオートメーション。寅さんが語る近代化は、まさしく、かつての日本そのもの、「スクラップ・アンド・ビルド」です。山田洋次監督はそれが果たして幸福なのか？と『家族』や『故郷』という作品で追求してきました。ですから寅さんのロジックは、経済優先の日本人を、笑いで揶揄しているのです。最近でも、競技場を壊して建て替えるなんてことが、ニュースを賑わしています。変わらないこと、古き良きものを大切にする、それが一番なのに……。

二〇一五年八月二十二日

第二十二作　男はつらいよ 噂の寅次郎

「とらや」に美人の店員さんがやってきました。大原麗子さん演じる荒川早苗さんを一目見て、ポーッとなってしまった寅さん。旅に出るはずが、仮病の腹痛《はらいた》を起こして、救急車で葛飾病院へ搬送される大騒動となります。病院から帰ってきて、おカンムリの寅さん「誰が救急車を呼んだのか！」と糾弾を始めます。ところが電話をしたのが早苗さんと知って、途端に態度を軟化させてデレデレ。早苗さんが傷つかないようにとさくらが気遣いますが、それに乗じて寅さんが調子に乗ってしまうのがおかしいです。呆れた博の「早いですね」の一言も秀逸です。

二〇一五年八月二十九日

第二十三作　男はつらいよ 翔んでる寅次郎

満男が学校で書いてきた「僕のお母さん」という作文を読む寅さん。楽しい夕餉のひとときです。読み進むうちに、子供なりの視点に、みんなが関心しています。ここに流れる温かい感情が、僕たちの心を和ませてくれます。ところが「お母さんが、時々悲しい顔をする時がある。それは、おじさんが帰ってきた時だ」で、思わず「おじさんて誰だ?」と顔を曇らす寅さん。ここで茶の間の空気が一変。さらに学校の先生の「本当に困ったおじさんね」という一言が、駄目押しとなってしまいます。

二〇一五年九月五日

第二十四作　男はつらいよ 寅次郎春の夢

「とらや」の茶の間を囲んで、アメリカ暮らしが長かった、マドンナの圭子さん(香川京子)と娘のめぐみちゃん(林寛子)たちと、日米の恋愛観談義をしています。アメリカ人は自分の気持ちをハッキリとことばにすると聞いた寅さん。「日本の男はそんなこと言わないよ」とキッパリ断言します。ここで展開されるのは、寅さんの恋愛持論である「目は口ほどにモノをいう」。つまり、おなじみの「寅さんのお目々アタック」です。とはいえ、玉砕の例を持ち出してどうするんですか！とツッコミを入れたくなりますが……。

二〇一五年九月十二日

第二十五作　男はつらいよ 寅次郎ハイビスカスの花

最高のラストシーンです。寅さんとリリーが、夏の暑い盛り、軽井沢と草津を結ぶ、草軽交通の上荷《かみに》付場《つけば》」のバス停で再会します。この「みんなの寅さん」では毎週一作ずつ名場面をご紹介していますが、五年目の今年、この幸福な結末をご紹介するのも五回目です。実はこのバス路線は廃止されているのですが、平成二十二年に、群馬県六合村《くにむら》と中之条町との合併を記念して、このバス停が復元されたのです。寅さんのロケ地を尋ねる旅もまた楽しいです。

二〇一五年九月十九日

第二十六作　男はつらいよ 寅次郎かもめ歌

キャンディーズ解散で引退した伊藤蘭さんが、寅さんのマドンナとして復帰するというので、このときは若い男の子が映画館にぎっしりでした。伊藤蘭さん演じるすみれから、働きながら定時制高校へ通いたいと相談を受けた寅さん。さくらや博の協力で、いよいよ編入試験の当日を迎えます。付き添いの寅さんは、タコ社長たちに、例によってＮＧワードを指定。いわゆる「禁句の笑い」が繰り広げられるのですが、何度聞いてもおかしいですね。

二〇一五年九月二十六日

第二十七作　男はつらいよ 浪花の恋の寅次郎

レコード「愛の水中花」が大ヒットしていた、松竹を代表する女優・松坂慶子さんがマドンナをつとめました。広島県は大崎下島で、日傘を差した美しい女性と出会った寅さん、ひとときの会話をします。その雰囲気から、彼女の仕事を工場勤めか、郵便局員かと思い込んだ寅さんでしたが、実は、大阪は北の新地の美しい芸者さんだったのです。この後、船着場での別れ際、寅さんはおふみさんに「じゃぁな、幸せにやれよ」と声をかけます。浪花の恋は、この瞬間に始まったのかもしれません。

二〇一五年九月二十六日

第二十八作　男はつらいよ 寅次郎紙風船

福岡県は夜明《よあけ》という美しい名の駅前旅館で、寅さんは、岸本加世子さん演じるフーテン娘の愛子と相部屋となります。そこで交わされる二人の会話です。「故郷を捨てた男よ」と、寅さんのことばはあくまでも、孤独を知っている旅人のそれです。多分に格好をつけているのですが、半分はかくありたいという本音でもあります。そして愛子の「何考えてんの今?」」。シリーズでおなじみの、自意識過剰ギャグで、これから二人が名コンビになることを予見させてくれるのです。

二〇一五年十月十日

第二十九作　男はつらいよ 寅次郎あじさいの恋

京都の陶芸家・加能作次郎（十三代目片岡仁左衛門）宅で出会った、かがりさん（いしだあゆみ）が失恋して、故郷の宮津へと帰ったと聞いた寅さん。彼女を慰めるために、はるばると伊根の舟屋を訪ねます。寅さんの優しさ、温かさに触れたかがりさんは、男性として寅さんを意識します。そんなこととはつゆ知らず、例によって懐が旅先で、無計画な行動をしてしまった寅さんは、かがりさんの家に泊まることになるのですが……。この先は、シリーズ屈指のドキドキ場面となります。

二〇一五年十月十七日

第三十作　男はつらいよ 花も嵐も寅次郎

寅さんが大分県は湯平《ゆのひら》温泉で出会った、田中裕子さん演じるデパートガールの螢子に一目惚れした、沢田研二さん演じるチンパンジーの飼育係の三郎青年に、恋の指南をする場面です。江戸川でのデートの段取りをつける寅さんですが、「ぽっかり浮かぶ白い雲」から空飛ぶトンビまで、相変わらず情景描写は素晴らしいです。多弁な寅さんですが、三郎青年には、「言葉《ことば》少なになれ」と命じます。ここでも寅さんの「目は口ほどにモノを言う」〝お目々理論〟が展開されるのです。

二〇一五年十月二十四日

第三十一作　男はつらいよ 旅と女と寅次郎

寅さんが新潟県は出雲崎の港で、漁船に便乗して佐渡島に渡ろうとしていたときに、声をかけてきたのが、失踪中の人気演歌歌手で、都はるみさん演じる京はるみ。二人は佐渡の民宿に泊まることになり、一献傾けるときの会話です。「岐阜の千日劇場」と言われたとき、一瞬ドキッとするはるみ。「トウモロコシ焼いてたろ」にホッとするあたりの呼吸が見事です。都はるみさんは、実は京はるみという名前でデビュー予定だったのです。ともあれ、ここから二人の「佐渡島の休日」が始まります。

二〇一五年十月三十一日

第三十二作　男はつらいよ 口笛を吹く寅次郎

岡山県備中高梁の蓮台寺の娘・朋子さん（竹下景子）に恋をした寅さん。真剣にお坊さんになろうと考えています。江戸川土手で源ちゃんに朋子さんの写真を見せて、「お前たち、若者が羨ましい」と、遠くを見つめながら、大人の分別を見せる寅さん。ちょっと格好つけていていています。何も、源ちゃん相手に自慢しなくても、と思いますが、なんとなく優位に立っている寅さん。それがまたおかしいのです。

二〇一五年十一月七日

第三十三作　男はつらいよ　夜霧にむせぶ寅次郎

寅さんが盛岡城趾公園で、地球儀のバイをしていると、小さい娘を連れた、秋野太作さん演じる、かつての舎弟・登がやってきます。登は若い頃、寅さんに憧れて、ともに旅暮らしをしていましたが、故郷《ふるさと》盛岡に帰って、今川焼屋をしています。「お前も地道に暮らしているんだなぁ」としみじみとした寅さんのことばに、昔の二人を知る、僕たちの胸が熱くなります。

二〇一五年十一月十四日

第三十四作　男はつらいよ 寅次郎真実一路

寅さんが上野の焼き鳥屋でエリート証券マン・富永健吉（米倉斉加年）と意気投合、茨城県牛久沼にある富永宅に泊ります。そこで出会ったのが、大原麗子さん演じる富永の妻・ふじ子。その美しさについて、寅さんが、茶の間で語るアリアです。その一挙手一投足を見るだけで幸せだと、恋愛至上主義、美女礼賛派の寅さんは、とうとうと語ります。それに対して、博は手厳しく「問題があるなぁ」と論評しますが、そういう考え方だから、僕たちは寅さんが大好きなのです。

二〇一五年十一月二十一日

第三十五作　男はつらいよ 寅次郎恋愛塾

寅さんが旅から帰って来るシーンは、作品の数だけあります。山田洋次監督は五代目柳家小さん師匠の落語「笠碁」からインスパイアされて、寅さんの帰郷シーンを考えたそうです。ここでも久しぶりに寅さんが帰ってくるので、おばちゃんが「知らん顔しよう」と提案。物売りの影に隠れていた寅さんが、備後屋さんに見つかったときに「神の御恵みがありますように」というのがおかしいです。寅さん、カソリックのマドンナ、樋口可南子さん演じる若菜と出会った後だけにです。

二〇一五年十一月二十八日

第三十六作　男はつらいよ 柴又より愛をこめて

式根島で、寅さんが出会った、島の小学校の「おなご先生」島崎真知子さん（栗原小巻）との楽しいひと時の会話です。旅先の寅さんは、女性から見てもミステリアスで、カッコイイのですが、さすが真知子先生。「もしかしたら独身じゃない？」と言い当ててしまいます。その理由は「首筋のあたりが、どこか涼しげ」。このままうまくいけば、大人の恋に発展するのに、寅さんは「ネクタイをしていないせいじゃないでしょうか？」とまぜっかえしてしまいます。ああ残念！

二〇一五年十二月五日

第三十七作　男はつらいよ 幸福の青い鳥

寅さんは、福岡県飯塚市にある劇場へとやってきます。そこで、すまけいさん演じる、劇場のおじさんと出会います。炭鉱で賑わっていた頃を振り返る寅さんと、おじさんの会話が素晴らしいです。この話のように、東京から歌舞伎が来たり、ハナ肇とクレイジーキャッツが公演をしたり、炭鉱町の人々を楽しませるために、様々な舞台が繰り広げられた劇場です。おじさんが言う「昭和三十八年三月十日」は、渥美清さんの三十五歳の誕生日でした。

二〇一五年十二月十二日

第三十八作　男はつらいよ 知床慕情

映画の巻頭、みちのくの小京都と呼ばれる秋田県角館市に流れる桧《ひの》木《き》内川堤《ないがわつつみ》の、満開の桜まつりをバックに、故郷・江戸川の在りし日の桜並木を想い出す、寅さんのモノローグです。少年時代の寅さんが、父・平造と、さくらのお母さん、つまり寅さんの育ての母と花見に出かけたことを思い出します。寅さんの心の中に広がる情景は、映画を観ている僕たちの胸の中にも広がってゆきます。

二〇一五年十二月十九日

第三十九作　男はつらいよ　寅次郎物語

昭和四十年代後半から平成にかけての年末は、僕たちにとっては「男はつらいよ」の新作を観ることができる、嬉しくも楽しい時でしたが、映画の寅さんにとっては旅立ちの時、さくらにとっては一番せつない頃だったのかもしれません。旅支度をする寅さんの身体を心配するさくらに、寅さんはきっぱりと、自分の稼業は「労働ではない」と言います。わかっちゃいるけど、博みたいに堅気にはなれない、それが渡世人のつらいところなのです。

二〇一五年十二月二十六日

第四十作　男はつらいよ 寅次郎サラダ記念日

三田佳子さん演じる、小諸病院の美しき医師・真知子先生、三田寛子さん演じる、姪の由紀ちゃんと、寅さんの軽妙なやりとりです。島崎藤村の「千曲川旅情の歌」の「雲白く遊子悲しむ」の「遊子」を、せっかく寅さんに見立ててくれたのに、肝心の寅さんは「真田十勇士」の「勇士」と勘違いしてしまいます。この「勇士」ということばに反応してしまうのは、寅さんの少年時代でもあり、渥美清さんの少年時代を彷彿とさせてくれますよね。

二〇一六年一月二日

第四十一作　男はつらいよ 寅次郎心の旅路

オーストリアはウィーンで、竹下景子さん演じる現地ガイドの久美子と、淡路恵子さん演じるマダムと知り合い、マダムの家ですっかりご馳走になった寅さん。いつものように去り際が肝心と「今夜は、この辺でお開き」と出て行こうとしますが、知らぬ他国で道に迷っていた筈なのに、「その辺の駅から電車に乗って柴又に帰ります」と、すっかり日本にいる気分です。第三十八作『知床慕情』でも共演した竹下さん、淡路さんと、渥美清さんとの呼吸もピッタリ、これは名場面となりました。

二〇一六年一月九日

第四十二作　男はつらいよ ぼくの伯父さん

満男も浪人生、受験の事よりも、恋に悩むお年頃になりました。そんな満男には、さくらも、博もお手上げです。そこへ、久しぶりに帰ってきた寅さんが、満男の悩みを聞いてやろう、憂さ晴らしに一杯付き合えと、浅草は合羽橋にある、老舗のどじょう屋に誘い出します。そこで、まずは酒の飲み方を指南します。酒との付き合い方を教えてくれる寅さんに、僕たちは、ああ満男くんも大きくなったんだなぁと感無量です。落語に「親子酒」という噺がありますが、この後は、落語を地でいく展開となります。

二〇一六年一月十六日

第四十三作　男はつらいよ 寅次郎の休日

満男のガールフレンドで、後藤久美子さん演じる泉ちゃんと、久しぶりに再会した寅さん。満男とのこれからについて、豊かな想像力で妄想をたくましくしています。「若い時に、胸で燃えている炎に、恋という一文字を放り込む」なんて、寅さん、やっぱり恋の哲学者であり、文学者です。これも「恋の名言」の傑作の一つです。もちろん両親が、二人の交際を反対している、と決めつけているのは、落語によく登場する「物分りの良いおじさん」であろうとする、寅さんの希望でもあります。げに頼もしきは「寅おじさん」なのです。

二〇一六年一月二十三日

第四十四作　男はつらいよ 寅次郎の告白

後藤久美子さん演じる泉ちゃんも高校三年生。銀座の楽器店に就職の面接のために上京をしてきた時の、寅さんのアリアです。吹奏楽部で満男と出会った泉ちゃんの、就職希望が楽器店と聞いて、寅さんの妄想が、果てしなく広がるわけです。八百屋さんの野菜と、ピアノを比べてしまうのも寅さんらしいですけど。寅さんのこうした感覚が、ずっと変わらないのがいいですね。この茶の間のシーンには、とても優しい時間が流れています。

二〇一六年一月三十日

第四十五作　男はつらいよ 寅次郎の青春

宮崎県は油津《あぶらつ》の運河のほとりにある食堂で、風吹ジュンさん演じる、理髪店の女主人・蝶子が「どっかにええ男おらんじゃろか」とつぶやくと、寅さんがカッコよく「この俺じゃダメかな？」と名乗りを上げます。「男はつらいよ」史上、最も、男前の寅さんの登場シーンです。しかも財布をパッと出して、彼女の分も奢《おご》るのですから、男としては、かくありたいですね。退屈な日常に飽き飽きして、素敵な男性が現れたら、何もかも捨てて、ついてってもいい、と思っている蝶子にとっては、ドキリとする瞬間だったと思います。

二〇一六年二月六日

第四十六作　男はつらいよ 寅次郎の縁談

大学四年生の満男は、就職試験に疲れて家出をしてしまいます。家族が心配していたところに、瀬戸内海の琴島から満男の便りが届きます。そこで寅さんが連れ戻す役となるのですが、お聞きいただいたのは「満男がなぜ旅に出たのか」「旅人の気持ち」を語る、茶の間のアリアです。旅というものは、行き先を決めてから出かけるものじゃない。さすが旅人ですね。僕たちは、目的地を決めて、何時何分の新幹線、飛行機で何時間移動して、なんてことを、今ではパソコンやスマホ頼みで計画しますが、寅さんのことばにこそ「旅の醍醐味」があると、気づかされますね。

二〇一六年二月十三日

第四十七作　男はつらいよ 拝啓車寅次郎様

満男が靴メーカーに営業マンとして就職、寅さんはテキ屋として培ってきたノウハウを、満男に伝授します。目の前にある鉛筆を売ってみな、と寅さん。しかし満男はてんでダメです。そこで寅さんが話し始めたのは、子供の頃、育ての母親、つまりさくらのお母さんが削ってくれた鉛筆の想い出です。寅さんのアリア、素晴らしいです。結局、満男たちは寅さんの話芸に魅了されて、つい鉛筆を買いそうになります。この日の撮影、僕はたまたま取材で見学していたのですが、渥美さんの話芸、本当に素晴らしかったです。

二〇一六年二月二十日

第四十八作　男はつらいよ 寅次郎紅の花

奄美群島、加計呂麻島で、リリー(浅丘ルリ子)の家に厄介になっている寅さんと再会した満男。泡盛を酌み交わしながら、寅さんの恋の遍歴の話に花を咲かせます。第三十作『花も嵐も寅次郎』の螢子(田中裕子)、第三十二作『口笛を吹く寅次郎』の朋子(竹下景子)、第四十作『寅次郎サラダ記念日』の真知子先生(三田佳子)たちの消息をたちどころに答えてしまう寅さん。恋のアフターケア、しっかりしているんだと感心しますが、やっぱり、一番なのはリリーというのは、僕らも納得です。

二〇一六年二月二十七日

第一章
『男はつらいよ』にみる柴又

寅さんのふるさと・葛飾柴又

昭和四十四（一九六九）年八月二十七日、山田洋次監督による映画『男はつらいよ』（脚本・山田洋次、森崎東）が公開された。

渥美清演じる、車寅次郎は、柴又帝釈天門前の団子屋「とらや」の七代目だが、十六歳で父・車平造とふとしたことで大げんか。「頭を血の出るほどぶん殴られて」おそらく「売り言葉に買い言葉」で、そのまま家を出る決意をして、京成柴又駅から放浪の旅に出ることに。

柴又駅のホームには、七歳年下の腹違いの妹・さくらだけが見送る、寂しい家出となった。

それから寅さんは三十六歳まで杳《よう》として行く方《かた》知れず。懐かしい故郷、柴又に帰って来たのは、昭和四十四年の四月二十日、宵庚申《よいこうしん》で賑わう縁日の午後だった。寅さんはテキ屋が生業の渡世人。「ちょいちょいちょいやさっさ、ちょいやさっさ」と粋に纏《まとい》を廻して、帝釈天の二天門から境内に入るその姿に、門前の商店の人々は「誰だ?」「土地のものかしら」と口々に噂をする。

帝釈堂で住職・日奏（笠智衆）に「御前様でしょ?お久しゅうござんす」と声をかけ、感無量の寅さんに、駆け寄るのは叔母・つね（三崎千恵子）。「寅ちゃんじゃないかい?」「よう、おばちゃん!」寅さんは懐かしい柴又の地に二十年ぶりに舞い戻り、「とらや」の人々と再会を果たす。

こうして映画『男はつらいよ』の長い物語が幕開けをすることになる。映画が作られた昭和四十四年を「現在」と捉えれば、寅さんが家出をしたのは、昭和二十四（一九四九）年、敗戦四年目ということになる。どうして寅さんがテキ屋になったのかは、映画の中では具体的に描かれていないが、シリーズのなかで時折垣間見ることができる「放浪時代」の話から想像すれば、十六歳の少年が一人前の渡世人となるまでの月日には、語りつくせぬドラマがあったことだろう。

ともかく、寅さんは、望郷の念やまず、故郷へ帰って来た。落語や貴種流離譚でいう「放蕩息子の帰還」である。

この瞬間、映画の観客にとって葛飾柴又は「寅さんの故郷」となり、人情味溢れる「東京の下町」として認知された。当時の感覚からすれば、葛飾柴又は「東京の下町」というより、東京の「東の外れ」であり、江戸川を挟んで、千葉県との県境というイメージが強かった。

ところが回を重ねるに連れ、映画の中の柴又「とらや」は、観客にとっては、失われつつあった理想的な下町のコミュニティとして受け止められることになる。

おいちゃん・車竜造（森川信）、おばちゃん（三崎千恵子）、さくら（倍賞千恵子）、それに裏手で印刷工場（第一作では共栄印刷、第五作以降は朝日印刷）を経営するタコ社長こと梅太郎（太宰久雄）が自由に出入りして、様々なやりとりが展開される。店の戸は季節に関係なく開け放されており、勝手口も閉められたことがない。タコ社長は、近所に住む昔馴染みであるが、「とらや」一家とは親戚ではない。家族ぐるみの付き合いであり、親戚のような存在である。

そのイメージは、第一作で印刷工場の職工・諏訪博（前田吟）が、さくらに恋をして、紆余曲折あって結婚したことから、より強くなった。諏訪博は、北海道の親元から家出同然で上京、新宿でグレていたところを、タコ社長・梅太郎に声をかけられて、そのまま住み込みで働くこととなった。それから三年、工場の寮である二階から、「とらや」の二階のさくらの部屋を見つめ、その想いを募らせていった。

博がさくらを意識したのは、工場と「とらや」が裏庭を挟んで、ごく狭い位置関係にあったからであり、さくらが博の気持ちを知るのは、勝手口から茶の間に入ってきての、博の告白を聞いてからとなる。

「ぼくの部屋から、さくらさんの部屋の窓が見えるんだ。（中略）あの工場に来てから三年間……毎朝、あなたに会えるのが楽しみで……考えて見ればそれだけが楽しみでこの三年間を……」

第一作『男はつらいよ』

寅さんが間に入ったことで、事態はややこしくなり、博は失恋したと勘違いして、この告白の後、荷物をまとめて北海道に帰ろうと、柴又駅へ向かう。それを追いかけるさくら。参道から柴又街道の横断歩道を渡れば、京成柴又駅はすぐ近くにある。ホームに立つ博は、金町方向から高砂方面の京成電鉄に乗ろうとする、そこへさくらが駆けつける。切符も買わずに改札口を通り抜け、ホームで博を見つめる。発車間際、そのままさくらは博を押し込むように電車に乗る。

こうして二人は結婚する。「男はつらいよ」は「人情ドラマ」と呼ばれているように、狭いコミュニティの濃密な人間関係の物語である。お互いの気持ちを推し量る前に、直裁的にことばをかわして、感情をぶつけ合う姿が描かれている。その濃密さが、親密さとして理解され、「とらや」の人間関係＝下町気質として、イメージが定着していった。

濃密さということでいえば、寅さんの名台詞の一つ「それを言っちゃおしまいよ」ということばがある。大抵、寅さんが久しぶりに帰ってきて、お互いを思うあまりに、ちょっとしたことでボタンをかけ違って、タコ社長やおいちゃんと、寅さんが大げんかとなる。大抵はタコ社長の不用意な一言が、調子づいている寅さんの怒りに火をつけて、茶の間をゆるがす大騒動となる。そこで決まって、「売り言葉に買い言葉」で「それを言っちゃおしまいよ」ということばが寅さんの口から出る。

筆者が構成とパーソナリティを務めていたラジオ番組「みんなの寅さん」（文化放送）に、シリーズご出演の俳優・中本賢さんにゲストにおいでいただいたときに、この「それを言っちゃおしまいよ」の話になった。生まれも育ちも浅草の中本さんは「人は誰しも触れられたくない過去があるが、下町の共同体の中では、その人が言われたら困ることや、秘密には触れてはいけない、不文律があった」と、「下町論」を展開してくれた。

人を傷つけるだけでなく、その人が居たたまれなくなってしまうから、下町の人にとって「身につまされる」ことばが、「それを言っちゃおしまいよ」なのである。

寅さんを演じた渥美清は、上野は車坂の生まれ。戦後ほどなく、コメディアンになる前、浅草や上野の盛り場で、寅さんのようなテキ屋などをしていたことを、しばしばインタビューなどで語っている。寅さんの持つ「下町の男」の匂いは、渥美清がまとっていたものである。

濃密な人間関係、開け放たれた空間でのコミュニケーション、ご近所、おなじみとの親戚付き合い……ことほどさように映画『男はつらいよ』の葛飾柴又には「下町」のイメージが濃厚である。

詩人のアーサー・ビナード氏と「男はつらいよ」シリーズの話をしていたときに、アーサー氏がこんなことを言った。「このシリーズは映画を観るということではなく、下町の「とらや」の中に、自分が入り込んでしまう。そういう体験を提示してくれる」「だから一本観ると、ものすごく疲れてしまう」なぜなら「あらゆるタイプの人間がそこにいるから、まるで生態系のようなシリーズだから」と。

その「生態系」という視点でシリーズを考えていくと、確かに様々なタイプの人間が登場する。しかも、おいちゃん、おばちゃん、さくら、博、タコ社長が暮らす平穏な日常に、時折、寅さんが帰ってくることで、急にお祭りのような躁状態となる。日常を「ケ」とするならば、寅さんが帰って来た柴又は「ハレ」なる。

シリーズ最盛期、観客は、お盆と正月の年に二回、映画館で寅さん映画を体感してきた。

お盆は先祖の霊が戻ってくる大切な習慣であり、お正月は年神様を迎える。仏事と神事であるが、いずれも「ハレの日」である。そのお盆と正月になると、寅さんは映画館のスクリーンのなかの「葛飾柴又」に必ず帰ってくる。寅さんが不在の柴又は雨の日であることが多い。つまり「ケの日」なのである。

第一作から第七作『男はつらいよ 奮闘篇』までは、年三作のペースで作られており、また第四十二作『男はつらいよ ぼくの伯父さん』からは年一作、正月のみの公開となったが、二十六年間、全四十八作に及ぶ長大なシリーズで、寅さんは故郷の葛飾柴又に帰郷し続けたことになる。

寅さん前夜の映画と柴又

昭和四十四年当時、葛飾柴又には「東京の下町」というイメージはなかった。かつて下町として親しまれた上野や浅草界隈は、往時の賑わいがなくなり、隅田川には防災のための「カミソリ堤防」が作られ、アスファルトで固められた路地は江戸の風情や賑わいを残す下町ではなくなっていた。

それゆえ葛飾柴又は、物語やエピソードが紡ぎ出す「人情」のムードにより、幻想の「下町」というイメージを抱かせることになった。映画公開前後の週末になると、それまで足を運んだことのない人々が「寅さん映画」の舞台としての柴又を訪れ、帝釈天参道は賑わうようになった。シリーズ人気が高まるにつれ、参詣客も増加していった。

それまで柴又が登場した映画といえば、昭和三十二(一九五七)年の獅子文六のベストセラーの映画化である『大番』(東宝・千葉泰樹監督)だった。大正時代、四国は宇和島出身の赤羽丑之助《うし》(加東大介)が大志を抱いて上京、日本橋兜町の株仲買店の小僧から、一人前の相場師となり、波乱万丈の人生を送る。

朝日新聞連載小説を東宝で映画化、猪突猛進型の主人公「ギューちゃん」こと丑之助を、加東大介が好演して昭和三十三(一九五八)年までに四部作が作られ、空前のヒット作となった。

その第一作『大番』で、何かにつけてギューちゃんの面倒をみる、おまきさん(淡島千景)が、出世を願ってギューちゃんを連れてくるのが、柴又帝釈天。参詣後に入るのが、川魚料理の川千家だった。当時、題経寺と参道、そして川千家でロケーションが行われ、大正時代の物語とはいえ、完成したフィルムには昭和三十二年当時の柴又の様子が記録されている。人々も街も大正時代の扮装をしているが、紛れもなく当時の空気が映像のなかにパッケージされている。

この「大番」は、昭和三十七(一九六二)年十月三日から翌四月二十四日まで、フジテレビでドラマ化されている。主人公の赤羽丑之助を演じたのは、当時、NHKのバラエティ「夢であいましょう」や「若い季節」でブレイクし、「丈夫で長持ち」のニックネームで親しまれていた渥美清だった。映画で加東大介が演じていたギューちゃんを、渥美清がどんな風に演じたのかは、作品が現存していないために観ることが叶わないが、寅さん以前に渥美清が、柴又も登場するドラマに出演していたことにも、何かの縁を感じる。

縁ということであれば、第一作『男はつらいよ』でさくらと博が結婚式を挙げた川魚料理屋・川甚を、渥美清と第一作で結婚式の司会者を演じることになる関敬六が訪れたことがある。渥美清、関敬六と浅草フランス座時代からの仲間で「スリーポケッツ」

を結成していた谷幹一の結婚式が、昭和三十五(一九六〇)年二月に行われたからだ。

また「寅さん」前夜、矢切の渡しが登場する日活映画がある。鈴木清順監督のハードボイルド映画『野獣の青春』(一九六三年)のなかで、宍戸錠扮する主人公が敵対する組織の麻薬取引現場にやってくる。それが柴又から矢切の渡しに乗って、松戸側の河川敷で取引が行われるという設定。東京五輪前、まだ桜並木が残っていた江戸川堤が登場する。

山田洋次監督と柴又の出会い

ではなぜ、寅さんの故郷が葛飾柴又になったのか? 山田洋次監督が昭和三十七(一九六二)年秋、松竹から倍賞千恵子のヒット曲「下町の太陽」の映画化を命ぜられたことにすべてが始まる。当時、映画界では流行歌、ヒット歌謡を主題歌、挿入歌にした、レコードと同タイトルの歌謡映画が次々と作られていた。映画全盛時代とはいえ、ピークの昭和三十三(一九五八)年を境に、映画人口は下降線をたどる一方、ブロックブッキング制で、二週代わり二本立て上映は、どの映画会社も共通だった。映画館に観客を呼ぶためには、今でいうキャッチーなタイトルや、誰もが知っている歌謡曲やそれを唄った歌手が出演する作品が安定的と考えられていた。

『下町の太陽』を映画化する際に、山田監督がイメージしたのが、明るく健気に働く、下町の娘を倍賞千恵子が演じることだった。下町といえば町工場、荒川や隅田川に面した界隈が舞台となる。山田洋次は、助監督時代、町工場で働きながら小説を発表していた作家・早乙女勝元の「ハモニカ工場」の映画化を企画した。

それが、井上和男監督、桑野みゆき主演の『明日をつくる少女』(一九五八年)となり、山田自身がシナリオを執筆、チーフ助監督をつとめた。下町のハモニカ工場で波動工をしている労働者たちの青春を描いている。貧しくとも懸命に生きる若者たちの姿は、のちに日活で連作される吉永小百合の青春映画のルーツともとれる。

この『明日をつくる少女』の脚本化の際に、山田洋次は早乙女勝元と知己を得て、この映画での「町工場の青春」が『下町の太陽』のアイデアへとつながることとなる。テレビで、渥美清が「大番」のギューちゃんを演じ始めた、昭和三十七年十月頃、山田は世田谷の団地から、葛飾区新宿《にいじゅく》在住だった早乙女勝元のもとを足繁く訪ねた。山田洋次は昭和六（一九三一）年九月生まれ、早乙女勝元は昭和七（一九三二）年三月生まれの同世代。二人は『下町の太陽』のプロット作りを、早乙女の自宅で行っていた。

あるとき、早乙女が山田監督に「面白いところに案内する」と、昼食時に連れていったのが、新宿から歩いてほど近い、柴又帝釈天と門前町だった。それまで帝釈天という名は知っていたものの、実際に訪れるのは初めてだったという山田監督は、帝釈天の二天門や、帝釈堂の佇まい、そして門前町の雰囲気に感慨を覚えたという。特に、題経寺のすぐ裏に、悠々たる江戸川が流れる光景にいたく感心したようだと、早乙女が筆者に語ってくれた。

そのとき、早乙女が案内したのが高木屋老舗だった。山田監督はその日のことをこう回想している。

——ある日、冬近いうす寒い日だったような気がするが、ぼくは高砂のお宅を訪ねたのである。思えばぼくも早乙女さんも若かった。名前もなく、貧しかった。ぼくは世田谷の団地の１DKに暮らしていたし、早乙女さんは一戸建てではあるが、邸宅というような表現とはかなり遠いお宅に住んでおられた。（中略）

「おひるは柴又の帝釈天で食べましょう」実は、その時まで帝釈天を知らなかった。なかなか面白いところですよ。という早乙女さんに連れられて、ぼくははじめて柴又の町を訪れたのである。

戦災をのがれた、帝釈天の参道のみやげもの屋の並ぶ通りには、古い東京の下町の生活が色濃く残っていた。高木屋という老舗の団子屋で、おでんと茶めしを早乙女さんに御馳走になった。よもぎの香りの強い草だんごというのも、はじめて食べた。何もかも珍しかった。

山田洋次「早乙女さんと出会った頃」
図書新聞一九九四年五月十四日

これが山田洋次監督と柴又の出会いだった。そのとき、高木屋老舗で早乙女と山田監督の相手をしたのが、女将の石川光子さん。「とらや」のおばちゃんのモデルであり、光子という名は山田監督の小説「けっこう毛だらけ 小説・寅さんの少年時代（悪童 小説 寅次郎の告白 講談社）」の寅さんとさくらの母の名前となる。平成二十六（二〇一四）年十一月二十八日、九十三歳で没。石川さんは、その日のことをよく覚えていて、柴又の話、帝釈天の話。戦災をのがれた話などをしたという。

山田洋次監督と渥美清の「寅さん」まで

やがて山田監督は、監督二作目となる、倍賞千恵子主演の『下町の太陽』のシナリオを書き上げて、撮影に取り掛かる。舞台は荒川放水路沿いの、東京都墨田区の京成曳舟駅、東武線曳舟駅のほど近くにあった資生堂の石鹸工場。そこにつとめる、寺島町子（倍賞千恵子）と下町に住む人々の哀感、恋を笑いとペーソスの中に描いた。

もちろん倍賞千恵子の「下町の太陽」の大ヒットもあって、作品も好評で、山田洋次は松竹大船のプログラム・ピクチャーを支えてゆく監督となる。

続いて、人気絶頂のクレイジー・キャッツのハナ肇を主演に迎えた『馬鹿まるだし』（一九六四年）を手掛けることになる。藤原審爾「庭にひともと白木蓮」の二度目の映画化で、前作は昭和二十八（一九五三）年に東宝で、滝沢英輔監督、森繁久彌主演で作られている。

瀬戸内海の小さな町を舞台に、シベリア帰りの粗野な男・安五郎（ハナ肇）が、浄念寺に転がり込んで、住職の長男の妻・夏子（桑野みゆき）に一目惚れをして、涙ぐましき奮闘努力をするという喜劇。のちの『男はつらいよ』に連なる「時代に取り残された男の悲喜劇」の原点がここにある。

この『馬鹿まるだし』には、クレイジー・キャッツのメンバーに加えて、東西の人気喜劇人がゲスト出演している。西は「松竹新喜劇」の藤山寛美、東は『拝啓天皇陛下様』（一九六三年・野村芳太郎）で映画主演を果たした渥美清。いずれも人気絶頂の二人がほんのわずかのシーンだが、客演をしている。

その現場が山田監督と渥美清の初の本格的顔合わせとなった。そのときのことを、山田監督はこう回想している。

実に強烈な印象でした。片時もじっとしていない。シェパードのように暴れまわる——。この役者と仕事をしたくないな、と思ったものです。

「人生の贈り物 映画監督・山田洋次7」
朝日新聞二〇一四年十月十五日

それから山田監督は、ハナ肇とコンビを組んで『いいかげん馬鹿』『馬鹿が戦車でやって来る』（一九六四年）、『なつかしい風来坊』『運が良けりゃ』（一九六六年）と、破天荒な主人公の行状をパワフルに描く喜劇映画を連作。江戸落語が培ってきた笑いを、ハナ肇のミュージシャンとしてのビート感に乗せて、昭和四十年代という時代ならではのエネルギーに溢れた作品に仕上げ、喜劇作家として高い評価を得ることになる。

一方、渥美清は、『続・拝啓天皇陛下様』『拝啓総理大臣様』（一九六四年）など数本の主演映画を撮ったのちに、ＴＢＳテレビ「泣いてたまるか」（一九六六〜一九六八年）の主演となり、さらなるお茶の間の人気者となる。このドラマで渥美清が演じたのは「時代に取り残された男の悲喜交々」だった。市井に生きる職人やサラリーマン、商店主などが、不器用ゆえに失敗をしたり、それでも誰かの幸福を願う。一話完結のドラマで、渥美清は様々な役柄を演じて、テレビにおける代表作となった。

山田洋次も、昭和四十一（一九六六）年九月十一日放送の第十二話「子はかすがい」（演出・飯島敏宏、共演・栗原小巻）と、昭和四十三（一九六八）年三月三十一日放送の最終第八十話「男はつらい」（演出・飯島敏宏、共演・前田吟）でシナリオに参加している。

テレビ「男はつらいよ」誕生

渥美清は「泣いてたまるか」終了後、半年間の休養をとっていたが、「泣いてたまるか」と同時に放送していたフジテレビ「おもろい夫婦」などでコンビを組んできた、フジテレビの小林俊一プロデューサーから「何かドラマを」と頼まれていた。

昭和三十四（一九五九）年三月、フジテレビが開局した。演芸番組のディレクターだった小林俊一は、学生時代に夢中になった浅草の軽演劇出身の渥美清、谷幹一、関敬六と個人的にも親しい付き合いをしていた。テレビ界ではこれから売り出そうと虎視眈々の渥美清は、関や谷が演芸番組に出演するたびにスタジオに現れて「いつか、面白いことをやろう」と小林と話をしていたという。

それから三年、渥美清はＮＨＫ「夢であいましょう」「若い季節」などで時代の寵児となり、昭和三十七（一九六二）年十月、前述の「大番」で初めての主演を果たすこととなる。

そして昭和四十一（一九六六）年、小林俊一と渥美清は、昭和二十年代を駆け抜けた落語家・三笑亭歌笑（一九一六〜一九五〇年）をモデルにした連続ドラマ「おもろい夫婦」（一九六六〜一九六八年）でコンビを組んだ。脚本は東宝映画「社長シリーズ」などを手掛けていたベテランの笠原良三。この「おもろい夫婦」は人気ドラマとなり、「泣いてたまるか」人気もあって渥美清は「視聴率男」と呼ばれた。

続く、渥美清主演ドラマは、他の俳優や喜劇人では出来ない「渥美清ならではのものを作ろう」と、小林と渥美は決めていたという。そのときに、渥美の口から出たのは「俺、テキ屋をやりたいんだよね」ということばだった。

「泣いてたまるか」ではあらゆる職業を演じ、「おもろい夫婦」では落語家も演じた。その渥美がどうしても演じたかったのが、幼い日から上野や浅草の縁日で憧れの眼差しでみていた香具師《やし》、テキ屋たちだったという。

そこで小林は、俳優座映画放送の古賀伸雄と、渥美のマネージャーで事務所の社長だった高嶋幸夫と、何度か打ち合わせを重ねて、愚かな兄と、翻弄されながらも兄を慕うしっかり者の妹、あにいもうとの物語の骨子を作ったという。妹役には、劇団「新人会」の舞台女優でＮＨＫの朝の連続ドラマ「旅路」（一九六七〜一九六八年）に出演して、その名前と人気が全国区となっていた長山藍子と決まった。

あとは脚本をどうするか？であるが、小林俊一によれば、渥美清は「山田洋次さんにお願いできないだろうか？」と最初から決めていたという。

ともあれ、昭和四十三（一九六八）年三月、小林俊一と高嶋幸夫が、赤坂の旅館で新作「ちんぴらブルース」（上映時には『吹けば飛ぶよな男だが』一九六八年）

の脚本を森崎東と執筆していた山田洋次監督を訪ねて、ドラマの脚本の執筆を依頼した。

小林俊一は山田監督に「渥美清と長山藍子で、あにいもうとの話を作りたい」「できれば全十三話で」と企画概要を伝えたという。山田監督は「テレビで十三回というのは、大変な量になりますね」と言って沈思黙考。山田監督は、監督デビュー前から、生活のためもあって、テレビドラマの脚本を執筆していたが、「東芝日曜劇場」などの一話完結もの、いわゆる単発ものがほとんどだった。連続ドラマを手掛けることは、山田監督自身も思いもよらなかったという。

小林俊一は、その時点で二クール、全二十六話放映の予定だったが、断られると元も子もなくなるので、山田監督には「一クール全十三話で」とだけ話したという。その場では結論は出なかったが、山田監督は別れ際に「またいらっしゃい、雑談でもしましょう」と小林俊一たちに話したという。

それから何度かの雑談を重ねて、いよいよ、渥美清を交えての打ち合わせとなる。

その頃のことを、山田監督は筆者との対談でこう語っている。

佐藤　そしてその後、いよいよテレビドラマの『男はつらいよ』がスタートするわけですけど、ここで初めて渥美さんと山田監督というのが本格的というのがそこが最初だったんですね。

山田　そうそう、あの、フジテレビでしたよね、まだ白黒の時代ですよ、次は渥美清でシリーズを作って行きたい、次の一クールをぼくに書いてほしいとプロデューサーが頼みに来たということで、もう一回この大活躍を続けている渥美清という役者と付き合ってみようと思いましてね、で、じゃあそれ引き受ける前に渥美さんとちゃんと話させてくれと、今までぼくの映画にも少し出たけれどもちゃんと話をする暇もなかったわけで、で、そういう機会を作ってくれと言った。いろんな話を彼とした、というよりも、彼の話を聞いたっていうかな……。特に少年時代の思い出話を、ほんとうにたっぷり聞かせてくれて、もう面白くて面白くて、なんて話の上手い人だろう、ほんとあきれ返るくらいでしたねえ……。その時テキヤの話も随分してくれて、いわゆる啖呵売の台詞を、パーッとぼくの前でやるわけですね。なんて人だろうと……。そういうのいくらでも出てくるわけですよ。記憶力の凄い人だなと思ったんだけども、そんなことから始まりましたね『男はつらいよ』っていうのは。

衛星劇場「私の寅さんスペシャル」（二〇〇八年八月）

そこで渥美清が話したのは、少年時代に憧れて惚れ惚れと見ていたテキ屋にまつわる様々なエピソードだった。そのときのことを、山田監督と渥美の対談から引用する。

山田　そもそも、この「男はつらいよ」は、最初テレビドラマでやろうというときに、渥美さんにどういうふうにやろうかな、と思って、会っていろんな話をした。その時、ぼくが一番印象に残っているのはね。通しめんつ、ですか。あの話を渥美さんがしてくれたでしょう。路地でバタバタとサンマを焼いているようなところの二階で、テキヤが集まって、くそまじめな顔をしてめんつの練習をしている。それを路地のおかみさんや、ねえちゃんたちが、みんなで見て、いいとか悪いとかの批評をしているみたいな風景。あんなのがとてもいまでも、鮮明に記憶にありますね。そういうことがとても役に立っている。ロクマの話というのも、おかしかったね。

渥美　ロクマというのは易者のことですね。易者がいろいろ話をして、結果的にはうまくお客をたぶらかして易断所へつれていく風景ね。そんなのを、ぼくは子供の頃、しょっちゅう見ていましたからね。

山田　それから石けん売りの話――頭の毛が茶色くなっちゃった話。あれもおかしかった。いろんなそんな人たちの話を渥美さんから聞くうちに、そういう人間が確かにいたみたいなことが、ぼくのほうにも思いあたっていった。そこから「男はつらいよ」が出てきたんですね。

「男はつらいよ大全集」(キネマ旬報・一九七一年増刊一月十八日号)

渥美清の話に聞き入った山田監督は、小林からのオファーを引き受けることとした。その時期は、明らかではないが、おそらく、三月の初めての打ち合わせのときに執筆していた脚本「ちんぴらブルース」が、映画『吹けば飛ぶよな男だが』(一九六八年・なべおさみ、緑魔子主演)として公開された六月以降と思われる。

山田監督は、引き受けるにあたって、全十三回をすべて執筆することは、物理的に難しい、まずはプロットを作り、何人かのライターに参加してもらって、それぞれエピソードを執筆してもらい、もちろん自分も執筆するが、全体を監修するという形なら、と提案した。

そこで、舞台をどこにするのか? が話し合われた。物語を構築する上でも、主人公のバックボーンとなる舞台は重要である。映画界、テレビ界でいうところのシナリオハンティング、つまり舞台探しが始まった。まず山田監督がイメージしたのは、山本周五郎の「青べか物語」の舞台となった千葉県浦安だった。しかし、すでに埋め立てが進行していて、ドラマのイメージとは違っていた。

他に候補に上がっていたのは、門前町ということで、西新井大師、深川不動、入谷鬼子母神だった。昭和四十三(一九六八)年頃、都内は高度経済成長の果てに、さまざまな環境問題が持ち上がっていた、交通量の増加にともなう排気ガス、再開発工事による騒音。東京の街という街が騒然として、空気は汚れていた。

主人公が二十年ぶりに、望郷の念やまず、帰ってくるふるさとに「果たしてふさわしいのか?」と山田監督は考えたと思われる。

そこで山田監督がふともらしたのが「ちょっと柴又へ行ってみようか?」のひとことだった。浦安からそのまま、江戸川に沿って上がり、一行は柴又に到着した。

このとき山田監督が思い出したのが、『下町の太陽』の脚本打ち合わせのときに、早乙女勝元に連れられて行った、葛飾柴又帝釈天と江戸川の光景だった。柴又は空襲に遭わずに古い家並が残り、江戸時代からの風情を残す帝釈天があり、周辺には畑もまだ残っていた。江戸川堤から一望する光景は、まさしく、野や川、悠々たる自然に囲まれた「ふるさと」そのものであった。江戸の匂いと牧歌的、それが「寅さんの故郷」となったのである。

渥美　葛飾柴又を舞台にしたのは、山田さんのアイデアですね。ぼくはばく然と自分の生まれ育った上野、浅草、あそこら辺の下町の、ぼくが子供の頃から見て育ったお兄いさんや、おじさんたちの話を、山田さんにしたわけだったんですが、そこから、江戸川を境にして柴又の帝釈天があり、「とらや」という店があり、おいちゃん、おばちゃんがいて、そして妹がいるなんていう設定を、山田さんが自分の中であっためて、ふくらましていかれたわけですね。

山田　ずいぶん前に、柴又にぼくの知り合いがいたので、行ったことがありましてね。「柴又帝釈天というのは何だかおかしなところだよ。ちょっと行こうか」というので行って、おでんに茶めしなどを食べた。そしてなるほどね、こんなところが東京にもあるなあ、と思った。それに柴又ということばがまた、とても響きがよくて、どことなくローカルで、何となくいいでしょう。ちょっと垢抜けないところがあってね。「葛飾柴又」というのは、葛飾の「カ」という始まり方とか、柴又の「タ」という終わり方とか、語感的にもいいですね。

渥美　おかしなもので、ああやって「葛飾柴又」といってると、何かそれがその前からそのとおりだったみたいに聞こえてくるところに、ものをつくっていく魔術みたいなものがありますね。「台東区浅草六区」なんていうのと、「葛飾柴又」とくるのとじゃ、違う。やっぱり(笑)。芝居のせりふをいってると、血が通ってきてしまうということもありますけれども、見て下さる側もずっと手を差し伸べてきてさわるから、出したこっちのほうと出されたほうで、両方の手で温めていってしまうものなんですね。

「男はつらいよ大全集」（キネマ旬報・一九七一年増刊一月十八日号）

こうして、主人公のふるさとが葛飾柴又となった。この時点でも番組タイトルは「渥美清主演　大型人情喜劇　愚兄賢妹（仮）」だった。タイトルの「愚兄《ぐけい》賢妹《けんまい》」について、フジテレビの営業から「『愚兄賢妹』では、硬くてセールスしづらい」という意見があり、小林俊一が「何か良いものはないか」と考えることとなった。北島三郎の「意地のすじがね」という曲のなかにある「つらいもんだぜ男とは」のフレーズから、何かできないだろうかと思ったという。

俳優座の古賀伸雄は筆者に、「そのときに『泣いてたまるか』の最終回は、山田洋次さんが書いた『男はつらい』というタイトルだったなぁ」と新宿の飲み屋で、高嶋幸夫、小林俊一と話したことがあると、語ってくれた。

こうして、番組名は「男はつらいよ」となった。

佐藤　ちょうど「泣いてたまるか」のあの回「男はつらい」は渥美さんと前田吟さんで。

山田　そうそう。

佐藤　それが山田監督が、渥美清さんのために書いたテレビドラマというのはそれが最初ですか？

山田　そうです、そうです。まあ、その「男はつらい」というタイトルと、「男はつらいよ」というタイトルは直接的には繋がっていないんですけどね、あとで、そういえば、そうだそうだ、「男はつらい」っていうのがテレビドラマであったっけなと、思いましたけどね。

衛星劇場「私の寅さんスペシャル」（二〇〇八年八月）

当時はヤクザ映画全盛とはいえ、テキ屋が主役のドラマは前代未聞のこと。テレビ局の営業や広告代理店もスポンサーへのセールスは躊躇していた。メインのスポンサーへの説明の際に、フジテレビの営業マンと小林俊一は、主人公の生業をテキ屋ではなく大道商人と置き換えて、プレゼンテーションをしたという。

配役は車寅次郎（渥美清）、妹・櫻（長山藍子）、叔父・竜造（森川信）、叔母・つね（杉山とく子）、恩師・坪内散歩（東野英治郎）、その娘・冬子（佐藤オリエ）、舎弟・川又登（津坂匡章 現・秋野大作）と決まった。

主題歌「男はつらいよ」の作詞は、タイトルのアイデアとなった「意地のすじがね」の作詞家・星野哲郎。作曲は劇中音楽も手掛けることになる山本直純。

こうして、放映は十月三日からと決定された。

テレビドラマから映画へ

テレビ「男はつらいよ」は、フジテレビのスタジオにセットを組んで、ＶＴＲで収録されたスタジオ・ドラマである。外景が必要な場合は、16ミリキャメラでロケーションをして、それを放映時にインサートするが、基本の芝居はセット中心。舞台は柴又とはいえ、すべて新宿区河田町、かつての牛込区にあったフジテレビ局舎内のセットの「とら屋（テレビの表記）」の中での話。

「とら屋」のセットは、柴又帝釈天参道の「亀家老舗」の当時の間取りを参考に、フジテレビのスタッフがデザインした。映画版もその間取りを踏襲。亀家の先代ご主人によれば、映画化にあたり、松竹の美術スタッフがその後、改めて採寸。亀家は昭和四十六（一九七一）年に鉄筋コンクリートの現在の店舗に改築。当時の店舗の模型が店内二階に飾られている。（追記・二〇一九年八月）

さて、テレビ「男はつらいよ」である、しかし、現存する第一話と、最終回となった第二十六話を再見すると、山田洋次監督を中心とする脚本家陣が作り上げた、「男はつらいよ」で展開される濃密な人間関係は、視聴者に「下町の人々」を魅力的に感じさせてくれる。柴又はセットなのに、あたかも現実であるかのような、イメージを抱かせてくれる。

「生まれは葛飾柴又の、帝釈天でうぶ湯を使いました。姓は車、名は寅次郎、人呼んでフーテンの寅と発します」

第一回目の冒頭の寅さんの仁義だが、このドラマの視聴者には「葛飾柴又＝寅さん」というイメージが浸透していったことは間違いない。柴又には「とら屋」があり、金町には散歩先生とその娘・冬子(佐藤オリエ)が住んでいる。二十年ぶりに柴又に帰ってきた寅さんは、それまで平穏に暮らしてきた、さくらたちの日常を、悪気は全くないのに、結果的にかき回してしまう。

ときはあたかも、一九六〇年代末、ベトナム戦争が激化するなか、映画も音楽も反体制的なものが主流となり、ロックとニューシネマの時代となっていた。予定調和でアットホームなムードを是としていたテレビドラマの世界に、いくらコメディとはいえ、反社会的存在というイメージすらあったテキ屋を主人公にした作品の登場は、衝撃的であった。

「人情喜劇」「日本人の心のふるさと」「ハートウォーミング」とは、「男はつらいよ」がまとっているイメージだが、少なくともテレビ版がスタートした段階では、「男はつらいよ」と寅さんは「カウンターカルチャー」であり「ロック的な存在」だったのである。

このドラマには二つの世界が共存している。寅さんの「渡世の世界」と、さくらたち「生活者の世界」。のちの映画シリーズのテーマでいえば「放浪者と定住者」の相容れぬ二つの世界が「あにいもうと」という人間関係ゆえに、共存している。それが「男はつらいよ」の魅力の源泉にもなっている。

第八話では、下着泥棒を捕まえた寅さんと登が、フジテレビ「小川宏ショー」に出演。共演したアナウンサー露木茂によれば、渥美清さんのパワーとアドリブに舌を巻いたという。これが映画でも繰り返される寅さんのテレビ初出演となった(二〇一九年十一月追記)。

テレビ版の第十一話で、寅さんは京都で、瞼の母・お染(武智豊子)と再会を果たす。父が芸者に産ませた子という、寅さんの出生がここで明らかとなる。

ここで思い出されるのが、長谷川伸の「瞼の母」。番場の忠太郎は夢にまでに見た母と再開するが、母・おはまが料理屋の女将となり、妹・おとせのために、忠太郎を冷たくあしらう。あのエピソードのリフレインである。

寅さんの産みの母・お染は、京都でラブホテルを経営している。寅さんが夢にまで見た瞼の母とは大違い。さらには、種違いの弟・川島雄二郎（佐藤蛾次郎）まで登場する。

おいちゃん、おばちゃん、さくらたちの「定住者の世界」と、寅さん、登、雄二郎、としてテキ屋仲間たちの「放浪者の世界」。相容れぬゆえに、そのぶつかり合いが喜劇となる。お互いを想い合うけれども、どこかで断絶せざるをえない。世代格差ではなくて、立場の違いが、ドラマを作り、笑いを生むという構造となっていた。

当初、全十三話ということで引き受けた山田監督だが、この第十一話で弟・雄二郎（もとの台本によれば木村源吉）を登場させたのは、前述の『吹けば飛ぶよな男だが』で大阪の劇団からスカウトしてきた、若手の佐藤蛾次郎を活かすためだったという。佐藤蛾次郎によれば、ある日、山田監督から「テレビの『男はつらいよ』観ているか？ お前、役作るから、出ないか？」と声をかけられたという。

そこから次々とユニークなキャラクターが登場することになる。映画の第四作『新 男はつらいよ』（一九七〇年）で、「とらや」に泥棒が入るエピソードがある。「とらや」一家は、寅さんが競馬で当てた百万円でハワイ旅行中のはず。ところが旅行会社に代金を持ち逃げされ、近所の手前、ハワイに行ったフリをしていた。そこへ泥棒（財津一郎）が入ってきて、大騒動となる。その原点ともいうべきエピソードが、テレビ版の第五回（一九六八年十月三十一日）にある。

とら屋一家のハワイ旅行がパーとなり、さくらがおいちゃん、おばちゃんを慰めるために芝居見物に出かける。留守番を買って出た寅さんは、ウィスキーに酔って寝てしまう。そこへ入ってきたのが泥棒。物音で目覚めた寅さんが捕まえると、なんと昔の仲間の山本久太郎（佐山俊二）だった。そのまま、久太郎はレギュラーとして参加することとなる。

こうしてテレビ「男はつらいよ」は、お茶の間だけでなく、ブルーカラーの人々が飲み屋のテレビで観たり、普段テレビを観ない学生たちまで、幅広いファンを獲得していった。それはひとえに、それまでにない「型破りなドラマ」だったからに他ならない。

そして昭四十四(一九六九)年の正月頃、山田洋次監督は、番組の幕引きとして、主人公・車寅次郎を殺してしまうことを決意する。

佐藤 そしてそのテレビ版が六十九年の三月に終わるわけですね。その最終回というのが、今は伝説となっていますが、寅さんが奄美大島で死んでしまうと……。そこで、なぜ寅さんというそこまで来た主人公をそのように?

山田 いや、いつものようにね、リハーサル見てて、いよいよこれでおしまいですと……。ほら、このシリーズは段々視聴率が上がってきたんです。最初は三パーセントとか四パーセントとか酷いんですよね、で、ワーワー、フジテレビに言われるわけ、これじゃ困るからもっとあしろとかこうしろとか、テキ屋はまずいからもっといい職業ないかとか、やたらにションベンだクソだと言うのはやめてほしいとかね。「何言ってやがる」とかぼくは思っていたわけだけど。

そのうちね、段々視聴率が上がっていったんで、十三回の約束を、もう一クールやってくれとかね。で、二十六回までずっと視聴率が上りつめたんで、またもう一回やることになりそうな気がして、もうこのへんでぼくは打ち切りたかったんですよね、それで「最後に寅さんは奄美大島でハブに咬まれて死んでしまいます」って言ったら、出演者から一斉に抗議されたのね。「そんなバカな、そんな終わり方はないでしょう」っていう。「そんな可哀相な、お兄ちゃんが死んで悲しいみたいな芝居わたしやるの嫌」なんてね、長山藍子さんの櫻さんがね、もう涙ぐんで抗議したりなんかして。

しかし、ぼくは、寅さんのような人間が現代に実は生きていられるっていうのはドラマの上であって、実際はこの現代って言うのはそんなことが許される時代じゃないんですよって、それがこの最後のシーンのコンセプトです。なーんて、偉そうなこと言ってね。で、作って、そうすると今度は視聴者の評判がものすごい悪くてね、総攻撃くらって、それで「あれ?」って思ったんですよね。これは失敗したなぁ、と。

佐藤　その段階で視聴者の方々、出演者の方々の中に「男はつらいよ」「寅さん」っていうのが、それぞれの中で生まれていたっていうことなんですね。

山田　そうなんだねえ、だから、みんなが寅さんをそんなふうに抱いてくれていた、そして愛してくれていた。それで今度は、寅はああするだろうこうするだろうと想像を描いて楽しみでドラマを観てくれていたのに、突然作者が出てきて、「はい、死にますよ」って殺しちゃう。それはね、やるべきことじゃないってことがね、反響とか手紙とか、それで、ぼくは知らされちゃったねぇ。

衛星劇場「私の寅さんスペシャル」（二〇〇八年八月）

昭和四十四（一九六九）年三月二十七日に放映された、最終回、第二十六話で寅さんは、弟・雄二郎を連れて、一山当てるべく、奄美群島の徳之島にハブを獲りに行く。そこでハブに咬まれて死んでしまう。

ドラマでは、そのことを直裁的には描かず、訪ねてきた雄二郎が、諏訪博士（井川比佐志）と結婚し、郊外の団地に住んでいる櫻（長山藍子）のところに、伝えるという回想シーンとして語られている。

前半では、恩師・散歩先生（東野英治郎）が亡くなり、寅さんが心を寄せていた冬子（佐藤オリエ）は、音楽家の藤村（加藤剛）と結婚が決まり、寅さんは旅立つ決意をする。

縁側に座る二人。ショパンの「別れの曲」が流れ、それを聴いた寅さんは「旅人の歌でござんすかねぇ」旅人の気持ちは洋の東西を問わず一緒なんですねぇと、感慨深げな寅さん。これから桜前線を追って、商売の旅に出ると、冬子に話す。寅さんの気持ちを知っている冬子は「ごめんなさい」と泣き出す。そこで寅さん。

「と、とんでもねえ……お嬢さん、何をおっしゃいますんで。お嬢さんあっしに謝ることなんかありませんよ。あっしは別に、どぉってことないんですからね、ええ、ホントに、ええ」

この後、寅さんは一山当てようと奄美群島の徳之島で、ハブに咬まれてしまうのである。

最終回に相応しいといえば、相応しいが、すべてが終わり、すべてが変わっていくことが暗示される展開は、観ていて少し切ない。

おいちゃん(森川信)が「とら屋」を閉めて、おばちゃんと近所のアパートに越して隠居生活を始める。柴又帝釈天門前の「とら屋」の跡地は〝メモワール〟という喫茶店となり、寅さんの舎弟・登(津坂匡章)がウェイターとして再就職……という展開となる。

寅さんがいなくなり、柴又の「とら屋」までがなくなるという物語は、視聴者にとって、ファンにとって衝撃的であった。前述のように、ニューシネマの時代、カウンターカルチャーの時代ということでいえば「男はつらいよ」が寅さんの死で幕引きをすることは、時代の気分のなかでは、それほど不思議なことではないが、この時点で、すでに「寅さん」は作り手のものではなく「みんなの寅さん」になっていたことがわかる。

佐藤 これじゃいけないということで、山田監督の中で映画化っていうのはそこで思いたった……。

山田 そうです。どうもねえ、ぼくも気持ちが片付かないっていうかね、こんなにみんなが愛してくれたんだなあと、ぼくとしてはとんでもないことやっちゃったなあと、申し訳ないような気持ちがして……作るぼくたちと観る人たちとの関係もいろいろ考えさせられたし、そもそもぼくたちがドラマや映画を作ることはどういうことなのかっていうことまで考えたりして。

それは観たいものを具体的な形にして作るってことなんだ、で、何が観たいのかっていうのを、じっと見定めていくっていうことができなきゃいけない……。ともあれ、そういう反省の上にもう一回寅さんをね。あんなにみんな楽しがったり、悔しがったりしたんだからスクリーンの中で生き返らせる。そうすればもう一回観てくれるだろうし、まあ安心してくれるだろうと、映画で寅さんを生き返らせます、としたわけです。

衛星劇場「私の寅さんスペシャル」(二〇〇八年)

こうして山田監督は、寅さんを映画で蘇らせるべく、映画『男はつらいよ』の企画を松竹に提出した。しかし、会社は「テレビの映画化なんて」と難色を示した。それでもファンの熱い声に押されて、山田監督は「もう一度、映画で寅さんをつくる」と強く決意。企画がまだ通っていない段階で、映画の冒頭に登場する「葛飾の桜」を撮影するために、撮影チームを水元公園に向かわせた。

このとき最終回の冬子と寅さんの会話にあった「すっかり桜の花が咲きましたねぇ」の桜と同じ季節、同じ昭和四十四(一九六九)年の水元公園の桜の花が、盛りをすぎたとはいえ四月に撮影されたのである。

山田監督は二〇一四年十月十五日、朝日新聞「人生の贈りもの」で、このときのことをこう語っている。

——しかしテレビ版「男はつらいよ」の最終回では、寅さんは奄美大島でハブにかまれてあっけなく死んでしまいます

こんな自由奔放な生き方を、今の管理社会は許さないのだと主張したかったのです。ところが、テレビ局に「あんな終わり方はひどい」「よくも寅を殺したな」と抗議の電話が鳴りっぱなし。ぼくは大いに反省しました。それほど視聴者に愛されていたのならスクリーンの中で寅さんを生き返らせよう、それがぼくの役目だと、映画化を会社に提案しました。

——当初は、上層部から猛反対されたと

「テレビでやったものをまた映画でやって客が来るのか」と冷たい反応でした。ぼくは「大勢の視聴者があれほど寅さんの死を悔やんでくれたのだからきっと観に来てくれる」と譲らず、最後は、当時社長だった城戸四郎さんの「それほど山田君がやりたいと言うなら、やらせてみようじゃないか」の一声で映画化が決まりました。

映画『男はつらいよ』の巻頭は、水元公園の満開の桜の映像から始まる。シネマスコープの横長の画面いっぱいに広がる桜は、映画化が決定される前に、山田洋次監督の一存で、大船撮影所から葛飾までスタッフがロケーションに来たもの。

しかも撮影をしたのは、まだ撮影助手だったキャメラマンの長沼六男。上司から「水元公園の桜を撮って」と言われて撮影したという。二〇一〇年の衛星劇場の番組「私の寅さん」での対談中に、長沼さんがその日のことを思い出してくださった。長沼六男といえば、長年『男はつらいよ』を撮影してきた高羽哲夫さんが急逝され、最終作となった第四十八作『男はつらいよ 寅次郎紅の花』（一九九五年）のキャメラマンを務めることになる。

第一作の冒頭と、最終第四十八作を撮影したのが長沼六男キャメラマンだというのも不思議な縁である。しかし、これから「男はつらいよ」シリーズは、数々の不思議な縁に彩られてゆくこととなる。

テレビ「男はつらいよ」は、ほとんど柴又で撮影されることはなかった。しかし映画版では、カラーのシネマスコープの画面いっぱいに、江戸川が映し出され、矢切の渡し、江戸川堤、帝釈天題経寺の二天門などが生き生きと広がる。柴又を訪れたことのない人にとっても、いつしか懐かしい、ふるさとの風景としてイメージが刷り込まれていった。

しかもどの作品でも、映画の巻頭、主題歌のショットは、寅さんが懐かしさいっぱいに、江戸川堤や河川敷を歩いて帰ってくる映像が展開されている。大抵は国鉄常磐線・金町駅から、江戸川堤を歩いてきた寅さんが、サイレント喜劇よろしく、ちょっとした騒動を繰り広げる。

主題歌の終わりには必ず、帝釈天が映し出され、二天門に、「原作・監督・山田洋次」のクレジットが重なる。映画館の観客も、テレビで観ている視聴者も、ビデオやDVDで視聴している人々も、居ながらにして、江戸川から帝釈天題経寺に帰ってきて、参詣をした心持ちになる。

これはテレビ版では経験することがなかった、バーチャル体験ともいえる。また、映画化に際して、新たなキャラクターが加わることとなった。帝釈天題経寺の住職・御前様こと坪内日奏（笠智衆）、さらに寺男・源吉（佐藤蛾次郎）、「とらや」の裏の工場のタコ社長（太宰久雄）は、第一作から登場している。

二人の寅さん

主人公の名前は、どうして車寅次郎となったのか？

車という苗字は、渥美清が幼少期を過ごした、上野車坂に由来して付けられたと思われる。車坂は、台東区上野公園からJR上野駅及び、JR線路側に下る坂。車坂の名前は、寛永寺が建立される以前に、上野の山には、伊賀上野の領主・藤堂高虎の屋敷があり、「車坂」の名称は、伊賀上野に由来すると言われている。

テレビ版とシリーズ初期に、寅さんの舎弟・登を演じた、津坂匡章（現・秋野大作）も、テレビ番組「私の寅さん」（衛星劇場）で筆者と対談をしているときに「実は、上野車坂で育った」という話をしてくださった。寅さんと登が「車坂」で繋がるというのも奇縁である。

寅さんの生業が「テキ屋」であることを考えると、車という苗字から、様々な連想が湧いてくる。松竹大船で、山田監督と同世代だった篠田正浩監督は、江戸文化の研究家としても知られているが、篠田監督から『写楽』（一九九四年）と江戸の歌舞伎についての話を伺っているときに、示唆されたのが、江戸時代の穢多頭《えたがしら》だった矢野弾左衛門と、非人頭《ひにんがしら》の車善七の名前だった。

寅さんの生業はテキ屋、かつては香具師《やし》と呼ばれていた。香具師は江戸時代の身分制では、乞胸《ごうむね》と呼ばれていた。江戸時代に江戸市中などで、万歳や曲芸、踊りなど、さまざまな大道芸をおこない、金銭を乞うた者だった。弾左衛門支配下で、漫才や曲芸などの大道芸を生業とするものは、車善七の管理下にあったという。

車寅次郎のネーミングには直裁的な影響があったとは思えないが、車善七の出生説の一つが実に興味深い。「浅草非人頭車千代松由緒書」（天保十年提出）によれば、車善七は三河国渥美村の出生で、徳川家康の関東入国の際に、江戸に入り、浅草の大川端（隅田川）に住んでいた、とある。

渥美清と車寅次郎。二つの名前をめぐり、様々な連想が湧いてくる。いずれにせよ、江戸時代のテキ屋の元締めの苗字と、渥美清の出生地、いずれも「車」であり、車善七が三河国「渥美」村の出身であったというのも、イマジネーションを刺激する不思議な話である。

では、寅次郎という名前は? これについても不思議な話がある。話は昭和三十七(一九六二)年秋にさかのぼる。早乙女勝元が山田監督を高木屋老舗に案内したときのこと。

そこで話題になったのが「兵隊寅」と呼ばれた、柴又では誰もが知っている名物男の話。

「兵隊寅」は、川千家の従業員が住んでいる長屋に、戦時中から住んでいて、題経寺での縁日の地割りなどをしていた世話役だったという。「兵隊寅」の名前の由来は、こうである。日中戦争がはじまり、柴又の男たちが出征していくときに、柴又駅に門前の人々が見送りにゆく。そこで「兵隊寅」が必ず武運長久を願って万歳で見送ると、不思議なことに、ほとんどの男たちは帰還することができた。と、筆者も高木屋老舗の女将・石川光子さんから伺ったことがある。

「兵隊寅」は、関東大震災の前は、浅草のひょうたん池の端で屋台のおでん屋を出していて、若き日の古今亭志ん生が、何かにつけて頼りにしていた〝相談役〟だった。仲間の噺家が、地元の親分の情婦に手を出してしまったときも、うまく差配をしてくれたこと。志ん生の噺家人生において、後見役というか、指南役というか、そういった存在だったことは、結城昌治の「志ん生一代」で、つとに知られることになる。

この「志ん生一代」の文庫版のあとがきで、山田監督はこう記している。

志ん生についての私の個人的な感慨はもうひとつある。それは兵隊寅のことである。葛飾柴又を舞台に「男はつらいよ」シリーズを作り始めた頃、私は何度か柴又の住人に、「寅さんのモデルは兵隊寅ですか」

と聞かれたことがある。なんでも柴又に兵隊寅というひどく切っぷのいい名物男がいたというのだが、それ以上はくわしいことはわからぬままでいたところ、はからずもこの著書で、兵隊寅がなんと志ん生の無二の親友、生涯にわたってのスポンサーであったことを知り奇妙な縁に驚いた。私の「寅さん」もまぎれもなく落語中の人物であり、この映画を作るにあたって、落語がどれほど参考になったか、いや落語を下敷にして「男はつらいよ」は出来上がっている、といってもいいのだが、主人公の名前を柴又の地でその晩年を過ごした「寅」にしたことの「偶然」も、ひょっとすると志ん生の生涯の友、兵隊寅なる人の導きであったのかもしれない、と私は考えたりもしている。

結城昌治「志ん生一代」朝日文庫版・あとがき

柴又に「寅」がいた。ということに、不思議な縁《えにし》を感じる。主人公の名前が車寅次郎と決まったとき、「兵隊寅」を意識していなかったとしても、「兵隊寅」が柴又の名物男だったことには変わりはない。山田監督の文章にあるように、晩年の地を柴又で過ごした「寅さん」と、昭和から平成にかけて葛飾柴又の象徴となった「寅さん」が同じ呼び名であった「偶然」は、「必然」だったのかもしれない。

そして寅次郎という名前で、頭に浮かぶのが、喜劇の神様・斎藤寅次郎監督。山田監督は、子供の頃から「落語」が好きだったように、「喜劇映画」の大ファンでもあった。斎藤寅次郎は、大正十一（一九二二）年、松竹蒲田撮影所に入所し『不景気征伐』（一九二七年）、『浮気征伐』（一九二八年）を皮切りにナンセンス喜劇を連作。例えばハリウッド映画『西部戦線異状なし』（一九三〇年）が近日公開と知るや、その前に『全部精神異常あり』（一九二九年）を撮ってしまう。

当時の蒲田撮影所長・城戸四郎は「斎藤のはテンポがある。タッチがフレッシュだ。コスチューム・プレイなんかでも、かなりおもしろいものがある。それから肝心なのはアクションだ。アクションの畳み込みがうまい。そういういくつかの点で、彼のナンセンスものは成功した。いまでも彼の喜劇は、他の追随を許さぬものがひらめいている。」と語っている。

その斎藤寅次郎監督は、『子宝騒動』（一九三五年）、『この子捨てざれば』（一九三五年）などの傑作を発表し、東宝へ移籍、榎本健一、古川緑波、横山エンタツ・花菱アチャコ主演の喜劇映画を次々と発表。戦後も、新東宝、松竹、大映で、オールスター喜劇人を集めた、アチャラカ喜劇を精力的に手掛けていた。

山田監督と何度か斎藤寅次郎監督の話をしたことがあるが、一つ一つのギャグが、いかに面白かったかを、身振り手振りを交えて解説してくれた。

『男はつらいよ』シリーズの冒頭の「寅さんの夢」は、時代劇だったり、西部劇やミュージカルだったりと、寅さん一家総出演による「アチャラカ喜劇」の味わいがある。ここに戦後の新東宝での寅次郎喜劇を感じる。また主題歌が流れるタイトルバックは、基本的に台詞のないサイレントのドタバタ喜劇、スラップスティック・コメディの楽しさに溢れている。こちらは松竹蒲田時代の寅次郎喜劇の味でもある。

『男はつらいよ』には、喜劇の神様・斎藤寅次郎監督とその作品へのリスペクトを感じる。もちろん、車寅次郎のネーミングの際に、山田監督は斎藤寅次郎を意識してはいないと思うが、結果的に「寅さん」ブームが起きて、一九七〇年代に再び、斎藤寅次郎監督に注目が集まった。

そのとき、斎藤監督は「現在の寅さんに悪いから」と、名前を寅二郎と改名。それに恐縮した山田監督と渥美清が、斎藤監督を表敬訪問するということになった。そのときのことを、のちに、山田監督はこう述懐している。

斎藤寅次郎監督がある時期に寅二郎と改名されたが、それはフーテンの寅こと車寅次郎と同じ名前であることを嫌ったからだ、という説が流布されだした。『寅さんシリーズ』がスタートして数年経ったからである。

「寅さん」の命名についてはそれなりの訳があるのだが、斎藤さんの名前と重なることにはまったく気がついていなかったので、この噂を聞いたときは狼狽した。大尊敬している巨匠に失礼なことをしたのである。ただしずっと後になって、寅二郎が斎藤さんの本名だと知り、少し安心したものだが。

山田洋次ＮＦＣニューズレター63号

落語好き、喜劇映画好きの山田監督にとって、

「兵隊寅」「喜劇の神様」という二人の「寅さん」の存在も、偶然とはいえ、不思議な縁で結ばれているのである。

国民的映画と柴又

「男はつらいよ」が作られたのは昭和四十四(一九六九)年から、平成七(一九九五)年まで、昭和から平成にかけて、日本が大きく変貌を遂げた時代でもある。しかし、山田洋次監督と、高羽哲夫キャメラマンは「変わらないこと」を身上に、日本の風景を撮り続けた。寅さんが旅する地方の光景は、観客に「懐かしきふるさと」を感じさせ、その「変わらないこと」に観客は安堵を覚え、寅さんのいる風景を体感していた。

しかし、高度成長時代が終わり、ドルショックに、石油ショック、節約の時代を迎え、映画の制作体制も大きく変わっていったのが「男はつらいよ」の時代でもあった。

シリーズが始まった頃の帝釈天参道はまだ舗装されていなかった。軒をならべる商店もスクリーンに映されるのは、昭和四十年代という時代を感じさせる。作品を重ねていくうちに、店構えや建物にも変化が見られる。年に二作ずつ、というペースにより柴又の街並みの定点観測ともなっている。

第八作『男はつらいよ 寅次郎恋歌』(一九七一年)で、マドンナ貴子(池内淳子)が切り盛りする喫茶店「ローク」は、帝釈天脇にあった実際の喫茶店。その前の第五作『男はつらいよ 望郷篇』(一九七〇年)にはすでに開店しており、スタッフが撮影の合間に休憩していた店だった。第一作『男はつらいよ』(一九六九年八月)の予告篇では、「Sunkist」と書いた看板のある商店で長屋風の建物であることが確認できる。

そして第二作『続 男はつらいよ』(一九六九年十一月)は、その店が取り壊されて、新しく建物が建築されていることが、前半の寅さんとさくらの、題経寺鐘楼前の芝居のシーンではっきりとわかる。

第四作『新 男はつらいよ』(一九七〇年二月)の前半で、寅さんが競馬で一儲けして、名古屋からタクシーで帰ってくる場面で、タクシーが左折するショットで、その建物が完成したことが確認できる。この時点ではシャッターが降りていて、まだ店ではない。

第五作『男はつらいよ 望郷篇』(一九七〇年八月)では、ラスト近く、江戸川花火大会の夜、失恋した寅さんが去って行くシーンで、やはり鐘楼前からのショットがある。そこではすでに「コーヒーの店」との看板が確認され、二階から江戸川の花火を見物する家族が見受けられる。

それから、山田監督、脚本の朝間義隆はじめ、コーヒー好きのスタッフの休憩場所として使われるようになった。店を経営する、六波羅貴朋子さんがモデルとなって、第八作『男はつらいよ 寅次郎恋歌』の物語が作られたという。

『男はつらいよ』は、柴又の視点で観れば「商店の映画」でもある。「とらや」は架空の店であるが、さくらの結婚式が行われた「川甚」、第三作『男はつらいよ フーテンの寅』(一九七〇年)で寅さんがお見合いをした「川千家」など実際の店も登場する。第一作『男はつらいよ』の冒頭の宵庚申《よいこうしん》には、柴又神明会の若い衆たちが、纏を振って、威勢良く登場する。単なる映画のロケ地としてではなく、『男はつらいよ』の世界と、現実の柴又がつながりを持ち始めたのは、映画化によってである。

もちろん「備後屋」「蓬莱屋」といった架空の屋号も出てくる。しかし、回を重ねるうちに、観客にとって、「とらや」はおいちゃん、おばちゃん、さくらが、寅さんの帰りをいつも待っているリアルな場所となっていく。

「とらや」の撮影を行ったのは、当時参道にあった柴又屋(昭和末に「とらや」に屋号変更)。外景は、スタッフが撮影のたびに飾り込んで、それらしい雰囲気にしたという。

山田監督が、初めて柴又の味に触れた、高木屋老舗は、第一作『男はつらいよ』の巻頭で、寅さんが店の中から、出てきて「おう、貸しな」と纏を若い衆から受け取る場面に登場する。天婦羅の大和家も、シリーズ初期から登場している。

大和家を営む大須賀家の歴史は古く、菩提寺の過去帳によればそのルーツは、千二百年前に遡る。明治時代、高町(縁日)で、天ぷら、寿司、団子などの商いをしていた。いわば寅さんの大先輩である。天ぷらの屋台が評判となり、それを店先で始めたのが大和家の始まりだという。

寅さんが「望郷の念」を抱いて帰郷してくる「懐かしい故郷・柴又」は、次第に観客にとっても、映画館のスクリーンの中に入り込んで、年に二回、帰っていく「特別な場所」となっていった。

第二十九作『男はつらいよ 寅次郎あじさいの恋』(一九八一年)で、寅さんが、旅先で「どこなんだい、君のふるさとは?」と問われたときに、胸を張って晴れがましく「東京は葛飾柴又、江戸川のほとりよ」と答える。そうした場面の寅さんの感情は、観客にとって共感できるものとなっていった。

そして、物語のなかで、生き生きと、ときには息苦しいまでの濃密な人間関係が描かれ、本音がぶつかりあい、お互いがお互いを想い合う姿は、アーサー・ビナードが指摘したように「生態系」として、観客の感情のなかで増幅されていく。

そうしたなかで、マドンナが切り盛りする店として、第八作『男はつらいよ 寅次郎恋歌』に登場した喫茶店「ローク」は、現実とフィクションの境界線をなくしてしまう特別な装置として機能している。

六波羅貴子(池内淳子)は、三年前、夫と死別、今は、小学三年生の息子・学(中澤祐喜)と二人暮らし。生活のために、帝釈天参道脇に喫茶店「ローク」を開業する。「とらや」に挨拶に来た貴子を見て、おいちゃんやタコ社長は、寅さんが帰ってきたら、一目惚れして、またひと騒動になると心配をする。案の定、寅さんが帰ってきて、おいちゃんやタコ社長たちは、なんとか貴子に合わせまいと、余計な気を回す。

それが笑いとなって、寅さんがいつ貴子に会ってしまうかが、ある種のサスペンスとなってゆく。やがて寅さんが、題経寺の境内で、学校を早退して寂しげな学に声をかけていると、そこへ貴子が現れる。

寅さんは落ち着いて、貴子と話をしているが、内心はドキドキ、一体彼女は誰なんだろう? 参道を歩いて、「とらや」へと帰ってくる。

ここからは、いつもの展開となる。そして最終的には、寅さんがタコ社長にからかわれて、怒って追いかけて、タコ社長が逃げ込んだ先が喫茶店ロークだったというオチとなる。それからこの店が、本編での主要な舞台となってゆく。

もちろん、最後は寅さんにとっては、悲しい結末となるのだが、以降の作品でも二天門側から鐘楼の前を写すショットに、「ローク」が写っていると、第八作のマドンナの貴子と息子の学の健在を、観客がイメージすることになる。

こうして『男はつらいよ』における柴又は、単なる撮影場所ではなくて、映画の登場人物たちが息づく街として、観客に印象付けられていった。

ちなみに、喫茶店「ローク」は、第三十一作『男はつらいよ 旅と女と寅次郎』まで、映画のなかに風景として登場する。ことほど左様に、このシリーズは、柴又の一つの店の定点観測にもなっているのである。

さくらのアパートと家

変わらない風景ということであれば、さくらと博が住んでいたアパートも、毎回、同じ場所でロケーションをしている。第一作で、「とらや」の裏手の共栄印刷(第五作からは朝日印刷)に勤務する諏訪博と結婚したさくらは、第二十六作『男はつらいよ 寅次郎かもめ歌』(一九八〇年)でマイホームを購入するまで、アパート暮らしをしていた。

映画に最初にアパートが登場するのが、第四作『新 男はつらいよ』(一九七〇年)である。呼び出し電話でさくらが話すショットの張り紙に「江戸川荘」とある。続く第五作『男はつらいよ 望郷篇』(一九七〇年)では「コーポ江戸川」と名前が変わっている。第四作ではワンショットのみだったが、第五作では、寅さんが「渡世の義理を果たすため」にさくらに、北海道への旅費を借りに来るシーンで、さくらのアパートの部屋での芝居場がある。

そこでさくらに「額に汗して、油まみれになって働く人と、いいカッコしてブラブラしている人とどっちが偉いと思うの。お兄ちゃん、そんなことが分からないほど頭が悪いの……地道に働くっていうことは尊いことなのよ」と説教をされる。

神妙な顔をしてうなだれる寅さん。さくらが五千円札を取り出す。「いつだったか満男にアメでも買いなってくれたでしょ、あのお金よ」と、さくらがいうのは、第二作『続 男はつらいよ』(一九六九年)の前半にあったシーンのこと。前述の「ローク」建築中のショットの題経寺の鐘楼前のシーンである。シリーズを丹念に観ているファンにとって、こうしたつながりが、映画で描かれていない、寅さんやさくらの「現実の時間」を意識させてくれるのである。

さて、さくらのアパートである。第二十作『男はつらいよ 寅次郎頑張れ!』(一九七七年)で、旅立つ寅さんに、さくらがお金を渡すシーンに登場する。アパート名は「こいわ荘」となっている。

ロケーションをしたのは、第五作『男はつらいよ 望郷篇』と同じ、葛飾区柴又四丁目付近。アパートのすぐ横を京成金町線が走っている。映画のなかでもアパートの場面で、電車の通過の音が聞こえてくるし、寅さんがアパートから出て駅に向かうショットも何度も登場する。位置的にいうと、寅さんが歩いて行く方向は、高砂駅方面なのは、演出上の効果を考えてのこと。

さくらと博、満男は第二十五作『男はつらいよ 寅次郎ハイビスカスの花』(一九八〇年)まで、このアパートに住んでいたことになる。結婚して十一年、町工場につとめる博にとって、マイホームは夢のまた夢だった。

第九作『男はつらいよ 柴又慕情』(一九七二年)では、アパートが手狭になり、家賃が上がったこともあって、博がマイホームを建てる決意をしたことがある。タコ社長が二十坪の土地を貸してくれて、おいちゃんたちも協力することになった。「とらや」の二階を貸間にして、頭金の足しにでもなればと考えて「貸間あり」の札を、店の軒先に下げたところに、折悪しく寅さんが帰ってきてしまった。

そこでひと悶着。寅さんは、金町駅前に実在する林不動産を皮切りに、下宿探しをすることになる。

こうした「住まい」についての挿話が、シリーズにはしばしば登場する。さくらが洋裁の内職をして、博の薄給の中から貯蓄をして貯めたマイホーム資金。念願の一軒家を手に入れたのは、第二十六作『男はつらいよ 寅次郎かもめ歌』(一九八〇年)になってから。

場所は柴又五丁目の高架線の近く。現在の北総新線・新柴又駅のほど近くにある。第二十六作の前半で、寅さんがその新居を訪ねるシーンがある。山田洋次監督と朝間義隆によるシナリオにはこう記述されている。《題経寺の裏手、江戸川の堤の見えるあたり、畑をつぶして新しいアパートや建売り住宅が並ぶ一郭に、さくらの家もある。》

寅さんは、妹夫婦には、もっと立派な家に住んで欲しいと思っていたようで、建売りの狭小住宅に、少しだけ驚いた表情を見せる。窓の外には、江戸川の光景が広がると思って窓を開けたら、隣家の主人(林家珍平)が着替えをしていたというギャグもある。

それから寅さんは一人二階に上がり、リビングで御前様からの贈り物の時計を眺めているさくらに声をかける。

寅「この空き部屋なんだい？ 下宿人でも入れるのか」
さくら「それはね、お兄ちゃんの部屋。」
寅「……」
さくら「泊まる部屋があると安心でしょ」
寅「お前今、なんでも欲しいものやるって言ったら、何が欲しい？」

どんな時でも兄のことを思うさくらの気持ち。その妹の真心に感動する寅さん。バックに流れる音楽は「埴生の宿」。こうした細やかな心のやりとりで、『男はつらいよ』が、観客の琴線にふれ、共感の感動を呼ぶ。同時に、寅さんが故郷として愛し、さくらたちが居住している、柴又という土地に、リアリティを与えてくれるのである。

この柴又五丁目の家は、第四十作『男はつらいよ 寅次郎サラダ記念日』(一九八八年)まで登場する。その後、北総新線の工事にともない、撮影場所が立ち退きを余儀なくされた。スクリーンのなかでは、ずっと同じ家という設定で、基本的に間取りは変わらないが、スタッフは新たな撮影場所を探すこととなった。

第四十一作『男はつらいよ 寅次郎心の旅路』(一九八九年)からの二番目の家は、同じ江戸川沿いだが、第二作『続 男はつらいよ』(一九六九年)で、寅さんの葛飾商業時代の英語教師・坪内散歩先生(東野英治郎)が住んでいた葛西神社の近く、東金町六丁目となった。

第四十三作『男はつらいよ 寅次郎の休日』(一九九〇年)では、江戸川を小岩方向に下った江戸川区北小岩七丁目付近に、撮影場所が変わっている。さらに第四十六作『男はつらいよ 寅次郎の縁談』(一九九三年)から、最終第四十八作『男はつらいよ 寅次郎紅の花』(一九九五年)まで、北小岩四丁目付近の家で撮影している。

スタッフは、なるべく同じようなロケーションの場所を探すのに苦心をしたという。ちょうどバブル景気のさなか、柴又に限らず、東京の地価が高騰、古い建物が取り壊され、建築ラッシュが続いていた。

古いものを壊し、新しいものを建てる。スクラップ・アンド・ビルドを是としてきた高度成長時代からの価値観に対し、山田洋次監督はつねに「それで良いのか?」という疑問を、映画を通して表明してきた。

日本万国博覧会に沸く昭和四十五(一九七〇)年、長崎県・伊王島での炭鉱夫の生活に見切りをつけて、井川比佐志と倍賞千恵子、そして笠智衆の一家が、北海道の中標津まで新天地を求めて移住していく『家族』という作品がある。ドキュメンタリー・タッチでとらえた、当時の日本の光景は、まさしくスクラップ・アンド・ビルドの真っ只中。そんな時代に翻弄される家族の呆然とした姿に、山田監督の憤りを感じる。

『男はつらいよ』が作られた時代は、まさしく、そうしたスクラップ・アンド・ビルドの時代でもあった。変わりゆく時代に、変わらないことを身上としたシリーズが作られていたことは、象徴的でもある。

第四十作『男はつらいよ 寅次郎サラダ記念日』が作られた昭和六十三(一九八八)年は、バブル経済の時代。タコ社長の朝日印刷にも地上げの波が押寄せてきた。タコ社長は、工員の中村(笠井一彦)に、《この土地は絶対に売りません 朝日印刷社長》とスローガンが書いてある、地上げ反対の看板を掲げさせる。柴又も再開発が迫っていたことが、こうしたシーンから見てとれる。

この『寅次郎サラダ記念日』で、御前様とさくらの会話に、山田監督の想いが込められている。

御前様「そうそう、昨日寅が来て久しぶりに歓談しました」

さくら「あら、どうせバカな事ばかり言ってたんでしょうね」

御前様「いやいや、近頃は金儲けしか考えん人間が、この門前町にも増えてきましたから、寅のような無欲な男と話してると、むしろホッといたします。うん　あれはあのままでいい」

昭和四十四(一九六九)年の第一作から十九年。柴又の風景も変わってきた。参道の商店もビルに建て替えられ、変わらないはずの風景が、変貌を遂げはじめていた。映画『男はつらいよ』シリーズを、柴又という街の定点観測としてみていくと、日本人の暮らしと、人々の感覚、時代の空気の記録となっていることがよくわかる。この『寅次郎サラダ記念日』で、「とらや」は「くるまや」と屋号を変えた。

フィクションの世界で考えれば、おそらく、おいちゃんとおばちゃんが、ずっと旅の暮らしを続けている寅さんに跡を継がせるのを諦めて、屋号を変えたのかもしれない、ともとれる。

昭和も終わりに近づいた昭和六十三(一九六九)年に「とらや」が「くるまや」に変わったことは、スクラップ・アンド・ビルドの時代と大きく繋がっているのかもしれない。

しかし一九九〇年代に入ると「変わらない」寅さんが、ますます時代に求められるようになってきた。寅さんがマドンナに恋をする、いわゆる、誰もがイメージをする『男はつらいよ 寅次郎心の旅路』(一九八九年)は、第四十一作『男はつらいよ』は、第四十一作『男はつらいよ 寅次郎心の旅路』(一九八九年)で華やかに、ひとまずの終止符を打った。寅さんが、柴又駅からオーストリアはウィーンに出かける『寅次郎心の旅路』は、お盆興行としては最後の夏の寅さんとなった。

続く、第四十二作『男はつらいよ ぼくの伯父さん』(一九八九年)からは、寅さんの甥・満男(吉岡秀隆)とガールフレンド、及川泉(後藤久美子)の「青春物語」として新たな展開を見せる。この作品の観客動員数は、一九〇万人を突破。前作『寅次郎心の旅路』が一八五万二〇〇〇人だったことを考えれば、この作品から新たなファンが増加したことがわかる。

リアルタイムで『男はつらいよ』を観続けてきた一部のファンは、シリーズの変容に戸惑いを見せたが、恋や人生に迷い悩む、若い満男や泉の姿に、同世代の若者たちが共感した。

また、それまでは映画館や、年に数えるほどのテレビ放映でしか観ることのできない「一期一会」の「寅さん映画」が、この頃からレンタルビデオで繰り返し観ることができるようになった。またBSや有料チャンネルなどニューメディアでの視聴もできるようになり、映画館以外での『男はつらいよ』に触れる機会が増えてきた。国民的映画と呼ばれるにふさわしく、これまで以上に多くの人々が『男はつらいよ』を味わうこととなった。

寅次郎、再び柴又を後にする

平成八(一九九六)年。山田洋次監督は、次回作となる第四十九作『男はつらいよ 寅次郎花へんろ』の準備をしていた。室生犀星の「あにいもうと」をベースに、兄の反対を押し切って、アメリカ人と結婚、故郷の高知から出ていった妹が、結婚に失敗して帰ってくる。兄は工事現場で働く粗野な男で、その妹への想いが強いだけに、つらくあたってしまう。二人の間に寅さんが入って……という物語の構想を、山田監督から伺ったことがある。

兄には西田敏行、妹には田中裕子が予定されていたが、この年の八月四日の渥美清の急逝で、幻の作品となってしまった。

この第四十九作では、満男と泉がようやく結婚式を挙げることになり、ぜひ、寅さんに出席してほしいと、さくらたちは思っているが、例によって糸の切れた凧で、音信不通。連絡の手立てもない。披露宴がはじまり、みんなが気を揉んでいるところに、寅さんが現れて一世一代のスピーチをする。そしてまた旅の人となる、という構想だったという。

第一作『男はつらいよ』でさくらの結婚のキューピッドとなり、平成に入ってからの「満男シリーズ」ともいうべき作品群では、満男と泉の良き相談相手となった寅さんが、甥の結婚式を見届ける、という大団円は、まさしくシリーズの幕引きにはふさわしいものだった。

渥美清の死によって、最終作となった第四十八作『男はつらいよ 寅次郎紅の花』(一九九五年)は、シリーズ最高のマドンナの一人、浅丘ルリ子演じるリリーと寅さんが奄美群島の加計呂麻島で共に暮らしているという、ファンにとっては夢にまで見た状況で寅さんが登場する。冒頭、阪神淡路大震災の直前に、神戸からクッキーを送って来たまま音信不通だった寅さんが、加計呂麻島でリリーと暮らし、およそ一年ぶりに柴又に帰ってくる。

睦まじい二人を見ていると、さくらたちだけでなく、観客も幸福な気分になれる。しかし、二人はちょっとしたことで喧嘩。リリーが奄美大島に帰る時間が近づくも、寅さんは「くるまや」の二階で憮然としている。そのときに、さくらが言ったことばは、長年のファンの想いでもあった。

「今だから言うけど、お兄ちゃんとリリーさんが一緒になってくれるのは、私の夢だったのよ。お兄ちゃんのようなわがままで、自分勝手な風来坊に、もし一緒になる人がいるとすれば、お兄ちゃんの駄目なところをよくわかってくれて、しかも大事にしてくれるような人がいたら、それはリリーさんなの、リリーさんしかいないの。」

シリーズでは、何度となく、二階の寅さんの部屋でのさくらとの二人だけの会話が展開されてきた。さくらも、寅さんもここでの二人だけのときには、本音を漏らす、いわば二人にとっての聖域。この会話のあと、寅さんは階下に降りて、「おいリリー、送って行くよ」とリリーの乗ったタクシーに乗り込む。リリーは「ねえ、寅さん。どこまで送っていただけるんですか?」そこで寅さんは「男が女を送るって場合にはな、その女の玄関まで送るってことよ」と言い放つ。

そのままタクシーは金町方面へ。そこで寅さんがカバンを忘れたことに気づいたさくらが、店員の三平(北山雅康)にカバンを持ってくるように頼む。必死に追いかける三平は、京成金町線沿いの柴又街道で、タクシーに追いつき、トランクにカバンを入れて、タクシーを見送る。

そのとき三平の「お幸せに」ということばは、このシリーズを見続けてきたファンにとっては、感無量なものとなった。夕暮れの柴又街道を去ってゆくタクシー。これが渥美清にとって最後の柴又ロケーションとなった。

『男はつらいよ』シリーズは、寅さんが二十年ぶりに葛飾柴又に帰還するところからはじまり、二十六年後に、最高のパートナーとともに葛飾柴又を後にする、柴又という土地が主役の物語でもあったことが、シリーズを通して観続けていくと実感できる。

アナホベのトラと寅さん埴輪

シリーズがまだ続いていた平成四(一九九二)年、東大寺正倉院から「下総国葛飾郡大嶋郷戸籍」が発見された。

養老五(七二一)年のもので、大嶋郷は、甲和里《かわわり》、仲村里《なかむらり》、嶋俣里《しままたり》に別れていた。甲和里は現在の小岩のことで、仲村里は水元公園のあたり、嶋俣里とは葛飾柴又。「シママタ」が押韻変化で「シバマタ」になった。

葛飾区郷土と天文の博物館の学芸員(当時)・谷口榮氏が調べると、一〇九一人の住民のうち、名前が読み取れる六一七人のなかから「孔王部刀良(アナホベノトラ)」という男性七人と、「孔王部佐久良売(アナホベノサクラメ)」という女性二人を見つけた。

谷口榮氏は、区を通して山田洋次監督に「この戸籍のことを知っていたのだろうか?」と問い合わせると、山田監督からは「知らなかった」と返事があった。当時の戸籍は期間が過ぎると、貴重な紙は再利用されたために、戸籍簿そのものが残っていることは稀である。大嶋郷の戸籍は、東大寺の写経所に払い下げられた後、奇跡的に正倉院に保管されていた。

正倉院のある東大寺といえば、第一作『男はつらいよ』(一九六九年)のロケ地でもある。寅さんが初代マドンナで御前様の娘・坪内冬子(光本幸子)と二十数年振りに再会したのが、東大寺の二月堂だった。養老五(七二一)年の柴又の「トラとサクラ」の戸籍簿が、第一作で寅さんと冬子が再会した昭和四十四(一九六九)年には、まだ正倉院のなかで眠っていたのである。

その偶然は、前述の「兵隊寅」の話同様、不思議な偶然でもある。古来からトラという名前があった土地に、寅という人物が流れてきて、土地の名物男になっただけでも、驚くべきことなのに、この土地を舞台にした『男はつらいよ』の主人公の名前が車寅次郎だったこと。そして妹・さくらの名前も、アナホベノトラと同時代にあったこと、である。

さらに平成十三(二〇〇一)年、葛飾区が発掘調査をしていた柴又八幡神社にある、前方後円墳「柴又八幡神社古墳」から、シルクハット型の帽子を被った男性の埴輪が出土した。しかも、高さ二十五センチ、幅十三センチの頭部がほぼ無傷の状態。そのスタイルを見た、ボランティアの女性は「寅さんだ」と声を上げたという。

しかも出土したのは、平成八（一九九六）年に亡くなった渥美清の命日の八月四日だった。すぐに「寅さん埴輪」と命名され、発掘した谷口榮氏によれば、帽子の下に鉢巻をしているのは、古代朝鮮の男性の正装と同じだという。

柴又八幡神社は、古くから鎮守様として、柴又の人々の信仰の対象だった。江戸時代に帝釈天題経寺が開山される以前から、柴又の中心地であり、古代には、この時代の千葉県市川市周辺で大勢力を誇っていた有力者の支配下にある、西の境の有力者だったと、谷口榮氏は分析している。

養老五（七二一）年の「下総国葛飾郡大嶋郷戸籍」に記載されているアナホベノトラ、アナホベノサクラの時代にも、柴又八幡神社古墳には、この「寅さん埴輪」が眠っていた。

寛永六（一六二九）年に、帝釈天題経寺が開創されたときにも「寅さん埴輪」が眠っていた。

戦前、兵隊寅が浅草から柴又に移り住んだ時にも、早乙女勝元が山田洋次監督を高木屋老舗に案内したときも「寅さん埴輪」が眠っていた。

それを考えながら、『男はつらいよ』シリーズを改めて観ると、山田監督のことも、渥美清さんのことも、『男はつらいよ』という作品がこの地で作られることになったのも、不思議な土地の力が作用しているのかもしれない。という気持ちになってくる。

そうして考えてゆくと『男はつらいよ』シリーズというのは、アーサー・ビナードが指摘したように「単なる映画ではない」「それ以上の力を持った何か」であると捉えることができる。

作品が魅力的であるのはもちろん、演者の素晴らしさももちろん、そして土地の持つ不思議な力が、人々を柴又に引き寄せてくる、そうともとれる。

「寅さんテーマパーク」としての柴又

平成八（一九九六）年、渥美清さんの四十九日の頃、『男はつらいよ』のメインキャストが、柴又に撮影のために久しぶりに訪れた。青島幸男東京都知事の発案で「東京のゴミはつらいよ」というゴミのキャンペーンのポスター撮影のためである。おいちゃん(下條正巳)、おばちゃん(三崎千恵子)、さくら(倍賞千恵子)、博(前田吟)、源ちゃん(佐藤蛾次郎)、タコ社長(太宰久雄)、三平ちゃん(北山雅康)、佳代ちゃん(鈴木美恵)たちが、参道に出て、みんなで手を振っている。まるで旅に出る寅さんを見送るかのように。

このポスターは、都営地下鉄の各駅に張り出され、行き交う人は、柴又と寅さんに想いを馳せた。いつまでも寅さんは、寅さんを想う人々の心の中に生きている、それを実感させてくれるポスターだった。

そして平成九(一九九七)年、出張帰りの満男(吉岡秀隆)を三平ちゃん、佳代ちゃんが参道で「ご苦労様」と出迎えるシーンの撮影が行われた。山田洋次監督と山田組のスタッフが揃っての、『男はつらいよ 寅次郎ハイビスカスの花 特別篇』のエンディングの撮影だった。

変わらない日常がさりげなく描かれている。家路につく満男を捉えたキャメラが、参道の上空に上がって行く。備後屋(露木幸次)と挨拶を交わす満男。カラスの鳴き声、そして源ちゃんが撞《つ》いているであろう鐘の音が聞こえてくる。キャメラが、題経寺の二天門を越えたあたりで、ワンフレーズ、山本直純作曲の「男はつらいよ」のメロディが流れる。第二十五作『寅次郎ハイビスカスの花』(一九八〇年)をデジタルでリニューアルした本編のエピローグなのだが、寅さんへの想い、柴又への思い、シリーズへの想いに溢れた名ショットとなっている。

平成二十一(二〇〇九)年、筆者は葛飾区からの依頼で「寅さんふるさと名言集」プロジェクトに協力をさせていただいた。柴又駅から、寅さん記念館にかけての十四箇所に、観光案内のサイン看板十一箇所を設置、そこに『男はつらいよ』シリーズの「寅さんのことば」を記そうという企画だった。

そのときに、思い至ったのが、葛飾柴又は「寅さんテーマパーク」として、実は機能しているのではないか、ということだった。

映画が作られているときは、年に二回、キャストと撮影隊が二週間ずつ、柴又で撮影をしていた。そのときは柴又が映画の撮影現場となる。お盆やお正月、そして庚申のときには、多くの参詣客が訪れることとなったが、そのほとんどが「映画を観て」という人だったと思われる。

柴又を訪れた人々は「映画そのもの」と、かつてスクリーンやテレビで観た光景が眼前にあることに感動し、参道の団子屋や、鰻屋に立ち寄ると「寅さんがいるかもしれない」という感覚となる。ここは映画の撮影場所だった、という認識よりも「映画の中に入り込んでしまった」気持ちになる。

京成柴又駅を降り立つのは、寅さんではなく、旅先で寅さんに声をかけられ「困ったことがあったら、東京は葛飾柴又、帝釈天参道にある、「とらや」を訪ねてきな」ということばに背中を押されてきたマドンナたちだった。

改札口は「寅さんワールド」のメインゲートであり、参道に立ち並ぶ商店はワールドバザール。正面の帝釈天題経寺はシンデレラ城で、その裏を流れる江戸川はアメリカ川、矢切の渡しはジャングル・クルーズ。そしてメインアトラクションは「寅さん記念館」。東京ディズニーランドに重ね合わせると、柴又がテーマパークとしての要件を満たしていることがわかる。

来訪者は、柴又駅で「さくらと寅さんの別れ」を思い出し、改札口で寅さんや源ちゃん（佐藤蛾次郎）たちに出迎えられるマドンナや、旅先で知り合った人のような心持ちになる。団子屋の裏手には、タコ社長の印刷工場があるのではないか？　寅さんが「相変わらず馬鹿か」と声をかけて来そうな参道を歩いていると既視感に見舞われる。多くの人が、映画を観ることとは違う、観た映画の中に入り込む、バーチャルな感覚になるのである。


シリーズが終了して、すでに二十年以上の歳月が経っているのに、テレビで『男はつらいよ』が放映された翌日、特に週末には、多くの人々が柴又を訪ねてくる。映画は第四十八作でひとまず終了しているけれども、来訪者にとっての『男はつらいよ』が続いているかのように……。

現在では、駅前に後ろ髪を引かれるように振り向く寅さん像と、最愛の兄を見送るさくら像が、この土地を訪れるものを、出迎えて見送ってくれる（二〇一九年追記）。

土地が映画を引き寄せ、映画が人々を引き寄せる。

その中心にあるのは帝釈天題経寺であり、参道の賑わいである。葛飾柴又は、映画の舞台ではなく、永遠に続く『男はつらいよ』と寅さんの世界の入り口でもあるのだ。

二〇一五年三月二十日

平成二十七年　柴又地域文化的景観調査委員会・葛飾区教育委員会編

葛飾・柴又地域　文化的景観調査報告書より

第二章

昭和四十四～四十八年

桜が咲いております

映画『男はつらいよ』第一作が公開されたのは、昭和四十四(一九六九)年八月二十七日。この年の七月二十日、アメリカのアポロ十一号が月面着陸をして「人類月に立つ」と大きなニュースになりました。

山田洋次監督の原作・監督による「男はつらいよ」は、フジテレビで前年十月にスタートしたテレビドラマの映画化です。この年三月二十七日に放送された最終回で、寅さんが奄美群島・徳之島でハブに咬まれてしまう衝撃のラストに抗議が殺到。それを知った山田監督が、急遽、映画化を企画。後に「国民的映画」と呼ばれるようになる喜劇映画シリーズが誕生したのです。

第一作は、寅さんのモノローグで始まります。「桜が咲いております。懐かしい葛飾の桜が今年も咲いております……」モノクロ画面いっぱいに映るのは、柴又にほど近い水元公園の桜。テレビの最終回が終わって間もなく、ロケをしています。

寅さんに「桜の花」はよく似合います。妹・さくらのイメージもあるでしょうし、寅さんが満開の桜の花の下にいる姿を想い抱く人も多いでしょう。でも、映画で「桜の花」が登場した回は、多くはありません。なぜなら、寅さん映画は「お盆と正月の風物詩」だったからで、大抵の作品は、初夏から盛夏にかけてか、晩秋からお正月にかけての物語となっているからです。

第一作の冒頭、第二作『続 男はつらいよ』(一九六九年十一月)のラスト、春に公開された第四作『新 男はつらいよ』(一九七〇年二月)、第七作『奮闘篇』(一九七一年四月)がすぐに思い浮かびます。シリーズ当初は、ハイペースで作られていたこともあり、「春の寅さん」はこの二作だけとなりました。

そして、夏の寅さんに「桜の花」が登場したのは、第三十八作『知床慕情』(一九八七年八月)のオープニングでした。秋田県角館市の「みちのくさくらまつり」が登場します。北上するさくら前線とともに、寅さんは旅を続けていたのかもしれない。画面を眺めながら、そんなことをファンは夢想するのです。

二〇一一年四月九日

第一作　男はつらいよ

一九六九年八月二十七日

愚兄賢妹

昭和四十四(一九六九)年三月二十七日、フジテレビ系放映のドラマ「男はつらいよ」が放送第二十六回目で、最終回を迎えました。演出はフジテレビのディレクターでプロデューサーも兼ねていた小林俊一さんです。寅さんが、ひと山当てようと、異父弟・川島雄二郎(佐藤蛾次郎)を連れ、奄美群島・徳之島へハブ取りに出かけます。

鹿児島から乗り込んだ連絡船のデッキで、寅さんが「島育ち」を唄います。後に第四十八作『寅次郎紅の花』の茶の間のシーンで、リリー(浅丘ルリ子)がこの歌の悲しい物語を語り、唄う「加那も年頃～」の、あの歌です。奄美群島の徳之島に着いた寅さんは、さっそくハブを捕まえようと繁みの中に入っていきます。なんと、この最終回で寅さんはハブに咬まれて、死んでしまうのです。

テレビ版「男はつらいよ」は現存する第一話と最終回、第二十六話を収録したＤＶＤがリリースされています。渥美清さんの、きつくネジを捲いたゼンマイ人形のような、キビキビとした動き、鮮やかな口跡は、テレビの前の視聴者を釘付けにしました。ハプニング、アンチ・タブーの時代とはいえ、香具師《やし》＝テキ屋を主人公にしたドラマは、いろいろな意味で新しかったのです。

構成と脚本を手掛けていた山田洋次監督は、かつてぼくのインタビューに「(この番組は)ホームドラマなんですよ。そこに放浪者が出たり入ったりすることで、定住者の世界が際立つし、そのことによって、定住しない人たちの、喜びとか悲しみというものも出て来るのじゃないのか」という想いで、「放浪者と定住者」の世界を描いたと、話してくれました。

「愚兄賢妹」というコンセプトのなかに、寅さんとさくらという「放浪者と定住者」を描いたのが、「男はつらいよ」の世界です。寅さんとさくらは対称的でありながら、お互いを想い遣っています。「放浪者は常に定住したいという憧れはあるし、定住者は常に旅立ちたいという憧れを持っている」と山田監督は、テレビドラマという限定された枠のなかで、「男はつらいよ」の物語を紡いできました。

テレビは回を追う毎に評判となり、少しずつ視聴率も上がり、当初一クール（十三回）の約束が、結局二クール（二十六回）となりました。さらに一クール続きそうな気配となり、山田監督はある時、スタッフとキャストに「寅さんは奄美大島でハブに咬まれて死んじゃいます」と告げます。

その時、櫻を演じていた長山藍子さんは、ぼくのインタビューに「最終話に近い時に、やっぱり山田先生がいらして、静かに「寅さんは死にますよ」と、おっしゃったんですね。「奄美大島でハブに咬まれて死ぬんです」っておっしゃって、「何で死ぬんですか？ 何で死ななきゃいけないんですか？」と（私が）言って、だからその時のお稽古場は最終回でもないのに、もう蛾次郎さんなんか泣いちゃって、（本読みが）出来なくなっちゃったんです」と話してくれました。

しかし、山田監督は「寅さんという人間が、この時代に生きているというのは、ドラマの上であって、実際は、今の時代はそんなことは許されるような時代じゃないんですよ」と、寅さんの幕引きについて説明をしました。

一九六九年の現代という時代の現実を見据えた作家の視点は、かくもクールだったのかとも思いますが、当時のことを考えれば、納得も出来ます。この年は、日本の、そして世界のカウンター・カルチャー、政治、モラル、映画、音楽、あらゆるコトやモノが大きく変革をとげた年でもあります。

寅さん自身がカウンターだったのです。ビートルズの名盤「アビイ・ロード」のレコーディング期間と、テレビ版最終回から映画第一作が作られるまでが、ほぼ同じなのも、興味深いです。

歌謡曲の世界一つとってもそうです。混沌とした状況のなかで、終りゆくもの、そして始まってゆくものが混在した時代でもありました。そうしたなか、極めてアナクロな寅さんが登場し、テレビでの役割を果たし終えたのが、衝撃の最終回だったのです。

ところが視聴者から抗議が殺到したことは、皆さんご存知の通りです。二十六話のドラマが続くうちに、スタッフやキャストだけでなく、テレビの前の視聴者にも、それぞれ車寅次郎という人物のイメージが醸成され、いつしか「みんなの寅さん」になっていたのだと思います。

「みんなが寅さんへの想いを抱いてくれていた。愛してくれていた。今度は寅がこうするだろう、ああするだろうと、楽しみにしてテレビを観てくれていたのに、突然、作者が出てきて、主人公を殺してしまう、それはやるべきことじゃなかったことを、いろんな反響、電話とか手紙とかで知らされてしまったんです。」と山田監督。

この抗議の電話をかけた一人に若き日の高田文夫さんもいました。

監督は、作り手と受け手の関係性について「いろいろと考えさせられたし、そもそもぼくたちがドラマを作ったり、映画を作ったりするということが、どういうことなのかということまで考えるきっかけになった」とインタビューで、話してくれました。そこで、寅さんをもう一度映画で復活させようと、山田監督は思い至りました。

その時、映画版のトップシーンは、江戸川に散る桜並木から始めようと思い立ち、慌ててキャメラを担いで江戸川堤に出かけました。しかし桜並木は昭和三十九(一九六四)年頃には、開発のために切られており、昔語りとなっていました。あちこち探した挙げ句、水元公園の散り始めの桜を、一日がかりで撮影。この時、まだシナリオはおろか、映画化の企画も正式には成立していなかったそうです。この撮影を手掛けたのが、まだ助手だった長沼六男キャメラマンでした。

後に『学校』シリーズ(一九九三〜二〇〇〇年)や、『たそがれ清兵衛』(二〇〇二年)、『隠し剣 鬼の爪』(二〇〇四年)、『武士の一分』(二〇〇六年)の時代劇三部作で、山田洋次監督作品を手掛けることになる名キャメラマンです。長沼さんによれば、「とりあえず桜を撮る」ということだけしか決まってなかったとのこと。第一作のトップシーンの撮影助手だった長沼さんが、最終作となった第四十八作『寅次郎紅の花』のキャメラを担当したことを考えると、感慨があります。

作り手の想いと、受け手の想い、さまざまな想いが結集して、昭和四十四年、寅さんは、映画で見事「再生」することとなりました。こうして映画『男はつらいよ』は、二十六年、四十八作続く、長大なシリーズとなってゆくのです。

二〇一二年四月七日

放蕩息子の帰還

昭和四十四(一九六九)年八月二十七日、記念すべき『男はつらいよ』が封切られました。東京は葛飾柴又帝釈天参道の老舗「とらや」に、車寅次郎が二十年ぶりに帰ってきます。時はあたかも庚申祭《こうしん》。寅さんはジャケットを脱いで、ワイシャツの袖をまくって纏《まとい》を高く掲げます。

「さァ、関東名物、柴又帝釈天の庚申祭りだァ、じいちゃんもばあちゃんも調子合わせてたたいてくれよ、ここは、柴又題経寺とくらい！」

と、威勢の良いかけ声とともに、祭りの渦の中心となります。その粋な姿に町内の人も惚れ惚れします。

ヒーロー登場の瞬間に相応しい、高揚感のある演出です。この庚申祭の纏持ちには、帝釈天参道の若い衆が扮しています。ゑびす家の旦那の若き日の姿があります。寅さんの吹き替えは、亀家の旦那です。この撮影にあたって、帝釈天参道の老舗連である神明会が全面協力をして、庚申祭を再現したとのこと。二十年ぶりの帰還を、寅さんが産湯を使った帝釈天題経寺と、その参道の人々が、お祭りで迎え入れます。ハレの日に、フラリと主人公が戻ってくるのです。

ちなみに「誰だい、あの飛び入りは？」という人は高木信夫さん(「とらや」の向かいの江戸家のご主人役で有名)、「だれだろう？」というおばさんは後藤泰子さん(八百満のおかみさん役)、「土地の者かしら」という女性は谷よしのさん(ご近所や宿の仲居さん役が多い)です。

さて映画の物語では二十年ぶりでしたが、観客にとって、寅さんの帰還は五ヶ月ぶり。ご存知のように「男はつらいよ」は、昭和四十三(一九六八)年十月から、この年の三月まで、フジテレビで全二十六話放映されたテレビドラマだったのです。

テキ屋を主人公にした異色のホームドラマ「男はつらいよ」は、俳優・渥美清の抜群の表現力と、エネルギッシュでキビキビした動き、そして時代に取り残された男の悲哀、さまざまな要素があいまって、人気番組となりました。それは原案・脚本としてドラマのコンセプト作りから参加した、山田洋次監督と、子供の頃から上野・浅草で渡世人たちの姿を見つめ、憧れてきた渥美清さんという、二人の天才のコラボレーションのなせる業でした。

また、このドラマを企画したフジテレビの小林俊一プロデューサーの慧眼なくしては、車寅次郎は、われわれの前に姿を現すことはなかったと思います。

小林俊一さんは、渥美さんのマネージメントをしている高島幸夫さん、フジテレビと提携している俳優座映画放送の古賀伸雄さん、そして「泣いてたまるか」を製作していたTBSのプロデューサーとともに「渥美清の新番組」についての打ち合わせをしました。そのとき「泣いてたまるか」の最終回「男はつらい」の脚本を書いた、松竹の山田洋次監督にシリーズ構成を依頼しようという話になったそうです。渥美さんの俳優としての限りない才能を広げた「泣いてたまるか」の延長上に「男はつらいよ」があると言われているのは、こうした具体的な背景もあります。

次の打ち合わせが、渥美清さんと山田洋次監督の対話でした。渥美さんは子供の頃から憧れたテキ屋についていて、様々なエピソードを、山田監督に話しました。そのとき、渥美さんは立て板に水のような、テキ屋の口上を再現。山田監督は惚れ惚れと聴き入ったそうです。

こうして、二十年も家出をしたまま行く方知れずだったテキ屋の兄貴と、しっかり者の妹の「愚兄賢妹」の物語「男はつらいよ」が誕生したのです。その経緯について、渥美清さん、山田監督、小林俊一さん、古賀伸雄さん、それぞれが折々に語っていますが、何より大事なのは、渥美さんと山田監督のコンビがここで本格的に動き出したことです。

渥美清さんは、山田監督の第三作『馬鹿まるだし』(一九六四年)に藤山寛美さんと共に特別出演、その後も『運が良けりゃ』(一九六六年)の火葬場の隠亡役で出演しています。いずれも、山田監督は渥美さんの放つエネルギーに圧倒され、怖かったと、ぼくに話してくれたことがあります。最初の出会いから四年の月日が経っていました。

その間に、山田監督は「泣いてたまるか」で、落語の「子別れ」をベースにした第十二話「子はかすがい」(一九六六年九月十一日放映)と最終第八十話「男はつらい」(一九六八年三月三十日放映)の脚本を手掛けています。演出はいずれもTBSの飯島敏宏ディレクター。ぼくらの世代では「ウルトラマン」のバルタン星人の生みの親でもあり、後にドラマ「木下恵介人間の歌」シリーズを手掛ける方です。「子はかすがい」には栗原小巻さん、「男はつらい」には前田吟さん、関敬六さんと、「男はつらいよ」に所縁の方が出演しています。

当初「愚兄賢妹」と名づけられたこのドラマのタイトルは、いつしか「男はつらいよ」となりました。小林俊一さんによれば、北島三郎さんの「意地のすじがね」（作詞・星野哲郎、作曲・島津伸男）のなかの「つらいもんだぜ男とは」というフレーズにインスパイアされたのです。山田監督の「男はつらい」も大きく貢献していたと思います。

小林俊一さんは「意地のすじがね」の作詞者・星野哲郎さんに、「男はつらいよ」の作詞を依頼。それが昭和四十三年八月二十六日のこと。作曲は山本直純さんに依頼しますが、多忙の直純さんは、〆切ギリギリまで曲に手をつけることが出来ず、もうタイムリミットという日の前夜に一気に書き上げたのが、主題歌「男はつらいよ」でした。永遠のスタンダードの裏側にはこんなエピソードもあります。

原案・脚本の山田洋次監督は、舞台をどうしようかと、小林さんたちと打ち合わせ、ロケハンを重ねていました。浅草のように下町情緒の残る、古くからのお寺の参道にある団子屋という設定だったので、川崎大師、西新井大師といった候補地がありました。しかし山田監督はどうもしっくりいかない。山田監督は、寅さんの故郷の原風景、旅先でも故郷を思うときに心の中でみつめる「川のある風景」が必要だと考えました。そこで思い出したのが、江戸川を湛えた葛飾柴又帝釈天参道だったのです。

山田監督は、昭和三十年代、助監督時代に、金町在住の作家・早乙女勝元さんの案内で、柴又を訪ねていたことがありました。その時はシナリオ作りの息抜きでした。古くからこの土地のことを知る早乙女さんは、そのとき、昭和二十二年のキャスリン台風のことや、東京大空襲の時の葛飾の様子などを、山田監督に話したそうです。

二人が食事をしたのは、帝釈天参道のお団子屋・高木屋老舗で、二人に昔語りをしたのが、女将さんの石川光子さんでした。石川光子さんは高木屋の女将さんとして、つとに知られています。山田監督の「けっこう毛だらけ（悪童 小説 寅次郎の告白 講談社）」とそのドラマ化「少年寅次郎」で、井上真央さんが好演した寅さんの育ての母親の名前が、車光子さんというのも、あながち偶然ではないと思います（追記）。

昭和三十年代、助監督時代の柴又でのことが、山田監督の脳裏をよぎり「柴又はどう?」という話になり、早速スタッフとロケハンに出掛けて、寅さんの故郷が葛飾柴又となったのです。

帝釈天参道には、老舗の川魚料理屋・川千家があります。山田洋次監督の八十四作目『東京家族』（二〇一三年）にも登場したので、皆さんご存知だと思います。第三作『フーテンの寅』で寅さんがお見合いをするのも川千家でした。

ここは、戦後一世を風靡した獅子文六さんが週刊朝日に連載した人気小説「大番」にも登場します。その映画化『大番』（一九五七年）では、主人公のギューちゃんこと赤羽丑之助《うしのすけ》（加東大介）が、おまき（淡島千景）に連れられ、出世の願掛けに柴又帝釈天を訪れ、川千家で食事をするシーンがあります。加東大介さん主演によるこの映画はシリーズ化され、『大番 完結篇』（一九五八年）まで四部作が作られました。

その「大番」が昭和三十七（一九六二）年にフジテレビでドラマ化されました。そこで主人公のギューちゃんを演じたのが、当時「丈夫で長持ち」をキャッチフレーズに、テレビ界の寵児的な人気を誇った渥美清さんだったのです。この偶然。「男はつらいよ」よりも遥か以前に、山田監督、渥美清さん、それぞれが葛飾柴又との縁を結んでいたのです。

ぼくらは後付けで、いろいろな事実や裏側を調べて、人や土地が結ぶ縁《えにし》を感じ、結果から導き出すので、こうした偶然を、すべて必然と思ってしまいます。時系列で考えてゆくと、当時は偶然でも「男はつらいよ」と、渥美清さんと、山田洋次監督のことを考えてゆくと、寅さんの故郷が「葛飾柴又 江戸川のほとり」であったのは必然だったと思います。

というわけでテレビ「男はつらいよ」は、こうしたキャスティングで作られることになりました。

車寅次郎／渥美清
車櫻／長山藍子
車竜造／森川信

車つね／杉山とく子
諏訪博士／井川比佐志
坪内散歩先生／東野英治郎
坪内冬子／佐藤オリエ
寅さんの異父弟・川島雄二郎／佐藤蛾次郎
寅さんの産みの母・お染／武智豊子
寅さんの舎弟・川又登／津坂匡章（後の秋野太作）

テレビシリーズは、当時、VTRが高価だったために、第一話と第二十六話が現存するのみです。この二本はDVD化されて、観ることができます。また第十四話のシナリオが、かつて立風書房の「男はつらいよ」大全集の第三巻に収録されていました。お正月、散歩先生の家で、寅さんたちが「幸せについて」語り合うというものでした。残念ながら、ぼくらの世代はテレビシリーズに間に合いませんでした。

しかし、残されたシナリオやVTRを通して、その原点の放つ熱いエネルギーの片鱗に触れることができます。その原点が、どんな風に映画に発展していったのか、全四十八作の映画シリーズから、読み解いてゆくことも、ファンや研究者に与えられた楽しみでもあるのです。

二〇一三年四月六日

第二作『続 男はつらいよ』　一九六九年十一月十五日

江戸川で鰻が釣れた！

映画『男はつらいよ』第一作が公開されたのは、昭和四十四（一九六九）年八月二十七日。同時上映は『喜劇 深夜族』（渡邊祐介監督）という風俗喜劇。この頃「深夜放送」「深夜映画」など「深夜」ということばが流行。若者のライフスタイルが大きく変わっていきました。寅さんは、当時流行の任侠映画のパロディとしても、サラリーマンや学生層、いわゆる深夜興行＝オールナイトの観客の熱い支持を受けて、不況の映画界でスマッシュヒットとなりました。

その好評を受けて、急遽、製作されることになったのが『続 男はつらいよ』です。公開は第一作からわずか二ヶ月半後の十一月十五日。今の感覚では、かなりのスピードですが、当時はおよそ三週間で一本の映画を作っていましたから、ごく当たり前だったのかもしれません。でも『続 男はつらいよ』は、シリーズのなかでも屈指の一本となりました。

物語は第一作から一年後。さくらには、寅さん似の息子・満男が誕生しました。第一作のラストに登場した、赤ちゃんの満男くんは、柴又にほど近い京成高砂駅前の和菓子屋・川忠本店の息子・石川雅一さんです。第二作からは、第二十六作『寅次郎かもめ歌』まで、中村はやとくんが演じました(第九作『柴又慕情』だけ、ピンチヒッターで沖田康浩くんに)。

つまり、吉岡秀隆さんも含めて、四人の満男がいたことになります。

さて『続 男はつらいよ』です。この回には、寅さんの葛飾商業時代の恩師、坪内散歩先生(東野英治郎)と、その娘で幼なじみの坪内夏子(佐藤オリエ)が登場します。寅さんと久々の再会を果たし、京都での瞼の母探し。そして寅さんの夏子への恋が描かれます。散歩先生とその娘は、テレビ版「男はつらいよ」の重要なキャラクターであり、テレビでも東野英治郎さんと佐藤オリエさんが演じていたので、当時のファンにはおなじみだったことでしょう。

俳優座のベテラン俳優・東野英治郎さんは、この頃「水戸黄門」がスタートしたばかりで、お茶の間でもおなじみの顔。渥美清さんとの息もピッタリで、この二人のやりとりは、何度観ても惚れ惚れします。出来の悪い生徒ほど可愛い、といいますが、散歩先生にとって寅さんは、気の置けない息子のような、そんな温かさを感じます。

映画の後半、散歩先生が寅さんに「鰻が食いたい。天然のナチュラルな……」と、昔日の江戸川で釣れた天然うなぎを所望します。寅さんは子分の源公(佐藤蛾次郎)を連れて、早速、江戸川で釣り糸を垂れますが……。

おかしくも哀しい、このエピソードをクライマックスに、『続 男はつらいよ』は、名場面、名ゼリフのオンパレードです。寅さんが長年夢観た「瞼の母」の存在。冒頭の夢のシーンも本作から始まりました。寅さんの実母・お菊には、関西喜劇のベテラン、ミヤコ蝶々さん。この「お菊さん」にまつわるエピソードは、「みんなの寅さん」で放送した、山田洋次監督書き下しによる「けっこう毛だらけ 小説・寅さんの少年時代」（悪童 小説 寅次郎の告白 講談社）の第一話「命名 寅次郎」にも登場しました。

映画では、第七作『奮闘篇』でも再び登場し、深い印象を残してくれました。ミヤコ蝶々さんは、関西喜劇を代表する喜劇人ですが、生まれは東京日本橋という江戸っ子。四歳の時に、両親の離婚を機に、神戸に移り住みました。柴又で芸者をしていたお菊が、寅さんを産んで間もなく京都へ鞍替えしたというエピソードには、どこか蝶々さんのイメージが重なります。ともあれ、口八丁手八丁、蝶々さん演じるお菊と、寅さんのやりとりは、二人の喜劇人の白熱した芝居が堪能できる、屈指の名場面となりました。

二〇一一年四月十六日

第二作の舞台裏

第一作『男はつらいよ』が公開されたのが昭和四十四（一九六九）年八月二十七日。「テレビの映画化なんて」という松竹社内の反対の声もありましたが、山田洋次監督はテレビで車寅次郎を愛してくれたファンの人たちの気持ちに応えるべく、映画化にこぎ着けました。第一作のクランクインが五月ですから、公開までに三ヶ月かかったことになります。これは当時としては異例のこと、斜陽とはいえ、二週間に一度新作が封切られていた当時の映画界のことを考えると、おそらくは会社サイドはテレビドラマの映画化である『男はつらいよ』に、さほどの期待はしていなかったのです。

公開初日、山田監督は自宅で不安な時間を過ごしていました。すると新宿松竹にいるプロデューサーから「とにかく劇場に来て欲しい」と電話があり、山田監督が駆けつけると、大勢の観客が押し寄せ、寅さんの一挙手一投足に、声を上げて笑っていました。同時上映は、渡邉裕介監督の『喜劇 深夜族』。いわゆる風俗喜劇です。当時は、深夜興行で東映のやくざ映画が、学生やサラリーマン層に大人気。『男はつらいよ』も、当時の感覚でいえばズッコケ渡世人の喜劇ですから、松竹としては、やくざ映画ファンの男性観客、深夜興行を中心に、というもくろみもあったと思います。それが同時上映の

『喜劇 深夜族』との組み合わせに窺えます。

ともあれ『男はつらいよ』は、興行的にもスマッシュヒットとなります。この年、松竹では「喜劇映画」に力を入れていました。昭和四十三年末公開のフランキー堺さん主演の『喜劇 大安旅行』(瀬川昌治監督)と『コント55号と水前寺清子の神様の恋人』(野村芳太郎監督)の二本立てが大ヒット。特に、東映で渥美清さん主演の『喜劇 急行列車』『喜劇 団体列車』『喜劇 初詣列車』を手掛けていた瀬川昌治監督が、企画ごと、松竹に引っ越して来た『喜劇 大安旅行』は好評で、城戸四郎社長が、昭和四十四年の年頭に「今年は喜劇に力を入れる」と訓示したことが、きっかけでした。

こうした背景もあって、山田洋次監督の『男はつらいよ』の映画化時には、フランキー堺さんの「喜劇・旅行シリーズ」、野村芳太郎監督の「コント55号映画」などの喜劇映画が連作され、いずれもヒットしていました。そこに『男はつらいよ』が好評となればシリーズ化は必然です。東盛作というペンネームで、テレビ版「男はつらいよ」の脚本も手掛けていた、山田洋次監督作品の脚本のパートナーの森崎東監督は、第一作のシナリオを共作したところで、監督デビューが決定。渥美清さん主演の『喜劇 女は度胸』を撮ることになりました。

そこで、会社は山田洋次監督に「すぐに第二作を」と要請。渥美さんの『女は度胸』のクランクアップ後、アフリカ旅行から戻ってきてからクランクイン。公開は十一月の半ばということが決定されました。時間のないなか、第二作『続 男はつらいよ』の準備がスタートしました。

山田監督は第二作を手掛けるにあたり、テレビ版の主要人物の一人、寅さんの葛飾商業の恩師・坪内散歩先生を再登場させました。演じたのは俳優座のベテラン・東野英治郎さん。テレビの第一話で、旅に出ようとした寅さんは、懐かしい散歩先生のお宅に挨拶に来ます。そこで、美しい女性に成長していた、散歩先生の娘・坪内冬子(佐藤オリエ)と再会、寅さんは一目惚れをして、結局は柴又に逗留することになります。

映画『男はつらいよ』第一作で、光本幸子さんが演じたマドンナの名前も坪内冬子ですから、ややこしいですが、佐藤オリエさん扮する冬子が、テレビのマドンナの役割を果たしていました。

テレビ版の最終回で寅さんがハブに咬まれて死んでしまう衝撃のラストを描いたことで、多くのファンからの抗議を目の当たりにした山田監督は、スクリーンで寅さんを復活させ、続いて第二作で、坪内散歩先生とその娘を改めて登場させたのです。窮余の策かもしれませんが、映画『続 男はつらいよ』がシリーズ屈指の傑作ということは、作品が証明してくれています。

また『続 男はつらいよ』は、幻のテレビ版「男はつらいよ」のエッセンスが凝縮された作品です。散歩先生との久しぶりの邂逅。その娘で幼なじみの夏子(佐藤オリエ)への一目惚れ。京都での瞼の母・お菊との再会、夏子との楽しい日々。そして散歩先生の死……寅さんが生涯で唯一、恩師と慕う散歩先生との交流は、何度観ても素晴らしいです。

夏子が散歩先生と京都旅行をしていると、偶然、寅さんの啖呵売に遭遇します。寅さんは、なぜか源ちゃんをサクラにバイをしているのです。鴨川べりの料理屋で、一緒に食事をしているときに寅さんは、京都に生き別れになった母親がいるけど、尋ねようかどうか逡巡していることを散歩先生に告げた後、先生はこう言います。

「老病死別といってな、人間には四つの悲しみがある。その中で最も悲しいのは死だ。おまえのおふくろもいつかは死ぬ。その時になってからじゃ遅いんだぞ。その時になって、ああ、一度でもいい、産みのお袋の顔を見ておけばよかった、と後悔しても、取り返しがつかないんだぞ。」

散歩先生は寅さんを真剣に怒ります。そのことばに頭を垂れ聴き入る寅さん。出来の悪い生徒にも、懸命に愛情を注ぎ、その悲しみをともに分かち合い、何をなすべきかを教えようとする。この師弟愛が『続 男はつらいよ』の大きな魅力となっています。

山田監督はテレビ版の第十一話でこのエピソードを描いています。寅さんは散歩先生の後押しで、冬子(佐藤オリエ)と、連れ込み旅館を経営しているという瞼の母・お染(武智豊子)を訪ねます。しかし、お染は想像していた瞼の母とは大違い。

この展開は、映画版とほぼ同じ。そこで寅さんは、佐藤蛾次郎さん扮する、異父弟・川島雄二郎と初めて会い、雄二郎は散歩先生たちを京都見物に案内することになります。

　映画では、お染がお菊という名前になり、『吹けば飛ぶよな男だが』(一九六八年)で主人公サブ(なべおさみ)の瞼の母かもしれないと思わせる女性。神戸は福原のトルコ風呂(現在ではソープランド)の女将を演じたミヤコ蝶々さんが、お菊を演じています。このお菊と寅さんの最悪の再会は、後のシリーズからは想像がつかないほど激しいことばの応酬です。それも含めて『続 男はつらいよ』は、車寅次郎という人の内面を理解する上でも、重要な作品となっています。

　後半は、寅さんの「お菊との再会」ショックで柴又に帰郷。その悲しみを売りにしてみんなの同情を誘うのが笑いになったりと、賑やかに展開していきます。ラスト近く、「老病死別」を説いた散歩先生との悲しい別れがやってきます。病を得た散歩先生が「江戸川のナチュラルな鰻が食べたい」と寅さんにリクエスト。寅さんは、先生のために江戸川で鰻を釣り上げることになるのですが、この悲喜こもごもこそ「男はつらいよ」の味わいです。

　山田監督は、この散歩先生と寅さんの師弟愛を、テレビで描き、映画でセルフリメイクをしました。テレビ版最終回には、映画では描かれていない、寅さんが散歩先生の墓参をして、心情を吐露するシーンがあります。

「いつか先生がうめえこと言ったね、人生は一人旅だって。この俺なんざ本当の一人旅だよ。さんざっぱら親不孝した挙げ句の果てだから仕方ねえって言えばそんだけだがね。そいでも時々夜中になると溜息が出るんだよ。男はつらいよね、先生、本当につらいよ。」

　後にも先にも、寅さんが「男はつらい」と本音をもらしたのは、この時だけです。

　散歩先生の墓前で寅さんが語りかけるこのシーン、最終回の冒頭に出て来るのですが、映画『続 男はつらいよ』を観終わった後に、改めて観ると、実に味わい深いのです。

二〇一三年四月十四日

第三作　男はつらいよ フーテンの寅

一九七〇年一月十五日

旅笠道中

旅先の寅さんには、柴又とは違う「渡世人」のカッコ良さがあります。困った人に寄り添い、優しいことばをかけ、人は癒されます。いつも「困ったことがあったら、東京は葛飾柴又を訪ねてきな」と声をかけます。それを頼りに、寅さんを訪ねて来たマドンナも数知れず。とはいえ、柴又で妹・さくら、おいちゃん、おばちゃんたちに囲まれている寅さんは、皆さんご存知の通り……。

初期の寅さんは、元気溌剌で、エネルギッシュです。第一作、第二作と山田洋次監督によりシリーズ化された「男はつらいよ」は、松竹のドル箱として、連作されますが、第三作『男はつらいよ フーテンの寅』（一九七〇年一月十五日）は、山田洋次監督の『なつかしい風来坊』などのシナリオ共作を手掛け、フジテレビ版「男はつらいよ」のシナリオも担当していた森崎東監督がメガホンをとりました。

もちろん原作・脚本は山田洋次監督。「男はつらいよ」を産み出した二人の映画作家による、パワフルな一編となりました。森崎監督は第一作と第二作の間に、渥美清さん主演で『喜劇・女は度胸』（一九七〇年十月一日）で、デビューを果たし、『フーテンの寅』が監督第二作となります。

寅さんの口上に「タコはイボイボ、ニワトリャハタチ」というフレーズがありますが、実は、森崎監督が松竹京都撮影所での助監督時代、撮影所仲間との間の合ことばだった「ニワトリはハダシ」がそのルーツです。秋田民謡の「おこさ節」に登場することばで「ニワトリはハダシで駆け回るのは当たり前のこと」と、どんな理不尽なことがあっても「ニワトリはハダシなんだから」と撮影所スタッフ同志の激励のことばだったと、森崎監督から伺いました。

さて『フーテンの寅』の寅さんは、三重県湯の山温泉の旅館で、番頭をしています。温泉旅行に出掛けたおいちゃん・車竜造（森川信）とおばちゃん・つね（三崎千恵子）夫婦が、その旅館で寅さんにバッタリ。その理由が明らかになります。旅館の美しき女将・志津（新珠三千代）に一目惚れした寅さんが、そのまま旅館の番頭になり「居残り」になったというわけです。

旅館での寅さんは、実に役に立つ男です。テキパキと動いて、客室のコタツを直したり、時には宴会の席上で、隠し芸まで披露します。渥美清さんの惚れ惚れとする動きは、本当に素晴らしいです。

宴席では、東海林太郎が昭和十（一九三五）年に唄って大ヒットした「旅笠道中」にあわせて、股旅姿の寅さんが、当てぶりをします。この「旅笠道中」は、作詩・藤田まさと、作曲・大村能章で「亭主を持つなら堅気がいい、とかくヤクザは苦労の種だから」といった内容で、まさしく渡世人を気取っている寅さんの、心のテーマソングだったのではと思わせる股旅歌謡。

寅さんは自分を、唄の主人公に重ねて、美しき女将・志津の想いを断ち切って、旅の空、といったイメージを勝手に抱いていたのです。しかし、寅さんの想いをよそに、厳しい現実が待ち受けているのですが……。

まだシリーズの、おなじみパターンが確立する前の『フーテンの寅』には、旅先の寅さんの行状が描かれていて、それがまた魅力となっています。当時を知るファンにとっては、新珠三千代さんが旅館の女将といえば、テレビドラマ「細うで繁盛記」（日本テレビ）が真っ先に思い浮かぶでしょう。実は、このドラマがスタートしたのが昭和四十五年一月八日ですから、『フーテンの寅』はその一週間後の公開です。

初期の寅さんのエネルギッシュなパワフルさは、後のシリーズとは違った「若さ」の魅力に溢れています。初代おいちゃん・森川信さんと、渥美清さん、二人の軽演劇出身の喜劇俳優の、絶妙なかけあいなど、まさしく「至芸」が堪能できます。

二〇一一年四月

放浪の寅さん

ぼくらは旅先の寅さんに、美しい風景を歩く「放浪の旅人」というイメージを抱いています。真夏の暑い日差しのなか、あるいは晩秋の夕暮れ、寅さんはトランクを提げて歩いています。寅さんの仕事はテキ屋です。秋祭りの縁日、豊漁を祝う港町の祭り、そして初詣で賑わう神社やお寺の参道で、見事な啖呵売で、道行く人を魅了します。それが寅さんの生業《なりわい》です。立て板に水の寅さんの口上、啖呵売は、いつ聴いても惚れ惚れとします。特にシリーズ初期、渥美清さんのみなぎるエネルギーの発露、ともいうべき鮮やかな口跡は、そのパワフルさと相まって、実に魅力的です。

「旅先の寅さん」「テキ屋としての寅さん」は「どんな生き方をしているのだろう?」。第三作『フーテンの寅』の演出をするにあたって、森崎東監督は、テキ屋稼業の哀感にスポットライトを当てようと思ったそうです。

森崎東監督は、昭和三十一(一九五六)年、松竹京都撮影所に入社、助監督として京都で過ごしました。その後、大船撮影所に移動した森崎監督は、山田洋次監督の第二作『下町の太陽』(一九六三年)に助監督として参加。『なつかしい風来坊』(一九六六年)や『愛の讃歌』(一九六七年)などの山田作品では、共同脚本も手掛けています。『吹けば飛ぶよな男だが』(一九六八年)の頃、森崎監督は、山田監督から、渥美清さんと会ったこと、テキ屋の世界を描こうと思っていることを聞きました。

渥美清さんの「四谷赤坂麴町 チャラチャラ流れるお茶の水……」の啖呵売の口上に、感動して、それを山田監督が嬉しそうに再現してくれたそうです。「すごいんだよ、渥美さんの啖呵売ってのは」と話を聞いた森崎監督は「次の映画の題材かな?」と思ったそうです。

それが、昭和四十三年十月にスタートするフジテレビの「男はつらいよ」の企画で、森崎東監督も第六話から、東盛作というペンネームで脚本に参加。山田監督も、森崎監督も、天才俳優・渥美清に惚れ込んで、寅さんの世界を作り上げました。森崎監督は、渥美さんを「光り輝くような演技をする俳優」と、ぼくに話してくれました。

そして昭和四十四年、寅さんはテレビから映画へと舞台を移すこととなります。その第一作『男はつらいよ』の脚本は、山田洋次監督と森崎東監督の共作です。

第一作『男はつらいよ』が封切られてほどなく、森崎東監督は山田洋次監督の原案で、監督デビュー作『喜劇 女は度胸』に取り掛かります。主演は渥美清さん。粗野なトラック運転手の兄(渥美清)と、気が弱いインテリの弟(河原崎健三)の愚兄賢弟とその家族が織りなす、パワフルな重喜劇となりました。

ここでの渥美さんは、実にハツラツとして健康的なのですが、森崎監督は、若い時に病気で苦労をした渥美さんの「健康への憧れの発露」だったのではと、分析しています。『喜劇 女は度胸』は、初期のパワフルな寅さんがお好きな方には、ぜひご覧頂きたい傑作です。

やがて森崎東監督は二作目として『男はつらいよ フーテンの寅』の監督に抜擢されました。その時、森崎監督が考えたのは「旅先の寅さん」を描くこと。柴又で「寅ちゃん」と呼ばれ、厄介だけど家族に愛されている、柴又の車寅次郎ではなく、旅先でテキ屋の厳しい世界を生き抜いている渡世人としての「寅」だったのです。渥美さんとテキ屋の世界について語り合ったこと、ふと垣間見える渥美さん自身が生きて来た厳しい世界と重ね合わせて、描こうとしたのです。

森崎監督が大西信行さん、赤根実さんと執筆した『フーテンの寅』のシナリオは、三重県湯の山温泉を舞台に、旅先の寅さんが、マドンナお志津と、刑務所から出所してきたその亭主のために、ヤクザの親分を前に、任侠映画の主人公よろしく大暴れをするストーリーでした。この準備稿は「森崎東党宣言!」(インスクリプト・二〇一三年)に収録されていますが、かなりハードな展開で、森崎監督が、寅さんに託した想いを窺い知ることができます。

テレビ版をそのまま映画にするのではなく、全くの新作として、車寅次郎という人物を掘り下げ、柴又の人々の世界の構築を目指しています。

準備稿では、北海道でおばちゃんそっくりの宿屋の女中に惚れられて、逃げるように内地へ戻ってくるところから始まります。

しかし、それでは余りにも観客が期待する「寅さんの世界」とかけ離れているので、改めて山田監督と小林俊一さん、助監督の宮崎晃さんが急遽、シナリオを書き直して映画『男はつらいよ フーテンの寅』は、クランクインしました。

『フーテンの寅』の冒頭は、長野県塩尻市木曽奈良井の旅館・越後屋で、風邪をひいてショボクレている旅先の寅さんから始まります。落ちぶれていて、侘しい、テキ屋の寅がそこにいます。タイトルバックは、帰郷のシーンではなく、何かに追われるように急いでいる旅先の寅さんの姿がユーモラスに描かれています。この回の寅さんは、トレンチコートに白いマフラー、まるでフランス映画のジャン・ギャバンのような出立ちで、柴又を去って行きます。シリーズ全作を通しても、この『フーテンの寅』は異色作です。異色であるけども異端ではない、とぼくは思います。旅先の寅さんを垣間見た、そんな気持ちで、いつも『フーテンの寅』を観てきました。

「私、生まれも育ちも関東、葛飾柴又です。渡世上、故あって、親、一家をもちません、駆け出しの身もちまして姓名の儀、一々高声に発します仁義失礼さんです。姓は車、名は寅次郎、人呼んでフーテンの寅と発します。」

これは、寅さんが三重県の湯の山温泉で一目惚れした旅館の女将・志津（新珠三千代）の弟・信夫（河原崎健三）の恋人で、芸者の染奴こと染子（香山美子）の父親・清太郎（花沢徳衛）が、かつてテキ屋だったことを知って、寅さんが通す仁義です。

染子は、今は病に臥《ふ》せっている父の面倒を見るために芸者をしていることがわかり、それでも相思相愛の信夫と染子は駆け落ちをする決意をします。

寅さんは「東京は浅草の観音様の境内に、お父つぁんみてえなテキヤのなれの果てばかり引き取ってな、ゼニもとらねえで治療してくれる奇特な医者がいるんだ」と、自分のネットワークで、清太郎の余生はなんとかなると、若い二人を安心させます。

二人が出て行ったあと、清太郎が、名のあるテキ屋だったことを察知した寅さんが、今は落ちぶれている、この道の大先輩に敬意を表して、仁義を通すのです。このシーンはセットですが、窓から見える風景は、四日市の石油コンビナートのばい煙と炎。高度成長真っ只中、掃き溜めのような底辺で暮らす人々を、森崎東監督の視点で描いているのです。

鼻水を垂らしながら泣く清太郎、名優・花沢徳衛さんのうまさが際立ちます。「男はつらいよ」では異色かもしれませんが、森崎東作品の王道ともいうべき名場面です。

その後、森崎東監督は、渥美清さんとのコンビで『喜劇 男は愛嬌』（一九七〇年）を手掛けます。ボルネオ帰りの主人公が、平和な人々の日常をかき回すという、ハナ肇さんの「馬鹿シリーズ」や、渥美さんと野村芳太郎監督の『喜劇 でっかいでっかい野郎』(一九六九年)から連なるタイプのパワフルな重喜劇。この渥美さんも絶品です。

やがて山田洋次監督の「男はつらいよ」が連作されるなか、森崎東監督は森繁久彌さんと『喜劇 女は男のふるさとヨ』(一九七一年)にはじまる「喜劇・女シリーズ」(「新宿芸能社」シリーズ)で、独自のパワフルでエネルギッシュな作品群で、松竹喜劇を支えることとなります。

「寅さん」を世に送り出した山田洋次監督と森崎東監督が、再び松竹のスクリーンでコンビを組むのが、それから二十四年後、『釣りバカ日誌スペシャル』(一九九四年)でした。この時のハマちゃんとスーさん、それまで見せたことがないほど、パワフルで強烈なインパクトがありました。『フーテンの寅』と『釣りバカ日誌スペシャル』、いずれも刺激的異色作がゆえに、ぼくの大好きな作品です。

二〇二二年四月二〇日

重喜劇と寅さんの背景

「人類の進歩と調和」の日本万国博覧会が開催される昭和四十五(一九七〇)年三月十五日の二ヶ月前の一月十五日、前作から二ヶ月と短い間隔で、第三作『男はつらいよ フーテンの寅』が公開されました。第二作を撮り終えた山田洋次監督は、会社から「すぐに第三作を」と要請されますが、その演出に、テレビ版や第一作のシナリオを共作していた森崎東監督を推薦しました。

ぼくは『フーテンの寅』のエネルギッシュな寅さんを見るたびに、山田監督と森崎監督の、これまで描いてきた世界が、この時の寅さんに集約されていると思います。山田作品をシナリオで支えてきた森崎監督はまた、テレビ版「男はつらいよ」でも第六話から東盛作というペンネームで脚本を執筆。

残念ながらVTRは残されていませんが、この回はマクナマラ(マーティ・キナート)というアメリカ青年が、寅さんと意気投合、「とらや」に下宿して櫻(長山藍子)に惚れてしまう、という物語でした。森崎監督が手掛けたのは第十回、第十二回、第十五回、

第二十回の五話となります。

二〇〇八年、ぼくは衛星劇場の番組「私の寅さん」で、森崎監督に話を伺いました。テレビ版の寅さんと、その最終回について、こんな風に話してくれました。

「何しろ、(渥美清さんは)光り輝くような演技とでもいいますかね。渥美さんは本当は結核を患ったこともあり、真から健康という訳ではなかったんですけども、この人以上に健康な人を知らない、という感じでしたね。だから、それが魅力だったんですけども、ハブに咬まれて死ぬというのは、よくも思いついたもんだなぁと。ぼくは全く参加していないんですけども。「どう思う?」と山田監督が、ぼくに聞いたときに、(周囲から)エライ反対だったんだということを話していましたが、ぼくは「コロッと死ぬなんてのは、面白いと思うけどなぁ」と答えました。(寅さんというのは)特異なキャラクターでしたから、そんな風に消さないと、消せないんじゃないかしら、という気はしますね」

その森崎監督は、第一作『男はつらいよ』のシナリオに参加しています。そのとき、山田監督ともども「新しい感じで取り組んだ」ので「テレビ版をなぞろうという気は、二人ともなかった」そうです。

第一作で、寅さんが博に言う台詞があります。「早え話がだ、俺が芋食って、お前のケツから屁が出るか!」。このことばは、ラジオでも話しましたが、寅さんの情に厚いが、決して他者とはまみえない、スタンスを表明した名台詞です。森崎監督によれば、「ぼくの伯母さんがちょろっと言った台詞」を覚えていて、シナリオに活かしたそうです。また寅さんのフレーズとして定着した「労働者諸君!」という言い回しも、森崎監督の義兄の口癖だったそうです。長崎県島原市生まれの森崎監督曰く「そういう郷里の民衆性が、寅さんに乗り移っているみたいな気がする」ということです。

「こういうフレーズはどうだろう?」「これは?」と山田監督とシナリオを共作しながら話し合い、渥美さんが持っている天才俳優としての希有な才能が演じることにより、車寅次郎のキャラクターとして出来上がっていったのです。

そんな渥美さんが演じる寅さんの「非常に濃厚な庶民性」が、山田監督も自分も好きだったんではないか、というのが、森崎監督の分析です。ぼくもそう思います。

その森崎東監督は、『男はつらいよ』第一作が公開されてほどなく、渥美清さん主演『喜劇 女は度胸』で監督デビューを果たします。この作品は「男はつらいよ」が愚兄賢妹ものだとしたら、トラックの運転手をしている粗野な渥美さん扮する兄貴と、マジメな堅物の労働者の河原崎健三さん扮する弟がおりなす愚兄賢弟ものです。羽田空港近くの広告ネオンサインの下に、清川虹子さんの母親と花沢徳衛さんの父親と四人で暮らしているのですが、渥美さん扮する勉吉のキャラクターがとにかくパワフルで面白いのです。山田監督も森崎監督も惚れ惚れしたという渥美さんの口跡の鮮やかさ、エネルギッシュな生命力に溢れたキャラクター造形は、感動的です。

この『喜劇 女は度胸』が公開されてほどなく、シリーズ第三作『フーテンの寅』を撮ることになるわけです。森崎監督は自身のなかにある「香具師《やし》・車寅次郎」を徹底的に描こうと、渥美清さんと話をしながら、「旅先での寅さん」の物語を考えます。格差社会での一番底辺にいる寅さんを描こうとしたのです。香具師の世界を描くなら、本物の香具師の世界を描いてみようと。しかし、その森崎カラーを出す事は、山田洋次監督の世界から遠ざかっていくことでもあり、結果的に森崎監督は、山田監督と宮崎晃助監督、テレビの演出家・小林俊一さんのシナリオにより、テレビからのファン、映画で寅さんに親しんでいるファンが納得するようなかたちで『フーテンの寅』を撮ることになります。

冒頭の木曽奈良井の旅館・越後屋での風邪を引いて寝込んでいる寅さんの孤独に、森崎監督の念頭にあった「テキ屋の世界というのは、本当に孤独な旅の空」のイメージの片鱗が窺えます。悠木千帆（のちに樹木希林）さん扮する女中さんに、「とらや」一家の写真を見せる寅さん。おいちゃん、おばちゃんをお袋と親父といい、さくらを女房、満男を子供と自慢する寅さん。一人になって写真を眺めながら「いくら可愛くっても妹じゃしょうがねえや、はぁ」と溜息をついて、くしゃみをして「落ち目だなぁ」と呟きます。ここに寅さんの「自分の家族が欲しい」という願望が込められているのです。

タイトルバックは江戸川ではなく、神社の境内で寅さんが「がまの油売り」をしている姿から始まります。香具師の代名詞でもある「がまの油売り」ですが、寅さんのは、後にも先にもこの回だけ。そして旅先の寅さんのスケッチが続きます。トレンチコートに白いマフラー。ギャング映画の顔役のようなスタイルですが、コートの襟を立てて、人目をはばかるように海辺を歩く寅さん、まるで誰かに追われている逃亡者のようでもあります。

タイトルがあけて寅さんが、柴又に帰ってくるシーンで、向かいの公衆電話から「とらや」に電話をする笑いがありますが、寅さんが刑事に追われて逃亡中、という、森崎監督が最初に考えていたシチュエーションの名残りでもあります。

寅さんが刑事に追われるなんて！と後の寅さんを知っているわれわれは信じられませんが、第二作『続 男はつらいよ』で、寅さんと登(津坂匡章)が焼肉屋で無銭飲食をして警察の厄介になるシーンもあるので、そういう発想もあったのでしょう。

この後、タコ社長が持ちかけて、川千屋の女中(春川ますみ)と寅さんがお見合いをします。それが寅さんの昔馴染みの女性だったという笑いとなります。二人の結婚式、熱海への新婚旅行のハイヤーまで呼ぶ大盤振る舞い。もちろん「とらや」持ちです。そこで例によっての大げんかとなり、寅さんは旅の人となります。

やがておいちゃんとおばちゃんが三重県湯の山温泉に、夫婦水入らずで旅行に行くと、その温泉旅館で番頭をしているのが寅さんだったという、思い出すだけでもおかしい展開となります。そこからは「旅先の寅さん」のドラマとなります。改めて第三作『フーテンの寅』を観直すと、やはり、良い意味での異色作になっています。

その湯の山温泉の旅館で、寅さんが余興の最中に、意中のマドンナで旅館の女将・志津(新珠三千代)の名前を叫んでしまうと評判になっていると、女中・お澄(野村昭子)がおいちゃんとおばちゃんに説明します。そして次のシーンで、宴会客が東海林太郎さんの「旅笠道中」の三番を唄っています。

寅さんは気持ちよさそうに「とめてくれるな、そこが渡世人のつれえとこよ」と見栄を切ります。染奴は色っぽく「銀平さん！」。ここで寅さんは、思わず「お志津！」でポーズを決めます。

観客の笑いが一気に爆発する名場面です。ここで唄われる「旅笠道中」は、森崎監督のお気に入りで、平成十(一九九八)年に浅田次郎原作の映画『ラブ・レター』にも登場します。

中井貴一さん扮するやくざが、お金のために偽装結婚した、一度しか会っていない中国人女性(耿忠)が亡くなったときに、日本に出稼ぎに来ている彼女が旅役者のスタイルで「旅笠道中」を踊るイメージカットが入ります。切ないこの名シーンに『フーテンの寅』の「お志津!」が重なります。しかも『ラブ・レター』で、この場面の振り付けを担当していたのが、「男はつらいよ」シリーズで旅役者・大空小百合を演じていた岡本茉利さん!という奇縁です。

というわけで、第三作『フーテンの寅』は、車寅次郎の旅先の孤独を描いた一本として、異色作ではありますが、忘れがたい一本です。

二〇一三年四月二十二日

第四作　新 男はつらいよ

一九七〇年二月二十七日

愚かしきことの数々……

昭和四十三年十月三日から翌昭和四十四年三月二十七日にかけて、フジテレビで毎週木曜日午後十時から四十五分に放送されていた、ドラマ「男はつらいよ」の企画、プロデューサー、演出を手掛けていたのが、フジテレビの小林俊一さんです。

昭和四十年代の「渥美清ブーム」の立役者の一人である小林さんと、渥美さんが本格的にコンビを組んだのが「おもろい夫婦(第一部)」(一九六六年十月〜一九六七年三月)です。渥美さんが、映画『おかしな奴』(一九六三年東映・沢島忠)で演じた三遊亭歌笑に再び扮し、中村玉緒さんがダメ男を支えるしっかり女房に扮したホームドラマでした。この番組は好評を博して、翌年には渥美さんと中村玉緒さんによる姉妹編『おもろい夫婦(第二部)』(一九六七年十月〜一九六八年三月)が、やはり小林俊一さんの企画、演出で放送され、それがテレビ版「男はつらいよ」誕生へつながりました。

テレビ版「男はつらいよ」は、第一話と最終二十六話しかVTRが現存せず、リアルタイムに間に合わなかった世代としては残念ですが、山田洋次監督が二十六年四十八作に及ぶ大河シリーズとして作り上げていくことになった『男はつらいよ』の原点をイメージするのに最適なのが、その小林俊一さんが監督をつとめた第四作『新 男はつらいよ』です。

第一作、第二作と映画版を手掛けてきた山田洋次監督でしたが、第三作ではシナリオ共作者でもあった森崎東監督に、第四作ではテレビ版のディレクターの小林俊一さんに監督を任せ、山田監督はシナリオを執筆しました。

第四作『新 男はつらいよ』は、現在の視点では異色作と思われる方もおられるでしょうが、テレビ版の脚本家と演出家による「THE MOVIE」として楽しむのもファンの喜びでもあります。第三作『フーテンの寅』の封切が昭和四十五年一月十五日ですから、第四作『新 男はつらいよ』は封切まで四十二日。前年夏に第一作が公開され、半年間で四作です。「寅さんブーム」の凄さが、この制作スパンからも窺えます。

この頃はまだ「夢」が定着していません。巻頭、山あいの峠茶屋で、おばあちゃん（村瀬幸子）に、孫から送られて来たハガキを、郵便配達夫が代読します。それを聞いていた寅さん、柴又のおいちゃんとおばちゃんに想いを馳せ、おばあちゃんに良い顔を見せようと、財布からお札を出して「釣りはいらねえよ」とイイ顔をします。ところがおばあちゃん「団子と甘酒で百二十円やけど……」。寅さんが差し出したのは百円札だったのです。

自由民権運動の主導者である板垣退助伯爵の肖像が描かれていた百円紙幣は、昭和四十九（一九七四）年八月一日に支払い停止になるまで流通していました。ぼくらの子供の頃、お年玉は五百円、お小遣いは百円紙幣でもらうことが常でした。寅さんの紙入れには五百円というイメージがありますが、この時は百円紙幣だったのです。ちなみに『新 男はつらいよ』の頃、映画館の入場料は大人が五五〇円でした。

そんな寅さんがおいちゃん、おばちゃん孝行しようと、名古屋の競馬場で一攫千金を狙います。たまたま出張で名古屋に来ていた、裏の印刷工場の梅太郎(太宰久雄)が、寅さんと偶然に遭遇。ここはシリーズでも珍しい回想シーンです。

出張帰りのタコ社長が飛び込んで来て、寅さんとの再会を報告する場面は、おいちゃん(森川信)とおばちゃん(三崎千恵子)のリアクションもおかしく、シリーズ初期のタコ社長のイメージが確立した場面でもあります。

結局、寅さんは大穴で百万円を当てて、なんと名古屋からタクシーで柴又へと帰ってきます。百円から百万円と一気に寅さんが金持ちになるという、喜劇的状況が続きます。意気揚々と柴又へ凱旋してきた寅さんの得意げな顔。とにかく元気一杯で、パワフル。観ていて気持ちがいいです。

寅さんも江戸っ子、宵越しの銭は持たないタイプなので、すぐに近所の衆を集めて宴会、おいちゃんとおばちゃんをハワイ旅行に招待しようと大盤振る舞いです。ところが悪銭身につかず、おいちゃん、おばちゃん孝行のためのハワイ旅行の代金を、舎弟・登(津坂匡章)の勤務先の旅行会社の社長(浜村純)に持ち逃げされて、大事になっていくのです。

「競馬の大穴勝負で百万長者」から「ハワイ旅行騒動」という展開はまるで落語のようです。『新 男はつらいよ』は寅さんの「愚かしきことの数々」の連続で、続く、財津一郎さんの泥棒騒動へとエスカレートするのが、相当おかしいです。

ハワイ旅行がパーになっても、柴又のみんなに派手な見送りをしてもらった手前「持ち逃げされました」とは言えない、寅さん、おいちゃん、おばちゃんは、羽田空港から「とらや」に帰ってきます。寅さんは音を消してテレビを観ても「さっぱり訳がわからねえな」と、電気をつけるわけにもいかず、おいちゃんは戦時中の灯火管制を思い出したりと、不自由な日々が続きます。ちなみに寅さんが観ている番組は「三匹の侍」(一九六三〜一九六九年・フジテレビ)です。「男はつらいよ」とともにフジの看板番組でした。

そこへ入ってきたのが、「とらや」一家が旅行中と思い込んでいた泥棒。演じるは『続 男はつらいよ』の金町中央病院のシーンで、寅さんに笑わされて苦悶する入院患者を好演した財津一郎さんです。

この頃、財津さんは数多くの喜劇映画の「場面喰い」として文字通りの怪演を見せていました。

ぼくらの世代では「てなもんや三度笠」シリーズ(一九六二〜一九六八年)の浪人・蛇口一角や、写真師・桜富士夫などの強烈なキャラクターや、アニメ「花のピュンピュン丸」(一九六七年)の主題歌などで馴染み深いコメディアンでもあります。

その財津さんと渥美さんの丁々発止のやりとりが、この『新 男はつらいよ』のハイライトです。泥棒を縛り上げた寅さん「今、俺が一一〇番に電話するから……博、一一〇番ってのは何番だっけ?」と聞くと、博が真面目に「一一〇番です」と答えるギャグに、昭和四十五年、六歳のぼくは、腹を抱えて笑いました。このシーンは、何度観返してもおかしいのですが、思い出すだけで笑ってしまいます。結局、寅さんは泥棒に足元を見られて、一万円札を渡してしまいます。「盗人に追い銭」とはこのことです。この映画、百円→百万円→一万円と、つくづくお金に縁があります。

この泥棒騒動は、テレビ版でも好評だったエピソードで、その時に泥棒を演じていたのは、軽演劇出身の佐山俊二さん。

佐山さんは、山田洋次監督のお気に入りのコメディアンでもあり、『九ちゃんのでっかい夢』(一九六七年)の間抜けな殺し屋や、『喜劇 一発大必勝』(一九六九年)の欲深な長屋の住人など「男はつらいよ」以前にもおなじみでした。もちろんシリーズでも、初代備後屋、第九作『柴又慕情』の「貸間騒動」の周旋屋、第十七作『寅次郎夕焼け小焼け』のマンションの管理人などで、数多く出演しています。

後半、栗原小巻さん演じる、帝釈天附属ルンビニー幼稚園の春子先生が、「とらや」に下宿、寅さんが夢中になるという展開となります。渥美清さんとはテレビ「泣いてたまるか」の第十二話「子はかすがい」(一九六六年九月十一日放送)で共演していますが、この回は山田洋次監督が脚本、「ウルトラマン」の飯島敏宏監督が演出でした。というわけでテレビ版「男はつらいよ」に間に合わなかった世代としては、この第四作は、さまざまなることに想いを馳せることが出来る、楽しい一篇でもあります。

この映画が公開されてからおよそ一ヶ月後、昭和四十五年四月一日から、フジテレビでは、山田洋次監督脚本、小林俊一さん演出、渥美清さん主演のドラマ「おれの義姉《あね》さん」がスタートします。渥美さんが演じたのは、マドロスに憧れて二十年前に家を出たきり音沙汰がなかった主人公・沖熊吉。兄・虎男は一年前に亡くなり、今はその妻・沖忍(京塚昌子)がスナック「キャビン」を切り盛りしていた。そこへ噂に聞いていた義弟・熊吉がフラリと帰ってきて……。主人公・熊さんの行状が面白おかしく描かれていくのですが、森繁久彌さんが大学講師でユーモア作家の浜野真砂先生として出演されています。

渥美さんが少年の頃、船乗りに憧れていたというエピソードをもとに、山田監督と小林俊一さんが作った「おれの義姉さん」には、佐藤蛾次郎さんも出演しています。ぼくは、この頃、寅さんに夢中だったこともあり、楽しみに観ていました。こちらもVTRが現存しないのですが、山田洋次監督の『家族』(一九七〇年)で、上野の駅前旅館の親父(森川信)が観ているのが、この「おれの義姉さん」の一場面なのです。

二〇一二年四月二十七日

テレビ版の雰囲気が味わえる第四作

「人類の進歩と調和」をテーマに大阪千里丘陵で開催された日本万国博覧会に沸き返った昭和四十五(一九七〇)年。ぼくは寅さんに夢中でした。まだ六歳でしたが、その面白さは、どんな演芸番組よりも、どんなマンガよりも、強烈でした。赤塚不二夫先生の「天才バカボン」「おそ松くん」と「男はつらいよ」が同じインパクトで迫ってきたのです。映画館で声を上げて笑うこと、みんなでそれこそ大騒ぎしながら寅さんの一挙手一投足にリアクションするということは、今からは想像がつかないかもしれません。

そういう意味ではこの『新 男はつらいよ』は、少年時代のぼくにとっては、最高におかしくて、楽しい作品でした。寅さんが名古屋の競馬の大穴で百万円を当てて、柴又にタクシーで帰ってきます。柴又土手を走るタクシー。源ちゃんが「兄貴が名古屋のタクシーで帰ってきた」と大喜び。そのお金を使って、おいちゃんおばちゃんをハワイ旅行に連れて行こうと、寅さんが思いついたまでは良かったのですが……。

という快調な滑り出し。脚本は山田洋次監督と、監督助手の宮崎晃さんですが、監督は、フジテレビで「男はつらいよ」を企画、プロデュース、演出をした、「男はつらいよ」の生みの親の一人、小林俊一さんが手掛けています。もちろん小林さんはこれが映画初演出です。ちょうど一年前、フジテレビで「寅さん」の「愚かしき事の数々」を演出していた小林さんにとっては、映画を演出するというプレッシャーもあったでしょうが、同時に、全二十六話を演出したディレクターとして、二十七話目の「男はつらいよ」を手掛けているという意識が強かったのではないでしょうか？

『新 男はつらいよ』の寅さんは、他の作品とは微妙に違います。山田洋次監督の描く世界と、小林俊一監督の世界の違いもありますが、ぼくは『新 男はつらいよ』の寅さんは、言動やキャラクター、その空気も含めて、おそらくはテレビの寅さんに最も近いのではないかと思います。

「寅さん」というより、映画版に至るすべての原点である「寅ちゃんの魅力」を垣間見るような、そんな新鮮な気持ちで、いつも『新 男はつらいよ』を楽しんでしまうのです。

子供の頃、封切で観た『新 男はつらいよ』の面白さが忘れられなくて、それから一年ほどしての「寅さんまつり」で上映されたときは、父親にせがんでもう一度映画館に連れて行ってもらいました。ぼくが住んでいた足立区にあった北千住の映画館です。

今はイトーヨーカドーになっているこの映画館はそれこそこじんまりとした昔ながらの小屋です。駅前で今川焼を買って、三本立ての「寅さんまつり」を朝から晩まで観ました。何より面白かったのが、この『新 男はつらいよ』です。

なかでも、肝心の旅行代金を舎弟・登の勤める金町の旅行代理店の社長（浜村純）に持ち逃げされた「ハワイ騒動」には、場内大爆笑。挙げ句に、近所にバレないように、こっそりと「とらや」に帰って来た、寅さん、おいちゃん、おばちゃん、そして食料調達係の博。まるで戦時中の灯火管制のように、真っ暗い茶の間に潜んでいると、泥棒が入ってきての「泥棒騒動」となります。この泥棒を演じているのがコメディアン、財津一郎さんです。

財津さんは「チョーダイ」「キビシー」のフレー

ズで、それこそ幼児から子供、お年寄りまであらゆる世代の人気者でした。財津さんの面白さ、財津さんが持っている「何か」は、二十年以上放送されている「タケモト・ピアノ」のCMで「泣いている赤ちゃんが一〇〇%泣き止む」という「探偵ナイトスクープ」(朝日放送・二〇〇一年十一月三十日放送「タケモトピアノの謎」)の検証のように、ひとの琴線に触れる「何か」でもあるのだと思います。

話が脱線しましたが、その財津一郎さんが『新男はつらいよ』では、「とらや」一家がハワイ旅行に出掛けて留守と聞いて、忍び込んでくる泥棒役で再び登場します。ハワイ旅行がパーになったことを、近所にバレたら困る、メンツがつぶれると懸命になっている寅さんの姿。これも子供のときからおかしかったです。

それにつけ込む泥棒のしたたかさ。「一番電車まで、置いて貰おうかな」と開き直ります。このエスカレートぶりは、実は映画『男はつらいよ』の本篇ではあまりないアチャラカ喜劇的な展開です。大人になって観直すと、どんどん寅さんが追いつめられていく様は、寅さんの心情を察するほど、つらくなってゆくのですが、ここでの寅さんは「盗人に置い銭」までして泥棒に出てってもらいます。メンツを保つために。

それがテレビ版やシリーズ初期の寅さんでもあるのです。愚かなことをしでかした寅さんと、おいちゃんたちが喧嘩となり、寅さんはいたたまれず出て行く、この後は、映画版ではおなじみの前半の展開となるのですが、なんというか「騒動」の質が違うのです。そこに、ぼくは失われてしまったテレビ版の残滓《ざんし》を感じるのです。

この「ハワイ騒動」は、テレビ版でも描かれています。稲垣俊さんが脚本を書いた、第四回(一九六八年十月二十四日放送)で櫻(長山藍子)から「ハワイに行きたい」と聞いた寅さんが、競馬で大穴を当てて、おいちゃん、おばちゃん、櫻をハワイ旅行に連れて行こうとします。続く、山田洋次監督が書いた第五回(十月三十一日放送)では、肝心の旅行会社が倒産してハワイ旅行がおジャンになります。櫻はおいちゃん、おばちゃんを慰めるために芝居見物に連れて行くことになり、寅さんは留守番を買って出ます。

ところがおいちゃんが大事にしているウィスキー

を飲んで酔った寅さんがウトウトしていると、そこへ泥棒が入ってきます。寅さんがその泥棒を捕まえてみると、昔なじみの仲間・山本久太郎(佐山俊二)だったという展開です。

泥棒を佐山俊二さんが演じていた、と考えるだけでおかしいのが、この久さんは、テレビ版では寅さんの仲間としてしばしば出演します。第二十一話、櫻の結婚式では、車家の親戚の数が足りないということで、久さんまでかり出されて、スピーチをさせられてしまうことになります。映像が残っていないのが、返す返すも残念です。

このテレビ版が、どんな風に脚色されて、映画版となっていったのか、興味が尽きません。『新 男はつらいよ』で、「とらや」で一万円を貰ってほくほくの泥棒が警官に尋問され、すべてがバレてしまう場面で近所の人が集まってきます。そこで蓬莱屋を演じていたのが佐山俊二さんなので、テレビ版の熱心なファンは「あ、久さんだ!」と、重層的に可笑しかったと思います。

「ハワイ騒動」「泥棒騒動」があって柴又を後にした寅さんでしたが、しばらくぶりに戻ってきます。本来ならここで「旅先での寅さん」が描かれているのですが、前作から一ヶ月後の公開であり、スケジュールや予算もあって、旅のシーンはありません。それもテレビ的ととれます。さて、柴又は雨です。帝釈天の山門で雨宿りをする寅さんに、源ちゃんが大時代なミノを見つけてきます。

ミノをかぶった寅さんのスタイル。まるで落語の世界です。それもその筈。このシーンは、山田洋次監督が最も好きな、五代目柳家小さん師匠が得意とした演目「笠碁」にインスパイアされています。江戸落語と寅さん、という視点でシリーズを見直すと、様々な発見があるのです。

二〇一三年四月三十日

第五作　男はつらいよ 望郷篇

一九七〇年八月二十六日

浦安の節子さん

山田洋次監督が、第二作『続 男はつらいよ』以来メガホンを取ることになった第五作『男はつらいよ 望郷篇』には「ふたりのさくら」が登場します。映画「男はつらいよ」のきっかけとなった、フジテレビ版「男はつらいよ」で、妹・櫻を演じていた長山藍子さんが、マドンナとして出演しているからです。テレビで二十六回、櫻を演じていた長山さんにとっても、「男はつらいよ」は思い入れのある作品として、マドンナ節子に抜擢されたときは、嬉しかった、と伺いました。

第五作『望郷篇』の頃、山田監督は「これで幕引きにしよう」と思っていたそうです。そこで、テレビ版のレギュラーだった長山藍子さん、杉山とく子さん（おばちゃん）、井川比佐志さん（博士《ひろし》）の三人を、「もうひとつの柴又」的空間の、千葉県浦安市で、寅さんと再会させるという、テレビ以来のファンにとっては最高のシチュエーションになったわけです。

北海道の政吉親分（木田三千雄）危篤の報せを受けた寅さんが、機関士をしている親分の息子（松山省二）との出会いを通じて、真っ当に働こうと決意をして、柴又へ帰ってきたものの……。テキヤの末路の哀れさ、父親と息子の確執、そして北海道を驀進する機関車。前半のダイナミックな展開は、山田洋次作品ならではのテーマが凝縮されて、観るものを圧倒します。寅さんが、何故、労働に目覚めるのか? そのプロセスを丁寧な語り口で描いていく山田演出の醍醐味が堪能できます。

そして、博（前田吟）に頼んで、裏の工場の職工として「油まみれになって」働く事になった寅さんですが、すぐにヘトヘトになるという展開は、このシリーズの楽しさであり、江戸川に係留していた舟で昼寝をしていた寅さんが、そのまま浦安に流れついて、お豆腐屋「三七十屋《みなと》」の一人娘・節子（長山藍子）に例によって一目惚れ。

舟で昼寝をしている寅さん、そこに流れる山本直純さんの音楽。まるで落語のようなのんびりとした楽しい展開ですが、後半の「浦安パート」は「もうひとつの柴又」のようなユートピア的な世界が広がって行きます。テレビ版のおばちゃんである杉山とく子さん、そして長山藍子さん、その恋人の井川比佐志さん、渥美清さんにとっても、馴染みの人々と過ごす茶の間の日々は、幸福感に溢れています。寅さんは豆腐屋の離れに住み込んで、毎朝、油まみれになって油揚げを揚げ、藤島武夫さんの「月の法善寺横丁」を得意の調子で唄いながら自転車で販売に出かけます。もちろん、その楽しい日々は長くは続かないのですが……。

この作品を「幕切れ」と考えていた山田監督でしたが、作品はもちろん大ヒット、寅さんは時代のヒーローとなり、ファンは急増、シリーズは続行されることとなり、いよいよ「男はつらいよ」の黄金時代が始まることとなります。

二〇一一年五月七日

額に汗して

大阪万博に湧き立つ昭和四十五（一九七〇）年夏、この年、三本目の「男はつらいよ」が封切られました。一年に三本のハイペースです。ということだけでも、空前の寅さん人気が窺えます。この頃、三、四作目を、寅さんに所縁のある監督に任せて来た山田洋次監督は、この頃、念願の企画だった『家族』に取り組んでいました。長崎県の伊王島から、炭坑に見切りをつけた井川比佐志さんと倍賞千恵子さんの夫婦が、幼い子供二人と笠智衆さんのお祖父ちゃんと共に、北海道に移住するために、日本列島を北上してゆく、渾身の作品でした。

それまで「喜劇」中心、しかもプログラムピクチャーを撮り続けてきた山田監督にとって「家族」は、高度成長に取り残されながらも懸命に「家族」で生き抜いていこうとする庶民を描く、特別な作品でした。

そうしたなか、会社から「もう一本、寅さんを」との要請を受けて、ならば第五作で、自ら有終の美を飾ろうと、久しぶりに手掛けたのが、この『望郷篇』でした。

「男はつらいよ」は、定住に憧れる放浪者の「寅さん」と、たまには気ままに旅をしてみたいと思っている定住者である「家族」の物語です。その寅さんが、浮き草稼業である渡世人の足を洗って、額に汗してはたらく決意をします。大事なことは、美しきマドンナへの思慕からの行動ではなく、あることをきっかけに……というのが、この映画の大きなモチベーションとなっています。

物語は、おいちゃんは虫の息、寅さんが駆けつけるも、時すでに遅く……。という「寅さんの夢」からはじまります。タイトルが明けて「とらや」では、あまりにも暑いのでおいちゃんはノビています。そこへ上野から寅さんが電話をかけてきて、おばちゃんたちは、寅さんを担ごうと、おいちゃん危篤と伝えるのです。びっくりした寅さん、冠婚葬祭に張り切る、仕切り屋の血が騒いで、道すがら、葬儀の段取りまで万事終えて、帰って来るのですが……。というあたりから、寅さんの「将来」という問題が顕在化してきます。

そして舎弟・登が北海道の政吉親分(木田三千雄)危篤の報せとともに柴又へ。政吉親分といえば、十五、六年前、若い放浪時代の寅さんが世話になった恩人。この映画が昭和四十五年ですから、昭和二十九年か三十年頃のことです。戦後十年、若き香具師の寅さんはどんな暮らしをいていたのか、いろいろと想像してしまいます。

おそらく、今の登のような、意気軒昂だけどどこか未熟なところがあったのかもしれません。寅さんは「渡世の義理」を果たすため、北海道に向かいたいのですが、先立つものがありません。社長もおいちゃんも「コロっと忘れていた」と逃げ出してしまいます。森川信さんのおいちゃんがなにをコロっと忘れていたのかを「わかんねえから、近所で聞いてくる」といって店を飛び出すのが抜群です。

結局、さくらのアパートに無心に行きます。案の定、さくらは生業をもたず、ぶらぶらしている兄に説教します。首を垂れる寅さん、神妙です。

「額に汗して、油まみれになって働く人と、いいカッコしてブラブラしてる人とどっちが偉いと思うの。お兄ちゃん、そんなことが分からないほど頭が悪いの？　地道に働くっていうことは尊いことなのよ。お兄ちゃんは自分の年齢のこと考えたことある？　今から、あと五年か十年たって、きっと後悔するわよ、そん時になってからではね、取り返しがつかないのよ……ああ、馬鹿だったなあと思っても、もう遅いのよ。」

と、一気に思いの丈を吐き出します。これは「生きることは、はたらくこと」という人生の大命題でもあり、寅さんはこの後も第八作『寅次郎恋歌』で博の父から「りんどうの花」の話で諭されることになるわけですが。でも、この頃の寅さん、さくらのことばだけでは、改悛しませんが……。

結局、さくらはお財布から五千円札を出します。第二作『続 男はつらいよ』の冒頭で、寅さんが満男に「アメ玉のひとつでも」と渡したお金を、さくらがとって置いたのです。宵越しの銭は持たない寅さんと、堅実なさくら。放浪者と定住者の違いはここにもあります。

さくらからお金を受け取り、神妙な顔で、アパートを出た寅さんですが、ひとたび外に出ると待ち受けていた登に「うまくいったよ、タクシーを呼べ！」と様変わり。これがまたおかしいのです。

これが初期の寅さんの笑いでもありました。先生にお説教されて、神妙なのは態度だけで、内心は舌を出している、悪ガキ時代の寅さんが容易に想像できます。

しかし、次の北海道のシークエンスから、映画はそれまでの「喜劇」の枠から逸脱していきます。後のシリーズで展開される「男はつらいよ」のドラマチックな魅力は、ここから本格的に拡がっていきます。札幌の病院で寝たきりの政吉親分の姿に、テキ屋の末路の侘しさが窺えます。浮き草稼業の渡世人、いくら若いときに勢いがあっても、晩年はことほど哀れ、というのは第三作『フーテンの寅』の花沢徳衛さんの元テキ屋のエピソードでも描かれていましたが『望郷篇』では、さらに深く、その悲惨さ、哀れさが描かれてゆくのです。

そして「放浪者」に対する「定住者」として、政吉親分が死ぬまでに息子に一目会いたいと寅さんに頼む、その息子・石田澄夫（松山省二）が、前半で重要な役割を担います。親分からのメモを頼りに、寅さんは、国鉄の機関士・澄夫を訪ねて、小樽築港駅へとやってきます。

しかし澄夫は、父親と会うことを拒絶。それが理解できない寅さんは、澄夫の汽車を追いかけて、タクシーを飛ばします。山田監督の「鉄道マニア」ぶりはつとに有名ですが、力強く走る機関車の描写は、シリーズの鉄道シーンのなかでも最高峰でしょう。

澄夫は寅さんに、小学一年生の時、母親に内緒で政吉に会いに行った話をします。それはあまりにも切なく悲しい経験でした。赤線のようなところで、泣いて謝る女性を殴る男が、父親と知った時のショック。帰りの汽車賃も持たない澄夫少年は、札幌市から線路伝いに帰ったことを寅さんに話します。

ここでシリーズには珍しい、回想シーンがインサートされます。銀はがしといわれる手法で、澄夫が線路を歩く姿が描かれ、背後から、汽車の警笛が聞こえてきます。

そして現在、国鉄マンとなった澄夫です。彼がなぜこの仕事についているのか、具体的に説明はされていませんが、それだけで観客には充分伝わります。この時、澄夫は、親切な国鉄マンに汽車に乗せてもらったのかもしれません。あるいは、歩いて帰る途中、勇壮な機関車の力強さに励まされたのかもしれません。いずれにせよ、無一文で線路伝いに家に帰る途中に、現在の澄夫の原点ともいうべき、心の変化があったのでしょう。

そんな澄夫に、寅さんはかけることばもありません。そしてその夜、政吉親分が亡くなったことを寅さんは知ります。この時、寅さんは、額に汗して働かなければいけない、と決意します。その理想の姿が、雄々しく、機関車を運転する、油まみれ、汗まみれの「汽車の缶焚《かまた》き」だったのです。

これが寅さんを突き動かし、さくらに言われた「額に汗して、油まみれになって働く人」になろうと固い決意となります。

そして、柴又へ帰ってからは、おなじみの狂想曲となります。後半、寅さんは、江戸川の川下、山本周五郎の「青べか物語」でも知られる千葉県浦安に流れつき、そこで豆腐屋の節子(長山藍子)に一目惚れ、額に汗して、油揚げの油まみれになって働くこととなります。

しかも浦安で寅さんが住み込む、三七十《みなと》屋には、杉山とく子さん、長山藍子さん、そして井川比佐志さんと、テレビ版のオリジナルキャストが集結する、もう一つの「とらや」でもあります。

印象的なのは、井川比佐志さん扮する剛が、国鉄マンと聞いたときの寅さんの「そうでありましたか」という言い回しです。これは『拝啓天皇陛下様』(一九六三年・野村芳太郎)で渥美清さんが演じた主人公を彷彿とさせます。この一言に、堅気に憧れる寅さんの素直な気持ちが現れているような気がします。

前半の重厚なドラマが一転して、後半の賑やかな喜劇となり、第五作『望郷篇』は山田洋次監督渾身の傑作となります。これを最後にしようと、作品に込めた力がシリーズの方向性を決定付け、喜劇という枠をはるかに越えた「男はつらいよの世界」が拡がってゆくこととなります。

二〇一二年五月四日

山田洋次監督の「覚悟」

ぼくは衛星劇場でインタビュー番組「私の寅さん」のホストを、二〇〇八年から二〇一〇年にかけて約二年間、二十二回に渡ってつとめました。そこで山田洋次監督にご出演して頂き、「男はつらいよ」誕生の前後について、検証しながら伺いました。

テレビ版がいかにして誕生したのか、そして一九六九年という時代に「男はつらいよ」を生み出した意味、そしてお茶の間にテキ屋が登場するという意外性と、その衝撃について、リアルタイムに間に合わなかった世代としては、当事者である山田監督との話は、まさしく貴重な体験となりました。

佐藤「ホームドラマと言うのは定住者のドラマにもかかわらず『男はつらいよ』というのは放浪者が出てくる。これは当時のホームドラマではなかったことではないでしょうか。」

山田「そうねえ、ホームドラマなんですよ、で、そこに放浪者が出たり入ったりすることで、定着した世界が際立つし、また放浪者の喜びとか悲しみも出てくるんじゃないか、非常に対照的な世界を描くことができたんじゃないかな。」

佐藤「『愚兄賢妹』という仮題がついてた、そのコンセプトの中に、寅さんとさくらという兄妹なんだけれども、放浪者と定住者というね。これがたぶん、後に四十八作続くシリーズの、ほんとに大きな原動力になったんでしょうね。」

山田「まあ最初からきちんと設定したわけではなかったけれど、運がよかったんでしょうね、妹の世界とお兄さんの世界がうんと対照的になって対照的でありながらお互いに惹かれあって、続いていくっていうのかなあ、放浪者は常に定住したいって言う憧れがあるし、定住者は常に旅立ちたいっていう憧れを持ってるっていうことなんですね。」

衛星劇場「私の寅さんスペシャル」

（二〇〇八年八月）

『男はつらいよ』は、放浪者と定住者の物語であり、テキ屋と堅気の「あにいもうと」という、それまでのテレビドラマでは、およそ共存できない設定を、結びつけることで成立したドラマだったのです。これは放送された昭和四十三年から四十四年という時代なればこそ、だと思います。

ベトナム戦争が泥沼化し、学生運動は高校生にまで波及していました。世の中は騒然とし、ぼくの子供の頃の記憶では、デモ隊と警官隊の衝突は日常茶飯事。火炎瓶が飛び交う日常が、テレビのニュースで報じられていました。そういう時代に、テキ屋を主人公にしたホームドラマを作るということは、一方では時代を反映した当然のことでもあり、もう一方では、かなりアヴァンギャルドな試みでした。

そのテレビシリーズが最終回で、車寅次郎がハブに咬まれて死ぬ、という衝撃的な結末を迎え、それゆえに映画シリーズが誕生したことは、このコラムでも時系列でお伝えしてきました。山田洋次監督は、第一作『男はつらいよ』、第二作『続 男はつらいよ』を演出した後、第三作をシナリオ共作者であった森崎東監督、第四作をテレビシリーズのプロデューサーでありディレクターでもあった小林俊一さんが演出することになり、シナリオを手掛けていました。作品を観てわかるのは、第一作から第四作までの「男はつらいよ」は、エピソードも含めて、テレビ版の延長線上にあるというか、発展したかたちでの「THE MOVIE」だったことです。

シリーズは、低迷する映画界で異例ともいうべき大ヒットとなり、ドル箱となった「男はつらいよ」は次々と製作されることになります。この頃の映画館の熱気は凄かったです。小学一年生の夏休みの終わり頃、ぼくはこの第五作『望郷篇』を銀座松竹で、父親と一緒に観たのですが、ほとんどが男性客、おじさんばかりでした。寅さんの一挙手一投足に場内が割れんばかりの笑いに包まれていました。ポップコーンの匂いと共に、その熱気は今でもありありと覚えています。

山田「で、もう一本どうしてもやりたいってことになった時に、その三作、四作、監督が違うと、不思議なもんで、いい悪いじゃなくてねえ、同じキャスティングで僕が脚本書いて、同じ衣裳を着て出てるんだけども、不思議なもんで監督が変わると、ぜんぜん色合いが変わってきちゃうわけですね。だから、もう一回僕の、僕の味付けで、僕の好きな色合いに映画を作ってお仕舞いにしたいと、だから第五作は、「じゃ僕が撮る」って言って、そう言って一九七〇年、僕は『家族』って言う映画を作ってたんだ。その『家族』を途中で切り上げてそして『望郷篇』っていう作品を作ったんです。」

佐藤「そうしますと『望郷篇』は山田監督の中で『完結編』として取り組んだ作品ですね。」

山田「そうです、そうです。」

佐藤「で、そこにテレビ版のおばちゃん役の杉山とく子さん、櫻役の長山藍子さん、博士役の井川比佐志さんと……」

山田「そうそうそう、長山さんが出て、井川さんが出てね。」

佐藤「それで有終の美を飾るつもりでつくることになったと。」

山田「うん、だからそういう意気込みがあるわけですよ、これでお仕舞いにすると、そういう僕の意気込みやら、渥美さんたちの意気込みやらが、こう、ひとつの力になったんじゃないかなあ、とても元気のある映画ができたんですね。そしたらこれがまた、今までを上回るヒットを遂げちゃったんで、まあ、終わるに終われなくなっちゃったっていうか、今度はもう観客に押されるようにして、今さらやめるわけにはいかないっていう感じがしてきちゃってね。」

衛星劇場「私の寅さんスペシャル」
（二〇〇八年八月）

山田監督は「幕引き」として、第五作『望郷篇』にあらゆるエッセンスを投入しました。冒頭の「寅さんの夢」では、おいちゃんの臨終に駆けつける寅さん。タイトルバック明けには、その「夢」の延長として、暑くてノビているおいちゃんを、おばちゃんが冗談で、虫の息だと寅さんを担いでしまいます。

上野から電話をして、それを聞いた寅さんが、柴又に帰ってくる途中に、葬儀屋などの手配をします。御前様にも近所の人にも、おいちゃん危篤を伝えて大ごとになる、冒頭の爆笑シーンとなって行くのです。

そういえば第二作『続 男はつらいよ』で、恩師の散歩先生(東野英治郎)が亡くなって放心状態の寅は、御前様から「こういう時こそお前がしっかりせんといかんのじゃないか」と叱咤されます。翌日のお葬式では、寅さんの態度が一変して、仕切ること仕切ること、見ていて気持ちの良いほど、寅さんは大ハリキリでした。

寅さんの冠婚葬祭一式の取り仕切りの鮮やかさは、シリーズでしばしば出てきます。『望郷篇』でも、おいちゃん危篤と聞いて、先回りして、いろいろ段取っている寅さんの姿は描かれているわけではありませんが、そのテキパキとした采配は想像できます。なぜそこまでするのでしょうか?

「しかたがねえだろ、ったく、おじちゃんが死にでもしなけりゃね、オレは恩返しってものができないんだよ。オレが取り仕切ってよ。さすがは「とらや」の旦那さんの葬式だ。立派な葬式だったたって人に羨ましがられるような葬式を出してえなって思ってたのよ!」

この理屈もむちゃくちゃですが、この茶の間の喧嘩シーンで、劇場の笑いはピークに達します。まだ七歳になったばかりのぼくは、とにかくお腹を抱えて、椅子から転げ落ちそうになって、大笑いしました。そして、次のシークエンスでは、舎弟の登(津坂匡章)がしばらくぶりに柴又を訪ねて来て、寅さんが若い時に世話になった、北海道の政吉親分(木田三千雄)の危篤を告げます。

結局、寅さんはさくらから『続 男はつらいよ』で満男にあげた飴玉代の五千円を受取り、北海道に行き、政吉親分の最後の頼みを聞きます。小樽で機関士をしている息子・澄夫(松山省二)に一目会いたいという、親分の願いを叶えてあげようと寅さんは小樽へと向かいます。

ここからのシークエンスは、それまでの「葬式」をネタにした喜劇から一転、シリアスな「父子の確執」の物語となります。機関車D51の勇壮な描写は、実に丁寧かつダイナミックで、少年時代から鉄道ファンである山田監督の熱い想いが伝わってきます。病床の父のことを伝えても、頑なに澄夫は父に会いたがりません。なぜ澄夫が父親に対してこれだけ反発しているのか、澄夫のことばで語られます。

父子の確執は、『男はつらいよ』に限らず、山田洋次監督の作品にはしばしば描かれています。博と父のコミュニケーション不全、寅さんと亡くなった父親の関係、第十九作『寅次郎と殿様』の殿様(嵐寛寿郎)と亡くなった息子の確執、『息子』(一九九一年)もありました。そして『東京家族』(二〇一三年)でも、父子のギクシャクした関係が描かれています。

この第五作『望郷篇』の澄夫のエピソードは、実はテレビ版の第十話(山田洋次・森崎東脚本)のリフレインでもあります。熊本に住む、寅さんが昔世話になった東雲《しののめ》の銀蔵親分(杉狂児)が危篤となり、昔芸者に産ませた息子を探して欲しいと頼まれます。その息子は今は機関士となっていて、という物語です。これが第五作の澄夫のシークエンスへと発展していくわけですが、映画版の機関車の描写の力強さは、何度見ても興奮します。これぞ映画のチカラです。

この機関士の姿を見た寅さんが「額に汗して油まみれになって働こう」と決意するのも納得です。映画の後半、浦安を舞台にしてからの三浦節子(長山藍子)とのエピソードには、杉山とく子さん、井川比佐志さん、佐藤蛾次郎さんのテレビ版のレギュラーが勢揃いします。

倍賞千恵子さん扮するさくらと、テレビで櫻を演じていた長山藍子さんの「二人のさくら」の共演は、リアルタイムでテレビを観ていたファンにとっては、この上ないプレゼントでした。

山田監督の「これでお仕舞いにすると、そういう僕の意気込みやら、渥美さんたちの意気込みやらが、こう、ひとつの力になったんじゃないかなあ、とても元気のある映画ができたんですね。」ということば通り、第五作は力強い作品となり、映画『男はつらいよ』の世界が、この作品から広がってゆくことになりました。

二〇一三年五月七日

第六作　男はつらいよ 純情篇

一九七一年一月十五日

ふるさとの川、江戸川

寅さんの「ふるさと」葛飾柴又は江戸川のほとりです。タイトルバックに映る、悠然と流れる江戸川の風景、矢切の渡しの風物など、スクリーンに広がる光景は、観客にとっても「心のふるさと」を感じさせてくれます。第一作のタイトルバックから、最終作『寅次郎紅の花』に至るまで、二十六年間に渡る「男はつらいよ」シリーズには、昭和四十四年から平成七年にかけての、変わらない江戸川の光景と、変わりゆく街の風景が、活写されています。

柴又から矢切の渡しに乗って、対岸に渡れば、そこは千葉県松戸。伊藤左千夫の小説「野菊の墓」の舞台となった場所です。ほんのわずかの距離ですが、シリーズでは、タイトルバックの風景以外は対岸が描かれたことは、ほとんどありません。例えば、第三十五作『寅次郎恋愛塾』で、マドンナの若菜（樋口可南子）が、満男に案内されて「野菊の墓まで行ってきた」という台詞はありますが、描写はありません。

千葉県松戸市が物語のなかで登場するのは、第十一作『寅次郎忘れな草』のラストで、リリー（浅丘ルリ子）が寿司職人・石田良吉（毒蝮三太夫）と結婚して「清寿司」を、松戸市の新京成線「五香駅」近くに開業したときぐらいです。真夏の陽射しのなか、さくらが日傘を差して、リリーを訪ねるシーンを観ていると、柴又から相当遠くにあるような印象を受けます。

江戸川を渡れば、松戸はすぐなのに、さくらにとってリリーの新居は、遠い彼方に感じるのかもしれません、うがった見方をすれば、寅さんのふるさと「葛飾柴又」は、精神的には京成柴又駅を入口とすれば、題経寺の後背にある江戸川が出口であり、他の世界との「結界」になっているのかもしれません。

その「葛飾柴又」に帰れば、おいちゃんやおばちゃん、さくらや博、満男、裏の工場の社長が楽しく暮らしているユートピアが待っている。それが寅さん、観客の心のなかにあるのだと思います。

二〇一一年五月十四日

故郷ってやつは……

放浪者と定住者の「ホームドラマ」としてスタートしたテレビドラマ「男はつらいよ」が映画化されて一年半。斜陽と言われて久しい映画界において、山田洋次監督の「男はつらいよ」シリーズは、公開されるたびに記録的な大ヒットを記録。ちょっとした喜劇映画ブームが映画界を席巻していました。松竹では、瀬川昌治監督、フランキー堺さん主演の「喜劇 旅行シリーズ」、野村芳太郎監督、ハナ肇さん主演の「為五郎シリーズ」、渡邊祐介監督の「ドリフ映画」といった喜劇シリーズを連作。さらに、前田陽一監督や森崎東監督のパワフルでエネルギッシュな重喜劇が、スクリーンを賑わせていました。

この『純情篇』公開に併せて発売されたキネマ旬報増刊の「渥美清と山田洋次」特集号には、一九七一年の松竹の喜劇映画のラインナップがズラリと並んでいます。それを見ると「男はつらいよ」ブームがいかに凄かったかが、よくわかります。シリーズ最後の作品のつもりで、山田監督が精魂込めて作り上げた第五作『望郷篇』（一九七〇年八月二十六日）の大ヒット、『家族』（一九七〇年十月二十四日）の高い評価のなか、満を持して公開された第六作『純情篇』は、人気喜劇の新作ということだけでなく、待望の山田洋次監督作品として、公開前から大きな期待が寄せられていました。

松竹マークに続いて、寅さんの「ふるさとは遠くにありて思うもの、とか申します。葛飾は柴又を飛び出してより、もうふた昔と半、どうせ気ままな旅がらす渡世と粋がってはおりますものの、わびしい独り旅の夜汽車の中のうたたねに、ふと夢に見るのはふるさとのこと」のモノローグから始まります。

この夜汽車で、寅さんは、赤ん坊を連れた「行きずりの旅の女の面影に、故郷に残した妹の面影」を見て「故郷」に想いを馳せます。

タイトルバックは、ヘリコプターによる空撮で、昭和四十六（一九七一）年初頭の柴又が上空から活写されます。江戸川から帝釈天参道にかけての映像からは、この四十年の間に変わってしまったもの、変わらないものが、ありありと感じられます。この作品のテーマが「故郷」であることが、続く劇中のテレビ番組「ふるさとの川 江戸川」から明確となります。タイトル明け、モノクロ画面で、柴又の風物がＮＨＫの「新日本紀行」よろしく、ドキュメンタリー番組のなかで紹介されます。御前様、さくら、おいちゃん、おばちゃんが登場。

第三作『フーテンの寅』のラストで、寅さんが「ゆく年くる年」に出て来る場面がありました。シリーズではしばしば寅さんがテレビ番組に出演、この後も茶の間の家族をビックリさせることとなりますが、車一家のテレビ出演はこれが最初で最後です。余談ですが、そういえばタコ社長が、第三十七作『柴又より愛をこめて』で娘・あけみが失踪したときに、ＴＢＳのワイドショー「モーニングｅｙｅ」に出演したこともあります。

この「ふるさとの川 江戸川」を、茶の間で一家が観ているとき、寅さんは山口県の小さな食堂のテレビで、偶然、この番組を観て、「とらや」に電話をします。旅先で「故郷を想う寅さん」。シリーズ全作に通底するテーマでありますが、『純情篇』では、それがより色濃く描かれています。そして寅さんは、長崎の大波止の船着き場で、赤ん坊を背負って呆然としている絹代（宮本信子）に優しく話をかけ、宿賃を持たぬ彼女の面倒をみます。

父親の反対を押し切って、駆け落ち同然で結婚したものの、亭主（城戸卓）は今で言うＤＶ夫で、赤ん坊のミルク代まで巻き上げてしまうヒドい男だと、涙ながらに身の上話をする絹代。寅さんはいささか困った顔をしていますが、優しく話を聞いてあげます。

寅さんの親切に、ほっとしたのか、息せき切ったように話をする絹代の姿に、彼女が過ごしてきた修羅の日々が見えてきます。やがて絹代は気まずそうに、子供の横で服を脱ぎはじめて「金ば借りて、何もお礼ができんし、子供がおるけん、電気は消してください」。この時の寅さんの表情について、山田洋次監督のシナリオには「哀れみとも、憤りともつかぬ、やりきれぬものがこみ上げて来る」と書いてあります。

「俺の故郷にな、ちょうどあんたと同じ年頃の妹がいるんだよ。もし、もしもだよ、その妹がゆきずりの旅の男にたかだが二千円ぐれえの宿賃でよ、その男がもし妹の身体をなんとかしてえなんて気持ちを起こしたとしたら、俺はその男を殺すよ。」

烈しいことばです。寅さんは目の前の絹代に、故郷に残して来たさくらの姿を見ているのです。妹を想う兄の気持ちです。これは、ラスト近く柴又駅での兄を想う妹の気持ちと呼応して『純情篇』のハイライトとなっています。

そして、寅さんは絹代に付き添うかたちで、彼女の故郷、五島列島の玉之浦に向かい、絹代の父・中村千造(森繁久彌)と会うこととなります。森繁久彌さんといえば、昭和二十五(一九五〇)年、『腰抜け二刀流』(新東宝)で主演デビューを果たし、数々のアチャラカ喜劇の滑稽な演技を経て、『夫婦善哉』(一九五五年・東宝)で演じたダメ男が高い評価を受け、東宝のドル箱となった「社長シリーズ」「駅前シリーズ」など、看板シリーズで、戦後を代表する「映画の喜劇人」となります。

渥美清さんがまだ「これから」という時代、昭和三十五(一九六〇)年に、森繁さんが自ら製作にあたった『地の涯に生きるもの』に、端役ですが漁師の役で出演。そのときに、スターである森繁さんに「キヨシ、弁当食ったか」と優しく声をかけて貰ったことに感激したというエピソードもあります。

渥美さんが尊敬する三人の喜劇人は、三木のり平さん、藤山寛美さん、そして森繁久彌さんだったと、山田監督から伺いましたが、その尊敬する森繁さんを「男はつらいよ」のゲストに招いた時の渥美清さんの感激は、察するに余りあります。この二人の天才俳優の芝居場は、シリーズのなかでも白眉の一つです。

娘・絹代を想う、父・千造の気持ちに触れた寅さん。家族に想いを馳せます。やがて、寅さんは千造に、故郷に残してきた家族のことを、アリアで滔々と語ります。「全くだ。おじさんの言う通りだよ、帰れるところがあると思うからいけねえんだよ、失敗すりゃまた故郷に帰りゃいいと思ってるからよ、俺ゃいつまでたったって一人前になれねえもんな」。

話せば話すほど「故郷」が懐かしく、帰りたい「望郷の念」にかられる寅さん。しかし自分を戒めるように「俺ゃもう二度と帰らねえよ、いつでも帰れるところがあると思うからいけねえんだ」と独り言。寅さんの頭の中は、柴又のことだけ。寅さんの背中を押すのは、港から聞こえてきた最終の渡し船の汽笛でした。

こうして寅さんは柴又へ再び帰ります。家族にとっては折悪しく、寅さんにとっては幸運なことに、おばちゃんの遠縁にあたる、別居中の美しい人妻・明石夕子（若尾文子）が「とらや」に下宿していたために起こる騒動は、初期のシリーズの定石でもあり、賑やかな展開となります。例によって、寅さんの失恋というかたちで、物語は大団円を迎えます。失意の寅さんの旅立ちのとき、柴又駅に見送りに来た、さくらとの「あにいもうとの別れ」は、最高の名場面となりました。ホームに電車が着いて、寅さんが乗り込みます。

さくら「あのね、お兄ちゃん、つらいことがあったらいつでも帰っておいでね」
寅「そのことだけどよ、そんな考えだから、俺はいつまでも一人前に…… 故郷って奴はよ」
さくら「うん？」
寅「故郷って奴はよ……」

ドアが締まり、そこから先は、さくらにも観客にも聞こえません。寅さんは、さくらのマフラーを締めてもらい、何か言おうとして、その声はかき消されてしまいます。こうして寅さんは旅の人となりますが、ぼくら観客は、この『純情篇』で描かれた、寅さんのさくらへの想い、さくらの寅さんへの想いを、頭のなかでめぐらせ、「男はつらいよ」の世界を、さらに深く味わうことが出来るのです。

二〇一二年五月十一日

故郷は遠きにありて……

シリーズ最終作として第五作『望郷篇』（一九七〇年八月二十六日公開）を撮り上げた山田洋次監督は、この一年、じっくりと時間をかけて撮影を続けてきた『家族』（一九七〇年十月二十四日）を発表。折からの「寅さんブーム」の中で、さらに『家族』が高い評価を受けたこともあり、すぐに第六作を、と会社からの要請を受けました。その『男はつらいよ 純情篇』のシナリオが掲載されたキネマ旬報一九七一年一月十日号増刊「男はつらいよ 大全集」に文章を寄せています。

六十九年の八月に第一回の「男はつらいよ」

が始まって以来、この「純情篇」に至るまで、何と驚くなかれ六本の脚本を、もちろん森崎東君や宮崎晃君の協力を得ながらではあるが私は書き続けて来たのである。全く逆さにしても血も出ないというのが現在の状況であろう。

「男はつらいよ大全集」キネマ旬報
一九七一年一月十日号増刊

監督の産みの苦しみがひしと伝わってきます。それでも映画館に駆けつけてくれる観客のために、映画館で寅さんの一挙手一投足に声援をかけてくれるファンのために、山田監督は、これで監督としては四本目となる第六作『純情篇』の構想を練り、宮崎晃助監督とともに、シナリオを執筆、一九七〇年十一月二十一日にクランクイン。山田監督はこのとき三十九才。記録によると、横浜野毛山ロケーションから撮影が始まっています。

野毛山というと、そんなシーンがあったのか？と一瞬思いますが、映画の中盤、寅さんが、瀬戸物の啖呵売をするシーンが初日の撮影でした。完成作品や後に発行されたシナリオ集にも「××神社」とあるだけなので、長らく都内の神社だと思われていました。

数々の関連本にもそういう既述があり、ぼく自身もそう思い込んでいました。ところが、長らく「男はつらいよ」研究をしている寅福さんと、吉川孝昭さん、二人の知人が、このキネマ旬報にも記載されていた「野毛山ロケーション」の既述から調査をして、この場所が神社ではなく、野毛山にある横浜成田山こと、成田山横浜別院であることを突き止められました。

余談ですが、こうしたロケ地を特定したり、ロケ地を巡ったりするのは、ファンにとっては何よりの楽しみの一つです。映画をめぐる情報というのは、当時の資料だけでなく、その作品を観たファンの印象やアクションによって、どんどん更新されて行きます。映画に触れる喜び、味わう喜びはそんなところにもあります。

こうして『純情篇』がクランクインされました。マドンナは大映のトップ女優・若尾文子さん、おばちゃんの遠縁にあたる人妻ですが、プライドだけは高い、売れない小説家の夫（垂水悟郎）に愛想を尽かして別居。「とらや」の二階に下宿します。そこへ寅さんが帰ってきて、楽しい日々が始まります。日本映画を代表する美人女優と寅さん。前作まではテレビシリーズから広がってきた映画版、という感じだったシリーズが、ここで映画独自の「男はつらいよ」にシフトされています。

本当の意味で、映画の『男はつらいよ』は、ここからいよいよ動き出すのです。

山田監督のシナリオには、明確な「故郷」というテーマがあります。『家族』（一九七〇）では、故郷を離れて、北海道の開拓村へと入植してゆく一家を描いた山田監督。『家族』ではいわば「故郷」を喪失しながらも、新天地が家族にとって、子供にとっての新たな「故郷」となってゆくことが示唆されました。それを踏まえて『純情篇』を観て行くと、放浪者である寅さんにとっての「故郷」の物語であることがよくわかります。

寅さんは、長崎港で出会った子連れの訳あり女性・絹代（宮本信子）の故郷である、五島列島の福江島に向かいます。父親の反対を押し切って、駆け落ち同然で島を離れ、子供まで出来てしまったものの、夫とは上手く行かず、故郷へと帰って来る絹代。寅さんは、宿代もない絹代のために一肌脱いで、絹代の実家まで送ります。そこにいるのが、絹代の父で、小さな旅館を営んでいる千造（森繁久彌）です。

寅さんは、「故郷《くに》はどこかね？」と訊いてきた、千造との会話で、葛飾柴又で待つ、肉親のことを思い出します。このときの渥美さんと森繁さんのやりとりは見事で、二人の天才俳優の、絶妙の呼吸が堪能できます。寅さんの望郷の念は高まっていて、この千造とのやりとりで、その想いが一気に爆発するのです。

「帰るところがあると思うからいけねえんだ。でもよ、俺、帰るとおいちゃん、おばちゃん喜ぶしなあ。さくらなんか、「お兄ちゃんばかねえ、どこ行ってたの？」なんて目にいっぱい涙溜めてそう言うんだ。それ考えるとやっぱり、帰りたくなっちゃったな。」

寅さんは自問自答しながら、それこそ葛藤の挙句、柴又に帰ることにします。そこで、おばちゃんの遠縁の夕子に出会うわけです。

山田監督は助監督時代、昭和三十三（一九五八）年に、井上和男監督の『明日をつくる少女』（同年）のシナリオを執筆することになり、原作「ハモニカ工場」の作者である早乙女勝元さんと知己を得ます。それから四年後の昭和三七（一九六二）年、山田監督は倍賞千恵子さんのヒット曲の映画化である『下町の太陽』（一九六三年）の物語を作るために、葛飾区新宿《にいじゅく》に住んでいた早乙女さんのもとを訪ねます。何度かシナリオの打ち合わせをしたそうですが、あるとき、早乙女さんが「近くに食事に行きましょう」と誘ったのが、自宅にほど近い、柴又帝釈天参道の高木屋老舗でした。

昭和四十三（一九六八）年にテレビ「男はつらいよ」の舞台はどこが良いか思案して、山田監督のなかにあった昭和三十七（一九六二）年の葛飾柴又の印象が、ふと甦って、それが車寅次郎の故郷となりました。やがて映画がスタートすると、毎回、江戸川の美しい風景、帝釈天題経寺と参道の家並みがスクリーンに映し出され、物語のなかの故郷が、いつしか観客にとってても懐かしい風景となっていったのです。

ただ映像に映るからではなく、さくらたちがそこで暮らし、おいちゃん、おばちゃんたちの喜怒哀楽があって、それを旅先で寅さんが「故郷」として思うことを、観客が共感し、その感情と感覚を共有することで、柴又はぼくらにとっても「故郷」となったのだと思います。

回を重ねてゆくくこと。お馴染みが積み重なってゆくこと。そうして成立していく世界があります。今、みんな〝お約束〟なんてことを言いますが、このお駟染みの積み重ねは、文化というものの有り様なのです。スタンダードという概念もそうです。渥美さんはこんな風に語っています。

渥美　おかしなもので、ああやって「葛飾柴又」といっていると、何かそれが前からそのとおりだったみたいに聞こえてくるところに、ものをつくっていく魔術みたいなものがありますね。（中略）見て下さる側もずっと手を差し伸べてきてさわるから、出したこっちのほうと出されたほうで、両方で手のひらで温めていってしまうものなんですね。

「男はつらいよ大全集」キネマ旬報
一九七一年一月十日号増刊

この渥美さんのことばは、芸を育てる、親しまれてゆく、作品が本物になっていくことの本質を言い表しています。山田監督が「血も出ない」と苦しみ抜いて書き上げた脚本に、渥美清さんが寅さんとして命を吹き込んで、スタッフが一丸となって作り上げた映画。それを観た観客の共感と感動により、このシリーズが、今なお愛され続けている作品となったのです。だから葛飾柴又は、ぼくらにとってもスクリーンを通して、心の中で育まれた「故郷」として懐かしく思う場所になっているのだと、しみじみ思います。

二〇一三年五月十二日

第七作　男はつらいよ 奮闘篇

一九七一年四月二十八日

津軽の花子ちゃん

第七作『男はつらいよ 奮闘篇』は、山田洋次監督による唯一の「春の寅さん」です。昭和四十四年八月にスタートして以来二年目、山田監督はこの頃「逆さにして血も出ない」ほど、苦しみながら物語を紡ぎ出していたと、当時、発言しています。作家として、シリーズを続ける苦しみ、我々には、想像もつかないほどに違いありません。かつて、名脚本家の橋本忍先生にお話を伺ったときに、『砂の器』(一九七四年)シナリオ執筆時の旅館で、山田監督が『男はつらいよ』のギャグを、うんうん唸り、苦しみながら紡ぎ出す姿に「すごいなぁ、と思った」と橋本先生が話してくださいました。

あるとき、山田監督に『男はつらいよ』シリーズのベスト3を選んで頂いたことがあります。もちろんランキングは、ぼくら同様、その時々によって大きく変わると思いますが、その時、山田監督が迷わず選んだのが、この第七作『奮闘篇』でした。

マドンナは、津軽の少女・太田花子(榊原るみ)。寅さんが静岡県沼津のラーメン屋で出会った女の子です。この店の主人を演じたのが、三代目・柳家小さん師匠。落語好きで知られる山田監督は、小さん師匠のために「真二つ」などの新作落語を提供しています。寅さんと小さん師匠のやりとりも堪能できる名場面です。

このラーメン屋で、風呂敷包みの荷物を持った、まだあどけない少女が食事をしています。親爺に「バーかなにかで働かされて、逃げ出すんじゃないかな」とまことしやかに言われた寅さん、この少女が気になります。しばらくして、沼津駅前の交番で、その少女がコワイお巡りさん（犬塚弘）に事情を聞かれて、シクシク泣いており、寅さんがたまらずに交番に飛び込みます。

聞けば少女は、青森県鰺ヶ沢出身、寅さんと巡査は相談して、彼女を故郷に帰してあげようと、「給料日前」の財布をはたいて電車賃を工面します。このシーンに流れる「暖かさ」「優しさ」こそ、山田洋次作品の素晴らしさです。見ず知らずの他人が、困っている少女のために、それぞれの立場を越えて一肌脱ぐ。こういう時の寅さんは、本当に頼もしいです。

先日、犬塚弘さんから、この時の撮影について、様々な想い出を伺いました。沼津駅前の交番は、実際の交番ではなくロケセットだったこと、撮影は終電が終わった深夜に行われたこと、深夜にも関わらず見学のファンが凄かったことなど。渥美清さん、榊原るみさん、犬塚さんの三人が、繰り返し本読みをして、少しずつ、あのシーンが出来上がっていった話を伺いました。

さて、花子は、そのまま津軽に帰ることなく、寅さんを訪ねて、葛飾柴又へとやってきます。そこからの展開は「男はつらいよ」の真骨頂であり、寅さんの奮闘ぶりも含めて、楽しいです。さくら、博、おいちゃん、おばちゃん、それぞれの花子への温かいまなざし、ゆっくりと流れる時間は、観客にとっても「幸福なひととき」です。

江戸川堤で、花子が唱歌「故郷の廃家」や「旅愁」を唄うシーンの清々しさ。

「わたし、とらちゃんの嫁ッコになるかナ」

無垢な花子の言った、このことばに、寅さんの奮闘努力に拍車がかかるわけですが、それは映画を観てのお楽しみ、ということで。

この映画を観終わると「花子ちゃんは今頃どうしているのかな？」と、ときどき思うことがあります。それは「とらや」の人々にとってもそうだったようで、その後も、しばしばお茶の間で、歴代マドンナの想い出とともに「花子ちゃん」の名前が登場することになります。

　また、第十七作『寅次郎夕焼け小焼け』には、なんとノンクレジットながら、花子ちゃん、いや、榊原るみさんが出演されています。今度、ご覧頂く時に、探してみてください。

二〇一一五月二十日

お菊さんと寅さんの「母子草」

「母子草《ハハコグサ》」は、春になると道端に咲く、春の七草の一つ御形《ごぎょう》のことです。かつて草餅に用いられていましたが、平安時代に「母と子を杵と臼でつくのは縁起が良くない」として、蓬《よもぎ》にとって代わられたそうです。このエピソードを聞いたとき、ぼくは寅さんと産みの母・お菊さんに想いを馳せました。

　シリーズ唯一のゴールデンウィーク公開となった第七作『奮闘篇』には、第二作『続 男はつらいよ』に登場した寅さんの母親・お菊が再び登場します。前回は、寅さんと散歩先生のお嬢さん・夏子（佐藤オリエ）が京都は東山区の安井毘沙門町にある、お菊が経営するラブホテル「グランドホテル仏蘭西館」を訪ね、寅さんが長年夢を見ていた「瞼の母」のイメージとは正反対の、「関西のおばちゃん」だったお菊と、激しいことばのやりとりが繰り広げられました。修羅場のような、寅さんとお菊の諍《いさか》いは、観ているこちらがハラハラするほどでしたが、エンディングで仲良く京都の街を歩いている姿に、二人の間に流れる「幸福な時間」を感じることができます。

　お菊は、戦前、柴又で芸者をしていたとき、帝釈天参道の団子屋「とらや」主人・車平造との間に男の子を産みました。時はあたかも昭和恐慌のさなか。第二作でグランドホテルのお澄（風見章子）を母親と勘違いしたときに、「満州事変の前の年」つまり昭和四年に東京にいた、という台詞があります。

　ちなみに山田洋次作「悪童」とそのドラマ化「少年寅次郎」では、寅さんは昭和十一年二月二十六日の朝、お菊が団子屋の前に赤ちゃんを置いて行ったという設定です（二〇一九年十一月・追記）。

　昭和四（一九二九）年の世界恐慌により、昭和五（一九三〇）年から翌昭和六（一九三一）年にかけて日本経済は危機的な状況にありました。葛飾で芸者をしていたお菊も、そのあおりを受け、さらに乳飲み子を抱えてままならず、やむにやまれずに寅さんを置いて、逃げる様に関西に向かったことは、映画からも窺えます。

そのお菊を演じたのがミヤコ蝶々さん。昭和三十(一九五五)年、大阪朝日放送でスタートしたラジオ番組「夫婦善哉」(後にテレビでも放映)で、パートナーである南都雄二さんとのコンビ、蝶々・雄二で一世を風靡。上方漫才や喜劇のトップスターとして活躍した関西喜劇人の代表格ともいうべきコメディエンヌです。生まれながらの関西人というイメージがありますが、実は、大正九(一九二〇)年に、東京市日本橋区小伝馬町の生まれの江戸っ子です。

本名は日向鈴子。彼女が産まれてほどなく、両親が離婚。蝶々さんは、四才のときに、家具屋を営んでいた父親に連れられて、神戸へと転居。父親は、芸事好きで、その趣味が高じて、昭和二(一九二七)年に家具屋をたたんで、芝居一座を結成、娘である蝶々さんを座長に仕立て上げます。幼い時から、あらゆる芸事を仕込まれた蝶々さんには、波瀾万丈の人生が待ち受けていました。その半生は、東海テレビで放送された昼の帯ドラマ「鈴子の恋 ミヤコ蝶々女の一代記」(二〇一二年一月五日〜三月三十日)でも描かれていました。

ですから、お菊が柴又から関西へ移った頃と、蝶々さんが関西でキャリアをスタートさせた頃とが重なります。俳優さんのパブリックイメージをうまく映画のなかに重ねて、キャラクターを膨らましていくということでも、お菊のイメージは蝶々さんと重なります。

山田洋次監督は、『続 男はつらいよ』の前年、昭和四十三(一九六八)年の『吹けば飛ぶよな男だが』で、寅さんの放浪時代ともとれる、なべおさみさん扮するチンピラの奮闘努力の日々を描いています。主人公がもしかしたら「母親かもしれない」と思うのが、ミヤコ蝶々さん演じる、神戸は福原のトルコ風呂(現在のソープランド)の女将でした。

さて、第七作『奮闘篇』の冒頭、お菊が三十数年ぶりに柴又へと戻ってきます。「クラクションを響かせながら大型の外車のハイヤーがゆっくりカーブを切って参道に入ってゆく」とシナリオのト書きにあります。「ハイヤーが停まり、運転手が出て来てドアをあける。びっくりして見ている近所の商店主達。ハイヤーの中から降り立ったケバケバしく飾り立てた女性はお菊である。」と続きます。

この時のお菊の出立ちは、まるで大阪万博のコンパニオンのような派手な若作りで、クレオパトラのような首飾りが笑いを誘います。しばらく前に寅さんから「所帯を持つ」というハガキを貰っていたお菊は「寅の嫁はん」に逢いに来たというわけです。そこでさくらを「嫁はん」、満男を「孫」と勘違いします。

お菊は、帝国ホテルに泊まって、ハイヤーで柴又へとやって来ました。ミヤコ蝶々さんの個性が最大限に生かされ、森川信さんのおいちゃん、三崎千恵子さんのおばちゃんとの滑稽なやりとりで、観客の笑いを誘う喜劇的状況なのですが、お菊が帰った後の、おいちゃんの台詞「貧乏芸者だったお菊さんとしてはね、三十何年ぶりに精一杯錦を飾って帰って来たんだ。その気持ちを考えると、俺ァ哀れでならねぇよ。」にしみじみした気持ちになります。

寅さんが捨て子同然で、「とらや」にやって来た日のこと。葛飾商業を中退して、父と大げんかして、家出をしてしまった日のこと。そして二年前に、二十年振りに帰ってきた時のこと……。

おいちゃんも、おばちゃんも、さくらも、それぞれの胸に去来する想い。そしてお菊の寂しさ、哀しさに想いを馳せることで、「男はつらいよ」は、哀しみをおかしく描く喜劇であることに気づかされます。

そこへ寅さんが久し振りに帰ってきて、ひと騒動となります。いろいろあって、翌日、博の運転する朝日印刷の自動車で、さくらとともに、寅さんは帝国ホテルのお菊の部屋を訪ね、親子の対面を果たします。さくらの手前か、寅さんはまるで子供のように照れて落ち着きがありません。

トイレに入って、バスタブで小用を済ませたり、背広の袖口をいじって、裏地を引っ張り出したり、挙げ句はベッドの上でスプリングが面白いのか飛び跳ねて、まさに愚かしきことの数々です。そんな寅さんを、お菊は「寅、お前はほんまに情けない奴ちゃなァ」と嘆き、叱ります。

寅さんは、実の母親を前にして、照れくさいだけなのです。その照れは嬉しさの裏返しなのですが、結局は「売り言葉に買い言葉」。お菊も、寅さんも「それを言っちゃおしまいよ」の踏み込んだ発言をして、お互いを傷つけてしまいます。「男はつらいよ」は、「家族」を描いたドラマですが、かけがえのない「家族」は「時には厄介なものである」ことを描いた悲喜劇でもあります。

「そのうちな、てめえがハァって腰抜かしてびっくりするほど、俺ァ別嬪《べっぴん》の嫁さんつれて来てやるから。」と言い放って飛び出した寅さんは、やがて沼津で、純真無垢な太田花子（榊原るみ）と出会い『奮闘篇』の物語が展開していきます。

津軽出身の花子はまるで天使のようで、シリーズに登場したマドンナのなかでも深い印象を残してくれます。この回は、何度観ても素晴らしく、渥美清さんもお気に入りだったそうです。

さて、お菊ですが、その後、残念ながらシリーズには登場しません。ミヤコ蝶々さんが、ずっと現役で活躍していただけに、いつかは、と思っていたファンも少なくないでしょう。しかし、寅さんは産みの母親のこと、忘れていませんでした。

二十年後のことですが、第四十四作『寅次郎の告白』で、満男のガールフレンドの及川泉（後藤久美子）が、母親との確執について、寅さんに話した時のことです。

「ああ、ひどいお袋でなぁ、俺のこと産みっぱなしで、逃げちゃった。俺は一生恨んでやろうと思ったよ。でも、泉ちゃんの話を聞いて、少し俺も反省したな、あんなババアでも、一人の女性として見てやんなきゃいけねえんだなって。腰巻きでも買って送ってやろうかな、あのババアに。」

ここで、第二作『続 男はつらいよ』のラストシーンのお菊と寅さんの「幸福な時間」が、目に浮かびます。母を想う子の気持ち。息子を想う母の気持ち。お菊さんと寅さんの母子草。ここにも「男はつらいよ」の魅力があるのです。

二〇一二年五月十八日

人情喜劇から人間ドラマへ

先日、最も多く観ている『男はつらいよ』は何だろうという話になりました。ぼくはオールタイムでは、第七作『奮闘篇』がダントツです。その理由はいろいろありますが、やはり、無垢な魂を持つマドンナ、太田花子(榊原るみ)への、寅さんはじめ、さくら、博、おいちゃん、おばちゃんたちの暖かな眼差しに尽きます。みんなが花子の幸せを想います。理屈でも理想でもなく、それぞれの間尺で、自分の出来ることを考える姿に、心動かされるからです。

また、第七作には、山田洋次監督がこよなく愛する「古典落語」のエッセンスが凝縮されているのです。寅さんが花子と出会う沼津駅近くのラーメン屋の主人を演じているのは、五代目柳家小さん師匠。

昭和四十二(一九六七)年、江戸落語を題材にした山田監督の『運が良けりゃ』(一九六六年)を観たTBS落語研究会の白井良幹プロデューサーが、山田監督に柳家小さん師匠の新作落語を書いて欲しいと依頼。そこで誕生したのが「真二つ(御利益)」という噺です。

子供の頃、ラジオから流れてくる落語に夢中になった山田監督は、当時住んでいた東京は雪谷の古本屋で見つけた全三冊の「落語全集」がどうしても欲しかったそうです。でも、厳格な父親にそれを言ってもムダだということもあり、書店で憧れの「落語全集」を眺める日々が続きました。その頃、山田少年は、伝染病であるジフテリアで入院。「何か欲しいものはないか」とお父さんに言われ、病院のベットで「この機を逃してはあの全集を手に入れることはできない」と思い、恐る恐る「落語全集」が欲しいと言ったのです。山田監督はそのときの「父親の情け無さそうな顔をいまだに憶えている」とエッセイに書いています。

その落語全集は山田少年のバイブルとなり、中学一年のとき、満鉄につとめるお父さんの転勤で満州に引っ越したときも肌身離さず持って行きました。そして敗戦、混乱の日々のなかでも、その「落語全集」は山田少年の宝物でした。

しかし、いよいよ内地へ引き揚げるときに、泣く泣く置いて来ることに。少年時代、ラジオから流れる落語を好きになり、「落語全集」を繰り返し読み、江戸落語の住人たちと、心の中で触れ合ってきた山田少年が、長じて映画監督となり、身に付いていた落語が、その作品の中に息づいていました。

特に『男はつらいよ』は、車寅次郎という主人公の滑稽噺であり、柴又の人々が織りなす長屋噺でもあり、さまざまな人生とのふれあいを描く人情噺でもあります。寅さんが柴又に帰ってくるシーンは毎回、観客の笑いを誘う、お楽しみですが、これは五代目柳家小さん師匠が得意とした噺「笠碁」のバリエーションです。

「笠碁」では昔からの碁敵の老人二人が仲違い。一方の老人が大店のなかにいると、雨の中碁敵の老人が店の前をウロウロしている。入りたいけど、入れない寅さんと、「バカだねぇ、入ってくりゃいいのに」と店の中からそれを見ているおいちゃんの関係は、この「笠碁」にルーツがあるのです。

第七作『奮闘篇』の冒頭、新潟県は越後広瀬駅での集団就職の少年少女と両親、祖父母との別れの場面に、寅さんが居合わせるエピソードがあります。この頃になると、おなじみの登場人物の名人芸、落語的な人間関係が「男はつらいよ」の魅力だと、映画好き、落語好きの間で、語られていました。もちろん本作でもタップリとそれが味わえるのですが、この冒頭シーンは、渥美清さん以外は、すべて普通の人たちです。学生もお母さんもおばあちゃんも、見送りの人も。このシーンは現実世界に寅さんがいたら？という実験が行われているのです。

ウエルメイドな「男はつらいよ」でのアヴァンギャルドな試み、これがまたいいのです。しかし、ここで描かれているのは、親子の別れ。落語の「子別れ」のモチーフとなっている、親子の情愛です。様々な現実を内包しながら、それを「男はつらいよ」の世界にラッピングしてくれるのが、寅さんのことばです。

「可愛い子には旅をさせろと申しますが、まだ、年端もいかねぇのに労働に励まなきゃならねぇこの若者たちに遊び人風情の私が生意気なようではございますがこう言ってやったんでございます。親を恨むんじゃねぇよ。親だって何も好き好んで貧乏してるわけじゃねぇんだよ、ってね。」

ここでの寅さんは、人情噺を語る落語家の役割です。客観的に登場人物の身上を語っています。しかし、寅さんは主人公でもありますから、すぐに噺のなかに飛び込んで行きます。そして、旅先で出会った人には、必ずかけるこのことばを、汽車のなかの学生たちにかけるのです。

「それからな、君たち。東京に出て故郷が恋しくなってたまらなくなったら、葛飾柴又の帝釈様の参道に「とらや」という古くせえだんご屋があるからそこへまっすぐ訪ねていきな。そこにはオレのおじさんとおばさんにあたる老夫婦とそれからたった一人の妹がいるからよ。どいつもみんな涙もろい情け深えやつらばっかりで君達が故郷に帰ったみたいにきっと親身になって迎えてくれるよ。」

寅さんは、袖摺り合うも多生の縁で、旅先で出会った人に、こういう風に声をかけます。集団就職の少年少女たちにかけたこのことばは、観客の胸にも届きます。それがふと頭をよぎると、ぼくらは柴又に出掛けたくなるのです。

ここが落語でいうマクラとなり、主題歌が流れるタイトルバックで、柴又の情景描写、そして寅さんの生みの親であるお菊(ミヤコ蝶々)が柴又を訪ねてくるシークエンスとなります。ここで、さくらとお菊の初対面が笑いのなかで描かれます。

さくら「あの、お兄ちゃんの妹のさくらです。はじめまして。」

菊「私、寅の母親の菊でございます。どうもなんやけったいな具合でんなぁ、なんや関係ありそうでよう考えたら、全然他人でんなぁ、この人。」

ここでどっと笑って、いよいよ本題。これも落語的な語り口です。冒頭で現実の「親子の別れ」をドキュメント風の映像で見ていますが、お菊の息子を想う気持ちも感じつつ、寅さんとお菊の再会に向けてのドラマを見つめることになります。寅さんが例によって店に入ってくるまでの笑いがあって、お菊についての話となります。

「冗談じゃねえや、そりゃいかにもよ、オレァあのクソババァの体内から生まれ出でたかもしれねえよ、人のこと勝手にひりっ放しにしやがって逃げた女がどうして母親なんだ。オレの母親はね、おばちゃん、あんたなんだよ。そして父親は、おいちゃん、お前なんだぜ。」

と、おばちゃんを泣かせるような一言を放ちます。続いて寅さんが「そのボクをこのふた親は冷たい仕打ちをするんだもんなあ」と言ったところで、劇場は大爆笑です。

いつものようにひと騒動あって、寅さんは旅の人となり、静岡県沼津駅前のラーメン屋で、マドンナ花子と運命の出会いを果たします。そこで登場する柳家小さん師匠が素晴らしいです。「真二つ」（一九六七年）「頓馬の使者」（一九六八年）と二つの噺を書いたところで『男はつらいよ』シリーズがスタート、二人の交流が続いてきました。柳家小さん師匠は、昭和四十六（一九七一）年一月に発行のキネマ旬報「男はつらいよ大全集」のなかで「男はつらいよ」について、こんな風に書いています。

よく、落語をそのまんま映画にしたような映画がある。お話にそのまんま落語を使うわけです。けれども、形だけで、落語の心をよくかみしめて、映画にしてくれちゃいない、そんなんじゃないんだね。

笑いの中に、ジーンと涙をにじみ出させるところを出す。笑って見ているうちに、淋しさと哀感が出て、自然と涙がにじむ。笑いにいろいろ情がからんでくる。これですよ。

「男はつらいよ 大全集」キネマ旬報
一九七一年一月十日号増刊

「男はつらいよ」の本質を言い当てた素晴らしいことばです。この文章が掲載されてほどなく、山田監督は小さん師匠に第七作への出演依頼をしたと思われます。落語的な世界を映画で描いてきた山田監督が、映画的な新作落語を提供し、小さん師匠が役者として「男はつらいよ」に出演する。このエールの交換の成果を、ぼくらはいつでも『奮闘篇』で楽しむことが出来るのです。

「ちょいと変な子だけども、頭数だけそろえておきゃぁ、なんてんでひっぱってきたもんの、人並みに働けねえ、しょっちゅう叱られてばかりいて、いやになって逃げ出すってやつだよ。」

小さん師匠演じる、ラーメン屋の親父は、今、勘定を終えて店を出ていった、花子についてこんな風に分析します。これぞ落語。絶妙の間で、親父さんの空想にも関わらず、妙なリアリティで説得力があります。寅さんはここで、花子という少女を理解してしまいます。自分が守ってあげないといけない、という使命感に燃えてゆくのですが、それがこの親父さんのことばに感化されてのことなのが、寅さんの良いところです。

第七作『奮闘篇』には、一般の人と寅さんのやりとりで始まり、名人・柳家小さん師匠と寅さんの幸福な邂逅へと続きます。そして次に登場するのが、ハナ肇とクレイジー・キャッツのベーシスト、犬塚弘さん。沼津駅前交番の巡査役で、花子に事情を聞いていたところに、通りかかった寅さんが加わっての人情噺となります。

犬塚さんは『馬鹿まるだし』(一九六四年)から山田洋次作品の常連で「男はつらいよ」シリーズにも、最終作『寅次郎紅の花』までしばしば出演しています。

二〇一三年五月十九日

第八作　男はつらいよ 寅次郎恋歌

一九七一年十二月二十九日

学君と貴子さんの「りんどうの花」

第八作『男はつらいよ 寅次郎恋歌』が公開されたのが、昭和四十六(一九七一)年十二月二十九日。実はそれに先立って、丸の内ピカデリーなど、洋画専門劇場でのいわゆる先行ロードショーでした。

これまでプログラムピクチャーとして、下駄履きの庶民に愛されてきた「寅さん」ブームはついに、洋画劇場でのロードショー公開とまでなったのです。それまでの日本映画では大作のロードショーはあっても、いわゆるプログラムピクチャーでは、おそらく寅さんが初めてです。それまで一時間半程度だった上映時間も、一本立てロードショーに相応しく、一時間五十三分と、シリーズ最長となりました。寅さん映画がプログラムピクチャーからロードショー作品に昇格したのです。

この『寅次郎恋歌』の全編を貫くテーマは「本当の人間の暮らし」です。冒頭、寅さんが酔って、昔の仲間をつれてきて、さくらにお酌を無理強い、そこでさくらが哀しい表情で唄う「かあさんのうた」。そして、博の母の死。寅さんは、旅先でそのことを知り、岡山の備中高梁を訪れます。そこで博の父・飈《ひょう》一郎(志村喬)さんが淋しかろうと、しばらく逗留します。寅さんが調子良く唄う、霧島昇さんのヒット曲「誰か故郷を想わざる」も「家族」をテーマにした歌です。

いつまでも定住せずに旅の暮らしをしている寅さんに、飈一郎が「人間の本当の暮らし」について説く夜。そこで猛省した寅さんが、茶の間で、家族に話すのが飈一郎から聞いた「りんどうの花」の挿話です。安曇野を旅していた夕暮れ時、農家の庭先にはりんどうの花が咲きこぼれていて、茶の間にあかあかと灯がともり、そこには親がいて、子がいて、何気ない日常がある。「これが本当の人の暮らし」だと思ったと、いつまでも独身で放浪をしている寅さんを諭したのです。

「男はつらいよ」には、この「りんどうの花」が咲きこぼれている「人の暮らし」がいくつも描かれています。それに寅さんが憧れるも、マドンナとの恋の成就は叶わず、ふたたび放浪の旅に出るのです。「放浪者と定住者」が、シリーズ全編を貫くテーマなのです。これを示唆してくれたのは、ぼくの妻です。二十年近く前、シリーズを初めて観る妻と、毎晩一作品ずつ、ビデオで「男はつらいよ」を観ていました。第八作『寅次郎恋歌』のクライマックスで、「寅さんは放浪者」で「さくらや貴子さんは定住者」であることを気づいて、示唆してくれました。

幼き日に、父母と最初に観た「男はつらいよ」は、その後、思春期には一人で映画館に通い、ハイティーンになってからは交際している女の子とデートで観ることもありました。

映画は不思議なもので、一緒に観る相手が変わると、印象が変わったり、新しい解釈が生まれることがあります。映画は「共感」することができるメディアであるからです。

物語はそれぞれの受け止め方で、さらに深く広くなってゆくのです。どこが面白いか。どこが切ないか。人それぞれの「男はつらいよ」があるのです。

さて、この『寅次郎恋歌』のマドンナは池内淳子さん扮する、題経寺そばにオープンしたばかりの喫茶店「ローク」のマダム、六波羅貴子です。数年前、夫と死別。小学三年生のひとり息子・学（中澤祐喜）を、女手ひとつで育てながら、懸命に生きています。寅さんは、学校の友達に馴染めず、ひとりぼっちだった学とふれあうことで、その淋しさを紛らわせてくれます。

貴子に一目惚れした寅さんは、この母子の光明になればと、奮闘努力します。その時、寅さんは、博の父から聞いた「庭先にりんどうの花が咲きこぼれる」暮らしに憧れたに違いありません。寅さんと貴子、そして学の三人で、庭先にりんどうの花を咲かすことができたら。そんな寅さんの想いが映画から伝わってきます。

さて、このエピソードで重要なパートを演じたのが、子役の中澤祐喜さんです。池内淳子さんとは、昭和四十四年放映のNETテレビ「ポーラ名作劇場 花れんこん」でも母子役を演じており、いわば旧知の仲。あるとき、ぼくは中澤さんと知己を得ることになり、メールを通じて、寅さんの撮影裏話や当時の想い出などを伺っていました。中澤さんによると『寅次郎恋歌』出演を最後に、子役を辞めて、普通の少年に戻られたこともあり、クランクアップ以後、池内さんとも会っていないとのことでした。

平成二十一(二〇〇九)年十二月、筆者は、衛星劇場のインタビュー番組「私の寅さん」の聞き手をつとめていました。その番組で、池内淳子さんとお目にかかることになったのです。もちろんテーマは『寅次郎恋歌』。池内淳子さんは、この時、三十九年前に撮影された一本の映画について、さまざまなエピソードを話してくださいました。筆者が長年考えていた、『寅次郎恋歌』と、東映映画『遊侠一匹 沓掛時次郎』(一九六六年・東映)との相関についてなど、興味深いお話をたくさんしていただきました。

『遊侠一匹』で渥美清さんは、沓掛時次郎(中村錦之助)の弟分・瀬戸の朝吉を演じています。やくざになりきれない朝吉に「田舎へ帰って百姓でもしろ」と時次郎は諭しますが、朝吉は聞き入れずに、悲しい最後を遂げます。その朝吉に、若き日の寅さんのイメージが重なり、二人の関係は、寅さんと登のようでもあります。

さてその番組収録の日、ぜひ、学くん、いや中澤さんと池内さんに久々にご対面いただこうと、収録現場に来て頂きました。今は、とある企業の要職に就かれている中澤さんと池内さんが、クランクアップ以来、懐かしそうにお話をされる姿に、ぼくはもう一つの「りんどうの花」を見る思いでした。

寅さんが夢見た、貴子さんと学くんとの「りんどうの花」が、三十八年後、もう一度咲いたような、そんな温かい気持ちになりました。

二〇一一年五月二十七日

明日も日本晴れ

「ここは、とある海岸の田舎町。秋の長雨が降り続いていて、人影もまばらである」との書き出しで第八作『寅次郎恋歌』のシナリオがはじまります。旅先で雨にたたられ、商売もままならない寅さんが、ひととき楽しもうと、芝居小屋を訪ねます。その名も坂東鶴八郎一座。どさ回りの旅一座です。擦り切れたレコードから流れて来るのは、霧島昇さんの「誰か故郷を想わざる」。聞けば、九月の長雨で、この日の昼の部には一人も客が来なくて、仕方なしに稽古をしている様子。その時、寅さんは相身互いの「浮き草稼業」を慰めるように「稼業はつらいやなァ」としみじみ座長に語りかけます。

そこで寅さん「ま、こんなこたあいつまでも続くもんじゃねえよ、今夜中にこの雨もカラッと上がって、明日はきっと気持ちのいい日本晴れだ、お互いにくよくよしねえで頑張りましょう。」と、励まします。同じ浮き草稼業の連帯感。さくらたち定住者の知らない、放浪者の世界がここにあります。

座長を演じているのは、東映時代劇の悪役でもおなじみの吉田義夫さん、そして、寅さんを宿まで送る、可愛らしい少女・大空小百合は岡本茉利さん。ちなみに、シナリオのト書きには、ある地方のある芝居小屋とありますが、映画では四国の設定、撮影は京浜急行の三浦海岸で行われています。このトップシーンは、シリーズ屈指の名場面の一つとなりました。

「男はつらいよ」は、「定住を夢見る放浪者」である寅さんと、「放浪に憧れる定住者」であるさくらやマドンナ、二つの異なる立場の人々の物語であると、このコラムやラジオ「みんなの寅さん」でもお話ししてきました。

この第八作は「放浪者と定住者」をさまざまな形で描いた傑作でもあります。冒頭の寅さんと坂東鶴八郎一座は「放浪者」、柴又の「とらや」一家や喫茶店「ローク」の女主人・六波羅貴子（池内淳子）は「定住者」。それぞれの人生の哀歓が、ゆっくりと、しっとり描かれていきます。冒頭の秋の長雨にも、大きな意味があります。

草臥《くたび》れた音色のレコード、霧島昇の「誰か故郷を想わざる」は、本作のテーマでもある「りんどうの花」のイメージの源泉です。この曲は昭和十五（一九四〇）年一月二十日に発売された、作詞・西条八十、作曲・古賀政男による、霧島昇さんの戦時歌謡ですが、戦地に赴いた兵隊が遠い故郷の風景や幼なじみを思い出す、センチメンタルな歌詞が印象的な名曲です。

第八作では博の父・諏訪飈《ひょう》一郎（志村喬）の前で唄い、第三十二作『口笛を吹く寅次郎』では、その博の父が亡くなり菩提寺の納所《なっしょ》坊主となった寅さんが口ずさみます。山田洋次監督作の「けっこう毛だらけ（悪童 小説 寅次郎の告白）」でも、幼少時代の寅さんが最初に覚えたラジオから流れて来た流行歌として登場します。

この曲も含めて、山田洋次監督と、朝間義隆さんによるシナリオは、実に綿密に「放浪者と定住者」の物語を紡ぎ出しています。この作品には、「とらや」一家だけでなく、座長・坂東鶴八郎と娘・大空小百合の父子愛、諏訪飈一郎と長男・毅（梅野泰靖）と次男・修（穂積隆信）、三男・博の確執、そして女手一つで息子を育てている貴子と学（中澤祐喜）の母子愛、といった三つの家族が登場します。

旅の一座は根無し草だけど、楽しいこと、悲しいこと、苦労も一緒で、たとえ商売が上手くいかなくても、ささやかな幸せを沢山知っている、そんな温かさがあります。しかし博の母が亡くなり、備中高梁の実家に集った博の兄二人や、父・飈一郎との間には大きな確執があります。妻を喪った夜、飈一郎は、静かに机に向かい、急ぎの原稿にペンを走らせていますが、その姿は孤独そのものです。

葬式が終り、諏訪家の息子たちが父親を囲みながら、今後のことをぽつりぽつりと話す夜のシーン。長兄の毅は、実家を処分して父を引き取りたいと持ちかけますが、飈一郎はしばらくはここで暮らすつもりだと話します。そこから、父と兄弟の齟齬が明らかになります。

母親についても、飈一郎は「欲望の少ない女だった」。毅は「お母さんは幸せだったのかもしれませんね」。次兄・修（穂積隆信）は聖書の「貧しき者は幸いなり」を引用して、自分たちが納得していることばで、語り合います。

　黙ってそれを聞いていた博が怒りを爆発させます。

「お母さんが本当に幸せだったなんてことを、よくもそんな事が言えるな、お母さんが何で幸せなもんか。」

　小樽の小学校時代、博は母に連れられ、港で船を見ながら「私の娘の時からの夢は、大きな船に乗って外国へ行くことだった」と聞かされた話を、涙ながらに博が語る長台詞の名シーンです。

　この作品から諏訪博が、より重要な存在となってきました。山田洋次監督の『家族』（一九七〇年）で、前田吟さん演じる次男坊が、経済的理由で、父（笠智衆）を引き取って面倒を見ることもできない、その悔しさを見事に演じました。俳優・前田吟さんの代表作の一つです。『家族』では、これが最後になるかもしれない父との福山駅での別れは、眼に涙をいっぱいため、帰りの自動車のなかで、溢れ出てくる涙を拭うという「男泣き」の名場面となりました。この諏訪家での、博の母親への想い、父や兄たちのことばや態度への悔しさを、やはり「男泣き」で表現します。

　その悔しさを、優しく包むのは、母親の母性です。おそらくは初めて見るであろう夫・博のそんな姿に、黙ってそっと寄り添うさくら。さくらの夫への愛を改めて感じさせてくれるシーンです。妻を持つこと、家族を持つことの大切さ。そのことは、飈一郎が一番理解しているのです。けれども、実際には、なかなかそうは出来ない。ここにも、人間の持つ矛盾があります。

　博の悲しみに、寄り添う妻さくらの姿を、飈一郎がどう見たのかは、想像するしかありませんが、さくらの兄、寅さんに諭すように語った「りんどうの花」のエピソードには、飈一郎の家族というものへの想いが込められています。

「庭一面に咲いた、りんどうの花、あかあかと灯りのついた茶の間、にぎやかに食事をする家族たち。わたしはその時、それが、それが本当の人間の生活ってもんじゃないかと。ふと、そう思ったら、急に涙が出てきちゃってね。」

　この「りんどうの花」と「本当の人間の生活」という視点で、第八作『寅次郎恋歌』を観ていくと、山田洋次監督が本作に込めた想いが、はっきりと見て取れます。寅さんは、マドンナ貴子と息子・学と一緒に「りんどうの花」を咲かせようと、奮闘努力します。シナリオの準備稿には、貴子の家の居間を、庭先の垣根越しに寅さんが「そおっと垣根に近寄り、母親と子供の寂しそうなことば少ない夕食をみつめる」シーンが書かれています。

寅の見た夢……

何やら楽しそうに笑いながら、貴子が寅にお代りをしてやる。

学が、今日学校であったであろう出来事を手振り身振りで話している。

寅は、一日の労働から解放された一家の主人らしく、あぐらをかき、黙々と箸を運んでいる。

先に食事を終えた竜造とつねは、テレビに夢中である。

そこへ博とさくらがやって来て、寅にていねいに挨拶する。

寅は、鷹揚にうなずくきりで、その代り貴子がやさしく二人を招き入れるのである。

寅さんが貴子の家の庭先で「りんどうの花のある暮らし」を夢想するシーンは、実際には撮影されていませんが、スチール写真が残っています。また、映画のパンフレットの表紙は、貴子との結婚を匂わせる記念写真風です。いずれも寅さんの願望ですが、ヴィジュアル化されています。寅さんの心の中を垣間見るようで、なんとも切ない気持ちになります。それだからこそ、寅さんは、タチの悪い金融業者に苛められている貴子のために、ひと肌脱ごうとしますが、そういう時に限って、何もかもうまく行きません。映画の後半、金町駅前で、寅さんが古雑誌をバイしていると、警察官がやってきて「許可証は？」と言うシーンには、なんともいえない寂寞とした感じが漂っています。

やがて「放浪者と定住者」は決して相容れぬことを、貴子との縁側のやりとりで悟った寅さんは、再び旅の人となります。しかし寅さんには、旅先でしか会わない仲間もいるのです。それが、これからシリーズでしばしば登場することになる、旅の仲間です。その坂東鶴八郎一座は、雨にたたられて公演中止となった日もありますが、寅さんの「明日はきっと気持ちのいい日本晴れだ、お互いにくよくよしねえで頑張りましょう」のことば通り、ラストでは晴れ晴れとした気持ちで寅さんと再会します。

甲州路でのこの再会シーンには、富士山の姿が映っています。放浪者たちにも「りんどうの花」が咲いていることを、観客に教えてくれる素晴しいラストシーンです。

二〇一二年五月二十五日

『男はつらいよ 寅次郎恋歌』の背景

一九七〇年代はじめ「男はつらいよ」を上映している映画館は、熱気に包まれていました。立錐の余地もない劇場内のドアが閉まりきらず、通路には人が溢れ、寅さんの一挙手一投足に歓声があがっていました。小学二年生だったぼくは、一緒に来ていた父から離れ、その人の波を掻き分けて、少しでもスクリーンが見えるポジションを確保するために懸命でした。寅さん、おいちゃん、タコ社長の喧嘩のシーンでは、観客の笑い声とともに、映画館が映画の中に入り込んでしまう、そんな感じでした。

この第八作『寅次郎恋歌』は、山田監督が「逆さにしても血も出ない」と苦しみながら、第六作『純情篇』、第七作『奮闘篇』と作り続けてきたシリーズの大きな転機となった作品です。上映時間一時間五十三分は、それまでで最長です。以前にもこのコラムで書きましたが、この作品は東京では洋画ロードショー劇場の丸の内ピカデリーで先行ロードショーされた初の「男はつらいよ」です。

斜陽の映画界で、公開すれば大ヒットの「男はつらいよ」は、松竹にとってもドル箱。前年の昭和四十五(一九七〇)年暮れには、新宿松竹では『男はつらいよ』『続 男はつらいよ』『フーテンの寅』の三本立てのオールナイト興業が行われ、サラリーマン、学生、水商売の女性で劇場が溢れかえっていたと、当時を知る劇場関係者から伺いました。

昭和四十四年には二本、昭和四十五年には三本とハイペースで作られてきたのも、こうした寅さんファンの期待に応えるためでした。

『寅次郎恋歌』が作られた昭和四十六年も、一月十五日に『純情篇』、四月二十八日に『奮闘篇』、そして十二月二十九日の『寅次郎恋歌』は三本目の新作となります。しかも、松竹系の映画館では「寅さんまつり」と題して、『新 男はつらいよ』『フーテンの寅』『望郷篇』の三本立てが、オールナイトではなく通常興行で行われていました。映画館には「寅さん」を楽しもうというファンで溢れていました。ぼくの小学校低学年の頃の話です。

さらにブームに拍車をかけたのが、シリーズのテレビ放映です。『寅次郎恋歌』公開に先立って、昭和四十六年秋、東京12チャンネル(現・テレビ東京)では、日本の喜劇映画を毎週放送する喜劇映画枠が、日曜日のゴールデンタイムで始まりました。ぼくはこの枠で、森繁久彌、フランキー堺、伴淳三郎さんの『喜劇 駅前旅館』(一九五八年)や、渥美清さん主演、瀬川昌治監督の『喜劇 急行列車』(一九六七年)などの喜劇映画の洗礼を受けました。その枠で、鳴り物入りで放送されたのが『男はつらいよ』と『続 男はつらいよ』でした。ぼくは、業界紙の編集をしていた父のテープレコーダーを借りて、テレビの前で、その音声を録音しました。ラインをつないで録音するという知恵もなく、家族になるべく喋らないように頼んで、放送を固唾をのんで観ていました。

後で知ったことですが、このとき、東京12チャンネルが、「男はつらいよ」によって巻き起こった喜劇映画ブームのなか、『フーテンの寅さん誕生』と題しての『寅次郎恋歌』のメイキング映画を製作していたのです。DVDボックスに特典収録されているので、ご覧になった方も多いと思いますが、『寅次郎恋歌』の柴又ロケ、大船撮影所での「とらや」のセット撮影、備中高梁でのロケーションなどのメイキング映像に、渥美清さんと山田監督の対談、池内淳子さん、倍賞千恵子さん、前田吟さん、森川信さん、三崎千恵子さんのインタビューで構成されています。

巻頭の大空小百合(岡本茉利)の坂東鶴八郎一座との出会いとなった「とある海岸の田舎町。ある芝居小屋」の撮影が行われた神奈川県三浦町のロケーションなどの珍しい映像が記録されています。大船でのセット撮影での、寅さんが帰ってきたシーンのリハーサルを観ていると、どんな風にシーンが固まっていったのかが、よくわかります。高梁ロケでは、宿泊先の油屋旅館での本読み風景が記録されていて、博のお母さんのお葬式の後の、墓所での「はい泣いて」のシーンの出演者による本読みが記録されているのです。

この『フーテンの寅さん誕生』の製作が松竹と東京12チャンネルです。おそらくは公開前に、テレビ放映されたのでしょう。まだメイキングという概念がなかった頃ですので、おそらく日本映画初のメイキングかもしれません。

ともあれ、このころから「男はつらいよ」シリーズがテレビでも楽しめるようになり、さらにファンが増えていきました。フジテレビの「ゴールデン洋画劇場」、日本テレビの「水曜ロードショー」、NET(のちにテレビ朝日)の「日曜洋画劇場」、TBSの「月曜ロードショー」などの洋画劇場枠では、当初は日本映画は滅多に放送されなかったのですが、丸の内ピカデリーで『寅次郎恋歌』がロードショーされ、洋画劇場でのロードショーが通例化されていくうちに、特別枠として「男はつらいよ」を放送するようになりました。

一九七〇年代半ばから、春と秋の改変期になると、洋画劇場の枠で「男はつらいよ」シリーズを、各局回り持ちで放送することが定着しました。ぼくは、必ずその放送を録音していました。

やがて一九八〇年代はじめになると家庭用のビデオデッキが普及しはじめ、かなり高額だったのですが、冬休みにアルバイトをして、お金を貯めて、ビデオデッキを購入して、初めて録画したのが、「日曜洋画劇場」でオンエアされた第十作『寅次郎夢枕』でした。

基本的に、局が変わっても、製作順にオンエアされていたので、第八作『寅次郎恋歌』は、ビデオソフトが出るまでは、一九七〇年代末に東京12チャンネルで放送された二時間半枠を録音したものを繰り返し聴いて、作品を思い出していました。

そのカセットテープを再生するときに、テキストにしていたのが、立風書房から刊行されていた「男はつらいよ」や「立風寅さん文庫」(シナリオ集)、そしてキネマ旬報に年二回掲載されるシナリオでした。音を聞きながらシナリオを読む。山田洋次監督と監督助手の朝間義隆さんが紡ぎ出した物語、寅さんのことば、一つ一つを耳で聴き、文字で掬《すく》いとることで、ぼくのなかで「男はつらいよ」の世界が広がっていきました。

その後、娯楽映画研究家が生業《なりわい》となり、文化放送で「ラジオで聴く男はつらいよの世界」として「みんなの寅さん」の構成作家とパーソナリティをつとめたのも、少年時代から「音で楽しむ男はつらいよの世界」を味わってきたことが大きく影響していきます。映画を音で聴いてイマジネーションを湧かせて、味わう。毎回ご紹介してきた「寅さん名場面！」が好評なのも、リスナーひとりひとりの心のスクリーンに、それぞれの「男はつらいよ」体験が投影されているからだと思います。

さて第八作『寅次郎恋歌』には、これから続くシリーズの、さまざまな「始まり」があります。寅さん流に言えば「ものの始まりが一ならば」です。寅さんと旅役者・坂東鶴八郎一座の座長(吉田義夫)と一座の花形女優・大空小百合の出会いが描かれています。

山田洋次監督の『馬鹿まるだし』(一九六四年)での怪力男騒動は、坂東鶴五郎一座でしたが、鶴八郎は、ひょっとして弟子筋かもしれません。それはさておき、坂東鶴八郎一座は、第十八作『寅次郎純情詩集』で寅さんと再会しますが、実はその間にフジテレビのドラマにも登場しています。

山田洋次監督脚本、小林俊一ディレクター演出、つまりテレビ「男はつらいよ」を生み出した二人です。昭和四十九(一九七四)年十月七日放送の「ふたりは夫婦」第一話「食客《いそうろう》」という一話完結のドラマです。

結婚二年目を迎えた吉永小百合さんと小坂一也さんの若夫婦のもとへ、渥美清さん扮する伯父さんがふらりと現れ食客《いそうろう》を決め込みます。この伯父さん、親戚(三崎千恵子、太宰久雄)を転々としては迷惑ばかりかけている、鼻つまみ者。甥の小坂さんは迷惑顔ですが、その妻の小百合さんは伯父さんになにかと親切にします。視聴者的には、歌子と寅さんの楽しい日々が設定を変えて続いているようにも見えます。

この伯父さん、昔は旅役者に憧れて放浪していたこともあり、今は放送作家になっているのですが、あるとき、バッタリ会った、昔なじみの旅役者の座長(吉田義夫)とその孫娘で一座の花形女優の大空ひばり(岡本茉利)を連れてきます。伯父さんは小百合さんに「オレの女房ということにしてくれ」と頼み、二人はにわか夫婦になります。つまり寅さんと歌子さんの擬似夫婦です。

そこで吉永小百合さんと岡本茉利さんの夢の共演となります。ファンにとっては、大空小百合と吉永小百合、二人の「小百合」の共演はたまりません。さすがにここでは、大空ひばりという役名でしたが。このドラマ、フジテレビに残っていれば、ぜひ、観るチャンスを作って頂きたいと思います。ナレーションは森繁久彌さんでした。

第八作には、源ちゃんこと佐藤蛾次郎さん、「続・みんなの寅さん」の放送でも話してくれましたが、クランクイン直前に交通事故で入院されて出演していません。源ちゃんは全四十八作のうち、この作品だけ出ていないのです。山田洋次監督と朝間義隆さんによるシナリオの準備稿から「幻の源ちゃん登場シーン」をご紹介します。

#65山門裏

源公、見るからに悪そうな少年を二人前にして寅の真似をしてみている。

源公「またお逢いしましたね……お笑い下さいまし、この馬鹿な寅は、こないだお逢いしてよりずーっとあなたのことを、お慕い申しておりました…… お貴さん……」

と振り返ると寅が学を従えて立っている。源公、逃げるに逃げられず真蒼になる。

寅「よう、源ちゃんよ、一寸きな」

と残忍な笑顔をうかべる。

#66「ローク」

もう夕方である。客はいない。仕事の合間の一段落を、スタンドの客席に腰を下ろして一息ついている貴子。その表情に疲労の色が濃い。すぐ近くの寺の鐘がゴーンゴーンと懐しい音を響かせ始める。

#67 鐘楼

夕焼け空を背景に鐘が鳴っている。しかし、よく見ると鐘をついているのは寅である。そして鐘の下から源公の脚が出てバタバタ逃げ出そうともがいている。それを蹴とばしておどかしては物凄い形相で力一杯鐘をつく寅。鐘の中で悲鳴をあげ泣いている源公。学と友達二人がびっくりして見上げている。

源ちゃんと寅さんの幻のシーン。満員の観客の抱腹絶倒の笑い声が想像されます。寅さんが鐘楼に登るのは、後にも先にもこのシーンだけですから。「続・みんなの寅さん」で、蛾次郎さんがおっしゃっていた「悪魔的存在」の源ちゃん、想像するだけで、おかしいです。

二〇一三年六月三日

第九作　男はつらいよ 柴又慕情

一九七二年八月五日

歌子のしあわせ

寅さんは稼業の啖呵売で、易断本を神社の境内や、街角で売るシーンがしばしばあります。これはネタモトで仕入れて来た商材を売る訳ですが、寅さんは、縁日につきものの食べ物を扱ったことがほとんどありません。

流れるような口上、惚れ惚れとする口跡で、道行く人を立ち止まらせて、そのまま「買いたい」と思わせてしまう、不思議な魔法のような寅さんの啖呵売であります。寅さんは、この世界では「一流」の腕を持つ、まさにプロフェッショナルなのです。

「眉と眉の間、これを人相学で印堂というんだよ。ほら、ここにちょっと陰りがあるだろう。な、俺は初めてこの娘を観た時ピーンと感じたな。その不幸せさを。なんとかして救ってやりてえなァ。出来りゃ、いい婿さんの一人も捜してやりてぇ、とそういう気持ちになるんだよ。」

吉永小百合さんがマドンナ歌子を演じた第九作『男はつらいよ 柴又慕情』のなかで、旅先で出会った歌子の最初の印象について、茶の間で家族に語ることばです。寅さんは、易学を普段の考え方に取り入れていることがわかります。

第九作のマドンナ、吉永小百合さんは、言わずと知れた日活青春映画で、浜田光夫さんと「純愛コンビ」を組んで、『キューポラのある街』(一九六二年)、

『青い山脈』『泥だらけの純情』(一九六三年)といった、数々の名作で、一九六〇年代の日本の青春像を演じて来ました。明朗青春映画のなかで、どんなに貧しくとも、どんなにつらくとも、人生の屈託を、若い女性のエネルギーで吹き飛ばして、前向きに、ポジティブに生きて行くヒロインを演じ続けていました。

女の子から大人の女性へ。人生の「美しい暦」を重ねてきた小百合さんは、ニッポンの青春そのものでした。同時に、彼女が日活青春映画や、テレビドラマで演じて来たヒロインは、理想的な女性のあり方を提示してきたと思います。

この『柴又慕情』の歌子も、それまで彼女が演じてきたヒロインのように屈託を抱えています。気後れがちな歌子は、小説家の父親・高見修吉(宮口精二)とのコミニュケーション不全、結婚問題、等身大の女性として様々な悩みを抱えています。優しかった母親は、彼女が小学校の時に、父親に愛想を尽かして家を出たことが、明らかになります。

その歌子が、学生時代からの友人たちと、北陸路を旅しているときに、寅さんと出会います。寅さんは、彼女の表情からその屈託を読み取って、歌子のことを懸命に考えます。そこから例によっての「恋」も始まってしまうのですが。

歌子は、寅さんとの出会いで、大きく変わっていきます。父親との確執、自分の悩みを解決するためにも、自ら決断して行動します。夜の題経寺で、歌子が寅さんに、その決意を伝えるシーンは実に素晴らしいです。

さくらも、博も、寅さんも、それぞれの立場から「歌子のしあわせ」を真剣に考えて、それを語り合います。その上での歌子の決意表明は、吉永小百合さんがこれまでスクリーンで演じて来たヒロイン像とも繋がります。

やがて寅さんは再び旅の空の人となります。江戸川堤で、さくらに「どうして旅に出ちゃうの?」と聞かれた寅さんのことばです。

「ほら見な、あんな雲になりてえんだよ」

柴又を後にした寅さんは、旅先で出会った人々と、ひととき交流をして、その人の「しあわせ」について考えるのです。それが若く美しい女性ならば、なおさらに……。

二〇一一年六月四日

寅次郎の夢

第五作『望郷篇』以来二年、四作ぶりに、寅さんがお盆興行に戻ってきた第九作『柴又慕情』は、後の「男はつらいよ」シリーズのさまざまなパターンが確立された作品でもあります。例えば、冒頭の「夢」。これまでも第二作、第五作で「寅さんの夢」が描かれてきましたが、それは本篇で展開されるエピソードの前ふりでした。

第二作は風見章子さんが寅さんの「瞼の母」として夢に登場し、中盤のミヤコ蝶々さん扮する、お菊との再会騒動の伏線となっていました。第五作では「おいちゃんの最期」に寅さんが駆けつける夢で、こちらはタイトル明け、おばちゃんたちに担がれた寅さんが、おいちゃん危篤と思い込んで、気を回し過ぎて大騒動となります。これらの冒頭の「夢」は、公開時、映画館が揺れているのではないかと、子供心に思うほど、お客さんの笑い声が劇場に溢れていました。

そして第九作です。日本海の漁村、「陰うつな鉛色の海岸で子供を背にのり拾いをしているみすぼらしい漁師の女房さくら」が男たちの叫び声に顔をあげると、悪らつな男たちが、漁網や鍋釜、布団などさくら一家の家財を、借金のカタに持ち出そうとしています。それを漁師の博が「お願いだ、それだけは勘弁してくれ!」と取りすがります。しかし、男たちは乱暴狼藉の限りを尽くします。

借金取りの親方に扮しているのは、第八作『寅次郎恋歌』で登場した旅役者・坂東鶴八郎一座の座長役の吉田義夫さん。東映時代劇などで、憎々しい悪役を演じて来たスクリーンイメージがあるだけに、こういうシチュエーションにはピッタリの名傍役です。

泣き伏すさくらと博を、せせら笑う男たちが、立ち去ろうとする、その瞬間。「悪者達の前にズイと立ちふさがる男」が登場。シナリオには「立ちふさがったチェックの背広の男、爪楊子をくわえた顔をあげて一同を無表情に見る」とあります。

スーパーヒーロー、寅さんのニヒルな登場です。爪楊子をくわえているのは一世を風靡した「木枯し紋次郎」を気取っているから。笹沢左保原作「木枯し紋次郎」は、昭和四十七（一九七二）年一月からフジテレビで「市川崑劇場 木枯し紋次郎」として放送され、この頃大人気を博していました。中村敦夫さんの「あっしには関わりのねぇこって」という台詞は流行語となり、子供たちもおでんの串やアイスの棒を、長楊子に見立てて、紋次郎ごっこに興じていました。

ここでの寅さんは、紋次郎のような股旅姿ではなく、「チェックの背広の男」すなわち寅さん自身として登場するのです。しかも、悪者どもを自慢の腕でなぎ倒すのではなく、ポケットから一万円の札束を取り出して、ポンと投げます。「銭さえあれば」寅さんはしばしば、そう思ってきました。特に前作、第八作『寅次郎恋歌』では、筋の悪い貸金業者に苦しめられているマドンナ貴子（池内淳子）のために、何とかしてあげたい「金が仇」と、歯がゆい想いをしました。

それを踏まえると、この時の「寅さんの夢」は「寅さんの願望」であることがわかります。だから寅さんは、コスプレしたヒーローでなく、カッコいい自分自身のスタイルなのです。

悪者どもが立ち去った後、寅さんは、さらにポケットから一万円札の束を取り出してさくらに渡します。「その坊やに飴玉のひとつも買ってやっておくんなさい」。第二作『続 男はつらいよ』の冒頭、寅さんは生まれたばかりの満男に「さ、飴玉のひとつも買ってもらいな」と五千円札を差し出します。寅さんとしては「せめて」の気持ちです。でも、なけなしのお金なので、後で苦労をするわけですが。

その時の五千円札は、第五作『望郷篇』で渡世の義理を果たすために、さくらに借金を申し込んだときに、さくらが使わずに取って置いたことがわかります。さて、夢の中の「木枯し寅次郎」が立ち去ろうとすると、さくらは「私には今を去る二十年前、行方の知れなくなった、たった一人の兄がおりました。その名を寅次郎と申しましたが、もしやあなたさまはその寅次郎さんでは？」。

この作品からの「寅さんの夢」では、生き別れになった「あにいもうとの再会」がモチーフになってきます。第一作で描かれたテーマが「寅さんの夢」としてリフレインされます。第十作『寅次郎夢枕』での「マカオの寅」、第十一作『寅次郎忘れな草』での「旅鳥のやくざ」、第十五作『寅次郎相合い傘』の「海賊キャプテンタイガー」、そして第十六作『葛飾立志篇』の「荒野のタイガーキッド」などなど、さまざまなシチュエーションのなかで「あにいもうとの再会」が繰り返され、それは第四十三作『寅次郎の休日』の平安時代の「車小路寅麿」まで、延々と続きます。

「寅さんの夢」には、かつて日本映画で量産されていた喜劇映画、斎藤寅次郎監督が好んで作っていた「アチャラカ喜劇」の匂いがします。オールスターによるドタバタ劇は、昭和二十年代から三十年代にかけて、斎藤寅次郎監督が、新東宝や松竹、東宝で量産していました。花菱アチャコさん、清川虹子さん、伴淳三郎さん、堺駿二さん、田端義夫さん、それにまだあどけない美空ひばりさんなどが、映画で繰り広げた狂騒曲を、ぼくは「寅さんの夢」に感じます。

その夢が明けるのは旅先です。放浪を続けながら、故郷を想い、家族を想い、そして自分の望みを夢に見ているのです。楽しい夢が明けた瞬間、寅さんは一人で居眠りをしていたり、木賃宿の煎餅布団に包まっていたり、神社の社だったり、孤独な旅の途上にあるのです。そして大抵は、その夢が引き金となって、懐かしい故郷柴又へ帰ってきます。

悠然と流れる江戸川。寅さんが懐かしさいっぱいに土手を歩きます。寅さんが、京成柴又駅ではなく、国鉄金町駅で下車して、江戸川経由で帰ってくるのは、故郷を全身で感じたいからなのだと、子供の頃から思っていました。

主題歌が流れるタイトルバック、江戸川の寅さんは、そこで遊んでいたり、仕事をしている善良な人々の平穏を壊してしまいます。そのドタバタには、台詞が一切ありません。いささかオーバーアクト気味なのは、動きだけで、観客に笑いを届ける、いわば「サイレント喜劇」なのです。

冒頭の「夢」が「アチャラカ喜劇」とするなら、「タイトルバック」は「サイレントのスラップスティック喜劇」。『男はつらいよ』はあらゆる喜劇映画のショーケースでもあったのです。そして本編がはじまると、山田洋次監督の世界、ヒューマンコメディが展開されていきます。「アチャラカ喜劇」「サイレント喜劇」の渥美清さんを堪能したうえで、悲しみをおかしみで表現出来る俳優・渥美清さんの至芸が味わえるのです。

二〇一二年六月七日

六〇年代青春スターの共演

シリーズ第九作『男はつらいよ 柴又慕情』に、九人目のマドンナとして登場したのは、一九六〇年代の日活で青春スターとして活躍した吉永小百合さん。日本映画のトップ女優として、その活動の場を映画からテレビにシフトした頃です。日活時代、『ガラスの中の少女』(一九六〇年・若杉光夫)から相手役として、四十三本もの青春映画で共演した浜田光夫さんとの「純愛コンビ」で、『キューポラのある街』『赤い蕾と白い花』(一九六二年)、『いつでも夢を』『潮騒』(一九六三年)、『愛と死をみつめて』(一九六四年)など数々の名作で、日本の青春をスクリーンで演じてきた永遠のヒロインです。

田園調布のお嬢さん、金持ちの令嬢なども演じてきましたが、『いつでも夢を』では、東京の下町、足立区や荒川区の町工場が多いエリアの下町のアイドル的存在の女の子の役。ちょうど同じ頃、山田洋次監督は倍賞千恵子さんのヒット曲をモチーフにした『下町の太陽』(一九六三年)を演出しています。

いずれも、タコ社長の経営する朝日印刷のような町工場が映画に登場し、そこに勤める青年とヒロインの恋物語が展開していました。

東京オリンピック直前、高度経済成長を支えたブルーカラーの若者たちの青春が映画館のスクリーンで繰り広げられていました。

ぼくは最初『下町の太陽』を、吉永小百合さんの『ガラスの中の少女』や『いつでも夢を』のバリエーションとして観ていました。オリジナルは日活映画だと漠然と思っていました。そう指摘している文献も少なくありません。ある日、小百合さんが日活に入社する前に松竹で出演した『朝を呼ぶ口笛』(一九五九年・生駒千里監督)が、荒川沿いを舞台にしているのを観て、あ、これが原点だったんだと。

最近、その前年、昭和三十三(一九五八)年、早乙女勝元原作、山田洋次脚本、井上和男監督『明日をつくる少女』という作品を、大瀧詠一さんに観せて頂きました。早乙女勝元さんの「ハモニカ工場」を原作に、助監督時代の山田監督が脚色した、荒川沿いの町工場を舞台にした青春映画です。

さて、吉永小百合さんと倍賞千恵子さんは、日活と松竹のスターとして、それまで共演作品はありませんでしたが、一九六〇年代から交流があったそうです。さくらと歌子の青春時代、考えるだけでも、嬉しい気持ちになります。

『柴又慕情』で吉永さんが演じたのは、小説家の父・高見修吉(宮口精二)とのコミュニケーション不全に悩む、結婚適齢期のOL・高見歌子。学生時代の仲間、みどり(高橋基子)とマリ(泉洋子)と共に、北陸路を旅しているときに、寅さんと出会います。その出会いが、迷っていた彼女の背中を押して、新しい人生へと踏み出す原動力となります。

これまで様々なマドンナが登場してきましたが、二十代後半のOLが抱く等身大の悩みを、吉永さんが演じています。そういう意味では、日活青春映画で吉永さんが演じてきたヒロインの「その後」としても見ることが出来ます。

この『柴又慕情』は、女性映画としても優れた作品となっています。父と娘の二人暮らし。結婚すれば、父親の面倒を見る人がいなくなる。そんな風に婚期を逃してしまったヒロインの物語といえば、小津安二郎監督の『晩春』(一九四九年)の笠智衆さんと原節子さんを思い出します。この『柴又慕情』での宮口精二さんと吉永さんの父娘は、そうした松竹大船伝統の味が息づいています。最新作『お帰り 寅さん』の満男も、妻に先立たれ、高校生の娘と二人暮らしです(追記)。

もちろん日活映画ファンの目で見れば、宮口さんと吉永さんは、中平康監督の『光る海』(一九六三年)でも父娘役を演じているので、そうした面白さもあります。山田監督作品としては、不器用な父親とコミュニケーション不全の子供の物語、という数多くの作品に通底するテーマでもあります。といった様々な味わい方があります。

一方、われらが寅さんは、柴又に戻って早々の「貸間あり騒動」が落語的でもあり、シリーズ屈指の面白さです。博とさくらが、アパート暮らしを辞めて一軒家を持とうと一念発起、タコ社長やおいちゃんたちが精一杯の応援をします。

一年中旅暮らしの寅さんの部屋を貸間にして、その家賃を少しでも足しにしてあげたい、というおいちゃんの親心です。そこで軒先に吊るした「貸間あり」の札。周旋屋にお願いしているのなら出す必要ないのに、というのは野暮です。「貸間あり」という札が大事なのです。

『貸間あり』で思い出すのが、井伏鱒二さんの小説と、川島雄三監督による昭和三十四(一九五九)年の喜劇映画化です。フランキー堺さん、桂小金治さん、淡島千景さんが出演した佳作です。もちろん『柴又慕情』の「貸間あり騒動」とは何の関係もありませんが、「貸間あり」の風情が、映画ファンに刺さるのです。

その札をぶら下げているところに、折悪しく寅さんが帰ってきます。それを見た寅さん。ぷいっと踵を返して出ていってしまいます。

ならばと不動産屋で部屋を借りようと行動に出るわけです。まずは、金町駅前の林不動産で部屋を探しますが、不動産屋の社長(青空一夜)は、寅さんの風体を見て、他の不動産屋(桂伸治、のちの桂文治)を紹介します。そこで、ラジオでも紹介した寅のアリア「理想の大家の条件」を滔々と語ります。プロの噺家を前に、独り語りをする寅さん。

不動産屋に扮したのは、漫才師・青空一夜さん、続いて落語家・桂文治師匠、そして最後に登場するのが、冒頭に紹介した佐山俊二さんです。佐山さんは浅草の軽演劇出身。漫才師に一瞥《べつ》され、落語家に呆れられ、最後は軽演劇のコメディアンを笑わせるという展開でもあるのです。おそるべし寅さんの話芸です。このあたり、山田監督の喜劇的キャスティングのうまさが味わえます。

そして歌子が自身の幸せを求めて前向きに生きる決意をすることで、寅さんの楽しい日々が終わります。たびたびラジオでもご紹介してきましたが、この『柴又慕情』は、ラスト近く、江戸川土手での寅さんとさくらの、あにいもうとの別れのシーンです。「じゃぁ、どうして旅に出ちゃうの?」「ほら、見な、あんな雲になりてえんだよ」

寅さんがなぜ旅に出るのか? 失恋して傷ついたから、だけでなく、自由気ままに空に浮かぶ雲になりたくて、旅に出るのです。永遠の旅人・車寅次郎に、ぼくらが憧れるのはこの自由さなのです。

二〇一三年六月三日

第十作　男はつらいよ 寅次郎夢枕

一九七二年十二月二十九日

夏の日のドブ板

ある日、寅さんが旅から帰って来たら、御前様(笠智衆)の甥っ子にあたる、東大理部学の助教授・岡倉金之助(米倉斉加年)が二階に下宿をしていました。前作に引き続き「貸間あり」騒動のバリエーションが展開される、第十作『寅次郎夢枕』(一九七二年十二月)では、このカタブツの岡倉先生の恋を描いています。

その恋のお相手とは、寅さんの幼なじみで、帝釈天参道で美容室「アイリス」を最近開いた志村千代(八千草薫)のこと。ちなみに「アイリス」は参道の空き店舗を、山田組が飾り込んで作ったお店です。

寅さんは子どもの頃、千代のことを「デカラッキョ」、さくらのことを「チビラッキョ」と、からかってました。もちろん寅さんも恋をしているのですが、インテリの岡倉先生が「恋の病」と知るや、多少からかい気味ですが、張り切って、キューピッドを買って出ます。

この二人の組み合わせについて「インテリと寅さん、似合うんだよ。なんだかおかしいんだ」と、インタビューで山田監督は、博の父(志村喬)、第十六作『寅次郎夕焼け小焼け』の池ノ内青観(宇野重吉)、第二十九作『寅次郎あじさいの恋』の加納作次郎(片岡仁左衛門)などなど、寅さんと名コンビを組んだインテリたちの話をしてくれました。

米倉斉加年さんが演じた、岡倉金之助は、役名から判るように、東大出身の物理学者で数学者の小倉金之助の名前をもじったもの。学問一筋の岡倉先生を、とにかく寅さんは、からかいます。その稚気は見ていて微笑ましく楽しいのですが、大真面目な岡倉先生にとってはたまりません。

しかも、愛するお千代さんを「ラッキョ」呼ばわりするとは！ということでの言い争いなのですが、「三角フラスコ」「プラカード」と精一杯の見立で寅さんを批判した岡倉先生に、寅さんは「夏の日のドブ板じゃないけどな、そりっ返ってるじゃねぇか！」と応戦します。

「夏の日のドブ板」とは、お見事です。寅さんが時々放つ、こうした「見立ての面白さ」は、渥美さんの言い回しのおかしさであり、山田監督の落語的センスでもあります。

結局、寅さんは、岡倉先生の気持ちをお千代さんに伝えるべく、彼女とデートに出かけるわけですが、その顛末は、映画を観てのお楽しみ、ということで。

米倉斉加年さんの「思い詰めたインテリ」のおかしさは、シリーズ屈指でもあり、その後も米倉さんは「夢のシーン」にしばしばゲスト出演したり、帝釈天参道前派出所の巡査役も演じました。第十五作『寅次郎相合い傘』（一九七五年）の夢では海賊、第十六作『葛飾立志篇』の夢では、『荒野の決闘』（一九四六年）でビクター・マチュアが演じたドク・ホリディを思わせる酔いどれガンマンとして登場。第十六作の本編では轟巡査、第二十六作『寅次郎かもめ歌』（一九八〇年）では青山巡査として、笑いを誘いました。

そして、大原麗子さんが二度目のマドンナをつとめた第三十四作『寅次郎真実一路』（一九八四年）では、仕事に疲れた企業戦士役で出演。寅さんと久々の名コンビぶりを発揮しました。当初は第十作の岡倉先生がアメリカから帰国する物語だったと、米倉さんから伺いました。寅さんと最も相性の良かったインテリ俳優の一人が、米倉斉加年さんでした。

二〇一一年六月二十日

寅ちゃんとなら

この『寅次郎夢枕』は、公開日の昭和四十七（一九七二）年十二月二十九日、父と銀座松竹で観ました。小学三年生の暮れでした。当時、足立区に住んでいたぼくは、仕事納めで会社を早仕舞いした父と東銀座で待ち合わせ。一人で、バスと東武伊勢崎線、営団地下鉄日比谷線を乗り継いで、東銀座駅まで向かったことをよく覚えています。銀座松竹は、洋画のロードショー館・松竹セントラルの地下にある小さな劇場で、松竹映画の封切館でした。そこで沢山の松竹映画を封切で観ることが出来たのも、映画好きだった父のおかげです。

封切日とあって、とにかく凄い人でした。売店の前の真っ赤なドアが半開きしていたので、ぼくは大人の間を縫って、中にもぐり込み、生まれて初めて、映画の立ち見を体験したのです。その時、スクリーンには同時上映の『舞妓はんだよ全員集合!!』(渡邊祐介監督)で、加トちゃんこと、加藤茶さんが舞妓に仕立て上げられるシーンが写っていました。当時の小学生といえば、なにはなくとも「全員集合」でドリフに夢中の筈ですが、ぼくのお目当ては「寅さん」でした。

幸いなことに途中で席を立つお客さんがいたので、ぼくは前の方の席に座って、ドリフ映画の後半を眺めていました。当時の映画館は、途中から入って、自分が観たところになると、そこで出て行ってしまう、なんてことはざらでした。

作り手や演者にとっては、好ましくないことだと思いますが、娯楽映画の良さは「どこから観ても楽しめる」「どこから観てもわかる」タフさにあったような気がします。

いよいよメインの『寅次郎夢枕』です。この作品は、シリーズ屈指の傑作の一つであり、八千草薫さん扮する、寅さんの幼なじみ、お千代さんとの「得恋」的展開、東大理学部の助教授・岡倉金之助に扮した米倉斉加年さんのおかしさ。はたまた、旅先の信濃路で、寅さんが弁当を使わせてもらう旧家の奥様・田中絹代さんの名演と、たくさんの見どころがあるのですが、小学三年の少年にとっては、寅さんと岡倉先生が初対面となる「とらや」の茶の間のシーンが強烈な印象として残っています。

さて「マカオの寅」の夢が明けて、寅さんは江戸川沿いを懐かしさいっぱいに歩いてきます。寅さんが歩いてくるショットの後ろは、第二作『続 男はつらいよ』の恩師・坪内散歩先生(東野英治郎)宅があった葛西神社あたりです。常磐線の鉄橋を越えたあたりで、乳母車の親子とのドタバタが展開されます。

寅さんが帰郷するのは、大抵は江戸川経由です。地方から国鉄を乗り継いで帰ってくるので、切符が「東京都区内」だから、金町で降りる、という現実的な見方もできますが、やはり寅さんにとって「ふるさとの川 江戸川」に再会することが、帰郷の作法でしょう。金町→江戸川堤→帝釈天題経寺でお参り→「とらや」というコースです。

題経寺の山門から、懐かしい気持ちをこめて本堂を眺める寅さん。境内では「子供が三、四人チャンバラをして遊んでいる。寅がやって来て懐かし気にその光景を眺めている」とシナリオにあります。確かに子供たちは玩具の刀を持ってチャンバラごっこをしているのですが「仮面ライダー！」と叫んで、ライダーのお面を被っています。当時の子供たちにとって、ドリフターズの「8時だョ！全員集合」（TBS）と並んで、土曜の夜のお楽しみが「仮面ライダー」（MBS）でした。「マカオの寅」に影響を与えたと思われる、市川右太衛門さんの『ジルバの鉄』（一九五〇年）や昭和三十年代に片岡千恵蔵さんの「多羅尾伴内」シリーズを製作していた東映が「仮面ライダー」の会社と考えると、「刀をピストルに持ちかえて」の活劇の歴史が、柴又の小学生たちの「仮面ライダー×チャンバラごっこ」に受け継がれているのが、興味深いです。

子供たちが楽しく遊んでいると、そこへ子供の母親が大声で怒鳴りながらやって来て、やにわにその一人をひっぱたきます。「バカみたいに遊んでばっかりいると寅さんみたいになっちゃうんだよ！」と怒鳴ります。

この母親を演じているのが、松竹映画ではおなじみの水木涼子さん。第一作から、タコ社長の奥さんを演じている女優さんです。ということは、この子供は、朝日印刷の御曹司？と考えてもいいのかもしれません。そういう夢想もまた、娯楽映画を観る愉しみでもあります。さらに山門には、源公の「トラのバカ」の落書きがあり、笑いに追い打ちをかけます。

やがて「とらや」に戻ってきた寅さん。家族が自分の噂をしていることを察知して、「とらや」の横手から、朝日印刷へ直行します。この出入り口、天ぷらの大和家さんと、団子の高木屋さんの間にある通路で撮影しています。題経寺の「寅さんみたいになっちゃうんだよ」という母親のことば、「トラのバカ」の落書きで、心が折れかかっている寅さん、博に「悪口なんか言うもんですか、さくらはいつだって兄さんのこと、心配していますよ」となだめられ、茶の間で空気を察したおいちゃんも「褒めろよ、なんか褒めろ」と、家族に目配せをします。

おいちゃんは「いい奴だね、寅は」と口を切り、タコ社長は「あんないい奴見たことねえな」と無理して褒めます。さくらは閉口しながら「そうね、お兄ちゃんはああ見えても気持ちが優しいもんね」。これは本音です。そしておいちゃん「そこだよ、そこ、優しいんだよ、寅って奴は」。

このやりとりを聞いた寅さん、猛反省をします。「さくら、俺ァほんとうに心のひねくれた男だよ、あんな優しい人達のことを疑っていたんだからなァ」

傍目の「寅さんみたいになっちゃう」「トラのバカ」という寅さん評のなか、さくらの「お兄ちゃんは気持ちが優しい」ということばは、子供心にグッときました。

この作品には、さくらと同じ優しい目線で、寅さんのことを想ってくれる人が登場します。それが、八千草薫さん扮する、マドンナ志村千代です。「とらや」の下宿人・岡倉先生(米倉斉加年)の恋のキューピッドとなった寅さんが、千代を呼び出し、二人で出かけ、亀戸天神へとやって来ます。そこで寅さんが岡倉先生の気持ちを代弁するのですが、寅さんに好意を寄せている千代は、プロポーズされたと勘違いします。

「寅ちゃんと話してると、ああ私は生きているんだなァって、そんな楽しい気持ちになるの。寅ちゃんとなら一緒に暮らしてもいいって、今ふっとそう思ったんだけど。」

千代のこの台詞。シリーズでも空前絶後の「逆プロポーズ」です。公開当時「寅さん映画らしくない」と怒る人がいた程です。それほど「寅さん=失恋」というイメージが固定されていました。ここでは「失恋」ならぬ「得恋」です。

しかし、この頃から、車寅次郎という人物に対して、愚かしきことの数々をしている滑稽な人、という表層的な見方ではなく、さくらが言った「気持ちが優しい」人物であることが、きちんと描かれるようになってきました。千代はさくらと同じ、優しい目線で、寅さんを愛していたのです。

寅さんが旅立った後、お正月の茶の間で、千代の再婚について皆で話すシーンで、おいちゃんが「なんなら、寅でどうだい」と言うと、一同はドッと笑いますが、千代は真剣な顔でこう言います。

「どうしておかしいの? 私、寅ちゃんとならいいわ」

このことばに、小学三年のぼくは「あー、惜しい！」としみじみ思いました。失恋をしない寅さんなんて、という見方ではなく、さくらが「寅さんの幸せ」を願うように、観客であるぼくたちも「寅さんの幸せ」を願っているのです。この作品を包み込む優しくてやわらかい雰囲気は、さくらや千代の「寅さんへの想い」がはっきりと描かれているからなのです。

二〇一二年六月十四日

『寅次郎夢枕』の夢

前作『柴又慕情』から「寅さんの夢」が本格的に恒例となりました。前作は越前海岸ロケーションの「木枯し紋次郎」ならぬ「渡世人寅次郎」でした。それが好評で第十作でも作られたのです。今回は、昭和初年のカフェーが舞台。蓄音機からは、ヨレヨレの音色のレコードが流れています。曲は、二村定一さんが昭和四（一九二九）年にビクターレコードから発売した「君恋し」。作詞は時雨音羽、作曲は佐々紅華。退廃的なムードのメロディ、のびやかな二村さんの歌声で、世界大恐慌による不景気な世情を反映して、津々浦々に流れました。

もともと、佐々紅華が「君恋し」のメロディを作曲したのが大正十一（一九二二）年のこと、二村定一さんが東京レコードで吹き込みましたが、その後、関東大震災により、人々に親しまれるまでには至りませんでした。オリジナルは作曲家自身が歌詞を書いていたそうで、われわれの知っている時雨音羽の歌詞「宵闇せまれば」とは異なるものでした。サビの「君恋し」の部分だけは、リメイクに活かされたとのこと。いずれにせよ、関東大震災、世界大恐慌、それぞれの直前に二村定一さんによってレコーディングされていることが興味深いです。

この「君恋し」といえば、昭和三十六（一九六一）年にフランク永井さんが、甘い低音の魅力でカバー。第三回レコード大賞に輝くなど、昭和三十六年を象徴する大ヒット曲となりました。この第十作『寅次郎夢枕』で流れるのは、フランク永井盤ではなく、二村定一さんの昭和三（一九二八）年のレコード。「寅さんが見る夢」ですから、おそらく、寅さんの子供の頃、戦前のイメージなのでしょう。

昭和三年初秋、横浜のカフェー「ハーバーライト」に、因業なハマの高利貸・長次郎(吉田義夫)が子分の政(中田昇)と辰(三角八郎)を伴ってやってきます。長次郎の狙いは、女給のさくら。銀座で買って来たダイヤモンドの指輪をちらつかせ、モノにしようとしています。そこへ、たまりかねた書生の博が飛び込んできて「君たちは人の心を金で買えると思うのか?」と叫びます。しかし、青二才の博は海千山千の長次郎たちの敵ではありません。カフェーの人々は見て見ぬふり。さくら、絶対の危機が迫ります。そこへ現れたのが、船員姿のヒーロー「マカオの寅」その人です。

あくまでも「寅さんが見る夢」です。窮地に陥っているのは、可愛い妹・さくらですし、いざと言うときに無力な恋人は博です。因業親父は、いつも旅の空で出会う一座の座長・坂東鶴八郎。そして自分はカッコいいヒーロー。そのヒーローが抱く孤独の影は、生き別れになった妹への想い。第一作での、さくらとの二十年ぶりの再会は、寅さんの人生において、最高の感激の瞬間だったことが、この「夢」からも窺えます。

山田洋次監督の喜劇的センス、パロディ好きの面は、こうした「夢」のシーンで最大限に活かされています。今回は「マカオの寅」。戦前の港町を舞台に繰り広げられるマドロス活劇。終戦直後に、GHQの意向で「仇討ち映画禁止令」「チャンバラ映画禁止令」が下って、日本映画界から時代劇が消えたことがあります。正確には勧善懲悪のチャンバラ時代劇が作られなくなったのです。

その時、時代劇スターだった市川右太衛門さんや片岡千恵蔵さんは、刀をピストルに持ちかえて、荒唐無稽な現代活劇に主演。「旗本退屈男」でおなじみ市川右太衛門さんは『ジルバの鉄』(一九五〇年)なる作品に主演しています。黒澤明脚本、小杉勇監督作品です。マドロスシャツに身を包んだ市川右太衛門さんが活躍する活劇です。

片岡千恵蔵さんは七つの顔を持つ男「多羅尾伴内」シリーズ第一作『七つの顔』(一九四六年・大映京都)などの活劇に主演、それらの作品がチャンバラ映画の代用品として作られました。

それらが源流となって、昭和三十年代の日活アクション、無国籍映画となるのです。「マカオの寅」というネーミングは、明らかに小林旭さんの『マカオの竜』(一九六五年・日活)の流れを汲んでいます。そのルーツは戦時下の子供たちを夢中にさせた『マライの虎』(一九四三年・大映)のハリマオにあると思われます。あくまでもネーミングの語感ですが。

さて、寅さんの少年時代、GHQの「チャンバラ禁止令」により、それまで「いれずみ判官」が当たり役だった片岡千恵蔵さんは、七つの顔を持つ男・名探偵多羅尾伴内が当たり役となりました。「あるときは……」の名台詞で一世を風靡したのです。

そういえば、寅さんも多羅尾伴内の真似をしたことがあります。栗原小巻さんが二度目のマドンナを演じた、第三十七作『柴又より愛をこめて』で、真知子先生が「とらや」を訪れたシーンで、こんな会話がありました。真知子に「可愛いらしい少年に見えたり、かと思うと、うんと年上の頼もしいお兄さんみたいに見えたり」と言われた寅さん「それは七つの顔の男、実は名探偵多羅尾伴内、ふふふ」とふざけます。「名探偵・多羅尾伴内」は、ちょうど寅さんの世代のヒーローなのです。

寅さんは、おそらくは昭和二十年代、多感な少年時代に、こうした活劇映画に夢中になったのでしょう。浅草や上野の映画館に、友達と一緒に出掛けて、映画を観たのだと思います。寅さんの白日夢は、そうした少年時代から青年時代にかけての、映画体験に根ざしている、ともとれます。夢に描くヒーローは、子供の頃がイメージの源泉なのでしょう。

この「マカオの寅」のシークエンスで、「君恋し」に続いて、うまいなぁと思うのが、さくらとマカオの寅が心を通わすシーンに流れる「トロイメライ」です。この曲は、一八三九年にドイツロマン派の作曲家ロベルト・シューマンが発表したピアノ曲「子供の情景」の第七曲「トロイメライ」です。〽長調、四分の四拍子の曲ですが、日本では無声映画時代に、よくノスタルジックな情景曲として演奏されたそうです。「トロイメライ」とはドイツ語で「夢見ること」という意味です。きっと寅さんにとっても、幼き日のイメージを思い出させてくれる曲ではないかと思います。

この作品はタイトルが『寅次郎夢枕』です。冒頭の「夢」「トロイメライ＝夢見ること」。本篇で登場するマドンナ、幼なじみの志村千代(八千草薫)と過ごした「幼き日の夢」。そして帝釈天参道で美容室・アイリスを開いたお千代坊のもとへ足しげく通う寅さんの「夢のような日々」と、「夢」というキーワードで、読み解くことが出来る作品です。音楽でいう主題、モチーフでいうと、この『寅次郎夢枕』の主題は「夢」なのです。

その視点で観ると『寅次郎夢枕』のクライマックス。この映画をご覧になった方は異口同音に「寅さん勿体ない！」と思ってしまう、亀戸天神での千代からの「愛の告白」は、まさしく寅さんにとっても、「寅さんの失恋」にいつもやきもきしていたファンにとっても「夢のような」場面です。

これまでも、これからも数多くのマドンナは、寅さんと出会い、過ごし、悩みが解決していくなかで、千代のように「ああ、私は生きてるんだなぁ」と感じた筈です。しかしその気持ちを「寅ちゃんなら」ということばで伝えた女性は、千代が初めて。この「得恋」ともいうべき展開は、この『寅次郎夢枕』が多幸感に溢れていると、ぼくらが感じる瞬間でもあります。しかし、それは千代にとっても、寅さんにとっても「叶わぬ夢」となって、映画は終わりを迎えます。

第四十一作『寅次郎心の旅路』の終盤、御前様は寅さんについて、「元々は、寅の人生そのものが夢みたいなものですから」と言います。さくらは「そうですね。だとしたら、いつ覚めてくれるんでしょうね」と微笑みます。

このことをさくらから聞いた寅さん、夢から覚めたように立ち上がって、旅立ちの準備をします。そこで寅さんはこう言います。「じゃ、また夢の続きを見るとするか」。寅さんの人生が「夢」であるなら、『男はつらいよ』シリーズは、ぼくらファンにとっても、夢のようなひとときなのです。

二〇一三年六月十一日

第十一作　男はつらいよ 寅次郎忘れな草

一九七三年八月四日

牧童・車寅次郎

浅丘ルリ子さん扮するリリー松岡が、初めてスクリーンに登場した『寅次郎忘れな草』は、ファンの多い傑作の一つです。北海道、網走行きの夜汽車の中で、涙を流していた女性を黙って見つめる寅さん。網走の橋のたもとで、寅さんが中古レコードをバイしていたときに「さっぱり売れないじゃないか」と声をかけてきたのが、その女性、旅から旅への渡り鳥人生の放浪の歌姫、リリー松岡でした。渡世人同士、ことば少なに交わした会話で、同じ根無し草の気持ちを共有することができる二人は、それから、数々の物語を紡いでいくことになります。

この時、寅さんはリリーとの会話で、自分たちの暮らしが「アブクみてえなもの」と自嘲しますが、リリーと別れた後、寅さんは、このままではいけない、と思ったのでしょう。網走市卯原内《うばら》で牧場を営む、栗原久宗(織本順吉)宅を訪ねて、牧場の手伝いをさせて欲しいと就職します。それも職安の紹介で、というのがなんともおかしいですが。

寅さんは、手を泥だらけにして、油まみれになって、懸命に働く労働者に憧れています。インテリに対しては、少しからかい気味に付き合いますが、一生懸命労働にいそしむ人には無条件で憧れを抱いているような感じもあります。

第五作『望郷篇』(一九七〇年)でも、蒸気機関車の運転士の青年(松山省二)に感化されて、労働者になろうと一念発起。タコ社長のもとで半日ほど働きますが、長続きはしません。人は、自分にないものに憧憬の念を抱きます。寅さんは、自らの肉体を使って懸命に働いている人に憧れ、自分もそうなれるのではないかと、思っているフシがあります。

リリーとの出会いで、根無し草の生活に猛省した寅さんが、職安に飛び込んで、栗原さんの牧場を世話して貰った経緯は、なんとなく想像がつきます。栗原さんにしても「一番草の時期で、猫の手でも借りたい」ところだったので、寅さんは無事採用されるのですが、栗原家の表札に、寅さんが自ら名前を添える場面に、寅さんの想いがみてとれます。

かまぼこ板か何かに、金釘流でこう書いてあります。

牧童　車寅次郎

「牧童」というと、「アルプスの少女ハイジ」のペーターを連想する人も多いと思いますが、寅さんのなかでも、牧場で働く男＝牧童、というイメージがあったわけです。寅さんのことだから、旅先で若い時に観たかもしれない『牧童と貴婦人』（一九三八年）で、ゲイリー・クーパーが演じたような牧童だったのかもしれません。

ともあれ寅さんは工場で働く人＝労働者、牧場で働く人＝牧童に、ある種の憧れを抱いているのです。そういえば第二十四作『寅次郎春の夢』で、マドンナの意中の人の職業が「船長」と聞いて、遠洋漁業の船長と思い込んだこともあります。

さて、網走の栗原さんの牧場に住み込みで働いた寅さんでしたが、その結果は、映画をご覧頂ければわかるように、いつものように三日坊主となります。想いとは裏腹に、体力が続かない、というのも寅さんらしいのですが。

ラスト、寅さんは再び栗原宅を訪ねて、再び牧場の手伝いを買ってでます。「さぁ、働きましょう！」と大張り切りの寅さんの姿は、観ていておかしく、すがすがしい気持ち良さに溢れています。おそらくはまたすぐにダウンしてしまうのでしょうが、栗原さんも「また、疲れるからおよしなさいよ」と笑いつつも、寅さんの「働きましょう！」という気持ちは、嬉しかったと思います。このラストはただ滑稽なだけではありません。寅さんの「労働に対する憧れ」と「自己反省」が、画面から伝わってくるから、それが気持ち良いのです。

二〇一一年六月十七日

寅とリリー、二人の渡り鳥

浅丘ルリ子さん演じる、放浪の歌姫・リリー松岡は、「男はつらいよ」のなかでもベスト・マドンナと推す人も多く、寅さんと最も相性の良いマドンナであることは間違いありません。シリーズ第十一作『寅次郎忘れな草』（一九七三年）で初登場し、第十五作『寅次郎相合い傘』（一九七五年）での北海道での再会、第二十五作『寅次郎ハイビスカスの花』（一九八〇年）の南国沖縄で過ごした日々、第四十八作『寅次郎紅の花』（一九九五年）で大団円を迎えます。リリーと寅さんが紡いできた数々の物語は、シリーズ初期、中期、後期を彩ってきました。

山田洋次監督は、当初、浅丘ルリ子さんをマドンナに迎えるにあたり、寅さん流に言えば「北海道の開拓部落」の牧場を「女手一つ」で切り盛りする、たくましいヒロインをイメージしていたそうです。後の『遥かなる山の呼び声』(一九八〇年)で倍賞千恵子さんが演じた風見民子のような女性だったのかもしれません。

ところが、浅丘ルリ子さんと実際に会って、寅さんと同じ根無し草の放浪の歌姫・リリーのキャラクターが誕生しました。

浅丘ルリ子さんは、昭和二十九(一九五四)年、日活の井上梅次監督のミュージカル映画『緑はるかに』(一九五五年)のヒロイン募集に応募、三千人から抜擢されて映画デビュー。堀池清監督、長門裕之さんとの『愛情』(一九五六年)や滝沢英輔監督、小林旭さんとの『絶唱』(一九五八年)などの、文芸ドラマでの瑞々しいヒロインを演じる一方、『鶩と鷹』(一九五七年)や『世界を賭ける恋』(一九五九年)では石原裕次郎映画のヒロインを演じ、日活を代表する女優として、昭和三十年代から四十年代のスクリーンで輝きを放ちます。

特にマイトガイと呼ばれた小林旭さんの相手役として『南国土佐を後にして』『銀座旋風児』『ギターを持った渡り鳥』(一九五九年)などのヒロインを演じ、日活アクション黄金時代を支えました。

そして、昭和三七(一九六二)年から再び裕次郎さんと共演、『銀座の恋の物語』『憎いあンちくしょう』(一九六二年)、『何か面白《おもろ》いことないか』(一九六三年)での蔵原惟繕監督とのコラボレーションを経て、大人の女優として飛躍。裕次郎さんとの日活ムードアクションが連作されるなか、蔵原監督との『執炎』(一九六四年)、『夜明けのうた』(一九六五年)、『愛の渇き』(一九六七年)などに主演、文字通り、日本映画を代表する女優となります。

デビューから昭和四十年代にかけての浅丘ルリ子さんの映画を観ていくと、可憐な少女から大人の女性へと成長し、大輪の花を咲かせていくプロセスを目の当たりにすることができます。山田洋次監督は、浅丘ルリ子さんが重ねてきた「時」、その女優人生をふまえて、彼女の中に「リリー」という女性を見いだし、『寅次郎忘れな草』という傑作が生まれたのです。

寅さんとリリーの出会いは、前夜の夜汽車のシーンから始まります。夜汽車で涙を流しているリリー、それを見つめる寅さん。翌朝、網走駅にキャバレーのマネージャーと覚しき男がリリーを迎えに来ます。リリーを載せたタクシーが左に進むと、少し遅れて寅さんが駅から出てきます。寅さんは右に向かいます。そして、寅さんが網走橋のたもとで、中古レコードを商っていると「さっぱり売れないじゃないか」とリリーが声をかけます。

北海道で出逢った「二人の渡り鳥」が、ひとときことばを交わします。観客は、前夜の様子を観ているだけに、二人の心に触れる、そんな想いで、ここからのシーンを味わうことが出来ます。このシークエンスは、シナリオ、キャメラ、渥美清さんと浅丘ルリ子さんの芝居、そして山田洋次監督の演出、何もかも素晴しいのです。

浮き草稼業の二人が、漁から戻ってくる船を迎え、漁に出かける船を見送ります。「お土産買って来て」と父親に声をかける子供の声を聞いていると、その少し前のシーンで、網走神社の前で寅さんの商っているレコードを眺めている、船員父子じゃないかな、なんて思います。根無し草の二人が、この地で生活をしている労働者の暮らしをみつめながら、お互いの境遇について話します。

「放浪者と定住者」がテーマの「男はつらいよ」の世界で、初めて「放浪者としてのマドンナ」の登場です。第八作『寅次郎恋歌』での坂東鶴八郎一座との出会い同様、寅さんの側の世界の住人です。

「言ってみりゃ、リリーも俺とおなじ旅人さ。見知らぬ土地を旅してる間にゃ、そりゃ人には言えねえ苦労もあるよ。たとえば、夜汽車の中。少しばかりの客はみんな寝てしまって、なぜか俺ひとりだけいつまでたっても寝られねえ。真っ暗な窓ガラスにほっぺたくっつけてじーっとそと見ているとね、遠く灯りがぽつんぽつん。ああ、あんなところにも人が暮らしているか……」

初めてリリーを見かけた夜汽車のなかで、寅さんがどう感じていたのか。「そんな時よ、ただもう訳もなく悲しくなって、涙がポロポロポロポロこぼれてきやがるのよ」と茶の間での会話で明らかになります。

ここに「放浪者」としての寅さんの心情が込めら

れています。この心情にふれると、寅さんの愚かしきことの数々に対する感じ方が変わってきます。冒頭のピアノ騒動で、寅さんが味わった悲しさ。そしてリムスキー・コルサコフの交響組曲「シエラザード」第三楽章「若き王子と王女」の音楽にのせて、北海道の原野をゆく寅さんの姿。そこに放浪者の孤独を垣間見ることが出来ます。

リリーと出会った寅さんは「このままではいけない」と、網走市卯原内の栗原久宗（織本順吉）の牧場で、「牧童 車寅次郎」として働く決意をします。それが狂騒曲になるのですが、寅さんが堅気になろうと思うに至るプロセスを、ぼくらは観ているので、寅さんが倒れて、さくらが迎えに来るという喜劇的状況に大笑いしながらも、寅さんの胸中に想いを馳せて、なんともいえない気持ちになるのです。

おかしくも哀しい。悲しくもおかしい。これが「男はつらいよ」シリーズの最大の魅力でもあり、味わいです。「定住者」から見れば、寅さんの「愚かしきことの数々」はおかしく見えるのですが、「定住に憧れる放浪者」の寅さんが懸命に考えての行動と思うと、なんとも切ないです。「男はつらいよ」が単なる喜劇映画でなく、いつの時代にも、どの世代にも魅力的なのは、そこに理由があると思います。

『寅次郎忘れな草』では、寅さんは、それまでのお嬢さんや、奥さんの「定住者」のマドンナに憧れるのではなく「俺とおなじ旅人さ」と、痛いほど分っている根無し草の孤独に「共感」をして、リリーをなんとかしたいと思うのです。

中盤、北海道の栗原さんへの手紙を、寅さんがさくらに代筆してもらうシーンがあります。ここでのさくらは、おにいちゃんと過ごすかけがえのない時間に、とても幸福そうな表情です。「あにいもうと」二人だけの時間に、こんな会話が交わされます。

「隣の俺が寝てた部屋へよ、しばらくの間リリーの奴を置いてやっちゃいけねえかなあ」「あの女にもね、人並みの家族の味、味あわせてやりてえなぁと、そう思ってよ」

寅さんの優しさ。リリーへの想いを通して、定住を夢見る放浪者の心が垣間見えるような気がします。この想いに触れ、ぼくらはなんとしても、寅さんにはリリーと添い遂げて欲しいと願うことになります。しかし、現実にはさまざまな障害や、行き違い、タ寅さんは、思わせぶりに「夏になったら啼きながら、必ず帰って来る、あの燕さえも、何かを境にパッタリ帰って来なくなることもあるんだぜ」と言います。さくらたち家族に、出ていくのを止めてもらいたくて。

お盆公開作品だと、寅さんが帰って来るのは大抵初夏、五月の端午の節句あたりから六月初旬にかけての場合が多いです。懐かしさいっぱいに、江戸川土手を歩いて帰って来る寅さん。「とらや」の家族や、柴又の人たちは、この時期に舞い戻ってくるツバメを見ると、寅さんを思い出すのでしょう。

寅さんは「夏になったら啼きながら、必ず帰ってくる、あの燕《つばくろ》」のように、柴又に帰って来るのです。そういえば、第九作『柴又慕情』で、御前様とさくらが燕の巣について話します。

さくらの「今年もやっぱり帰ってこないんでしょうね」に対して、御前様は「ああ、この辺も住みにくくなってしまったかな、もう片付けるか」と言います。

すると、さくらは「自分の巣がなかったら可愛そう」「あんたらしい」と御前様。観客であるぼくたちも、そう思います。さくらは「夏になったら必

イミングも含めて、なかなかうまくいかないものです。『寅次郎忘れな草』でも、決定的なことがあるわけでもなく、リリーの「つまんない」という気持ちを、定住者との暮らしのなかで、受け止めることが出来なかった寅さん、との「とりあえずの別れ」がやってきます。

リリーが酔って「とらや」を訪ねてきた翌日、寅さんは錦糸町にあるリリーのアパートを訪ねます。荷物をまとめて出て行った空っぽの部屋に、リリーの暮らしぶりの残滓が窺えます。

映画的なビジュアルの話でいうと、前半の鮮やかな北海道の原野の風景と、この暗くて埃っぽい日常は対照的です。観客であるわれわれは、その後、リリーの定住の報せを、さくら同様喜びながら、根無し草のリリーを今も気にかけている寅さんにも想いを馳せるのです。まぎれもなく、シリーズ最高作の一つです。

二〇一二年六月二十日

夏になったら啼きながら

ず帰って来る燕」のような寅さんのことを想い「可愛そう」だといいます。寅さんを想うさくらの気持ちに触れると、ぼくらは「だから、寅さんは柴又に帰ってくるんだ」と思います。

このあたり、山田監督の真骨頂です。「人を思いやること」をさりげなく、こうしたかたちで描く、これが「男はつらいよ」の魅力です。第九作『柴又慕情』は、この「ツバメの巣」が前ふりになって、前回ご紹介した「貸間あり」騒動となるわけです。

さて第十一作『寅次郎忘れな草』は、タイトルバックが明けて、「とらや」での、寅さんの父・車平造の二十七回忌の法事の席です。第九作からおいちゃん役を演じている松村達雄さんの、初代おいちゃんの森川信さんとはまた違う意味でのいい加減な旦那ぶりが可笑しいです。

御前様が読経していると、そこへ寅さんが帰って来ます。法事の間、店番を頼まれている源ちゃんを脅かして、茶の間の土間に来た寅さん。神妙な顔で読経を聞いている一同に驚いて、もしかして？と思います。「ああ、とうとうおいちゃん逝っちまいやがったか！　知らなかったよ。勘弁してくれよ、おいちゃん」と大騒ぎ。

ここで映画館は大きな笑いに包まれます。昔の東京の封切館、特に銀座は一番館といって、大きな劇場が多く、スクリーンの裏にあるスピーカーからの声が広い劇場に少しエコーのように聞こえて、しばらく間があって、観客の笑い声がこだまします。劇場が揺れる、という感覚です。本当にそんな感じでした。

そこで寅さんは「じゃあ、誰が死んだ。ん、えー、じゃあ、この俺か、冗談じゃねえやい。俺は達者だぜ、この通り」。落語の「粗忽長屋」のサゲのように、シュールなことを言う寅さん。

何もそこまでボケなくても、と思いますが、これがおかしいの、なんの。渥美清さんのきょとんとした顔と、台詞を言う絶妙の間！　すかさずおいちゃんが「馬鹿、お前の親父だ」と叱ります。そこで寅さん、ようやく亡父の法事と気づく次第。

第十一作『寅次郎忘れな草』は、浅丘ルリ子さんの放浪の歌姫・リリーが初登場した回です。当初、山田監督と共同脚本の朝間義隆さんは、浅丘ルリ子さんのキャラクターを、女手一つで、北海道の農場を切り盛りする未亡人役と考えていたそうです。

昭和四十五年の『家族』で倍賞千恵子さんが演じたヒロイン、風見民子が、夫とともに中標津の開拓村に入植したものの、その後、夫が亡くなり、息子を育てながら、夫が残した農場を守る。というそれからの設定だったのかな？とも考えてしまいます。そこへ流れ者のヒーローがやってきて、農場を手伝ううちに、未亡人と子供の間に暖かい感情が芽生える。となれば、西部劇でおなじみの展開となります。このヒーローが、カッコいい流れ者ではなく、寅さんだったために……と思うと、おかしいです。

しかし、浅丘ルリ子さんから伺った話では、山田監督とシナリオ前に会ったときに、ルリ子さんと話した監督は、当初考えていたプロットではなく、寅さんと同じ根無し草の歌手・リリーのキャラクターを思いついたそうです。

ルリ子さんは、昭和三十年代、日活映画で、小林旭さんとの「渡り鳥」「流れ者」シリーズのヒロインをつとめていました。例えば『寅次郎忘れな草』と同じ北海道を舞台にした『大草原の渡り鳥』(一九六〇年・斎藤武市)でルリ子さんが演じた、か弱いがどこか芯のあるヒロインは、ラスト、何処かへ去ってゆく頼もしい渡り鳥・滝伸次(小林旭)を見送り、父親の残した土地を、少年(江木俊夫)とともに守っていくことが示唆されます。

当初予定されていたプロットを聞くと、そのルリ子さんが、その後、土地を守っていたら、という風に、日活映画ファンのぼくは思ってしまいます。

残念ながら、たくましい未亡人・ルリ子さんがマドンナの『寅次郎忘れな草』にはなりませんでしたが、そのプロットは、昭和五十五(一九八〇)年の山田監督の『遥かなる山の呼び声』で再び活かされることになります。倍賞千恵子さんが演じたのは、『家族』のヒロインと同じ名前の風見民子。なので『家族』の後日談として観ても興趣が湧きます。さらに、フラリと現れる、頼もしいヒーロー＝流れ者の高倉健さんが、寅さんだったら、と考えるのもファンの自由です。ルリ子さんと寅さんで、この話を、なんて思う楽しさもあります。

『遥かなる山の呼び声』には、ほかの山田作品同様、渥美清さんがワンシーン出演されています。民子の牧場の牛に種付けにやってくる、人工授精師・近藤さん役です。いかにもプロフェッショナル、という感じのキャラ作りがおかしいですが、そこで渥美さん、口笛を吹いているのです。それが、小林旭さんの「さすらい」です。この歌は、浅丘ルリ子さんがヒロインをつとめた「流れ者」シリーズの主題歌です。偶然でしょうが、なかなか深いです。多分渥美さんが、この曲を選んだのでしょう。

渥美さんなら、北海道→小林旭の流れ者→「さすらい」という発想をしてもおかしくはありません。

平成二十五(二〇一三)年のお正月に、銀座シネパトスで「新春！みんなの寅さんまつり」で、『寅次郎忘れな草』と『遥かなる山の呼び声』の二本立てを組んだのには、実は、こんな理由があったのです。もちろん「放浪と定住のはざまで」というテーマは、この二本に通底しているのです。

この『寅次郎忘れな草』は、根無し草同志の寅さんとリリーが北海道で出会い、心を通わせるところから物語は動き出します。放浪者である二人は「あぶくのような」日々から足を洗って、定住者に憧れています。寅さんは中標津の牧場で働き、結局さくらに迷惑をかけてしまいますが。職安に行って、牧場を紹介してもらい、住み込みで働こうという行動に出ます。

リリーも「とらや」の人々との楽しい時間を通して、いつまでも飲み屋の女将をしているような、自分の母親のようにはなりたくないと思ったのでしょう。結局、昔なじみの板前と所帯を持って、寿司屋の女将さんに収まります。この『寅次郎忘れな草』は、「放浪者」が「定住者」になろうとする物語なのです。

さて、映画のラスト。千葉県松戸市の新京成線「五香駅」にほど近いところで、清寿司を開店させたリリーの亭主・良吉に扮したのが、毒蝮三太夫さんです。昭和四十四年から現在まで続く、TBSラジオ「ミュージック・プレゼント」でおなじみのマムちゃんです。考えてみたら蝮さんが、ラジオカーに乗って、下町に行って中継する番組がスタートしたのが、昭和四十四(一九六九)年の十月ですから、映画『男はつらいよ』と同じキャリアなのです。

蝮さんは、かつて本名の石井伊吉で、俳優として数多くの映画に出演されています。デビューが昭和二十年代、舞台の「鐘の鳴る丘」といいますから、満州から引き揚げてきた森繁久彌さんもこの舞台から戦後がはじまるわけなので、芸歴は長いです。その石井伊吉さんは、東宝映画を中心に活躍されていて『潮騒』(一九五四年)などに出演されているのですが、実は、山田洋次監督が脚本とチーフ助監督をつとめた松竹映画『明日をつくる少女』(一九五八年・井上和男)に出演されています。

原作は早乙女勝元さん。蝮さんは荒川沿いにあるハーモニカ工場に勤めている職工の役です。この映画の数ヶ月前に、東宝で『二人だけの橋』(丸山誠治)というやはり早乙女勝元原作の映画が作られているのですが、これにも蝮さんが出ています。

先日、山田監督にこの話を伺ったら、当時『二人だけの橋』を観て、蝮さんが印象に残ったから、同じ原作者でもあることだし、ということで『明日をつくる少女』にキャスティングを決めたそうです。それで蝮さんが松竹映画に出ることになったわけです。

それから十五年後に、蝮さんが『寅次郎忘れな草』に出演するわけですから、これまた奇縁です。

蝮さんから伺った話です。実は、もうワンシーン、山田監督から「何か唄って欲しい」ということになって、鼻唄で「瀬戸の花嫁」を歌いながら、新婚の嬉しさ一杯に良吉が出前に出掛けるシーンを撮ったそうです。

残念ながら完成作からはカットされましたが、山田監督の『東京家族』(二〇一三年)では居酒屋で酔った小林稔侍さんが「瀬戸の花嫁」を唄うシーンがあります。

これは共同脚本で助監督の平松恵美子さんが「瀬戸の花嫁」を、と提案したとのこと。どうしてもリリーの亭主の良吉の「瀬戸の花嫁」と直結してしまうのです。事実はどうあれ、ぼくらには、いろいろ考える楽しみもあります。だから映画ファンをやめられないのです。

二〇一三年六月二十五日

第十二作　男はつらいよ 私の寅さん

一九七三年十二月二十六日

キリギリスとデベソ

ある日、江戸川土手で、さくらに中年男が声をかけてきます。気味悪がったさくらが、「とらや」に駆け込むと、おばちゃんは「痴漢だよきっと」と早合点、寅さんも「やい、手前か、この野郎！」と、可愛い妹の危急には黙ってはいられません。男の首を締め上げる寅さん。何のことはない、寅さんの小学校の時の同級生で、没落した柳医院の坊ちゃんで、今は放送作家の柳文彦でした。

演ずるは、放送作家として「シャボン玉ホリデー」（ＮＴＶ）など、テレビの草創期で活躍、「巨泉・前武ゲバゲバ90分！」（ＮＴＶ）などタレントとしても活躍していた前田武彦さん。後に「釣りバカ日誌」シリーズの鈴木建設の重役としても出演、俳優としても、数多くの映画やテレビにも出演されています。いわばマルチタレントの元祖です。

さて、寅さんは文彦のことを、小学校の時のあだ名「デベソ」と呼びます。中年太り気味の文彦には、似つかわしくもあり、寅さんが「おい、デベソ！」と呼ぶたび、映画館には笑いがあふれてました。さて、寅さんはデベソの家に遊びに行きます。正確には文彦の妹で、画家をしている柳りつ子（岸惠子）の住む実家です。そこで、酒を酌み交しながら、二人で小学校の音楽の先生にまつわる想い出を語り合います。

細身の先生の容姿を「キリギリス」とからかい、唱歌「背くらべ」の替え歌を唄ったこと。それに怒った先生に居残りをさせられた想い出。放課後、何も言わずに先生がその替え歌を唄うのを聴いて、その先生の悲しさを知った少年寅次郎の涙。しみじみと語る友達の会話。寅さんは、キリギリス先生に恋をしていたようです。

あだ名にまつわる少しセンチメンタルな想い出が語られる名シーンです。ですが、寅さんは中年になった文彦を「デベソ」と平然と呼び、りつ子は寅さんの名前をなかなか覚えられずに「クマさん！」と呼ぶ始末。この回は、あだ名にまつわるエピソードが多いです。

さて、寅さんは、りつ子の大切な絵をメチャクチャにして、それに激怒したりつ子を悲しませます。キリギリス先生にしたことと同じことをしてしまいます。最悪の状態で出会った寅さんとりつ子ですが、物語がすすむにつれて、寅さんはりつ子に恋をして、りつ子は寅さんの親切に「私のパトロン」と呼ぶことになります。最悪の状況で出会った男女が恋をする、というのはアメリカのコメディによくある手でもありますが、山田監督の作劇は巧みで、いつも観客を惹き付けてくれるのです。

二〇一一年六月二十四日

長旅をしてきた人には……

『私の寅さん』は、ぼくが小学四年のとき、昭和四十八(一九七三)年十二月二十六日の封切日に、銀座松竹で観ました。年末、仕事を終えた父親と、東銀座で待ち合わせをして、新作の寅さんを観るのが恒例となっていました。例によって、収まり切らないほどの人で溢れ、半開きになっている映画館の赤いドアをこじ開けて、大人の間を縫って、前の方に行くと、スクリーンでは、ゴムボートに乗ったドリフターズが何やら騒いでいます。同時上映の『大事件だよ! 全員集合!!』(渡邊祐介)のクライマックスでした。勇壮に流れるメロディーに血湧き肉踊ります。後で知ったのですがこれは、戦時中の軍国少年たちを鼓舞した、高木東六作曲の「空の神兵」の替歌「燃ゆるドリフだ」だったのです。

さすがにこの頃になると、ドリフ映画のブラックな笑いも、楽しめるようになっていて、戦時中の歌のリバイバルのアナクロニズムも含めて、受容出来る少年になっていました。

いよいよ、メインの『私の寅さん』です。ぼくは当時小学生ですが、寅さんに夢中でした。テレビ放送があれば、カセットで録音し、立風書房から刊行されていた「男はつらいよ」シナリオ集を、それこそ、繰り返し、繰り返し熟読していました。

さて『私の寅さん』ですが、マドンナは岸惠子さん。出かける前に、母から、いかに『君の名は』(一九五三年・大庭秀雄)の岸惠子さんが素敵だったのかを聞かされていたので、心の準備は万端でした。休憩時間が終わり、ざわざわとしていたお客さんが、予告篇が始まると、なんとなく静かになります。

この時の予告は『必殺仕掛人 春雪仕掛針』(一九七四年・貞永方久)でした。緒形拳さんが藤枝梅安を演じた映画版「必殺仕掛人」です。少年にはかなりエロチックな描写もインサートされていたのをはっきり覚えています。

映画体験というのは、ただその作品だけでなく、その日、誰と行ったのか、どういう話をしたのか、帰りに何を食べたのか、といった記憶も含めて、だとぼくは思います。だから『私の寅さん』を観るたびに、『大事件だよ 全員集合!!』だとか『春雪仕掛針』だとか、銀座松竹のトイレの芳香剤の匂いとか、売店のポップコーンの塩っぱい味だとか、すべてが一瞬にして甦るのです。

『私の寅さん』は、これまでのパターンを崩しています。寅さんが帰郷→ちょっとしたことで茶の間で大げんか→旅 といういつもの展開ではなく、さくらと博が、普段からお世話になっている、おいちゃんとおばちゃん孝行をしようと相談して、九州旅行を計画します。

その前日から物語が始まります。さくらが、三越の袋を山ほど抱えて帰ってきます。デパートで旅行用品を買う。という感覚は、今はないのかもしれませんが、ぼくが子供の頃は、ホームセンターも巨大スーパーもそれほどなくて、専門店は敷居が高い、ということもあり、なんでも百貨店でした。さくらは、おそらく、京成柴又駅から、都営地下鉄浅草線に乗り継いで、日本橋まで出たのでしょう。ハレの日の買物を、ウキウキした気分でしたことは、寅さんが「お前、よそ行き着てるね」と言ったことでもわかります。

昭和四十年代後半、東京から一家五人で、三泊四日の九州旅行に出かけるというのは、相当な出費です。皆が楽しみにしている九州旅行。しかし、おいちゃんの顔色は冴えません。このあたりから、観客にも、そろそろ寅さんが帰ってくることがわかるのです。寅さんが帰ってきたらどうしよう。どう説明したらいいんだろう。家族は気を使います。その理由は、皆さんご存知の通り。なるべく寅さんを傷つけたくない、なるべく無用な争いはしたくない。そういう配慮に端を発しているのです。

そこへ、何も知らない寅さんが帰ってきます。寅さんは「俺のことだったら気使うことねぇんだよ」「夜汽車ってのは疲れるね」「せいぜい長くても三、四日の滞在だから」「やっぱり一番家がいいや」と、家族がドギマギする台詞を連発します。ここで映画館は爆笑の連続です。「禁句の笑い」同様、「来た、来た、来た」という感じです。とにかくお客さん、もちろん少年だったぼくも含めてですが、寅さんの一挙手一投足に、笑いっぱなしです。

夜、寅さんは機嫌良く風呂に入っています。「あ〜ら、パンツが裏だ〜」なんて、わけのわからない歌声が風呂場から聞こえてきます。しかし茶の間は重い空気が流れています。誰が寅さんに旅行のことを告げるのか？

こういう時、二代目おいちゃん、松村達雄さんが抜群の演技を見せてくれます。「とにかくさくら、こういうのはお前の役なんだから、お前から話せよ」と極めて無責任な発言をします。松村達雄さんのおいちゃん、この不謹慎な感じが実にいいのです。

予想通り、寅さんは機嫌を損ねてしまいます。そこでさくらが「私が小っちゃい時、両親をなくしても、ちっとも悲しい想いなんかしなくて済んだのは、このおいちゃんとおばちゃんのお陰なのよ」と、おいちゃんとおばちゃん孝行するのは「ほんとうは、私とお兄ちゃんがしなくちゃいけないことだったのよ」と心情を吐露します。寅さんはこの一言ですべてを納得し、二階に上がっていきます。

この回は、いつも旅に出ている寅さんと、ずっと柴又でその身を案じている家族の立場を入れ替えた「逆転の発想」です。放浪者と定住者の立場を入れ替えることでの笑い。同時に、普段、柴又から一歩も出ない、おいちゃんとおばちゃんが旅行に出かける、その慰安も兼ねてです。

三崎千恵子さんが地方ロケに出かけたのは、第三作『フーテンの寅』の三重県の湯の山温泉と、第十二作の九州旅行だけ。いつもはセットで芝居をしている俳優さんたちがロケに出かける。年中、旅をしている寅さんを、誰もいない「とらや」に閉じ込めてしまう。その面白さです。

ここからは、シリーズ屈指の爆笑シーンの連続です。高崎山で拗ねているサルと、縁側で手持ち無沙汰の寅さんをリンクさせたり、おいちゃんのとっておきのジョニ赤を、寅さんとタコ社長が呑んでしまったり。夜、さくらが旅館から電話すると「タコは茹だって帰りました」と酔っぱらった寅さんが、寂しい思いの丈を、爆発させます。普段、音沙汰もなく、家族を心配させているのに、寅さん、かなり身勝手ですが、その寅さんの心情も、ぼくたちには充分にわかるのです。

やがて一家は、予定を一日切り上げて帰ってくるのですが、この時の寅さんのハリキリぶりがまたいいのです。寅さんは茶の間を片付け、家の掃除をして、社長や源公の陣頭指揮をとって、風呂を沸かせだの、飯を炊けだの、帰ってくる家族のための歓待の準備をします。タコ社長が割烹着を着て、漬物を切るショットがありますが、これが見事な包丁さばき。寅さんが用意するのは、長旅をしてきた人のための昼ご飯です。ここでの寅さんのアリアがまたいいのです。

「ホッとひと息いれたところで〝風呂が沸いてますよ〟長旅の疲れをスッと落とす。出てくる。心のこもった昼飯が、ここで待っている。温かいご飯、シャケの切り身、山盛りのオシンコ。どうだい、旅は楽しかったかい。たとえこれがつまらない話でも面白いねぇと言って聞いてやらなきゃいけない。長旅をしてきた人は優しく迎えてやらなきゃなあ。」

この寅さんの気持ちには、さくらも胸がいっぱいになります。寅さんが待つ身の苦労を知った瞬間でもあります。帰ってきた時には、こんな風に迎え入れて欲しいという身勝手な願望も込みなのですが。

寅さんは、このまま柴又に逗留して、小学校時代の友人、デベソこと柳文彦（前田武彦）と再会。その妹で画家のりつ子（岸恵子）と最悪の出会いをして、いつものように恋に落ちるという狂騒曲が展開されていくのですが、それは映画を観てのお楽しみ、ということで……。

二〇一二年六月二十七日

昭和四十八年の年の瀬と『私の寅さん』

この『私の寅さん』を観たのは、小学校四年生の冬休み。公開初日のことでした。仕事帰りの父と待ち合わせて、東銀座の銀座松竹で観ました。地下にある劇場に降りる階段から、映画館独特の匂いがしてきます。ポップコーンやさきいか、売店で売っている物のさまざまな匂いが渾然として、暖房の乾いた空気とともに匂ってくるのです。

この回は、もともと山本富士子さんがマドンナを演じることが発表されていました。ところが、まだ五社協定の名残りがあり、土壇場になって、山本さんの出演が出来なくなり、それではと、松竹が誇る銀幕の名女優・岸恵子さんが出演されることになったそうです。業界紙の編集をしていた父から、そういうビハインドを聞いていましたが、まだ小学校四年生です。山本富士子さんも、岸恵子さんもピンと来てません。でも寅さんのマドンナを演じるのだから、有名な女優さんであることはよく分かっていました。

『私の寅さん』の前半は、「とらや」一家の九州旅行です。いつも出て行ったっきり、糸の切れた凧のような寅さんのことを、さくらやおばちゃんたちは心配しています。「今頃何をしているのだろうか?」「ちゃんとご飯を食べているかしら?」。特にさくらとおばちゃんは、一年のほとんど、寅さんのことを心配をしているような気がします。第八作『寅次郎恋歌』で、さくらはこう言ってました。

「一度はお兄ちゃんと交代してあたしのことを、心配させてやりたいわ。寒い冬の夜、こたつに入りながら、「ああ、今ごろさくらはどうしているかなぁ」って、そう心配させてやりたいわよ。」

これが本音です。そこで山田洋次監督は、いつもとは真逆の展開を考えます。それが「とらや」一家の九州旅行でした。さくらと博が、普段世話になっている、おいちゃんとおばちゃんを旅行に招待することにします。おばちゃんの嬉しそうな顔には、ほとんど柴又を出てこなかった、これまでの日々が窺えます。

第三作『フーテンの寅』では、三重県湯の山温泉においちゃんとおばちゃんが水入らずで出掛けたものの、旅館の番頭をしている寅さんと再会、そうそうに旅行を切り上げてしまいます。また、第四作『新 男はつらいよ』では、旅行代金を持ち逃げされ、ハワイ旅行に行き損ねたこともあります。

でも今回は、思い切っての九州旅行。その前夜に、折悪しく寅さんが帰ってきてのひと騒動があります。「とらや」一家にしてみれば、寅さんになかなか言い出しにくい。寅さんにしてみれば、出掛けるなら、すっと言ってもらいたい。でも寅さんは、どのみち折角帰って来たのに、旅行に出掛けられるのは、面白くない、という複雑な気持ちがあるわけです。

家族にしてみれば、こんなに気を使っているのに、文句を言われたら、嫌な気持ちになる。リアルに解釈すれば、こんなところです。その「面白くない」

という雰囲気を出す寅さんがまた抜群です。

結局、留守番をすることになりますが、初めて経験する「待つ身のつらさ」が、前半の笑いとなっていきます。楽しい旅行のショットの合間に、ひがみっぽくなっている寅さんのショットがインサートされていくのです。寅さんが拗《す》ねれば拗ねる程、家族の気持ちは重たくなっていくのが、またおかしいのですが。

でも、寅さんにしてみれば、旅先から、せめて電話だけでも、毎晩かけてきて、元気な声を聞かせて欲しいわけです。旅行初日の晩、熊本県の杖立《つえたて》温泉の山水荘に泊まった一行。さくら「そうだ、私お兄ちゃんに電話しないといけないんだっけ。八時過ぎたかしら?」、博「とっくだよ」という会話に時代を感じます。

昔は、長距離通話は、夜八時過ぎると安くなったので、こういう会話が日常的でした。さくらが電話をすると、待ち構えていた寅さん、まるで子供のように悪態をつきます。

「なんだよ、お前、今晩電話するってからよ。俺は日が暮れるまえからずっと電話機のそばでもって待ってたんだぞ」と寅さん、さくらの「何か変わりない?」の問いに、「大ありだよ! いっぱいあるよ! 泥棒が入ったぞ! 有り金残らず持ってかれちゃったからな! それからな! 裏の工場タコのとこから火が出て、このへん丸焼けだ、あと東京は大震災でもって全滅だよ。」

もう子供です。東京を全滅させてしまうほど、寅さんは淋しかったわけです。そんな寅さんですが、一家が早めに戻ってくることになると、その歓迎で大ハリキリです。タコ社長と源公に協力を仰いで、部屋を片付け、昼ご飯の準備をし、風呂を沸かします。その胸の内は、寅さんのアリアで語られます。

そういう風に迎えて貰いたい、という寅さんの願望が垣間見えます。「長旅をしてきた人」は寅さんでもあるからです。というわけで、この『私の寅さん』では、冒頭に帰って来てからずっと、寅さんが柴又を離れません。マドンナのりつ子(岸惠子)は、偶然、再会した小学校時代の同級生・デベソこと柳文彦(前田武彦)の妹で、柴又の隣、葛飾区新宿《にいじゅく》にある実家に住んでいます。

そこで寅さんはりつ子と出会い、いつものように恋をします。長旅から帰ってきた寅さんは、この映画では柴又にずっと滞在しています。前田武彦さんが演じた柳文彦は、シリーズで初めて登場した寅さんの少年時代の悪ガキ仲間です。少年時代の寅さんについては、折々の会話と、寅さんのなかにある「子供の部分」から窺い知ることが出来ます。家業である医者を継がずに、今は放送作家となってメロドラマか何かを書いている冴えない男を、前武さんが好演しています。

前田武彦さんの柳文彦は、第二十八作『寅次郎紙風船』の同窓会のシーンでも再び登場しています。このときのあだ名は、「デベソ」ではなく「カワウソ」でした。

第十二作での暖かい友情はどこへやら、カワウソはひたすら寅さんを避けようとします。キャラが微妙に違うのですが、それほど悪童・寅次郎の頃の印象が強烈だったのかもしれません。

寅さんの悪ガキ仲間といえば、第二十四作『寅次郎春の夢』で、マドンナ圭子(香川京子)宅の離れの英語教室を増築する大工の棟梁・茂(犬塚弘)が真っ先に思い出されます。

この茂も第二十八作『寅次郎紙風船』の同窓会に登場します。そのシーンには、渥美清さんの浅草フランス座の後輩である東八郎さんが演じた金町のクリーニング店主、シラミこと安男も登場します。前田武彦さん、東八郎さん、犬塚弘さん、ともあれ皆さん、寅さんの幼なじみには相応しい感じがします。

二〇一三年六月二十四日

第三章
昭和四十九〜五十四年

第十三作　男はつらいよ　寅次郎恋やつれ
一九七四年八月三日

浴衣、きれいだね

第九作『柴又慕情』で、福井県で出会った、どこか淋しげな若い娘・歌子（吉永小百合）の幸福を願った寅さんは、夜の題経寺で歌子から、陶芸家の青年との結婚を決意したことを告げられます。『柴又慕情』は、若い女性の生き方をテーマにした佳作です。寅さんには、いつもの失恋となりますが、歌子にとっては、寅さんとの出会いによって、将来への大事な決断をすることができた感動的な場面です。

吉永小百合さん演じる歌子は、彼女自身が当時抱えていた悩みを投影させているようで、それまでの日活青春映画で演じてきた屈託を抱えていても明るい女の子、とはまた趣きの違う、どこにでもいそうな、等身大の女性でもありました。

それから二年、寅さんは島根県は津和野の食堂で、幸福な筈の歌子と、再会を果たします。小さな食堂「すさや」でうどんをすすっている寅さん。テレビでは、人気アイドル、桜田淳子さんがヒット曲「三色すみれ」を唄っています。どこか憂いのある淳子ちゃんの歌声、切ない乙女心、ぼくらの世代にとっては、胸がキュンとなる名曲です。

そこへ「図書館の鈴木さん」が、お知らせを持ってやってきます。聞き覚えのある声に、思わず顔を見上げる寅さん。「図書館の鈴木さん」とは、岐阜県多治見の陶芸家と結婚した歌子だったのです。

久しぶりの再会ですが、歌子の表情はどこか暗く沈んでいます。聞けば、夫は前年の秋に病気で亡くなっていました。父親との確執に悩み、何事にも気後れする歌子が、自分で運命を切り開こうと、寅さん、さくら夫婦に背中を押されて、結婚を決意したのに。運命はなんと皮肉なことか。その話を聞く寅さんは落ち着いて、そしてことば少なに、歌子の気持ちに寄り添っている。そんな感じがします。

津和野で歌子の身の上話を聞いた寅さん、後ろ髪引かれるような、バス停での別れのとき。寅さんは「歌子ちゃん、今しあわせかい？」「もし、何かあったら葛飾柴又の「とらや」へ訪ねてきな。悪いようにはしねえから」と精一杯の気持ちを伝えます。この一言が再び歌子の背中を押すことになります。

ここからは、寅さんにとっても、歌子にとっても、楽しい日々となるのですが、「男はつらいよ」の世界では、マドンナの幸福＝寅さんの幸福とはならないのです。そこがもどかしくもあり、シリーズの魅力でもあるのです。

結婚以来、再び疎遠となっていた、歌子の父で作家の高見修吉（宮口精二）との間を取り持つべく、寅さんは、大胆にも修吉に意見をします。寅さんは、小説家だろうと、大学の先生だろうと、相手を身分で判断しません。思ったこと、言いたいことをちゃんと伝えるのです。ここでもインテリと寅さんの組合せの妙が楽しめるのですが、わざわざ訪ねて来て意見を言う寅さんに、心を動かされた修吉は、歌子の夏の着替えを手に「とらや」を訪ねます。

映画は、この父と娘の感動的な和解のシーンでクライマックスを迎えます。齟齬があっても、確執があっても、血の繋がっている父親と娘、いつかは、お互いを受け入れることができる、山田監督がテーマにしている「家族」への想いが、ここで展開されていきます。

やがて実家に戻った歌子を訪ねる寅さん。多摩川の花火大会の夜。庭先から静かに現れた寅さんと、浴衣姿の歌子が交わす会話は、第九作『柴又慕情』の夜の題経寺のシーンと呼応する名場面です。自立を決意した歌子の晴れ晴れとした表情。自分の役割を終えたことを悟っている寅さん。ひとこと「浴衣、きれいだね」と言って去ります。

寅さんの気持ちは、観客には痛いほど伝わってきます。しかし、歌子はそんな寅さんの想いは、想像だにしていない、なんとも切ない場面です。でも、そんな寅さんを心から応援するのは、われわれファンでもあります。寅さんの味方は、俺たちだぞ！と。

二〇一一年六月三十日

寅さんとおいちゃんの夢やつれ

旅先の津和野で再会した歌子（吉永小百合）が夫を亡くしたことを知り、「何もしてあげられなかった」と落ち込む寅さんを、おばちゃんが「ああいうのを昔は「恋やつれ」って言ったんだよ」とたとえます。「恋やつれ」とは、いつも寅さんのことを気遣っている、おばちゃんらしい表現です。

寅さんが二階で休んでいると、茶の間では寅さんの「恋やつれ」に始まり、タコ社長は「税金やつれ」、博は「労働やつれ」、おばちゃんとおいちゃんは「おダンゴやつれ」、さくらは「寅やつれ」と、みんなでワイワイ、冗談を言い合ってます。

しかし、この時の寅さんには、歌子を想う気持ちでいっぱいなので、「黙れ！」と怒り出します。しかも博に向かって「労働者やつれ」と、絶妙の言い回しをします。ここで笑いは最高潮に達するのですが、このあたりの呼吸は抜群です。

この時のおいちゃんは、二代目の松村達雄さん。ぼくは子供の頃、このおいちゃんが大好きでした。根っからの喜劇人である初代の森川信さんは、テレビから第八作までおいちゃん役をつとめました。渥美清という希代の天才喜劇人と、森川信さんとのやりとりは、同じ体温を持つ「下町の男同士」でもあり、「男はつらいよ」の喜劇性を高めていました。

ですから第八作公開後の、森川さんの急逝は、寅さん一家にとっても大きな痛手でした。柴又の「とらや」のイメージは、森川さんが担ってきたといっても過言ではありません。そのおいちゃんのパートを、急遽、引き受けることになったのが、松村達雄さんです。

松村さんといえば、ＮＨＫのバラエティドラマ「若い季節」(一九六一〜一九六四年)の重役や、映画『キングコング対ゴジラ』(一九六二年)の牧岡博士など、会社の重役や博士などのインテリ役のイメージがあります。東宝クレージー映画では『ニッポン無責任時代』(一九六二年)、『クレージー作戦 先手必勝』(一九六三年)などに出演。山田洋次監督作品でも『馬鹿が戦車でやって来る』(一九六四年)で、谷啓さんと一緒に釣り人で出演したり、『なつかしい風来坊』(一九六六年)の市役所の検疫課長を演じています。『男はつらいよ 純情篇』(一九七一年)では、マドンナ、夕子(若尾文子)の診察にやってくる、スケベな山下医師を好演しています。

そんな松村さんにとって、森川信さんの後継は、今までの自分の役柄とは大きく違っていました。しかもイメージが出来上がっている役に抵抗があったことは、容易に想像できます。

ところが第九作『柴又慕情』からの松村おいちゃんは、森川さんとも違う、松村さんならではのおいちゃん像を創造。どこか不謹慎な感じもあり、寅さん曰く「昼日中《ひなか》からパチンコばっかりして」という不真面目な雰囲気が実に良いのです。昼御飯前にパチンコへ出かけて、景品の羊羹を持って帰って来るシーンがありますが「この叔父にして、この甥あり」で、寅さんと血縁であるというのが、理屈抜きに伝わってくるのです。

歌子の境遇を話しているとき、さくらが「ほら、日本には未亡人なんて、嫌な言葉があるじゃないの」と言うと、おいちゃん「未亡人サロンか」とニヤつきます。それが不謹慎でなんとも良いです。

博に「お前ん所の社長なんかどうだ、え、税金やつれじゃねえか、かわいそうに」の時の言い回しは、松村おいちゃんの真骨頂。子供の頃のぼくは、森川信さんから松村達雄さんに変わって、失望することなく、松村おいちゃんに、下町のオヤジさんを感じていました。

さて、『寅次郎恋やつれ』も、例によって寅さんの「夢」から始まりますが、今回は寅さんが花嫁を連れて、故郷に帰ってきます。タコ社長夫妻（奥さん役は第一作から続演の水木涼子）が仲人で、シリーズで唯一の寅さんの花婿姿を見ることが出来るのですが、「なぜか漁師町の海岸にあるお宮であろうか、子供達が唄いながら遊んでいる石段を、花嫁花婿の行列が上がってくる」とシナリオにあるように、海辺の町です。

満開の桜、長い階段からキラキラ輝く海が一望できます。山田作品でおなじみの瀬戸内海のようでもあり、物語の舞台となる島根県の海のようでもありますが、撮影は神奈川県横須賀市にある熊野神社です。「花嫁人形」のメロディが流れるなか、タコ社長と夫人が、仲人として、寅さんの結婚式となります。寅さんは綿帽子を冠ったお嫁さんを連れて、タコ社長も実に幸福そうな顔をしています。

その階段を上がったところに、「とらや」がありました。寅さんは「さくら!」今度こそは、という顔で店に入っていきますが、時すでに遅し。そこで、博が「兄さん、遅かった……」と無念の表情。その格好で、夢の博が「とらや」の跡取りであることがわかります。聞けば、おいちゃんたちは、ふとした流行病《はやりやまい》で亡くなったとのこと。嘆く寅、泣きの涙のさくら……。

この時の、博のスタイルは職工ではなく、寅さんのことばでいえば「団子商人《あきんど》」、着物姿で、なかなか粋で誠実そうな感じがします。

第十作『寅次郎夢枕』の夢「マカオの寅」の時同様、シューマンの「トロイメライ」のメロディが流れるなか、寅さんが後悔の念でその想いを墓前で話します。これは寅さんの本音でもあります。

夢から醒めると、寅さんは京成電鉄の車内、江戸川にかかる鉄橋で目が覚めます。

寅さんの両側にいる老人と老婦人のキャスティングがまたいいです。寅さんが「お姉ちゃん」と声をかける、左隣の女性は、女エノケンの異名を持つ、戦前からのコメディエンヌ・武智豊子さん。テレビ版「男はつらいよ」で寅さんの母・お染を演じた女優さんです。山田作品では、倍賞千恵子さんの『下町の太陽』（一九六三年）のとめ婆さん、『運が良けりゃ』（一九六六年）の「黄金餅」のおかん婆さんなどでおなじみですが、武智さんがシリーズに出演したのは、このシーンだけです。第十作『寅次郎夢枕』にクレジットされていますが、出演シーンはありません。右隣の老人は、坂東鶴八郎一座の座長こと吉田義夫さん。憮然としています。ほんのわずかなシーンですが、何ともおかしい、夢明けです。

寅さんは、京成電鉄を乗り越して、江戸川を渡ってしまい、車内アナウンスは「国府台《こうのだい》」と告げます。寅さんは「柴又、乗り越しちゃったよ」と笑いますが、本当は高砂で金町行きに乗り換える必要があったのです。京成江戸川駅を過ぎると江戸川の鉄橋があり、次が国府台だからです。ちなみに、京成江戸川駅は、次作『寅次郎子守唄』で、マドンナ、木谷京子（十朱幸代）のアパートの最寄り駅です。

やがて主題歌となるわけですが、タイトルバック明け、寝不足のおいちゃんが、茶の間でアクビをしています。おばちゃんは「明け方、変な夢みて寝つかれなかったんだってさ」とさくらに説明しますが、おいちゃんは「変な夢じゃねえよ、いい夢だよ」とまんざらでもありません。寅さんが帰ってきて「何だか幸せそうな顔してさ、ズカズカと俺ン所に来て、いきなりこう言いやがったんだ「おいちゃんよ、長い間心配かけたけど、とうとう結婚したよ」って」

寅さんが京成電鉄でうたた寝する数時間前の朝方、おいちゃんも寅さんの夢を見ていたのです。似た者同士のシンクロニシティというか、おいちゃんは寅さんを想い、寅さんもおいちゃんを想う、というのがいいです。

残念ながら、松村達雄さんのおいちゃんは、本作が最後となりました。スケジュールの関係で、次作に出演できなくなり、第十四作『寅次郎子守唄』から、三代目の下條正己さんにバトンタッチされることとなります。ですが、松村さんは、この後も、シリーズにしばしば顔を出しています。第二十三作『翔んでる寅次郎』の仲人、第二十六作『寅次郎かもめ歌』の定時制高校の教師、第三十五作『寅次郎恋愛塾』の大学の先生、そして第三十九作『寅次郎物語』の老医師と、出演のたびに、ユニークなキャラクターを多彩に演じ、時には寅さんと、楽しい絡みを見せてくれました。

松村さんは平成十七(二〇〇五)年六月十八日に九十才で亡くなるまで、テレビ、舞台、映画で活躍をされました。黒澤明監督の遺作『まあだだよ』(一九九三年)では内田百閒役で主演を果たし、ご自身の遺作となった『解夏』(二〇〇四年)までスクリーンで変わらぬ演技を見せてくれました。ＮＨＫの「どーもくん」(どーもスポット一九九九〜二〇〇四年)までうさじいの声も、松村さんが担当されていました(ちなみにＴＶシリーズのうさじいは、『馬鹿が戦車でやってくる』で松村さんと共演した谷啓さんが声を担当)。

二〇一二年七月六日

歌子との再会

昭和四十九(一九七四)年、ぼくは小学五年生。寅さんと桜田淳子さんに夢中でした。テレビで放映される日本映画をよく観ていて、日活青春映画の吉永小百合さんの大ファンでもありました。第九作『柴又慕情』から二年。この間に小百合さんは結婚、一時、芸能界を休養していました。その復帰作、東芝日曜劇場「下町の女―その八」(一九七四年六月十六日放送)は、一年ぶりの小百合さんのドラマとあって、母と一緒にテレビを見つめていたことをよく憶えています。

その小百合さんの映画復帰作が、この第十三作『寅次郎恋やつれ』でした。この作品で、山田洋次監督は、結婚したばかりの小百合さん演じる歌子が未亡人になっているという設定にしました。小百合さんの結婚は、芸能マスコミを賑わせたばかりでなく、サユリストと呼ばれた男性ファンたちにとって大きなショックだったのです。

余談ですが、当時の人気アニメ「ど根性ガエル」（MBS／TBS系）の第三十九話「宝ずしの嫁さん募集の巻」は、小百合ちゃん結婚ショックから物語が始まります。それほど「吉永小百合結婚」とそのショックが世間を席巻していました。

そのこともあってか『寅次郎恋やつれ』は、夢から前半にかけて、「寅さんの結婚」がテーマです。特に「寅さんの夢」は、それまでのアチャラカ劇とは異なり「寅さんの結婚式」となっています。

寅さんは「一刻も早く、嫁さんを貰って、おいちゃん、おばちゃんに親孝行しよう」と思っていることが、この夢の嘆きでわかります。これが、本篇での島根県温泉津《ゆのつ》でみつけて来たお嫁さん＝絹代（高田敏江）騒動の伏線になっています。

そこへ寅さんが帰って来て、温泉津に結婚したい人が出来たという嬉しいニュースが茶の間を明るくします。寅さんの夢が、漁師町の海岸、というのは、この話の伏線だったのです。「寅さんのお嫁さん」に会うべく、さくら、タコ社長とともに、寅さんは湯泉津へ。そこで、寅さんは所帯を持とうと心に決めた絹代の亭主が戻ってきたと聞いて、意気消沈。さくらとタコ社長も、絹代に会いに、わざわざ柴又からやってきただけに、この失恋はかなりの痛手です。

第一作から寅さんは、失恋を重ねてきましたが、ここまでキツイ展開はありません。その痛手を和らげてくれるのは、それ以上の相手にめぐり会うしかありません。このあたりが『寅次郎恋やつれ』の構成のうまさです。

さくらがタコ社長とともに、津和野駅のホームで列車を待っている場面の会話がまた良いのです。社長は絹代について「あんな人が寅さんの嫁さんなら、さくらさんも安心なんだろうけどさ」とつぶやきます。「疲れたでしょう」さくらの労いのことばに「それを言うなって、大阪にどうせ用があるんだから、もともと俺だってそう期待はしてねえんだよ。」

このときのタコ社長、男前です。寅さんへも、さくらへも、優しい気持ちを向けて、それが当たり前の人なのです。さくらがふと見やると、中学校のブラスバンドがカール・タイケの「旧友」を演奏しています。清々しい子供たちの演奏を見ているさくら。自分たちとは違う人生や、暮らしがここにあります。

この瞬間、人は、ふとわれに帰ることが出来るのです。自分の抱えている悩みや、屈託が、大したものではないと感じて、心が軽くなることもあります。「ま、いいか」と少しだけ持ち直すことが出来る瞬間です。

山田作品には、こうした日常のなかにある些細だけど、大事な瞬間が、さりげなく織り込まれています。このとき、さくらがどう感じたかはわかりませんが、ぼくは、さくらの気持ちを想い、ブラスバンドの「旧友」を見ている姿に、万感の想いを感じるとともに、ちょっとだけホッとします。こうした共感、共鳴によって、映画への感情移入が成り立っているのです。

その後、寅さんは、島根県は岩見福光の海岸に佇み、物思いにふけります。そして、いつものように益田市大浜にある大日霊《おおひるめ》神社で傘の啖呵売をします。そして美しい吊り橋（安富橋であることを知人の吉川孝昭さんからご教示されました）を渡るショットへと続きます。寅さんの傷心を思う観客の気持ちが、こうした美しい風景のなかで、癒されていくようでもあります。これも共感、共鳴による感情移入のチカラです。

そして津和野の、このシーンへと繋がるわけです。津和野川の鉄橋を列車が渡り、変わらない日常の光景が展開されます。城下町津和野の殿町通りのほどちかくの食堂「すさや」で、寅さんがうどんを食べています。ボソボソという感じです。寅さんは嫌いなナルト巻を箸でつまんで、どんぶりの端に追いやります。本当に嫌いだということがわかるショットです。

テレビから流れているのは、桜田淳子さんの「三色すみれ」（作詞・阿久悠作曲・中村泰士）です。「続・みんなの寅さん」の「寅次郎音楽旅」（文化放送・二〇一三年六月三十日）でもお話ししましたが、小学生だったぼくにとっては、至福の瞬間でした。そこへ、事務服を来た女の人がお店に入って来るのです。彼女は歌子だったのです。「寅さんね」「うん。」

失意の寅さんと、悲しみのなか日々を過ごしている歌子が、津和野の小さな食堂で再会する。運命の偶然というか、人生の必然というか、二人の気持ちを察すれば察するほど、鳥肌が立ってしまいます。

「どうしたの、どうしてこんなところにいるの？」

「どうしてって、俺は旅の途中よ。」

歌子は、ここで泣いてしまいます。この二年間にあったこと、つらかったことがフラッシュバックしているのでしょう。第九作『柴又慕情』で、夜の題経寺で、寅さんに背中を押されて、結婚の決意を告白したこと。その後、寅さんは多治見の窯場まで、歌子夫婦を訪ねたこともありました。それなのに……という歌子の、寅さんへの申し訳ない気持ちもあったのでしょう。

多治見で陶芸家をしていた歌子の夫は、去年の秋、実家のあるこの地で、病で亡くなったと、歌子が話します。なんとも切ない再会です。少年時代のぼくは、それまで流れていた、桜田淳子さんの「三色すみれ」の歌の主人公の切ない気持ちともリンクして、胸が苦しくなりました。これもまた感情移入のなせる業です。

さて、歌子の身の上に同情した寅さん。柴又に帰っても「恋やつれ」とおばちゃんに言われるほど、歌子のことで頭がいっぱいです。

「二度と、ここへは帰って来ないよ。津和野のどこかの町はずれで、俺は、あの不幸せな歌子さんの生涯を見守って暮らすつもりだ」と「とらや」を出て行こうとしたところに、歌子から、柴又の駅に着いたとの電話がかかってきます。

大喜びの寅さん、早速、歓待の準備を、みんなに命じます。この時のハリキリ様！歌子の幸せを願う寅さんと、歌子の幸せな日々が、再び展開されます。

物語はここからいよいよ、寅さんの「恋やつれ」となっていくわけですが、この悲しみのどん底から、寅さん、歌子にとって、再び楽しい日々になっていく展開は、「夏の寅さん」にふさわしい明るさ、楽しさに溢れています。

二〇一三年七月一日

第十四作　男はつらいよ 寅次郎子守唄

一九七四年十二月二十八日

雨降って、地かたまる

九州は佐賀県、呼子のストリップ小屋の裏手にある船着き場。女房に逃げられ、赤ん坊を背負った男(月亭八方)を見送る踊子(春川ますみ)。その姿を眺めていた寅さん、踊子に「訳ありかい?」と声をかけ、渡船をみつめながら二人はことばを交わします。

寅「ここで踊ってんのかい?」
踊子「こんな景色のよかつこへ来て、暗かところで女の裸観てどこがよかつかねぇ」
寅「別に裸を観るわけじゃねえよ。姐さんの芸を観に来たと思えば腹も立たねえだろう」
踊子「兄さん、よかこと言ってくれるね。」

場末のストリップ小屋で、男と女のイザコザを目にしたであろう踊子の自嘲気味なことばに、寅さんは「姐さんの芸」と素晴らしい表現で、彼女の仕事を称えます。寅さんはさりげなく、アンパンを彼女に差し出し、それを食べながら、二人は呼子の海を見つめます。

この踊子を演じていた春川ますみさんは、山田洋次監督の『家族』(一九七〇年)で、赤ちゃんを亡くして悲しみの淵にいる倍賞千恵子さん扮する民子に、「私もね、子供を亡くしているのよ」と声をかけて泣きながら、その気持ちに寄り添う旅の女性を演じています。

『家族』の春川ますみさんは、おそらくは旅の踊り子でしょう。ぼくは、あの北海道の汽車に乗っていた女性が、流れ流れて、九州の呼子のストリップ小屋で、寅さんとひとときことばを交わしたのではないかと、いつも思います。

寅さんの芸人に対する眼差しはいつも優しく、温かい時間が流れている名シーンとなりました。第八作『寅次郎恋歌』で出会った、旅役者・坂東鶴八郎一座に対しても、この踊子に対しても、自分の腕と芸で、世の中を渡り歩いている「芸人」の孤独も、わびしさも、さびしさも、すべて呑み込んでいる寅さんもまた、口上という話芸だけで渡世しているテキ屋という名の芸人なのです。

その夜、寅さんは宿で、赤ん坊に手を焼いている男(月亭八方)と再会。一献傾けながら、その身の上話を聞きます。「俺もね、母親を知らねえで育ったんだ。だからどうもこういうチビを見ると他人事《ひと》には思えなくってよ。」

「けっこう毛だらけ(悪童　小説　寅さんの告白)」でも描かれてますが、寅さんは実の母親に縁遠く、赤ん坊のことを我が事のように考えたことは想像に難くはありません。そこまでは良かったのですが、翌朝、男は寅さんに赤ん坊を押し付けて、どこかへ姿をくらまします。置き手紙によると男の名は佐藤幸夫とあります。

親切が仇となり、寅さんは途方に暮れて、柴又に九州から汽車を乗り継いで、やっとの思いで帰ってきます。

そこから映画は赤ちゃんをめぐる狂騒曲となっていきます。なんといっても、近所の人に「大変ねぇ、寅さんに子供がいたんだってねぇ。」と心配される始末。

その赤ちゃんが熱を出して、病院に運ばれます。映画の前半で、仕事中に機械に手を巻き込まれて、大けがをした博が通っていた柴又の吉田病院だったことから、寅さんの運命が急転回。その病院には、美しい看護師・木谷京子(十朱幸代)が勤めていて、寅さんに会わせまい、と皆で心配していたわけです。

マドンナと寅さんがどこで出会うのか?　この笑い。山田洋次監督の抜群の演出と、レギュラー陣のアンサンブルで、何度観てもワクワクします。『男はつらいよ』の大きな魅力は、こうしたルーティーンの笑いにあります。家族の心配をよそに、寅さんは京子さんと出会い、新たな恋が始まるのです。

博が通院し、赤ちゃんが担ぎ込まれた吉田病院は、映画の中では柴又にあるという設定です。第三十八作『知床慕情』の冒頭で、おいちゃんが入院していたのも、この吉田病院です。撮影は、北千住にほど近い京成関屋駅の近くにあります。千住の方の病院なので映画に映る電車は、京成線ではなく、東武伊勢崎線(現・東武スカイツリーライン)。ロケ地では、京子に誘われたさくら、寅さんがコーラス「江戸川合唱団」の練習に参加するシーンに登場する聖和幼稚園も、北千住近くの幼稚園です。

さて、寅さんが美しい京子に心奪われて、楽しい日々を過ごす一方、赤ん坊の父親と踊子が柴又を訪ねてきます。男と踊り子にとっては、いろいろあっても「雨降って、地固まる」の一件落着でしょうが、名前も知らずに、赤ん坊を預かっていた「とらや」の人々にとっては、そうではありません。

特に、我が子のように可愛がっていたおばちゃんにとって、一度は子供を捨てた父親がノコノコ出て来ることは、とてもつらいこと。赤ちゃんをめぐる、人々のさまざまな気持ち。おばちゃん、さくら、そして踊子……。それぞれの女性の想いも、この作品から窺うことができます。

二〇一一年七月七日

寅さんと歩く東京

ぼくは子供の頃、東武伊勢崎線沿線に住んでいました。第十四作『寅次郎子守唄』の封切は小学五年生の冬休みでした。そのころから、映画やドラマや写真集などに映っている列車や電車、路面電車に興味を持ち、今で言う「映画鉄少年」でした。この『寅次郎子守唄』を観たのは、いつものように銀座ではなく、浅草国際劇場でした。

この時はドリフ映画との二本立てでなく、SKDのレビューとの映画と実演を愉しんだことを憶えています。ぼくが住んでいた足立区から、浅草に出るのは、今、東武スカイツリーラインと呼ばれている、東武伊勢崎線に乗って北千住経由で向かうのが常でした。

当時の東武線の車輌はモニ1470形だったと思います。カラーは濃いめのクリーム色に臙脂《えんじ》色の太いラインが走っていました。その車体が『寅次郎子守唄』に一瞬ですが、チラッと映ったその時「あ！」と声を上げました。

マドンナの木谷京子（十朱幸代）が勤めている、柴又の吉田病院のガードを寅さんがくぐるカットです。柴又なのに東武線、なんで？と思いました。それが長年の疑問でした。それが解決したのは後年のこと、中学生の頃に、テレビで『寅次郎子守唄』を観たときです。マドンナの京子がつとめている吉田病院は、柴又でなく、京成関屋駅近くの吉田病院だということが判ったのです。というのも、京子が参加しているコーラス・グループの団長・大川弥太郎（上條恒彦）が住んでいるアパートについて、京子のこんな台詞があったからです。「京成関屋なんだけど、とっても判りやすいの、駅員さんにこないだ一家心中のあったアパートはどこですか、と言ったら、すぐ教えてくれるの。」

寅さんは、京子に逢いたさに、さくらが誘われたコーラスのサークルに付き添って、同行した源ちゃんと、練習中に悪ふざけをして、大川団長を怒らせてしまい、その詫びを入れにいくことになります。京成関屋駅は、東武線の牛田駅の、小さな道路をはさんだ向かいの駅です。北千住から商店街を抜けても、すぐの場所です。学習塾の友だちが、北千住の柳原に住んでいて、何度か遊びに行ったことがあったので、なんとなく土地勘がありました。

寅さん好きが高じて、ある日、柴又まで電車で行きました。その時も牛田から京成関屋で乗り換えて、柴又に向かいました。京子が勤めている吉田病院も、また京成関屋近くであることが、すぐに判明しました。寅さんが、赤ちゃんの具合が悪いから病院に連れて行くといって、「とらや」を出てきたものの、肝心の赤ちゃんを置いてきてしまったシーンです。

映画では、ガード下に寅さんが佇み、退院していく患者を見送る京子を、じっと見つめるというシーンになっています。このガードは桁下1.7メートルの低いもので、実は京成線ではなく、東武伊勢崎線だということは、寅さんの上を走る、車輛のカラーリングで明らかです。

牛田駅のすぐ傍に、実際に吉田病院があり、電車から見えるのです。何気なく見ていた病院が、実は、映画では柴又という設定だと判ったのが、テレビで『寅次郎子守唄』を観た時でした。小学生の時の浅草での初見で、東武線！と思ったのは、このガードの上を通る車輛だったのです。

さて、ロケ場所の続きです。大川弥太郎のアパートは京成関屋、吉田病院は牛田駅。コーラスの練習をしているのが、北千住の柳原商店街近くにある聖和幼稚園だと認識したのが、数年前。インターネット「男はつらいよ 覚え書きノート」での吉川孝昭さんの指摘でした。吉川さんのサイトは、実に微細に「男はつらいよ」の世界を研究しておられ、新しい視点への刺激を受けることが多いです。

映画の楽しみ方には、あるときは俳優さんの演技、あるときは台詞の良さ、またあるときは物語から受ける感銘と、いろいろありますが、それだけではなく、映っている事象、時代の風俗、モノの値段や当時の流行など、さまざまなエレメントがあるのです。『寅次郎子守唄』では、こんな発見がありました。秋本治先生の「こちら葛飾区亀有公園前派出所」JCコミックス176巻(集英社)の表紙を開いてすぐの扉絵は、吉田病院の前でした。主人公の両津と、後輩の中川の二人がガード下を歩いているカットですが、これが、寅さんが京子さんをみつめたガードの隣にある場所でした。秋本治先生は、大の「男はつらいよ」ファンで、著書「両さんと歩く下町」(集英社新書)のなかで、山田洋次監督と対談しています。

ぼくも、連載当初からの「こち亀」ファンで、これまでの映画版(一九七七年の初作以外)の劇場用プログラムで原稿を書かせて頂いたほどです。二〇〇四年、山田監督の『隠し剣 鬼の爪』の劇場用プログラムのインタビューで、秋本先生の仕事場にお邪魔した時に「寅さん話」で盛り上がり、予定時間を大幅にオーバーしたことがありました。またまた余談ですが、この取材の翌週、秋本先生は予定を変更して「わし達の寅さん」(145巻収録)という両さんが寅さんを語る、というファンには嬉しいエピソードを描いてくださいました。それほどの「寅さん」ファンの秋本先生だから、176巻の吉田病院前のカットは、『寅次郎子守唄』を意識してのことだと思っていました。

ラジオ「みんなの寅さん」のリスナーでもあった秋本治先生から177巻の推薦文の依頼があり、「両さんと寅さん」というエッセイを書きました。そこで「吉田病院と寅さん」について触れたのですが、のちに秋本先生から、その絵を描いた時は「寅さんは意識しなかった」と伺って、こちらがビックリしました。

「男はつらいよ」全四十八作を観る楽しみは、山田監督と渥美清さんが紡ぎ出した至芸の世界、こころを豊かにしてくれる物語の世界、美しいマドンナたちを見つめる楽しさだけでなく、今は失われてしまった全国各地の美しい風景を観る喜びもあります。

そこからロケ地の今昔を調べたり、今は廃線となったローカル線のことを調べたりと、楽しみはどんどん拡がります。東京生まれの東京育ちであるぼくにとっては、寅さんが歩いた東京風景について、考えたり、調べることも大きな楽しみなのです。

ことほど左様に、映画を観て、映っている事象について、考えたり、語ることは楽しいのです。映画はストーリーだけでなく、時代を映す鏡であり、遅れて来た世代にとっては、タイムトラベルをするような、楽しみもあるのです。

二〇一二年七月十二日

しあわせについて

シリーズが始まって五年目の年末に公開された第十四作『寅次郎子守唄』には、さまざまな「繋がり」が描かれています。お互いを思いやる気持ちが、心温まるエピソードのなかに、さりげないシーンで描かれています。マドンナは十朱幸代さん。本篇が始まって五分で登場です。これは、シリーズ最速でしょう。博が工場で指をケガして、近所の病院に運ばれます。その吉田病院の看護師さん、木谷京子が寅さんの想い人となります。

主題歌が明けて、江戸川土手を、必死の表情のさくらが自転車を走らせています。博がケガをしたと聞いて、慌ててアパートから駆けつけます。おいちゃん(今作から三代目・下条正巳)から、腕を機械に巻き込まれてしまったと聞き、さくらの心配はつのるばかりです。

そこでさくらは工員から聞いた「二丁目の吉田病院」へと向かいます。実際に、柴又には吉田医院という名前の病院はあるのですが、ここでのロケーションは、昨年、一昨年のこのコラムにも書きましたが、京成関屋駅にほど近い、足立区にある同名の病院です。

今回の舞台は、この病院のある京成関屋駅、東武線牛田駅から北千住にかけての千住界隈が中心となります。京子たちがコーラスに通う聖和幼稚園、寅さん、さくら、京子が入る喫茶店、そして京子に恋をしているコーラス団の団長で玩具工場の労働者・大川弥太郎(上條恒彦)の緑色のアパートも、主要な舞台は千住界隈です。ぼくは足立区で育ったので、この回には、とくに親しみを感じます。

日活映画ファンとしては、第九作と第十三作の吉永小百合さんと、『雨の中に消えて』(一九六三年)、『大空に乾杯』(一九六六年)などで共演してきた十朱幸代さんがマドンナというのもポイントが高いです。

表現豊かな十朱さんの演技で、作品のテーマをより強く観客に感じさせてくれます。十朱さんは、吉永小百合さんの『伊豆の踊子』(一九六三年)で、結核で隔離されながらも客を取らされる少女の悲哀を、抑制した芝居で好演しています。一方、『黒い海峡』(一九六四年)などの石原裕次郎映画のヒロインも素晴らしいです。ぜひ日活時代の十朱さんの出演作、ご覧になってみてください。

さて、心配顔のさくらが吉田病院に着くと、朝日印刷の工員、タコ社長たちが神妙な顔をしています。いつもと違うシリアスな演出なので、観客も、もしもの覚悟をしてしまうほどの雰囲気です。やがて診察室から、右手に包帯を巻いた博が出てきます。その姿を見るさくらの表情。夫の心配をする妻の顔です。

「心配したかさくら」。博の明るい表情に、心の底から安堵する「良かった」に、彼女が夫をどれだけ思っているかがわかります。この「良かった」は、後の『幸福の黄色いハンカチ』(一九七七年)で、炭鉱事故で夫(高倉健)の安否を気遣う光枝(倍賞千恵子)の無事を知ったときの「良かった」に通じます。『寅次郎子守唄』のこのショットが、『黄色いハンカチ』の倍賞さんに繋がっていると、ぼくは思います。

一方、題経寺の境内で博の無事を願って御百度参りをしていたおばちゃん。さくらから無事の知らせを聞いて「ああ、良かったね」とホッとします。さくらの「良かった」、おばちゃんの「良かったね」皆が家族を気づかっているのです。

博は掛け替えのない諏訪家の大黒柱です。もしものことがあったら? さくらやおばちゃんは、心の底から心配です。最悪の事態になっても、朝日印刷では補償に限界があるのは、容易に想像できます。それを一番分かっているのは、経営者のタコ社長です。

この騒動で「昼飯を作る暇もなかったろう?」と「とらや」に寿司を取ってくれます。運んで来るのは備後屋こと、装飾スタッフの露木幸次さん。出で立ちは後の備後屋ですが「松寿し」として出前を運んで来ます。

「いや、俺が悪いんだよ、すぐ労災の手続きして治療費は全額……、本当に申し訳ない。」タコ社長の表情は曇っています。経営者としての重責を感じていることが窺えます。

工場に戻って、工員たちに「今日は仕事は打ち切りだ、帰っていいよ、ご苦労さん」と社長。一人になったところで、「はぁ、良かった」としみじみと溜息をつきます。さくらからおばちゃん、そしてタコ社長へと「良かった」が、大きく広がってゆきます。この「良かった」の連鎖が、ささやかな幸福感とともに『寅次郎子守唄』を包み込んでいるのです。

そして、さくらの「良かった」の直前に、マドンナの京子が、明るい笑顔とともに現れるのです。この『寅次郎子守唄』は、ケガをした博を心配する、さくら、タコ社長、工場の仲間たちを描きながら、この病院で働く、看護師の京子にクローズアップしていく構成です。

その晩、「とらや」に御前様がお見舞いにやってきます。「軽くて幸いだった」と我が事のように安心する御前様は「なんといっても博さんはこの家の大黒柱だからなぁ。いや、待てよ。博さんは車家の跡取りじゃなかったか？」観客はここでドッと笑います。

御前様の「寅が大黒柱か。こりゃ、困った……」に、おばちゃんは「恥ずかしい」と云い、そこへおいちゃん「ひどい安普請でございます」とナイスフォロー。さらにおいちゃん「何しろ、この大黒柱、住所不定でして」とさらに、大笑いとなります。

このシークエンスは、初代・森川信さん、二代目・松村達雄さんの持つ、寅さんと同根の不謹慎なタイプのおいちゃんとは逆のイメージの、下条正己さんの三代目おいちゃんを印象付ける笑いでもあります。劇団民藝のベテランとして、医者や弁護士、教師といった真面目な役が多かった下条さんのおいちゃんは、これまでとはまた違う味があります。最終作『寅次郎紅の花』まで、三十四作品で、車竜造を演じていきます。

そこへ「安普請の大黒柱」寅さんが帰ってきます。空腹だった寅さんは、テーブルにある博の食事を食べ始め、それが情けないとばかりに、みんなに責められます。将来のことを語り合っていたのに、少しは真面目に考えて欲しいと。それについては、寅さんは「冗談言ってもらっちゃ困るよ、お前、俺だって自分の将来ぐらいちゃんと考えてますよ。死んだ後のことまで」の未来のビジョンを語りはじめ「寅のアリア」となるわけです。

ここから『寅次郎子守唄』の物語が動き出します。例によって大げんか、柴又と飛び出した寅さんが、九州は唐津のストリップ小屋の裏手で、ひととき踊り子（春川ますみ）と交わす会話のショットの素晴らしさ。女房に逃げられ赤ちゃんを抱えた哀れな男（月亭八方）に、その晩、寅さんは旅館で再会。まるで一節太郎の「浪曲子守唄」のように、赤ん坊を抱えて難儀をしている男に寅さんが優しく声をかけます。女房への恨みつらみを愚痴りながら、酒を飲む男。

ところが掛けた情けが仇となり、寅さんが子連れで柴又に帰ることとなるわけです。この後、京子との出会いや、赤ちゃんをめぐる顛末、そして看護師としての仕事の充実と女としての幸せのはざまで揺れ動く京子のこころ、など様々な要素を盛り込んで、賑やかに展開します。

ご注目頂きたいのは、全編を通して、さまざまな人の「良かった」ということば、「しあわせ」な気持ちに溢れていることです。いくつの「良かった」と「しあわせ」があるかは、ぜひ『寅次郎子守唄』をもう一度味わってください。

『男はつらいよ』が「しあわせについて」考える格好の作品であることを、改めて実感できる筈ですから……。

二〇一三年七月十一日

第十五作　男はつらいよ 寅次郎相合い傘

一九七五年八月二日

幻のリリー・マルレーン

第十一作『寅次郎忘れな草』（一九七三年八月）で、北海道の夜汽車で涙を流していたリリー。網走橋での邂逅、渡り鳥同志の会話。そして楽しい日々と、切ない別れ。浅丘ルリ子さん扮する放浪の歌姫・リリー松岡は、「男はつらいよ」シリーズ全四十八作のなかでも、最も寅さんと相性の良いマドンナとして、今なお多くのファンに支持されています。

前作のラストで、寿司屋の女将さんとなったリリーでしたが、第十五作『寅次郎相合い傘』の冒頭で、柴又を訪ねてきて、再び旅回りの歌手となったことが明らかになります。

その間の寅さんは、画家のりつ子に恋をしたり(第十二作)、夫を亡くした歌子に心を痛めたり(第十三作)、美しき看護師に胸をときめかせたり(第十四作)と、相変わらずの日々。

その寅さんが、青森で出会った蒸発サラリーマンの、パパこと兵藤謙次郎(船越英二)を道連れに、青函連絡船で北海道は函館へと渡ります。その夜、波止場にあるラーメン屋台でリリーとバッタリ再会するシーンは、観客にとっても、寅さんにとっても、リリーにとっても幸福な再会となります。

余談ですが、このラーメン屋の親父を演じているのが、大杉侃二朗《かんじろう》さん。戦前から松竹映画に出演している大杉さんは、清水宏監督の『簪』(一九四一年)ではマッサージ師、美空ひばりさんの出世作となった『東京キッド』(一九五〇年)ではまるでマルクス兄弟のグルーチョのような扮装の珍探偵などを演じて、こうしたバイプレイヤーを見つけるのも、映画を観る愉しみの一つです。

大杉さんは『男はつらいよ』では、第八作『寅次郎恋歌』(一九七一年)で酔った寅さんが「とらや」に連れて来る昔の仲間の労務者や、第十八作『寅次郎純情詩集』(一九七六年)での坂東鶴八郎一座の座員として「お掃除芸」を披露したりと、各作に出演されています。

ちなみにこの「お掃除芸」は歌舞伎「御摂《ごひいき》勧進帳」で弁慶が、捕方の頭を素手で千切って投げ、その首を「お掃除、お掃除」と箒で掃く荒唐無稽な場面に由来します。別名「芋洗勧進帳」と呼ばれています。

さて、リリーです。サッパリとした気性で、寅さんに対して、家族も言いにくいことをズケズケと言います。「メロン騒動」での寅さんに対する啖呵は、普段温厚な博の溜飲を下げたほど。山田洋次監督が浅丘ルリ子さんと話をして、そのイメージで作り上げたリリーという女性は、この「強さ」が大きな魅力となっています。

リリーの頼もしさを観るにつけ、彼女が歩んで来た厳しい人生に想いを馳せます。貧しい家庭に育ち、苦労をしながら、歌手に憧れ、辛酸をなめてきたであろう女の子、松岡清子が、自分の力で歌手になり、旅回りの日々で「流行歌手」を続けていくことの大変さ。しかし、その屈託を跳ねのけるような明るさ。そこにリリーの芯の強さを感じることもできます。『寅次郎忘れな草』で寅さんは、最初、リリーのそうした強さではなく、夜汽車でふと涙を流していた女性の姿に、自分と同じ孤独を感じ共感しました。決して他人には見せないであろう悲しみを湛えた表情。そこに親近感、連帯感を感じるから、多くのことばを交わさずとも、二人は寄り添うことができるのです。

気持ちに寄り添うといえば、山本直純さんの音楽が、また素晴らしいのです。『寅次郎忘れな草』の「リリーのテーマ」の切なさ、そして第二十五作『寅次郎ハイビスカスの花』の「リリーのテーマ」の明るいメロディ。そのライトモチーフが流れて来るだけで、観客はリリーや寅さんに想いを馳せることが出来るのです。

平成二十(二〇〇八)年、CDアルバム「男はつらいよ 寅次郎音楽旅」(ユニバーサルミュージック)をプロデュースしました。映画のために作られた沢山の音楽に触れる幸運な機会に恵まれました。

山田洋次監督と山本直純さんが二人三脚で創りだして来た「男はつらいよ」の音楽世界には、沢山のオミットされた曲があります。どんなに素晴らしくても「この場面に相応しいかどうか」という判断によって未使用となった楽曲も沢山あります。山田洋次監督はいつも、観客のことをイメージしながら、この「相応しいかどうか」と、ギリギリまで悩んで、判断しています。完成作品を観れば、その判断が的確であったことがよくわかります。

そのとき、当時の録音資料を調べていたら『寅次郎相合い傘』のなかで、第二次世界大戦中に流行した名曲「リリー・マルレーン」を使う予定だったことを知りました。残念ながら本編では流れることはありませんでしたが、「リリー・マルレーン」はレジスタンスとしても活躍した女優マレーネ・ディートリッヒが唄い、彼女の強さとともに大衆の記憶に残るヒット曲です。

日本ではラジオ番組「森繁の重役読本」(文化放送)のテーマ曲としても親しまれ、『寅次郎相合い傘』が作られた昭和五十年には加藤登紀子さんがカバーして流行していました。

この曲の「芯の強い女性」のイメージは、リリーの「強さ」に通じます。同時に、この曲が採用されなかった理由もよくわかります。

ともあれ映画が誕生し、それが人々の感動を呼び、愛され、時代を超えて語り継がれていく。そのプロセスを垣間見たような『寅次郎相合い傘』の、幻の「リリー・マルレーン」でした(CD「続・寅次郎音楽旅みんなの寅さん」収録)。

そういうわけで『寅次郎相合い傘』の「リリーのテーマ」は、『寅次郎忘れな草』のモチーフを効果的に使って、シリーズ最高作の一つとなったのです。

二〇一一年七月十五日

お兄ちゃんと一緒にね

さくらとリリー。寅さんを想う二人の女性が、久しぶりに再会、帝釈天参道を歩きながらことばを交わします。さくらに「これからどこに行くの?」と聞かれ、リリーは「これから東北、北海道」と答えます。「ひょっとしたらどこかで寅さんに会えるかもしれないわねえ」とリリーは優しく微笑みます。

浅丘ルリ子さん扮する放浪の歌姫、リリー松岡は、マドンナのなかでも特別な存在です。第十一作『寅次郎忘れな草』のラスト、リリーは結婚をして、千葉県松戸市の新京成線「五香駅」近くに「清寿司」を開業、さくらは新婚のリリーを訪ねます。その時のさくらは、リリーのことを想って「良かった」という気持ちと、リリーを心配しながら上野駅で別れた兄・寅次郎に想いを馳せ、胸中複雑でした。さくらはいつも寅さんを想っているのです。

車寅次郎の人生で、最も大切な女性を三人挙げるとするなら、妹さくら、育ての母親、そしてリリーだと思います。父・平造からは「不肖の息子」と、理不尽な扱いを受けた少年時代。優しく寅次郎少年を包み込んでくれたのは、育ての母親・光子でした。この光子という名前は、映画には登場しませんが、山田洋次監督は「けっこう毛だらけ（悪童 小説 寅次郎の告白）」で初めて、その名を明らかにしました。寅さんが憧れる、清楚で優しく、それでいて芯が強いマドンナには、この育ての母の面影があるのかもしれません。もちろん、さくらの中にも、その面影をみていることでしょう。

令和元（二〇一九）年、ＮＨＫ土曜ドラマ「少年寅次郎」（十月〜十一月）では、井上真央さんが、寅さんの育ての母・光子を好演しました（追記）。

では、寅さんにとって、リリーという女性は、どんな存在なのでしょうか？ ぼくは、子供の頃、『寅次郎忘れな草』のリリーと寅さんに漠然とした大人の関係をみていました。誰も立ち入ることができない二人の世界がある。そんな感じです

そしてそれから二年、定住者となっていた筈のリリーが、再び放浪の暮らしをしていることを、柴又に報告に来るところから『寅次郎相合い傘』が始まります。前作では、リリーが幼い頃の話をして、水商売をしている母（利根はる恵）との確執が描かれています。思えば、その母親との不愉快な出来事がきっかけで、その夜、リリーはキャバレーで理不尽な想いをして、その気持ちを払拭したくて、酔った勢いで、寅さんを訪ねてきます。

放浪者同志、旅先ならここで、男と女の関係になるのかもしれませんが、この時、寅さんは「とらや」で家族に気を使う身でもあり、リリーのストレートな気持ちを受け止めることができず、これが二人の別れとなります。

そして『寅次郎相合い傘』です。ぼくらは、リリーの心の傷を癒してくれるのは、寅さんしかいないと、どこか思っているので、結婚に失敗したリリーが、柴又を訪ねるファーストシーンに、ホッとします。二人で参道を歩く姿を見ていると、それは、さくらも同じであることが、わかります。別れ際、リリーが「そのうちまた来るわね」と言ったときに、さくらは「お兄ちゃんと一緒にね」と声をかけます。これは、さくらの本音でもあります。

『寅次郎相合い傘』を、屈指の傑作たらしめているのは、この「さくらの本音」と観客の想いがリンクして、この物語が、その想いの実現に向け、さくらの気持ちに寄り添って展開していくからなのだと、思うようになりました。

寅さんは、リリーの「燃えるような恋がしたい」という情熱を受け止めることは出来ませんが、リリーの寂しさを理解して「うんうん」と傍にいることが出来るのです。旅の行きずりで出会った二人ですが、リリーにとって寅さんは「行きずりの男」ではなく、寅さんにとってもまた同じです。

しばらくして、函館港のラーメン屋台で、寅さんはリリーと再会。寅さんの同伴者である、兵藤謙次郎（船越英二）と三人で楽しい旅を続けます。しかし、小樽で謙次郎の初恋の人（岩崎加根子）との再会をめぐって、リリーは男のセンチメンタリズムを認められないと大げんか。またしても寅さんと別れてしまいます。

しかし、それは恋人や夫婦の些細な諍《いさか》いと同質であることは、ぼくらも織り込み済みです。例によって、寅さんは「後悔と反省」の想いで柴又へ。そこへリリーが訪ねてきて、楽しい日々となります。

ある夜、寅さんはリリーをキャバレーの楽屋口まで見送り、その侘しさに悲しい気持ちになって家族に話す「寅のアリア」の素晴しさ。リリーのために大劇場でリサイタルを開いてやりたいと話す寅さんの想いが、それまでのマドンナに対する「憧憬」とはまた違う、「人を愛する気持ち」であることが、作品の温度を高めているのです。

それから巻き起こる「メロン騒動」も、「とらや」の茶の間の日常に、リリーが家族の一員として機能しているからこそ、寅さんに寄り添っているからこその名場面となります。「たかがメロン」で子供のように拗ねる寅さんに、「甘ったれるのもいい加減にしやがれって言うんだ」と啖呵を切り、家族の誰もが溜飲を下げます。リリーが寅さんと一緒になって、柴又で同居しても、こんな日々が続くんだろう、と思ったりします。

この「メロン騒動」について、ぼくの妻は初めてビデオで観た時にあまりにもリアルで「身につまされる」と、喜劇の笑いとして受け止めかねていました。どこの家庭にもある、言い争い、家族げんか。自分を勘定に入れてもらえなかった寅さんのつらさ。「わけを聞こうじゃないか」と嫌味たっぷりの寅さん。確かに身につまされます。

ところがスクリーンであらためて見直した妻は、初めて喜劇として受け止めることが出来たそうです。

とがあります。大勢でスクリーンで観る体験で客観性が生まれるこ

家族に甘えて、余計なことを言ってしまう寅さんを、ピシャリといなすリリー。修羅場を生きてきた彼女は、まるで女房のように寅さんの「甘え」を叱ります。だからこそ、「お兄ちゃんにはリリーさんしかいない」とさくらは思っているのです。

『寅次郎相合い傘』を観ているぼくらの気持ちは、さくらの「お兄ちゃんと一緒にね」の気持ちとリンクしていきます。とある日曜日、江戸川堤で、満男を遊ばせているさくらと博の会話に、リリーと寅さんのことを思う、さくらたちの幸福感が溢れています。

情熱に溢れた「燃えるような恋」でなくても、その人らしく過ごせる日常にこそ「幸せがある」と、身を以て知っているさくら夫婦は、寅さんとリリーの結婚をここで真剣に願うのです。その幸福な気持ちのまま、さくらはリリーに想いを伝えます。「お兄ちゃんの奥さんになってくれたらどんなに素敵だろうな」と。

ここが『寅次郎相合い傘』のハイライトでもあり、松竹大船の伝統を踏まえた名場面となりました。実は、小津安二郎監督の名作『麦秋』(一九五一年)で、自分の息子(二本柳寛)が秋田へ転勤することになり、旧知の紀子(原節子)に、息子と一緒になって欲しいと、本音をぶつける母親(杉村春子)のシーンへの、限りないオマージュでもあるのです。

何気なく思っている相手こそ、ベストパートナーかもしれない。杉村春子さんが演じた、ヒロインの近所にすむおばさんの、余計な一言で、行き遅れていた紀子が結婚を決意する。『寅次郎相合い傘』のクライマックスが『麦秋』と同じ話法で展開されていくのです。

前述の「メロン騒動」も『麦秋』の「ショートケーキ騒動」にインスパイアされたと思われます。

第一作『男はつらいよ』の御前様(笠智衆)と娘・冬子(光本幸子)の奈良旅行は、小津監督の『晩春』(一九四九年)のリフレインでもあり、冬子の許嫁には小津映画のプロデューサー山内静夫さんをキャスティング。山田監督はシナリオを手掛けた『釣りバカ日誌15/ハマちゃんに明日はない!?』(二〇〇四年)でも、この『麦秋』の間接プロポーズを巧みに引用

し、作品に滋味をもたらしていました。

その後、山田監督は新派の舞台で「麦秋」を演出、平成二十四(二〇一二)年正月には「東京物語」の舞台を演出、小津安二郎監督と松竹大船の伝統を、山田監督流にリ・アレンジして、新たな感動を呼びました。平成二十五(二〇一三)年一月には、『東京物語』(一九五三年)をモチーフにした『東京家族』を発表。山田洋次監督がなぜ小津安二郎監督の世界をモチーフに現代の家族を描くのか？ その遥かなる前段の一つとして『寅次郎相合い傘』を楽しむのも一興です。「メロン騒動」と『麥秋』の「ショートケーキ騒動」。いずれも家族のささやかな幸せを描いた名場面です。小津安二郎監督と山田洋次監督。二人の作家が作り上げてきた、松竹大船の伝統を味わうのも、映画を観る楽しみであります。

さて、さくらの間接プロポーズの顛末は皆さんご存知の通り。二階で寅さんは、さくらに、こんな事を言います。「言ってみりゃ、あいつも俺と同じで渡り鳥よ。腹へらしてさ、羽根を怪我してさ、しばらくこの家で休んでただけよ。」

寅さんとリリーのお互いを想い合う気持ちは、さくらや博、そしてわれわれ観客も立ち入ることのできない二人の世界でもあります。「放浪者と定住者」をテーマに展開してきた「男はつらいよ」の本質がここにあります。二人は渡世人同士、お互いの心に寄り添うことができるのです。定住者であるさくらも、ぼくらも、二人の幸せを願うことしか出来ません。

何より嬉しいのは、第二十五作『寅次郎ハイビスカスの花』と第四十八作『寅次郎紅の花』で、二人の渡り鳥の物語が、この後も紡ぎ出されて、「寅とリリー」四部作というかたちに昇華されていくことです。

二〇一二年七月二十日

さくらとリリーの母性

第九作『柴又慕情』から、本格的にスタートした「寅さんの夢」も、この第十五作『寅次郎相合い傘』あたりでは、ノリにノッているという感じです。今回は、一九二〇年代から一九五〇年代にかけて、ハリウッドで数多く作られていた海賊映画のパロディです。寅さんの脳内で再構築された活劇映画となっているのがおかしいです。

海賊映画といえば、今ではジョニー・デップの「パイレーツ・オブ・カリビアン」シリーズですが、寅さんは、ダグラス・フェアバンクスの『ダグラスの海賊』(一九二六年)よりは、もう少し後のエロール・フリンの『海賊ブラッド』(一九三五年)や『シー・ホーク』(一九四〇年)などの戦後ほどなくの公開作品に夢中になった世代でしょう。

海賊映画といえば、秘宝をめぐる冒険、個性的な悪役たち、美しいヒロイン、そして颯爽とした主人公の胸のすくアクションですが、寅さんの場合、どうしても旅芝居風というか、東映時代劇のような味わいになってしまいます。特に、座長こと吉田義夫さんが登場するだけで、昭和二十年代末から三十年代にかけての『新諸国物語 笛吹童子』(一九五四年)や『百面童子』(一九五五年)などの東映作品を思い出します。

さらに、この夢のシーンには、第十作『寅次郎夢枕』の米倉斉加年さん、第十四作『寅次郎子守唄』の上條恒彦さんが、ノンクレジットでカメオ出演。米倉さんは肩に鳥を乗せた、キャプテン・タイガー(寅さん)の配下の者。上條さんも手下を嬉々として演じています。これを眺めているだけでも楽しいです。

しかも今回は挿入歌も作り、ミュージカルとまではいきませんが、気分を出しています。唄うは、この直後に公開される山田洋次監督の『同胞』(一九七五年)でフィーチャーされている統一劇場のメンバーたち。「おいらは海賊 荒くれ男 七つの海をまたにかけ 沈めた船が 五万艘《そう》」の歌詞は、山田監督のオリジナルですが、「沈めた船が 五万艘」というフレーズが、ハナ肇とクレイジー・キャッツの「五万節」を思わせる豪快な曲です。

良い意味での悪ノリぶりが楽しめます。しかも作曲の山本直純さんは、クレイジーの「学生節」の作者でもあるので、クレイジー・ファンにも楽しい歌です。CD「男はつらいよ 寅次郎音楽旅」(ユニバーサル ミュージック)に収録しました。

また「寅さんの夢」に共通しているのは、遠く故郷を離れた男の望郷の念、夢にまで見た妹・さくらとの再会、おいちゃん、おばちゃんたちとの再会、妹の亭主でしっかり者の博(今回は奴隷のジャック!)の登場といった要素です。これは第一作『男はつらいよ』の「さくらとの再会」のリフレインです。特に「妹との再会」こそ、寅さんにとっては、人生最大の大事件であり、それまでの放浪の人生で、どれだけさくらのことを想っていたかが、窺えます。

夢ではコルシカ島ならぬカツシカ島ですが、故郷・葛飾柴又は、放浪者である寅さんにとって、何より大切な「還るべき場所」であり、「柴又への想い」は「さくらへの想い」なのです。寅さんにとって、さくら＝少年時代の懐かしい想い出であり、さくら＝優しかった育ての母親であり、さくら＝家出する前の楽しかった日々、そのものです。

寅さんはなぜ旅を続けるのか? それは故郷・柴又に帰ることであり、そこで兄のことを案じている妹・さくらに再会することが、寅さんの最大のモチベーションなのです。

寅さんは、侘しい木賃宿でも、駅のベンチや、神社やお寺の軒先で野宿をしても平気なのは、いつも妹・さくらの住む、故郷・柴又を想い、そこに向かって帰ることが出来るからです。ぼくは子供の頃からそう感じていました。

では、寅さんがなぜマドンナと結ばれないのか? それは「さくらが、寅さんにとって理想の女性だから」ということは、これまでも多くの方の指摘がありましたが、その通りだと思います。

妹・さくらとの再会が、寅さんの行動目的である「男はつらいよ」の物語においては、美しいマドンナに心を寄せ、ときには想われることがあっても、それは映画の終幕近くには、終わらなければならないのです。寅さんの失恋は、そのための黄金律でもありました。しかし、第十一作『寅次郎忘れな草』で登場した、浅丘ルリ子さん扮するリリー松岡は特別な存在です。

寅さんと同じ、根無し草の放浪者であるリリーは、心の安住を求めて、人生の旅を続けています。幼い頃から家族の愛に恵まれず、母親の堕落に反撥し、家を出て、若いときから苦労を重ねて、売れない歌手として、全国を渡り歩いています。

さくらとは正反対の境遇です。さくらは幼くして両親を亡くし、唯一の肉親である寅さんは家出、おいちゃんとおばちゃんに育てられたとはいえ、女学校を卒業し、丸の内のBG（ビジネスガール）となり、博と結婚、息子・満男にも恵まれ、幸せな日々を過ごしている定住者です。

「男はつらいよ」は、「放浪者＝寅さん」が、いつかは「えらい兄貴＝定住者」になりたいと願い続ける「放浪者と定住者の物語」です。旅先の兄を案じる「さくら＝定住者」と、「故郷を想い続ける寅さん＝放浪者」が、お互いを想い合うことで様々なドラマが生まれてきました。

これは第八作『寅次郎恋歌』を観たとき、ぼくの妻が指摘してくれたことです。

それまでのマドンナは、御前様のお嬢さん・冬子（光本幸子）や散歩先生の娘・夏子（佐藤オリエ）、小説家の娘で自立を願う・歌子（吉永小百合）といった寅さんとは正反対の世界に住む、高嶺の花ばかり。手の届かない存在のお嬢さんは、皆、定住者であり、それゆえに、彼女たちと結婚することが出来れば、寅さんは「いつかお前の喜ぶようなえらい兄貴に」なれるかもしれない、と想い続けてきました。しかし「世の中、なかなか公平にはいかないものだ」です。それが叶えば、「男はつらいよ」そのものが成り立たなくなります。

そこに登場したのが、寅さんと同じ世界の住人で、最大の理解者であるリリーです。理解者というよりは、共感者といった方がいいでしょう。第十一作『寅次郎忘れな草』での、網走での出会いのシーンの二人が、自分たちを「あぶく」に例える会話を見れば、多くは語らずも、お互い理解していることがよくわかります。そして第十一作での二人の別れ方は、いつにも増して生々しく、その後のリリーの寿し職人・良吉（毒蝮三太夫）との結婚も、彼女の「定住への憧れ」をとりあえず実現しただけのことでした。

第十五作『寅次郎相合い傘』は、タイトルバックが明けてほどなく、リリーが柴又を訪ねるところから物語が始まります。

「とらや」は、リリーにとっても、懐かしい家族のいる場所なのです。寅さん不在でも、寅さんを案じるさくら、博、おいちゃん、おばちゃんたちがいます。所帯を持って、堅気になったものの、離婚をしてまた旅の暮らしをしていることも、寅さんにだけは伝えたい。バツが悪いけれども、「とらや」の人たちにも話しておきたかった。何よりも「寅さんに会いたい」気持ちでリリーは、柴又にやって来ました。その気持ちは、なんとも切なく、そこにぼくたちはリリーの寅さんへの想いを感じるのです。柴又帝釈天参道でリリーの「さよなら。そのうちまた来るわね」に、さくらは「お兄ちゃんと一緒にね」と言います。

このことばに、さくらの願いがすべて込められています。

この願いが、『寅次郎相合い傘』のここからの展開を特別なものにしてくれます。寅さんとリリーの函館での再会、パパ（船越英二）と寅さんとリリーの楽しい三人旅、そしてリリーを想う「寅のアリア」の素晴らしさ！「メロン騒動」、クライマックスのさくらによるリリーへの間接的なプロポーズのことばで、この作品はより特別なものとなります。

「お兄ちゃんと一緒にね」の願いは、さらには第二十五作『寅次郎ハイビスカスの花』となり、最終作となった第四十八作『寅次郎紅の花』の「一緒になるなら、リリーさんしかいないのよ」の想いへと繋がってゆくのです。リリー四部作が「男はつらいよ」シリーズのなかでも体温が高い傑作となっているのは、寅さんだけでなく、さくらのリリーに対する想いもあるからなのです。

二〇一三年七月十八日

第十六作　男はつらいよ 葛飾立志篇
一九七五年十二月二十七日

少年、老い易く

寅さんが一念発起して学問を志す、第十六作『葛飾立志篇』は、「学ぶこと」が全編を貫くテーマとなっています。柴又駅前の喫茶店で出会ったマドンナ、筧礼子（樫山文枝）が真面目に本を読んでいる姿を見た寅さんは、近所の工場に務めている女の子と思い込んで「コーシーに払うお金があるんだったらそのお金で本を買ってください」とカッコいいところを見せます。

なぜ寅さんが学問を志すのか？ 寅さんは、旅先で出会った住職（大滝秀治）に「私も学問ないから、今までつらいことや、悲しい想いをどれだけしたかわかりません」と話します。住職は「己の愚かしさに気がついた人間は愚かとは言いません」と寅さんを利口な人だと褒めます。

住職から孔子のことば「朝《あした》に道を聞けば、夕べに死すとも可なり」を教えられて、素直に感動し、学問を志して、やる気まんまんなので、流行歌手にうつつを抜かすような年頃の礼子が難しそうな本を読んでいる姿をみて、声をかけたのです。

寅さんは、帰途、帝釈天参道を歩きながら、「何のために勉強してるんだい？」と問いかけます。

これは、人は何のために生きるのか？自分は何のために存在しているのか？というアイデンティティを問うことばです。東大考古学教室に籍を置いて、研究の毎日を送っている礼子にとって、この投げかけは本質的な問いです。答えに窮している礼子に寅さんは、「己を知るためよ」とスパッと言い切ります。

そのことばに礼子は感動します。旅先で住職から聞いたことばが、寅さんの心に響き、それが礼子の心に伝わる。これが寅さんの真骨頂であり、素晴らしさでもあります。そこまでは良かったのですが、礼子が御前様の姪で、「とらや」に下宿していることを知った寅さん。彼女を例によって好きになってしまいます。寅さんは「己を知るために」学問を志して、柴又に帰って来た筈なのですが、「己を忘れ」いや「己に従って」その志がたちまち不純なものになります。

さて、礼子は、東大考古学教室で、研究一筋のむさ苦しい学者・田所先生（小林桂樹）に師事しています。小林桂樹さんといえば、昭和二十六（一九五一）年の『ホープさん サラリーマン虎の巻』（東宝）に始まるサラリーマン映画や、森繁久彌さんと共演した「社長シリーズ」などで、ホワイトカラーを演じ続け、高度経済成長とともに「サラリーマンの代表選手」のイメージで活躍したベテラン俳優です。

この頃、小林桂樹さんは、そのイメージと正反対のむさ苦しい学者を映画やテレビで演じていました。昭和四十八（一九七三）年に、大ヒットしたスペクタクル映画『日本沈没』（東宝）と、そのテレビドラマ版（一九七四年十月～一九七五年三月）で演じた地球物理学者です。『葛飾立志篇』の田所先生は、『日本沈没』での役名・田所博士そのまま、というのがセルフパロディのようでもあり、当時、小学生だったぼくは、とても嬉しかったです。『日本沈没』では田所博士、『男はつらいよ』では田所先生、なのですが、タコ社長は宴会で「田所博士！」と思わず呼んでしまいます。

なんでも知っている田所先生ですが「愛の問題」についてはまだ研究途上だと告白します。そこで寅さんはこう言います。

「いいかい。あぁ、いい女だなあ、と思う。その次には、話がしたいなあ、と思う、ね、その次には、もうちょっと長く傍にいたいなぁと思う。そのうちこう、なんか気分が柔らかくなってさ、あーもう、この人を幸せにしたいなぁと思う。もう、この人のためだったら、命なんかいらない。もう、俺死んじゃってもいい、そう思う。それが愛ってもんじゃないかい？」

この名言に田所先生は「なるほどねえ。君はぼくの師だよ」と感動します。寅さんは学問を志すといっても、どうしていいかわからない、「気分から入る」と伊達眼鏡をかけて、さくらを悲しませたりします。礼子に家庭教師をしてもらっても、彼女に夢中なので、身は入るけどアタマには入らない。「学ぶこと」は苦手です。でも、寅さんは、自分に素直に生きていることで、研究一筋の学者である田所先生に「君はぼくの師だよ」と言わしめてしまうほど、「コトの本質」が身についているのです。「人生の真実」がわかっているのです。そこにぼくらは共感し、感動し、そんな寅さんにまた憧れるのです。

二〇一一年七月二十二日

お雪さんのアリア

十六年前、旅先の山形県寒河江で、無一文になってしまったときに、山盛りの御飯と豚汁を差し出してくれた優しい女性、お雪の想い出を語る寅さん。そこに静かに流れるピアノの音色、山本直純さんによる「お雪のテーマ」が、寅さんのアリアに深い印象をもたらしてくれます。

ある日、「とらや」に、修学旅行で東京にやってきた女子高生・最上順子（桜田淳子）が、寅さんを訪ねてきます。寅さんはあいにく旅の空。順子が「毎年お正月になると私の母に必ず手紙をくれるんです。そしてその中に、娘さんの学費の足しにって必ずお金が入っているんです」と話すと、おいちゃんもおばちゃんも怪訝そうな顔をします。

フトコロも年中旅先の寅さんが、そんなことするわけないと。そこでさくらが、その金額を尋ねます。順子は「たいてい五百円ですけど」ここで観客はドッと笑います。すかさずおばちゃんが「やっぱり寅ちゃんかねえ」とリアクション。

これが「男はつらいよ」の笑いでもあります。寅さんの「五百円」は基本レートです。札入れにはいつも五百円。「釣りはいらねえよ」と差し出すのも「あめ玉の一つでも買ってやってくれ」と手渡すのも、岩倉具視が描かれている五百円札のイメージがあります。第十九作『寅次郎と殿様』で、寅さんと殿様（嵐寛寿郎）の縁を取り持つのも、宙に舞った五百円札でした。

さて『葛飾立志篇』です。なんとその場に寅さんが帰ってきて、順子を見るなり「お雪さんだ！」と顔をパッと明るくします。寅さんにとって彼女は特別な女性でした。順子は「お父さんなの？」と目に涙をためて寅さんに聞きます。順子はもしかして、寅さんがまだ見ぬ父かもと、「とらや」を訪ねてきたのです。ここで例によって、すわ寅さんが順子の父親か？という疑惑の笑いへと発展していきます。この緩急も「男はつらいよ」を豊かにしてくれているのです。

聞けば、彼女の母・お雪は、前年に亡くなったばかり。今は、周囲の人の親切に支えられて、一人で頑張って高校に通っている順子に、寅さん、さくら、おいちゃん、おばちゃんたちは精一杯のエールを送ります。そのお雪との経緯を、寅さんが茶の間で語る「寅のアリア」は絶品です。

寅さんのアリア、そして山本直純さんの音楽で表現される、お雪と寅さんの十六年前のエピソード。横で聞いていたタコ社長が「観音様だよなあ、その人は」としみじみ言います。寅さんがなぜ、お雪に送金していたのかが明らかになるだけでなく、映像には一度も登場していない、お雪の姿が、ぼくらの心のスクリーンにありありと映し出されるのです。

渥美清さんの話芸に託した、山田洋次監督の見事な演出で、そこにお雪の姿が見えてくるのです。しかも桜田淳子さんに瓜二つで。

映画は何もすべて描く必要はありません。台詞や仕草、そこで語られる会話に、登場人物の体験が、大切な何かと共に、観客の心のスクリーンに広がるのです。

山田監督の語り口のうまさ。渥美清さんの巧みな話芸。作り手のまなざしにより、十六年前のお雪と寅さんの物語がぼくらの心に沁み入ってきます。山本直純さんの音楽は「順子のテーマ」と「お雪のテーマ」を同じメロディのバリエーションでアレンジ。順子に母の面影が重なるような演出をしています。

この「お雪のテーマ」は、「みんなの寅さん」で放送の山田洋次監督作、倍賞千恵子さん朗読「けっこう毛だらけ 小説・寅さんの少年時代(悪童 小説 寅次郎の告白 講談社)」でも使用しました。第二十三話「キャスリン」から第二十九話「復讐Ⅱ」にかけて登場する、寅さんの初恋の人サトコのテーマとして。裏の印刷工場に住み込みで働いていた、十八才のサトコが、キャサリン台風で被災、寅さんの家の二階に避難してきます。そこから始まる寅さんのサトコへの思慕を描いたエピソードですが、彼女は山形県寒河江出身という設定でした。

『葛飾立志篇』は、順子とお雪、二人の女性をめぐるエピソードから始まり、寅さんが、寒河江の慈恩寺でお雪の墓参に立ち寄ったところで、和尚(大滝秀治)からお雪の哀しい物語を聞いてこう言います。「私も学問がないから、いままでつらいことやら、悲しい思いをどれだけしたかわかりません。ほんとうに私のような馬鹿な男はどうしようもないですよ。」和尚はこう答えます。「いやそれは違う。己れの愚かしさに気がついた人間は愚かとはいいません。あなたはもう利口な人だ。」ここで寅さんは「己れを知る」ために、学びのペンを持つことになり、いよいよ『葛飾立志篇』が動き出します。

二〇一二年七月二十七日

幸福な年末

昭和五十(一九七五)年の年末、ぼくは幸せな気持ちで、銀座松竹のスクリーンを眺めていました。中学受験を目前にした小学校六年生でした。同時上映は、松竹ドリフ映画最終作にして、佳作の一つ、瀬川昌治監督の『正義だ！味方だ！全員集合!!』です。瀬川監督は、前作『寅次郎相合い傘』の同時上映作『ザ・ドリフターズ カモだ!! 御用だ!!』で、ドリフ映画に初登板。それまで過激で、内ゲバ色が強い、渡邊祐介監督のドリフ映画は、子供にとってはいささかヘビーでしたが、松竹名物「喜劇 旅行シリーズ」を手掛けてきた瀬川監督は、テレビ「8時だヨ！全員集合」（TBS）好きの年少ファンも意識しての明るいコメディに仕上げ、口当たりが良かったのです。

今では、渡邊祐介監督のドリフ映画の過激さは、体制へのアンチテーゼとしてすごく面白いのですが、小学生では、正直、キツかったのです。特に寅さん主義者としては。しかし、『正義だ！味方だ！全員集合!!』は、榊原るみさんがヒロイン、キャンディーズも出演しています。特にドリフと悪役の伊東四朗さんのドタバタが無声映画のスラップスティック的で楽しい一編です。しかも劇中に登場するヒーロー「ゴリレンジャー」は、石森章太郎（当時）先生のオリジナル！「ゴレンジャー」のパロディです。

この『正義だ！味方だ！全員集合!!』は、「踊る大捜査線」シリーズの本広克行監督が少年時代、大好きだったそうです。平成十三（二〇〇一）年の「あきたコメディ映画祭」で、この作品を上映して、瀬川監督とぼくがトークをしたときに、映画祭に出席されていた本広監督が飛び入り参加して、楽しいトークとなりました。また平成二十三（二〇一一）年の「したまちコメディ映画祭」で瀬川監督特集をしたときも、本広監督が朝から三本、ぼくと監督のトークも含めて客席でご覧になっていました。瀬川喜劇は、ぼくらの世代を刺激してくれるサムシングがあるのです。

さて『葛飾立志篇』です。マドンナは劇団民藝の樫山文枝さん。石原裕次郎さん製作の『黒部の太陽』（一九六八年）のBlu-ray、DVD化のときに、ブックレットの取材で、樫山さんにインタビューしたのですが、つい脱線して『葛飾立志篇』についても、お話を伺いました。

そしてゲストには、桜田淳子さん。ラジオでもお話しましたが、わが心のアイドルです。第十三作『寅次郎恋やつれ』で、歌子(吉永小百合)と寅さんが再会する、津和野の食堂「すさや」のテレビから流れていたのが、桜田淳子さんの「三色すみれ」です。それから一年ちょっとしての、桜田淳子さんの出演です。『正義だ！味方だ！全員集合!!』にキャンディーズ、『葛飾立志篇』には桜田淳子さんと、少年時代のぼくにとっては夢のような二本立でした。

この『葛飾立志篇』には、東大考古学教室で研究をしている才媛・筧礼子(樫山文枝)と、田所先生(小林桂樹)たち、考古学研究者が登場します。

そういえば、平成十三(二〇〇一)年八月四日、渥美清さんが亡くなって五年目の命日に、柴又駅にほど近い、柴又八幡神社から、寅さんそっくりの埴輪が出土されて、大きな話題となりました。「ものの始まりが一ならば、国の始まりは大和国」とは寅さんの口上ですが、渥美さんの命日に寅さんそっくりの埴輪が出土したということだけでも、ぼくらのイマジネーションを刺激してくれます。渥美さんが柴又で撮影を始める前、千数百年もの間、古墳時代から、この地に寅さんにそっくりの埴輪が眠っていたと考えるだけでも、楽しいじゃありませんか！

ぼくはこの作品がとても好きです。どのエピソードにも、豊かな幸福感に満ちているからです。母を亡くしてひとり頑張る順子への、「とらや」一家の優しいまなざし。学問を志そうとする寅さんに、御前様や轟巡査(米倉斉加年)が送るエール。

喫茶店で出会った寅さんから「ねえちゃんは、何のために勉強をするんだい？」と尋ねられ、「己を知るためよ」という真理に、ハッとした筧礼子(樫山文枝)が、寅さんの家庭教師を買って出る場面。そして礼子の恩師である、東大考古学教室の田所先生(小林桂樹)をめぐるエピソード。いずれも、観ているだけで、幸福な気持ちになることが出来ます。

初めての家庭教師のシーン。寅さんも、「とらや」の人々もソワソワしています。出来の悪い息子を心配する家族、といった雰囲気がまた楽しいのです。勉強が終わって寅さんと礼子先生が二階から降りて来ます。

礼子が寅さんを「先生」と呼び、寅さんが礼子を「校長先生」と呼ぶ。この時の二人のはしゃいだ感じがイイのです。ぼくは、こうしたシーンを観るたびに、この幸福がいつまでも続いていて欲しい、と願うのです。この『葛飾立志篇』では、大事件は起こりません。家族の派手な喧嘩も、激しいやり取りもありません。ユーモラスに、微苦笑のうちに、物語が進みます。

ある日曜日、江戸川土手の河川敷で、田所先生率いる東大考古学チームと、朝日印刷チームの野球の試合が行われます。みんなが楽しそうに野球に興じるのですが、ベンチで見守る寅さんとさくらも、実に幸福そうです。寅さんは、寒い風に吹かれて正月早々、商売するのも楽じゃないからと、「今年はいっそのこと「とらや」で店の手伝いでもしてるか」とさくらに言います。

これまでにない、あにいもうとの会話です。寅さんにしてみれば、礼子先生との楽しい日々が続いているし、いっそのこと柴又でお正月を過ごそうと、思い始めているのです。その話を聞くときのさくらの表情は、本当に嬉しそうです。

このまま、この時間が続けば良いと思いますが、そうは行きません。年末のある日、寅さんが旅立つことになります。しかし、この別れも、強烈な失恋、というわけではありません。「仕事と結婚」に悩む礼子に、寅さんがかけることばが素晴しいのです。「俺には、むずかしいことは、よく分らねえけどもね、あんた、幸せになってくれればいいと思っているよ。」

寅さんは礼子とのこの会話をきっかけに旅立つことになるのですが、ここから「とらや」を出ていくまでの一連の、さくら、礼子、電話をかけてくる田所先生、おいちゃん、おばちゃん、それぞれ一人一人の心の動きが、丁寧に描かれます。孤独を湛えながらも、寅さんの物腰も実に柔らかいのです。シリーズにおける寅さんの旅立ちのなかでも、優しさに満ちた名場面となりました

二〇一三年年七月二十三日

第十七作　男はつらいよ　寅次郎夕焼け小焼け

一九七六年七月二十四日

東京はどっち？

寅さんが、兵庫県龍野（現・たつの市）で出会ったきっぷの良い芸者・ぼたん（太地喜和子）と、心温まる物語を織りなす、第十七作『寅次郎夕焼け小焼け』は、「寅さんの優しさ」が溢れるシリーズ屈指の傑作です。

物語の発端は、上野の一杯飲み屋、しょぼくれた老人が現金を持たず、あわや無銭飲食というときに、寅さんが勘定を持ちます。寅さんはその老人を連れて、「とらや」に帰って来ますが、そのまま居着いてしまいます。どことなく威厳があるというか、横柄な老人に、みんなは呆れ顔。しかし、その老人、実は、日本画の大家・池ノ内静観だったのです。

演じるは、劇団民藝の重鎮、宇野重吉さんです。「みんなの寅さん」二〇一一年七月のマンスリーゲスト、米倉斉加年さんの師匠であり「チェホフのような人」と敬愛してやまない、名優にして名演出家です。青観は、「とらや」を旅館とカンチガイして、さくらやおばちゃんを女中さんのように扱うわけですが、文句をいいながらも、いざことばをかけられると、青観先生の持つ威厳に気圧されて「はい」という事を聞いてしまいます。そのあたり喜劇としても抜群で、宇野重吉さんの至芸を堪能できます。

その青観先生が、故郷の龍野に招かれて、肩苦しい想いをしていると、たまたま旅の途中だった寅さんと再会。市長による歓迎の宴会に呼ばれたのが、龍野芸者のぼたん、だったわけです。シリーズのなかでは、リリー（浅丘ルリ子）と人気を二分する、寅さんと相性の良いマドンナの一人です。

寅さんとぼたんの、やりとりの楽しさ、親密な感じは、観ていて気持ちが良いです。早くに両親を亡くし、幼い弟妹の面倒を見るために芸者となった苦労人であり、気っぷの良い芸者のぼたんは、酸いも甘いも噛み分けた玄人でもあります。しかも純粋です。寅さんは、こうしたプロフェッショナルとの相性抜群です。放浪の歌姫・リリーも同様。お互い屈託を抱えながらも、いわずもがなで渡世を生きる、いわば同種なのです。

だから、寅さんは別れ際「おう、ぼたん。いずれそのうち、所帯持とうな」と、気安く声をかけることができます。挨拶みたいなものなのでしょう。「所帯」ということばが、ぼたんの前では平気で出せる。そこに幾ばくかの本心が芽生えるのは、物語が進んでからのことなのですが。

同時に、この作品では、画家として大成した池ノ内青観の「秘めたる恋の物語」が描かれています。青年時代、とある女性と相思相愛だった青観ですが、身を立てるため、彼女と別れ、故郷を後にした過去があります。その女性・志乃(岡田嘉子)を訪ねると、志乃は「和夫さんでしょう？」と、かつてそう呼ばれていた名前で、青観にやさしく話しかけます。志乃に「ぼくは、あなたの人生に責任がある」と後悔の念を伝える青観に対し、志乃は「仮に、あなたがもう一つの生き方をしたら、後悔しないと言いきれますか？」と問いかけます。

演じる、岡田嘉子さんは、大正から昭和にかけて演劇、映画で活躍したトップスターです。奔放な恋愛遍歴の果て、演出家の恋人と駆け落ちして、昭和十三(一九三八)年、ソビエトへ逃避行。二人はスパイ容疑でソ連当局に逮捕。それから昭和四十七(一九七二)年に帰国するまで、ソ連でその半生を送っていた歴史的人物でもあります。その岡田嘉子さんに「後悔」について語らせるという、山田監督の演出は、ある意味スリリングであり、それゆえ深い感銘を与えてくれるのです。

志乃は青観に、こう言います。「私、この頃よくこう思うの。人生に後悔はつきものなんじゃないかしらって。ああすりゃよかったなあ、ていう後悔と、もう一つは、どうしてあんなことしてしまったんだろうという後悔……」

青観と志乃の秘めたる恋。そして別々の人生を歩み、齢を重ねてきた二人の「後悔」……。『寅次郎夕焼け小焼け』を名作たらしめている、二人の名優による素晴らしいシーンです。

やがてラストシーン。再び龍野を訪れた寅さんと、ぼたんの二人が、青観に感謝の気持ちを込めて「東京はどっちだ」と右往左往する、幸福な時間のまま、映画はエンドマークを迎えるのです。

二〇一一年七月二十八日

柴又の伊達男。寅さんの〝粋〟、ぼたんの〝鯔背《いなせ》〟

播州龍野（現・兵庫県たつの市）で出会った芸者のぼたん（太地喜和子）と寅さんのやりとりは、歯切れ良く、観ていて本当に気持ちが良いです。渡世人である寅さんと、龍野芸者のぼたん。おたがいの苦労など微塵も出さずに、ポンポンと打てば響くやりとりで、言わずもがなの関係が成立してしまいます。ぼくらはそれを「粋だなぁ」と感じるのです。

「粋《いき》」という感覚は、日本語特有の語句であると、哲学者の九鬼周造氏が昭和五（一九三〇）年に『「いき」の構造』で、「他の言語に全く同義の語句が見られない」と、日本独自の美意識として位置づけています。英語にもフランス語にも「粋」にあたる単語がない、というのは、日本人としてなんとなく納得してしまいます。江戸っ子は「宵越しの銭を持たない」、「熱い風呂に入る」、「初ものには大金を使う」というイメージがありますが、九鬼氏は「理想主義の生んだ「意気地」によって「霊化」されていることが「いき」の特色である」とも書いています。

寅さんに「手前、さしずめインテリだな」と突っ込まれそうですが、ぼくは、江戸の粋を「やせ我慢の美学」と捉えています。寅さんも、ぼたんも、われわれ同様、厳しい現実のなかで、辛酸をなめているに違いありません。寅さんはそのつらさを、時折、肉親であるさくらには吐露しますが、基本的には涼しい顔です。それを「美学」としてとらえると、寅さんの「粋」、ぼたんの「粋」に、ぼくらが憧れるのも、なんとなく納得できます。

さてこの回の主題歌の二コーラス目にこんな歌詞があります。

あてもないのに　あるよなそぶり
それじゃ行くぜと風の中
止めに来るかとあと振り返りゃ
誰も来ないで　汽車が来る

まるで映画の一場面のような、寅さんの家出の状況が、寅さんの心情とともに唄われています。ちなみに、この主題歌は第十七作から第十九作にかけての三作のみで使われています。作詞家の星野哲郎さんが創りだした「男はつらいよ」主題歌に、原作・脚本・監督の山田洋次監督が新たに加えた歌詞です。「あてもないのにあるよなそぶり」は、江戸っ子の「やせ我慢の美学」です。山田洋次監督は、寅さんを、ただの「粋な男」として描くのではなく「粋を気取る男の内実」まで、時には笑いだったり、時には寂しさだったり、さまざまなかたちで、映画のなかで描いています。

それをぼくは「寅さんの人間的魅力」と捉えています。「釣りはいらねえよ」とポンと財布を出す「粋」と、「五百円しか入っていない」という「現実」。それがセットになってはじめて、寅さんという人物の「粋」を考えることが出来るのです。

先日、女優の岡本茉利さんから、第十七作『寅次郎夕焼け小焼け』のシナリオ第一稿を見せて頂きました。当初予定されていたタイトルが印刷されていました。『男はつらいよ 柴又の伊達男』です。「伊達男」とはご存知の方も多いと思いますが、伊達政宗が豊臣秀吉に嫌疑をかけられた時に、白装束で上方に現れ、人々が「伊達男」と呼んだのが語源と言われています。当時は「ばさら(派手な出立ち)」のニュアンスで使われていましたが、粋な男を指すことばでもあります。

寅さんは「粋でありたい」と心掛けています。特に旅先では。それが江戸っ子、東京人としての矜持なのでしょう。同時に渡世人として、身綺麗の良さを心がけている。心がけているうちに身に付いたものが、ここぞという時に出てくる。それが、龍野でのぼたんとの出会いの時に発揮されたのです。

「粋」とセットのことばに「鯔背《いなせ》」があります。「粋で鯔背な」と使いますが、この「鯔背」は江戸時代の日本橋魚河岸で流行したヘアスタイルが語源。魚の鯔(イナ=ボラのこと)の背びれに似ていることから「鯔背銀杏《いなせいちょう》」と呼びました。ここから魚河岸の若者のように、粋で勇み肌を「鯔背」と呼ぶようになったそうです。

「伊達男」の寅さんの「粋」、ぼたんの「鯔背」……。ぼたんも寅さんも、お互いの中に深くは立ち入らない。芸者とお客さん。それだけの関係と割り切っている。そこで歯切れの良いやりとりになるわけです。寅さんが龍野を立つ朝のこと。ぼたんは寅さんを見送りにやってきます。前日の昼間、昼食の蕎麦屋で会った時同様、営業用の着物姿でなく、普段着の、飾らないスタイルです。「ゆんべ寅さんが好きだって言ってた、あれ」とお土産を持って。

寅さんの「おう、ぼたん、いずれそのうち、所帯持とうな」とぼたんの「ほんま？　嘘でも嬉しいわぁ」も「粋」です。お互い、面倒くさいしがらみがないから、でもあるのですが、このやりとりには惚れ惚れとします。

渥美清さんと太地喜和子さんの、俳優として、女優として、持っているもののチカラなのですが、二人の相性は抜群です。行きずりと割り切っているからこそでもあるのですが、同時に、この時の心地よさが、それぞれの心に残ります。それが、相手を意識する、恋愛感覚の萌芽でもあるのです。

少なくとも寅さんに関しては、柴又に帰ってからの、いつもの展開で明らかです。おばちゃんが一生懸命作ったおかずにも手をつけずに「龍野ではな」と溜息まじりに過ごしていることを、さくらが御前様に相談する場面があります。さくらは「ひょっとしたら、兄はその芸者さんの誰かを好きになっちゃったんじゃないかと」と懸念しています。それが的中するのが、ぼたんの来訪シーンです。

映画は、ここから「粋」な龍野芸者のぼたんの抱えている屈託を浮き彫りにしていきます。若い時から、妹と弟を、女手ひとつ、芸者で稼いで育ててきた苦労人のぼたんが貯めた、なけなしの二百万円を、詐欺まがいに搾取してしまった男の存在が明らかになります。寅さんは、ぼたんの為にひと肌脱ごうとします。しかし相手はしたたか者、苦労人のタコ社長が交渉に同行。その鬼頭（佐野浅夫）は、法律の網の目を潜って悪いことをしている男。ぼたんの誠実も、社長の同情も、まったく役に立ちません。そこで寅さんが立ち上がります。

やくざ映画なら、ここから理不尽な巨悪に対して、孤高のヒーローが、派手な立ち回りをして、観客の溜飲を下げるのですが。寅さん、肝心の行き先を知らないので、それが笑いとなります。でも、ぼたんは、寅さんが、自分のために、覚悟を持って行動したことに感激します。

この瞬間、寅さんとぼたんは相思相愛となるのです。その二人の感情が、この作品に多幸感をもたらしてくれるのです。寅さんはいつもマドンナに「幸せになれよ」「あんたが幸せになってくれりゃ、いいと思う」とことばをかけてきました。しかし、ぼたんは「私幸せや、今とっても幸せ」とその気持ちをことばにするのです。

ぼくらは、寅さんの気持ちにふれ「今、とっても幸せ」と感動しているぼたんの心にふれ、幸せな気持ちになるのです。最初は、お互いに立ち入らないことを矜持としていた「粋」な二人が、お互いを想い合うようになっていく。『寅次郎夕焼け小焼け』の魅力はここにあります。そして何より、ラストの爽快さに尽きます。寅さんがマドンナの幸せを願って、その後を訪ねるというラストは第二十七作『浪花の恋の寅次郎』などでありますが、ここではぼたんと二人で「幸せをかみしめる」シーンが用意されています。あの「東京はどっちだ」の幸福な感覚は、ぼたんと寅さんだからこそ、なのです。

二〇一二年八月三日

熟練の味

シリーズ最高傑作の誉れの高い、第十七作『寅次郎夕焼け小焼け』は、いつ観ても、何度観ても発見があります。かつて山田監督は、第七作目頃「逆さにしても血も出ない」ほど、苦しみながら、シリーズの物語を紡ぎ出してきました。回を重ねるほどに、寅さんのキャラクターはよりイキイキとして、ファンのなかで、それぞれの「寅さん像」が作り上げられて来ました。作品を観ているとわかりますが、第十五作『寅次郎相合い傘』に始まる傑作群は、寅さんという人物が、山田監督、渥美清さん、そしてファン、それぞれのなかで息づいていて、「寅さんならこうする」「寅さんと出会ったら、こういう人はどうなる？」という行動や展開への期待が、それまでより一層、強く、深くなってきたのだと思います。

このシリーズが全四十八作も作られた大きな礎は、やはり十五作から十九作にかけての黄金の傑作群あればこそです。特に、播州龍野のきっぷの良い芸者ぼたんと、寅さんが織りなす『寅次郎夕焼け小焼け』は、楽しいだけではない、『男はつらいよ』を観る喜びにあれている作品です。

劇団民藝のベテラン、宇野重吉さん扮する日本画家・池ノ内青観の孤独を、山田監督は掘り下げて行きます。寅さんが上野の焼き鳥屋で、決して裕福そうに見えない、無銭飲食寸前の老人に、優しくしたことがすべての始まりです。可哀想な老人を「とらや」に連れてきてから巻き起こる騒動！人の良い「とらや」の人々は、迷惑な顔をしながらも、善意が勝って、傍若無人ともいうべき、この老人の我がままを聞いてしまいます。

　老人が泊まった翌朝、腹を立てたおばちゃん、おいちゃんに変わって、タコ社長が「おばちゃん、年寄りだと思って甘やかすことないんだよ。付け上がって図々しくなるばかりなんだから」と意を決して意見を言いに、老人の泊まっている二階へと上がります。ところが、老人、臭いオナラを放り出した後、「君、蒲団片付けてくれ」と社長に指図をします。不思議な威厳に気圧された社長、言われるがまま蒲団を上げてしまいます。このおかしさ。

　山田監督の語り口は、少年時代から愛してきた落語の名人芸のようです。傍若無人な老人に振り回される「とらや」一家の人の良さ！

　その日、寅さんは、西新井大師の縁日に、源公をつれて、サルの玩具のバイに出かけています。前の晩、老人としこたま飲んだ寅さん、二日酔いで全く調子が出ません。「なぁ、大師の縁日だからって、無理に来ることはなかったよ」といささかグロッキー。この西新井大師は、足立区にある名刹です。テレビ版「男はつらいよ」の舞台をどこにしようか？というときに、真っ先に候補に上がったそうです。そこに寅さんがいる、というだけで「寅さん脳」はニコニコします。

　その夜、寅さんが帰って来ての夕餉のとき、寅さん「ほほう、やるねえジイさん、ええ、それでどうした？」とその日の話を家族に聞きます。夕方五時ごろに起きてきた老人は「君、ここは一体どこだい？」とさくらに訊きます。葛飾柴又の帝釈天の参道です、と答えたら「ほお、じゃあうなぎの美味いところだ。夕食はうなぎがいいな」と言い出したと、さくらの口から語られます。

「描かれていない出来事」なのに会話だけで、観客のイメージのなかで広がってゆく名シーンです。いつもは寅さん中心の茶の間の会話ですが、不在だった寅さんや博に、昼間の経緯を、さくらやおいちゃんが思い思いに話すのです。しかも、それぞれが老人の口まねをして、というのもおかしいです。宇野重吉さんの物まねをする「とらや」一家。ここは見ものです。ここでは、寅さんは聞き手に徹しています。しかもおいちゃんが、滔々と話すのです。寅さんのお株をとって、「おいちゃんのアリア」です。

「だから言ってやったんだよ。うなぎなんてモンはな、我々額に汗して働いてる人間たちが、月に一度か二月に一度、なんかこう、おめでたいことでもあった時に「さ、今日は一つうなぎでも食べようか」って、大騒ぎして食うモンなんだ」と説教したら、そのまま出て行ったので、家族はひと安心。

ところが、ほどなく老人が帰って来ます。門前の鰻屋で、しこたま飲んで、例によって無一文なので、付け馬と一緒です。おいちゃんは「畜生、もう我慢できねえ」と怒り心頭。そこで寅さん「いいから、おいちゃん、今日のとこは俺が代わって払っておくからさ」と太っ腹なところを見せます。しかし寅さん、伝票を見て「うなぎと酒でもって六〇〇〇円か？勉強したな」と、老人顔負けの浮世離れぶりを発揮します。非常識もここまで来ると天晴れです。これが「男はつらいよ」シリーズの落語的な魅力でもあります。

そして翌朝、寅さんが皆の憤懣やるかたない気持ちを代弁して、老人に、懇々と意見をします。

浮世離れした老人の前では、寅さんが常識人に見えるから不思議です。この滑稽さこそ、落語的です。そして老人は、寅さんに筆と紙を持って来るように言いつけ、おもむろに絵を描きはじめます。それを神田神保町の大雅堂に持っていけば、海坊主のような顔した親父がいるから、幾らかにはなるだろうと、寅さんに頼むのです。

これは古典落語の「抜け雀」のバリエーションです。小田原宿のとある旅籠にやってきた男が「内金に百両も預けておこう」とデカイことを言います。その男、七日間、散々大酒を呑んで、ゴロゴロしているばかり。亭主は、おかみさんに尻を叩かれ、そろそろ内金を入れて欲しいと、男に頼みます。しかし男は「金はない」。ほとほと困った亭主に、自分は絵師だと名乗った男、宿屋にある立派な屏風に、一気に絵を書き上げた。その絵には雀が五羽。それが抜け出して自由に飛んでは、絵の中に戻る。それが評判となり、宿屋は繁盛する、というのが前段の噺です。この「この抜け雀」は、第二十九作『寅次郎あじさいの恋』の「寅の夢」のモチーフとなりました。

さて寅さん、老人に言われたように、神田の大雅堂へとやってきます。神保町にある古書店「大屋書房」でのロケーションです。寅さんが新宿通り沿いを歩くショットで、道路が工事で騒然としていますが、これは都営地下鉄新宿線を敷設している頃の撮影だと、映像から見てとれます。書店内もロケーションだということが、この書店に入るとよく判ります。昭和五十一年の作品ですが、現在もほとんど変わらないのが嬉しいです。

その店内には、海坊主のような親父さんがいます。演ずるは、劇団民藝で宇野重吉さんに師事していた大滝秀治さんです。寅さんの持参した絵を見て「青観？人もあろうに青観の名を騙るとは。いいかね、青観とは日本画の最高峰だよ」と一笑に付しますが、よくよく絵を見て、買い取ることにします。

ここから、シリーズ屈指の爆笑名場面が展開されます。寅さんは千円のつもりなのに、店主は一万円からどんどん値段を、自らつり上げるのです。店主は、どうしても青観の絵が欲しい。その欲望が何にも勝ってしまうのです。これも落語的なシチュエーションですが、これは、山田洋次監督が五代目柳家小さん師匠のために書き下ろした新作落語「真二つ」のバリエーションでもあります。

江戸の骨董屋が、成田山詣りの帰りに農家の縁側で弁当を使わせてもらっていると、目の前に名刀「魚切丸」が、大根を干すための竿として使われていることに気づきます。これを転売すれば、大変な儲けになると思った骨董屋、農家の主人と駆け引きをはじめます。しっかり者の農家の女房、十文か二十文で売ろうとする、お人好しの亭主の尻を叩いて、亭主は三分(一両の四分の三)でないと売らないと指を三本立てます。しかし骨董屋は「もっと負けろ」と掛け合います。三十両と勘違いしていたからです。

第七作『奮闘篇』に沼津駅前のラーメン屋の親父さんとして出演している柳家小さん師匠の落語の世界が、「男はつらいよ」で再現されているのです。

『寅次郎夕焼け小焼け』の面白さは、こうした落語的笑いがバックボーンになっているから、でもあるのです。

二〇一三年七月三十一日

第十八作　男はつらいよ 寅次郎純情詩集

一九七六年十二月二十五日

ふたりのナベさん

長野県上田市の別所温泉で、馴染みの旅芝居・坂東鶴八郎一座と再会した寅さん。東映時代劇の悪役で知られる名傍役の吉田義夫さん扮する座長と、「いなかっぺ大将」(一九七〇~一九七二年)などのアニメの声優としても親しまれていた岡本茉利さん扮する一座の花形女優・大空小百合は、寅さんが旅先で心を通わす、いわば旅先の「家族」です。第八作『寅次郎恋歌』の冒頭、雨にけぶる四国のとある漁港(ロケは三浦海岸)で、お客が一人も来ないと嘆いていた座長に寅さんが優しくことばをかけます。

「今夜中にこの雨もカラッと上がって明日はきっと気持ちのいい日本晴れだ。お互いにくよくよしねえでがんばりましょう。」

寅さんもまた、お天道様のご機嫌次第、活かされもすれば、食いっぱぐれる事もあります。「テキヤ殺すにゃ刃物はいらぬ、雨の三日も降れば良い」です。一座にとって、客の不入りは死活問題。それが痛いほどわかる寅さんは「明日は日本晴れ」とポジティブなことばで励ましたのです。

『寅次郎恋歌』のラスト、失恋した寅さんが甲州路で、坂東鶴八郎一座に再会するシーンは、もちろん気持ちの良い日本晴れでした。それから五年後、寅さんは信州で、一座と久しぶりに邂逅するのです。

さて、長野県上田市の別所温泉の芝居小屋で、座長に「私どもの御贔屓」と舞台で紹介され、まんざらでもない寅さんは、宿に一座を呼んで、ひと夜、楽しい宴会でもてなします。座長たちは、寅さんをパトロンと慕い、寅さんもちょっとしたお大尽気分です。

もちろん「あてもないのに、あるよなそぶり」であることは、観客が一番良く知っています。翌朝、気分よく、一座を送り出した寅さん。それからは、想像通り、警察へ出向くことになります。

こういう時の後始末は、寅さんにとって、たったひとりの妹であるさくらの役目です。連絡を受けたさくらは、あきれ果てながらもお兄ちゃんを心配して、別所警察署へと、寅さんを迎えに行きます。しかし、肝心の寅さんは、留置されて改心しているかと思いきや巡査はのんきに「今、風呂に行ってます。」

対応した渡辺巡査（梅津栄）の自然な態度で、寅さんがここでどう過ごしていたかが、よくわかります。びっくりしているさくら。しかも寅さんは、警察の署員にコーヒーまでご馳走していたことが判明します。もちろんツケで。そこへ寅さんが風呂から帰ってきます。

「いい雰囲気の警察でしょう。あと、二、三日ゆっくりしようかって思ってたんだよ。」さくらが怒るのもムリはありません。しかし、のんきなのは寅さんだけでなく、渡辺巡査もです。駅まで寅さんとさくらをパトカーで見送り「今度はご家族同伴で、ぜひ（当温泉に）お出掛けください。寅さん、寂しくなるねぇ、あんたがいなくなると。」別れ際のことばです。

演じるは梅津栄さん。『七人の侍』（一九五四年・黒澤明）などに出演した俳優、木村功さんの付人となり、一九五〇年代の東映映画のバイプレイヤーとして活躍、テレビや映画で、悪役からコミカルなキャラクターまで幅広いレパートリーで、文字通りの名傍役として活躍されています。第二十六作『寅次郎かもめ歌』では定時制高校の生徒、第三十一作『旅と女寅次郎』では芸能記者、第三十五作『寅次郎恋愛塾』では旅の雲水など、シリーズでも様々なキャラクターを印象的に演じてきました。その梅津さんのトボケた味が楽しめるのが『寅次郎純情詩集』のナベさん役です。

好人物の巡査は、山田洋次監督の作品にはしばしば登場します。倍賞千恵子さんがギャラクシー賞に輝いた、山田脚本のドラマ「遥かなるわが町」（一九七三年・TBS）で米倉斉加年さんが演じた木訥とした巡査がそのまま「男はつらいよ」での米倉さんの巡査となったと、米倉さんが「みんなの寅さん」で話してくださいました。

高倉健さんのもう一つの面を引き出した、山田洋次監督の名作『幸福の黄色ハンカチ』(一九七七年)にも、実は好人物のお巡りさんが登場します。高倉健さん扮する主人公・勇作が、服役中に運転免許が切れてしまい、無免許運転として警察の取り調べを受けることになります。そこへ現れるのが、かつて勇作が世話になった「ナベさん」こと渡辺係長なのです。演ずるは、渥美清さん！ここでは、渥美さんが「警察のナベさん」としてスクリーンの笑いを誘います。

この警察のシークエンスには、ラーメン屋の出前持ちとして大空小百合さんこと岡本茉利さん、夫婦喧嘩の愚痴をこぼすおばちゃん役の三崎千恵子さん、「男はつらいよ」でおなじみの面々が次々と出てきます。

渥美さん扮するナベさんは、勇作に優しくことばをかけます。

「うん、まぁ、あれだな。つらいこともあるだろうけど、辛抱するんだな、一生懸命辛抱してりゃきっといいこともあるよ」

寅さんが座長にかけたことば……

ナベさんが勇作にかけることば……

山田洋次作品は、心優しきことばの宝庫です。繰り返し観るたびに、こうした珠玉のことばが、われわれの心に響いてくるのです。

二〇一一年八月五日

星降る夜の寅次郎

「寅さん、また、きっと来てくださいね。娘がいない時の私はほんとうに一人きりで寂しいんですもの。分かっています。親娘に送られて表に出る。降るような星空だよ。」

この「降るような星空だよ」ということばで、寅さんのアリアを聞きながら、ぼくらの頭の中のスクリーンに映像が拡がります。京マチ子さんが薄幸のマドンナ・柳生綾を演じた第十八作『寅次郎純情詩集』は、「愛と死」をテーマに、人が生きていくこと、人を想うことの尊さを描いた感動篇です。ヒロインが亡くなるのは、作り手としては「禁じ手」かも知れません。しかし、文学や映画の世界では「難病もの」や「愛妻もの」といったジャンルが古くからあります。

劇中、長野県の別所温泉で坂東鶴八郎一座が上演している、徳富蘆花の「不如帰」は、日本のメロドラマのルーツ的な物語です。浪子は、夫の海軍少佐・川島武男が日露戦争で出征している間に、結核を理由に離婚を強いられます。継母や姑の冷たい仕打ちを受け、それでも夫を慕うヒロインのいじらしさをタップリと描いたところで、病魔で亡くなってしまう浪子。

「ああ、人間はなぜ死ぬのでしょう？ 生きたいわ、千年も万年も生きたいわ。」の台詞は、芝居などを通して、明治時代から広く知られ、数々のパロディの対象にもなっています。

たとえばエノケンこと榎本健一と二村定一のヒット曲「ラブ草紙《ぞうし》」（一九三一年）にも「啼《な》いて血を吐く思いの不如帰」というフレーズがあります。

こうした定番の悲劇を「男はつらいよ」の世界でどう描くか？ シリーズ十八作目を迎えて、山田洋次監督はあえて「大悲恋」に挑戦。おそらく、マドンナに戦後日本映画を代表する大女優・京マチ子さんを迎えたことで、この物語を着想したに違いありません。

実家の柳生家が戦後没落し、戦争成金との政略結婚を余儀なくされた綾が、一人娘・雅子（壇ふみ）を産んでほどなく、病気を理由に離縁され、それから病と闘いながら二十数年の歳月が流れます。三年ぶりに病院を退院して、これから余生を過ごそうと想った矢先に、ある男性と運命的な出会いをします。しかしその退院は快癒ではなかったのです……。

まさしく往年のメロドラマのような筋書きです。ただ、運命的な出会いをするのが「寅さんだったら？」ということで、これが「男はつらいよ」の世界になってしまうわけです。

こうした本歌取りは、冒頭の「夢」ではしばしば行われています。しかし本編で描くということは、やはり冒険だったと思います。苦労を重ねてきたヒロインが、その人生の最後に、寅さんと出会い、ふれあうことで、幸福な気持ちで、生きている喜びを味わうのです。武者小路実篤の「愛と死」を映画化した石原裕次郎さんと浅丘ルリ子さんの『世界を賭ける恋』（一九五九年）や、吉永小百合さんと浜田光夫さんの『愛と死をみつめて』(一九六四年)という作品がありますが、この『寅次郎純情詩集』もまた、そうした「愛と死」を描いているのです。

しかもパロディではなく真正面から向き合っています。そのために綾という女性を、単なる悲劇的なヒロインではなく、チャーミングに描いています。綾の「世間知らずなお嬢さんぶり」や、かつてタコ社長が恋い焦がれた女性の魅力を、京マチ子さんは、出て来るだけで表現します。さらに、その肉体が放つ「妖艶さ」さえも感じさせてくれるのです。

これは、ぼくの憶測ですが、山田監督は綾を描くにあたって、京マチ子さんのなかにある「魔性の魅力」、はたまた「幽冥」のムードをうまく引き出しています。名匠・溝口健二監督に『雨月物語』(一九五三年)という名作があります。江戸時代、上田秋成によって書かれた読本を映画化したもので、ここで京マチ子さんは「蛇性の淫」をモチーフにしたエピソードで、魔性の女・若狭を演じています。

主人公・源十郎(森雅之)が、上臈《じょうろう》風の美女・若狭に誘われるまま、彼女の住む朽木屋敷を訪ね、饗応を受け、彼女に耽溺していくと、実は若狭はこの世の人ではなかった……。という展開です。織田信長に滅ぼされた朽木一族の悲劇と相まって、切ない物語でした。この映画の京マチ子さんは、黒澤明監督の『羅生門』(一九五〇年)のようなセクシーな肉体派ではなく、この世のものとは思えない儚い美しさを湛えていました。あの世とこの世を往来し「幽冥」を彷徨う美女です。

『寅次郎純情詩集』に『雨月物語』を感じたのは、綾が病院を退院して、久し振りに柳生家に帰ってくるシーンです。主がおらず、荒れ放題の庭、朽ち果かけているかのようなセットは、まるで『雨月物語』の朽木屋敷のようです。京マチ子さんは「幽冥」から現世にあらわれた美女という雰囲気すらあります。裏読みかもしれませんが、映画を観る楽しみは、こうした想像をすることにもあります。

さて、このお屋敷で、綾を迎え入れるのは、ベテラン女優の浦辺粂子さん扮するばあや。浦辺さんも、京マチ子さんと同じ大映出身の女優さんです。二人が共演するのは、映画ファンなら納得です。松竹映画なのに大映作品を観ているかのような印象です。

京マチ子さんと浦辺粂子さんといえば、ぼくは成瀬巳喜男監督の『あにいもうと』(一九五三年)を思い出します。ここで浦辺さんが演じたのは、京マチ子さん扮するヒロイン・もんの母・りき。室生犀星の「あにいもうと」は、山田洋次監督もしばしばモチーフにしている作品で、渥美清さんと倍賞千恵子さん共演で、山田脚本による「東芝日曜劇場」が放映されたことがあります。

それから、綾は娘で満男の産休教師である雅子(檀ふみ)と「とらや」を訪ね、おばちゃんたちと懐かしの対面をして、寅さんと運命的な出会い(子供の時以来の再会)をします。そこからは、幸福な時間が流れます。出会ったその足で、綾たちを見送りにいったまま、寅さんは晩餐をごちそうになります。あの荒れ果てた朽木屋敷のような柳生家でしたが、綾が戻ってきて、寅さんが訪ねるようになると、まるで紅を差したみたいに、イキイキとしてきます。

寅さんは、毎日のように綾を訪ねたり、水元公園へと出かけたり、「とらや」に食事に招いたりと、本当に楽しい日々が続きます。しかし綾の生命がそう長くないことを、さくらは雅子から聞いているので、その悲しさ、切なさが観客の胸に迫ります。茶の間で、みんなで、綾がどんな商売をしたらいいだろう、とワイワイ話すシーンがあります。

「忘れた頃にポツリポツリと客が来る。これがみんな上品な懐豊かな女の客ばかり、何やら楽しい話をしているうちにいつのまにかスッと品物が売れてる。」

およそリアリティのない話をする寅さんに、一同、ドッと笑うのですが、雅子とさくらの表情は曇っています。これがまたリアルで切ないのです。この時の茶の間の会話は、後になって「あの時、ああいう話をしたのに」と、この場にいる誰しもが思う、そんな場面です。ラスト、再び、寅さんが旅立つことになり、柴又駅までさくらが送ります。向かいのホームにはねんねこ半纏《ばんてん》に赤ちゃんを背負ったお母さん、そして結婚式帰りの若い娘たちの姿があります。明日に続く「生」を描いているのです。

「俺、あの時からずうっと考えてたんだよ。いい店あったぞ」とさくらに話します。「花屋よ。いいだろう。え、あの奥さんが花ん中に坐ってたら、似合うぞ。」

もはや「叶わぬ夢」なのですが、これが、寅さんの綾への素直な気持ちです。この直前のシーンで、雅子は寅さんに「お母様のこと愛してくれてたの?」と質問をしますが、寅さんは例によってはぐらかしてしまいます。でも、この駅のシーンで、寅さんの気持ちは、ハッキリさくらと観客に伝わります。この『寅次郎純情詩集』は、人を想うことの大切さを、ぼくたちに気づかせてくれるのです。

二〇一二年八月十一日

ロケ地めぐりの愉しみ

先日、第二十六作『寅次郎かもめ歌』のオープニングとエンディングのロケ地である徳島県、第八作『寅次郎恋歌』と第三十二作『口笛を吹く寅次郎』の舞台となった岡山県備中高梁市へと、ロケ地探訪の旅に行ってきました。

備中高梁は、博の父・飈一郎(志村喬)の終の住処となった土地です。『口笛を吹く寅次郎』では、その三回忌に出席したさくらと博、満男が、なんとお坊さんになっている寅さんと再会するという、爆笑シーンが繰り広げられました。寅さんが納所坊主となった蓮台寺は、瑠璃《るり》山《さん》薬師《やくし》院《いん》泰立《たいりゅう》寺《じ》という名刹でロケが行われました。

映画公開から三十年経った今も、変わらぬ佇まいでした。第八作では、寅さんと飈一郎がお酒を買いに行き、第三十二作ではひろみ(杉田かおる)の実家として登場した白神食料品店も健在でした。ロケ地めぐりは、映画を追体験できる楽しい旅でもあります。

さて、平成二十四(二〇一二)年十一月、第四十作『寅次郎サラダ記念日』のロケ地である長野県小諸市に向けて、ファンの方々と一泊二日のツアーをご一緒しました。平成二十三年十二月から定期的に続けてきた、松竹とぴあの共同企画「男はつらいよ in 柴又帝釈天」の特別篇としての旅行です。シリーズの監督助手を務められた五十嵐敬司さん、大空小百合役の岡本茉利さんも一緒だったので、当時の裏話や映画に登場した意外な場所の検証など、なかなかディープなツアーとなりました。

二日目は、第十八作『寅次郎純情詩集』の舞台となった、長野県上田市の別所温泉へと向かいました。途中、上田電鉄別所線の中塩田駅に立ち寄りました。

ここは、冒頭の夢のシーンが終わり、寅さんが目覚める場所でもあったからです。

『アラビアのロレンス』（一九六二年）よろしく、アレキサンドリアの星と謳われた伝説の男「アラビアのトランス」の夢を見ていた寅さん、床屋の蒸しタオルのあまりに熱さに、目が覚めてしまったのです。床屋の主人に扮したのは、小道具・装飾スタッフであり、備後屋を演じることになる露木幸次さん。

撮影が行われたのは、中塩田駅にほど近い「フジタ」という床屋さんでした。ぼくたちは、この場所をロケ地として見つけた五十嵐敬司さんとともに、中塩田駅の駅舎、ホームに立って、この「フジタ」さんを探しましたが、なかなかそれらしい建物はありません。もう取り壊されてしまったのか？　一同があきらめかけていると、流石、監督助手だった五十嵐敬司さん、近くを歩いている婦人に声をかけています。婦人から、随分前にお店は閉められたけれども、家は同じ場所にあります、という有力な証言を得て、その場所に行くと、確かに、映画の床屋さんと同じ位置です。

これがロケ地探訪の醍醐味でもあります。駅舎は、ペイントされてレトロな雰囲気を醸し出していますが、撮影当時のままの建物です。『寅次郎純情詩集』は、ぼくが中学一年生のときに公開された作品です。ぼくは映画当時のままに残っている建物や路地を「映画遺跡」と呼んでいますが、そういう意味では別所温泉駅も、寅さんが降り立った時のまま、同じ場所に、同じ佇まいで建っていました。それを当たり前ととるか、感激するかで、ロケ地巡りの醍醐味が変わってきます。

寅さんやさくらが、この駅まで乗ってきたのはモハ５２５０丸窓電車です。昭和二（一九二六）年に製造され、昭和六十一（一九八六）年まで現役でした。この丸窓電車は、別所温泉駅のほど近くに、静態保存されています。一行は、丸窓電車の前に立ち、持参した寅さんの衣裳とトランクを持って記念写真を撮りました。

次の目的地は、駅から歩いて十分ほどのところにある、北向観世音です。第八作『寅次郎恋歌』で寅さんと出会った、旅役者・坂東鶴八郎一座と再会するのが、この北向観世音への参道入り口でした。岡本茉利さんも一緒だったので、みんなでこのシーンを再現しました。

この境内にある愛染カツラの樹が、映画『愛染かつら』(一九三八年)とその原作のモデルになり、主題歌「旅の夜風」の作詞にあたり、西條八十が、この地を訪れています。

続いて、五十嵐敬司さんの案内で、訪れた境内では、一座が「不如帰」を演じた芝居小屋を立てた場所を特定することができました。そして、先ほどの参道入口には、寅さんが泊まった宿・いづみ屋旅館として撮影に使われた、土産物屋・三楽の建物がそのまま残されていました。

「不如帰」を観に行った寅さんを、座長はこんな風に紹介します。「芝居の途中でございますが、皆様に、お知らせいたします。本日の客席には、昔から私どものごひいきの、わざわざ東京から駆けつけてくださいました。車寅次郎先生です。」これですっかりご機嫌、旦那気分の寅さんは、その夜、いづみ屋旅館に一同を招待して、宴会を振る舞います。もちろんお金の持ち合わせがあるわけではありません。

その翌朝、一座は次の興行地へと旅立つ前に、寅さんにお礼を言いにやって来ます。寅さんの「しっかりやれよ。またいつか、日本のどっかできっと会おうな」には、同じ渡世を生きる旅の仲間への精一杯のエールと、連帯が感じられます。しかし、寅さんにとって、気分が良かったのはここまでです。一座を見送った後のシーンです。

女中(谷よしの)が請求書を持ってきます。そこで寅さん「これ、昨夜の宴会の分も?」「じゃあの、ねえさん、すまないけど下に行ってね、あの、ご主人にちょっとお話がって言ってくれる?」

「あてもないのに あるよなそぶり」の寅さん。じたばたしても仕方ありません。覚悟をして、宿屋の主人を呼びます。その後どうなったのかは、次のカットで明らかになります。

別所警察署からの電話を受けたおばちゃん「さくらちゃん、大変だよ。寅ちゃんがね、無銭飲食で捕まっちゃったんだよ」と大騒ぎです。「とらや」は客商売です。曲がりなりにも、その跡取りである寅さんが、宿代を払えずに警察ホテルの厄介になるなんて、もってのほか！と、おいちゃんは激怒です。そこでさくらが、別所温泉へとやって来るのですが、その時に乗っていたのが、例の丸窓電車です。

ことほど左様に映画のロケ地をめぐる旅は、実に楽しいです。東京だけでも、柴又界隈を散策したり、寅さんがバイをした、浅草の浅草寺二天門や、西新井大師などを訪ねて、どこに寅さんが立っていたのか？どこにキャメラがあったのかを検証するのも楽しいと思います。

とはいえ、映画というのは、細かいカットの積み重ねで撮られていて、何カ所かで撮ったものを編集で一カ所に見せていることも少なくありません。

例えば第三十二作『口笛を吹く寅次郎』のロケ地を訪ねて判ったことは、ひろみが一道（中井貴一）の乗った列車を見送る踏切は、ガイドブックにあるJR伯備線の「伊賀谷川の踏切」だけでなく、博の実家を撮影した武家屋敷通りを抜けたところにあるもう一カ所の踏切で撮影されていたことでした。そうした補完をするのも、また旅の楽しみです。

二〇一三年八月七日

第十九作　男はつらいよ 寅次郎と殿様

一九七七年八月六日

鞍馬天狗、柴又にあらわる

昭和四十四（一九六九）年にスタートして以来、お正月とお盆の顔となった「男はつらいよ」シリーズのヒットで、映画館から足が遠のいていた人々も、年に二回の新作を楽しみに劇場に足を運ぶことになりました。毎回趣向を凝らした展開で、日本中を明るい笑いに包んできたシリーズも八年を迎え、マドンナだけでなく、毎回のゲストもファンのお楽しみとなっていました。

第十九作『寅次郎と殿様』は、日本映画史に燦然と輝く時代劇スター、嵐寛寿郎さんをゲストに迎えて、寅さんと夢の競演を果たすという、華やかな作品となりました。

渥美清さんにとっても、アラカンさんは少年時代からの憧れのスター。この作品は「寅さんと鞍馬天狗」、日本映画が生んだ二大ヒーローの夢の競演でもあります。冒頭、「寅の夢」で、寅さんは鞍馬天狗になって、満男（中村はやと）演じる杉作とともに、颯爽と京の都で、悪人ばらを斬ります。寅さんはチャンバラが大好きで、題経寺で、源ちゃんや子供たちとチャンバラごっこに興じて、御前様に叱られたことがあります。寅さんのチャンバラ姿は、美しく、サマになっています。

旅先の四国は伊予大洲の城址で、寅さんのなけなしの五百円札が空にヒラヒラ舞い、大慌て。そこで、たまたま下を歩いていた、伊予大洲藩十六代当主・藤堂久宗（嵐寛寿郎）がお札を拾います。

寅さんは「御礼をするのが決まりだから」と、殿様に茶店でラムネとアンパンを御馳走します。それに対する返礼として、殿様は寅さんを屋敷に招いて饗応をして、二人の不思議な友情が始まります。殿様には、そこにいるだけで、誰もがひれ伏すような威厳があります。問答無用のチカラを備えているのは、さすが鞍馬天狗を演じ、天皇役者と言われただけのことはあります。

この物語は、やはりアラカンこと嵐寛寿郎さんなくしては成立しません。他の俳優、スターでも、この味は出ません。山田監督のシナリオも、アラカンさんありきの宛書きで、練りに練られています。

余談ですが、シリーズでおなじみの旅役者・坂東鶴八郎一座とアラカンさんが、他の映画で競演したことがあります。第二十二作『噂の寅次郎』の同時上映作『俺は田舎のプレスリー』（満友敬司監督）で、坂東鶴八郎一座に入れあげる、東北のりんご園の大旦那役を演じて、ファンを喜ばせてくれました。

さて『寅次郎と殿様』で、特におかしいのは、藤堂家に仕える執事の吉田を演じた、三木のり平さん。軽佻浮薄というか、その場の取り繕いだけはうまく、殿様のわがままも、はいはいと聞いていながら、どこかで醒めています。まさにのり平さんにピッタリです。のり平さんは、かつて東宝で、森繁久彌さんの「社長シリーズ」で、社用族の権化のようなC調な営業課長を好演していました。なにかにつけて「宴会ですか？ 芸者を総揚げして、パァーッと行きましょう！」と、会社のお金で遊ぶ事ばかり考えている、そんな役を愉しそうに演じていました。この吉田執事もそのタイプ。

殿様の忠実な配下のような顔をしながら、その自由さに辟易しているので、殿様が連れてきた客に対するあしらいもいい加減。「昼御飯を食べたら、すぐ帰ってくださいよ」と、ぞんざいに寅さんを追い帰そうとする、寅さんはそういう空気に敏感だから、吉田執事に対して開き直る、そのあたりがおかしいです。喜劇映画のキャスティングとしても強力です。殿様が「寅次郎君がな」と言っただけで「お気をつけ遊ばして、お帰りはこちらでございます」と帰そうとする。そこで殿様「たわけ！　わしの客と見れば片端から追い帰さんとする己が魂胆、最早勘弁あいならん」と、殿様の怒りのボルテージがあがって、床の間の刀を抜きます。

寅さんは「殿、殿中でござる」と、羽交い締めに抱きとめ、吉田執事は「殿ご乱心でござる」と素早く部屋を飛び出して行きながら「あーあ、宮仕えはつらいね」とボヤく。ほとんど子供のチャンバラごっこのノリです。

ことほど左様に、かつての日本映画が持っていた「お楽しみ」がたくさん入っているのです。吉田執事と寅さんのやりとりも絶妙な喜劇になっています。

この『寅次郎と殿様』には、さまざまな善意がつまっています。殿様が五百円札を拾う善意、寅さんが御礼をする善意。そして殿様のたっての願いを聞いてあげようとする善意。源ちゃんだって、寅さんを手伝って亡くなった次男の嫁・鞠子《まり》探しをします。

そして義理の娘を想う殿様のこころ、複雑な思いはあるにせよ義父を思う娘の心。掛け違うと、面倒で厄介なことになってしまうことも、ちょっとした配慮で、皆が幸せになる。人が人を想うことの優しさに溢れた、お伽話のような、幸福にあふれた『寅次郎と殿様』なのです。

二〇一一年八月十二日

夕映えの江戸川堤

数ある「夏の寅さん」のなかでも「多幸感」ということでは、第十九作『寅次郎と殿様』はダントツです。「愛と死」をテーマにした静謐な前作『寅次郎純情詩集』の後だけに、華やかで賑やかで、笑いが絶えません。

「寅さんの夢」は、ゲストの嵐寛寿郎さんをリスペクトしての「鞍馬天狗」のパロディ。京の五條大橋で、杉作(中村はやと)の危急を救ったさくらに礼を言う、倉田典膳いや鞍馬天狗。タコ社長は座頭市よろしく仕込み杖で、新撰組側の破落戸《ごろつき》に源ちゃん、そして山嶽党の党首には座長(吉田義夫)。東映時代劇の悪役で鳴らした吉田義夫さんの悪辣なメイクと豪快な悪役ぶりが楽しいです。

　山嶽党の党首なのに新撰組の出で立ちをしているのは、寅さんの夢だからでしょうか?「諸君、来たまえ。ここが地獄の門です」。こういう時の渥美清さん、スッとして実にカッコいいのです。立ち回りでは破戒僧スタイルの上條恒彦さんがノンクレジットで出演。楽しいひとときが展開されます。

　楽しさを倍加させてくれるのは、なんと寅さんが帰郷してからの「とらや」での騒動が二つもあること。アパート暮らしの博が満男にねだられて、大きな鯉のぼりを奮発、それを「とらや」の庭で揚げていたところに、寅さんが帰ってきます。しかも満男のためにと、小さな鯉のぼりをお土産に……。それで大騒動となって、いつもなら寅さんはまた旅の人となるのですが、今回は「二階行って、ちょっと休んでくるよ」と分別があります。

　しかし、せっかくの平穏を打ち破ってしまうのが、「とらや」に居着いている犬のトラをめぐっての騒動となります。おばちゃんが「あら、同じ名前だね。私ちっとも気づかなかったわ」と白々しい態度です。おいちゃんの「犬の方はカタカナだろう」との助け舟に、おばちゃん「寅ちゃんは漢字だもんね」とフォローにならないフォローをします。

　お寺にいた迷い犬を、いつしかトラと呼ぶようになり、そのうち「とらや」で飼わなければいけないようになったと、不機嫌な寅さんにさくらが言います。そこで収まれば良いのですが、おばちゃんが「そんな犬可愛がらなくたって、家には立派な寅ちゃんていう犬が」と墓穴を掘ってしまいます。最後にはタコ社長の無神経な行動で、寅さんの怒りは沸点に達します。

　この二つの騒動は、喜劇としても練られていて、しかもレギュラー陣の抜群の間で、シリーズのなかでも屈指の名場面となっています。

　やがて寅さんは伊予大洲で、寂し気なひとり旅の女性・鞠子《まり》(真野響子)との出会いがあり、彼女に親切にし過ぎたために、所持金が小銭と五百円札一枚となってしまって、後悔をしているときに、この五百円札が宙に舞うわけです。

場所は伊予大洲の大洲城址。かつて地獄ヶ嶽城と呼ばれたこの城は、平成十六(二〇〇四)年に市制施行五十周年を記念して復元されていますが、この映画の頃は城址公園でした。ヒラヒラを舞うなけなしの五百円を「天から降ってきたんじゃ」と拾い上げたのが、世が世なら大洲五万石・藩主宗康から数えて十六代目当主・藤堂久宗(嵐寛寿郎)でした。

寅さんは「拾ったら、礼をするのが決まりだよ」と殿様に、ラムネをごちそうします。美味しそうに喉を鳴らしてラムネを呑む殿様。「なかなか甘露じゃのう」のことばに寅さんが喜んで、あんパンまで奮発してしまいます。このあたりの気の遣り方が寅さんなのです。このシーンだけで、幸せな気分になってしまうのが、「男はつらいよ」の素晴しさです。殿様と歩いているだけで、町の人達が頭を下げるので寅さんは「この町の人達は、みんな行儀がいいね、これはきっと殿様のしつけが厳しかったんだよ」と感心。殿様もまんざらではなく、「粗餐を差し上げたい」と寅さんを屋敷に招きます。

浮世離れした殿様と寅さんの二人を眺めていると、ニコニコしてしまいます。この映画に溢れている「多幸感」は、嵐寛寿郎さんと渥美清さん、二人が醸し出す雰囲気が魅力を放っています。そこに、殿様の執事の吉田(三木のり平)が加わるのですから強力です。

この後、題経寺で、満男と源ちゃんがチャンバラごっこをして御前様に叱られる場面があります。というわけで、こうした笑いの場面を、いつもよりもテンション高くちりばめつつ、殿様の死んだ息子の嫁に一目会いたいという願いを、安請け合いした寅さんの奮闘努力が始まるわけです。

やがて、その嫁・鞠子と殿様が「とらや」で無事再会することになり、殿様が店先に着いたときにキャメラが俯瞰となって、殿様が羽織りを両手をピッと伸ばして正す。その仕草がなんともいえず良いのです。

そして殿様が鞠子に「一目お会いした時から、私にはよくわかりました。あなたが傍にいてくださって、克彦はどんなに幸せで」と声をかけ、ことばを詰まらせます。「お父様。私もね、私も、幸せでしたよ」と鞠子。

鞠子との結婚を猛反対していた殿様が、こうして鞠子に会って、心からのお詫びのことばを述べます。第一作『男はつらいよ』の博の父(志村喬)、第十三作『寅次郎恋やつれ』の歌子(吉永小百合)の父(宮口精二)、いずれも子供との確執があって、最後に父親から子供へのことばを述べることで、和解しました。

こうして恩讐を越えてゆくのです。親も子も、わだかまりがあると、頑なになるものですが、いずれの父親に対しても、寅さんは立場など関係なく、思ったことをズケズケ言います。

天真爛漫で屈託のないように見える殿様も、亡くなった次男の克彦には、過大な期待を寄せいたと思います。鞠子との結婚を許すことができなかった、その後悔と自責の念があったのでしょう。寅さんを媒介として、やがて雪解けしていきます。これもまた、このシリーズの多幸感です。時は待ってくれるのです。

かつて博は、第十三作で歌子と父のわだかまりについて「会って話をすればいいんだ」とさくらに言いました。かくいう博だって、父との確執があったのに、です。現実はなかなかそうはいきません。「男はつらいよ」が素晴しいのは、それが解決してゆく瞬間を描いてくれているから、でもあります。

鞠子と殿様は、「とらや」の縁側で仲睦まじく語り合います。楽しいひとときを過ごし、柴又を後にする、鞠子と殿様。夕映えの江戸川土手、殿様の手を引く鞠子。それを見送る、寅さんとさくら。山本直純さんの「殿様のテーマ」が優しく、ユーモラスに場面を彩ります。

この夕焼けの美しさ、何度もこの作品を観てしまうのは、ここにも理由があります。

二〇二一年八月十六日

「男はつらいよ」の多幸感

シリーズを繰り返し観てしまうのは、作品にあふれる「多幸感」に触れたくなるからだと、ぼくは思っています。映画を観ていて幸せになる、というのは良いものです。

第二十作『寅次郎頑張れ!』で、寅さんがワット君(中村雅俊)に、デートで観るなら「洋画はダメだぞ。カッコいい男がスッーとした足をして次から次へと出てくるんだよ。終わって電気がパッとつく。しみじみお前の顔を観て「ひどい顔しているな」っていうことになっちゃうんだよ」と恋愛指南します。

では、何を観たら良いのか? 日本映画でも「なんでもいいわけないぞ。ヤクザもの、ギャング映画、これだめ、観た後、心が寒々としてね。恋だの愛だのっていう雰囲気にならないんだ」という話になって、ワット君は「じゃぁ、何観りゃいいんですか?」寅さんは「決まってるじゃねえか、おかしい映画」という結論に達します。

それが『男はつらいよ』だということは、観客がいちばん良く分かっています。寅さんの愚かしきこの数々に、涙を流しながら笑い、様々な人々の人生に触れて感動をする。そして、その心の成長を感じて、幸せな気持ちになるのです。ストーリーだけでなく、登場人物の織りなすアンサンブルだったり、ちょっとしたギャグだったり、失われつつある日本の風景だったりと、様々な構成要素が、ぼくらの琴線に触れるのです。それが「男はつらいよ」の「多幸感」です。

繰り返し観て「ああ、幸せだなぁとしみじみ思う」ということでは第十九作『寅次郎と殿様』がダントツです。こういうドラマを語ろう、こういう物語を紡ごう、という構え方でなく「アラカンさんと、寅さんが共演したらどうなる?」というワン・アイデアが、すべての原動力となる、そんな作品だからです。

アラカンさんは、昭和二(一九二七)年、映画の父・マキノ省三さんの誘いで映画界入りしました。その前は嵐和歌太夫という名前で、叔父の六代目嵐徳三郎の一座で歌舞伎役者をしていました。この一座で一緒だったのが、のちの片岡千恵蔵です。マキノ・プロダクションに入ったアラカンさんは、講談社の「少年倶楽部」を差し出され、「この中で何の役をやりたい?」と聞かれて、迷わず選んだのが、大佛次郎の「鞍馬天狗」でした。

マキノ省三監督は、それまでの「嵐和歌太夫」では映画向きではないと、「お前は顔が長いから長三郎がいい」と、嵐長三郎と名づけました。こうしてマキノ御室撮影所でデビュー作『鞍馬天狗異聞・角兵衛獅子』の撮影がスタート。「鞍馬天狗」は大変な評判となり、アラカンさんは翌、昭和三(一九二八)年、独立を機に、嵐寛寿郎と改名。「むっつり右門」「鞍馬天狗」シリーズを連作して、文字通り、日本映画のヒーローとなります。それから、およそ三十年の間に、四十作以上の「鞍馬天狗」ものに主演。「天狗のおじさん」として、日本映画を代表する剣戟スターの一人として、戦後の『疾風!鞍馬天狗』(一九五六年・東宝)までアラカンさんは、鞍馬天狗を演じて大活躍。渥美清さんも少年時代に、夢中になったのではないかと思います。

また昭和三十二(一九五七)年、新東宝の『明治天皇と日露大戦争』(渡邊邦男監督)では、なんと明治天皇を演じ「鞍馬天狗」から「天皇」と呼ばれるようになりました。『大東亜戦争と国際裁判』(一九五九年)では東條英機、『皇室と戦争とわが民族』(一九六〇年)では神武天皇と、アラカンさんは歴史上の人物も超然と演じて、それらのスクリーンイメージと、キャリアによる「大物としての威厳」が、この『寅次郎と殿様』を面白くしているのです。

おそらく、山田監督は『寅次郎と殿様』の物語を作る際に、まずはアラカンさんをどんな役にするか? を考えたのだと思います。伊予大洲の殿様らしく不思議な威厳を持って、今なお城下の人々に愛されている魅力的な殿様。「宮仕えはつらいよ」と言いながらおそらくは代々殿様に仕えている執事の吉田(三木のり平)は、まるで往年の時代劇で堺駿二さんが演じていたような家老のような存在です。そうしたファンタジックな設定に、リアリティがあるとすれば、それはアラカンさんの存在感だと思います。

寅さんとの出会いもいいです。大洲城趾公園で、なけなしの五百円札を落としてしまった寅さんが困っていると、それを殿様・藤堂久宗(嵐寛寿郎)が、天から降ってきたと拾います。「拾ったら礼をするのが決まり」と寅さん、ラムネとあんパンをご馳走します。そこから二人の奇妙な友情が始まります。殿様は寅さんを屋敷に招いて「粗餐」を供じます。

屋敷ですっかりくつろいだ寅さん。柴又のさくらに電話をします。およそ現実的はありませんが、殿様の屋敷という観点でいうと、リアリティがあります。そこが『寅次郎と殿様』の魅力です。殿様は、亡くなった末の息子の嫁・鞠子《まり》に一目会いたいと、寅さんに頼みます。

酒席だったこともあり、寅さんが安請け合いしたことで、それがとんでもない騒動へと発展していきます。

しばらくして、いきなり「とらや」の店先に現れた殿様。その威厳も含めて、浮世離れしているのが、アラカンさんの鞍馬天狗たる所以です。しかもおばちゃん「手品使いじゃないかい?」。おばちゃんの手品師のイメージは、こういう大仰な格好をしているのかと、その感覚も含めて、劇場は大きな笑いに包まれました。そこへ寅さんが帰ってきます。戸惑う「とらや」の人々。

ここで、寅さんが殿様について普通に説明をすれば、済んでしまうのですが、そこは「男はつらいよ」です。まるで「水戸黄門」の印籠や、「いれずみ判官」のお白州での刺青披露のように、待ってましたとばかりに正体を明らかにします。「さがれ　おじいちゃんとは何ごとだ。無礼者！　畏れ多くもこの方をなんと心得る。伊予は大洲五万石の城主、藤堂久宗様であらせられるぞ。頭が高い！　団子商人《あきんど》頭が高い！」

このときの渥美さんの大仰な演技、超然としたアラカンさん。「とらや」の人々はまるで「寅さんの夢」のような、芝居がかったリアクションをします。そして「年寄りの切ない願い事叶えて頂けまするよう、ご家族の皆様方、どうかよろしくおたの申します」と最敬礼。

いよいよ追いつめられた寅さん、殿様との約束を守るために、鞠子探しに奔走します。殿様の切なる願い、そこに家庭の事情や、これまでのこと、そして老人の孤独が垣間見えます。浮世離れした登場人物が織りなす喜劇から、やがて、誰にも共感できるドラマへと映画は広がってゆくのです。

殿様のため、なんとかしようとする寅さんの気持ち、それを「ナンセンス」という博は「世の中にはもっと困っている老人がたくさんいるんですよ。どうして殿様だからって言って、そんな大騒ぎするんですか?　江戸時代じゃないんですよ今は。民主主義の時代です」とクールです。しかしホットな寅さんは「民主主義っちゅうのは殿様嫌いなの」と判官びいきなところを見せます。

「理屈じゃないんだよお前。そういう好き嫌いって言うのはさ。え、俺うなぎ大嫌いだろ、お前うなぎ大好きじゃない。それ理屈で説明できる?　それも歴史の流れか？ それも？」

と混ぜっ返します。こういう会話も含めて、なんとなく幸せなのは、この後、殿様が無事、鞠子と再会することが約束されていることを、ぼくがら薄々感じて観ているからです。時代劇映画と同じように予定調和のサスペンスというか、約束された展開を味わう楽しみです。寅さんは、源ちゃんとともに、まずは柴又界隈から、鞠子探しをはじめますが、なかなかうまくいきません。責任を感じた寅さんは、殿様の望みを叶えてあげることができないと、旅に出ようとします。「東京中の家を一軒一軒探し回ったら、百年から二百年、経っちゃうぞ」とあきらめムードの寅さん。

「俺だってよ、いつかどっかで良い女にめぐり合うかもしれねえもんなぁ。例えばの話さ、この敷居またいだところでいい女にばったり会って、その女と所帯持っちゃうかもしれねえな。」

と言い残して旅立とうとしたら、そこへ、寅さんが大洲で出会った女性・堤鞠子（真野響子）が訪ねてきます。

寅「あれ？ 俺、あんたの名前知らねえんだ。あんたなんていうんだい？」
鞠子「堤鞠子です」
寅「いいお名前だ。堤鞠子さん！ 社長、偶然だねぇ」
社長「この人がそうだったりして。」

この社長と寅さんのやりとり、最高です。ここからの展開の至福感は、何度観ても素晴らしいです。ぼくは、このシーンを観るたびに、幸せな気持ちになるのです。

二〇一三年八月二十日

第二十作　男はつらいよ 寅次郎頑張れ！

一九七七年十二月二十四日

寅さんの交響曲《シンフォニー》

渥美清さんの話芸がタップリ楽しめる、寅さんの独壇場ともいうべき独り語りを撮影現場では「寅のアリア」と呼んでいました。アリアとはクラシックの楽曲、特にオペラで主人公が叙情的にその気持ちを吐露する、いわば最大の見せ場で、ソリストの独唱のことをいいます。

「男はつらいよ」のソリストはもちろん寅さんです。寅さんの独り語りは、まるで落語や講談のように、その状況、感情や想いが、手に取る様に伝わってくる、まさしく「魔法のような時間」です。

例えば第十五作『寅次郎相合い傘』(一九七五年)で、寅さんがリリー(浅丘ルリ子)を、キャバレーの楽屋口まで見送ったときに、その侘しさと猥雑さに切ない思いをします。出来る事なら歌手・リリー松岡に晴れ舞台を用意してあげたいという「夢」を、「とらや」に帰ってきて、さくらたちに語ります。

そこで寅さんは、リリーに歌舞伎座や国際劇場のような大劇場で思う存分唄わせたいという想いを、具体的な情景を交えて、滔々と語ります。われわれは、寅さんのリリーへの想い、優しい気持ちといった寅さんの「心根」に触れることで、感動します。

第八作『寅次郎恋歌』(一九七一年)で、茶の間で話す「りんどうの花」のエピソードも、見事なアリアです。寅さんの情景描写には、そこに息づく人々の感情まで見てとれます。大抵「寅次郎のアリア」は茶の間で、さくらやおばちゃん、おいちゃん、博といった人々のリアクションを交えて展開されます。

そういう意味では、『寅次郎頑張れ!』の「寅のアリア」は今までとは少し趣きが違います。

シリーズ第二十作を記念して作られた『寅次郎頑張れ!』は、賑やかな作品です。寅さんが、「とらや」に下宿していた長崎県平戸出身の青年・ワット君こと良介(中村雅俊)と、帝釈天参道入口の定食屋「ふるさと亭」の幸子(大竹しのぶ)の若いカップルのキューピッドを買って出ますが、いろいろあって良介は失恋。失意のうちに、平戸島に帰郷してしまいます。

それを心配した寅さんが旅の途中で、なぐさめに立ち寄ったところ、良介には美人のお姉さん・藤子(藤村志保)がいて、例によって一目惚れ。藤子が女手一つで切り盛りしているお土産屋「おたち」に住み込んで手伝うことになります。やがて良介の失恋はカンチガイだったことが判り、良介は柴又へ。

となると寅さんは藤子と二人暮らし。それを考えるだけで、寅さんは色めき立ってしまうのです。「ああ、明日っからお姉さんと二人きりか。なんだか参ったなぁ」と妄想たくましくします。この時のアリアは、渥美清さんの独壇場であり、至芸が堪能できます。

「差し向かいでゴハンを食べる。お互いに意識しているから言葉は少ない。静かな夜ですねえ。そうですわね。また沈黙が流れる。たまりかねて姉さんが、あの、私、休ませていただきます。あ、どうぞ。お休みなさい。丁寧にあいさつしてそこを出て行く。ひたひたひた……廊下を歩く足音、お姉さんは風邪を引いているから、軽く咳をしている。コホンコホン。俺は横になってここで静かにそれを聞いている……。

まずいなあ、いくら広い屋敷とはいえ同じ屋根の下、世間が黙っている訳がない。ましてやこんなちっちゃな島だ。うわさは島中にパッと広がる。おい、聞いたかい寅のやつが、お藤さんと怪しいらしいぜ。へえ。こんな噂を聞いて、俺はだまってここにはいられない。お姉さん、長い間お世話様になりました。あっしはこれで失礼いたします。あら寅さん、もういらっしゃるの?はい。あなた、世間のうわさに負けたのね、私は平気なのに……そんなこと言われたら、俺たまんねえなァ。」

山田洋次監督と朝間義隆さんのシナリオに「くすぐったいような喜びがこみあげてくる」とあるように、寅さんのその時の気持ちが思わず溢れ出てくるのが、本作の「寅のアリア」なのです。ここにはギャラリーはいません。寅さん独りだけ。その瞬間の感情の発露、たくましい妄想を、観客は垣間見ることが出来るのです。寅さんの、その時の心の中を窺い知ることが出来るアリアなのです。

このシーンは、渥美清さんの出演作のなかでも、際立った面白さの一つです。ソリストの最高の見せ場です。

アリアといえば、このシーンの後、「とらや」の宴席で、見事な歌声を披露してくれるのが、幸子の叔父で、秋田県人会柴又支部の「ふるさと亭」の主人です。唄うはシューベルトの歌曲集「冬の旅」より「菩提樹」。朗々とした見事な歌声に驚かれる方もおられると思いますが、実は、演じている築地文夫さんは、プロの声楽家です。山田監督のキャスティングの妙です。朴訥とした味わいの築地さんの演技と、素晴らしい歌声が堪能できます。築地さんは、第三十五作『寅次郎恋愛塾』(一九八五年)で、平田満さんの秋田の父親として再び出演することになります。

さて、この『寅次郎頑張れ!』に限らず「男はつらいよ」には、クラシック好きの山田監督だけあって、クラシック音楽、特に交響曲の構造によく似た構成となっています。

様々な楽器が「共に響き合う」のが交響曲とするなら、様々なキャラクターが「共に響き合って」人生の旋律を奏でていくのが「男はつらいよ」であるともいえます。

交響曲、シンフォニーとは、ギリシャ語の「シン(共に)」と「フォニー(響き)」が語源です。『寅次郎頑張れ!』は、寅さんの夢から柴又への帰郷が、ソナタ形式の第一楽章。良介と幸子のさわやかな恋が、歌謡形式の第二楽章。そして寅さんが、平戸で藤子に恋をする舞曲形式(メヌエット)の第三楽章。柴又に再び戻って、様々な人々が宴で、幸福をかみしめるロンド形式(輪舞)が第四楽章。やがて寅さんが静かに旅に出るところで、いつものようにエンドマークを迎えます。

こうした交響曲のスタイルを確立したのが、古典派のフランツ・ヨーゼフ・ハイドンです。『寅次郎頑張れ!』の冒頭は「とらや」一家がお金持ちになったという夢のシーンから始まりますが、ここで奏でられるのが、交響曲の父・ハイドンの弦楽四重奏曲第六十七番ニ長調「ひばり」というのも偶然ではないでしょう。

また、山本直純さん作曲による、良介と幸子のテーマ音楽には「愛のワルツ」と名付けられています。中盤には「寅次郎のアリア」があり、終盤近くにはシューベルトの「冬の旅」が唄われます。このあたりの妙味が「男はつらいよ」シリーズの味わいでもあります。

「男はつらいよ」は、実は「寅さんの交響曲」です。意外かもしれませんが、寅さん流に言えば「キッチャ店でコーシー」を飲みながら、そんなことを考えるのも、映画を観る愉しみの一つなのです。

二〇一一年八月十八日

愛のワルツ

『寅次郎頑張れ！』の「「とらや」一家お金持ちになる夢」は、数ある「寅の夢」でも五指に入る名場面です。この作品は第二十作を記念して、鳴り物入りで公開されました。とはいえ「男はつらいよ」としては、奇を衒《てら》うでもなく、いつもの感じで作られています。

中村雅俊さんと大竹しのぶさんをゲストに迎えて、寅さんが「恋の指南」に乗り出すということで、公開時に「シリーズの若返り」などと話題になりましたが、いつもの寅さんです。このコラムのタイトル「愛のワルツ」は、中村雅俊さんと大竹しのぶさんの「愛のテーマ」として劇中に流れる、山本直純さんの美しい三拍子の曲です。

この『寅次郎頑張れ！』は、改めて観直すと「第二十作記念」らしい仕掛けが随所に凝らされています。まずゲストの中村雅俊さん。ぼくらの世代では昭和五十(一九七五)年から昭和五十一年にかけて日本テレビ系で放送された「俺たちの旅」の「自由な主人公・カースケこと津村浩介」のイメージそのままです。「寅さんにカースケが出る！」と中学二年生のぼくは上野松竹でわくわくしながら観たのを憶えています。

中村雅俊さん演じるワット君こと島田良介は、「とらや」の二階に下宿中。そこへ寅さんが久々に帰ってきますが、良介が「押売りお断り」の札を貼っていてひと悶着。パトカーを呼んでの大騒動となります。いつもなら、ここで寅さんが旅の人となるのですが、今回は違います。

出ていった良介とパチンコ屋で再会、意気投合。この時パチンコ屋で、寅さんの隣の席にいるのが杉山とく子さん。テレビ版のおばちゃん役や、第五作『望郷篇』の浦安の豆腐屋のおかみさんを演じた方です。杉山さんは煙草をくわえて、終始無言ですが、寅さんに対するリアクションは、サイレント喜劇を観ているようなおかしさです。

この『寅次郎頑張れ！』には、随所に細かいギャグが仕掛けられています。心温まる感動的な物語というより、とにかくおかしい場面の連続です。良介と意気投合した寅さん、彼が参道入口に出来たばかりの食堂「ふるさと亭」の看板娘・幸子（大竹しのぶ）に惚れていると知るや、俄然張り切って、恋の指南役を買って出ます。幸子とデートの約束をした良介に寅さんが、一切の段取りをレクチャーします。

　デートでは洋画は禁物、スクリーンの二枚目にうっとりして、映画館を出てきたらがっかりするからと、寅さんは邦画を勧めます。しかもヤクザ映画、ギャング映画、悲恋物はダメ。では何なら良いのでしょうか？「決まってるじゃないか、おかしい映画」と断言します。

　この「おかしい映画」という時の寅さんの表情。これが実におかしいのです。十四歳のときにこれを上野松竹で観たときの、お客さんの爆笑が凄かったです。劇場が揺れるような、とにかく、皆が力の限り笑っている、そんな感じでした。

　次の日曜日、良介と幸子が、京成電鉄で上野へデートに出かけます。寅さんの指示通り、二人は映画館に入って観るのが怪談映画。今で言う、血まみれのスプラッター、和製ホラー映画です。流血シーンに、幸子は眼を覆い、良介にすがります。おかしいのは、このホラー映画を、わざわざ山田組スタッフがオリジナルで撮っているところです。山田監督が血まみれのスプラッターを撮っている。それを考えるだけで「おかしい映画」です。しかも二人が入る映画館は、ぼくが観ている上野松竹なので、とても臨場感がありました。

　ギャグといえば、良介と幸子が昼食に入るのは上野の聚楽台、西郷隆盛像の下にある食堂です。ちなみに上野松竹は、この建物にありました。（おそらく）タンメンを食べようとしてコショウがドバッと出てしまう。それが事件ではなく点景として描かれているのも良いです。タイトルバックのドタバタもそうですが、山田監督のこうした笑いには、喜劇の神様・齋藤寅次郎監督映画と同じ匂いがします。

「恋愛青年」の良介を田端義夫さん、幸子を関千恵子さんあたりが演じたら、そのまま新東宝の『大当りパチンコ娘』（一九五二年）に出て来てもおかしくないギャグです。

　いろいろあって、行き違いから良介は「恋愛青年」から「失恋青年」となり、世を儚んでガス自殺未遂。「とらや」の二階の部屋に目張りをして、遺書をしたため、ガス栓を抜く。末期の一本ということで煙草に火をつけた途端に、ドカーン！　二階が吹き飛んでしまいます。このシーンだけ観ると、往年のアチャラカ映画のようです。

爆音に驚いたタコ社長が慌てて金庫を抱えて「とらや」へ。そして良介は二階から転げ落ちてきます。その時、顔はススで真っ黒。爆発→真っ黒い顔。というのは、コントの常套ですが、これも斎藤寅次郎監督が得意としたギャグの系譜にあります。花菱アチャコさんの「お父さんはお人好し」シリーズを観ているようなおかしさです。

この爆発事故に責任を感じ、失意の「失恋青年」は故郷、長崎県の平戸島へと帰ります。それを心配した寅さんが訪ね、良介の美しい姉・藤子(藤村志保)に一目惚れして、そのまま逗留。タコ社長が「いよいよ現役復帰か」と云いますが、ここからは誰もがイメージしている「いつもの」の展開となります。

地元でお土産物屋「おたち」を営む、藤子の手伝いをする寅さんのイキイキとした姿。自転車に乗りながら、岡晴夫さんのヒット曲「憧れのハワイ航路」を唄う姿は、第五作『望郷篇』の浦安のお豆腐屋・三七十《みなと》屋に住み込みで働いた時のことを彷彿とさせます。そんな寅さんを、連絡船の船長(石井均)は「惚れとるばい」と噂します。この「惚れとるばい」のリフレインで場内大爆笑です。

というわけで『寅次郎頑張れ！』は実に盛りだくさんで、「第二十作記念」をセレブレーションして楽しい作品です。源ちゃんには彼女(川井みどり)が出来てデートに出かけるショットもありますし、第十六作の米倉斉加年さんの巡査も再び登場します。

備後屋さんこと露木幸次さんが伊勢屋として出演。その伊勢屋(撮影は高木家老舗)で飼っている猿が逃げ出して、源ちゃんや巡査が捕獲しようとするシーンは、黒澤明監督の『七人の侍』(一九五四年)で勘兵衛(志村喬)が立て籠り犯から赤ん坊を救出する、名場面のパロディです。改めて見直すと、いろいろな発見があります。それもまた「男はつらいよ」を観る愉しみでもあります。

二〇一二年八月二十三日

寅さんの恋愛指南

「寅さんの夢」数あれど、強烈なのは、この第二十作『寅次郎頑張れ！』の「金持ちになった「とらや」一家」です。寅さんが目覚めると、白いカーテンがそよぐ豪奢な家のなかに居ます。「お兄ちゃんおはよう」と声をかけるさくらも豪邸の奥様にふさわしく、活版の文字選びなどで人一倍眼が良いはずの博が金満家のような金縁の眼鏡をかけています。おいちゃんも、おばちゃんも、豪華な服を身にまとっていますが、どこか成金のような趣味の悪さがありますが、あくまでも寅さんの「金持ちのイメージ」です。

タコ社長も、さくら曰く「すっかり成功なさって」、朝日印刷本社ビルが建っています。寅さんは「それじゃ！「とらや」の家は、どうなっちゃったんだ?」と叫びますが、「あんな汚い家はとっくの昔にぶち壊してしまったよ」とにべもありません。「俺、あの家が好きだったんだ」と寅さんが言うと、さくらは「そんな古いこと言ってお兄ちゃん」と、らしからぬ返答をします。

古くても、汚くても、お金持ちじゃなくても、「とらや」は、昔のままでいい。という寅さんの想いが、この夢で明らかになります。昭和四十四年にスタートした、このシリーズも九年目、二十作の節目を迎えました。大きな時代の変化のなかで、変わらない事を身上としているこのシリーズにも、現代とどう向き合うか?ということが求められていたのかもしれません。

第一作のときに幼稚園の年長だったぼくが、このときは中学二年生になっていました。それだけの時間が経っていました。夢のなかで、博は「君、その汚いカバンと帽子を捨ててくれたまえ」と執事（吉田義夫）に命じます。寅さんは「これはオレの大事なもんなんだ、持っていかれたら困る」と必死の抵抗を試みますが、あえなく執事に捨てられてしまいます。その姿を見た、「とらや」一家は、寅さんに指を指して笑います。

これは、オールドスタイルを貫く寅さんと、このシリーズを「古くさい」と一蹴してしまう人たちの態度ともとれます。まだ十四歳だったぼくは、その時点での人生の大半を寅さんとともに過ごしてきたので、おかしいはずのこのシーンに、切なさも感じました。

寅さんが夢から覚めるのは、とある田舎道の積み藁の上です。現実に戻った寅さん、帽子がないことに気づきます。そしてトランクもありません。逃げ出す泥棒を寅さんが必死で追いかけます。帽子とトランクを捨てられた夢を見た寅さんが、泥棒に帽子とトランクを盗まれる喜劇的展開ですが、時代の変化のなかで「自分のスタイルを守っている寅さん」のアイデンティティの喪失の暗喩ともとれます。

そんな寅さんが久しぶりに柴又に帰ってくると、いきなり「押し売りお断り」のステッカーが店頭に貼ってあり、寅さんが知らない間に下宿している青年に110番通報されてしまいます。寅さんにしてみればふんだりけったり。その面白くない気持ちを、寅さんはこんな風に言います。

「ただいま。間に合ってます、押し売りはお断りです。その時のオレの情け無い気持ち、お前たちにわかるか。」

寅さんは下宿人である、ワット君こと良介(中村雅俊)に押し売りと思われたことに腹を立てて、こんなことを言っているので、観客はいつものように、ここでドッと笑うのですが、例の夢からこっち、大切なものを喪失してしまうかもという寅さんの心情を考えると、その寂しさもわかります。

こうして第二十作『寅次郎頑張れ!』は、あえて、寅さんが大切にしているものを奪うようなハードルを次々と用意して、物語が動き出します。「このシリーズはこのままでいいのか?」「寅さんという人間は、来るべき一九八〇年代に生きる日本人としてふさわしいのか?」と山田洋次監督が投げかけているのでは? と、十四歳のぼくは思いました。多分に思い込みなのですが。

これまでも寅さんの部屋には様々な下宿人がいて、その度に、寅さんはまずは不満を家族にぶつけてきました。幼稚園の春子先生(第四作・栗原小巻)、おばちゃんの遠縁の夕子(第六作・若尾文子)、御前様の親戚の岡倉先生(第十作・米倉斉加年)、同じく御前様の親戚の筧礼子(第十六作・樫山文枝)。いずれもひと悶着ありながらも、寅さんがそれぞれを受容してきました。女性には恋をして、男性には厳しいのですが。

さて、ワット君は、演じた中村雅俊さんのセルフイメージが多分に投影されています。昭和五十(一九七五)年から五十一年にかけて、日本テレビで放映された青春ドラマ「俺たちの旅」で演じた主人公カースケこと津村浩介は、寅さんのように、自らドロップアウトした自由人の若者として描かれていました。大学を卒業しても就職することを拒否して、気ままに生きようとする姿は、シラケ世代の若者に圧倒的な支持を受けました。その先輩役で、きわめていい加減なサラリーマン、グズ六こと熊沢伸六を演じたのは寅さんの舎弟・登役の津坂匡章さん（現・秋野太作）でした。

そんなイメージが重層的になってのワット君です。ボヘミアンということでは、ワット君も寅さんも世代こそ違いますが、同じ匂いがして、それがとても楽しいのです。

それまでの「男はつらいよ」なら、マドンナが登場して、物語は寅さん映画らしくシフトしますが、ここではワット君と寅さんの世代を超えた友情と、近所の食堂「ふるさと亭」の看板娘・幸子（大竹しのぶ）に惚れたワット君を「恋愛青年」と呼ぶ寅さんの「恋のコーチ」ぶりが描かれていきます。

マドンナに恋をしない寅さん。現役を退いたのか？と、ファンをやきもきさせるのも、山田監督の仕掛けなのですが、それは最後まで観ないと分からない仕組みになっているのです。

しかもデートのイロハを指南する寅さんが、またおかしいので、新機軸として受け止めることが出来ます。

うがった見方をすれば、寅さんの大切なものを、ことごとく奪ってゆく前半です。今回、寅さんは派手な喧嘩をして旅に出るでもなく、のんびりと柴又で過ごしています。帽子、トランク、恋愛、旅、「男はつらいよ」の重要な要素をすべて奪っての展開なのです。

さぁ、どうなるか？というときに、ワット君が「失恋青年」となり、悲観して、「とらや」の二階でガス自殺をはかります。部屋に目張りをして、万全、と言いたいところですが、末期の一服でタバコに火をつけた途端、「とらや」の二階が大爆発をしてしまいます。

この「とらや大爆発！」はシリーズのなかで、最もインパクトのある事件となりました。二階が吹き飛ぶショットは、リアリティがあります。「帽子」「トランク」「恋愛」「旅」に続いて寅さんは、「二階の自室」まで奪われてしまうのです。

責任を感じて故郷・長崎県平戸島に帰ったワット君の様子を見に、立ち寄った寅さんが、ワット君の姉・藤子(藤村志保)に一目惚れしてから、寅さんは現役復帰。ファンをホッとさせてくれます。ここからの寅さんの「恋愛中年」ぶりは、短い時間でありますが、充実しています。

特に、ぼくが大好きなのが、寅さんの妄想が果てしなく広がるアリアです。ワット君の失恋が誤解とわかって、柴又に行くことになり、寅さんは翌日から、藤子と二人きりになれると思っている、最高に幸せな瞬間です。

この渥美さん、いや寅さんを見ているだけで、幸せな気持ちになってきます。結局、寅さんはそのままでいい。何も変わる必要がないんだ。ということを、ここからの寅さんは身を以て証明してくれたのです。

二〇一三年八月二十七日

第二十一作　男はつらいよ
寅次郎わが道をゆく
一九七八年八月五日

はい、エイト・ピーチェスです

寅さんは熱しやすい人です。思い込んだらまっしぐらです。

第二十一作『寅次郎わが道をゆく』で、熊本の田の原温泉で、一文無しで宿泊して、さくらがわざわざ迎えに行きます。そこで猛反省、地道に暮らそうと決意、柴又では、殊勝に店の手伝いをして、周りの人を感心させます。ところが、そこへ、さくらの同級生で、今はＳＫＤ(松竹歌劇団)のトップスターになっている紅奈々子(木の実ナナ)がやって来ます。素っ頓狂で慌て者の、さくらとは正反対のパワフルな女性ですが、彼女を送って浅草の国際劇場に行った寅さん。たちまちレビューの虜になります。それから、店の手伝いを放り出して、レビューに通う日々がはじまります。その変わり身の早さ。それが寅さんなのですが……。

ＳＫＤといえば、空前の少女歌劇ブームが吹き荒れた昭和三（一九二八）年、大阪にあった松竹楽劇部の東京版として東京松竹楽劇部として発足。やがて松竹少女歌劇団として、男装の麗人・水の江瀧子さんが押しも押されぬトップスターとなり、昭和十二（一九三七）年に開場。当時、東洋一と謳われた浅草国際劇場を本拠地として、ＳＫＤのレビューは浅草はおろか東京名物となりました。

国際劇場では「東京踊り」「夏の踊り」「秋の踊り」と銘打って、派手なスペクタクル・レビューを繰り広げていました。この『寅次郎わが道をゆく』は、戦前から戦後にかけて、映画とともに大衆娯楽だったＳＫＤと、その殿堂である浅草国際劇場をフィーチャーしています。

さくらを演じている倍賞千恵子さんは、ＳＫＤの養成所でもある松竹音楽舞踊学校を主席で卒業、昭和三十五（一九六〇）年にＳＫＤ十三期生として入団、ステージに立ちます。映画で活躍する前は、ＳＫＤのスターとして舞台で踊っていました。

一方、紅奈々子を演じている木の実ナナさんは、浅草にほど近い、墨田区向島で育ち、幼い頃からレビューに憧れて、松竹音楽舞踊学校に入ることを夢見ますが、それが叶わず中学三年生のときに、渡辺プロダクションの新人オーディションで優勝、芸能界入りを果たしました。いわゆるタレント、歌手として活躍しますが、レビューへの夢忘れがたく、一九七〇年代には劇団四季のミュージカル・オーディションを自ら受け、舞台女優となるチャンスをものにします。その代表作が、細川俊之さんと長年続けた「ショーガール」（一九七四～一九八八年）でした。

おばちゃんはさくらに「あんたも娘のじぶん憧れてたねえ。ＳＫＤに入っていたら、今頃どうなってたかね」と言いますが、実は、現実では木の実ナナさんと倍賞千恵子さんの立場は逆転しているのです。

二人とも下町の出身で、レビューに憧れて、それぞれの道を歩んで来ました。倍賞さんは、ＳＫＤ在籍中に松竹映画デビューを果たし、数々の映画に出演、山田洋次監督と『下町の太陽』（一九六三年）で運命の出会いを果たします。『寅次郎わが道をゆく』では、さくらは博たちと一緒に、朝日印刷の福利厚生で、国際劇場へ「東京踊り」を観に行きます。その時、楽屋に奈々子を訪ねるシーンがありますが、その時のさくら、いや倍賞さんの表情は、特別な感慨があるように見受けられます。

さて、奈々子は、国際劇場の照明技師の宮田隆（竜雷太）と長年付き合っています。隆との結婚をとるか、ＳＫＤの踊子を続けていくか、悩んでいます。結婚をして幸せな家庭を築いているさくらとの再会によって、その悩みはより現実的になります。寅さんが奈々子に夢中になってしまうのが、そのタイミングなのですが、このあたりが、山田喜劇の作劇のうまさです。

寅さんは、巨大な国際劇場で展開される、夢のようなレビューの舞台に圧倒されて、連日の浅草通い。九州で出会った武田鉄矢さん扮する留吉青年もまた上京して、ＳＫＤの若手・富士しのぶ（梓しのぶ）の追っかけとなります。二人がレビューの虜になっていく様が、笑いを誘うのですが、ミュージカルや歌劇のファンなら、その心理が手に取るようにわかると思います。

九州に帰った筈の留吉が一向に戻らないと、お母さん（杉山とく子）から心配する手紙が届いても、寅さんは一向に気にしません。「あーあ、早く、夏の踊りがはじまらねえかなあ」と、レビューのことで頭が一杯です。そんな時、電話のベルが鳴ります。さくらは「自分で取んなさいよ。」寅さんしぶしぶ受話器を取って「はい、はい、こちらエイト・ピーチェスです」と言ってしまいます。

エイト・ピーチェス Eight Peachesとは、昭和三十一（一九五六）年に誕生した、選抜された八人のダンサーによる、セクシーな踊りのユニットです。ラスベガスのショウのような、大人のレビューを展開して、人気を博していました。

寅さんはラインダンスのアトミック・ガールズより、官能的なエイト・ピーチェスがお気に入りだったのでしょう。そういえば、大ヒットした『フラガール』（二〇〇六年）で、ヒロインたちにフラダンスを教える、松雪泰子さん扮する平山まどかは、ＳＫＤのエイト・ピーチェス出身、という設定でした。

というわけで『寅次郎わが道をゆく』は、ハリウッド映画が得意とした芸人映画、いわゆるバック・ステージものの味わいもあります。トップで居続けるがゆえに、若い後輩に感じる脅威、そして恋愛。芸に生きるか、愛に生きるか、奈々子は人生の決断を迫られます。クライマックス、土砂降り雨のなか、隆と奈々子が抱擁するシーン。照明の青木好文さんの渾身の名場面です。

そういえば、奈々子は、寅さんのことを、少女の頃のように、親しみをこめて「お兄ちゃん」と呼んでいます。「男はつらいよ」の世界で、寅さんのことを「お兄ちゃん」と呼んでいるのはさくらだけ。

奈々子の「お兄ちゃん」の言い回しだけで、まだ十代だった寅次郎少年の姿が浮かんできます。そうした微妙なニュアンスが、このシリーズに深い味わいをもたらしてくれます。

二〇一一年八月二十五日

柴又の星《スター》

誰しも子供の頃に「何になりたいのか?」という夢を抱いています。さくらの同級生で、少女の頃から、レビューの踊子を目指して、その夢を叶えている、紅奈々子(木の実ナナ)は、誰もが羨むスターとなっています。

その奈々子が、さくらに相談事があるということで「とらや」にやって来るのですが、例によって寅さんが張り切ってしまい、話もままなりません。ある午後、「とらや」の茶の間で家族が奈々子を囲む、楽しいひとときの会話も、自然と「子供の頃の夢」の話となります。

さくらは、奈々子同様「レビューに憧れたり、歌手になりたいと真剣に思ったり」、おいちゃんは「満州で馬賊になるつもり」で、おばちゃんは「日本橋の大きな呉服屋さんのおかみさん」、博は「学者になりたかった」けど「裏の工場の職工留まり」と、皆でどっと笑います。傑作なのはタコ社長。「弁護士になりたかった」と、およそ似つかわしくないことを言います。

「みんなこういうふうに、若い頃の夢とはほど遠い現実生活を営んでるわけだ。」寅さんがまとめようとしますが、結局、奈々子と少年時代からテキ屋に憧れていた寅さんだけが、「子供の頃の夢」を実現させている、と大笑いとなります。

実は、これが第二十一作のテーマでもあります。さくらはレビューに憧れて、学校の成績も良く、誰もが羨む憧れの存在でした。奈々子はそのさくらにコンプレックスを抱きながら、頑張って、ＳＫＤのトップとなったのです。一方のさくらは、寅さん曰くの「しがない職工の女房」となりましたが、一粒種の満男と博と、幸せな日々を過ごしています。

山田監督は、木の実ナナさんをマドンナに迎えるにあたって、高倉健さんの助言を受けたそうです。前年の昭和五十二（一九七七）年に、山田監督は高倉健さんと初めて組み『幸福の黄色ハンカチ』を大ヒットさせ、その演技と演出が高い評価を受けました。一九七八年の第一回日本アカデミー賞の席上で、山田監督と高倉健さんが同じテーブルについている時に、ステージのショウ場面に、木の実ナナさんが登場。ナナさんは健さんの映画『大脱獄』（一九七五年・石井輝男監督）で共演した仲でもあります。その席上で山田監督は、レビューガールとしてのナナさんを観て、後日、健さんを通じて、寅さんのマドンナに、という話になっていったそうです。

あるとき、名古屋の御園座でナナさんが舞台に出演していると、楽屋に健さんから電話があり「近いうちに、山田組から電話があるから、断っちゃ駄目だよ」とのこと。ナナさんはとっさに、健さんの映画の世界のように、ヤクザの「〇〇組の親分」を連想して、内心ドキドキだったそうです。しかし、それは山田監督からの紅奈々子役へのオファーでした。

このエピソードは、平成二十三（二〇一一）年末に、「みんなの寅さん」でナナさんから伺いました。その頃のナナさんといえば、一九六〇年代のアイドルから脱皮して、一九七〇年代はじめにブロードウェイで本場のエンタテインメントを学んで帰国。劇団四季のミュージカルに出演。ＰＡＲＣＯ劇場で、細川俊之さんと「ショーガール」シリーズに毎年主演していました。

ぼくは「寅さん」や「日本映画」と同じくらいに、子供の頃から、アメリカのショウビジネス、ミュージカルの大ファンです。それは『男はつらいよ』を上映している、銀座の朝日新聞社の近くにあった丸の内ピカデリーで『ザッツ・エンターテインメント』（一九七四年）と出会ったことがきっかけです。だから、木の実ナナさんの「ショーガール」シリーズも、やはりエンタテインメントの世界にいた母親と、しばしば観に行ってました。それもあって、この『寅次郎わが道をゆく』には特別な感慨がありました。

ＳＫＤといえば、倍賞千恵子さんと美津子さん姉妹がキャリアのスタートとなったホームグラウンド。ナナさんは、その浅草のほど近く、今は東京スカイツリーで賑わう墨田区寺島町で生まれ育ちました。少女の頃、ＳＫＤに真剣にあこがれ、専属の学校を受験しようとしたこともあったそうです。中学を卒業する頃、テレビに出演、渡辺プロダクションの専属タレントというかたちで、ショウビジネスの世界の門を叩くことになります。

山田監督の作劇が見事なのは、倍賞千恵子さんと木の実ナナさんを同級生役にして「憧れの夢」のその後が展開されていくことです。奈々子は三十代を迎えて、ダンサーとして、レビューのスターとして岐路に立っています。十年付き合った、国際劇場の照明マン・宮田隆(竜雷太)との結婚をとるか、このままステージの世界で生きていくか？　それをさくらに相談したかったのです。

この映画のもう一つの主役は、レビューの殿堂・浅草国際劇場です。昭和三(一九二八)年に発足の、松竹少女歌劇団の本拠地として昭和十二(一九三七)年に開場され、水の江瀧子さん、オリヱ津坂さんといった男装の麗人が若い女性たちの人気をさらいました。ＳＫＤは、戦後、国際劇場で「東京踊り」「夏の踊り」「秋の踊り」の三大レビューを中心に、歌あり、踊りあり、日舞ありと、モダンな宝塚とは対照的に、浅草らしい大衆的なレビューを展開していました。

この映画が作られた昭和五十三(一九七八年)には、往時の活況は衰えていましたが、ぼくら遅れて来た世代は、浅草でレビューを観るのが楽しみで、しばしば通っていました。

留吉(武田鉄矢)同様、レビュー・ファンでした。そういう意味では、この作品には楽屋裏が沢山登場して、老朽化した大劇場への惜別の歌、ともとれます。実際に国際劇場が閉鎖されるのは、昭和五十七(一九八二)年のことです。現在は取り壊されて、浅草ビューホテルとなっています。そうした現在の眼でみると、この作品は感慨深いです。

ナナさんは撮影のときに、観客でなく、役柄とはいえＳＫＤのスターとしてステージに立つことが本当に嬉しかったそうです。「少女の頃の夢が叶った」と話してくれました。劇中、奈々子は、引退を決意しますが、そこに至るまでのプロセスが実に素晴しいです。これはハリウッドのバックステージものと同じアプローチです。

劇場の壁や柱を愛おしそうにみつめる奈々子。屋上からの浅草風景。そして本番直前の楽屋の緊張感。そこに、この楽屋でかつて日々を過ごした倍賞千恵子さんがやって来る演出も心憎いです。

昭和五十三年の「夏の踊り」を最後に、奈々子は引退を決意。「その初日だけは観に行ってやれよ」と寅さんはさくらに言います。初日、さくらは楽屋に奈々子を訪ねます。第十五作『寅次郎相合い傘』で、リリーを立たせてやりたいと、茶の間のアリアで語った国際劇場での奈々子のラストステージが展開されていきます。「男はつらいよ」であることを忘れてしまうほどです。

そのステージで奈々子が唄う「道」（作詞・作曲・えおりたかし）は、木の実ナナさんがコンサートなどで唄っていた曲です。フランク・シナトラが唄った「マイウェイ」や、アービング・バーリンが作った「ショウほど素敵な商売はない」や、ハワード・デイツとアーサー・シュワルツが作った「ザッツ・エンタテインメント」と同じ、ショウビジネス讃歌です。この歌詞には、木の実ナナさんのエンタテイナーとしての葛藤や、芸に生きる人々の哀歓が込められています。山田監督がこの「道」を気に入って採用したのです。

寅さんはさくらとの別れ際「あの娘が幸せになりゃそれでいいんだから」と言います。ただ「踊りやめたりしたら後悔するんじゃねえかな、俺だったらそんなことはさせねえ」とポツリと本音を漏らします。やがて「夏の踊り」の初日がやってきます。

この第二十一作には、今は失われてしまった、浅草の風景がタップリ出てきます。留吉が熊本にも帰らずに働く、とんかつの「河金」は、国際劇場の裏通りにありました。寅さんが浅草でバイをするのは、戦前からの映画とレビューの殿堂だった「東京倶楽部」「常盤座」が連なる建物です。芋虫のようなかたちの屋根が印象的ですが、この建物を設計したのが成松設計事務所、五千人収容の「浅草国際劇場」を手掛けた建築事務所です。

こうした昭和モダンの名残りが、画面に記録されています。平成三(一九九一)年、この「常盤座」が閉館し、取り壊されることになり、渥美清さんがステージに立ちました。その時の模様はＮＨＫスペシャル「さよなら常盤座 浅草芸能グラフィティー」としてオンエアされました。その頃「男はつらいよ」以外の仕事をほとんど断っていた渥美清さんがナレーターをつとめました。

浅草でコメディアンのキャリアをスタートさせた渥美清さん、ＳＫＤのステージで活躍した倍賞千恵子さん、そのＳＫＤに憧れた木の実ナナさん、それぞれの想い出の地で展開される第二十一作は、ぼくにとっても特別な作品です。

二〇一二年九月一日

一九七八年夏、東京

昭和五三(一九七八)年夏、有楽町・日劇で二度目の『スターウォーズ』(一九七七年)を中学の友人と観たあと、東芝ビルの地下にある「直久」で中華そばを食べていました。友達と、今観た映画の感想を、ああでもない、こうでもないと話すのは、映画ファンにとっては楽しいひとときです。ぼくは中学三年になっていました。

その後「親父と待ち合わせしているから」と友人と別れ、銀座のソニービルで父と一緒になり、スクランブル交差点を渡り、朝日新聞社の裏側にある、丸の内ピカデリーへと急ぎました。ちょうど、第二十一作『寅次郎わが道をゆく』の公開日だったのです。切符売り場には「ただいま満員」の札。仕方ない、と父が指定券を買ってくれ、二人でエスカレーターに乗って、二階のロビーへと上がります。

ぼくが、寅さんと出会って九年目の夏でした。今、映画について書いたり、語ったり、仕掛けたりする「娯楽映画研究家」の仕事をしているのも、『男はつらいよ』との出会いがすべてのきっかけです。昭和四十四(一九六九)年八月、九日に六才になったばかりのぼくは、母の郷里の高知で夏休みを過ごしたこともあって、誕生祝いは帰京後にしてもらいました。

昭和元年生まれの父と、昭和五年生まれの母は、ちょっと出掛けて「映画を観る」ことが当たり前の

あんた幸せ、
俺も幸せ

あのな、早いとこ、
この土地の言葉憶えて、
いい友だちを作んな。
よかか？（第42作）

ただいま。おかえりなさい。
お腹空いたのか？
こういう幸せな連中には、
あの不幸せな娘の気持ちは
わからないなぁ。
（第26作）

人を想うと幸せになる、

思ってるだけで、
何もしないんじゃな、
愛してないのと
同じなんだよ。（第45作）

困った人を助けると
ホカホカする、

労働者ってのは、
毎日うまい飯を
食ってるのかも
しれねえな。
（第35作）

あんたが居ればそれでいい、

生きてる？ そら結構だ。（第48作）

アウトローの生き方は、
熱く優しくシンプルだ

世代。まだ幼かったぼくを連れて母は、『風と共に去りぬ』(一九三九年)や『ローマの休日』(一九五三年)、『ひまわり』(一九七〇年)といった、自分が観たい映画に、よく出かけていきました。訳も分からず、それでも映画館の椅子に座って、スクリーンをみつめることが好きな子供に、いつしかなっていました。

もちろん「東映まんがまつり」や「東宝チャンピオンまつり」といった子供向け興行も欠かさず連れていってもらいましたが。

そんな家族の「お出かけ」でたまたま観たのが、第一作『男はつらいよ』だったのです。八月末の土日、だけは憶えているので、それが八月二十七日の初日だったか、二十八日の二日目だったかは、定かではありませんが、テレビ「泣いてたまるか」や「パンシロン」のCMでおなじみ、好きな人だった渥美清さんの歯切れの良い口上が、とにかく面白かったのです。

まだ幼稚園の年長なので、ストーリーを把握していたのか、内容を掴んでいたのか、怪しいものですが、とにかく「寅さん＝面白い」ということだけは、強く胸に刻んだのです。

帰りに、寅さんの「しかばねに水と書いて尿。しかばねにヒ二つ書いて屁、つまりおならはピーというシャレかね」という、さくらのお見合いで語った、漢字ネタを、子供なりにリフレインしていたと、のちに父から聞きました。ぼくが憶えているのは、それからしばらくして、タクシーに乗っているときに「わたくし、生まれも育ちも葛飾柴又です。帝釈天で産湯をつかい、姓は車、名は寅次郎」と寅さんの仁義を突然言い出し、運転手さんに「ぼく、寅さん好きなのかい?」と感心されたことです。

とにかく、それがぼくと寅さんの出会いでした。それから恒例となった三本立ての「寅さんまつり」も含めて、映画館に『男はつらいよ』がかかると、父は映画館に連れていってくれました。映画を意識して観る様になったのは、やはり小学校に上がっての、この頃からだったと思います。

そうして九年が経った夏、洋画ロードショーの映画の殿堂、丸の内ピカデリーで、父と観たのが第二十一作『寅次郎わが道をゆく』でした。寅さんとぼくの出会いを、長々と綴っているのも、今日(二〇一三年八月二十七日)は、第一作が公開されてから四十四年目の記念日だからです。

歳時記にはいつしか「八月二十七日『男はつらいよの日』」と記載されるようになりました。単なるプログラムピクチャーの一つとして作られた『男はつらいよ』の封切日が、記念日になっているのも、不思議な気分でありますが、納得でもあります。

さて『寅次郎わが道をゆく』です。寅さんは、熊本県田の原《はる》温泉に、金もないのに太朗館という旅館に長逗留します。そこで失恋青年の留吉(武田鉄矢)に、男のあり方を指南します。岡本茉利さん扮する恋人・春子に留吉がふられている瞬間を、目撃した寅さんの「青年、女にふられた時は、じっと耐えて、一言も口をきかず、だまって背中を見せて去っていくのが、男というものじゃないか」のことばは、まさに正論です。感じ入る留吉に、「ゆえあって、この宿に滞在しています。夜分にでも話しにいらっしゃい」と格好つける寅さん。

さらに「少年老い易く学成りがたし」と詩吟の一節を吟じます。余談ですが、この詩は宋の朱熹《しゅき》の漢詩「偶成」とされてきましたが、最近の研究で、室町時代の臨済宗の僧・観中中諦《かんちゅうちゅうたい》の「青嶂集」にある「進学斎」の一節だと分かったそうです。

余裕たっぷりの寅さんの姿は、何度観てもおかしいです。「いい気になっている」寅さんもぼくらには愛すべき存在です。おそらく、その夜、寅さんは留吉に得々と人の道を説いたことでしょう。留吉の感激は、宿屋の主人(犬塚弘)や、留吉の母親(杉山とく子)に伝播して、村人がいつしか、寅さんのことを「車先生」と呼ぶように。そんな寅さんですが、本当は胸中穏やかではなかったのです。

財布も「旅の空」の寅さんが、柴又に「宿賃を貸してくれないか」とSOSを出して、さくらが熊本県まで宿賃を持って迎えにやって来ます。東京発熊本行のブルートレイン「はやぶさ」に乗ったさくらは、久大本線の日田でバスに乗り換えて、杖立《つえたて》温泉に向かいます。

杖立温泉といえば第十二作『私の寅さん』で、さくら夫婦がおいちゃん、おばちゃん孝行で九州旅行で来た温泉です。バスターミナルで留吉が歓迎の巨大な紙を掲げて「諏訪さくら様！」と大きな声で叫ぶのがまたおかしいです。お兄ちゃんのために、お金を持ってきたさくらの胸中はいかばかりか？　ですが、観客は、こんな大事になったことがおかしくて、つい笑ってしまいます。

やがて無銭飲食寸前の寅さんが、村では「車先生」と呼ばれていることが判明する宿屋のシーン。山田演出のうまさが味わえる『男はつらいよ』らしい喜劇的状況です。

寅さんは「先生」と呼ばれ、大きな気持ちになっています。旅先での寅さんのエスカレートぶりに水を差すのが、さくらです。さくらは寅さんにとって「現実」でもありますから、本当はここで差し出された色紙やサイン帳に座右の銘を書きたいところでしょうが「筆のほうは、俺はちょっと苦手だからな」と辞退します。

ところが犬塚弘さん扮する宿屋の主人が「なんばおっしゃいますか、あげな立派な字書かれて、ほれ」と、床の間に掲げてある色紙を指差します。

『反省　車寅次郎』

金釘流の文字、まさしく寅さんの筆になるものです。さくらは、恥ずかしいから色紙を裏返します。しかし留吉は「力強い見事なタッチの字ですよ。」武田鉄矢さんの「タッチ」という言い回しのおかしさ！人物観察に長けた山田監督が引き出した、武田さんの味です。

ともあれ『男はつらいよ』のこうした「笑い」は、四十数年経った今も、色あせることありません。むしろ、時代の空気をパッケージして、さらに輝きを増しているように思います。第一作で、六才のぼくが笑い転げた「お見合いシーン」の漢字の笑いや、中学生のぼくが笑い転げた「反省」の色紙の笑いは、今なお面白いのです。

寅さんは『反省』の気持ちを抱いて、柴又に戻り、殊勝に店の手伝いをします。いつもなら「よぉ、備後屋、相変わらずバカか」と通りがかった備後屋（佐山俊二）に声をかけるのですが、反省した寅さんは「あ、備後屋さん、いつも、お利口そうですね」と真逆のことを言います。「バカ＝不真面目」「利口＝真面目」というロジックも寅さんらしいですが。しかし、その改悛の情も、マドンナ、紅奈々子（木の実ナナ）との再会で、一瞬にして消え去ってしまうのですが。

二〇一三年八月二十七日

第二十二作　男はつらいよ 噂の寅次郎

一九七八年年十二月二十七日

わたし、寅さん好きよ

寅さんは惚れっぽいです。年がら年中、恋をしている印象があります。しかし、意中の女性と二人きりになると、どぎまぎしたり、ソワソワしたり、相手を意識し過ぎて、落ち着かないことこの上ありません。その一方で「好きだ」という感情を押し殺して、相手に気取られないようにすることが身に付いているのも寅さんです。「好きだけど、その気持ちは胸に秘めておく」のが、寅さんの粋でもあります。

とくに相手が人妻の場合、惚れてはいけない、という気持ちのセーブがかかります。いや、セーブをかけようと努力はします。第六作『純情篇』で、若尾文子さん扮する、別居中の人妻・夕子に恋をしたとき、さくらに「お兄ちゃんとは関係ない人よ」と諭されます。寅さんは「いや頭のほうじゃ分っているけどね。気持ちのほうが、そうついてきちゃくれないんだよ」と大真面目です。「わかっちゃいるけど……」寅さんにとっては、人生の大命題でもあります。

さて、大原麗子さんが、離婚問題に悩む美貌の人妻・早苗を演じた、第二十二作『噂の寅次郎』でも、その問題に直面しますが、あまりの早苗の美しさに、寅さんが煩悶とするのも、無理はありません。

「とらや」の店員として職安の紹介でやってきた早苗。ある日の昼すぎ、おいちゃんとおばちゃんは外出中。遅く起きてきた寅さんは、家に早苗しかいないことを知って、例によって自意識過剰でドギマギ、嬉しいような、苦しいような、複雑な心境で、早苗との二人きりの時間を過ごします。

他愛のない会話から、早苗が人妻であることを知り、少しがっかりする寅さん。でも、別居中であることを聞いて、笑みがこぼれてきます。寅さんには、光明でもあります。しかし、彼女にとって家庭円満が第一であることも、寅さんはわかっています。

だから、あからさまに喜んではいけない。嬉しいけど、不謹慎だ。寅さんの葛藤が、この時の表情からみてとれます。というより、渥美清さんの抜群の間と、絶妙の表情で、その複雑な気持ちが、このシーンの笑いになっていくのですが、これぞ「男はつらいよ」の醍醐味！でもあります。

しかし早苗は夫との関係修復を「努力したんだけどね……やっぱり、だめね」と、本音をもらします。その時、寅さんの顔がパッと明るくなり「だめかもね」と途端に元気になります。

ここで山本直純さんの軽快な「寅のテーマ」が入ります。この作品の最高の見せ場の一つです。元気よく店先に出た寅さん、全身で喜びを表現するかのように、晴れやかな顔で「おダンゴ、おいしいよ」と参道を行く人に声をかけます。

このシーンは、最高の喜劇的状況であると同時に、寅さんのマドンナへの気持ちがストレートに伝わる名場面ですが、ここまで「寅さんの想い」が表現された場面は、シリーズでも珍しいです。

初期のエネルギッシュな作品での寅さんは「愚かしきことの数々」として、マドンナに惚れるも、まったく異性として意識されることなく、見事にフラれるのがパターンでした。しかし『噂の寅次郎』

の寅さんは、大井川の蓬莱橋で旅の雲水（大滝秀治）から「女難の相」があると指摘されたように、結構、女性にモテるのです。

柴又の人々との出会い、寅さんとの日々が、早苗の毎日を明るくします。茶の間でも「明るい話題」はないか、という話になって、早苗は、「はい」と手を挙げ「あのね、私の人生で寅さんに会ったということ」と、可愛らしく話をします。もちろん寅さんはドギマギして「ぼくはどっちかっていうと暗い人間だと思っていたし」と、受け答えをします。

ここでタコ社長が「楽しいねえ、本当に楽しいよ」と笑いながら言いますが、本当に『噂の寅次郎』は、こうした「多幸感」に満ちた楽しい作品です。大原麗子さんの美しさ、可愛らしさを捉えた高羽哲夫さんのキャメラ。「萌え」ということばがまだ、なかった時代、お弁当を隠しながら「みないで」という早苗さんの可愛さを描く、山田監督の演出は、まさしく「萌え」という感じです。寅さんと一緒に、早苗の美しさを堪能することができます。

楽しい宴のあと、早苗は帰り際、寅さんに、こう言います。

「あの、今日は本当にありがとう。わたし、寅さん好きよ。」

素直な気持ちをことばにした早苗。寅さんにとっては、まさに天にも昇る想いです。離婚してブルーになっていた早苗が寅さんと家族の温かさで幸福な気持ちになり、早苗から「好きよ」と告げられた寅さんの幸福な気持ちが、観客であるわれわれに伝播して、この瞬間の「幸福な気分」を共有することができるのです。

タコ社長の「楽しいねえ、本当に楽しいよ」ということばに、『噂の寅次郎』の魅力が集約されていると、ぼくは思うのです。

二〇一一年九月二日

コンニャク物語

大原麗子さんをマドンナに迎えた第二十二作『噂の寅次郎』は、いつ観ても、何度観ても、幸福な気持ちに包まれる一本です。「寅次郎縁起」ともいうべき夢が明けて、寅さんが主題歌とともに柴又に帰ってきます。ちょうど秋のお彼岸で、おいちゃん、おばちゃん、さくらが、題経寺の墓地で御前様に挨拶して、寅さんの噂話をしていると、何と寅さんが父親の墓参をしてたのです。

ところが寅さんが隣のお墓と間違えていて、一同大笑い。「引っ越し、引っ越し」と終始なごやかムードです。おかしいのは御前様が「あんたの息子が旅先から帰ってきたぞ。今日はいい日だなあ」と、間違ったお墓で掛けたことばを、もう一度繰り返すところです。笠智衆さんの真面目な演技がとぼけた味わいとなり、微苦笑を誘ってくれます。

余談ですが、このとき御前様は墓石に向かって「千造さん」と声をかけますが、寅さんの父親の名は「平造」。お墓と名前、ダブルで間違っています。

さて、一同がお墓参りに来ているとなると、観客が「お店はどうしているの」と思うタイミングで、店番をする博が登場。そこへ一足先に寅さんが帰ってきて、博「あ、兄さんお帰りなさい」、寅「留守番か、ご苦労さん」と、自然なやりとり。後から、笑いながらさくらたちが帰ってきます。これが寅さんの理想とする帰宅なのでしょう。

これほど、なごやかな寅さんのご帰還は、シリーズのなかでも滅多にありません。いつもは、歓迎したい家族と、歓迎されたい寅さんの間に、それぞれの強い想いがあって、ギクシャクしたり、時には「売り言葉に買い言葉」のケンカとなってしまいます。

　このなごやかムードは、夕餉でも続きます。茶の間での会話は「とらや」にいっそ従業員を入れたら、という、切実なものなのですが、寅さんとおいちゃんがケンカするでもなく、こんな会話となります。

寅「俺がもうちょっとしっかりしてりゃ、おいちゃん達にこんな心配はさせやしねえんだ」

竜造「寅、その気持ちだけで充分だよ。人にはそれぞれ任というものがあるからな」

とても幸福なひとときです。

その平穏を破るのが、タコ社長失踪事件です。昼に銀行からの電話であわてて飛び出したまま、なしのツブテのタコ社長。その身を案じた寅さん、ついには葬式の心配までします。

何も知らないタコ社長。「京都にいるときゃ〜」と、この年のヒット曲、小林旭さんの「昔の名前で出ています」を素っ頓狂な声で唄いながら、真っ赤な顔して帰ってきます。ちなみに「昔の名前で出ています」の作詞は、主題歌「男はつらいよ」を書いた星野哲郎さん。同じ高音でもアキラさんとタコ社長、ずいぶんと歌唱力に開きがありますが。

　結局、寅さんは、自分の心配をよそに、酔っぱらって上機嫌のタコ社長への怒りを爆発させます。社長にしてみれば「余計なお世話」なのですが。ここで大ゲンカとなり、寅さんは旅の人となります。この「タコ社長失踪騒動」は第二十七作『浪花の恋の寅次郎』でもリフレインされます。

　今回の旅先は、現在でもSLが運行している大井川鐵道の界隈。大井川にかかる、時代劇映画などでおなじみの蓬莱橋で、寅さんは旅の雲水（大滝秀治）から「あなた、お顔に女難の相が出ております」と声をかけられ「分かっております。物心ついてこの方、そのことで苦しみぬいております」と真顔です。

　ぼくはこの作品を銀座文化（現在のシネスイッチ銀座）で封切日に観たのですが、ここでお客さんがドッと笑ったのをよく憶えています。この頃「男はつらいよ」は、銀座地区では、有楽町の丸の内松竹、銀座四丁目の銀座文化、そして東銀座の銀座松竹と、三つの映画館で上映されていました。今のシネコンのようなシステムではなく、映画は窓口でキップを買って、好きな時間に入って、次の回が始まるまでロビーで待つか、途中入場してしまうか、でした。で、満員の場合は、そのまま「お立ち見」ということになります。銀座で「男はつらいよ」を観るときに、劇場窓口で「ただいまお立ち見」との札があると、丸の内松竹が駄目なら、銀座文化へと回遊していました。

さて、大井川鐵道千頭駅近くのバス停からバスに乗り込んだ寅さん。たまたま乗り合わせていた博の父・諏訪飈《ひょう》一郎(志村喬)と久しぶりの再会を果たします。

第一作『男はつらいよ』では、さくらと博の結婚式で、八年振りに再会した息子へのスピーチで寅さんを泣かせ、第八作『寅次郎恋歌』では、妻に先立たれたときに、弔問にきた寅さんがそのまま居着いて二人で暮らしたこともありました。そこで、放浪癖のある寅さんに飈一郎は、「りんどうの花」の話をして、家族を持って定住することをすすめました。

朴訥として、柔らかい物腰に秘めた頑固一徹さ。肉親である博にとって父・飈一郎は、子供の頃から苦手、コミュニケーション不全に陥りがちで、親子の会話がほとんど成立しません。ところが、寅さんは気軽に「博のお父っつあん」と声をかけることが出来ます。相手を立場で見ない寅さんは、こと権威に対して、怖いものなし。それが堅物でインテリの心のハードルをまず取り払います。寅さんが相手の顔色などを一切伺わずに、人間として相手を見るからです。どんな人にも寅さんにかかれば「おじさん」です。

志村喬さんといえば『七人の侍』(一九五四年)の頼もしき侍リーダーの勘兵衛です。シリーズには『七人の侍』の宮口精二さん(第九作、第十三作で歌子の父)、三船敏郎さん(第三十八作)が出演しています。盗賊を演じていたのは散歩先生こと東野英治郎さん(第二作)でした。これら日本映画史を彩って来た名優に対し、いくら役の上とはいえ、寅さんは「おじさん」と気軽に呼んだり、ぞんざいに扱ったり、時にはからかったりもします。

さて、旅先で空財布の時に出会った颱一郎は、寅さんにとって最高のスポンサーです。木曽の旅館・紅葉館で芸者を上げてどんちゃん騒ぎをして、さらに夜の街に繰り出すとき、颱一郎は分厚い財布を渡します。その後、志村喬さんの「参ったなあ」がおかしいです。

翌日、長野県大桑村野尻の庭田屋旅館で、味を占めた寅さんがまた芸者を呼ぼう、と颱一郎に持ちかけますが「いくら美人でも死んじまえば骸骨だからな」と断ります。

寅「そういう考え方いけないんだよ。そんなふうに思ったら世の中おもしろくもおかしくもないじゃないの」

颱一郎「歳をとるとね、おもしろいことなんかなくなるんだよ」

しかし寅さん「こういう漢字ばっかり出てる本なんか読んでるからね。いい影響与えないんじゃないの」と勝手なことを言います。寅さんは颱一郎に甘えているだけなのですが。

そこで颱一郎は、読みさしの「今昔物語」のなかから「春宮蔵人《とうぐうのくろうど》宗正出家語」のエピソードを話します。ある男が絶世の美女と恋をして、結ばれるも、その美しい妻は一年も経たないうちに、病を得て死んでしまったという話です。寅さんは茶々を入れながら聞いていましたが、この話は寅さんの胸に響き、反省の人となった寅さんは、再び柴又に帰って行きます。女難の相が出ていると旅の僧に指摘され、博の父からは「美人といえども死んだら骸骨になる」と諭された寅さんは、おそらく、どんな美人が現れても、努々《ゆめゆめ》恋に落ちはしない、と決意したと思いますが、なかなかそうはいかないのが世の常です。

ところが、柴又では、職安の紹介で、荒川早苗（大原麗子）が「とらや」の店員として働くことになっていました。雲水が予言した「女難」は、実はここから本格的に始まるのです。

その夜、寅さんは家族を集め、旅先で博の父から聞いた説話を、滔々と語ります。「今昔物語」を「コンニャク物語」と思い込んでいる寅さん流の解釈を交えた「寅のアリア」となっています。

「男はね、その日から二度とその美しい妻の顔を思い出すことができなかった。(中略)これはつらい。その男の気持ちを考えるとオレも知らない間に涙が出てくる。」博は「なかなか味のある話ですね」と感心し、寅さんは「人生について考えさせられたろ」と分別のある男の顔になります。

第八作『寅次郎恋歌』で、やはり飈一郎から聞いた「りんどうの花」のエピソード同様、寅さんが「媒介者」となるのがおかしい名場面です。この第二十二作『噂の寅次郎』は、さほど大きな事件もありません。静かに、幸福に、物語がすすんでゆきます。山本直純さん作曲の「早苗のテーマ」の美しいメロディ、喫茶店で流れるモーツアルトの「ロマンス」の音色のような、美しく楽しい物語が展開されてゆくのです。

二〇二二年九月七日

跡取りと女店員

「とらや」には、かつて従業員がいました。第一作から第五作『望郷篇』までは、「トモちゃん」という女の子(第一作・米本喜子、第二～五作・脇山邦子)が店の手伝いをして、ときには寅さんの舎弟・登(津坂匡章)や源ちゃんが白い上っ張りを着て、従業員として働いていたこともありました。しかし、いつしかおいちゃん、おばちゃんの二人だけで店を切り盛りするようになり、満男に手が掛からなくなった頃から、さくらが手伝いをして、店を続けています。

第二十二作『噂の寅次郎』では、従業員不足の話が茶の間の話題となります。跡取りである寅さんには、耳の痛い話でもあります。「俺がもうちょっとしっかりしてりゃ」というのは本音です。しかし、おいちゃんもよくわかっていることで「人にはそれぞれ任というものがあるからな」と、優しいことばをかけます。寅さんが帰って来て早々、こんなに和やかな夜になることは滅多にありません。

第二十二作『噂の寅次郎』は「とらや」がメインの舞台になので、ゆったりした気持ちで楽しめます。この後、寅さんは社長とひと騒動あって、旅の人となるのですが、それとて、博の父・飈一郎との再会の旅なので、孤独ではありません。

さて「とらや」最大の悩み、人手不足を解消してくれるのは、博が職安（今のハローワーク）に出した求人案内です。それを見てやってくるのが、今回のマドンナ、荒川早苗（大原麗子）です。

寅さんが、大井川にかかる蓬莱橋で、旅の雲水（大滝秀治）に「女難の相」を指摘されます。この映画は、寅さんに「美人には要注意」というサインを要所要所で送っているのです。しかし、運命の皮肉で、美しい早苗が「とらや」の従業員としてやって来てしまうのです。

『噂の寅次郎』は、ここからが見せ場の連続です。「とびきりの美人に恋をした寅さんが、奮闘努力するも、あえなく失恋」という、「男はつらいよ」のイメージそのままに物語が進みます。大原麗子さんの持つ、ほとんどの男性が魅了されてしまう、あの魅力を最大限に活かした作品となっています。

早苗を一目見た途端、御前様はうっとりし、源ちゃんは仕事を放り出し、タコ社長は「美人が来たよ、美人が、いやぁ、色っぽいのなんのって」と吹聴します。そこへ、寅さんが帰ってきてしまうのです。第六作『純情篇』のおばちゃんの遠縁の夕子（若尾文子）や、第八作『寅次郎恋歌』の喫茶店「ローク」の貴子（池内淳子）に、会わせまいと、おいちゃんやタコ社長が苦心惨憺したことなどを思い出しながら、寅さんがいつ早苗と会ってしまうのか？が観客の最大の興味になってゆくのです。

寅さんが早苗に恋をするカウントダウンが既に始まっています。「明朝九時に修行の旅に出発します」とキッパリ言い切った寅さんの決意は、翌朝、もろくも崩れ去ります。旅に出ようとした、そのタイミングで早苗が来てしまい、二人はとうとう会ってしまいます。なんとか会わせまいとした、おいちゃんとおばちゃんの苦労は水の泡。この、これぞ「男はつらいよ」という展開は、実に久しぶり。結局、寅さんは仮病をつかって、「とらや」に戻ってきます。そこで、何も知らない早苗が救急車を呼んで、大騒動となります。

これはテレビ版「男はつらいよ」第一話のラストで、散歩先生（東野英治郎）のひとり娘・冬子（佐藤オリエ）に恋をした寅さんが使った奥の手です。「女難の相」も「今昔物語」の故事もどこへやら、人生について、しみじみ考えさせられた筈の寅さんは、恋する喜びのなかで、楽しい日々を過ごすことになります。なかでも、おいちゃんとおばちゃんが、結婚式のお招《よ》ばれで出かけてしまった日の、寅さんと早苗、二人きりの「とらや」でのシーンは最高です。

早苗が「結婚」していると知って顔が曇って、「別居」と聞いて一瞬ニコリとしますが、それは不謹慎だと神妙な顔になる、その葛藤が窺えておかしいのです。これは第六作『純情篇』で「いや、頭のほうじゃ分かっているけどね。気持ちのほうが、そうついて来ちゃくれないんだよ」という名言に通じます。

寅さんは、やはり寅さんなのです。この寅さんの、一瞬の心の動き。渥美清さんの抜群の表現力で、何度見ても、思い出すだけでおかしい、名場面です。

さて後半、颯一郎が「とらや」を訪ねてきます。誰も店にいないので、颯一郎が、お客さんの注文を聞き、お茶を入れようとします。冒頭の博の店番を思いだすと、なんともおかしい「人手不足」解消になっているのです。

二〇一三年九月四日

第二十三作　男はつらいよ　翔んでる寅次郎

一九七九年八月四日

幸せってなんだろう？

『幸福の黄色いハンカチ』（一九七七年）で初めて山田組に出演した桃井かおりさんが、結婚式場から逃げ出してしまうマドンナ、入江ひとみを演じた『翔んでる寅次郎』は、若い女性の「幸せとは何か？」をテーマにした、味わい深い物語です。

北海道でひとみは寅さんと出会います。北海道の海辺、ひとりで景色を眺めている寅さんに、車で旅行中のひとみが声をかけます。「もしよかったら、乗って行きません、いい所まで、送っていくわよ。」しかし、寅さんは「若い娘がな、旅の行きずりの男をそんな気安く誘っちゃいけないよ」とたしなめます。こういう寅さんは、分別ある大人の男です。

その後、ひとみは、若い男の餌食になりかけ、あわや、という時に寅さんに助けられます。まるで時代劇のヒーローのようなカッコ良さです。その若い男(湯原昌幸)は、支笏湖の温泉旅館の若旦那で、ここからはちょっとした狂騒曲になります。山田監督の喜劇演出のうまさが堪能できます。

実はひとみは結婚を控えていますが、寅さんに「本当はもっと、嬉しくなきゃいけないいんだろうけどね、どうしても、そういう気になれないのよね」と本音を語ります。マリッジブルーです。

この夜、寅さんはひとみに「世の中にはね、病気のお父っつあんを助けるために親子ほど年の違う金持ちの助平爺いの嫁になる娘だっているんだよ、その娘が、今のひとみちゃんのことばを聞いたらどんな気持ちになると思う?」と言い聞かせます。この寅次郎のアリアがまた傑作です。この例え話は「寅さんの夢」の描写に直結しているような感じです。田園調布に住んでいるひとみを、貧しい田園地帯の農家の娘と思い込んだり。

それからしばらくして、結婚式の当日。ウエディングドレスのまま、ひとみは結婚式場から逃げ出し、タクシーで「とらや」へやって来ます。ここも喜劇の見せ場の一つです。「男はつらいよ」の味わいは、そうした行動をするひとみの内面と、それに向き合う、「とらや」の人々の行動の温かさを描いているところにもあります。

ひとみは金持ちのお坊ちゃんで苦労知らずの許嫁・邦男(布施明)との結婚を前に「私は幸せなのだろうか?」と疑問を感じたのです。その時のひとみは、相手のことより自分だけの「幸せ」を考えることしかできません。邦男は心底ひとみを愛していて、彼女がなぜ自分の前から消え去ったのか、その気持ちと真意を確かめたくて、柴又まで会いにきます。

親の敷いたレールにのって、何の苦労もなく、結婚をしたところで、それが果たして「幸せ」なのか? というひとみの疑問。ひとみは母・絹子(木暮実千代)にそれをぶつけます。「ママは、いま幸せ?」の問いに「まあ幸せだわね」と答える絹子。「それじゃ、私あれだわ、あなたの考えている幸せとは違う幸せが欲しいの。」

戦前から松竹の美人女優として活躍してきた木暮実千代さんと、桃井かおりさんの母娘の会話。この映画のテーマである「幸せとは何か?」の本質的な部分でもあります。

父親の会社を辞め、近所にアパートを借り、自動車整備工となっても、ひとみへの愛は変わらない邦男の気持ち。邦男にとっての「幸せ」は、「ひとみを想うこと」だったのです。邦男のアパートを訪ねたひとみは、邦男に自分の気持ちをストレートにぶつけて、邦男はそれを受け止めて、愛の告白をします。ようやく二人は本当の恋人同士となるのです。

お互いを想い合うこと、相手の「幸せ」を願うこと、相手が自分の「幸せ」を願ってくれること、それが「ほんとうの幸せ」だということを、この『翔んでる寅次郎』は教えてくれるのです。

二〇一一年九月八日

「とらや」大爆発と若旦那奮戦記

第二十三作『男はつらいよ 翔んでる寅次郎』の「寅さんの夢」です。医学博士・車寅次郎は、研究に没頭するあまり、なりふりかまわず、近所の子供からもからかわれているほどの変わり者。車博士が研究しているのは「便秘の特効薬」。人類が長い間苦しんできた悩みを解放しよう！ 何かに取り憑かれている博士の姿は「アチャラカ喜劇」ではおなじみのキャラクターです。「寅さんの夢」の撮影は、倍賞千恵子さんも楽しみにしていて、リアルなさくらの芝居とはまた違う「夢」でのコスプレが本当に楽しかったと、いつもおっしゃっています。

そして、車博士の研究がついに完成します。しかしそれは博士が予言しているように「キケン」が伴うものでした。喜びもつかの間、研究室は大爆発！ 硝煙とともに二階が吹き飛んでしまいます。家が吹き飛ぶという展開は、まともに描けば悲劇になります。しかし、爆破した後、真っ黒になって髪の毛が坂立って、口から煙が出てくる。これぞ「アチャラカ喜劇」の味わいです。

悲劇と喜劇の違い。日常の破壊は悲劇です。しかし常識の破壊は喜劇になるのです。「そんなわけない」けど「なぜかこうなる」。それがおかしいのです。実は「とらや大爆発」は二度目です。第二十作『寅次郎頑張れ！』では、二階で下宿をしている良介（中村雅俊）が、幸子（大竹しのぶ）に失恋したと思い込んで、自殺を図ります。襖や戸に目張りをして、ガス栓をひねります。ここまでは悲劇です。ところが末期のタバコに火をつけた瞬間に、「とらや」が大爆発！ この瞬間、ガスが出ているのに、マッチで火をつけるなんて！ 失恋青年には申し訳ないですが「バカだなぁ」と思った途端の爆発です。これは日常の破壊です。

第二十作の「とらや大爆発」のインパクト！ 本編のなかで、ここまでの描写は空前絶後です。そのシーンをもう一度、この「夢」でリフレインしたことからも、相当、山田監督のお気に入りだったと思います。その後、良介は責任を感じて、故郷の長崎の平戸に帰ります。やはり良介にとっては悲劇だったのです。この悲喜こもごもは「男はつらいよ」の世界でもあります。

さて、第二十三作『翔んでる寅次郎』での「寅の夢」の「とらや大爆発」は、往年の斎藤寅次郎監督の「アチャラカ喜劇」の味わいです。一方では、あくまでも寅さんの「夢」ですから、確かに人類共通の悩みかもしれませんが、年中旅暮らしで不規則な食生活を過ごしている寅さんは、繊維不足で便秘がち。それが寅さんの夢に……。

「夢の由来」のおかしさは、車寅次郎という人を知れば知るほど観客にとっては楽しいものです。寅さんが「ベンピの薬……」とうなされながら、日下部医院の待合室のソファーでウトウトしていた寅さんが目覚めます。

「車さーん」と可愛らしい声は、大空小百合役でおなじみの岡本茉利さん扮する看護婦さん。案の定、寅さんは便秘で、お腹の薬を処方してもらい、その場で飲みます。これも日常の光景です。寅さんは、病院の表に出ますが、その途端「あれ？ いけねえ、もう効いてきちゃった！ すいませーん、便所かしてください」と病院に駆け込みます。日常の破壊が喜劇的な笑い、となります。

この日下部医院の外景は、神奈川県伊勢原市の大山バス停前にある、以前の森林組合の事務所で撮影が行われました。

続くタイトルバックでは、いつものように、主題歌が流れるなか、いささかオーバーな動きで、ドタバタが展開されます。無声映画時代からの伝統を受け継ぐスラップスティック喜劇の話法なのです。ことほど左様に「男はつらいよ」シリーズは、あらゆる喜劇の要素が盛り込まれています。そして本編は、かつて井上ひさしさんが渥美清さんのことを「悲しみをおかしみで表現できる役者」と評したことがありましたが、まさしくその「天才俳優・渥美清」の世界が展開されていくのです。

今回のマドンナは、寅さんが北海道で出会う、マリッジ・ブルーの入江ひとみ(桃井かおり)。若い女性にとって「何が幸福なのか」をテーマに、結婚式場から花嫁が逃げ出して、「とらや」にやってくるという、逆説的なシチュエーションのなかに、明るい笑いとともに描いていきます。

そして『翔んでる寅次郎』には、コメディリリーフとして、湯原昌幸さん扮する、支笏湖畔にある丸駒温泉旅館の若旦那が登場します。コメディリリーフとは、深刻な物語に登場して、緊張を和らげる滑稽な登場人物。シェイクスピアの悲劇やオペラにもそうした人物が登場しますが、喜劇である「男はつらいよ」に、しかも渥美清さんを前に、さらにおかしい人物というのは、演じる側も大変だったと思います。

ひとみの車がエンコして困っているところへ、若旦那は颯爽と現れて、鮮やかに修理の手配をします。その感謝の気持ちにつけ込んで、若旦那は自分の車で良からぬことをしようとします。が、ひとみは応じるフリをして、タイミングを見計らって逃げ出します。ひとみを追って車を降りた若旦那、ズボンを下ろしたままなので、つまずいて転んでしまいます。それをロングショットで撮影して、観客の笑いを誘いますが、まるで、タイトルバックのようなスラップスティックな映像です。しかも若旦那、赤いパンツを履いているので、観客の笑いは頂点に達します。チャックを上げる時に大事なところを挟んでしまい、往生しているのです。そして、寅さんとひとみは、あろうことか、なんと若旦那の丸駒温泉旅館にやってきます。

「部屋はない」と言われた寅さんとひとみは「お姉さん警察どこ?」と訊きます。いぶかる女中(谷よしの)に、ひとみ「署長に会って私、全部話す、今日あったこと」と若旦那にとって、怖いことを言います。

この場面の最初、若旦那は、事務所の中で、キャメラに背を向けています。昼間の事件で、チャックに挟んでしまった大事な部分に、薬を塗っているのです。そこへ、ご存知、谷よしのさん扮する女中さんがやってきて、その姿を見て「何やってんの?」と冷ややかに聞くところで、普段、若旦那が従業員からどう思われているかが一瞬にして分かってしまいます。

しかも寅さんたちを部屋に案内するとき、背中にビッショリと冷や汗をかいているのです。こうした細かい演出が「男はつらいよ」の笑いを支えているのです。とにもかくにも、この若旦那、ひどい男ですが、どこか憎めない。出番はごくわずかなのですが、コメディアンとしての湯原昌幸さんが最高に輝いている一本です。

二〇一二年九月十五日

幸せな結婚

山田洋次監督の『幸福の黄色いハンカチ』(一九七七年)で、第二十回ブルーリボン助演女優賞をはじめ数々の映画賞に輝いた桃井かおりさん。それから二年、テレビや映画でさらなる活躍をしていた彼女が、マドンナ・ひとみとして出演した、第二十三作『翔んでる寅次郎』は、若い女性の恋愛と結婚をテーマにした佳作です。

「幸せとは何か」を映画のなかで追求し続けている山田監督ですが、これは『男はつらいよ』のフォーマットのなかで展開される、女性映画でもあります。

マドンナひとみを交えて、「とらや」の茶の間で交わされる、おいちゃん、タコ社長たちの時代の結婚についての会話に世代の違いが出ています。「ところが、こちらのお じ様、こんなお顔してますけど、れっきとした恋愛」と寅さんが暴露する、おいちゃんとおばちゃんのなれそめの真相は、第三十二作『口笛を吹く寅次郎』で明らかになります。

おいちゃんとおばちゃんが浅草で映画を観てのランデブーの帰り、土砂降りになって、駒形橋のたもとにある伯父さんの家で雨宿りをすることになりました。ところが、いつまで経っても雨は降り止まず、その晩、粋な伯父さんの計らいで、二人はその家の二階に泊まったということです。それが寅さんの言う「ところが、こちらのおじ様こんなお顔してますけど、れっきとした恋愛」でした。

一方、タコ社長はお見合いです。仲人口にノセられて、お見合いの席に行って見たら、似ても似つかぬ女性がいて、聞けば写真は妹のものだった、という笑うに笑えない、笑い話です。

ことほど左様に『翔んでる寅次郎』では最初から最後まで、さまざまな「結婚のかたち」が描かれています。物語は帝釈天の二天門前では、朝日印刷の工員・中村君（笠井一彦）が古沢規子さん（伊藤昌子）とめでたく結婚、新婚旅行へ出発するところから始まります。

寅さんが「職工が結婚するかね」などと悪口をきくと、博は「兄さん、いいじゃありませんか。愛し合って結ばれるんですから」と意見をします。中村君の大先輩にあたるのが博とさくら夫婦です。第一作から数えると、さくら夫婦が歩んできた歳月は、もう十年です。そのさくら夫婦を、十歳になった満男がどう見ているのかが、前半の「作文騒動」のもととなる、三重丸を貰った満男の作文にイキイキと書かれています。

ぼくのお母さんとお父さんは恋愛結婚だ。だから、お母さんはお父さんのことを博さんと呼んでいる。

お父さんはお母さんのことを「おい、さくら」と、ちょっと威張って言う。でも本当は、お父さんはお母さんをとても大事にしている。

お母さんが、時々悲しい顔をする時がある。

それは、おじさんが帰ってきた時だ。

作文通り、ひと悶着があり、旅の人となった寅さん、北海道は登別市の地獄谷温泉で、本作のマドンナ・ひとみと出会います。

そのひとみですが、ほどなくホテルニューオータニで、親の経営するインテリアデザイン事務所につとめる御曹司・小柳邦男（布施明）と華燭の典を挙げます。この描写が、形骸化した巨大ウエディング・ビジネスや、セレブのスノビズムを揶揄しているのが、おかしいです。外国人やら相撲取りやら、お義理の集合みたいな感じで、山田監督の持つ違和感が伝わってきます。ちなみに、新婦のお友達としてピアノを弾いているのは、山田監督のお嬢さんです。

この結婚に疑問を抱いていたひとみは、お色直しのときに、その疑問のボルテージが最高潮となり、ウエディングドレスのままタクシーで、柴又の「とらや」に逃げてきます。寅さんの「もし気分が晴れねえようなことがあったら、葛飾柴又帝釈天の参道に「とらや」、っていう団子屋があるんだよ。そこに訪ねてみな、オレの身内がいて、きっと相談相手になってくれるから」のことばが、ひとみにとって、唯一のよすがだったのです。

このときのタクシー運転手が犬塚弘さん。渥美清さんとの珍妙なやりとりについて、二〇一三年八月の「続・みんなの寅さん」の「ようこそ、くるまやへ」のコーナーでタップリ語って頂きました。ぼくと犬塚さんの共著「最後のクレイジー 犬塚弘 ホンダラ一代、ここにあり!」(講談社)でも、このシーンについては犬塚さんのことばで語られています。

さて、この直接行動で自らの結婚式を「ぶちこわしてしまった」ひとみが、本当の幸せとは何かに気づいていくプロセスが、この作品の素晴らしいところです。ひとみの母(小暮実千代)は世間体を気にするばかり。婚約者の邦男は、ひとみのことが諦めきれずに、「とらや」まで会いにやってきます。その邦男の行動や気持ちが、理解できないひとみ。寅さんは邦男と一杯やって、その話を聞きます。その晩、寅さんは「ただ一言ね「あんたの気持ちは嬉しいわ、どうもありがとう」そのくらいのこと言ってやんなよ。」と恋をする男の気持ちをひとみに伝えます。

山田監督は、映画を作るときに、観客が「身につまされること」をいかに描くかということを、常に考えています。失恋青年の邦男の純情は、寅さんならずとも「身につまされる」のです。

続く「その言葉だけであいつは幸せになれるんだから」とは、寅さんの気持ちであり、恋に破れた無様な男の気持ちでもあります。

邦男とひとみは、もう一度、恋愛をし、お互いの気持ちを確かめ合い、改めて結婚を決意します。寅さんは仲人を頼まれ、複雑な想いを抱きながらも引き受けます。今度は、柴又帝釈天参道の川魚料理屋さんの「川千屋」でささやかな結婚パーティをします。

そこでのひとみの挨拶です。

「私は今、邦男さんの幸せについて考えています。この前の結婚式の時は、もう自分のことしか考えてなかったんです。つまり、……なんていうかな、あの、人のことを一生懸命考えるっていうか、相手の幸せを本当に心から願うっていうか、そういう態度が私には一番欠けてたのね。そのことを教えてくれたのはここにいる寅さんです。」

「相手の幸せを願うことが、自分の幸せ」とは車寅次郎という人の基本的な考えであり、「男はつらいよ」シリーズの「多幸感」のこんこんと湧き出る源泉でもあります。そして邦男は「あのう、ぼく、歌が下手、いや、話が下手なもんですから、挨拶の変わりに歌を唄いたいと思います。」

寅さんは邦夫に「心で歌え、心で」とエールを送ります。

そこで邦夫が唄うのが「とまり木」です。シンガーソングライターの下村明彦さんの作詞作曲で、オリジナルは昭和五十四年四月発売のファーストアルバム「サウンド・エッセイ」収録曲です。「君は君のために翼を広げて 信じるものに向かい 飛び立つんだ ぼくにできることは 何もないけど とまり木ぐらいにはなれるだろう」という歌詞は、邦男のひとみへの想いであり、ひとみが様々な出会いを通して知った「相手の幸せを考えることが自分の幸せ」という気持ちを集約しているのです。

山田洋次監督と共同脚本の朝間義隆さんは、この下村明彦さんの「とまり木」から、この物語を発想したのかなと想うことがあります。そしてこの歌のテーマこそ、寅さんそのものなのです。

この映画から二年後、昭和五六(一九八一)年四月、倍賞千恵子さんが「とまり木」をシングル曲としてカバーされています。この「とまり木」が広げる「幸せの連鎖」が広がっているようで、倍賞さんの歌声も、とても素敵です。

二〇一三年九月十二日

第二十四作　男はつらいよ 寅次郎春の夢

一九七九年十二月二十八日

おい、ハローじゃないか!

「どうして日本とアメリカが仲良くしなきゃいけないんだ。いいか、あの黒船が浦賀の沖へ来て、徳川三百年天下太平の夢が破られて以来、日本人はずっと不幸せなんだぞ。」

いささか物騒で乱暴なロジックですが、この時の寅さんはアメリカが大っ嫌い、その理由は、黒船来航で「徳川三百年天下太平の夢が破れ」たという寅さんの歴史認識にあります。ここから第二十四作『寅次郎春の夢』の物語が急展開します。

寅さんは「尊王攘夷派」だったのです。このとき、「とらや」には、アメリカはアリゾナ州からビタミン剤のセールスにやってきたマイケル・ジョーダン(ハーブ・エデルマン)というアメリカ人が居候しています。それを知らずに帰って来た寅さんに、無用なトラブルを避けるために、おいちゃん、おばちゃん、タコ社長が、事前説明をします。

そこに折悪しく、マイケルが二階から降りてきます。そのサイズの大きさにビックリする寅さん。マイケルに自己紹介されると、反射的に「ワタシ、タイガーデス」と答えてしまう。その絶妙の間、渥美清さんのうまさ、山田監督の喜劇演出が堪能できます。マイケルは仕事に出てゆき、事なきを得ますが、店に来たさくらに「怪獣、怪獣だよ。誰に断って、この家で、あんなものを飼ったんだ!」またまた問題な発言です。

この『寅次郎春の夢』は、もしもアメリカ人が「とらや」に下宿したら? というシチュエーションのなかで、寅さんとマイケルが心を通わせていく、異文化コミュニケーションの物語でもあります。

実は「とらや」にアメリカ人の居候がやってきたのは、マイケルが初めてではありません。テレビ版「男はつらいよ」の第六話(一九六八年十一月七日放送)で、寅さんが、路上で絵を売っているところをチンピラに絡まれているアメリカ人を助けて、意気投合。「とらや」に連れ帰ってくるというエピソードがありました。

そのアメリカ人・マクナマラ(マーティ・キナート)は、密かに櫻(長山藍子)に心を寄せ、アメリカに帰国するときに、櫻に一枚の絵を送ります。といったエピソードでした。

VTRが残っていないのが残念ですが、山田監督のなかには「寅さんとアメリカ人」というテーマはこの頃からあったことが窺えます。翌週の第七話では、寅さんと舎弟・登(津坂匡章)は、このマクナマラを見送りにいったまま二ヶ月間行方不明になってしまいます。なんと、一緒にアメリカ行きの船に乗り込んでしまったことが、二人が帰ってきてから判明するという展開でした。

さて、『寅次郎春の夢』で、アリゾナ州からやってきたマイケル・ジョーダンを演じたのは、ハリウッド・コメディで活躍したバイプレイヤー、ハーブ・エデルマンです。ニール・サイモン脚本、ジャック・レモンとウォルター・マッソー主演の名作『おかしな二人』(一九六八年・ジーン・サックス監督)の警官役を演じた人です。ジャック・レモンとは『おかしな関係 絶対絶命』(一九七一年)、『おかしな二人』主演コンビによるビリー・ワイルダー監督『フロント・ページ』(一九七四年)でも共演。ニール・サイモン脚本の『カリフォルニア・スイート』(一九七八年)にも出演。ニール・サイモン脚本、ビリー・ワイルダー監督、しかもジャック・レモン喜劇の常連ということで、キャスティングの妙がお判り頂けると思います。

そのハーブ・エデルマンが演じたマイケルは、いわば「旅先の寅さん」。見知らぬ土地で、人々の親切に触れ、心を通わす。それが異文化コミュニケーションとなり、悲喜劇となります。

関西に行ったものの商売がうまくいかない。そんなとき、寅さんとは昔馴染みの坂東鶴八郎一座の「蝶々夫人」を観て、大空小百合(岡本茉利)演じる悲劇のヒロインに、さくらを重ね合わせる。この回、寅さんと一座は出会うことがありませんが、マイケルの心を慰撫するために、彼らの芝居がある、というのがいいじゃありませんか！

後半、病気のマイケルが柴又に戻って来て、自分の面倒をみてくれるさくらの親切に、マイケルはついに“I Love You”と自分の気持ちを伝えます。ストレートなアメリカ人の求愛に戸惑うさくら。マイケルにしてみれば素直な感情の発露なのですが、さくらは“Impossible. This is Impossible”と答えるのが精一杯。

マイケルは英語で「博のこと愛しているのか？」と問い、さくらはキッパリと“Yes I Love Him, Yes”と答えます。この作品のもうひとりのマドンナは、さくらだったのです。

マイケルはこうして失恋するのですが、寅さんのように「そっと身を引く」のではなく、ストレートに気持ちをぶつけるのがアメリカ人らしさと描いているのです。寅さんもまたマドンナ、圭子(香川京子)に意中の人がいることを目の当たりにして、二人は柴又を後にします。上野の一杯飲み屋で、酒を酌み交します。寅さんは英語ができなくても、マイケルとコミュニケーションをとることができます。

旅に出る前、二階で、さくらからマイケルとのことを聞いていた寅さん。その飲み屋からさくらに電話をします。「これは肝心なことだけど、博には黙ってろよ、な。」

言わない方がいい事もある。言わないことで誤解を招くこともあるけれども、寅さんは「それが日本の男のやり方よ」というポリシーを貫いています。妹・さくらへの気遣い、そして博への思いやり……このジャパニーズ・スタイルもまた、「寅さん映画」の魅力なのです。

二〇一一年九月十六日

おかしな二人

一九七〇年代最後の「男はつらいよ」は、十周年に相応しく、初の海外ロケを敢行した賑やかな一篇です。同時上映は、前田陽一監督の『神様のくれた赤ん坊』、桃井かおりさんと渡瀬恒彦さんのハートウォーミング・コメディ。この二本立ては、お正月映画に相応しく、とにかく大満足のプログラムでした。

「とらや」に、アメリカからやってきたビタミン剤のセールスマン、マイケル・ジョーダン(ハーブ・エデルマン)が下宿することになります。題経寺の二天門のベンチに、草臥れて腰掛けているマイケルに、御前様が優しく声をかけます。ところが御前様は英語がチンプンカンプン。ハーブ・エデルマンさんと笠智衆さんとの共演は、ある意味奇跡でもあります。

アメリカのコメディを代表する劇作家・ニール・サイモン脚本、ジャック・レモンとウォルター・マッソー共演の名作『おかしな二人』(一九六八年)などで、味のある演技を見せたバイプレイヤーです。ハリウッドだけでなくブロードウェイでも活躍してきたハーブ・エデルマンと、戦前の松竹蒲田のサイレント時代から、小津安二郎監督の喜劇などに出演してきた笠智衆さん。アメリカと日本、新旧の名傍役の共演シーンとして観ると、より深く味わえます。

　御前様のジェスチャーがおかしいです。そこで、女学校時代英語が得意だったさくらを思い出した御前様。「とらや」へとマイケルを案内します。困っている人がいたら、声をかけて、手をさしのべてあげようとする。それが柴又の人々の良さでもあります。結局、さくらではマイケルの英語は分からず、たまたま「とらや」に立ち寄っていた、今回のマドンナ・高井圭子（香川京子）が通訳をすることになります。

　満男が通う柴又英会話教室の高井めぐみ先生（林寛子）のお母さんが圭子ということで、寅さん不在のまま、マドンナと「とらや」の人々の交流もここで始まります。マイケルは、銀座や赤坂のホテルは、宿泊代金が高いから、ダウンタウンの柴又で宿を探していた、ということがわかります。というわけでマイケルは、「とらや」の下宿人となります。

「とらや」の二階にはこれまで、ショートステイも含めて、川又登（津坂匡章・第一作）、宇佐美春子（栗原小巻・第四作）、明石夕子（若尾文子・第六作）、太田花子（榊原るみ・第七作）、高見歌子（吉永小百合・第九作、第十三作）、岡倉金之助（米倉斉加年・第十作）、松岡清子（浅丘ルリ子・第十一作・第十五作）、筧礼子（樫山文枝・第十六作）、池ノ内青観（宇野重吉・第十七作）、ぼたん（太地喜和子・第十七作）、島田良介（中村雅俊・第二十作）、入江ひとみ（桃井かおり・第二十三作）と十二人のマドンナやゲストが宿泊、もしくは下宿をしました。マイケルは栄えある十三人目の滞在客となるわけです。

　おばちゃんは、とにかく女性に優しいマイケルにはメロメロです。いつもは旅先の寅さんを心配しているのに、今回ばかりはマイケルのことばかり。そこに、折悪しく寅さんが帰って来て、すわ日米決戦か？という喜劇的展開で、おかしい場面の連続です。ジャパニーズ・スタイルであることを誇りに思っている寅さんは、とにかくアメリカが嫌いです。

　寅さんの好きな歴史というか、講談や芝居で培われてきた「寅さん史観」では、嫌米なのです。いくらおいちゃんが「不幸な過去は水に流して」と言っても「流せない！　流せませんよ。今まであいつらに日本人がどれだけひどい目にあったか。ええ。唐人お吉、ジャガダラお春、蝶々夫人、ほら、枚挙にいとまがない、なあ?」

「寅さん史観」によれば、ヒドい目にあった日本人は、みな女性ばかり。そういう意味では、寅さんは女性の味方、フェミニストの立場から、歴史上名高い悲劇の女性たちに想いを馳せています。寅さんは、最悪の出会いとなったマイケルを、その身長の高さから怪獣呼ばわりします。その怪獣を成敗すべくヘルメットに角材を持った物騒なスタイルの源ちゃんと、マイケルの帰りを待ち構えるのが、またおかしいのです。

典型的な日本の男である寅さんが、先入観でマイケルと対立するも、次第に仲良くなって、英語で言うBuddy=相棒のような関係になっていきます。カルチャーギャップと思い込み。それが生み出す勘違いと笑い。寅さんとマイケルの第一ラウンドは、マドンナ圭子の登場により不成立。寅さんが、何も知らずに帰って来たマイケルに「おい、ハロージャないか!」と握手を求めます。すべては圭子に好印象を与えるためなのですが。

敗戦後、焼け跡の子供たちが米兵を「ハロー」と呼称していました。寅次郎少年もそう呼んでいたことが、このシーンでわかります。

ある意味この異色の物語は、山田洋次監督と、当時、ハリウッドで最も日本通として知られていたシナリオ・ライターのレナード・シュレイダーによるものです。彼は、ミシガン州出身で、一九六〇年代末から一九七〇年代はじめにかけて同志社大学と京都大学の英文学の講師をしていました。シナリオ・ライターとしては、高倉健さんとロバート・ミッチャムが共演した『ザ・ヤクザ』(一九七四年)、緒形拳さんが三島由紀夫に扮した日本未公開の『ミシマ:ア・ライフ・イン・フォー・チャプターズ』(一九八五年)、『蜘蛛女のキス』(同)などを手掛けています。

山田洋次監督とレナード・シュレイダーが、寅さんとマイケル、それぞれの立場から物語を構築して、シナリオを山田監督と朝間義隆さんのコンビがまとめ、さらには、アメリカ留学の経験がある、後に「釣りバカ日誌」シリーズを撮ることになる栗山富夫監督が加わって、賑やかで華やかな物語となりました。

はるばる日本までやってきてビタミン剤のセールスをしているマイケルは、まるで寅さんです。寅さんならば「恋」ということになりますが、マイケルにとってのマドンナは、なんとさくらなのです。困っているとき、つらい時のさくらの優しさは、マイケルにとって、どれだけ励みになったことか。京都で、セールスが上手くいかず八方ふさがりのマイケルは、西陣の上七軒にある芝居小屋の前を通りかかります。そこで、おなじみ、旅役者の坂東鶴八郎一座の花形・大空小百合（岡本茉利）に声をかけられて、彼女が演じる「蝶々夫人」を観ます。

座長（吉田義夫）のピンカートンと、大空小百合の蝶々夫人の別れの場面。「ある晴れた日に」を唄う小百合の姿が、マイケルのイメージでは、いつしかさくらとなります。マイケルのピンカートンとさくらの蝶々夫人。「寅さんの夢」のようなセットで展開されるオペラ。ぼくらは、マイケルがさくらに恋をしたことを、ここでハッキリと知るわけです。

やがて、マイケルも寅さんも旅の人となります。二人は、上野の飲み屋で夜を明かします。朝方、京成上野駅に向かうマイケルと、国鉄の上野駅に向かう寅さんが、ガード下で別れ際にことばを交わします。寅さんは日本語で、マイケルは英語で。それでも二人のバディの気持ちは通じ合います。山田洋次監督のうまさが際立つ名場面ですが、ニール・サイモンの『おかしな二人』のようなアメリカ喜劇伝統の「バディもの」の味でもあります。寅さんとマイケルは、おそらく、再び逢うことはないかもしれませんが、お互いの長い人生のなかで、忘れがたき友として、心に深く残っていると、切なくも至福のラストを観るたびに思います。

二〇一二年九月二十二日

寅さんの友情

「とらや」に、アメリカ人のマイケル・ジョーダン（ハーブ・エデルマン）が下宿していたときのことです。折悪しく、寅さんが帰ってきます。部屋を誰かに貸しているときに限って、寅さんが帰ってきてひと悶着あります。第十作『寅次郎夢枕』では、東大物理学教室の岡倉先生（米倉斉加年）、第二十作『寅次郎頑張れ！』では、ワット君こと良介（中村雅俊）と、それが男性である場合は100％の確立でモメること必至です。今回はしかもアメリカ人。

おいちゃんがそれとなく予防線を張って「お前、アメリカ好きか？」と聞くも、寅さんはにべもなく「大嫌い」と断言してしまいます。「あの黒船が浦賀の沖へ来て、徳川三百年天下太平の夢が破られて以来、日本人はずっと不幸せなんだぞ」と、寅さんは自らの歴史観から、アメリカ嫌いを表明します。

そこへマイケルが二階から降りてきますが、寅さんは気づきません。来るぞ、来るぞと思わせるタメの演出は、落語好きの山田洋次監督ならではのおかしさです。寅さんは「いい気持ちのところ、アメリカの話なんかするんだもん、俺は嫌な気分になっちゃったよ。俺本当にアメリカ大嫌いだからね。二度と俺なんかにアメリカの話をするなよ」とさらに輪をかけます。で、寅さん、暖簾をくぐったつもりが、マイケルのジャケットだったり。この寅さんのボケは、舞台の笑いの呼吸です。ボケて気づかない。観客は心の中で、おいおいと突っ込む。来るぞ、来るぞと思わせておいて、ドカンと来るのは、軽演劇の味です。

やがてマイケルとの接近遭遇があり、彼が出ていった後、ビックリした寅さんのリアクションがおかしいです。「怪獣、怪獣だよ。誰に断ってこの家じゃ、あんなもの飼ったんだ」と憤懣やるかたない気持ちが、オーバーな言い回しになります。怒りというより、面白くない、というのが先に立ってのエスカレートなのです。さらに寅さんは「この店は食い物扱ってんだろ、食い物。保健所に届けたのか」仕方がないから、おいちゃん「保健所に届けることになってる」なんてことまで。笑いが笑いを呼ぶ波状攻撃。不謹慎と思いつつ、何回観ても笑ってしまいます。

さて、このマイケルと寅さん。日米の渡世人同志はやがて、お互いのことをわからないなりに理解して、最後は仲の良い友人となっていきます。考えてみれば、これまでも、「とらや」の二階に下宿した男性とは、寅さん友達になっています。寅さんの場合、無神経のようでいて、相手の気持ちを理解することができるので、思い込みや誤解は一瞬にして氷解してしまうのです。

ひとたび理解すれば、寅さんにとっては、敵無しです。中には「肌合わねえ奴」もいますが。それは大抵、第二作『続 男はつらいよ』で散歩先生(東野英治郎)が傲慢不遜な役人になったかつての教え子を「馬鹿中の馬鹿だ」と言っていたように、物事の理が「わかってない奴」なのです。散歩先生は、いくら優等生でも分をわきまえない礼儀知らずな男を嫌いますが、反対に出来が悪くても寅さんのような気持ちの良い男のことを愛しています。

そういう点では、寅さんは人を見る目があるというか、やっぱり「わかっている」のです。だからマイケルともことばは通じなくとも、友情が芽生えます。さて『寅次郎春の夢』には、寅さんの小学校時代の友人が登場します。マドンナの高井圭子(香川京子)の娘・めぐみ(林寛子)の英会話教室の拡張工事を請け負った大工の茂です。

演じるは、ハナ肇とクレイジー・キャッツのベーシストで、ワンちゃんのニックネームで親しまれた犬塚弘さん。渥美清さんとは、昭和三十二(一九五七)年末の日劇公演以来の古い仲間です。このときの舞台は、渥美さんにとってもクレイジーにとっても、初めての大舞台。有楽町にあった日本劇場は、現在の有楽町マリオンの場所に建っていた、巨大な円形の、まるでデコレーションケーキのような劇場です。昭和八(一九三三)年に竣工され、「陸の竜宮」と呼ばれた娯楽の殿堂です。浅草のストリップ劇場で人気者だった渥美清さんが、結核で大手術をして、療養生活から復帰、ようやく中央の晴れ舞台に進出した嬉しさは、想像以上だったと思います。

それはクレイジー・キャッツにとっても同じこと、昭和三十(一九五五)年に結成したクレイジーは米軍のキャンプ回りや、ジャズ喫茶をフィールドにしていましたが、人気の上昇とともに、晴れて日劇に初出演したわけです。

犬塚弘さんによれば、渥美清さんとクレイジーが絡んでのスケッチでのケンカのシーンで、いきなり、渥美さんが「オレ、シャツ着てんだ!」と言い出したことがあったそうで、台本にない、アドリブの台詞の言い回しがおかしくて、それが渥美さんの強烈な第一印象となったそうです。ぼくは、この「シャツ着てんだ!」の話を、植木等さんからも伺ったことがあります。それほどインパクトが強かったのです。

それから数々のテレビでも共演したクレイジーと渥美清さんですが、山田洋次監督の『馬鹿まるだし』（一九六四年）に特別出演。女房を寝取られたと、ハナ肇扮する親分に泣きついてくる、嫉妬深い男を好演しています。そのシーンでは、犬塚弘さんももちろん共演。「シャツ着てんだ！」から七年後のことでした。

その後、渥美清さんは、クレイジー・キャッツ出演の山田監督作品『運が良けりゃ』（一九六六年）のラスト、不気味な隠亡《おんぼう》の役で、画面をさらってしまいます。そして「男はつらいよ」シリーズが始まり、第七作『奮闘篇』で犬塚さんは、沼津駅前交番の巡査役で出演。以後、第二十一作『寅次郎わが道をゆく』では、熊本県は田の原温泉・太朗館の親父役、第二十三作『翔んでる寅次郎』では桃井かおりさん扮するマドンナ、入江ひとみをウエディングドレスのままホテルから「とらや」に連れて来るタクシー運転手役で、それぞれ出演してきました。そして第二十四作では、寅さんの幼なじみ役として出演。

棟梁の茂は、なんだかんだと圭子の家の工事を適当に、延ばし延ばしに。それでも文句は言えない圭子。茂の姿を見た寅さん「こういうことでしたら、アタシにお任せください」と立ち上がります。

寅さんの「じゃ例の件、カミさんの方に」の一言で、茂の態度は豹変します。子供のころの二人の関係、微妙なパワーバランスを垣間見ることができ、しかも二人の仲の良さが一瞬にしてわかります。このやりとりは、何度観ても楽しいです。得意満面な寅さん、圭子に「もう大丈夫ですよ」とカッコいいところを見せます。

上機嫌の寅さんに、からかい半分、茂は「おめぇまだ嫁さんいねえんだろ、なんなら俺が世話してやろうか」。この一言に、立ち上がった寅さん、茂を追い回して、ドタバタとなります。こうなると悪ガキ時代を彷彿とさせる、というより、今なお、悪ガキのまま、という感じです。屋根の上に上がった茂を追い回す寅さん。

ぼくたちは、日劇の渥美清さんとクレイジー・キャッツの初共演の舞台を観ることは出来ませんが、この二人のコメディアンの間の親和力と、このオーバーなアクションに、初共演の「シャツ着てんだ！」の瞬間を空想することが出来るのです。このシーンの撮影では、山田監督がキャメラの横で、思わず笑っていたそうです。

ほんの短い、寅さんと茂のシーンには、「とらや」での団欒や、題経寺での御前様とのやりとりとはまた違う、昔の、少年時代の寅さんの匂いが感じられます。寅さんには、こうした地元の仲間もいるんだ、と改めてホッとする瞬間です。

犬塚弘さんは、第二十八作『寅次郎紙風船』での柴又小学校の同窓会のシーンでも、この大工の棟梁・茂役で再登場します。レギュラーをのぞけば、ゲストで同一キャラクターを演じたのは、やはり小学校の同級生で、前田武彦さん扮する柳文彦（第十二作、第二十八作）と、米倉斉加年さん演じる帝釈天前派出所の巡査（といっても青山、轟と名前が変わります）くらいです。

寅さんと茂。そして寅さんとマイケル。第二十四作『寅次郎春の夢』には、寅さんの友情の物語でもあるのです。特に終盤、さくらに失恋をしたマイケルと上野で酒を酌み交わし、朝まだき、上野駅前の交差点で別れるシークエンスは素晴らしいです。「しょぼたれるなよ、元気出せ元気」とマイケルを励ます寅さんは、お守りを渡して「これ持ってるとな、そのうちきっといい嫁さんが来るから」と言って別れます。マイケルは寅さんのことばはわかりませんが、その気持ちを理解しています。この二人は、二度と逢うことはないかもしれませんが、このときに交わした友情は、永遠のものだということは、ぼくたちにはよくわかるのです。

二〇一三年九月二十日

第四章

天才俳優・渥美清　泣いてたまるか人生

第一回　はじめに

娯楽映画研究家・佐藤利明です。文化放送で「みんなの寅さん」というラジオ番組のパーソナリティを務めています。番組では「寅さん博士」として「寅ビア」なる、寅さんや「男はつらいよ」にまつわるエピソードの数々をご紹介させていただいて、早五年目を迎えました。

かつて山田洋次監督は、渥美清さんのことを「天才」と語ってくれました。このコラムでは、天才俳優・渥美清さんが、国民的映画シリーズとなった『男はつらいよ』でフーテンの寅こと車寅次郎を演じる昭和四十四(一九六九)年頃までの、足跡を辿ってまいります。渥美清伝というよりは「渥美清とその時代」という観点で、知られざるエピソードを発掘してまいります。読者のお兄いさん、お姐さんに、ご厄介かけがちなる若造です。以後、お見知りおきのほど、向後万端《きょうこうばんたん》、よろしくお頼ん申します。

私事で恐縮ですが、ぼくが渥美清さんを初めて観たのは、胃腸薬のCMです。小さい女の子を肩車した、四角い顔で目の小さいおじさんが「パーンシロンでパンパンパン」と唄いながら夜道を歩いている姿が印象に残っています。女の子はのちのシンガー沢田聖子さんです。そのCMが流れていたのは、昭和四十一(一九六六)年四月にスタートしたTBSのドラマ「泣いてたまるか」でした。

渥美清さんが、毎回、様々な職業、年齢、立場の異なる主人公に扮して、笑いあり、涙ありの人情ドラマで渥美さんの唄う主題歌を、まだ幼稚園に通っていたぼくは、いつしか覚えていました。「泣いてたまるか」で渥美さんは、不器用だけど勤勉実直、曲がったことが大嫌いな男を演じていました。時はあたかも高度経済成長の真っ只中、戦後二十一年、人々は流行に敏感となり、テレビやマイカーを所有することがステイタスとなっていました。この年の七月にはビートルズが来日、武道館のステージに立ち、同じTBSではM78星雲の光の国からやってきた「ウルトラマン」がスタートしました。

大量消費時代にあって、「泣いてたまるか」で渥美さんは、そうした時代の流れについていけない、いわば「時代に取り残された男」を演じ続けていました。第一話「ラッパの善さん」の脚本を手掛けたのは、松竹で山田洋次監督が師事したベテランの野村芳太郎監督。昭和三十八（一九六三）年に渥美さん主演の松竹映画『拝啓天皇陛下様』を撮った監督です。まずは、この「ラッパの善さん」から渥美清さんの「泣いてたまるか人生」を始めることにしましょう。

二〇一五年七月七日

第二回　ラッパの善さん

昭和四十一（一九六六）年四月十七日、日曜日、夜八時にTBSでスタートした「泣いてたまるか」の記念すべき第一回が、松竹の名匠・野村芳太郎監督が脚本を執筆した「ラッパの善さん」でした。この日の新聞のラテ欄を見ると、夜七時から「ウルトラQ」第十六話「ガラモンの逆襲」が放送されています。

さて「ラッパの善さん」で、渥美清さんが演じた善さんは、タクシー会社勤務。お人好しだが意地っ張り。酔うと軍隊ラッパをアパートの庭で吹いて、近所迷惑この上ないのですが、そのラッパについての悲しいエピソードを思い出すと、自然と涙が溢れ出してしまう。その特技を活かして、会社の事故処理を一手に引き受けています。

演出は「ウルトラQ」第十五話「カネゴンの繭」を手掛けたTBSのディレクター、中川晴之助監督。悲しい戦争体験と好人物。まさに野村芳太郎監督が、昭和三十八（一九六三）年に渥美さん主演で撮った『拝啓天皇陛下様』の主人公のその後ともいうべき人物を、渥美さんが真摯に演じています。善さんのことを慕う、酒場の女性・左幸子さんとのロマンスを描きながら、やがて善さんは東北から出稼ぎしにきたまま行方不明になった蒸発夫であることが判明してきます。

戦争中に出会った初恋の女性と結婚したものの、可愛い娘の面影はどこへやら、いつしか恐妻家となった善さんは、蒸発して、新たな人生を歩んでいたのです。

高度成長の昭和四十年代、出稼ぎ夫の蒸発が、いつも新聞を賑わせていました。今「泣いてたまるか」を観ると、あの頃の日本人が、何を考えて、どんな風に生きていたかが、遅れてきた世代にもよくわかります。

善さんを演じる渥美清さんもまた、戦後を生き抜いてきた一人です。それゆえ、発展や成長とは無縁の「時代に取り残された男」を、ユーモラスに、ときにはリアルに演じることができたのです。

この「泣いてたまるか」は、昭和四十三(一九六八)年三月三十一日まで、足掛け三年に渡って放映され、渥美さんの俳優としての方向性を決定づけました。では、渥美清さんの戦前、戦中、戦後は一体どうだったのか?「泣いてたまるか人生」を進めてまいります。

二〇一五年七月八日

第三回　田所康雄少年　その一

渥美清こと田所康雄さんが生まれたのは、昭和三(一九二八)年三月十日。東京市下谷区下谷車坂町。寅さん同様、下町生まれの下町育ち。やがて、尋常小学校に上がる頃、昭和十一(一九三六)年。2・26事件の年に、田所家は板橋区志村清水町に転居。その頃、父親は病気がちで臥《ふ》せっていて、決して暮し向きは楽ではなかったそうです。

渥美さんは自伝「わがフーテン人生」(一九九六年・毎日新聞社)で、こう語っています。「おふくろの話によりますと、おやじは以前、どこかで地方紙の記者をしていたとか。〝社会の木鐸《ぼくたく》〟だったはずの男が、一日中、ほとんど臥ってばかりいるようになったということは、きっとなにかのことで挫折したのだろうと思いますが、その原因はいまだにさだかではありません」

渥美さんの父・友次郎さんは、大正時代、信州で新聞記者をしていたインテリ。母・多津さんは、会津の出身で尋常小学校の教師の出身。世界大恐慌のあおりを受けて、当時の庶民同様、日々の暮らしに追われる毎日だったようで、上野から板橋の長屋に越してきてからも、母・多津さんが家計を支えていました。六歳違いの兄・健一郎さんと両親の四人暮らしの渥美さんの少年時代について、母校の志村第一尋常小学校の同級生たちは、こんな風に証言しています。

「学校での田所は、勉強を全然しなかった。体育の時間に雨が降ると、みんなが一人一人前に出て芸をやることがあった。田所は、あの頃から映画の「寅さん」と変わらない口調で落語をやるので、みんなはゲラゲラ笑った」(同級生・田伏昭二氏)。また「田所は、頭の回転が良く勉強以外のことはスラスラできた。とにかく日常的にみんなを笑わす人気者のイメージがある」(同級生・勝沼信男氏)と、「俳優『渥美清』板橋での軌跡」(いたばし渥美清氏 没後十年事業)のなかで回想しています。

渥美さんが通っていた志村第一小学校の一角に「寅さんふれあいルーム」があります。田所少年の板橋区での軌跡を、後輩たちが、様々な資料でたどった展示がなされています。一昨年「21世紀寅さん研究会」のメンバーにお誘いを受けて、少年時代の渥美さんをたどるツアーに参加したときに、渥美さんの幼なじみの方から、田所康雄少年のやんちゃだった頃のエピソードを伺いました。

二〇一五年七月九日

第四回　田所康雄少年　その二

一昨年の春、ぼくは「21世紀寅さん研究会」のメンバーのお誘いで、渥美清こと田所康雄さんが、少年時代から青年期にかけて暮らしていた板橋区界隈を散策しました。

昭和十一(一九三六)年、田所少年が七歳の頃、田所家は上野車坂から板橋区志村清水町に引っ越してきました。それから二年後の昭和十三(一九三八)年、区内の本蓮沼町の軒割長屋に居を移したのですが、その長屋に入る路地の入り口にある理髪店のご主人・野口成和さんにお話を伺うことができました。

野口さんは渥美さんより三つほど年下で、長屋の前の路地で、田所少年は、いつも仲間たちを集めては遊ぶリーダー的存在でした。大河内伝次郎の丹下左膳や、嵐寛寿郎の鞍馬天狗といった剣戟映画のヒーローよろしくチャンバごっこをしたり、時には子供たちを前に、バタヤンこと田端義夫の「大利根月夜」を唄ったりして遊んでいたそうです。

鞍馬天狗は第十九作『男はつらいよ 寅次郎と殿様』の「寅さんの夢」で演じ、「大利根月夜」は第四十一作『寅次郎心の旅路』で寅さんが唄っています。野口さんのお話を伺いながら、田所康雄少年とのちの寅さんのイメージが重なりました。寅さんといえば、立て板に水のような、歯切れの良い口上が、まず浮かびますが、野口さんの理髪店の二軒隣に畳屋さんがあって、そこのおじさんが〝べらんめえ口調〟で、何かにつけ威勢の良い、畳屋のおじさんの物言いに「やっちゃん（渥美さん）は影響されたんじゃないかな」と野口さん。

志村第一尋常小学校に通っていた頃、家計は苦しく、学校の昼食に弁当を持って来ることができないこともしばしば。こうした欠食児童のために、当時の校長・木内キヤウさんは、玄米食を用意。田所少年はそれが楽しみでしたが、病弱で学校を休みがちだった田所少年は、三年と四年は長期病欠でした。

ちなみに、木内キヤウ校長は、東京の公立高校では初の女性校長で、幸田露伴や尾崎紅葉を文壇に紹介したことでも知られる明治の作家・淡島冬月の長女として、リベラルな家庭に育ったそうです。

志村第一小学校の「寅さんふれあいルーム」には、木内校長と田所少年が学校にいた日々の写真や資料が展示されています。

二〇一五年七月十日

第五回　戦争の影　その一

渥美清こと田所康雄少年が、志村第一尋常小学校を卒業したのは、昭和十五（一九四〇）年三月でした。前年、日本軍がソ連軍と満州国境で軍事衝突するノモンハン事件が発生。一方、ナチスドイツがポーランド侵攻、第二次世界大戦が勃発しました。日中戦争が激化するなか、日本は戦時体制へと突入。昭和十五年三月には、内務省が芸能人の外国名、ふざけた芸名禁止を通達しています。漫才のミスワカナは、ミスという呼称がけしからんと〝玉松ワカナ〟に改名。「ダイナ」で一世を風靡したジャズ歌手のディック・ミネは三根耕一に、俳優の藤原釜足は藤原鶏太と、それぞれ改名を余儀なくされました。

ある年のお正月のこと、田所少年はお母さんから「小学校でお餅を配ってくれるそうだから、もらいにいっておいで」と言われ、なんで、小学校でお餅を配るんだろうと学校の校庭に並んだそうです。ハンカチより大きな伸し餅何枚かとメリヤスのシャツをもらって帰って、その理由をお母さんに尋ねると

「父さんが失業中だろう。だからさ。」

庶民は貧しく、一家の大黒柱は、田所家のように失業中だったり、徴兵されて中国戦線へと駆り出されはじめていました。

そうした時代に、小学校を卒業した田所少年は、卒業記念の寄せ書きに「がんばれ ふんばれ されどいばるな」と記しました。三年、四年に長期病欠していた田所少年は、ラジオで徳川夢声の話芸や、古川緑波の芸談、落語などをじっと聴きながら、自分の身体の様子に耳をそばだてていたそうです。

後年、大病をしたのち、人気タレントとして立ち上がった頃、渥美さんのキャッチフレーズは「丈夫で長持ち」でした。身体をいたわりながら、元気ハツラツ、健康的なイメージで売り出した渥美さんの想いと、この「がんばれ ふんばれ されどいばるな」は通じています。十二歳にして孤独を知っている少年のことばです。

やがて四月、志村尋常高等小学校(現・志村小学校)に入学しますが、高等小学校は義務教育ではなかったので、母・多津さんは内職をしながら、息子を学校に通わせていました。そして昭和十六(一九四一)年十二月八日、日本軍は真珠湾攻撃を行い、太平洋戦争へと突入していくこととなります。

二〇一五年七月一四日

第六回　戦争の影　その二

渥美清こと田所康雄少年が十三歳になったばかりの昭和十六(一九四一)年四月、国民学校令が施行され、志村尋常高等小学校が志村国民学校と改称されました。そして十二月八日に真珠湾攻撃、日本は対米戦に突入していきます。

この頃になると、田所少年は「わたくし、もうこのころから学校には全然行かない。その代わりに不良の群れにはいりまして、けんかだと聞くと乗り物もないのに遠くまで歩いて出かけておりました」(「渥美清 わがフーテン人生」一九九六年・毎日新聞社)。

昭和十七(一九四二)年三月、志村国民学校高等科を卒業した田所少年は、自宅からほど近くの東京管楽器の工員となりました。この頃の渥美さんについては、諸説あり、私立巣鴨中学に進学したという証言もありますが、戦災で卒業記録が焼失していて、はっきりしていません。

東京管楽器は、国家総動員令以降、他の楽器メーカー同様、軍需産業として軍用機のラジエーターを製造。勤労動員の生徒や、女子報国隊員たち同世代の若者たちと共に働いていました。とはいえ、一億総決起の時代でも、田所少年はマイペース。手を抜くこと、サボることにかけては、天下一でした。いつしか、勤労動員の女の子たちは、田所少年のことを〝電気時計さん〟と呼ぶようになっていました。

最初はなんのことだろうといぶかっていた田所少年。ある時、はたと気づきました。工場の機械場の建物の正面に、電気時計が掛かっていて、戦時下ゆえに節電のために、しょっちゅう時計が止まっている。まともに正しい時刻を刺したことがなく、文字盤のガラスに大きく「不良」と書かれた貼り紙がしてある。それで自分のニックネームが〝電気時計さん〟だったのだと得心したそうです。

その頃、田所少年の夢は、船乗りになることでした。両親に内緒で、昭和十七（一九四二）年に発足したばかりの大日本船舶運営会へ願書を出したこともあったそうです。戦時中とはいえ、田所少年の夢は、縞のジャケツ（ジャケット）を羽織った甲板員。いわゆるマドロスさん。その願書は、父親の実印を押さないまま出したため、返送されて、両親にバレてしまったそうです。

二〇一五年七月十五日

第七回　戦争の影　その三

渥美清こと田所康雄少年の夢は、粋な縞のジャケツの船乗りになること。時はあたかも太平洋戦争、少国民たちは海軍兵学校や予科練に憧れるなか、田所少年は七つの海をまたにかける船員さんになりたいと思っていたそうです。戦後の歌になりますが、渥美さんが岡晴夫の「憧れのハワイ航路」を朗々と唄う姿が目に浮かびます。

第二十作『男はつらいよ 寅次郎頑張れ！』で、寅さんが自転車を走らせ「憧れのハワイ航路」を唄う姿は、サマになっています。テレビ版「男はつらいよ」のプロデューサーであり、ディレクターだった小林俊一さんが、企画・演出したドラマに「おれの義姉《あね》さん」という作品があります。昭和四十五

（一九七〇）年四月から九月にかけてフジテレビ系で放送されました。

マドロスに憧れて、二十年前に家を出たまま行方知れずの、渥美さん演じる沖熊吉がふらりと帰ってくるところから、このドラマが始まります。脚本は山田洋次監督。第五作『男はつらいよ 望郷篇』の頃に放送されていて、ちょうど山田監督は『家族』というロードムービーを撮影していました。「おれの義姉さん」のVTRが完全なかたちで残っていないのが残念ですが、この『家族』のなかで上野の駅前旅館に、倍賞千恵子さん演じる主人公一家が泊まる場面で、宿の主人（森川信）が観ているのが、マドロス姿の渥美さんのテレビドラマ。実は、この「おれの義姉さん」なのです。

話が逸れましたが、おそらく田所少年がマドロスに憧れたのは、七つの海をめぐる冒険だけでなく、粋な船乗りのスタイルでした。容姿の良さ、姿の美しさでした。「うちの近所に豆腐屋の息子でマドロスの帽子をかぶって、縞のシャツなんか着て、カッコイイのがいたんです。彼が帰ってきて話す言葉が、全部夢のようでしてね」（「暮しの手帖」七一年早春号）。喋るのも田所少年のように熱っぽく力を入れて話すのではなく、ちょっと面倒くさそうに、ものぐさそうな語り口で、外国の風物について語る、それがなんとも良かったのです。

勇壮なマーチが響き渡り、血湧き肉躍る武勇伝が少年たちの心を鼓舞した時代、田所少年はそんな風にマドロスに憧れていたのです。しかし、返送された願書を見た母・多津さんは、嘆き悲しんだそうです。

二〇一五年七月十五日

第八回　戦争の影　その四

粋なマドロスに憧れ、大日本船舶運営会に願書を出した渥美清こと田所康雄少年。父親の実印が押されていないため、それが返送されてきて、両親の知るところとなりました。

戦況は日増しに悪化するなか、志願しなくとも黙っていたって、二十歳までに召集令状が来るのは間違いない。にもかかわらず「なにもわざわざ自分から志願して船乗りになることはない、おかあさんは、そういう船乗りなんて危ない仕事は、反対だよ」(『暮しの手帖・七一年・早春号』)と母・多津さんは嘆いたそうです。

ところが父・友次郎さんは「どうしても、こいつがなりたいというんだったら、行かしてやったらいいじゃないか」と言ったそうです。意見は違えども、これが戦時下での息子を想う母と父の気持ちです。

前回もご紹介しましたが、後年、渥美さんは映画『男は愛嬌』(一九七〇年・森崎東監督)でマグロ漁船の船員や、ドラマ「おれの義姉さん」(一九七〇年・フジテレビ)でマドロスを演じて、それがまたサマになっています。これらの粋なマドロス姿に、果たせなかった少年時代の夢への想いを感じることができます。

さて、尋常小学校の頃から田所少年は歌が得意で、路地裏で悪ガキ仲間を集めては歌を唄ったりしていたそうです。軍需工場となった東京管楽器に工員として勤めるようになってからも、勤労動員の女性徒たちの前で、自慢の喉を披露することもあったとか。

第八作『男はつらいよ 寅次郎恋歌』で寅さんは、博の父(志村喬)の前で、気持ち良さそうに「誰か故郷を想わざる」を唄います。この歌はこの回のテーマである「人間の本当の暮らし」を象徴しているのですが、西條八十作詞、古賀政男作曲、霧島昇のこの曲が発売されたのが、昭和十五(一九四〇)年一月。田所少年は、数えで十二歳、おそらくラジオや街角で流れるこの曲を聴いて、寅さんのように、口ずさんでいたと思います。

作曲家・古賀政男が、子どもの頃、父親を亡くし、母と幼い弟とともに、朝鮮にいる兄を頼って、故郷の福岡県田口村(現・大川市)を後にしたときの体験をもとにした戦時歌謡です。

渥美さんは昭和五十四(一九七九)年、NHKのドキュメンタリー・ドラマ「幾山河は越えたれど〜昭和の心 古賀政男〜」で古賀政男に扮して、この戦時歌謡にまつわるエピソードが紹介されます。

二〇一五年七月十五日

第九回　古賀メロディー

古賀政男没後一年の昭和五十四(一九七九)年、NHKでドキュメンタリー・ドラマ「幾山河は越えたれど〜昭和の心 古賀政男〜」が放送されました。渥美清さんは、この番組の進行役とドラマ部分で古賀政男、そしてもう一役を演じています。晩年のシーンなどは、渥美さんか分からなくなるほど、容貌はそっくりです。ドキュメンタリー部分では、美空ひばりさんと渥美さんが対話。渥美さんの前でひばりさんが「悲しい酒」を切々と唄います。第十五作『男はつらいよ 寅次郎相合い傘』でリリー(浅丘ルリ子)のために、大舞台で唄わせてやりたいと、心温まる一人語りをする名場面で、寅さんが「悲しい酒」を唄ったことを思い出します。そのとき渥美さんは、ルリ子さんというよりひばりさんの声色を真似ているような気がします。

このドラマを演出した岡崎栄さんは「若い季節」(一九六一年)などで渥美さんを演出したディレクター。土曜ドラマ「少年寅次郎」(二〇一九年)の最終回で「寅さんの家出」を演出したテレビ界のレジェンドです(追記)。

さて、この「幾山河は越えたれど」では、視聴者からの古賀メロディーの思い出が手紙で寄せられ、それが映像で紹介されます。番組のトップシーンで、南方の海の底から「誰か故郷を想わざる」の歌声が流れ、海底の骸骨が唄っているというショッキングなヴィジュアルです。そして海の中から、軍服姿の無名戦士がこの曲を歌いながら現れ、陸地を目指します。渥美さんが演じたもう一役とは、この無名戦士のことです。

英霊となった彼は、祖国日本へと向かいます。進行役の渥美さんが「古賀メロディーは日本人の心を歌い続けたと言われます」と語ります。

「誰か故郷を想わざる」は、昭和十五(一九四〇)年に霧島昇が唄った戦時歌謡。「故郷を想わない人はいない」という意味の反語のタイトルがわかりにくく、発売元のコロムビアが売れないと判断して、慰問袋に入れて戦地に送りました。すると、遠く故郷を離れた戦地の兵士たちが、この歌に望郷も念を抱いて愛唱歌となったのです。それが内地にフィードバックされて大ヒット。

渥美さんが演じた無名兵士は、この歌を口ずさみ遠い故郷を想った人々の象徴として番組のラストにも登場します。現代の東京を行軍し、古賀政男の墓前で「誰か故郷を想わざる」を口ずさむ兵士。渥美さんの朗々たる歌声が、胸に熱く迫ります。

渥美さんは、敗戦時に十七歳。戦地での戦争体験はありませんが、役者となって様々なかたちで作品のなかで戦争を体験しています。脚本を手掛けたのが、昭和二十年代、学生の頃、銭湯で渥美さんと知り合い、生涯の友となった早坂暁さん。早坂さんは「泣いてたまるか」第六十三話「ああ無名戦士！」も執筆しています。

二〇一五年七月二十一日

第十回　ああ無名戦士！

渥美清さんは、盟友・早坂暁さんが脚本を手掛けた「泣いてたまるか」第六十三話「ああ無名戦士！」（一九六七年十一月二十六日放送）で傷痍軍人のスタイルで登場します。ぼくが物心ついた昭和四十年代、浅草寺の境内や上野の西郷隆盛像のあたりで、白装束の傷痍軍人の方が、アコーディオンやハーモニカで軍歌を演奏している姿が見られました。敗戦から二十年余、まだ街の其処此処《そこここ》に、戦争の影がありました。

さて「ああ無名戦士！」の主人公は、傷痍軍人を騙って寸借詐欺を続けて、戦後を生きてきた男。ある日、フーテンしている浪人生（津坂匡章）と、ひと夏の経験で妊娠したハイティーンの女の子（桜井啓子）と知り合います。主人公はお腹の子の父親になろうとまで思いますが、若い二人は気ままに生きようと彼の貯めたお金を奪って逃げ出してしまいます。

現代青年を演じた津坂匡章さんは現在の秋野太作さん。渥美さんと同じ上野車坂の出身で、この頃は俳優座の若手俳優。この翌年、秋野さんはテレビ「男はつらいよ」で寅さんの舎弟・登を演じることになります。秋野さんにお話を伺ったとき、この「ああ無名戦士！」の想い出を話してくださいました。

昭和元禄と言われたこの頃、主人公は本物の元負傷兵から偽物を騙っていたことを追及され制裁を受けます。ドライな若者は、身勝手に暴走して、悲しい結末を迎えます。ラスト、渥美さんが戦没者霊苑の前で「海ゆかば」を唄うシーンは、昨日ご紹介した「幾山河は越えたれど」で南方の海底から祖国日本に帰還した、渥美さん演じる無名戦士が、古賀政男の墓前で「誰か故郷を想わざる」を唄うシーンと重なります。

いずれも早坂暁さんが、渥美さんに託した、庶民と戦争への想いにあふれています。「ああ無名戦士!」の脚本を仕上げた早坂暁さんは、すぐに渥美さんに見せたところ、渥美さんは「こういうのがやりたかったんだ」とものすごく喜んでくれたと、テレビのインタビューで語っていました。

さて、渥美清こと田所康雄少年は、戦時中、軍需工場となった板橋区の東京管楽器で、戦闘機のラジエーターを作っていました。勤労動員の若者として、国家のために働いていた筈ですが、同じ工場で働く女子報国隊員からは〝電気時計〟というあだ名がつけられていました。その時計には〝不良〟の貼り紙がしてあったからです。その頃、田所少年は工場の仲間たちのリーダー的存在でフーテン一家を結成、増産どころか、いかにしてサボるかばかりを考えていたそうです。

二〇一五年七月二十二日

第十一回　空襲　その一

昭和十九(一九四四)年十二月三日、渥美清こと田所康雄少年の住む東京都板橋区にも、米軍による空襲が行われました。板橋区には明治初期から軍需工場があり、周辺には下請けである中小の機械工場がありました。その数一九八〇箇所。爆撃機B29の真昼の空襲でしたが、そのときは人的な被害はなかったそうです。

その頃、爆撃での延焼を防ぐため、民家を取り壊す強制疎開が行われ、田所家のあった蓮沼町の家も取り壊されることになり、一家は板橋区と北区の区境に転居することとなりました。

一昨年、「21世紀寅さん研究会」の面々と、渥美さんの住まいがあった界隈を歩きました。桜の季節だったこともあり、田所家が転居した小豆沢《あずさわ》には、新河岸川が流れ、東京が川の街であることを再認識させてくれます。戦後、渥美さんがお母さんの多津さんと住む、北区の田端もほど近くで、まさしく渥美さんが青春時代を過ごしたエリアです。

近くにある小豆沢神社や小豆沢公園に、田所少年は仲間たちと、よく集まっていたそうです。渥美さん曰く「戦時下の不良グループ」だったそうですが、小豆沢の龍福寺に保管されている、出征兵士の武運長久を祈る日章旗の寄せ書きに「田所康雄」の名前が書かれています。

このころ田所少年は、日本管楽器を辞めて宇城ゴム会社、大日本セルロイド株式会社など、工場勤めを繰り返しています。その頃、一緒に働いていた方によれば、田所さんは要領が良くて、プレス作業をするときも、掛声だけは威勢がいい。でも、全然力をいれようとしない。その挙句「俺は、こういう労働者に向かない」と言っていたとか。ところが昼休みや休憩時間になると張り切って、面白い話をして、仲間たちを笑わせていたそうです。

のちのドラマや映画で渥美さんが演じた〝力を抜くことを知っている、粋な男〟の片鱗が窺えます。挙国一致の戦時体制には似つかわしくなかったようです。

やがて、昭和二十(一九四五)年一月二十七日から米軍による東京空襲は本格的となり、三月十日の東京大空襲では上野、浅草、本所、江東などの下町地区を中心に十万人もの犠牲者を出す大惨事となります。

この日は陸軍記念日で、学童疎開をしていた小学六年生たちが帰京していたこともあり、想像を絶する被害に見舞われました。銃後だった筈の本土に、次々と米軍機が飛来して、軍人ではない一般市民、特に女性と子供、そして老人の命が奪われました。その日は、田所少年の十七歳の誕生日だったのです。

二〇一五年七月二十三日

第十二回　空襲　その二

昭和二十(一九四五)年三月十日、渥美清こと田所康雄少年は十七歳の誕生日を迎えました。この日のことを、渥美さん自身はあまり語っていません。しかし東京上野に生まれた渥美さんは、下町地区を襲った大惨事について深い想いがあったに違いありません。それは、のちの「泣いてたまるか」での戦争にまつわるエピソードや、数々のドラマや映画で、兵隊だけでなく、戦争体験者のその後を演じたことでも窺えます。

空襲といえば、自伝でこんなエピソードを披露しています。板橋の軍需工場で働いていた頃のこと。

空襲警戒警報が発令され、工場の仲間とともに待機をしていたものの、いつまでたってもB29が飛んで来ない。仕方がないので、工場で結成していたフーテン一家のメンバーとともに寮に帰って寝てしまったそうです。それを憲兵隊に訴えられ、板橋の憲兵隊に呼び出され、仲間共々締め上げられてしまいました。そのうち憲兵から懲罰として「窓を拭け」と命ぜられ、ガラスにハッと息を吹きかけ、キュッキュッと吹いたそうです。

「わたくし、ふと手を休めて窓の下を見ますと、そこに神社がありまして、庭のブランコで、ちっちゃい子供がギイコギイコ遊んでいる。そのそばで若い母親たちが互いにキャアキャア話してる。そこへアメ屋みたいなおじさんがプーと笛を鳴らしながらやって来たり……」(わがフーテン人生・一九九六年・毎日新聞社)。

戦時下とはいえのどかな光景で、映像が浮かんでくるような語り口です。寅さんブームのさなか「サンデー毎日」に掲載された聞き書きとはいえ、渥美さんが語っているのは、人の暮らしであり、どんなときにも平和が一番なのだということ。

敗戦の色が濃くなった昭和二十年、食料も満足に手に入らなくなり、田所少年は工場が休みのたびに、埼玉県や千葉県まで南京豆の買い出しに出かけていました。しかも「食べるためのものじゃなくて、儲けるための買い出し」だったそうです。その頃から商才に長けていたようで、仕入れてきた南京豆を工場の仲間や近所の人々に売っていたそうです。その買い出しの途中に、米軍艦載機のグラマンの機銃掃射にたびたび遭遇したそうです。

そして八月六日に広島、九日に原爆が投下され、八月十五日正午、昭和天皇による終戦の詔勅がラジオで放送されました。敗戦の日、田所少年、いや田所康雄青年は、板橋の工場でいつものように働いていました。

二〇一五年七月二十四日

第十三回　敗戦　その一

昭和二十(一九四五)年八月十五日正午、NHKが「重大放送」を行うということで、人々はラジオの前に集まりました。昭和天皇による終戦の詔勅の「玉音放送」で、国民は大東亜戦争(太平洋戦争)における日本の全面降伏を知ることとなったのです。

「堪ヘ難キヲ堪ヘ忍ヒ難キヲ忍ヒ以テ萬世ノ爲ニ太平ヲ開カムト欲ス」。日本は連合国のポツダム宣言を受諾し、長くつらかった戦争が敗戦というかたちで終わったのです。戦後七十年の今年、この「玉音放送」を録音したレコード「玉音盤」のオリジナル盤が、この八月一日に公開されることが、最近、報じられました。

さて、そのとき十七歳の渥美清こと田所康雄青年はどうしていたのでしょうか？　そのときの情景を自伝で、こんな風に語っています。いつものように工場で働いていた田所青年のすぐ近くでは、背の低い職人さんがヤスリがけをしていて、少し離れたところでは、顔の細い職人さんが削りものをしていたそうです。

「この二人が終戦の報を聞いて、お互いにファッと立ち上がり、両方から近寄りまして、「生きていたなぁ、おいッ」といいながらひしと抱きついた。この涙の出るような情景が、わたくしには、そのとき、にがにがしく見えました。戦争に負けたことがくやしかったのでございます。」（『渥美清　わがフーテン人生』・一九九六年・毎日新聞社）。

真夏の昼下がり。黙々と仕事をしている二人の職人が、戦争が終わったことに安堵し、生きていることを実感している姿が眼に浮かびます。渥美さんらしい情景描写。「お互いにファッと立ち上がり」という表現に、碌に食べるものもなかった「あの頃」が瞬時に蘇ります。

「♪負けたけど良かったね」渥美さんが好きだった喜劇人・古川緑波が、敗戦後初めてのお正月映画『東京五人男』（斎藤寅次郎監督）のなかで、唄うフレーズがあります。やっとの思いで復員してきたロッパの主人公が、疎開先から帰ってきた小学生の息子と、夜天のドラム缶風呂に入って、ジャズソング「青空」を唄うシーンで、しみじみとこのフレーズを歌います。昭和二十年暮れの映画ですが、戦後の開放感をいうものを感じることができます。

しかし、工場で「フーテン一家」を結成していた、血気盛んな田所青年は、そんな安堵感よりも、敵国だったアメリカ軍が上陸してきたら、日本男児として何をなすべきか？　を考えていたのです。

二〇一五年七月二十八日

第十四回　敗戦　その二

「玉音放送」を勤め先の工場で聞いた、渥美清こと田所康雄青年は、工場の職人たちが「生きてたなぁ、おい」とひしと抱き合う姿をみて、苦々しく感じました。昭和三(一九二八)年生まれで、物心ついたときから、支那事変、日中戦争の時代、高等小学校に通っているときに太平洋戦争が始まり、多感な時期を戦時下で過ごしていたからです。

しかも勤め先の工場では、血気盛んな仲間たちを率いて「フーテン一家」を結成していたほどでした。田所青年は、もう一人の不良仲間と相談して、身内の若い連中を引き連れて、板橋の城山に立て籠もることにしました。

昭和十九年の強制疎開で、田所一家が小豆沢に転居するまで住んでいた、板橋区の志村には、かつて豊島氏一族の志村氏によって築城された志村城があり、天正十八(一五九〇)年に豊臣秀吉の小田原征伐の後に廃城になったとされています。その志村城址は、現在城山公園となっていますが「フーテン一家」は、そこに立て籠もって「「アメリカの占領軍が上陸して来たら、アメ公と素手で一戦交えたうえ、全員、玉砕しよう」と決めたのでございます」(『渥美清わがフーテン人生』・一九九六年・毎日新聞社)。

会津戦争のときに、会津藩が組織した、紅顔の美少年たちによる「白虎隊」が、飯盛山へ落ち延び、十九名の若い命を落としましたが「フーテン一家」も、その「白虎隊」を意識していたそうです。

渥美さんは自伝で、そのことについて「おふくろは〝会津の女〟でございますから、その血が、わたくしの体にも流れているわけでございますよ」と語っています。

アメリカ軍と素手で戦おうと固く決意したものの、八月三十日に厚木飛行場にダグラス・マッカーサー連合国最高司令官が降り立ち、続いて占領軍が各地にやってきます。ところがアメリカ兵は、若者たちがイメージしていたような、傍若無人な振る舞いをするわけでなく「フーテン一家」は、拍子抜けしてしまいました。

そこから田所青年の戦後が本格的に始まります。役者になるのはまだ先のことですが、のちにテレビ、映画、舞台で活躍するようになってから、渥美さんは、戦前、戦中を軍隊で過ごした男の、八月十五日と「その後」を演じています。戦争という影を背負いながら、戦後をたくましく生きていく主人公たちには、その時代を生きた日本人の思いが込められています。

その代表作の一つが、昭和三十八(一九六三)年に作られた、本格的初主演作『拝啓天皇陛下様』でした。

二〇一五年七月二十九日

第十五回　拝啓天皇陛下様

渥美清さんは、戦後、俳優として、様々なかたちで八月十五日の「その日」と「それから」を演じています。「軍隊こそが自分の居場所」と思っていた男の戦前、戦中、戦後を演じた、野村芳太郎監督の『拝啓天皇陛下様』(一九六三年)という作品があります。

棟田博氏が週刊現代に連載していた同名小説を原作に、作者をモデルにした棟本が軍隊生活で出会った〝山田庄助〟という奇妙な男との日々を、昭和五年から昭和二十五年にかけて描いています。棟本役を日活からフリーになったばかりの長門裕之さん、貧しい出身ゆえに三度の飯と寝る所、俸給まで約束されている「軍隊こそ最高」と思っている〝山庄〟こと山田庄助を渥美清さんが演じています。

学校にもろくに通えなかった〝山庄〟が、柿内二等兵(藤山寛美)から、読み書きを習い、天皇陛下に手紙を書きます。除隊しても帰るところのない自分だけは軍隊に残してもらいたい。「ハイケイ天ノウヘイカサマ」と……。天皇陛下への直訴など、不敬罪にあたるからと、その手紙は出さず仕舞いとなりますが、渥美さんが演じた主人公は、まさに、日中戦争に駆り出された名もなき庶民のワン・オブ・ゼムだったのです。

軍靴の響きが聞こえ始めた昭和初期から、昭和十二年の支那事変を経て、一旦は除隊した〝山庄〟は、九州で炭鉱夫として働きます。過酷な運命のなか、パワフルに突き進む〝山庄〟を、渥美さんの喜劇俳優としての抜群の表現力、きつくゼンマイを巻いたような勢いのあるパワーで、魅力的に演じています。

その〝山庄〟は中国戦線で、八月十五日を迎えます。大きな喪失感を抱きながら祖国へ帰ってきた〝山庄〟は、困窮している盟友・棟本夫妻と再会。戦後の混乱のなかで、どこからかニワトリを調達してきたりと、持ち前のバイタリティーを発揮します。

戦地では生き延びることができた〝山庄〟は、戦後ささやかな幸せを手にいれますが、やがて悲しい結末を迎えることとなります。この『拝啓天皇陛下様』は、渥美さんとしても本格的な映画主演作であり、野村監督の時代を見据える眼で、「天皇の赤子《せきし》」として戦場に駆り出された男の悲喜こもごもが描かれ、傑作となりました。

この〝山庄〟が、のちのテレビドラマ「泣いてたまるか」で、渥美さんが演じつづけることになる「時代に取り残された男の物語」のルーツだったのです。

さて、焦土と化した敗戦後の東京で、まだ十代だった渥美清こと田所康雄さんは、どんな生き方をしていったのか？ いよいよ戦後、渥美さんの青春時代へと話をすすめていきましょう。

二〇一五年七月三十日

第十六回　焼け跡にて

敗戦後、渥美清こと田所康雄青年は、工場やアルバイト先を転々としながら、いつしか定職を持たなくなりました。真面目に働こうと、求人案内を見たり、知人の伝手で面接を受けようとするのですが、当日になると、つい朝寝坊をして、時間に間に合わずにそれきりということが続きました。

仕事にも行かず、夕方まで布団のなかで過ごすこともしばしば。その頃のことを、渥美さんは音楽家の團伊玖磨氏との対談でこう語っています。「あれが、朝ポーンと十時に起きて、たとえば会うべき人に会っていたら、ずいぶん人生が変わっていたんじゃないかって思いますね」（「週刊読売」一九七二年八月六日号）。

前の晩は、必ず行こうと思っていたのに、結局、不義理を重ねてしまい、家には寄り付かなくなってしまいました。夜になると上野や浅草の盛り場へとせっせと出かける毎日。

焼け跡に立つマーケットや上野の路地で、様々なものを売るテキ屋の口上に見惚れたのもこの頃です。子供の頃からお祭り好きの康雄少年は、縁日になると集まってくる香具師に強く惹かれ、憧れを抱いていたそうです。

その魅力について自伝で「テキ屋のおじさんたちが品物を売っているときの意気、あるいは覇気とでも申しますか、それにおじさんたちが仕事を終えた後、汗、拭いてスッと帰って行くときのあの身じまいの仕方」（渥美清 わがフーテン人生・一九六六年・毎日新聞社）に魅せられていたと語っています。

そういえば『続 男はつらいよ』で寅さんが夜店で身じまいをしている仲間に「お疲れさん」と声をかけるシーンがありましたが、バイをしているところだけでなく、そういう姿に美学を感じていたのが、渥美さんの観察眼の鋭さだと思います。

戦後、上野を徘徊して、テキ屋のおじさんたちに接していたときに、中央大学の角帽をかぶって、大学生になりすましていたと自伝にあります。第十六作『男はつらいよ 葛飾立志篇』で、寅さんが東大法学部の苦学生を騙って、文房具のバイをするシーンを思い出しますが、そうしたエピソードが山田洋次監督のなかで膨らんで、あのシーンになっていったのだと思います。

また渥美さんの経歴に、昭和二十年中央大学予科入学と書かれているものがありますが、これも「中央大学の角帽」から派生した話でしょう。ともあれ、上野を根城に不良少年たちと、混沌とした戦後を過ごしていたことは、渥美さん自身が語っています。

その頃、田所家の家計は、弟とは正反対の真面目で勤勉な兄・健一郎さんが、工場勤めをして支えていました。

二〇一五年七月三十一日

第十七回　焼け跡残る下町で　その一

敗戦後、渥美清こと田所康雄青年は、家に寄り付かず、上野を拠点に過ごしていました。その頃、上野には東京大空襲で両親を失った戦災孤児が、溢れていました。浮浪児と呼ばれた彼らは、全国でその数三万五千人。国鉄上野駅から、京成電鉄への地下通路や、西郷隆盛の銅像のある上野公園が彼らの根城でした。一方、アメ横には、進駐軍から横流しされた、缶詰やタバコなどを威勢よく売るテキ屋や、それを買い求める復員兵、夜の女性たちでごった返していました。

そんな上野の雑踏に身を置いた田所青年は、マーケットで鮮やかな口上で、物をさばく香具師のお兄《あに》ィさんに憧れ、不良少年たちを束ねて、肩で風を切っていたそうです。

昭和二十二年、中学生だった永六輔さんは、縁故疎開の長野県小諸市から、浅草の実家のお寺、最尊寺に帰ってきていました。永さんは、焼け跡が残る下町で、仲間と鉄屑や鉛管を掘り出しては、それを売って小遣い稼ぎをしていたそうです。

永さんたちが、汗をかきかき、鉄屑を元締めのような人に持っていくと、その人は、相手が子供だからと決してピンハネはせずに、買い取ってくれる心やさしき兄貴分でした。永さんよりも五つ年上の十九歳の、その元締めは、不良少年たちの間ではつとに知られた存在で、いつしか「田所組」の元締めと呼ばれていました。

そのお兄ィさんこそが、田所康雄青年だったのです。後年、永六輔さんは放送作家となり、ＮＨＫのバラエティ番組「夢であいましょう」（一九六一年～一九六六年）で、タレントとなった渥美清さんと仕事をすることになりますが、二人の出会いは混沌とした焼け跡の上野でした。お互い、まだ十代、生きることに精一杯だった時代です。

渥美さんは自伝で「わたくし、終戦後すぐに、そんな毎日を過ごしておりましたが、幸いなことに何々組とか、何々一家というものに、とんと興味がなかったのでございます。と申しますのは、わたくし、人から拘束されるのはきらいなタチでございましたから……。」（渥美清 わがフーテン人生・一九九六年・毎日新聞社）と語っています。

こうして田所青年は、本格的に担ぎ屋となり、仙台まで出かけて米や野菜を仕入れては、アメ横に卸していたそうです。その渡世で、幼い頃から憧れていた香具師のお兄さんたちとも知り合いとなり、いつしかアメ横の一角で啖呵売の手伝いをするようになりました。

二〇一五年八月四日

第十八回　焼け跡残る下町で　その二

昭和二十二年、上野のアメ横で、香具師の手伝いをしながら、渥美清こと田所康雄青年は、啖呵売をしていました。「白く咲いたか百合の花、四角四面は豆腐屋の娘、色は白いが水くさい」「四谷赤坂麹町、チャラチャラ流れる御茶ノ水、粋な姐ちゃん立ちションベン」

寅さんでおなじみ、渥美さんの啖呵売は、何度聞いても惚れ惚れとします。鮮やかな口跡、歯切れの良い啖呵、その声を聞いていると、渥美さんが憧れた世界の匂いや空気が、眼前に広がります。

「テキ屋をやりたい」その一言で、昭和四十三年、フジテレビの「男はつらいよ」の企画がスタートしたそうです。寅さん前夜、渥美さんがテキ屋に扮したことがありました。

ＴＢＳの人気ドラマ「泣いてたまるか」第五十七話「ぼくのお父ちゃん」(一九六七年十月十五日放送)で、渥美さんは女房(春川ますみ)に愛想をつかされて、小学生の息子を育てている、テキ屋のお父さんを演じています。

ドラマの冒頭、今は家電の量販店になってしまった、新宿三越デパートの前で、鉢巻に白いシャツ姿の主人公が雨傘のバイをしています。道行く人々が足を止め、その口上に魅了されます。これぞ渥美さんの独壇場。子供の頃から憧れていた香具師の口上です。七五調でポンポンと繰り出される、まさに魔法のことばです。

脚本を執筆した光畑碩郎さんは、のちにテレビ「男はつらいよ」で五本の脚本を手掛けることになりますが、この「ぼくのお父ちゃん」について、こんな思い出を語っています。

「「テキヤの寅さん」のテキヤ役を、渥美さんが初めて演じたのがこのドラマであった。商売柄ペラペラとしゃべる香具師という役柄は、「泣いてたまるか」のこれまでにはなかったものである。また、おそらく、それより過去に、どんな役者も香具師という役柄は演じてこなかったのではないだろうか。実際には、周りからはあまり評価されなかった役柄だったが、渥美さん自身はこの役がいたく気に入ったようだった。」(『渥美清の泣いてたまるかシナリオ周

3』・二〇〇五年・サンマーク出版)。

物語は、小学生の息子(直江喜幸)の目から見た、口上一つで渡世をしている「ぼくのお父ちゃん」の行状の数々を、父子の心の交流のなかで描いていきます。光畑さんの回想のように、ホームドラマで香具師の家庭を描いたものは、それまでになかったものです。「泣いてたまるか」の世界で、イキイキとテキ屋を演じる渥美さんに、寅さんのルーツを見出すことができます。

二〇一五年八月五日

第十九回　焼け跡残る下町で　その三

昭和二十二年五月、渥美清こと田所康雄さんの六歳上の兄・健一郎さんが、二十五歳の若さで亡くなりました。家を出て、上野で担ぎ屋、テキ屋の手伝いをしていた田所青年や、病気がちだった父・友次郎さんに代わり、家計を支えていた健一郎さんの死は、ショックな出来事でした。

健一郎さんは、地元、板橋のオリエンタル酵母工業で、労働組合の初代委員長をつとめていました。勤勉で読書家。誰とも分け隔てなく付き合い、人望も厚かったと、当時を知る人から伺いました。九鬼幽太郎のペンネームで随筆や小説を執筆するインテリの健一郎さんは、仕事が終わるとまっすぐに家に帰る、弟とは正反対の真面目な性格だったそうです。

昭和二十年、田所家にほど近い、板橋区の小豆沢で理髪店を開業した後藤理髪店の息子・亮一郎さんから、その頃の健一郎さん、康雄さんのエピソードを伺いました。健一郎さんはたまに工場の帰りに散髪に立ち寄ったそうですが、無口で真面目そのものだったそうです。その兄の没後、小豆沢に戻ってきた康雄さんは、後藤理髪店に通うようになり、渥美清としてデビューしてからも定期的に顔を出してくれたそうです。

兄の死について、渥美さんはインタビューや自伝で、ほとんど語ることはありませんでしたが、昭和四十六年、長男が生まれたときに、兄の「健」の字をとって「健太郎」と名付けました。若くして亡くなったたった一人の兄・健一郎さんへの想いが窺えます。

大黒柱を失った田所家にとって、次男の康雄さんだけが頼りとなり、それまで自分の小遣いさえ稼げればと思っていた、担ぎ屋の仕事も本腰を入れるようになりました。

　仕事に身を入れるといっても、東北まで買い出しに行ったものをアメ横に卸し、それをテキ屋の兄貴分といっしょに啖呵売をする、そんな日々でした。需要はあるといっても、闇商売は警察の取り締まり対象で、上野のマーケットを仕切っているのは地元のヤクザたちでした。

　家に帰ってくるたびに、母・多津さんは、康雄さんの肌着を脱がせて、背中を見たそうです。「まさか、入れ墨を入れてないだろうね。」それが母の心配のタネだったと、後年のインタビューで渥美さんは語っています。

　その頃、康雄さんにはある願望がありました。それは「二つ名前のあるお兄ィさん」になりたい、ということでした。田所康雄ではない誰かになりたい。そんなことを考えていたそうです。

二〇一五年八月六日

第二十回　焼け跡残る下町で　その四

　渥美清こと田所康雄青年は、敗戦後、上野や浅草で担ぎ屋やテキ屋の手伝いをしながら、暇さえあれば芝居小屋に足を運んでいました。そこで繰り広げられるのは、ひととき浮世を忘れさせてくれる別世界。役者は演目によって、名前を変え、まったく違う世界に生きることができる。「ここではない何処かへ」とは、青春時代に誰もが考えること。まったく違う自分になりたい、二つ名前のお兄ィさんになりたい、という願望が、日増しに大きくなってきました。

　渥美清さんは晩年、風天という俳号で、句会に参加し、数多くの句を残しました。毎日新聞出身の森英介さんがまとめた「風天 渥美清のうた」（二〇〇八年・大空出版）に、こんな句が採録されています。

「むきあって同じお茶すするポリと不良」

　上野、浅草で担ぎ屋をしていたころ、知り合いのお巡りさんから「お前の顔は、一度見たら忘れられない。顔を売りたいんだったら、役者にでもなったらどうだ」と言われたそうです。そのときの情景がこの句でイメージできます。

　怖い顔をした警官とまだ二十歳になるかならない

かの田所青年。二人が向き合う情景は、後年の渥美さんの演技を思うと、映画的というか喜劇的です。

同じころ、ある劇団の座長をしていた友人の親父さんから「お前さん、いつまでもヨタってばかりしていたら、いずれブタ箱行きということにもなりかねないよ。どうだい、一つ、この辺で足ィ洗って、オレの一座で幕引きをやってみる気はねぇか」(渥美清わがフーテン人生・一九九六年・毎日新聞社)と言われたこともあるそうです。

その頃、小豆沢神社の祭礼の前夜祭で「芸能大会」が開催され、近所の仲間たちと出場しようということになりました。急ごしらえのステージに立った彼らは「あきれたぼういず」にあやかって、五人組「あずさわぼういず」と名乗り、ボーイズ芸を披露。そのときの田所さんの衣装は、どこからか手に入れてきたマドロスの扮装だったそうです。

それがデビューというわけではありませんが、その頃、役者には芸名が必要、それこそ「二つ名前のお兄ィさん」になれる。では何がいいだろう?と、手元の本をパラパラとめくっていると、眉目秀麗で女の子にモテモテの主人公の名前が、目に止まったそうです。その名は「渥美悦郎」。これがいいと、その日から、田所康雄さんは、渥美悦郎というもう一つの名前を持つことになりました。

二〇一五年八月七日

第二十一回　初舞台からドサ回り

渥美清こと田所康雄さんは、「渥美悦郎」という芸名を名乗り、知人の座長の誘いで初舞台を踏みます。それが埼玉県大宮市の日活館の「阿部定一代記」というコントでした。渥美さんは泥棒を追いかける刑事Cとして、舞台の上手から下手にサァっと駆け抜けるだけの役でした。

このとき、母・多津さんが息子に内証で芝居小屋に観に来ていたことを、渥美さんは座員から聞いて知ります。「おふくろさん、お前の出番のとき、うつむいちゃって、舞台なんか見てなかったよ」と聞いた渥美さん、いつかは街を歩いていたら「あの人、この前、あの役をやっていた人よ」と言われる役者になろうと決意をしたそうです。

しかし、その一座にいても、お母さんが終始うつむいてしまうような役ばかりなので、赤羽のストリップ小屋「公楽」を皮切りに、あちこちの座を転々とします。張り切って芸名をつけたものの、渥美悦郎の前途は多難でした。

朝鮮戦争が終わり、サンフランシスコ講和条約が締結された頃、渥美さんは川崎の小さな劇団で「パンツの匂いを嗅ぐ男」というバラエティーショーに出演することになり、司会者を兼ねた座長が、渥美さんの名前を読み上げるときに「渥美悦郎」の「悦郎」というときに詰まってしまい、とっさに「清」と言ってしまいました。

名前を間違えられてはたまらないと渥美さん、終演後に座長に抗議しました。すると座長に「悦郎なんて、語呂が良くないから、役者としては通りが悪い。キヨシでいいだろう？　お前は今日から渥美清、いいいな」と言われ、妙に納得。ここに役者・渥美清が誕生することとなりました。

この頃渥美さんは、芝居小屋を転々としながら、食べるために、古着屋や鳶職の手伝いなどをして糊口をしのいでいました。渥美さんが役者として生きようと決意していたことを知った父・友次郎さんは激怒して、勘当を言い渡され、友人宅を転々とする日々でした。

「いつかは浅草《エンコ》の舞台に立ちたいなぁ」浅草といえば、戦前からエノケン（榎本健一）、ロッパ（古川緑波）、シミキン（清水金一）などのコメディアンを輩出してきた喜劇人の聖地。上野、浅草でやんちゃな青春を過ごしてきた渥美さんにとっては、ドサ回りから脱して、浅草の劇場に出るのが目標だったのです。

そんなある日、仲間から渥美さんに嬉しい話が持ち掛けられました。「浅草の百万弗劇場に出てみないか。コントの出来る、活きのいい若い役者を探しているんだ。」

二〇一五年八月十一日

第二十二回　浅草《エンコ》の舞台　その一

昭和二十七（一九五二）年四月二十八日、サンフランシスコ講和条約が発効、連合国との戦争状態が集結し、日本は再び独立国となったのです。街角にあふれていたＧＩたちは朝鮮戦争以降、姿を見かけなくなり、街角には占領から解放された安堵感に包まれていました。

大衆演劇、喜劇の中心だった浅草の国際通りにあった、ストリップ劇場「百万弗劇場」の専属となった渥美さんは、キレの良い動き、口跡の良さで、注目を集めていました。その頃、一人の若者が「百万弗劇場」に入ってきました。名前は谷幹一。のちに渥美さんの終生の友となる谷さんは、新宿のムーランルージュ劇場の座員でしたが、昭和二十六(一九五一)年に閉鎖され、仲間たちと一座を組んで地方巡業をしたものの、不入りで解散。そんなわけで「百万弗劇場」の門戸を叩いたのでした。

ムーランルージュでは、役者は台本に書いてある通り、演出家の指導に従うのが常だったので、稽古で谷さんはそうしていたのですが、いよいよ初日の舞台。谷さんは段取り通り女の子に乱暴をしかけます。そこへ、渥美さん演じる主役のサムライが現れて、いきなり「兄さん、そういう非合法のことは、いけないよ」と言い出しました。

寅さんでおなじみの、渥美さん独特の台詞回しです。その場を想像するだけでおかしいですが、もちろん台本にも書いてありません。客席は笑いの渦に包まれます。時代劇の台詞に「GHQ」だとか「マッカーサー」だとか、どんどん今のことばが入ってくるのです。この「言い回しのおかしさ」こそ、渥美さんの真骨頂です。そして役者仲間も惚れ惚れとするような容姿の良さ。

客席が湧くほどに、渥美さんは水を得た魚のように、イキイキと勢いづきます。戸惑う谷さんを置いてきぼりにするかのように、速射砲のようにおかしな事を言い続ける渥美さん。稽古では絶対見せなかった顔です。

一座は仲間、アドリブをするにも、相手の芝居を邪魔しないように、という谷さんがムーランルージュで身につけてきたセオリーが一瞬にして崩れ去ってしまったのです。渥美さんにしてみれば、役者にとって舞台は、テキ屋のショバと同じで、自分の腕の見せどころ。稽古では絶対に手の内を明かしちゃいけない、能ある鷹は爪を隠す、と思っていたそうです。

楽屋で渥美さんは谷さんに「坊やはどこに出てたんだい?」それまで「谷さん」と対等に話しかけていた渥美さんは、谷さんを終演後「坊や」と呼んだ。

「ムーランです」との答えに「一流だねぇ。おれはストリップよ」とニヤリと笑ったそうです。

第二十三回　浅草《エンコ》の舞台　その二

二〇一五年八月十二日

浅草のストリップ劇場「百万弗劇場」に入った谷幹一さんは、渥美清さんから幕前に「〝気付け薬〟を買ってきて」と頼まれるようになりました。そのとき渥美さんは袂で瓶を隠すような仕草をしたそうです。

気付け薬とは焼酎のこと。舞台に飛び出る直前、一気に煽って勢いをつけていたのです。きつくネジを巻いたゼンマイのおもちゃのように、舞台での渥美さんはアドリブを連発して、満場の観客は大笑い。渥美さんは喜劇だろうと、シリアスなものであろうとお構いなし。ひとたび舞台に立てば、笑ってもらうことに生きがいを感じていたのです。

ところが、谷さんが「百万弗劇場」に入ってから、わずか半年後、劇場は潰れてしまいます。谷さんは、知人の推薦で「浅草フランス座」に移籍することが出来たものの、渥美さんは定員オーバーで入ることが出来ず、川崎セントラル劇場に移ります。役者にとって浅草は世界の中心です。渥美さんは浅草を求め、浅草は渥美さんを必要としていました。

ほどなく浅草に戻り、ロック座の舞台に立っていた渥美さんは、昭和二十八（一九五三）年三月、名門「浅草フランス座」に入ることとなりました。その頃の「フランス座」には、のちに映画やテレビで活躍することになる、そうそうたるコメディアンが顔を揃えていました。

寅さんに「相変わらずバカか？」と揶揄される参道の主人役でおなじみの佐山俊二さん、のちにムーランルージュ出身の由利徹さんと脱線トリオを結成する、南利明さんと八波むと志さん。第三十二作『男はつらいよ 口笛を吹く寅次郎』で共演することになる長門勇さん。

渥美さんが初めてフランス座の楽屋にやってきたときに、学生服姿の青年が化粧前に座っていました。エノケン劇団出身という触れ込みの、小柄で小太りのこの青年。寅さんの旅の仲間ポンシュウ役でも、シリーズ最終作まで共演をすることになる、渥美さんの生涯の友・関敬六さんだったのです。

「あんた学生さんかい?」「冗談じゃないよ、役者だよ。」関さんによれば、それが最初の会話だったそうです。関さんは浅草の税務署で働いていましたが、芝居好きが高じて、役者になってしまったという変わり種。芸歴五年と詐称して、チョイ役だったのにエノケン劇団にいたと大風呂敷を拡げていたと、関さんが、その頃のことを面白おかしく話してくれたことがあります。

いつしか「渥美やん」「関やん」と呼び合う仲となり「タニカン」こと谷幹一さんと三人で、芝居のこと、将来のことを語り合うようになりました。

二〇一五年八月十三日

第二十四回　浅草《エンコ》の舞台　その三

「浅草フランス座」での渥美清さんは、たちまち評判となり、ストリップではなく渥美さんのコント目当てのファンが急増するほどでした。出番前に〝気付け薬〟の焼酎をキュッとひっかけて、舞台に飛び出ます。「ある土曜日の夜なんかワンワンワンワンとわれっかえるほどの満員、そんな夜ってのは、劇場の中が決まったように熱狂するのでございます」(『渥美清 わがフーテン人生』一九九六年・毎日新聞社)。

小屋がはねると、渥美さんはリーゼントの髪にポマードをなでつけ、紺のダブルの背広に、白と黒のラバーソウルを履いて、夜の浅草六区の交番前の十字路に立ったそうです。まるでギャング映画のジョージ・ラフトか、ハンフリー・ボガートか、という感じですが、自伝に書かれているスタイルに、渥美さんのダンディズムを感じます。

その渥美さんは、関敬六さんと、酒の飲めない谷幹一さんを誘って「今晩は、どこへ飲みに行くか?」といいながら、ツケが利くのは二軒しかなかったそうです。小麦粉を水に溶いてネギを入れて焼いた、どんどん焼きを肴に、安い焼酎をひっかけては、お互いの芸について侃々諤々《かんかんがくがく》、議論を闘わせていたそうです。飲むほどに酔うほどに、口論は激しくなり、ついには殴りっこの喧嘩は毎度のこと。それでも朝方には、浅草竜泉寺の関さんの下宿に転がり込む日々だったそうです。

その頃、関さんが「俺たちで何かやろうじゃないか」と言い出して、渥美さん、関さん、谷さん、のち谷夫人となる玉川みどりさんたちが、演劇研究会「雪割草グループ」を結成。公演後に自分たちで台本を書いたり、演劇の勉強をしていました。

渥美さんは踊り子が休むと、穴埋めに舞台に出て、手にした新聞の記事をネタに延々三十分にわたって時々漫談をしたり、相変わらず観客に大受けでした。

ところが、ある日、舞台に出ていつものようにアドリブをしても、全く受けなくなってしまいました。そういえば食欲もなく、全身にだるさを感じて、楽屋ではゴロリと横になりがち。芝居のテンポが悪くなり、演技のキレもなくなっていたのです。

昭和二十九(一九五四)年四月のことです。いつものように舞台がはねた後に、ご贔屓さんと一杯飲んでいるときに、「お前さん、どこか身体の具合、悪いんじゃないかい」と指摘され、幕間に踊り子たちからも「顔色が青白いわよ」と言われたのを思い出しました。その翌日、渥美さんは、検査を受けるために王子の国立病院を訪ねました。

二〇一五年八月十四日

第二十五回　入院生活　その一

昭和二十九(一九五四)年四月。王子の国立病院で診察を受けた渥美清さん。レントゲン検査室で自分の番を待つ間、脳裏をよぎったのは、二十五歳で結核で亡くなった、たった一人の兄・健一郎さんのことでした。自分も同じ運命をたどってしまうのか？「しかし、その反面、自分と兄貴は性格も人生も違ってる。しかも兄貴はまじめ人間だけど、自分は不良だ。兄貴のように簡単に死ぬわけがない。」(『渥美清わがフーテン人生』・一九九六年・毎日新聞社)。

医師からの「何でもありません」のことばを期待していた渥美さんに、軍医上がりらしい副院長はこともなげに「手術だなァ、そして一年入院だ」と告げたそうです。その帰り道、渥美さんは、兄貴を亡くして寂しい想いをしている両親に、どうやってこのことを話そうかと、ずっと考えていたそうです。

しかし「これも生まれ持ったる運命」と思い直した渥美さんは、すべてを受け入れて、埼玉県春日部市の病院に入院したのは、葉桜も散った青葉の季節の五月のことでした。

入院してほどなく、渥美さんは院長から「さっそく手術をします」と言われ、それが「判決」に思えてならず、手術室に向かう寝台に乗せられたときに「あの寝台は、ブタ箱から裁判所に容疑者を運ぶ護送車に思えたのでございますよ。」と自伝で回想しています。

六時間に及ぶ手術で、右肺を摘出した渥美さんは、昭和三十一(一九五六)年四月まで、約二年間、この病院で療養をすることとなります。浅草フランス座で人気者となり、飛ぶ鳥を落とす勢いだった喜劇役者にとって、二十六歳から二十八歳という大切な時間を、病院で過ごすことは、どれほど苦痛だったか、ぼくたちは想像するしかありません。

ところが子供の頃から、逆境に強く、与えられた時間や境遇を最大限に味わって、自分の肥やしにしてきた渥美さんは、人間観察の天才です。病院では様々な人々と出会い、交流を重ねて、それがのちの天才俳優・渥美清の原点となっていったことを、ぼくたちは知っています。

平成二十七(二〇一五)年三月二十八日、「21世紀寅さん研究会」の面々は、毎年恒例となった、渥美さんのゆかりの地をたどり、関係者から話を伺う、板橋ツアーを開催しました。渥美さんの母校である志村第一小学校の「寅さんふれあいルーム」に、今年のゲストとして参加されたのは、梅村三郎さんでした。渥美さんの結核療養中に、同じ病棟で闘病をされていた、七歳年下の梅村さんが、舞台仲間も知らない、素顔の渥美さんの話をしてくださいました。

二〇一五年八月十八日

第二十六回　入院生活　その二

昭和二十九(一九五四)年、結核で胸の切開手術を受けた渥美清さん。しばらくは大部屋で過ごしていたそうです。芸と酒の無頼の日々を過ごしてきたツケが回ってきたのか、果たしてまた舞台に復帰できるのか、不安が胸を過ることもありました。しかし、体力が回復するにつれ、ベッドの下に一升瓶を置いて、医者に隠れて酒盛りをしたり、大部屋の仲間たちとワイワイ騒ぐようになりました。

しばらくすると、七歳年下の梅村三郎さんを「ボウズ」と呼んで、弟のように可愛がるようになりました。「ボウズじゃ、見舞いに来た知り合いに体裁悪いから、ボンズってのは?」と、いつしかあだ名は「ボンズ」となったそうです。

梅村さんによれば、渥美さんは舞台で鍛えた話芸が達者で、いつも入院患者たちの中心にいて、仲間のニックネームをつける天才で、勤め先が鉄道だと聞くと「国鉄」、踊りの師匠には「家元」、日暮という苗字の患者には「日暮里」と、例によっての見立てのうまさ、的確な喩えで、周囲を唸らせていたそうです。

夏になると、みんなを集めての怪談話。大の男がトイレに立つのも憚られるほど、かなり怖かったとか。病院での療養生活は、とかく暗くなりがち、というイメージとは裏腹に、渥美さんの病棟は、いつも笑いが絶えなかったそうです

そういえば第二作『続 男はつらいよ』で、金町の病院に入院した寅さんが、同室の患者さんたちを集めて、面白い話を披露するシーンがあります。財津一郎さん演じる盲腸の手術をしたばかりの患者さんが、笑いをこらえて苦悶の表情するのが印象的でした。

「ボンズ、ボンズ」と可愛がってくれる渥美さんを「ヤッサン」と呼び、兄のように慕っていた梅村さんにとって、印象的な出来事がありました。

昭和二十九年十二月二十四日のクリスマスの朝。渥美さんのもとに、浅草から仲間たちがクリスマスケーキを持って、お見舞いにやってきたのです。関敬六さん、谷幹一さん、谷夫人となる玉川みどりさん、踊り子の花里ひろみさんの四人。浅草フランス座で「雪割草グループ」という研究会のメンバーたち。それぞれが、クリスマス飾りを手に、渥美さんを励まし、明るく振舞っていました。そのときに同行した朝日新聞の記者が書いた記事は、翌日、病院で大評判となったそうです。

その頃のことを、関敬六さんから伺ったことがあります。「最初の何ヶ月かは、フランス座から渥美やんの給料が出てたから、オレ、毎月届けてたんだよね。行くと相変わらずの調子なんだけど、術後でめっきり痩せちゃって、おい大丈夫なのか?って、帰りの東武電車で涙が出てきちゃってさ。」

しかし渥美さんは、体力が戻るにつれ、再び舞台

に立つ「渥美清、復活の日」に向けて、着々と準備を始めていたのです。

二〇一五年八月十九日

第二十七回　入院生活　その三

昭和三十(一九五五)年、渥美清は埼玉県春日部市の病院の「外気小屋」というバンガロー風の小屋で、療養生活を続けていました。そこで弟のように可愛がっていた、七歳年下の梅村三郎を「ボンズ」と呼び、梅村は「ヤッサン」と慕っていました。

渥美さんは梅村さんに、父母のこと、子供の頃のこと、ノガミ(上野)やエンコ(浅草)で不良だった頃のこと、様々な話をしてくれたそうです。渥美さんの父・友次郎さんは、地方紙の記者をしていて、社会主義的な考えを貫いて退職。渥美さんが物心ついたときから、仕事はせずに家にいました。「親父は偉いと思う。たとえ生活に困っても、自分の信念を変えなかった親父を尊敬しているんだ」と語ってくれたこと。

特に忘れられないのが「雪割草は、踏まれても、踏まれても、雪を割って、出てくる逞しさがある」のことばだそうです。浅草フランス座の仲間たちと芸を研究する「雪割草グループ」を結成していた渥美さんの座右の銘だったのです。

梅村さんは、渥美さんとの療養生活は「楽しいことばかり」だったそうです。外気小屋でラジオから流れるグレン・ミラーの「イン・ザ・ムード」、ペレス・プラードの「マンボNO．5」などの洋楽に合わせて、同棟の仲間たちと、バンドマンよろしく、身振り手振りのエア演奏をしたこと。渥美さんはトランペット、梅村さんはドラムス担当だったとか。

渥美さんは、映画の話も好きで、昭和二十八(一九五三)年に公開された西部劇『シェーン』を身振り手振りで再現しては、仲間たちを喜ばせていました。渥美さんはアラン・ラッドが演じた主人公よりも、黒づくめの悪役を演じたジャック・パランスのファンだったそうです。

梅村さんと渥美さんは、体力回復のために、毎日散歩をしていました。駅に続く道すがら、畑仕事をしている農家の人に、メリハリのある大きな声で「今日も一日、お仕事ご苦労さんでした」と大真面目な顔で声をかける。十九歳の梅村さんは、恥ずかしかったそうですが、渥美さんは「役者は、台詞をちゃんと言えなきゃだめだ」と発声練習をしていたのです。

外気小屋では、渥美さんが面白おかしく、テキ屋のエピソードを話し「白く咲いたか百合の花、四角四面は豆腐屋の娘、色は白いが水くさい」と、立て板に水の口上を披露してくれたそうです。「オレ、いつか、芝居でこれをやりたいんだ。」のちに「男はつらいよ」シリーズが始まったとき、梅村さんはそのことを想い出したそうです。

二〇一五年八月二十日

第二十八回　退院

昭和三十一（一九五六）年四月、渥美清さんは、埼玉県春日部市の病院を退院。再び浅草フランス座に復帰します。療養時代に「ボンズ」とあだ名をつけて、弟のように可愛がっていた梅村三郎さんも退院して、かつての職場に復帰しようとしましたが、結核患者に対する冷たい目があり、社会復帰がなかなかできずにいました。

そんなある日、赤羽駅近くで、突然「ボンズ、何やってるんだ！」と渥美さんに声を掛けられたそうです。自分の状況を話すと渥美さんは「オレ、浅草の舞台に出てんだ。明日、観にこいよ。」梅村さんは、フランス座の舞台の袖からお客さんを湧かせている「ヤッサン」の奮闘ぶりを見て、再就職への意欲を沸かしたそうです。

それからしばらくして、渥美さんから一枚のハガキが梅村さんに届きます。父・友次郎さんが脳溢血で倒れた、という知らせでした。療養中、渥美さんは仲間の関敬六さんや谷幹一さんにも話してないであろう、父への想いを梅村さんに語っていました。梅村さんは、板橋区と北区の区界にある、渥美さん、いや田所さんの家を訪ねました。縁側に面した部屋の文机には、浅草の役者仲間から渥美さんへ贈られた「落語全集」が並んでいたそうです。

それから十五年ほど経った、昭和四十六（一九七一）年、梅村さんが数寄屋橋阪急の前を歩いていると「そこへ行くのは梅村さんじゃないか？」と、寅さんスタイルの渥美さんから声をかけられました。

映画のヒット御礼のキャンペーン中だったのです。そのとき梅村さんが、お父さんを見舞ったときの話をすると、直立不動になった渥美さんが、「その節はどうもお世話になりました」と深々と頭を下げたそうです。

渥美さんの父・友次郎さんは、梅村さんが見舞ってほどなく、昭和三十一年十月に亡くなりました。享年七十二歳。梅村さんは、渥美さんの没後、毎日新聞記者だった森英介さんから見せられた、渥美さんが風天の俳号で詠んだ句に「あのときの情景」を思い出したそうです。

コスモスひょろり　ふたおやもういない

ふた間しかない小さな借家の庭先に、渥美さんの母・多津さんが大好きだというコスモスの花が咲いていた、その情景が目に浮かんだそうです。

さて、二年のブランクを経て、渥美清さんが浅草フランス座に復帰した昭和三十一(一九五六)年の経済白書は「もはや戦後ではない」が結びのことばでした。この年、石原裕次郎が『太陽の季節』『狂った果実』で颯爽と銀幕デビューを果たしました。〝渥美清の時代〟が、もうそこまで来ていたのです。

二〇一五年八月二十一日

第二十九回　浅草フランス座復帰

渥美清さんが二年ぶりに、浅草フランス座に復帰したとき体重は五十一キロそこそこでした。長期にわたる結核との闘いで、片肺を失った渥美さんは、タバコと酒を断つことにしたのです。健康であることの大切さを感じて、舞台に立って、お客様の前で芝居ができることの喜びを噛み締めていました。のちに「丈夫で長持ち」のキャッチフレーズで、テレビで人気者となる渥美さんですが、このキャッチフレーズには「健康でありたい」という願いが込められているのです。

その頃、フランス座には、変わり種の文芸部員がいました。文芸部員といっても、舞台の進行から、ときには踊り子の出前の注文取りまで、雑用も一手に引き受ける「進行さん」と呼ばれる役目です。上智大学外国語学部フランス語科に通うその青年は、のちの直木賞作家・井上ひさしさんでした。

その井上さんが初めて台本を書くことを許され、張り切って執筆したのが「看護婦の部屋」というコント。それが渥美さんの復帰第一作となったのです。

渥美さんは、血を見るのが何より怖いが、すぐに看護婦に手を出す助平な医者を演じました。縁なしメガネをかけたキザなキャラクターに、人気コメディアンの復帰を願っていたファンは拍手喝采を送りました。

復帰してほどなく、関敬六さんが「渥美やん、二人で漫才コンビを組もうぜ」と持ちかけ、結成したのが「マルカクコンビ」。関さんは「歌手の司会をして全国を回ろう」「テレビからも声が掛かって、有楽町の日劇にも出れるぞ」と自信満々。ところが浅草のレストランでの余興の初舞台は、熱演にもかかわらず、まったく受けずに「マルカク」コンビはその日に解散してしまいます。

ほどなく渥美さんは、長期にわたる結核の治療で、胃腸を患って、中野の立正佼成会病院に入院します。そこで渥美さんは、コメディアンとして、役者として、これからどうしていこうか？　と自分なりのプランを立てていました。退院後、母親と二人暮らしを続けていた、小豆沢の自宅を出て、すぐ近くの北区田端のアパートの一室を借りることにしました。

その頃、テレビ局では「何か仕事はありませんか？」と、まるで御用聞きのように日参してくる男が、ディレクターやプロデューサーの話題となっていました。その男は、自分だけでなく「渥美清というイキの良い役者。面白いですよ。絶対保証します！」などと仲間を真っ先に売り込んでいました。いつしか「御用聞きの敬六」と呼ばれていたその人は、関敬六さんだったのです。

その甲斐あって、関さんはフランキー堺主演のコメディ「我が輩ははなばな氏」（KRのちのTBS）の〝クズ屋〟、一緒に渥美さんが〝図々しい居候〟に抜擢されたのです。テレビの草創期、すべてが生放送でした。

渥美さんは関さんに「俺の仕事なんか取って来なくたっていいのに」と言いながら、ひとたび、テレビカメラの前に立つと、いかに視聴者を笑わせることができるか？　それこそ懸命におかしなことをしたのです。

二〇一五年八月二十五日

第三十回　日劇進出

昭和三十二(一九五七)年十二月、渥美さんはコメディアンの夢でもある「中央の舞台」、有楽町の日劇に出演することとなります。実はその前に、日劇の関係者から渥美さんに出演依頼があったのですが、電話に出たある役者さんが、そのオファーを勝手に断ってしまったことがありました。生き馬の目を抜く世界ですから、関敬六さんのような親切な仲間だけではなかったのです。

このとき「俺の初舞台を見せたいから、おふくろを連れてきてくれないか」と頼まれたのが、渥美さんの兄・健一郎さんも通っていた小豆沢の後藤理髪店の後藤亮一郎さんでした。後藤さんによれば、渥美さんが出演する幕間の芝居を見た、母・多津さんは心の底から喜んでいたそうです。舞台が終わって、楽屋を尋ねると「おふくろ、何が食べたい?」「お寿司がいいねぇ」ということで、三人で有楽町の日劇の側にある寿司屋で祝杯を上げたと、後藤さんから伺いました。

日劇といえば、この頃、日劇の初舞台を組んだのがハナ肇とクレイジーキャッツでした。ジャズバンドである彼らは、コミカルな演奏で人気が上昇中。幕間では渥美さんとコントも演じたと、犬塚弘さんから伺いました。工事現場でクレイジーと労務者の渥美さんが大立ち回り、という場面で渥美さんがいきなり「俺、シャツ着てんだ!」とアドリブで言ったのがおかしかったと犬塚さん。本来ならもろ肌を脱ぐところを、手術の傷跡を見せるわけにいかない。だから諧謔で「シャツ着てんだ!」という言い回しになったのではと犬塚さんが、筆者との共著「最後のクレイジー 犬塚弘」(二〇一三年・講談社)で回想されています。

そして昭和三十三(一九五八)年十月、日本テレビでスタートしたドラマ「すいれん夫人とバラ娘」で、朝丘雪路さん演じる女探偵の助手役に、渥美さんが抜擢されました。その理由は「世間知らずのお嬢さんと対象的な海千山千の浅草のコメディアン」だから。渥美さんのキャリアと、その場を独壇場にしてしまうコメディアンとしてのセンスが買われての抜擢でした。

宝塚出身のジャズ歌手・朝丘雪路さんは、日本画家・伊東深水画伯の娘で、浅草軽演劇出身の渥美さんとは対象的な、文字通りのお嬢さん。番組は六回で終了しますが、のちに第三十作『男はつらいよ花も嵐も寅次郎』の冒頭で、朝丘雪路さんがゲスト出演して、寅さんと共演する場面を見ると、そのコンビぶりが窺えます。

その年の十二月、日本テレビで人気番組「ポケット・コント」の主役の一龍斎貞鳳さんが倒れて、番組に穴が空きそうになり、プロデューサーが〝御用聞きの敬六〟こと関敬六さんに、人気絶頂の「脱線トリオ」のようなトリオが組めないだろうか、と相談。そこで渥美さん、谷幹一さんと結成したのが、番組名に合わせて命名された「スリーポケッツ」だったのです。

二〇一五年八月二十六日

第三十一回　レギュラー番組

昭和三十三(一九五八)年十二月、関敬六さん、谷幹一さんと「スリーポケッツ」を組んだ渥美清さん。初出演の「ポケット・コント」(日本テレビ)で演じたのは、年末に相応しく忠臣蔵ネタの「四十八人目の男」でした。渥美さんは討ち入りに間に合わなかったもう一人の赤穂浪士。三人とも熱演をしたのですが、コントの半ばで、渥美さんが台本二ページ分を飛ばしてしまい、そこからドタバタのアドリブで収拾がつかなくなってしまいました。

生放送ですから、ディレクターは「もう来なくていい」とカンカン。二度と仕事は来ないと諦めていたら、なんとスポーツ新聞が「初めて出た、本格的テレビコント」という見出しで「脱線トリオを超える笑い」とスリーポケッツを賞賛したのです。局にも視聴者からの「面白かった」の電話が殺到して、日本テレビは「お笑いアンデパンダン」というスリーポケッツのレギュラー番組を決定したのです。

三人はたちまちテレビの人気者となりますが、「お笑いアンデパンダン」三回目が終わった後、渥美さんは、関さんと谷さんに、急にこんなことを切り出しました。「スリーポケッツから脱けたい。俺は一人でやっていきたいんだ。」二人にしてみれば青天の霹靂です。渥美さんとしては、このままの勢いに乗ったところで所詮、テレビ人気は一瞬のこと。むしろ一人の役者として、渥美清として、勝負をかけたいと心に決めていたのだと思います。身体が資本のこの世界で、片肺飛行の自分には、時間がない。という想いもあったのかしれません。

関さん、谷さんは、その渥美さんの想いを察して快諾。「と、話はここで終われば美談だったのだが、その一年後、俺はとんでもないものをテレビ番組で見てしまった。」と関さんは自伝「さらば友よ」(一九九六年・ザ・マサダ)で語っています。渥美さんが平凡太郎さん、谷村昌彦さんと連続コメディ「ぼけなすトリオ」(NET)に出演していたのです。怒り心頭の関さんが電話をすると「いやぁ……見られたか」とバツが悪そうな渥美さん。「何だかんだと言い訳をしていたが、俺はあの日のショックからまだ立ち直っていない。ボケナス! オタンコナス!」(前出本)。

普通だったら、ここで決定的な喧嘩別れとなるのですが、お互い、生き馬の目を抜く世界に生きている同志。それぞれの道を懸命に歩んでいたのです。

その後の三人の友情は、終生続くこととなります。「ぼけなすトリオ」放送中の昭和三十五(一九六〇)年二月、谷さんとフランス座時代からの仲間である玉川みどりさんの結婚式に、渥美さんと谷さんは友人代表として出席。会場は柴又帝釈天の裏手にある川魚料理「川甚」。昭和四十四(一九六九)年の今日、八月二十七日に公開された第一作『男はつらいよ』で、寅さんの妹さくらの結婚式が行われたのもここ。映画では、関さんが披露宴の司会者を演じることになるのです。

二〇一五年八月二十七日

第三十二回　最終回

昭和三十六(一九六一)年四月、NHKでスタートした「夢であいましょう」は、作・構成・永六輔さん、音楽・中村八大さん、演出・末盛憲彦さんによるバラエティ番組。坂本九さんの「上を向いて歩こう」、ジェリー藤尾さんの「遠くへ行きたい」などの名曲が誕生したことでも知られます。この番組には渥美清さん、谷幹一さん、E・H・エリックさんたちが出演して、毎週、コントを繰り広げ、茶の間の笑いを誘っていました。

渥美さんはここで、上野で不良少年たちを束ねていた、通称「田所組」時代に中学生だった永六輔さんと、再び仕事をするようになりました。昭和二十年代とは違い、今度は作家とタレントとしてです。時代は高度成長を迎え、テレビが舞台や映画を凌駕して、お茶の間で娯楽を楽しめるようになっていました。

渥美さんは、同じ頃スタートしたNHKのバラエティドラマ「若い季節」（一九六一〜一九六六年）に出演。「丈夫で長持ち」をキャッチコピーに、一躍テレビの人気タレントとなったのです。となると映画界が放っておきません。松竹は渥美さん主演で『あいつばかりが何故もてる』（一九六二年）を公開。共演は倍賞千恵子さんでした。

この頃の流行語に「神風タレント」ということばがあります。渥美さんは文字通り、テレビ局から映画の撮影所へと、八面六臂の大活躍。その人気に注目したフジテレビが、渥美さん主演のドラマを企画。それが獅子文六原作で、加東大介主演で映画にもなった「大番」全二十六話（一九六二〜一九六三年）でした。

放送開始は昭和三十七（一九六二）年十月。四国の宇和島から出てきて、株屋として身を立てようとしたギューちゃんを渥美さんが熱演。ギューちゃんを支える女性・おまきさんが、出世を願って詣でるのが柴又帝釈天。二人が夢を語る参道の川魚料理屋「川千家」も「大番」の重要な舞台となりました。

このとき渥美さんは、まさか葛飾柴又が第二の故郷になるとは、夢にも思っていなかったでしょう。同じ頃、山田洋次監督は、倍賞千恵子さんのヒット曲を映画化するため、脚本の相談を、葛飾区在住の作家・早乙女勝元氏にしていました。そのとき、早乙女さんが昼食に誘ったのが、柴又帝釈天参道の「高木屋老舗」。山田監督はこのとき、初めて柴又を訪れたそうです。

渥美清さんと山田洋次監督。二人が出会う前に、それぞれが柴又に来ていたというのも奇縁です。

二ヶ月に渡って連載してきた「泣いてたまるか人生」も、ひとまず本日で最終回。渥美清さんの少年時代から青年時代まで、駆け足でたどってまいりました。この後、野村芳太郎監督の『拝啓天皇陛下様』(一九六三年)で演じた「時代に取り残された男の物語」を、TBSのドラマ「泣いてたまるか」(一九六六〜一九六八年)でじっくり演じ、俳優としての新境地を拓きます。そして、山田洋次監督脚本のドラマ「男はつらいよ」へと繋がっていきます。

それからの物語は、またの機会ということで。ご愛読ありがとうございました。

二〇一五年八月二十八日

デイリースポーツ(二〇一五年七〜八月連載)

人間再発掘シリーズ

「天才俳優・渥美清 泣いてたまるか人生」

第五章 みんなの寅さん

第一回　寅さんの旅

映画研究家・佐藤利明です。文化放送「みんなの寅さん」の構成とパーソナリティを務めています。二〇一一年四月スタートですから、もう三年半目になりました。番組では「男はつらいよ」にまつわる、様々なトリビア「寅ビア」をご紹介しています。この連載ではラジオとリンクしたコラムを綴ってまいります。以後、お見知り置きの程、向後万端《きょうこうばんたん》よろしくお頼ん申します。

今日のテーマは「寅さんの旅」です。車寅次郎(渥美清)は、北海道から沖縄まで、全国各地を旅しました。全四十八作で行ってないのが富山県、高知県、埼玉県だけです。

寅さんは、一六歳のとき父・車平造とふとしたことで大げんかして家出、それからは旅の暮らしを続け、いつしかテキ屋となり渡世の日々を過ごしています。「四谷赤坂麹町、チャラチャラ流れる御茶ノ水」でおなじみ、歯切れの良い寅さんの啖呵売は、その日その日を生きていく知恵と技術の賜物なのです。

そんな寅さんが二十年ぶりに故郷・葛飾柴又に帰ってきたところから第一作『男はつらいよ』の物語が始まります。それから作品の数だけ恋をして、失恋を重ねていきます。家族と売り言葉に買い言葉の喧嘩をして「それを言っちゃおしまいよ」と飛び出してしまうこともしばしばです。

第六作『純情篇』で、年の瀬、柴又駅のホームで妹・さくら(倍賞千恵子)が「せめてお正月までいたっていいじゃない」と本音を漏らします。でも寅さんは「そこが渡世人のつれえところよ」とその想いを断ち切って旅立つのです。

なぜ寅さんは旅に出るのでしょうか？　第九作『柴又慕情』のラスト近く、江戸川土手から空を見上げ寅さんは、その理由を「ほら見な、あんな雲になりてえんだよ」とつぶやきます。

「二度と帰るまい」と決意をしても、寅さんは遠い旅の空で、故郷葛飾柴又をいつも思います。「今度帰ったら、ああもしよう、こうもしよう」と後悔と反省の日々を過ごすのです。寅さんの旅は「望郷の念」とともにあるのです。

二〇一四年十一月四日

第二回　寅さんのスタイル

寅さんといえば、ソフト帽にダボシャツ、腹巻、格子柄の背広に雪駄履き。春夏秋冬このスタイルです。首から下げているお守りは、柴又帝釈天かと思いきや、成田山新勝寺で授かったものなのです。

寅さんはこのスタイルで「パリーだってロンドンだって、あたしは平気で行きますよ」と、第四作『新男はつらいよ』で御前様に、得意げに話していました。背広を着ているけど、ネクタイはしない。素足に雪駄履きだけど、帽子は被っている。ラフとフォーマルが同居する、このスタイルは「下町のダンディズム」だと、山田洋次監督が話してくれたことがあります。

なるほど、旅先で急な慶事や仏事があっても、背広を羽織っていれば、なんとかなる。だけど勤め人ではないから、縛られたくない。だからネクタイはしない。ダボシャツは自由の象徴なのです。

最初からこのスタイルというイメージがありますが、第一作『男はつらいよ』で、二十年ぶりに矢切の渡しに乗って柴又に帰ってきた寅さんは、グレーのチェックの背広に、ワイシャツ、ネクタイ、黒と白とコンビのシューズです。故郷にはキチンとした格好で帰りたい。そんな想いが伝わってきます。

あの格子柄のジャケットが出てくるのは、第一作の中盤で、御前様とお嬢さん・冬子(光本幸子)と、奈良から帰ってきたシーンからです。寅さんの背広は、外国製の婦人服の生地だそうです。初期は渋谷にあるテーラーが輸入していたもので仕立てていたそうですが、その生地が手に入らなくなると、わざわざ同じ柄の生地を織って、まとめて十着、新調したそうです。

第二十九作『男はつらいよ　寅次郎あじさいの恋』から衣裳を担当した本間邦仁さんによると、新しいものに取り替えるタイミングは、襟が立たなくなったときが目安でした。シリーズ後期には、裏地に浮世絵が入っていました。なかなか画面には写りませんが、これもまた寅さんの粋なのです。

二〇一四年十一月十一日

第三回　マドンナから見た寅さん

寅さんには〝失恋の達人〟というイメージがあります。〝恋愛〟ではなく〝失恋〟といえば『男はつらいよ』だと、誰しも思っていた時代があります。

しかし、シリーズ全四十八作を順を追って観ていくと、岡惚れもたくさんありますが、美しい女性に慕われることもしばしばです。

とくに、幼い頃から寅さんをよく知る幼なじみたちは「寅ちゃん」と親しみを込めて呼び、寅さんの本質的な魅力を知っています。第十作『寅次郎夢枕』の志村千代(八千草薫)は「寅ちゃんと話をしてると、ああ、私は生きているんだなぁって、そんな楽しい気持ちになるのよ」と、寅さんと一緒に暮らしてもいい、と逆告白をするのです。

連戦連敗の寅さんの恋が、ここで成就するのではないか？　とうれしい気持ちになります。しかし、そうなると寅さんはドギマギして、どうしていいかわかりません。寅さんにしてみれば、これも失恋です。千代も失恋してしまったような気持ちだと思います。

「寅さん、もしかしたら独身じゃない？」と言い当てたのは、第三十六作『柴又より愛をこめて』の式根島の分校の〝おなご先生〟島崎真知子(栗原小巻)です。首筋のあたりがどこか涼しげで「生活の垢がついていない」と寅さんを一人の男性として見ているのです。彼女は情熱的な恋に憧れていて、自分の人生このままでいいのか、という悩みを抱えています。

第四十作『寅次郎サラダ記念日』の原田真知子(三田佳子)は、島崎藤村の「千曲川旅情の歌」の「遊子悲しむ、の遊子って、寅さんみたいな人のこと言うのね」としみじみ言います。旅の渡世の遊子である寅さんが、どこか亡くなった夫に面差《おもざ》しが似ているからと、寅さんに惹かれます。

寅さんはマドンナの話を優しく聞き、その悩みを解決しようと懸命です。マドンナから見た寅さんは、実に男前です。なのに、なぜ恋が成就しないのか？ファンはいつもやきもきします。それが『男はつらいよ』の魅力でもあるのですが……。

二〇一四年十一月十八日

第四回　寅さんの愛唱歌

寅さんは、機嫌が良いとき、一杯加減のとき、調子よく歌を口ずさみます。渥美清さんの歌声は、気持ち良く唄っているなぁという感じで、それがまた心地良いのです。

第一作『男はつらいよ』でさくらと再会した後、「人生の並木路」(ディック・ミネ)は妹への想いを込めて唄います。第五作『望郷篇』で浦安の豆腐屋に住み込みで働いた寅さんは「月の法善寺横丁」(藤島恒夫)を唄いますが、これは歌詞にある「板前とお嬢さんの恋」を、自分とマドンナ節子(長山藍子)への想いに重ね合わせた歌なのです。

寅さんの愛唱歌は数あれど、印象深いのが第八作『寅次郎恋歌』での「誰か故郷を想わざる」です。昭和十五(一九四〇)年に霧島昇さんが吹き込んだ、西條八十作詞、古賀政男作曲の流行歌です。はるか故郷を離れ、友や嫁いだ姉への〝望郷の念〟を綴った名曲です。

この回で寅さんは、博の父・諏訪飈《ひょう》一郎(志村喬)から、かつて安曇野を旅していたとき、庭先にりんどうの花が咲いている農家からもれる茶の間の灯りを見て「これが本当の人間の暮らし」なのだと気付いた話を聞きます。飈一郎は、家族を持たず、気ままな旅暮らしをしている寅さんに、早くそこに気づいてほしいと話します。

寅さんが口ずさむ「誰か故郷を想わざる」と、この「りんどうの花」のエピソードこそが、放浪者と定住者の物語である『男はつらいよ』の大きなテーマでもあります。妻を亡くし、男やもめとなった飈一郎の話し相手にと、寅さんは備中高梁の博の実家で、しばらく飈一郎と二人暮らしをするのですが、この話に感じ入り、後悔と反省の念を抱いて、柴又に帰ります。

「とらや」の茶の間で「りんどうの花」の話を滔々と語る寅さん。そこまでは良かったのですが、改悛の情はどこへやら、近所にできた喫茶店の主人・貴子(池内淳子)に一目惚れして、いつもの展開となります。

寅さんの愛唱歌に耳を傾けながら映画を観るのも、『男はつらいよ』の楽しみです。

二〇一四年十一月二十五日

第五回　柴又と寅さん

寅さんは旅人です。遠い他国の空で思うのは、故郷・柴又にいる妹・さくら、おいちゃん、おばちゃんのことばかり。いつも望郷の念にかられ、マドンナに限らず出会った人に、柴又の話をします。「困ったことがあったら、葛飾柴又の「とらや」を訪ねてきな」と優しく声をかけます。自分ではできないことでも「さくらたちなら、悩みを聞いてくれる」という想いがあるからです。

寅さんといえば「生まれも育ちも葛飾柴又」です。なぜ、柴又が舞台となったのでしょうか？ 昭和四十三年、フジテレビで「男はつらいよ」が始まるときに、脚本を手掛けることになった山田監督とプロデューサーの小林俊一さんたちが、〝寅さんの故郷〟を探して、シナリオハンティングに出かけたそうです。

千葉県の浦安はどうだろうか？ 少しイメージと違う。そこで山田監督が「そうだ、柴又へ行ってみよう」と、江戸川を遡って、柴又に向かいました。

それより六年ほど前、昭和三十七年に山田監督は、倍賞千恵子さんのヒット曲を映画化するために、葛飾区在住の作家・早乙女勝元さんを訪ねました。倍賞さんの『下町の太陽』の参考のため、でした。あるとき、早乙女さんが「面白いところに案内します」と、監督をお昼に誘ったのが、柴又の高木屋老舗でした。そのときのことを思い出した山田監督のひとことで、寅さんの故郷が柴又となりました。

渥美清さんは、柴又の帝釈天があって江戸川が流れているのは「飯に味噌汁とお新香がついているような、本当に決まりみたいに思える」と、第八作『寅次郎恋歌』のメイキング映画『フーテンの寅さん誕生』（一九七一年）で語っています。

その渥美清さんは、昭和三十五年、柴又の川魚料理屋・川甚で行われた谷幹一さんの結婚式に関敬六さんと一緒に出席されたそうです。それから十三年後、関敬六さんは、第一作でさくらの結婚式の司会役を演じますが、それが川甚という設定なのです。これもまた奇縁です。

二〇一四年十二月二日

第六回　あにいもうと

寅さんと妹のさくらは異母兄妹です。父・平造と柴又芸者のお菊の間に生まれた寅さんは、生まれてほどなく捨て子同然で、「とらや」へやってきました。お菊が関西へ鞍替えすることになったからです。それから七年ほど経って生まれたのがさくらです。もちろん映画では描かれていないエピソードですが、シリーズを観てゆくと、ことばの端々から寅さんの少年時代が垣間見えてきます。

十六歳のときに、父に「頭から血が出るほどぶん殴られて」、寅さんが家出をしたときも、さくらは夜の柴又駅まで見送りに来ました。そのとき、さくらは「お兄ちゃんと別れるのがつらくて」どこまでも追いかけてきたと、第六作『男はつらいよ 純情篇』のラスト近く、夜の柴又駅での別れの名場面で語られます。そこでの、あにいもうとの会話は名場面です。

「つらいことがあったら、いつでも帰っておいでね」とさくらは寅さんに言います。さくらは自分のマフラーを、寅さんに巻いてあげます。電車のドアが閉まる直前、寅さんは「故郷ってやつはよ」と、さくらに言いかけますが、その声は発車の音のかき消されてしまいます。

本当は、正月まで柴又にいて家族と過ごしたい。とは寅さんの本音です。お兄ちゃんと一緒に年を越せたら。これもさくらの願いです。しかし寅さんは、その望郷の念を断ち切って、また旅の人となるのです。妹の気持ちは、わかってはいるけど「そこが渡世人のつれぇところよ」と、寅さんは寒空に旅をするのです。シリーズで繰り返される柴又駅の別れ。その度にさくらの胸を去来するのは、幼き日の別れの気持ちなのかもしれません。

柴又には「寅さんふるさと名言集」と題して、名台詞を刻んだ観光案内のサイン看板があります。柴又駅のほど近く、帝釈橋には第六作『純情篇』のさくらと寅さんのことばが刻まれています。柴又散策の折には、ぜひ足を止めて、あにいもうとの会話に触れてみてください。

二〇一四年十二月九日

第七回　おいちゃんと寅さん

柴又帝釈天参道の老舗「とらや」の主人・車竜造は、寅さんとさくらの叔父にあたります。第六作『男はつらいよ　純情篇』で、柴又を取材したテレビの紀行番組「ふるさとの川　江戸川」が劇中に流れます。そこでおいちゃんは六代目だということが明らかになります。

第八作『寅次郎恋歌』まで、おいちゃんを演じたのは、ベテラン喜劇人の森川信さん。戦前から軽演劇の世界で活躍されてきた方です。渥美清さんやおばちゃん役の三崎千恵子さんとも、「男はつらいよ」の前から随分と共演してきました。

おいちゃんといえば、寅さんの行状を見て、呆れ果ててため息まじりに言う「ばか」の一言が実におかしいです。頭を抱えて「まくら、さくらを取ってくれ」と言い違えるギャグは定番ですが、リハーサル中に森川さんが間違えた一言がきっかけだそうです。

落語好きの山田洋次監督は、江戸落語でおなじみの笑いを巧みに取り入れています。寅さんが「とらや」へ帰ってくる場面で、店の中からおいちゃんが、何気なく参道を見やると、寅さんが歩いてきます。寅さんは、気まずい想いもあって物売りの影に隠れたりして、店の様子を伺っています。

それを見たおいちゃんは、気遣いで「俺たちがな、気がつかない振りをしてりゃいい」とおばちゃんに促します。寅さんもスッと入ればいいし、おいちゃんも普通に迎えればいいのにと思いますが、なかなかそうはいきません。

これは五代目・柳家小さん師匠の落語「笠碁」のバリエーションでもあります。碁敵の老人同士が喧嘩をして、仲直りしたいのに意地を張って、雨の中、相手のお店になかなか入ることができない。その状況を、寅さんに置き換えているのです。

こうした笑いを作り上げるのは、もちろん山田監督の演出あってのことですが、渥美清さんと森川信さん、二人の喜劇人がそれまでのキャリアで培ってきた、抜群の間《ま》があればこそ。『男はつらいよ』は、こうした芸の記録でもあるのです。

二〇一四年十二月一六日

第八回　寅さんのお正月

寅さんは「お正月の顔」です。昭和四十四年から平成七年にかけて、映画館で観る「男はつらいよ」は歳時記であり、風物詩でした。正月作品は、寅さんが帰郷する初秋から話が始まり、例によって大げんかをして、旅の人となった寅さんが、再び柴又に帰って来るのが晩秋です。そこで恋をした寅さんが、家族をやきもきさせながら、失恋をしてまた旅に出るのが十二月の後半。暮れも押し詰まってからのことです。

さくらは「せめて、お正月ぐらいは」と寅さんと過ごす正月を夢見ていますが、叶ったことはありません。妹の気持ちはわかっているけれども「そこが渡世人のつらいところ」と、初詣の人々を前に啖呵売をするのです。

そんな寅さんですが、渡世人だけあって、出会った人やマドンナに対しての礼は欠かしません。必ず年賀状を出します。映画は年賀状から旅先の寅さんの快活な姿でラストを締めくくります。寅さんの文字は金釘流で、上手とはいえませんが、その文面はさすがです。マドンナに出した年賀状の最初は、第十作『男はつらいよ 寅次郎夢枕』のお千代さん（八千草薫）宛です。

このときは彼女の方が寅さんにプロポーズするような形になり、ドギマギした寅さんが、結局受け入れることができずに、ファンには残念な結果となりました。

寅さんは、お千代さんへの年賀状で「今はただ、後悔と反省の日々を過ごしておりますれば、お千代坊にもご放念下されたく、向後万端《きょうこうばんたん》ひれ伏して、御願い申し上げます。」と反省の弁を述べています。

この時は、寅さんにとって、本当の意味での「後悔と反省の日々」でした。「お千代坊にもご放念されたく」の一言を添えることで、「あのことはもう忘れて、幸せになってください」と、相手の幸せを祈っています。短い賀状のなかで、ちゃんと相手の心の負担にならないようにケアをしている。それが礼を尽くす人、寅さんなのです。

二〇一五年一月六日

第九回　茶の間の寅さん

年中旅をしている寅さんにとって、心安らぐ場所といえば、故郷・葛飾柴又で待つ家族との団欒《らん》です。おいちゃん、おばちゃん、さくら、そして博たちと楽しく夕餉を囲み、楽しくひとときを過ごす。それが何よりです。旅の宿のせんべい布団に包まりながら、今ごろ、さくらたちはどうしているだろう？　おいちゃん、おばちゃんは風邪を引いていないか。そんなことを考えると、もう矢も楯もたまらなくなって、一目散に帰ってきます。

寅さんが旅先で見聞きしたことを、情感を込めて一人語りをする第八作『寅次郎恋歌』での「庭先にりんどうの花が咲きこぼれ、茶の間の明かりが漏れてくる」光景に「これが本当の人の暮らしじゃないか」と語る「りんどうの花」のエピソード。こうした「寅のアリア」と呼ばれた名場面は、シリーズ各作にあります。

「とらや」の茶の間には、テレビがありますが、寅さんが帰ってきたときは、テレビを点けることはほとんどありません。寅さんを囲んで、思い思いのことを楽しく話す。それが何よりなのです。

第十一作『男はつらいよ 寅次郎忘れな草』では、網走で出会った放浪の歌手・リリー（浅丘ルリ子）の境遇について話しているうちに、いつしか「幸福について」の話となります。寅さんは中流階級か？と話していると、さくらがこう言います。「お兄ちゃんはさ、カラーテレビもステレオも持ってないけど、その代わり、誰にもない素晴らしいものを持ってるもんね」。そう言われた寅さんが「お前、俺のカバン調べたろ」とまぜっかえすと、さくらは、それは形のあるものではなく「つまり、愛よ。人を愛する気持ち」と、優しく答えます。

寅さんは「お金で買えない大切なもの」をいっぱい持っている、それは「人を愛する気持ち」なのです。寅さんは果たして中流か、タコ社長は上流階級か、という冗談から始まった会話が、こうした「本質論」となってゆく。これが『男はつらいよ』なのです。

二〇一五年一月十三日

第十回　寅さんとインテリ

「手前、さしづめインテリだな」とは寅さんの常套句です。「人間理屈じゃ動かないんだ。早い話が、俺が芋食って、手前の尻からプッと屁が出るか」とは、第一作『男はつらいよ』で、さくらに恋をしている博への、寅さんの名言です。俺は俺、お前はお前、というのは寅さんの基本スタンスです。とかく迎合しがちなぼくたちの理想でもあります。

寅さんにとってのインテリは、理屈がすべてのカタブツであり、「尻っぺたの青い」青二才に他なりません。第三作『フーテンの寅』でも、マドンナの志津(新珠三千代)の大学生の弟・信夫(河原崎健三)について、寅さんがわかりやすく解説するシーンがありました。「インテリというのは自分で考えすぎますからね、そのうち俺は何を考えていたんだろうって、分かんなくなってくるんです。」とテレビの裏側のゴチャゴチャした配線に例えて、大真面目に志津に説明します。

では、自分はどうか？「その点、私なんか線が一本だけですから」とシンプル・イズ・ベストだと胸を張ります。

では、寅さんはインテリ嫌いなのか？というとそうでもありません。義弟となった博の理屈っぽさについて、からかいながらも、頼もしいと感心しているのです。第四十作『寅次郎サラダ記念日』で、大学受験を控えた、甥の満男から「人は何のために勉強するのか？」と問われた寅さん。人間、生きてれば長い間にいろんなことがある。壁にぶつかったときに「勉強したやつは、自分の頭でキチンと筋道を立てて、はて、こういう時はどうしたらいいかと、考えることができるんだ」。これまた明快な答えです。ぼくは、このとき寅さんがイメージしている「勉強したやつ」は、満男の父・博のことだと、いつも思います。

そういえば、茶の間で寅さんが旅先であった話をしても、家族がピンとこないときに、博は「つまり兄さんの言いたいことは」とナイスな解説をしてくれます。寅さんとインテリ、持ちつ持たれつなのです。

二〇一五年一月二〇日

第十一回　寅次郎音楽旅 山本直純の世界

『男はつらいよ』の世界を作っているのは、天才俳優・渥美清さんの至芸、名伯楽・山田洋次監督の脚本と演出、そしてもう一つ、忘れてはならないのが、山本直純さんによる音楽です。寅さんの楽しい気分も悲しい気持ちも、山本さんの音楽がぴったり寄り添っているのです。

昭和四十三年、フジテレビでドラマ「男はつらいよ」がスタートするにあたり、小林俊一プロデューサーが音楽担当を決めるときに、迷わずキャスティングしたのが、当時「大きいことはいいことだ」のチョコレートのCMで一世を風靡していた山本直純さんでした。山本さんはご自身の豪放磊落なイメージとは裏腹に、その音楽世界は繊細でリリカルで、人々の琴線を刺激してくれます。東京藝大作曲科では、一学年上の岩城宏之さんと意気投合して、学生オーケストラを結成したほどアクティブだったそうです。大学在学中から、映画やテレビの音楽も手掛け、ポピュラーからクラシックまで、幅広いジャンルの音楽を世に送り出していました。

「男はつらいよ」では、寅さん、さくら、柴又の人々……など様々な人物が登場します。山本さんは、それぞれのキャラクターや状況に合わせて、モチーフとなる音楽を作曲。寅さんからの年賀状やマドンナからの手紙を読む場面に流れる、懐かしいメロディーは「柴又のテーマ」として、毎回登場します。「寅のテーマ」もさまざま、コミカルな場面では打楽器やブラスによるリズミカルにアレンジ。

失恋して旅立つ場面は、オーボエやクラリネットによるスローで悲しいアレンジが流れます。こうした音楽は、ジャズの名プレイヤーからクラシック音楽のベテランにより、松竹大船撮影所のダビングルームで録音されていました。

ぼくは山本直純さんが残した膨大な音楽を集めたCD「寅次郎音楽旅」シリーズを、これまで四タイトルプロデュースしております。CDで聴く「寅さんの世界」もぜひ、お楽しみください。

二〇一五年一月二十七日

第十二回　マドンナと寅さん その一

寅さんといえば恋です。シリーズ全四十八作に登場したマドンナは、総勢四十三人です。寅さんが第一作『男はつらいよ』で心を寄せた女性は、少年時代にいつもからかっていた、御前様のお嬢さん・坪内冬子(光本幸子)です。おっとりとした冬子が「寅ちゃん」と優しく呼ぶ声に、幼き日の二人の姿が浮かびます。

もう一人「寅ちゃん」と呼んだマドンナがいます。第二作『続 男はつらいよ』での恩師・坪内散歩先生(東野英治郎)の娘・夏子(佐藤オリエ)です。寅さんが深く傷ついたときも、その悲しみにそっと寄り添ってくれる女性でした。昭和四十三(一九六八)年に始まったフジテレビ「男はつらいよ」でも、佐藤オリエさんが散歩先生のお嬢さんを演じています。そういう意味では彼女が初代マドンナだったのです。その時の役名は、夏子でなく冬子でした。

第一作のヒットにより、ドラマ版のエピソードを膨らませた第二作はさらにヒット。三ヶ月に一本のペースで映画が作られることになり、第三作『フーテンの寅』ではテレビ版の脚本を手掛けていた森崎東さん、第四作『新 男はつらいよ』ではフジテレビのディレクター小林俊一さんが、それぞれ監督をつとめました。そして第五作『望郷篇』で、再び山田監督がメガホンを取ることになりましたが、山田監督は「これで打ち止めにしよう」と、シリーズを支持してくれるファンのために、渾身の作品を作り上げました。

額に汗して油まみれに働こうと、労働に目覚めた寅さんが、千葉県浦安の豆腐屋・三七十《みなと》屋に住み込んで、懸命に働きます。美しい娘・節子(長山藍子)が、寅さんのモチベーションでした。長山藍子さんはテレビで櫻を演じ、その母にはテレビでおばちゃんを演じた杉山とく子さん、恋人は博(テレビでは博士)役の井川比佐志さん、というキャスティングは、まさにファンサービス。だから倍賞千恵子さんと長山さんのツーショットは、「二人のさくら」夢の共演でもあったのです。

二〇一五年二月三日

第十三回　マドンナと寅さん その二

初期の寅さんのマドンナは、二つのタイプに集約されます。まずは第一作『男はつらいよ』の御前様のお嬢さん、冬子（光本幸子）のような、寅さんと住む世界の違う、典型的なお嬢さんです。そしてもう一つは、成熟し、憂いを帯びた大人の女性、大抵は人妻です。第三十四作『寅次郎真実一路』で大原麗子さんが演じた、夫が失踪してしまったふじ子。第八作『寅次郎恋歌』で夫に先立たれ、女手一つで小学生の息子を育てるために喫茶店を切り盛りする、池内淳子さんが演じた貴子などが浮かびます。

その最初は第六作『純情篇』で、若尾文子さんが演じた夕子です。彼女は、おばちゃんの遠縁にあたる女性です。彼女は小説家の夫と別居して、「とらや」の二階に厄介となります。寅さんはたちまち夕子に夢中になって、さくらに「お兄ちゃんとは関係のない人よ」と諭されます。わかっちゃいるけど、寅さんは恋にまっしぐら、となってしまうのです。

そしてお嬢さんタイプの代表といえば、やはり第九作『柴又慕情』で吉永小百合さんが演じた歌子です。清楚なムードは、サユリストが抱くイメージの通りです。歌子は小説家の父（宮口精二）と二人暮らし。彼女が幼い頃、母は出奔してしまい、以来、歌子が父の面倒を見てきました。適齢期を迎えた歌子は、娘を手放しがたい父との間の確執に悩みながらも、気後れがちで、自己主張が出来ません。そんな歌子が、学生時代からの仲良しと北陸路を旅しているときに、寅さんと出会います。

寅さんの自由さは、おそらく歌子の世界にはない、頼もしい人に見えたのかもしれません。旅から帰った歌子は、寅さんに会いに柴又へとやってきます。そこで、さくらやおばちゃんたち、無私に自分のことを思ってくれる人々と出会い、それがきっかけで、自分の人生を踏み出す決意をするのです。寅さんとの出会いが歌子の人生を変えて行くのですが、当の寅さんは恋に夢中です。歌子は第十三作『寅次郎恋やつれ』で再び登場することとなります。

二〇一五年二月十日

第十四回　マドンナと寅さん　その三

春の宵、寅さんがラーメン屋で、店の親父(五代目柳家小さん)に注文して、ふと目をやると、ピンクのカーディガンを羽織った、可愛い女の子がニッコリ笑います。第七作『男はつらいよ 奮闘篇』の、沼津駅近くのラーメン屋での一コマです。少女の名は花子(榊原るみ)。青森出身で、天使のように無垢な少女。寅さんは、彼女を青森に帰そうと、交番の巡査(犬塚弘)となけなしのお金を叩いて、切符を買います。困っている人がいたら、黙っていられない。それが可愛い女の子ならなおさらのこと。榊原るみさんは、雑誌モデルから女優に転身したばかり。『奮闘篇』の撮影が終わってほどなく、「帰ってきたウルトラマン」(TBS)のヒロインを演じ、ぼくたちの世代ではアイドル的存在でした。

史上最年少のマドンナとして話題となった榊原るみさんが演じた花子は、寅さんでなくとも「守ってあげたい」と思う女の子です。彼女と対象的なマドンナといえば、第十一作『寅次郎忘れな草』で、寅さんが網走で出会った、旅回りの歌手・リリー(浅丘ルリ子)です。

二人は網走橋の下で、自分たちは「あってもなくても、どうでもいいみたいな、つまりさ、あぶくみたいなもんだね」と、ことばを交わし、心を通わせます。リリーは大人の女性です。自分一人で生きる術を持っています。寅さん同様、渡世人といってもいい、酸いも甘いも噛み分けた女性です。そのリリーが、自分を認めてくれる、受け止めてくれる、寅さんに恋をして、寅さんもまたリリーを幸せにしたい、と思います。

リリーは「ひとりの男に、死ぬほど惚れて惚れて、惚れ抜いてみたいわ」とその情熱をはっきりとことばにします。「女がどうして可愛くなくちゃ、いけないんだい」と、寅さんの女性観を言下に否定したこともあります。でも、第十五作『寅次郎相合い傘』で、二人が喧嘩した後、雨の柴又駅に、寅さんが傘を持って迎えに来たときの、あの嬉しそうな顔を見るたびに、二人は相思相愛なのだと思うのです。

二〇一五年二月十七日

第十五回　寅次郎音楽旅 マドンナたちのテーマ

普段、悲しいことや、嬉しいことがあっても、聞こえてくるのは、街の雑踏の音や、生活音だけです。ところが映画には〝映画音楽〟があります。寅さんが恋をした瞬間や、美しいマドンナに出会ったとき、その感情を、山本直純さんの音楽が、しっかりと表現してくれます。主題歌のメロディーや「柴又のテーマ」など、おなじみの音楽が、映画を観ているぼくたちに、故郷のような懐かしさを抱かせてくれます。

同時に、毎回、山本直純さんと山田洋次監督が苦心したのが、マドンナのテーマです。実は、マドンナの数だけ、マドンナのテーマが作られているのです。寅さんが恋をした女性は総勢四十三人ですから、それだけの音楽モチーフが作られているのです。

しかも演じている女優さんの、それまでのキャリアや、観客が抱いているイメージを大切にしながら、そのマドンナの性格や境遇、これまでの人生などを、音楽が雄弁に表現しています。特に、美しいお嬢さんタイプのマドンナは三拍子のワルツが多いです。第三十五作『寅次郎恋愛塾』の入江若菜(樋口可南子)のテーマ曲などが、そうです。

さて、第八作『寅次郎恋歌』で、寅さんが恋をするのは、柴又帝釈天の近くに、喫茶店「ローク」を開業したばかりの、六波羅《ろくはら》貴子。演じるは、池内淳子さんです。池内さんといえば、和服のイメージです。しっとりとした大人の雰囲気を持ちながら、芯はしっかりしている女性、と漠然と観客は思っています。

彼女が演じる貴子も、夫と三年前に死別。喫茶店を切り盛りしながら、小学生の息子・学(中澤祐喜)を育て、これからの人生を生きて行こうとします。

そんな貴子のテーマは、弦の優しい音色と、尺八の音色などで彩られています。映画の終盤、貴子の家の縁側で、寅さんが訪ねてきたときの会話のバックに流れる音楽に耳を傾けてください。放浪者である寅さんと定住者である貴子が、お互いの想いを語る、という名場面に、山本直純さんの音楽がピッタリと寄り添っているのです。

二〇一五年二月二十四日

第十六回　寅さんとさくら

「男はつらいよ」シリーズには数多くのマドンナが登場しましたが、寅さんにとって真のマドンナは妹・さくら(倍賞千恵子)ではないかと思うことがあります。作品の数だけ〝あにいもうと〟のドラマがあります。寅さんは旅先で、柴又の妹を想い、出会う人に「これが俺の妹よ」と自慢をします。さくらは柴又で、旅先の兄の身を案じています。それは、さくらの夫・博(前田吟)にも、誰にも、立ち入ることができない聖域であり、二人の絆なのだと思います。

でも、ひとたび柴又に帰ってくれば、寅さんのわがままに、さくらは振り回されたり、二人は喧嘩をしたり。おそらくは子供の頃のままに、戻ってしまうのでしょう。寅さんが恋をするたびに、二人はため息をつきます。寅さんは、もちろん「恋の病」由来のため息ですが、さくらは「またか」というため息です。それでも、今度こそはと、それぞれが想っています。

第九作『柴又慕情』でも、〝あにいもうと〟をめぐる様々な挿話があります。寅さんが、北陸路で出会った歌子(吉永小百合)はどんな人と一緒になったらいいだろうか？と茶の間で持ち出すと、家族は好き勝手なことを言います。寅さんにしてみれば、自分もその候補になりたいのですが、それを言ったらおしまいよ、です。「普段忘れているけど、名前が出ると、あ、なんだい、そんな人がいたよっていうの」と、猛烈なアピールをする寅さん。苦笑しながら「そういえば家にもひとりいたわねぇ」とさくら。

この茶の間のシーンでは、家族の誰ひとり、まだマドンナの歌子には会っていません。でも寅さんの表情で、どれほど美しい女性か、を推察してしまうのです。こういうときも、さくらは、まず兄の気持ちを汲むのです。

寅さんが旅立つとき、さくらは財布から折りたたんだお札を伸ばして、寅さんの紙入れに入れる場面があります。「お金、もう少し持ってくれば良かったね」。第十一作『寅次郎忘れな草』のラスト、倍賞千恵子さんが一番好きなのが、このシーンだと伺いました。

二〇一五年三月三日

第十七回　寅さんと博

第十作『男はつらいよ 寅次郎夢枕』の冒頭、寅さんが見た夢は「マカオの寅」。昭和初期のカフェー、女給のさくら(倍賞千恵子)に、高利貸し(吉田義夫)が酒を無理強いしていると、その恋人で書生の博(前田吟)が「君たちは人の心を金で買えるのか!」と飛び込んできます。いかにも苦学生、という出で立ちが博らしいのですが、これも「夢」ですから、寅さんの脳内イメージの博は、いつまでも青二才のインテリ、ということです。

博といえば、真面目が工員服を着て歩いているような、寅さん一家の良心であり、茶の間の名解説者です。寅さんが旅先で見聞きしてきたことを、懸命に説明しても、家族に伝わらないことがあります。第八作『寅次郎恋歌』で、寅さんが旅先で聞いてきた「りんどうの花」の話をしても、おいちゃん、おばちゃんはチンプンカンプン。そこで博が「つまり、兄さんの言いたいことは、平凡な営みの中にこそ、幸せがあるというのかなぁ」と、極めて明快。まるで池上彰さんのようです。

そんな博ですが、北海道の親元から家出同然で上京、新宿でグレているところを、裏の工場のタコ社長(太宰久雄)に誘われて、印刷工となりました。それから三年経ち、博は工場の二階の寮から見える部屋に住む、さくらに恋をしています。そのときに寅さんに恋の指南を受けたこともあります。女性を口説くには、目にモノを言わせるのが一番、とお目目の小さい寅さんが博に伝授するシーンが笑いを誘いました。考えてみたら、寅さんとは最初から名コンビだったのです。

テレビ版を演出した小林俊一さんが監督をした第四作『新 男はつらいよ』で、「とらや」に泥棒が入り、寅さんと博が捕まえたことがあります。そのとき。寅さんは「博、110番ってのは何番だっけ?」と慌てて聞きます。博も大真面目な顔をして「あ、イチイチゼロです」と。軽演劇の渥美清さんと、新劇の前田吟さんの異種格闘技ともいうべきギャグ。たまらないのです。

二〇一五年三月十日

第十八回　寅さんと満男

第一作『男はつらいよ』のラストで生まれた、寅さんの甥・満男は、変わらないことを身上としてきた「男はつらいよ」シリーズのなかで、大きく成長していきました。ちなみに満男といえば、第二十六作『寅次郎紙風船』までの中村はやとくんと、第二十七作『浪花の恋の寅次郎』からの吉岡秀隆くん、二人が演じているというイメージがありますが、シリーズ全四十八作では、四人の満男がいるのです。第一作のラストに登場した赤ちゃん。高砂の和菓子屋・川忠さんからお借りしたそうです。そして第二作『続 男はつらいよ』の赤ちゃんが中村はやとくんで、彼が幼稚園から小学校高学年まで演じています。ですが一度だけ、第九作『柴又慕情』では沖田康浩くんという子役が出演しています。

第十一作『寅次郎忘れな草』で、リリー(浅丘ルリ子)が、「とらや」で過ごしての帰り際に、まだあどけない満男のほっぺたにキスをして、別れるシーンがあります。このときの満男はまだ幼稚園に上がる前です。そして第四十八作『寅次郎紅の花』では、久しぶりに再会した満男(吉岡秀隆)に、リリーが「私が訪ねていったとき、あなたはまだ小学生だったのよ」と、第二十五作『寅次郎ハイビスカスの花』の頃の話をします。こういう一言で、それまでの作品とつながるのが、たまりません。

さてその満男ですが、小学校高学年の頃、第二十九作『寅次郎あじさいの恋』で、恋の病で寝込んだ寅さんに「お前もいつかは恋をするんだろうな、可哀想に」と言われ「俺、恋なんかしないよ」と憮然としていました。しかし、それから七年後の第四十二作『ぼくの伯父さん』では浪人生となり、寅さんに恋の悩みを打ち明けます。「恋っていうのは、美しい人を美しいと思う気持ちのことだろう」と言う満男は、「でも、俺のはちっとも美しくないんだよ。不潔なんだよ」と悶々とする胸の内を明かします。

そこから恋の達人・寅さんの指南が始まるのです。げに頼もしきは寅伯父さんなり、です。

二〇一五年三月十七日

第十九回　寅次郎音楽旅・寅さんの旅

「男はつらいよ」シリーズの魅力のひとつに、変わらない日本の美しい風景のなかを、寅さんが旅をするシーンがあります。高羽哲夫キャメラマンが、横長のスコープ画面いっぱいに捉えた風景を寅さんが歩く姿は、観るたびに感動を覚えます。

第十一作『男はつらいよ 寅次郎忘れな草』で、寅さんが北海道は根釧原野を歩くシーンに流れるのは、リムスキー・コルサコフ作曲の交響組曲「シエラザード」第三楽章「若き王子と王女」。「アラビアンナイト」をテーマにした曲が、寅さんの旅の孤独と気ままな楽しさを感じさせてくれます。

第十作『寅次郎夢枕』で、寅さんと舎弟・登(津坂匡章、現・秋野太作)が晩秋の甲斐路を歩くシーンに流れるのは、ヴィヴァルディの「四季・秋」第三楽章です。これも音楽が映像に寄り添って、旅情をかき立てます。

第十九作『寅次郎と殿様』で、寅さんは瀬戸内海をゆく連絡船に乗って、愛媛県松山市の興居島の厳島神社で、長靴の啖呵売をします。のどかな風景のなか、山本直純さん作曲の「寅の旅〜瀬戸内海の旅」が流れます。こうした旅の音楽は、一分に満たない短い曲も多いのですが、CD「男はつらいよ 寅次郎音楽旅〜寅さんの〝夢〟〝旅〟〝恋〟〝粋〟〜」(ユニバーサルミュージック)に収録された旅の曲の数々を聴くと、映画のイメージが拡がってゆきます。

旅といえば、第十二作『私の寅さん』では、さくらと博夫婦が、おいちゃん、おばちゃんを九州旅行に誘います。出発前夜に帰ってきた寅さんは留守番です。いつもとは状況が逆転しての笑いが展開されます。秋の熊本を一家が旅するシーンに流れるのはヘンデルの「水上の音楽」第一組曲です。この回では、マドンナで画家のりつ子(岸恵子)が自宅近く、葛飾の中川沿いでスケッチをする夕景のシーンに、シューベルトの「鱒《ます》」が流れます。

音楽に耳を傾けて「男はつらいよ」シリーズを観ると、楽しさがまたひとしおです。

二〇一五年三月二十四日

第二十回　寅さんの理想の朝ごはん

寅さんは年中旅暮らしです。映画を観ていると、昼食は大抵、食堂でうどんか、外であんパンと牛乳という場合が多いです。ラーメンも好物で、第七作『男はつらいよ 奮闘篇』では、沼津駅前のラーメン屋で薄幸の少女・花子(榊原るみ)と出会います。仲間たちと、駅前食堂で一杯やって、夜汽車で移動ということもあります。

ただし朝ごはんは別。懐が豊かなときは、宿屋に泊まって、これぞ日本の朝ごはんというメニューを食べている筈です。だから、久しぶりに柴又に帰ってきて、おばちゃんに、贅沢は言わないといいながらも、こんなメニューを作って欲しいと言います。

暖かい味噌汁、お新香、海苔、たらこ一腹、カラシのきいた納豆。「これにはね、生ねぎを細かく刻んでたっぷり入れてくれよ」。さらには、塩昆布に生卵と、まさしく「理想の朝ごはん」です。これは第五作『望郷篇』の一コマですが、贅沢この上ないです。これを朝食に出すお店があれば、通いたいくらいです。きっと「寅ちゃんのためなら」と腕をふるってくれるおばちゃんの愛情に甘えたいという想いがあるから、図に乗ってしまうのかもしれません。

第十三作『寅次郎恋やつれ』で寅さんが、島根県温泉津《ゆのつ》の旅館の番頭をしていたことがあります。柴又で語った、そこでの朝ごはんです。「さっきまで生きていたイカの刺身、こんなどんぶり山盛りだ。生姜をパラッとかけて、醤油をツルツルっとたらし、一気にパァーっと食っちまう。あとは鯵のたたきに新鮮な卵……」と聞くだけで、お腹が空いてきます。

寅さんの語りだけで、眼前にその情景が浮かんできます。なぜ、寅さんが番頭をしていたか？ この町で恋をしていたこと、その女性と所帯を持ちたいので、家族に相談しなきゃと帰ってきたことが、この後の寅さんの話で明らかになります。

シリーズにしばしば登場する「寅さんの理想の朝ごはん」を味わうのも、一興かもしれません。

二〇一五年四月四日

第二十一回　寅さんのお母さん

第二作『続 男はつらいよ』は、寅さんが〝瞼の母〟と再会をする夢のシーンから始まり、京都に住む産みの母親に逢いにゆくシーンが前半のクライマックスです。昔、柴又で芸者をしていたお菊は、「とらや」主人・車平造との間に、男の子を設けます。それが寅さんだったのです。寅さんが生まれてほどなく、お菊は我が子を「とらや」の前に置いて、関西に鞍替えをしてしまいます。

三十八年前に生き別れになった〝瞼の母〟との再会を夢に見ていた寅さんが、京都で再会したお菊は、金の無心に来たのか、と冷たくあたります。これは芝居や映画でおなじみ、長谷川伸の戯曲「瞼の母」のパロディでもあります。

お菊を演じたのは、関西喜劇人のミヤコ蝶々さん。テレビ「夫婦善哉」「スチャラカ社員」などで一世を風靡しました。生粋の大阪人というイメージがありますが、実は東京の日本橋小伝馬町の生まれ。山田洋次監督は、その蝶々さんのセルフイメージをうまく映画に取り入れて、寅さんの母・お菊のキャラクターを作り上げたのです。

第二作の再会シーンでは、「売り言葉に買い言葉」で「誰がてめえに産んでくれと頼んだ?」「自分の子供喜んでほうる親がどこにあるんじゃ!」と壮絶な口喧嘩をします。寅さんの口調に、〝瞼の母〟への強い想いが感じられます。「期待は失望の母」といいますが、この激しい口論のあと、ラストで母子睦まじく京都を歩く場面に、ぼくたちはホッとするのです。

ミヤコ蝶々さんのお菊は第七作『奮闘篇』で再登場以降、シリーズには登場しません。しかし第四十四作『寅次郎の告白』で、後藤久美子さん演じる泉が、母との確執に悩んで家出をしたとき、寅さんが優しく、お菊との話をします。「あんなババアでも、一人の女性として見てやんなきゃいけねぇんだな。腰巻きでも買って送ってやるか、あのクソババアに」。このシーンで寅さんは今でもお母さんと連絡をとっているのがわかり、嬉しい気持ちになりました。

二〇一五年四月十一日

第二十二回　寅さんのバイネタ

寅さんの生業《なりわい》は、神社やお寺の縁日での啖呵売です。鮮やかで歯切れの良い七五調の啖呵は、いつ見ても惚れ惚れとします。昭和四十三年、フジテレビでドラマ「男はつらいよ」が企画されたとき、山田洋次監督は、打ち合わせの席での渥美清さんが身振り手振りを交えて再現する、子供の頃から憧れてきた香具師の啖呵売を、身を乗り出して楽しんだそうです。映画『男はつらいよ』のシナリオには、タクバイと書かれています。タクとは〝御託宣〟のこと。巧みなことばで、人々の足を留め、目の前に並べたネタと呼ばれる商品を売るのです。シリーズ全四十八作のほとんどで、寅さんは啖呵売をしていますが、売り物はその時々で様々です。

第一作『男はつらいよ』では、二十年ぶりに再会したおいちゃんとおばちゃんに手土産として、トランクから取り出したのがバイネタの「電子応用ヘルスバンド」という怪しげな健康器具でした。

この怪しさ、いかがわしさこそ、なぜか夜店や縁日では魅力的に見えてしまうから不思議です。頭が良くなる「エジソンバンド」なんてものを、タコ社長が頭に巻いたこともありました。

寅さんのバイネタで意外に多いのが日用雑貨です。それを売るのは、縁日ではなく、路地裏や街角が多いです。第十一作『寅次郎忘れな草』では、浅草の雷門前でスリッパをバイしていました。そのときは源ちゃんが〝さくら〟役で「これください」と口開けをします。こういうときに源ちゃんは頼もしい存在でもあります。

では、寅さんはこうしたバイネタをどこで仕入れているのでしょうか？　第三十五作『寅次郎恋愛塾』で、長崎県の五島列島で易断本をバイしたときに、こんなことを言っていました。「ここにあるこういう道具も、ネタモトという問屋へ行って、これ一日幾らで借りて来るの」と、ビジネス上の秘密をふと漏らしていました。もちろん、これも啖呵売のテクニックなのですが。

二〇一五年四月十八日

第二十三回　寅さんクラシック

「男はつらいよ」シリーズにはクラシックの名曲がしばしば登場することは、先日、このコラムの「旅の音楽」でご紹介させて頂きました。映画を観ているとジャスト・タイミングで、クラシック音楽がBGMとして流れます。

例えば、第八作『男はつらいよ 寅次郎恋歌』で、寅さんがマドンナの貴子(池内淳子)の経営する喫茶店「ローク」に初めて入ったときに、店で流れていたのが、フレドリック・ショパンの「別れの曲」です。

テレビ版の最終回で、散歩先生(東野英治郎)の娘・冬子(佐藤オリエ)との別れのシーンにもこの曲が流れていましたが、第八作では寅さんと貴子の出会いのシーンに使われています。

そのすぐ後、貴子の息子で、転校してきたばかりの学(中澤祐喜)が小学校に馴染めず、帝釈天の境内でひとりでいるところに、寅さんが声をかけます。遊ぶといっても「寅ちゃん、今、饅頭かっぱらって来るからな」とこっそり供物を持ち出します。「こらっ！」の声。寅さんと学が逃げ出した瞬間、流れ出すのがヨハン・シュトラウスの「春の声」です。

第十二作『私の寅さん』で、画家のりつ子(岸惠子)のアトリエに、満男の絵を見てもらおうと、寅さんがさくらたちを連れていった場面。寅さんがふざけて、りつ子とさくらをキリギリスに見立てて画用紙に描きます。それを見て大笑いする場面に流れるのは、フランツ・シューベルトの「鱒」です。

山本直純さんの映画音楽とクラシックの名曲は、寅さんの世界と見事に調和しています。直純さんのご子息・山本祐ノ介さん指揮による「寅さんクラシックコンサート」が六月二十六日に大阪新歌舞伎座、七月五日に東京文化会館大ホールで開催されます。ゲストに倍賞千恵子さんを迎えて、映画に流れたクラシックの名曲や山本直純さんのオリジナル楽曲が、オーケストラで演奏されます。コンサートで味わう寅さんの世界」。今から楽しみです。

二〇一五年四月二十五日

土曜ドラマ「少年寅次郎」第四話で、散歩先生宅で夏子(井頭愛海)を紹介される場面でもショパンの

「別れの曲」が流れました（追記）。

第二十四回　寅さんの好きなもの

寅さんは好き嫌いがはっきりしています。食べ物に関しても、こだわりがあります。でも一番好きなのは、やっぱり、おばちゃん（三崎千恵子）が作ってくれる「お芋の煮っころがし」です。

寅さんが育ったのは、戦中、戦後、満足に食べ物が手に入らなかった時代です。育ち盛り、やんちゃ盛りの寅さんの胃袋を満たしてくれたのは、育ての母が作ってくれたお惣菜だったに違いありません。

その味が、おばちゃんが作ってくれる「お芋の煮っころがし」や「がんもどきの煮たの」だったのではないかと、映画の食卓のシーンを観るたびに、いつも思います。子供の頃から、どんな不機嫌なときも、これが食卓に上れば、きっとご満悦だったのでしょう。

第十九作『男はつらいよ 寅次郎と殿様』で、鯉のぼりをめぐるひと騒動があった後、寅さんのご機嫌を直そうとおばちゃんが作ってくれるのが「お芋の煮っころがし」です。でも、そのとき「とらや」では「トラ」という名前の犬を飼っていて、それが寅さんの知ることになり、さらなる大騒動になるのですが。

でも寅さんにとっては、夢にまで見るほど、大好きな「お芋の煮っころがし」なのです。第二十作『寅次郎頑張れ！』の「寅さんの夢」で、「とらや」は長年の苦労が実って大金持ちとなります。タコ社長も本社ビルを建てるほどの大成功、みんな幸せに暮らしています。そこでおばちゃんがメイド（岡本茉利）にこんなことを言います。「寅ちゃんの好きな、お芋の煮っころがしは作りましたか？」「はい、がんもどきの煮たの、も」。どんなリッチになっても、ソウルフードは永遠なのです。

シリーズ半ば頃まで、撮影のために、食卓に並ぶお惣菜は、装飾・小道具の露木幸次さんのお母さんが、毎回作られていたそうです。下町育ちの倍賞千恵子さんによれば、あまりに美味しいので、リハーサルの合間に、ついつい手が出て、本番のときには少なくなってしまうこともあったとか。

二〇一五年五月二日

第二十五回　寅さんの嫌いなもの

寅さんは、麺類は好きですが、トッピングのナルトは大嫌い。その理由は「あのウズを見ると目が回るから」。ことほど左様に、寅さんは好き嫌いがはっきりしています。

柴又帝釈天参道には、川魚料理屋があります。草だんごと並ぶ名物が鰻です。庶民にとっては高嶺の花。だからこそ、ちょっと贅沢したいときに、鰻を奢ろうか、ということになります。果たして寅さんは？　第十九作『寅次郎と殿様』で、寅さんは博と好き嫌いについて議論します。寅さんは、好き嫌いは理屈じゃない、「俺、鰻大嫌いだろ？　お前鰻大好きじゃない？　それ理屈で説明できるか」と詰め寄ります。

第二十五作『寅次郎ハイビスカスの花』で、沖縄から飲まず食わずで帰ってきて、行き倒れになった寅さん。おばちゃんが精のつくものをと、参道のお店で鰻重を誂えてもらいます。その匂いを嗅ぐかかないかのうちに、寅さんが御重を抱え込みます。よほどお腹が空いていたんでしょう。

寅さんの嫌いなものといえば、食べ物以外でも結構あります。第二十四作『寅次郎春の夢』で、アメリカからビタミン剤のセールスにやってきた、マイケル・ジョーダン（ハーブ・エデルマン）が「とらや」に下宿します。おばちゃんやさくらは、マイケルに旅先で困っている寅さんを重ねていたのかもしれません。

同時に、今、寅さんが帰って来て欲しくない、というのも本音です。そこへ折悪しく、寅さんが帰ってきてしまいます。マイケルが寅さんの部屋にいる、ということはなかなか言えません。おいちゃん、まずはリサーチということで「お前、アメリカ好きか？」と聞きます。そこで寅さん「何が嫌いってね、アメリカほど嫌いなもんはない」とキッパリ。尊王攘夷派の寅さんは、黒船来航以来、日本人はずっと不幸だったと、持論を展開します。

アメリカ嫌いの寅さんがマイケルと鉢合わせをすることになるのですが、それからの展開は観てのお楽しみということで。

二〇一五年五月九日

第二十六回　寅さんの夢

「男はつらいよ」のお楽しみの一つが、映画の冒頭の「寅さんの夢」です。おなじみの「夢」が定着したのが、第九作『男はつらいよ 柴又慕情』の「渡世人車寅次郎」です。貧しい漁村に住む、おさくと博吉の夫婦に、強欲な借金取りが取り立てにやってきます。狼藉三昧、やりたい放題の悪者どもの前に、ポンと札束を投げる、長楊枝の渡世人。誰あろう、おさくと生き別れになっていた兄・車寅次郎その人だった、というものです。長楊枝の渡世人といえば「木枯し紋次郎」。この頃、映画やテレビでブームとなっていた人気時代劇の主人公よろしく、寅さんはカッコイイです。

「寅さんの夢」は、いつも寅さんの「かくありたい」という願望の発露であり、大抵はスーパーヒーローです。寅さんが子供の頃から観てきた映画や芝居の主人公への憧れが投影されているのです。

第十一作『寅次郎忘れな草』の夢はこうです。時は天保の終わり頃、所は江戸川のほとり、葛飾郡柴又村。借金のカタにおさくは、女衒《ぜげん》の梅太郎に連れていかれようとしています。そのとき現れたのは、三度笠の股旅ヒーロー車寅次郎。実は、おさくの生き別れとなった兄ですが、名乗らずに颯爽と去っていきます。去り際の台詞がまた傑作です。「お天道さま見ているぜ」と。

そうです。「寅さんの夢」は、スーパーヒーロー願望でありながら、必ず「妹さくらとの再会」が描かれています。第一作で、二十年ぶりの再会を果たした最愛の妹・さくらとの再会を、夢のなかでリフレインしているのです。

「寅さんの夢」のキャストはさくら、博、おいちゃん、おばちゃん、満男、タコ社長に源ちゃん、と身近な人々です。大事なのは「寅さんの夢」なので、演じているのは倍賞千恵子さんではなく、あくまでもさくらなのです。撮影はいつも、クランクアップ直前だったそうで、心なしか皆さんリラックスしているようで、賑やかさと楽しさに溢れている「寅さんの夢」なのです。

二〇一五年五月十六日

第二十七回　寅さんのアリア

寅さんが茶の間で、旅先であったこと、出会った人から聞いた話を、滔々と一人語りするシーンがあります。撮影現場ではいつしか、オペラの独唱になぞらえて「寅さんのアリア」と言われるようになりました。

なかでも傑作なのが、第九作『男はつらいよ 柴又慕情』。寅さんが帰ってくると店先に「貸間あり」の札がかかっています。博が家を建てる決意をして、その資金の足しにと、おいちゃんの発案で二階の寅さんの部屋を貸そうということになったからです。寅さんにしてみれば「お前の居場所はない」と言われたも同然。怒った寅さん、ならば自分も部屋を借りようと、不動産屋に向かいます。そこで語ったのが「理想の下宿」のアリアです。

「俺はねぇ、おかずなんか何だっていいな、どうせ家賃は大したことないんだからさ、そうねぇ、おつまみに刺身一皿、煮しめにお吸い物、卵焼きなんかちょっとついてもいいし、おひたしなんかもあったらいいな、お銚子を三本ぐらいすっと飲む」と、いい気なものです。

ついには、下宿のおかみが「ついでにお腰も揉んでやったら」と娘に言って、寅さんの疲れを癒してくれる。その娘の名前はもちろん、さくらです。

寅さんの理想はどこまでも高く、妄想は果てしなく拡がっていきます。あまりにも現実離れした話に、寅さんの願望が窺えます。どう考えても下宿のおかみはおばちゃん、美人の娘はさくら、ということで、寅さんの「とらや」が一番という想いがわかります。

ここで「どっかねえ、ほか探してみてくださいよ」と呆れ顔の不動産屋の親父を演じたのが、噺家の桂伸治さん、のちの十代目桂文治師匠です。落語家も唸らせる寅さんの話術、見事です。

作品の数だけ「寅さんのアリア」がありますが、第十九作『寅次郎と殿様』では、自分の妻に亡夫がいたら？ 果たして嫉妬をするのか？ それとも寛大な心で見守るか？ 寅さんの理想がアリアで語られます。

二〇一五年五月二十三日

第二十八回　寅さんの夢の音楽

旅先で寅さんが見る夢は、「寅さんの脳内シアター」であり「寅さんオールスターズによるアチャラカ喜劇」です。奇想天外であり、いささかチープな感じも含めて楽しい「寅さんの夢」をさらに盛り上げるのが、山本直純さんと山田洋次監督がセレクトした音楽の数々です。

第十作『寅次郎夢枕』では、「マカオの寅」が、昭和初期のカフェーを舞台に、悪人たちの魔の手から、女給のさくらを助けるという活劇もののパロディーです。そこに流れるのが、ロベルト・アレクサンダー・シューマンの「トロイメライ」です。「夢」という意味のこの曲は、無声映画の伴奏やお芝居の伴奏として、よく演奏されていました。回想シーンなどで効果的に使われることが多く、寅さんも、子供のころに耳にしていたのかもしれません。

この「トロイメライ」は六月二十六日に大阪新歌舞伎座、七月五日に東京文化会館大ホールで開催される「寅さんクラシックコンサート」でも、山本直純さんのご子息・祐ノ介さんの指揮で演奏される予定です。

同コンサートでは倍賞千恵子さんがゲスト出演されます。山田洋次監督と山本直純さんが、倍賞さんのために書き下ろした「さくらのバラード」は、旅先にいるお兄ちゃん想う妹の心情を綴った名曲です。この曲の替え歌が第十六作『葛飾立志篇』で西部劇の「寅さんの夢」で歌われます。「江戸川に雨が降る」の歌詞を「テキサスに風が吹く」に替えてのパロディですが、寅さんがクリント・イーストウッドの『荒野の用心棒』スタイルというのが楽しいです。

さて「夢の音楽」といえば、第十五作『寅次郎相合い傘』で寅さんが見た、七つの海を股にかける海賊の夢で、荒くれ男たちが歌った「海賊の歌」も忘れがたいです。山田洋次監督が作詞、山本直純さんが作曲による、この歌は、「七つの海を股にかけ沈めた船が五万艘」と、まるでクレイジーキャッツの「五万節」のような大言壮語の歌詞が実におかしいです。

二〇一五年五月三十日

第二十九回　寅さんとタコ社長

団子屋の裏手で、小さな印刷工場を経営しているタコ社長（太宰久雄）は、寅さんの昔馴染《なじ》みであり、寄ると触ると言い合いを始めてしまう、喧嘩友達でもあります。本名は梅太郎というのですが、第一作『男はつらいよ』ですでに寅さんは「この茹でダコ」と呼び、社長は「中小企業の経営者の苦労がわかってたまるか」と二人の応酬が展開されます。

以来、第四十七作『拝啓 車寅次郎様』まで、茶の間や台所、はたまた裏庭で、盛大にやりあってきました。大抵はタコ社長の不用意な一言が、寅さんの怒りの導火線に火をつけて、壮絶なバトルへと発展してしまいます。

二人の喧嘩は、見解の相違から来るものですが、立場の違う友達のストレス発散のようでもあります。

例えば、第九作『柴又慕情』でこんなことがありました。歌子（吉永小百合）に恋をしている寅さんに対しては、家族の誰もが、それこそ腫れ物にさわるように、気を使っています。夕方になると、歌子を待ちわびている寅さんはため息まじりに「はぁーあ、とうとう今日も来なかったか」とため息をつきます。ふと我にかえる寅さん「俺、今、なんか独りごと言ったか？」と、慌てて聞くも、おいちゃんも博も、知らぬそぶりをしてくれます。

その均衡を破ってしまうのがタコ社長。裏口から大きな声で「あーあ、今日も彼女は来なかったか？」と言いながら入ってきます。そこで寅さんが大爆発、タコ社長は逃げ回ることになります。

この間の悪さが、喜劇的には絶妙のタイミングなのです。これぞ「男はつらいよ」の真骨頂です。

第二十一作『寅次郎わが道をゆく』では、恋する寅さんへのタコ社長の不謹慎な発言に、さしものおいちゃんも「おい、寅はな、お前の楽しみのために、惚れたりふられたりしてんじゃないんだぞ、このタコ」と怒ってしまいます。

それがまたおかしいのですが、タコ社長は愛すべき隣人でもあり、シリーズの笑いを支えるキーマンでもあるのです。

二〇一五年六月六日

第三十回　寅さんの幸福論

「男はつらいよ」は寅さんの愚かしきことの数々を描いた喜劇ですが、同時に「幸福について」の映画でもあります。人は誰しも幸福でありたいと願っていますが、なかなかそうはいきません。でもこのシリーズには、ささやかだけど掛け替えのない、たくさんの「幸福感」に満ちています。

第二十三作『男はつらいよ 翔んでる寅次郎』で、ウエディングドレス姿で「とらや」に逃げてきた、ひとみ(桃井かおり)は、婚約者の邦男(布施明)と婚約を解消したものの、もう一度恋愛をして、改めて結婚式を挙げます。「相手の幸せを本当に心から願うっていうか、そういう態度が私には一番欠けていたのね。そのことを教えてくれたのはここにいる寅さんです」。

「相手の幸福を考えることが自分の幸せ」と気づいたひとみの幸福論。これが「男はつらいよ」に流れている「幸福感」の源泉なのです。

第十三作『男はつらいよ 寅次郎恋やつれ』は、吉永小百合さん演じるマドンナ・歌子の自立を描いた作品です。ある晩、「とらや」の茶の前で、歌子を囲んで幸福談義が交わされます。おいちゃんは「人間、金があるからって、決して幸せとはいえないよ」といい、博は「幸福という問題を金につなげて考えるのは正しくない」とそれぞれが持論を展開します。

そこで歌子がこういいます「わたしも幸せよ、寅さんみたいな友達がいて」。夫と死別した歌子は、島根県の津和野から、寅さんに背中を押されて上京。「とらや」で暮らしています。家族に縁の薄かった彼女は、この団欒に、寅さんと再会できて本当に良かったと実感しているのでしょう。

寅さんにしてみれば、歌子が目の前にいるだけで幸福なのですから、このことばで天にも昇る思いです。嬉しそうな寅さんに「お兄ちゃん幸せでしょ」とさくら。歌子の幸せは、寅さんの幸せとなり、さくらや博まで幸福な気持ちになるのです。それを観る喜びは、ファンであるぼくたちの幸福でもあるのです。

二〇一五年六月十三日

第三十一回　寅さんのカバン

寅さんは旅暮らしです。四角いカバンをぶら下げて、全国津々浦々、何処へでも出かけます。革製のトランクには、一体何が入っているのでしょうか？寅さん自身、あまり中を見られたくないようです。

第十一作『男はつらいよ 寅次郎忘れな草』で、果たして寅さんは「中流階級なのか？」という談義をしているときに、さくらが、寅さんは「カラーテレビもステレオも持っていないけど、誰にもない素晴らしいものを持っている」と言います。寅さん「お前、俺のカバン調べたろ」と慌てます。

しかし、さくらは、寅さんが持っている素晴らしいものは、形のないもの「つまり、愛よ、人を愛する気持ち」と実に良いことを言います。でも寅さんは、形のないものというと「屁みたいなもの」とか「俺のカバン調べたろ」とか現実的なのがおかしいです。

寅さんのカバンに、家族みんなの愛が、詰まっていたことがあります。第二十五作『寅次郎ハイビスカスの花』で、リリー（浅丘ルリ子）が沖縄で入院したとき、寅さんは苦手な飛行機で那覇に向かいます。旅先で倒れて、心細い想いをしていたリリーは、寅さんのお見舞いに感激をします。

カバンの中から、さくらの用意した浴衣、おいちゃんと博からのラジオ、タコ社長、御前様からのお見舞いを、次々とリリーに渡す寅さん。「お見舞いもらったの初めて」と顔を輝かすリリーに、満面の笑みの寅さん。なんとも幸福な瞬間です。さらにカバンの中から何かを取り出し「これは何だ、さくらなんでも入れるからなあ、これエプロン……あ、俺のフンドシだ」とオチが着きます。

映画では全容が明らかにされない、寅さんのカバンの中身。「葛飾柴又 寅さん記念館」には、美術監督の出川三男さん、装飾の露木幸次さんたち山田組のスタッフが再現した「寅さんのカバンの中身」が展示されています。時刻表、蚊取り線香、目覚まし時計、トイレットペーパーなど、旅先の寅さんの暮らしが窺えます。

二〇一五年六月二十日

第三十二回　寅さんとモーツアルト

七月五日、東京文化会館大ホールで「寅さんクラシックコンサート～オーケストラで楽しむ寅さんファンタジー～」(開演十四時)が開催されます。「寅さんとクラシック」の深い関係は、このコラムでもご紹介してきました。特にモーツアルトは寅さんと切っても切れない縁で結ばれているのです。ヴォルフガング・アマデウス・モーツアルトの名曲は、しばしばシリーズに登場します。

第二十二作『男はつらいよ 噂の寅次郎』では「アイネ・クライネ・ナハトムジーク」第二楽章「ロマンス」が流れます。マドンナの早苗(大原麗子)が離婚届を出すために墨田区役所そばの喫茶店に入ります。そこで流れていたのが「ロマンス」です。喫茶店で待っていたのは夫ではなく、早苗が兄のように慕っている従兄弟の肇(室田日出男)。離婚の話をするシーンに「ロマンス」というのも山田洋次監督の演出です。大原麗子さんの美しさを讃えつつ、彼女のこれからの「ロマンス」を暗示させています。そのお相手が寅さんなのですが。

第四十五作『寅次郎の青春』で、宮崎県油津《あぶらつ》の運河沿いの理髪店で、蝶子(風吹ジュン)が寅さんの顔をあたるときに、彼女がラジカセで流すのがモーツアルトの「クラリネット五重奏」第二楽章。柔らかい午後の日差しに、そよぐ風、小鳥の鳴き声、そしてモーツアルトの名曲。蝶子に髪を洗ってもらう寅さん。実に気持ちよさそうです。

第四十一作『寅次郎心の旅路』では、なんと寅さんがモーツアルトゆかりの音楽の都・ウィーン旅行に出かけます。モーツアルトの銅像を目にした寅さん、ある晩、マドンナの久美子(竹下景子)に「あの、モーツアルトっていう人は、そんなに偉いんですか?」と尋ねます。日本でいうと偉さはどれくらいなんだろうと考えた寅さん「銅像になっているくらいだから、西郷隆盛ぐらいだろうな」とひとりごちます。そんな寅さんに想いを馳せながら「寅さんクラシックコンサート」を楽しむのも良いかもしれません。

二〇一五年六月二十七日

夕刊フジ(二〇一四年十一月～二〇一五年六月連載)
「みんなの寅さん」

第六章
昭和五十五～六十年

第二十五作　男はつらいよ　寅次郎ハイビスカスの花

一九八〇年八月二日

第二十五回　燃えるような恋がしたい

第十一作『寅次郎忘れな草』で、北海道は網走で出会った、二人の渡り鳥は、時には寄り添い、時にはケンカしながら、ゆっくりと物語を紡いできました。第十五作『寅次郎相合い傘』では、寅さんは、他のマドンナには絶対見せないような甘えをリリーには見せたり。観客は、この二人にうまくいって欲しい、そう思ってきました。もちろんさくらや博もです。

だから第十五作で、さくらはリリーに「お兄ちゃんのお嫁さんになって欲しい」と冗談みたいな話と前置きをして、ストレートに持ちかけます。しかし、それでうまくいけば、男と女のドラマは生まれません。音楽や小説、映画の役割はなくなります。

リリーはさくらの提案を受け入れますが、寅さんはテレて、結局、その話はそれでおしまい。なんとも勿体ないとは、映画を観ているわれわれの気持ちであります。でも、だからこそ、寅さんとリリーの物語は第二十五作『寅次郎ハイビスカスの花』へと続いてゆくのです。

リリーは第十一作『寅次郎忘れな草』で、深夜に酔って「とらや」を訪ねて、寅さんを旅に誘います。寅さんを自分と同じ放浪者として心を寄せているリリーでしたが、柴又での寅さんは、おばちゃんに気づかい、さくらたちの優しさに包まれている定住者だったのです。決して、寅さんはそんなつもりではなかったと思いますが、この時、「ここは堅気の家だから」とやんわりリリーを嗜《たしな》めます。でも、何もかも嫌になっていたリリーは、その時の自分の感情の高まり、持って行き場のない気持ちを「寅さんなら受け入れてくれる」と思っていただけに、寅さんの態度にカチンと来てしまいます。

リリーは「燃えるような恋がしたい」と、はじめて「とらや」に泊まった晩につぶやきました。そのパッションを寅さんが受け止められるかどうか、それに応えることができるかどうか、男と女が複雑なのは、そこでもあります。

そして歳月は流れ、『寅次郎ハイビスカスの花』となります。リリーは旅先の沖縄で喀血して入院。心細くなって、寅さんに手紙を出します。それを知った寅さんは、取るものもとりあえず、沖縄へと、大嫌いな飛行機に乗って、文字通り飛んで行きます。病室での再会。「寅さん来てくれたの」「私、うれしい」と気弱になっていたリリーは本当に嬉しそうです。映画を観ていて幸福だなぁ、と思うのはこういう瞬間です。

これまでの二人のこと、さくらの想い、そして観客であるわれわれの想いが、このシーンを優しく温かい時間にしてくれます。

やがてリリーは退院。療養をすることになります。沖縄の暑い日差しのなか、二人は部屋を借りて、一つ屋根の下で食卓を囲むのです。リリーと寅さんが同棲！　孤独な渡り鳥として、お互いにシンパシーを感じながら、特別な存在として意識していた二人が、放浪者であることをしばし止めて、沖縄で定住者となるなんて！　これまでの「男はつらいよ」ではなかったことです。

二人のこれまでをよく知る観客にとって、これほど嬉しい展開はありません。しかし、二人とも情熱家。感情を表に出してしまいます。果たして、その暮らしは……、というのが映画の中盤のお楽しみとなってきます。

このときの浅丘ルリ子さんの表情が、実に可愛らしいのです。寅さんは、こういう同棲、といっても寅さんは母屋で、リリーは離れのプラトニックですが、初めての経験でもあり、相手の気持ちを受け止めるどころでなく、いつもの照れで混ぜっ返します。そして二人は仲睦まじく、といいたいところですが、お互いが嫉妬したり、結局はケンカとなります。

寅さんは人を想うこと、見守ることにかけては、本当に誰にも負けません。ところが、相手の気持ちを受け止めるということ、これがなかなかうまく出来ません。特に、自分が意識している相手には。その後、リリーは寅さんに言ったことばを気にして、柴又を訪ね、寅さんと再会します。この時の茶の間のシーンも素晴らしいです。このとき寅さんは、第十五作のラストから引きずっていた気持ちを、ぽろっと口にします。

「リリー、オレと所帯持つか……」。一瞬、茶の間の家族はギョッとします。リリーもキョトンとしてしまいます。寅さんは自分のことばにハッとします。結局、今回はリリーが「いやねぇ、寅さん、変な冗談を言って」とその場をとりなします。

「私達、夢見てたのよ、きっと。ほら、あんまり暑いからさ」とリリーのことばで、寅さんのプロポーズは「夢」に終わります。

柴又駅のホーム、別れ際、リリーは「もし旅先で病気になったり、つらい目にあったりしたら、またこの間みたいに来てくれる?」と微笑み、寅さんは「ああ、どこでも行くよ」と頼もしい返事をします。電車の出発間際、寅さんはリリーに「幸せになれよ!」と声をかけます。

「幸せになれよ!」。これが寅さんです。リリーの気持ちを受け止めることは出来なかったけど、リリーの幸せを願うことができるのです。だから、文頭に引用した、実に幸福なラストシーンが待っています。このシーンは、この二人の「これから」への希望に溢れています。

二〇一一年九月二十三日

リリーと寅さんの五年

第十五作『寅次郎相合い傘』から五年、三たび浅丘ルリ子さんのマドンナ、リリーが登場した第二十五作『寅次郎ハイビスカスの花』は、昭和五十五(一九八〇)年八月に公開されました。この年の映画界は、大作映画が次々と公開された、いわば当たり年でもありました。日本映画製作者連盟によると、この年の配収ランキングは次の通りです(前年十二月公開の正月映画からのカウントです)。

一位　スターウォーズ 帝国の逆襲(アービン・カーシュナー)
二位　影武者(黒澤明)
三位　復活の日(深作欣二)
四位　007／ムーンレイカー(ルイス・ギルバート)
五位　地獄の黙示録(フランシス・フォード・コッポラ)
六位　二百三高地(舛田利雄)
七位　クレイマー、クレイマー(ロバート・ベントン)
八位　ドラえもん のび太の恐竜(福富博)／モスラ

対ゴジラ（本多猪四郎）
九位　ヤマトよ永遠に（舛田利雄・松本零士）
九位　戦国自衛隊（斎藤光正）
十位　男はつらいよ 寅次郎ハイビスカスの花（山田洋次）／思えば遠くへ来たもんだ（朝間義隆）

壮観です。洋画も邦画も、エポックメイキングな作品ばかり出そろいました。黒澤明監督にフランシス・フォード・コッポラ監督の話題作、「スターウォーズ」「００７」の新作といったブロックバスター作品ばかり。こうしてベストテンの作品を見ていくと、ぼくの映画人生に大きく影響を与えた監督ばかりです。

映画界は大作ブームが定着していました。この頃に劇場版「ドラえもん」がスタートしたことがわかります。余談ですが、寅さんの名文句「それを言っちゃおしまいよ」を、ドラえもんも「それを言ったらおしまいだよ、のび太くん」としばしば言います。原作者の藤子・Ｆ・不二雄さんが「男はつらいよ」ファンだったからだと思います。

こうした大作映画のなかで、いわゆるプログラムピクチャーは「男はつらいよ」と「ドラえもん」だけ、ということになります。そのほとんどがＳＦ、戦争、時代劇、アニメと、スケールの大きいものばかりですが、「男はつらいよ」だけは、一九六〇年代末から、そのスタイルは変わっていません。

第一作から十一年、世の中は大きく様変わりしていましたが、「男はつらいよ」だけは「変わらないこと」を身上としていて、シリーズを観続けて来たファンとしてはそれが嬉しかったことを覚えています。

この『寅次郎ハイビスカスの花』を、ぼくが観たのは、銀座四丁目にある銀座文化（現在のシネスイッチ銀座）でした。リリーが久々に登場するのが嬉しくて、公開中に二回、映画館に足を運びました。

前二作は、北海道網走、そして函館と、北の港町で寅さんとリリーが出会い、再会を果たしました。北海道とリリーはよく似合います。北の哀愁、そして雄大な風景のなかで、寅さんとリリーの物語が紡ぎ出されてきました。今回は、イメージをガラリと変えて、舞台は南国沖縄です。灼熱の太陽と、まるでハイビスカスの花のように、真っ赤な色彩もまた、リリーには似合います。寅さんのことばを借りれば「派手る」んです。

あれから五年、リリーにはどんな時間が流れていたのでしょうか？　この映画を観たとき、ぼくは高校二年でした。第十五作は小学六年ですから、その間の五年というのはとてつもなく長い時間です。

『寅次郎ハイビスカスの花』の冒頭、小岩のキャバレーにチラシを納品に来た博が、仕事に行く途中のリリーと、懐かしい再会を果たします。

寅さんや、さくら、博たちの五年は、シリーズを観ているぼくらにとっては、手に取るように分かります。その間、寅さんといえば、筧礼子（樫山文枝）、ぼたん（太地喜和子）、柳生綾（京マチ子）、堤鞠子（真野響子）、島田藤子（藤村志保）、紅奈々子（木の実ナナ）、水野早苗（大原麗子）、入江ひとみ（桃井かおり）、高井圭子（香川京子）と、九人のマドンナに想いを寄せ、それぞれの幸せを願う日々を過ごしてきました。

しかしリリーは小岩の駅前で再会した博に「今でも唄っているんですか？」と聞かれて「そう、相変わらず下手な歌」。この一言で、これまでの日々を語ります。いや、語らずとも、リリーがどんな風に生きて来たのか、ぼくらには判ります。リリーは、何年も逢わなかったけど、いつも想っている人、そういう人なのです。

一方、寅さんは相変わらず、テキ屋仲間と楽しい旅を続けています。しばらくして、柴又へと戻って、いつものようにひと悶着。

今回は、「とらや」一家が、水元公園に出かけようとしている時、寅さんが帰ってきて、おいちゃんと寅さんが、お互い、出鼻をくじかれて、気分を悪くして、揉めます。

そのさなか、郵便屋が持ってきたのが、リリーからの手紙です。リリーは巡業先の沖縄で病気になり、心細い気持ちで「もう一ぺん寅さんに会いたかった。寅さんのおもしろい冗談を聞きたかった、それだけが心残りよ」と寅さんに手紙を出したのです。博との別れ際「リリーが逢いたいって、とっても逢いたいって、そう言ってたって言って」と告げたリリーの気持ちを考えると、切なくなります。

寅さんと別れてからの月日、リリーは持ち前の気性の強さと、負けず嫌いの性格で、渡世人として旅回りを続けていたのでしょう。無理がたたってというのは、身体だけでなく、心に溜まったストレスもあった筈です。「寅さんに逢いたい」との想いを知った寅さんは、即行動。リリーのために沖縄に飛んで行こうとします。

寅さんが博に沖縄に行くには「どうしたら良いか？」と訊くと、博は、新幹線で博多→鹿児島本線で鹿児島→船で奄美大島を通過して沖縄へと、自分の間尺で答えます。さくらは「沖縄へのフェリーはどうかしら」と提案。おばちゃんは「千葉県だったら、タクシーで行けるのに」と、誰も沖縄への適切なアクセスを思いつきません。そこへ、タコ社長が飛行機を提案します。この時のタコ社長の「どうだい」という得意げな顔がまたイイのです。

やがて寅さんが飛行機に「乗る、乗らない」で、またもやひと悶着。このあたりが山田喜劇のおかしさでもあります。寅さんをスッと飛行機に乗せてしまえば良いのですが、寅さんが飛行機に乗ったとあれば、「らしくない」という指摘があるでしょう。ならばそれを枷《かせ》にしてしまおう、笑いにしてしまおうということで、前作の「アメリカ嫌い」に続いて「飛行機嫌い」が加わったのです。

羽田空港で、博と寅さんが揉めるシーンはかなりおかしいです。第一作の「俺が芋食って、お前のケツから屁が出るか！」の名台詞をツイストして「じゃお前が芋食ってケツから屁が出て、それで空飛ぶか」という名言が飛び出します。

これが「男はつらいよ」の笑いでもあります。機内の寅さんは？ 那覇空港でのヘトヘトになった姿を観れば押して知るべしです。寅さんは市内へ向かうバスの中で、ウトウト眠っています。

寅さんを乗せたバスは、嘉手納基地の脇を通ります。飛行場では巨大な米軍の輸送機が轟音を立てて発着。南国の陽射しのなか、沖縄が抱えている現実をワンショットで映し出します。沖縄が本土復帰を果たしたのが昭和四十七（一九七二）年、シリーズが始まって三年目のことでした。

前回、リリーが登場した第十五作『寅次郎相合い傘』が公開された昭和五十（一九七五）年の夏、沖縄では本土復帰記念事業として沖縄国際海洋博覧会が開催されました。この『寅次郎ハイビスカスの花』で、寅さんが足しげく通う水族館は、開催地の跡地の海洋博記念公園です（現在は沖縄美ら海水族館）。山田洋次監督は、風光明媚な観光地としてではなく、沖縄が抱えている「基地の街」という、今なお、日本が抱え続けている現実を「男はつらいよ」のなかで、さりげなく、しかし強い意思で描いています。この嘉手納基地のワンショットだけで、寅さんとリリーがそれぞれ過ごしてきた月日だけでなく、沖縄という土地に流れてきた時間も浮き彫りにするのです。

寅さんはバスの中で夢見心地です。やがてリリーの待つ「たがみ病院」に無事到着。二人は五年ぶりの再会を果たします。この時のリリーの嬉しさ、寅さんの嬉しさは、観客であるわれわれの嬉しさでもあり、寅さんを見るリリーの表情だけでも、この映画の存在価値があります。ラストのワンショットまで、まぎれもなくシリーズ屈指の傑作です。

二〇二二年九月二十九日

一本の電話、一通の手紙、一通のハガキ

寅さんは時折、旅先から電話をします。駅の赤電話だったり、飲み屋のピンク電話だったり。気ぜわしく十円玉を入れて、柴又の家族の変わらない様子を聞きます。

シリーズには電話にまつわるエピソードやギャグが多いです。第六作『純情篇』では、山口県の食堂のテレビに映る紀行番組「ふるさとの川 江戸川」で、さくらや満男、おいちゃん、おばちゃんの姿を見てたまらずに電話をします。第十二作『私の寅さん』では、「とらや」一家が家族旅行に出掛け、ひとり留守番をする寅さんは、毎晩、旅先からの家族の電話を心待ちにして、それが度を超して、大変なことになります。

第十五作『寅次郎相合い傘』ではこんなことがありました。青森の寅さんから電話がかかってきたときに、さくらが「え？ 十円玉がない？」。するとおいちゃんが「おい、十円玉、十円玉」といって、おばちゃんが財布を探し始めるのが笑いとなりました。

十六歳で家出をした寅さんは、二十年間、柴又の家族へ、全く音沙汰がなかったことは、第一作を観ればわかります。単純に計算しても、昭和四十四（一九六九）年の二十年前というと、昭和二十四（一九四九）年、戦後四年目です。戦前から戦後にかけて、自宅に電話があるというのは稀なことでした。

お医者さんや、大店には電話があったでしょうが、老舗とはいえ小さな団子屋の「とらや」にあったかどうかはわかりません。寅さんが家出をした昭和二十年代、十六歳の頃には、家族に電話をして消息を尋ねるということは、滅多にはなかったと思います。電話を掛けることは余程のこと。緊急を要する場合には電報でした。

いずれも目的があってのこと。「どうした？ 皆元気か？」と気軽に電話を掛けられるようになったのは昭和三十年代も半ば、各家庭に電話が普及し、どこからでも掛けられるように電話ボックスや公衆電話が普及してからのことです。

その公衆電話も、昔は、市街通話をかけるためには、お店の人にことわって、鍵を開けてもらって、と手間がかかりました。ダイヤル市外通話が可能な公衆電話、大きな青電話が登場したのが、テレビ「男はつらいよ」がスタートした昭和四十三年ですから、旅先から電話をするのは、大変でした。

寅さんは、年賀状や暑中見舞いなど、時候の挨拶で、相手への気持ちを伝え、自分が元気であることを伝える人でもあります。旅先の寅さんは、余程のことがない限り、家族からの手紙を受けとることが出来ません。例外があるとすれば、第四十一作『寅次郎心の旅路』の冒頭、旅先で風邪を引いてしまった寅さんが、さくらからの手紙を受け取るシーンです。

今度はいつ帰るの。桜の咲く頃、それとも若葉の頃、みんなで首を長くして待ってるわ。それじゃ、体大事にね。

さくら

住所不定の旅人である寅さんには、連絡を取るのも大変です。ひとたび旅に出れば「糸の切れたタコ」。寅さんからの連絡がない限り、消息は不明です。寅さんは、気になることがあれば、すぐに電話しますが、さくらにしてみれば「身勝手なお兄ちゃん」です。

世界中のどこにいても、メールや衛星電話など、さまざまなツールで、連絡が取れるようになったのは、つい最近のこと。今から半世紀前には「あなた様の幸せを遠い他国の空から、お祈り申し上げています」とハガキや手紙にしたためることしか出来ませんでした。

「何かあったら、東京は葛飾柴又、帝釈天参道の「とらや」を訪ねてきな」とは、寅さんが旅先で出会った人にかけることばですが、今のメールアドレスや、携帯番号に匹敵する、大切な情報です。

『寅次郎忘れな草』でリリーが、初めて「とらや」を訪ねたのも、このことばあってのことです。それから二人はいろいろありましたが、リリーは寅さんに逢いたくなったら、いつも直接「とらや」を訪ねてきました。第十五作『寅次郎相合い傘』は、そうして物語が始まりました。そこでおいちゃん、おばちゃん、さくらと再会。さくらに参道まで見送られ、こんな会話をします。

リリー「さよなら、そのうちまた来るわね」
さくら「お兄ちゃんと一緒にね」

さくらにとってリリーはお兄ちゃんの大切な人であり、リリーにとっても大事な人だとわかります。『寅次郎ハイビスカスの花』でリリーは、冒頭、小岩のキャバレーにポスターとチラシを納品に行く博に呼び止められ、再会を果たします。リリーは「あの人どうしてる？寅さん」と博に尋ねます。「やっぱり一人もんで、年がら年中旅暮しで、そうなんでしょう？」とリリーは微笑みます。

リリーに対して、博も、さくら同様、大切な人として接しています。親戚も同然です。この後、旅先で無理をしたリリーは、沖縄で倒れてしまい、寅さんにどうしても逢いたくなります。その気持ちを伝える手だては、電話ではなく手紙だったのです。

私、今病気なの、歌を唄ってる最中に血を吐いて、この病院にかつぎ込まれたの。先生は気の持ち方で必ずよくなるって言うけど、でも生きてたってあんまりいい事なんかないしね。別に未練はないの。ただ一つだけ、もう一ぺん寅さんに会いたかった、寅さんの面白い冗談を聞きたかった、それだけが心残りよ。

リリーの手紙が届いたのは、偶然にも寅さんが「とらや」に帰って来たところで、病気のリリーの気持ちを知った寅さんは、矢も楯もたまらずに、心は沖縄へ飛びます。

一本の電話、一枚のハガキ、一通の手紙。この時代、まだ、遠方へのコミュニケーションが、簡単ではありませんでした。でも、それゆえ、相手への想い、自分の気持ちをはっきりと、ことばにすることが出来ました。用件だけでなく、気持ちも込めて。「心配している」「逢いたい」「どうしている」。『男はつらいよ』シリーズのなかで交わされる電話の会話や、手紙の文面には、寅さんだけでなく、この映画のなかで生きている様々な人々の、気持ちが込められているのです。

二〇一三年九月二十七日

第二十六作　男はつらいよ　寅次郎かもめ歌

一九八〇年十二月二十七日

寅さんは、学校で楽しくお勉強……

昭和五十五（一九八〇）年末に公開された『寅次郎かもめ歌』と同時上映の前田陽一監督の『土佐の一本釣り』は、それまで「寅さん映画」とは縁遠かった若者たちで映画館が満員でした。

その一年半前、「普通の女の子に戻りたい」と解散、引退したキャンディーズの蘭ちゃんこと伊藤蘭さんが「寅さん」に、スーちゃんこと田中好子さんが併映作にそれぞれ出演。強力な二本立となりました。公開初日の新宿松竹には、渥美清さん、山田洋次監督、そして伊藤蘭さん、『土佐の一本釣り』の主演・加藤純平さんが駆けつけ、舞台挨拶をしました。高校二年のぼくは、キャンディーズファンでもあり、寅さんファンでもありましたから、幸福なひとときでした。

この『寅次郎かもめ歌』は、さくら夫婦が、あちこちに借金をして、念願のマイホームを手に入れます。柴又に帰って来た寅さんは、さくらに案内され、二階の満男の部屋の隣が「お兄ちゃんの部屋よ」と聞いて感動します。さくらに「お前、一番欲しいものは何だ」と尋ねると「そうねぇ、お金かな」。寅さんは可愛い妹のために、ご祝儀を奮発しますが、それが騒動の発端となり、また旅の人となります。

さて伊藤蘭さんが演じたのは、北海道は奥尻島の女の子、水島すみれ。寅さんのテキヤ仲間で、博打が三度の飯よりも好きだったシッピンの常の一人娘です。出鱈目な夫に愛想をつかした母は、すみれが幼い頃家を出て、父娘の暮らしが長く続いていました。北海道にバイに来ていた寅さんは、テキヤ仲間から、常の死を聞かされ、線香を手向《たむ》けに奥尻へ渡ります。

家を建てた妹のための「祝儀」。そして酒と博打で死んだ仲間のための「不祝儀」。寅さんは、立て続けに祝儀と不祝儀に関わります。

さて、奥尻で尋ねた常のひとり娘・すみれは、函館の高校を中退して、故郷でイカの加工場に勤めています。寅さんはすみれから「東京で働きながら学校へ行きたいの」と聞き、ひと肌脱ぎます。

やがてすみれは、「とらや」に下宿をしながら、昼は社長の世話で青戸のセブンイレブンに勤め、夜は定時制高校に通うことになります。寅さんは保護者として、毎日すみれに付き添って登校、先生や生徒たちと顔なじみに。そこで寅さんが中学中退したときの経緯を、教室で面白おかしく話す「アリア」となるのです。

元キャンディーズの伊藤蘭さんをマドンナに迎えて、どんな華やかな物語になるのか、と思っていた高校生のぼくは、この映画の「ある種の暗さ」に戸惑いました。しかし、その「暗さ」こそが、山田監督の問題定義であり、この作品のテーマだと、次第に理解しました。

さくらは家のローン、満男の教育費など、幸福な暮らしのためにお金が必要です。それは、従業員の生活一切が肩にのしかかっているタコ社長とて同じ。寅さんは、さくらの「祝儀」のために、小金持ちの源ちゃんから借金をします。

おいちゃんが店を抵当に入れて借金をして、さくらの家の頭金を作りました。お金には困っているけど、皆で支え合って生きているのです。一方、借金までして博打にうつつを抜かして家庭を壊してしまった常の娘・すみれは「働きながら学校に行きたい」という夢を、寅さんや家族の協力で実現します。

そうした「向上心」「向学心」を受け止めてくれる定時制高校が舞台となります。この頃、山田洋次監督は、「夜間中学」をテーマにした映画『学校』の企画をあたためていました。このテーマの社会性は、当時、娯楽映画にはヘビーな題材でした。遅々として企画が進まぬなか「ならば寅さんで」との監督の判断は正解でした。

社会からドロップアウトしたアウトローの寅さんと定時制高校。一見ミスマッチの題材を、蘭ちゃんがマドンナであることで、口当たり良くテーマを観客に提示。丁寧な描写、台詞の一つ一つに、当時の「定時制」が直面している現実が、わかるようになっているのです。これが山田監督のうまさです。

学校の林先生には、第六作『純情篇』で助平な山下医師に扮し、第九作『柴又慕情』から第十三作『寅次郎恋やつれ』まで二代目おいちゃんを演じた松村達雄さん。この林先生のキャラクターが秀逸です。さまざまな問題を抱えて教育を受けることができなかった人々に、もう一度、勉強する場を提供する。教育者としての責務と誇り。林先生から、それが伝わってきます。

すみれのクラスには、さまざまな生徒がいます。ヤンキーのような青年、中年の生徒には第十八作『寅次郎純情詩集』で別所温泉の警察で渡辺巡査を演じていた梅津栄さん。デビュー間もない田中美佐子(当時は美佐)さん、「超人バロム1」(一九七二年・NTV)など子供番組でおなじみだった高野浩幸さん、後にタイトルバックの寸劇でおなじみとなる光石研さんの姿もあります。

そこへ寅さんがやってくるわけですから、こんな楽しい空間はありません。高校の同級生と蘭ちゃん、スーちゃん目当てに二本立を観に行ったぼくにとっても、この作品は忘れがたい一本となりました。

山田監督は、この『寅次郎かもめ歌』で取組んだテーマで、十三年後の平成五(一九九三)年、念願の『学校』を実現させます。

西田敏行さん扮する夜間中学の教師・黒井先生の奮闘ぶりを感動的に描いたこの作品には、渥美清さんが八百屋のオヤジで特別出演。「学校」はシリーズ化され、養護学校、職業訓練校、不登校の少年と、さまざまなテーマを提示して、山田監督のもう一つの代表作となりました。

さて、すみれの付き添いで通っているうちに学校がすっかり気に入った寅さん、内緒で願書を出していたのです。残念ながら、それは却下となります。その理由は「中学中退」という苦いもの。それが寅さんのコンプレックスなのかはわかりません。

ただ、寅さんは「向学心」のある人、「向上心」のある人に対して、常に協力を惜しみません。寅さん映画の魅力であり「インテリと寅さん」の組み合わせの妙の秘密も、そんなところにあるのかもしれません。

二〇一一年九月三十日

「潜水艦アパート」からの脱出

さくらと博が結婚して十一年。ずっとアパート住まいでした。第九作『柴又慕情』では、社長とおいちゃんの協力で小さな家を建てようとしたこともありましたが、寅さんの「貸間あり」騒動で、結局うやむやに。さくらの住まいの変遷については二〇一一年十二月二十二日木曜日放送「みんなの寅さん」の高橋将市アナとの「寅さんご意見箱」で、こんな風にご紹介させて頂きました。当日の放送を文字で再現します。

高橋　お便りをご紹介します。「シリーズの初期、さくらと博はアパート住まいでしたが、毎回、同じ場所でロケをしていたんでしょうか？ 気になります(笑)」ということですが、佐藤さん、どうでしょう？

佐藤　さくらと博のアパート住まいは、第一作から第二十五作の『寅次郎ハイビスカスの花』まで続きます。このアパート、第五作『望郷篇』などで明らかになりますが、京成金町線の線路のすぐ脇にあります。葛飾区柴又四丁目あたりです。最初にスクリーンに登場したのは、第四作『新 男はつらいよ』です。この時、アパート名は「江戸川荘」でした。そして第五作『望郷篇』では、「コーポ江戸川」となります。

高橋　では、ロケ場所が変わったのですか？

佐藤　場所は変わってなくて、アパート名が変わっているのです。第二十作『寅次郎頑張れ！』では、「こいわ荘」となっています。でも、場所は変わらず、線路脇です。このアパートのこと、寅さんは「潜水艦みたいなアパート」と言ってました。

第二十六作『寅次郎かもめ歌』で、寅さんが「いや俺もね、心配してたの。いつまでこいつらがさ、あの潜水艦みたいなアパートに住んでんのかなと思って」と言うのですが、潜水艦の見立てがおかしいです。

シリーズ初期から中期にかけて、さくらのアパートの変遷を見ていると、昭和四十年代から五十年代の庶民の暮らしが垣間見えます。狭いながらも楽しい我が家とは、エノケンこと榎本健一さんのジャズソング「青空」のフレーズですが、さくらたちには小さな城でも、寅さんは「潜水艦みたい」とスパッと言い切ってしまうわけです。

さて、さくらの案内で念願のマイホームを見に行った寅さん。柴又五丁目の送電線の近くの小さな家を見て驚きます。それでもなんとか褒めようと懸命になる姿が笑いを誘います。

隣家のご主人役で出演しているのが、落語家でタレントだった林家珍平さん。木下恵介劇場「記念樹」の第八話「兄さん お父さん」や、「ウルトラマン」第三話「科特隊出撃せよ」などに出演していた人です。寅さんが一階で「こっちは江戸川だな、どれどれ」と曇りガラスを開けると、林家珍平さんが着替えをしてます。この住宅事情の笑いは、戦後の斎藤寅次郎喜劇でよくあったパターンですが、こうして、さくら宅の狭小ぶりが笑いとともに描かれていきます。

二階に上がった寅さんが「この空き部屋なんだい」と訊くと、階下のさくらが「それはね、お兄ちゃんの部屋」と答えます。

どんなに狭い家でも、お兄ちゃんが帰ってきたら休む部屋を用意しておきたい、という妹の想いに、寅さんは感動します。「お前、今、なんでも欲しいものやるって言ったら、何が欲しい？」に、さくらは「やっぱりお金かな」と現実的に答えます。

先立つものがない寅さん。御前様に相談を持ちかけますが、カンの良い御前様に「まさか借金の相談じゃないだろうな」と先回りされます。で、結局諦めかけるのですが、久しぶりに会った源ちゃんに小遣いを渡したとき、お札でパンパンに膨れた財布を目撃して……。

源ちゃんの小金持ぶりが、ここで明らかになるのですが、寅さんは兄貴分の強権を発動して、二万円を拝借。さくら夫婦へのご祝儀とするのですが、ここでまたひと悶着。寅さんが二万円ものお金を用意することにリアリティを感じない博やタコ社長の心ない行動に、寅さんは傷つき、旅の人となってしまいます。お金をめぐる、この一連のドタバタは、一歩間違えば生々しくなるのですが、そこは「男はつらいよ」です。「ご祝儀騒動」とでも名づけたくなるような、いつもの騒動になっているのが、見事です。

さて、この回で登場したさくらの家は、その後どうなったのでしょうか？ 二〇一一年十二月二十二日の「寅さんご意見箱」で、こんなお便りをご紹介させて頂きました。

高橋　では、次もさくらさんの家にまつわるご質問です。

「さくらの持ち家は何回変わってますか？ 三回ですか？」

これはいかがですか？

佐藤　博さんとさくらさんが、おいちゃんやタコ社長の協力で、ローンを組んで、ようやく持ち家を持ったのが第二十六作『寅次郎紙風船』でした。リスナーの方のご賢察のように、何度か変わっているのです。

高橋　三回もですか？

佐藤　『寅次郎かもめ歌』に登場した最初の家は、柴又五丁目あたりです。第四十一作『寅次郎心の旅路』のときに、北総鉄道の「新柴又駅」のほど近くにあったため、家が立ち退いてしまい、ほどなく、二番目の家に引っ越しています。場所は、第二作『続 男はつらいよ』で、東野英治郎さん扮する散歩先生が住んでいた葛西神社の近く、葛飾区東金町六丁目です。江戸川沿いにはありますが、柴又ではなく金町の方だったんです。

高橋　では、第四十一作から最終作までは、二番目の家ということですか？

佐藤　ところが第四十三作『寅次郎の休日』では、江戸川を小岩方向に下った、江戸川区北小岩七丁目に引っ越しているんです。といってもロケ場所が変わったわけです。そして第四十六作『寅次郎の縁談』から第四十八作『寅次郎紅の花』まで、北小岩四丁目付近の家となりました。最寄り駅は、京成江戸川駅。ほとんど小岩エリアの住人になっていたのです。ということで、変わったのは計四回です。

その後、さくらの家は柴又界隈を四カ所、転々とするわけですが、これはロケ先の事情でもあります。とはいえ、繰り返しシリーズを観る楽しみは、こうしたいつもの場所の微妙な変化にもあります。

人々の暮らしとともに、大きく変わってゆくもの、いつまでも変わらないものがあります。柴又でいえば、帝釈天や門前町はいつもぼくたちを、映画の雰囲気のまま迎えてくれます。江戸川土手を金町方向から歩いてくると、寅さんの気持ちを味わうことが出来ます。

二〇一二年十月五日

二人のおばちゃん

寅さんが、「とらや」に帰ってくるとき、店の前でウロウロする笑いは、シリーズ当初からファンのお楽しみでもありました。回を重ねるうち、様々なバリエーションが生まれました。第二十六作『寅次郎かもめ歌』の冒頭では、「とらや」に国勢調査員のおばさんが、調査票を回収にやってきたところで、寅さんが登場。果たして、いつも旅先の寅さんは「頭数に入るのか、どうか?」の笑いが展開されます。

大正九(一九二〇)年に第一回国勢調査が行われて以来、ほぼ五年に一度のペースで実施されています。調査は十月一日の時点で行われるので、『寅次郎かもめ歌』は昭和五十八(一九八三)年十月一日の話ということになります。

寅さんのような独身者は、それ自体で一つの「世帯」とカウントされるのが基本ルール。問題は、十月一日の時点で、どこにいるか?です。

さて「男はつらいよ」ファンにとって、この「国勢調査の笑い」は、二人のおばちゃんの共演でもあります。というのも、国勢調査員を演じている杉山とく子さんは、テレビ版「男はつらいよ」のおばちゃんだからです。

俳優座の女優だった杉山さんは、第一作のとき、旅公演と撮影スケジュールが重なり、出演が叶わず、三崎千恵子さんとなり、映画のおばちゃんが誕生しました。

山田洋次監督は、杉山とく子さんがお気に入りで、「男はつらいよ」以前も、テレビで脚本を手掛けていた東芝日曜劇場（TBS）の「24才 その7」（一九六九年）で、吉永小百合さん演じるヒロインの下宿のおばちゃん役にキャスティング。やはり東芝日曜劇場で、倍賞千恵子さんがヒロインをつとめた「父」「続・父」（一九七一年）でも、気のいい下宿のおばちゃんを好演しています。

余談ですが、この「父」「続・父」では、倍賞さんの恋人に、『家族』（一九七〇年）『故郷』（一九七二年）で夫を演じる、井川比佐志さん（テレビ版「男はつらいよ」の博士役）。倍賞さんのダメな父親に松村達雄さん（二代目おいちゃん役）、その愛人に奈良岡朋子さん（第四十作『寅次郎サラダ記念日』での三田佳子さんの母親役）、近所の大工の棟梁に佐野浅夫さん（第十七作『寅次郎夕焼け小焼け』の鬼頭役）といったのちの「男はつらいよ」出演者ばかり。

山田脚本の日曜劇場で、杉山とく子さんが演じた下宿のおばちゃんを観ていると、お人好しで苦労人、一言多い世話焼き、という点が共通しています。小津安二郎監督の『東京物語』（一九五三年）のように、亡くなった次男の嫁・倍賞千恵子さんと、義父の笠智衆さんの交流を描いた「嫁」（一九七三年）でも、アパートのおばちゃんを好演しています。こうしたおばちゃんキャラクターの集大成が、第三十五作『寅次郎恋愛塾』で、マドンナ若菜（樋口可南子）が住んでいる文京区のアパート富士見荘の家主のおばちゃんです。足しげく若菜のもとを訪ねる寅さんがお土産を持ってくるとご機嫌で、寅さんのことを「柴又の、粋な人」と評して、お気に入りです。

さて、その杉山とく子さんですが、映画でおばちゃんを演じることは出来ませんでしたが、しばしばシリーズに出演しています。

第五作　　『望郷篇』浦安の豆腐屋・三七十屋《みなと》のおかみさん。

第二十作　　『寅次郎頑張れ！』柴又のパチンコ

屋のおばちゃん。
第二十一作　『寅次郎わが道をゆく』留吉（武田鉄矢）の母。
第二十六作　『寅次郎かもめ歌』国勢調査員。
第二十八作　『寅次郎紙風船』夜明の駅前旅館のおばちゃん。
第二十九作　『寅次郎あじさいの恋』かがり（いしだあゆみ）の母。
第三十五作　『寅次郎恋愛塾』若菜（樋口可南子）のアパートの家主。
第四十四作　『寅次郎の告白』倉敷市の白壁土蔵群の駄菓子屋のおばあちゃん。

計八回、出演しています。第五作『望郷篇』では、寅さんが浦安で、もう一つの「とらや」ともいうべき「三七十屋」で、楽しい日々を過ごします。杉山とく子さん、長山藍子さん、そして井川比佐志さん、渥美清さん、佐藤蛾次郎さんがちゃぶ台を囲んでの、楽しい夕餉のひとときでは、テレビ版「男はつらいよ」のレギュラー陣がもう一度勢揃いしました。

数多くの作品に出演している杉山とく子さんですが、三崎千恵子さんと同じフレームに収まっている共演は、「男はつらいよ」ではこの回だけです。テレビ版のおばちゃんが、「とらや」を訪ね、映画版のおばちゃんと会話をする。それだけでも、ファンには嬉しいのです。「男はつらいよ」の楽しさは、こうしたおなじみの俳優を味わうことでもあります。

第五作と第三十五作をのぞけば、杉山とく子さんの出番は、ほんのわずかですが、彼女が演じるキャラクターの存在感というか、佇まい、どんな暮らしをしているのか、これからどんな風に生きていくのか、そこまで瞬時に感じさせてくれるのです。山田監督は、そうしたキャラクターに、俳優の個性をうまく重ね合わせ、観客が抱いているイメージや期待をさらに膨らませてくれます。

第四十四作『寅次郎の告白』で、母・礼子（夏木マリ）の再婚問題に苦しむ泉（後藤久美子）が一人旅をしたときに、一夜の宿を提供してくれる駄菓子屋のおばあちゃんは、杉山とく子さんならではです。あんパンを軒先で食べようとした泉にお茶を入れ、さらには晩ご飯の支度をするからお豆腐を買って来てくれと、有無を言わせません。

泉の寂しさにすぐに気付いて、おばあちゃんも一人暮らしで寂しい想いをしていることもあり、それが優しさとなります。さらに偶然、寅さんがそこにやって来て、という展開は、杉山とく子さんが、これまで山田作品で演じてきた「下宿のおばちゃん」のその後のようで、実に幸福な気持ちになります。

さて『寅次郎かもめ歌』です。寅さんは帰ってきて早々、国勢調査の用紙に記入させられます。

寅さんにしてみれば、国の調査から外されようとおかまいなし。お天道様に恥ずかしくない生き方をしていれば、それで良しの寅さんには、国勢調査の項目は調書のようで抵抗があるのです。おいちゃんは「これ書かねえとな、日本の人口から外されちゃうんだぞ」と脅かしますが、寅さんは「外されたっていいよ」と開き直ります。国から員数外とされても構わないようですが、第十五作『寅次郎相合い傘』の「メロン騒動」を持ち出すまでもなく、家族からの員数外はつらいのです。いつもそれが騒動の火種にもなります。

しかし、この国勢調査騒動のあと、博が購入したマイホームを訪ねる寅さんには、素晴らしいサプライズが待っています。狭いながらも楽しい新居のあちこちを見学して、あれやこれや言っている寅さん、こんなことを言いながら二階に上がります。「この空き部屋なんだい？　下宿人でも入れんのか？」と寅さんの声。御前様からの時計の包みを開けながら、さくら「それはね、お兄ちゃんの部屋。泊まる部屋があると安心でしょ」とさりげなく言います。

寅さんは、そのさくらと博の気遣いに感激して、二階から降りて来て「お前今、なんでも欲しいものやるって言ったら、何が欲しい？」とさくらに言います。そこに流れるのが、スコットランド民謡の「埴生の宿」“Home,Sweet,Home”です。やっぱり「我が家が一番」という曲です。「国勢調査」から、「寅さんの部屋」へと、実に鮮やかな展開です。

二〇一三年十月一日

第二十七作　男はつらいよ　浪花の恋の寅次郎

一九八一年八月八日

出逢い、そして……

瀬戸内海の小島。のどかな昼下がり、広島県呉市豊浜町小野浦で、寅さんがあんパンと牛乳で昼食をとっています。そこで寅さんは、ブラウス姿の美しい若い女性と出逢います。墓参をしている彼女を、未亡人とカンチガイした寅さん、その女性とことばを交わします。何気ない旅先でのひととき。こういうときの寅さんは、カッコいいです。相手に深く立ち入ることもなく、そっと寄り添って、同じ空気のなかに佇んでいる。そんな感じがします。

別れ際、渡船に乗る寅さんと女性が、互いに名乗り合います。二度と会うことはない、ひとときの出逢い。瀬戸内海の波光、夏の陽射し。高羽哲夫キャメラマンが捉えた、美しい日本の風景。そして山本直純さんによる、短いけれども印象的な「旅のテーマ」。

ぼくたちは、こうしたシーンに「男はつらいよ」の世界を感じて、とても暖かい気持ちになります。

この出逢いは、寅さんにも観客にも深い印象を残します。しばらくして、寅さんが東大阪の石切《いしきり》劔《つるぎ》箭《や》神社《じんじゃ》で啖呵売。しかし江戸っ子の寅さん、大阪では調子が出ず「ダメだなぁ、大阪は。あきらめて東京に帰るか」と弱気です。

そこへ、華やかな雰囲気の三人の女性たちが、かしましくやってきます。演ずるは正司照枝さん、正司花江さん。もうひとりが、正司歌江さんだと「うちら陽気なかしまし娘」となるのですが、三人目の女性は、なんと、先日出逢った、浜田ふみ（松坂慶子）だったのです。

寅さんが堅気の女性と思い込んでいたふみは、華やかな、浪花芸者だった、という展開の鮮やかさ。人は見かけによらない、ということを逆手にとって、ヒロインをクローズアップさせていく。清楚な堅気の女性が、華やかな花柳界に咲いた「花」だったのです。寅さんと玄人の女性。リリー（浅丘ルリ子）やぼたん（太地喜和子）もそうでしたが、男と女、人の機微が判った女性と寅さんは、気持ち良いほど相性が良いです。同時に、映画はふみの抱えている影の部分をゆっくりとクローズアップしていきます。

瀬戸内海の小島での身の上話では、おばあちゃんに育てられたこと。寅さんと奈良県生駒市の宝山寺にデートをしたときには、生き別れになった弟が、大阪に住んでいることなどを、寅さんに話します。

夜の世界では、絶対見せない浜田ふみの素顔。少女時代から変わらないだろう優しい表情を、寅さんの前では、素直に見せます。

最初に出逢ったときの、寄り添ってくれた感覚が、彼女の心を開かせている、そんな雰囲気の生駒山のデートです。しかし、寅さんは、ふみの弟が生きていると聞き「会ってやれよ。こんな広い世の中にたった二人きりの姉弟じゃねえか。会いたくねえわけがねえよ、な?」と、会いに行くことを促します。

このとき、寅さんにはさくらとの再会したときのことや、さくらへの想いが強くあったのでしょう。逡巡するふみのため、寅さんは、江戸っ子らしく即座に、行動します。しかし大阪、此花区の工場街に、弟を訪ねたふみと寅さんは、職場の運転主任（大村崑）から、つい先月に弟が急逝したことを聞かされます。この展開はショックです。ふみはもちろん、再会を強くすすめた寅さんも後悔します。来なければ良かったと……。

この作品が素晴らしいのはここからです。幼いときの弟のイメージしかないふみに、運転主任や、工場の仲間である吉田（冷泉公裕）たちから、亡くなった時の状況、人柄が語られ、映画には登場しない、ふみの弟・英男という人が見えて来るのです。やがて英男が結婚の約束を交わしていた娘・信子（マキノ佐代子）が、ふみに挨拶をします。

この一連のシーンは、弟・英男の「生きた証」を、ふみが実感する、悲しいけれども、美しい心が感じられる名場面です。寅さんが「会ってやれよ」と言わなければ、英男が幸せに生きていたことも知ることが出来なかったのです。

ふとしたことで出逢い、お互いの境遇を知り、そして寄り添う。恋愛も友情も、その積み重ねです。この『浪花の恋の寅次郎』は、人の出逢いと、心を通わせていくプロセスを丁寧に描いてます。

物語はここから切なくも華やかに展開していきます。寅さんとふみ。大人同士はこの後、どうなるのか？

華やかな世界の裏にある、悲しみや屈託。その光と影が『浪花の恋の寅次郎』の魅力です。冒頭の瀬戸内海のシーン、中盤の生駒山デート、ラストの長崎県対馬。この映画は、いずれも明るい陽射しのなかで撮影されています。夜の世界と、太陽の陽射し。悲しみと喜び。「男はつらいよ」は人生の縮図でもあります。

また、英男の許嫁であった信子を演じたマキノ佐代子さんが、この後の作品で朝日印刷のゆかりちゃんとして、最終作まで出演します。

その明るい姿に、信子のその後を見守っているような気持ちにもなるのです。

二〇一一年十月七日

瀬戸内の出逢い、浪花の恋

寅さんとマドンナふみ（松坂慶子）が出逢ったのは、広島県呉市豊浜町小野浦、瀬戸内海に浮かぶ豊島の東側の港町の中腹の墓所です。

清楚な女性が墓参りをしています。寅さんは「こんな美しいおかみさんを残して、ご主人はさぞ心残りだったでしょう」と、彼女が未亡人だと決めつけます。しかしふみは「それはね、わたしのおばあちゃん」と微笑みながら答えます。

美しい瀬戸内の風景が、印象的な名場面です。松坂慶子さんはこの頃、松竹のトップ女優として、野村芳太郎監督の『事件』『配達されない三通の手紙』（一九七九年）、『わるいやつら』（一九八〇年）といったミステリーや、山根成之監督の『五番町夕霧楼』（一九八〇年）といった作品に出演。テレビドラマ「水中花」（一九七九年・TBS）ではバニーガールのスタイルで唄った「愛の水中花」が大ヒット。そうしたなかの「男はつらいよ」への出演でした。

美しい女性に美しい風景。山田洋次監督の映画に、しばしば瀬戸内海の美しい風景が登場します。大阪生まれで、満州鉄道に勤める父親の仕事の関係で、大陸で少年時代を過ごした山田監督は、内地に引き揚げてきたとき、瀬戸内海の島々を眺めて「日本に帰って来た」としみじみ思ったそうです。その「原体験」は、しばしば映画に登場します。

ハナ肇さんの『いいかげん馬鹿』（一九六四年）の主人公・海野安吉が育ったのは瀬戸内海の小島でした。予算の関係で撮影は伊豆の松崎で行われました。安吉はのちの寅さんのように故郷にいたたまれなくなって家出、十年ぶりに帰って来て騒動を起こします。倍賞千恵子さん主演の『愛の讃歌』（一九六七年）は、フランスの喜劇作家、マルセル・パニョルの「ファニー」を下敷きにした作品ですが、瀬戸内海に浮かぶ日永《ひなが》島という架空の島で、ブラジルに行った恋人を待ちわびるヒロインの物語でした。

『故郷』（一九七二年）も、広島県の倉橋島に住む石積船の夫婦を、井川比佐志さんと倍賞千恵子さんが演じ、変わりゆく日本のなかで、その発展に抗うことが出来ずに、島を捨てざるを得ない現実をドキュメンタリー・タッチで描いた佳作でした。

ことほど左様に、山田作品における瀬戸内海とその小島は重要な舞台です。『故郷』に登場する倉橋島は、その後、瀬戸大橋が開通し本州とつながりました。松坂慶子さんが再びマドンナとして出演した第四十六作『男はつらいよ 寅次郎の縁談』では、その瀬戸大橋の威容が画面いっぱいに広がります。『寅次郎の縁談』は、『愛の讃歌』で描かれたようなユートピア的な、架空の琴島で、寅さんが美しい葉子（松坂慶子）としばし楽しいときを過ごします。

「男はつらいよ」でも、第十九作『寅次郎と殿様』で、寅さんが愛媛県松山市興居《ごごしま》島の厳島神社でバイをするシーンが撮影されました。第三十二作『口笛を吹く寅次郎』のラスト、旅先で寅さんが出会った労務者（レオナルド熊）とその娘と再会するのは、広島県尾道市の因島大橋の工事現場。男やもめのレオナルド熊さんが、あき竹城さん扮する飯場の女性との再婚を匂わせる名場面でした。

『東京家族』（二〇一三年）にも、瀬戸内海が登場します。橋爪功さんと吉行和子さん扮する主人公夫婦は、広島県の大崎上島から、子供たちに会うために上京します。大崎上島の美しい風景を眺めていると、寅さんもこの島に来たのかもしれない、と思います。

さて、寅さんは大阪に来て一週間、肝心の商売はパッとしません。生駒山のふもとにある石切劔箭《いしきりつるぎや》神社で「水中花」のバイをしているところに現れたのが、寅さんが岡山県の大崎下島で出会った美しい女性でした。寅さんは彼女が大阪で働いていると聞いて、郵便局員か何かと思い込んでいましたが、実は北の新地で芸者をしている浜田ふみ(松坂慶子)です。

ふみは、よほど寅さんに会いたかったと見えて、顔を輝かせ、心の底から喜んでいます。それは寅さんとて同じこと。大崎下島でおばあちゃんのお墓に手を合わせている、清々しいふみと、ことばを交わし、船着場まで見送ってもらっただけの関係ですが、そのときのことがお互いのこころに、深く残っていたのです。彼女が大阪で仕事をしている、と聞いて、もしかしたら……と思って寅さんは大阪に逗留していたのかもしれません。

ふみは芸者仲間のお姉さんと石切さんにお参りに来たところでした。この先輩芸者を演じているのが、かしまし娘の正司照江さんと、正司花江さん。かしまし娘といえば、戦後一世を風靡した関西の人気、音曲漫才トリオです。昭和三十年代から四十年代にかけて、大阪角座を中心にステージやテレビで大人気となり、映画にも随分出演しています。

そのかしまし娘の次女・照江さんと、三女・花江さんと、松坂慶子さんが三人でいるだけで、またまた大阪気分が盛り上がります。こうして大阪で違和感なく、寅さんが恋をして活躍できる場が用意されたのです。一見、華やかな芸者の世界に生きるふみですが、子供の頃から苦労を重ね、生き別れになった弟との再会を夢見ています。

寅さんとの出会いで、行動を起こすことになるのですが、弟の死という悲しい現実に直面します。幼くして分かれた弟は、大阪でまじめに頑張っていましたが、つい最近に亡くなったことを聞かされます。その弟には結婚を約束した女性(マキノ佐代子)もいたことがわかり、その無念さが、ふみにも、寅さんにも、観客にも悲しみとして広がっていきます。

ふみは「でもあの子可哀想やねえ、恋人に死なれて、これからどないするんやろ」と、弟の彼女の心配をします。寅さんは優しく、「今は悲しいだろうけどさ、ね、月日が経ちゃあ、どんどん忘れていくもんなんだよ」と話しかけてくれます。

悲しみにくれるふみに優しく寄り添い「忘れるってのは、本当にいいことだなぁ」という寅さんのことばは、実に深いです。大阪の夜にひっそりと咲いた、寅さんとふみの恋。シリーズのなかでも忘れがたい、しっとりとした大人の物語が展開されてゆくのです。

二〇一二年十月十三日

西の雁之助、東の渥美

『浪花の恋の寅次郎』で寅さんは、それまでのイメージから、一見不似合いな大阪に長逗留します。通天閣のお膝元、新世界にある旅館「新世界ホテル」の住人として、なかなか居心地が良さそうです。寅さんが何故、苦手な大阪に滞在することになったのかは、おいおい明らかになります。

「東男、西に現れる」その理由は「女性にあり」の構成ですが、寅さんをディープな大阪文化圏に放り込んだらどうなるか？ というアイデアが全編を貫いています。

この作品では、様々な東西の対比を楽しむことが出来ます。なかでも葛飾柴又と新世界・通天閣界隈、二つの失われつつある下町コミュニティの対比は鮮やかです。たとえば、関西コメディを代表する喜劇役者・芦屋雁之助さん演じる、新世界ホテルの主人・喜介が、寅さんに溜まった宿賃を請求に行くシーンです。

寅さんが来て一週間。初日分しか宿賃を払っていません。そこで催促するわけですが、喜介は「早いもんでんな、月日の経つのは」、寅さんは「俺はもう一ヶ月ぐらい経ったかと」と、見解の相違です。「もう一週間か」「まだ一週間か」。第十四作『寅次郎子守唄』で、寅さんが京子（十朱幸代）のコーラス見学に行く土曜日を心待ちにしているときの「まだ木曜」と、手形の期限が迫ってあたふたしているタコ社長の「もう木曜」の、見解の相違のギャグのバリエーションです。「一日千秋」か「光陰矢の如し」か、その人にとって重要な問題でも、ひとたび意見がぶつかり合うと、相違ゆえの笑いとなります。

この頃、芦屋雁之助さんは、テレビ「裸の大将」シリーズがスタートして一年。一九六〇年代の「番頭はんと丁稚どん」（一九五九〜一九六一年）で、実弟の芦屋小雁さん、大村崑さん、茶川一郎さんとともに、「関西コメディの雄」として人気は全国区となりましたが、東の渥美清、西の芦屋雁之助と呼ばれるイメージの総仕上げが「裸の大将」での放浪画家・山下清役でした。

雁之助さんは、昭和六(一九三一)年生まれ。渥美さんより三歳年下です。昭和二十年代、弟・芦屋小雁さんと漫才コンビを組んで人気者となります。ところがある日、漫才を辞めて、昭和二十九(一九五四)年に開場したストリップ劇場「OSミュージックホール」に兄弟で入り、座付き作者だった花登筐作のコントを演じて関西コメディの礎を築きます。

同じ頃、東京では、渥美清さんが、ストリップの川崎セントラル劇場でコメディアンとしてデビュー。浅草百万弗劇場から、フランス座へと進出。谷幹一さん、関敬六さんらと東京コメディの寵児となります。その頃フランス座には進行さんと呼ばれる演出助手として、後に作家となる井上ひさしさんがいました。

渥美清さんと芦屋雁之助さんが、東西、それぞれコメディアンとして地位を築いていくプロセスは、よく似ています。東京でも大阪でも戦後、とくに昭和二十年代から三十年代頭にかけて、ストリップのコントに登場するコメディアンが、後のテレビ時代のコメディを牽引していきました。二人とも昭和三十年代半ば、テレビの人気番組によって、その顔と、その声と、そのキャラクターと、その名前は、全国津々浦々のファンに知れ渡ることとなりました。

それを考えると、もう一つの葛飾柴又的ユートピアの住人として、芦雁之助さんがスクリーンに登場するのも納得が出来ます。この喜介、ホテルの主人といいながら、未だにお母ちゃんに頭が上がりません。極度のマザコンで、パワフルで生活力旺盛なお母ちゃんのペースに乗せられ、半世紀近く生きて来たのでしょう。

そのお母ちゃんを演じたのが初音礼子さん。大正十三(一九二四)年に宝塚歌劇団に入団。そのときのステージネームは初音麗子。男役として、昭和十(一九三五)年から昭和二十(一九四五)年まで雪組の組長をつとめた、トップ・スターです。戦後は喜劇映画を中心に活躍、特にエノケンこと榎本健一さんの『びっくりしゃっくり時代』(一九四八年)や、トニー谷さんが関西の宝塚映画で主演した「家庭の事情」シリーズ(一九五四年)などの喜劇映画に登場するパワフルなマダムの印象が強烈です。

そして、新世界ホテルのロビーでただただ飲んだくれているおじさん。予告編では「見たってや」とカメラ目線でにっこり笑いますが、この方は、六代目笑福亭松鶴師匠。上方落語ファンにはおなじみの師匠です。三代目桂米朝、三代目桂小文枝、三代目桂春団治とともに上方落語四天王と称された名人です。

歯切れの良い啖っぷりで人気を博していましたが、晩年は脳溢血の後遺症でややスローテンポの語り口となり、それがまた独特の味わいとなっていました。山田洋次監督の『母べえ』(二〇〇八年)、『おとうと』(二〇一〇年)に出演した笑福亭鶴瓶さんの師匠です。座っているだけで絵になる、これぞ大阪のおっちゃん、という味は、演じようとしても演じられるものではありません。松鶴師匠の佇まい、そのものが、ぼくらのイメージするディープ大阪なのです。

芦屋雁之助さん、初音礼子さん、そして笑福亭松鶴師匠たちが暮らす新世界ホテルは、良い意味で浮世離れしたユートピア的空間です。

さらに、ふみの生き別れになった弟がつとめていた運送会社の運転主任に大村崑さん。そこに寅さんが加わるわけですから、これぞ東西喜劇の交差点！という感じ。

ゲスト出演している喜劇人を列挙していくだけでも、往年の関西発のテレビコメディのようなメンバーです。それぞれが持ち味を生かしつつ、生粋の江戸前の男・車寅次郎の周りで、これぞ大阪という味を出して、映画を賑やかにしてくれています。

こうした華やかなムードのなかで、瀬戸内海出身のふみにある〝影〟が次第にクローズアップされて行きます。幼い頃、両親が離婚して以来、音信不通の弟をめぐるエピソードは切なく、運命の皮肉を感じさせてくれます。

鮮やかなのは、寅さんが大阪を引き払い、喜介に見送られた後。通天閣に向かって喜介が商店街を歩きながら顔見知りと会話をするシーンがあります。寅さんなら「相変わらずバカか?」と備後屋さんに言う場面みたいだと思っていると、そのまま柴又帝釈天参道のいつものカットになります。映画では同じような絵柄が続く場合、印象の異なるカットなどをインサートすることが多いのですが、ここではあえて、通天閣から帝釈天とカットをつないでいます。

そのことで「俺がいまいるところは東京で言えば浅草みたいなにぎやかなところだ」とさくらに出した寅さんの手紙が、納得できるのです。

二〇一三年十月九日

第二十八作　男はつらいよ

寅次郎紙風船

一九八一年十二月二十九日

帰去来 ～さまざまな出逢い、さまざまな人生～

寅さんは旅先で、様々な人と出逢い、ひととき過ごして、行き別れます。出逢いの数だけ人生があります。寅さんが啖呵売で、運命判断を得意としているのは、様々な人生に触れることが多いからかもしれません。第二十八作『寅次郎紙風船』で、寅さんは二人の対称的な女性と出逢います。彼女たちからすれば、人生の一番大事なとき、つらいときに、関わった男性が、寅さんなのかもしれません。

晩秋のある日、九州は大分県の夜明《よあけ》という美しい名前の町の商人宿で、寅さんは、ある女性と相部屋となります。色っぽい年増だとドキドキの展開となりますが、現れたのは年の頃は十七、八の、ちょっと虚勢は張っているけど、まだあどけなさが残る女の子。

名前は小田島愛子(岸本加世子)。焼津の漁師の娘で、異母兄がマグロ漁船に乗って遠洋漁業で外洋に出ており、恋多き母親に反発して、高校を休学して家出中です。

寅さんは若い時に、家を出てフーテン暮らしをしていた頃、寂しい想いをさせた妹・さくらと、愛子を重ね合わせたのかもしれません。愛子のノリに辟易しながらも、彼女の抱えている屈託を、寄り添うことで、少しでも軽くしてやりたいと思ったのでしょう。寅さんを慕う愛子を無碍《むげ》にするわけにもいかず、一緒に九州路を旅します。

愛子はさくらであると同時に十六歳の時に父親と大げんかして、柴又を後にした寅さんそのものでもあります。シリーズ初期に、寅さんを「兄貴」と慕って、旅を共にした舎弟・川又登(津坂匡章)の頃のように、愛子と旅を続けます。

ある日、福岡県久留米市の久留米水天宮の縁日で、寅さんが愛子をサクラにバッグを啖呵売していると、向かいのタコ焼きの屋台を切り盛りしている、威勢の良い女性から声をかけられます。彼女は、寅さんのテキヤ仲間〝カラスの常三郎〟（小沢昭一）の女房・倉富光枝（音無美紀子）。常三郎が病を得て入院していると聞いた寅さんは、福岡県甘木市（現・朝倉市）秋月にある常三郎の家を訪ねます。飲む打つ買うの三拍子の常三郎は、往時の威勢はどこへやら、病で臥せっています。

第三作『フーテンの寅』、第五作『望郷篇』、そして第二十六作『寅次郎かもめ歌』と、しばしば、寅さんの仲間であるテキヤの哀れな末路が描かれています。同業者の先輩、世話になった親分、仲間の死……。浮草暮らしのフーテン稼業は、自由気ままだけれど、家庭を得ても、家族まで不幸にしてしまう。その代償は大きい。そんな人生の皮肉を描いています。その時、寅さんの胸に去来する想いを、ぼくらは映画を観ながら考えてしまいます。

博多の旅館の美人女中・光枝に肩入れして、仲間と張り合って、女房にした話。若い女房が自分の死後、他の男に抱かれることを想像するだけでもつらいとの本音を語る常三郎。寅さんに「万一オレが死んだらくさ、あいつば女房にしてやってくれんと」と言い出します。ここは名優・小沢昭一さんの独壇場です。常三郎の話を、やさしく受け止める寅さん。渥美さんの優しいリアクションも素晴らしいです。

その後、寅さんが部屋を見渡すショットがあります。ゆっくりと動くキャメラが映す、二人の暮らし。決して裕福とはいえない、テキヤの住処。おそらくは入院費もかさみ、光枝の苦労は大変なものだったことがわかります。

そんな常三郎にも、大志を抱いていて勉強をしていた少年時代がありました。それを感じさせてくれるのが、部屋に貼ってある北原白秋「帰去来」の拓本です。

山門《やまと》は我が産土《うぶすな》、
雲騰《あが》る南風《はえ》のまほら、
飛ばまし、今一度。
筑紫よ、かく呼ばへば

戀《こ》ほしよ潮の落差、
火照沁む夕日の潟。
盲《し》ふるに、早やもこの眼、
見ざらむ、また葦かび、
籠飼《ろうげ》や水かげろふ。
帰らなむ、いざ、鵲《かささぎ》
かの空や櫨《はじ》のたむろ、
待つらむぞ今一度。
故郷やそのかの子ら、
皆老いて遠きに、
何ぞ寄る童ごころ。

昭和三（一九三〇）年、北原白秋が二十年ぶりに故郷、柳川に帰省します。二十歳で父親に内緒で上京して以来のことです。その時のことを想い、晩年ほとんど視力を失っていた白秋が、昭和十六（一九四一）年、最後の帰省をした時に、書いたのがこの「帰去来」です。

この詩は、旅の暮らしを続ける寅さんの心情でもあり、カラスの常の故郷への想い、人生への想いでもあります。山田監督のお父さんが亡くなられたときに、寝室の壁にこの詩が貼ってあったそうです。この作品では、さまざまな望郷の想いが去来します。

一口で「極道亭主」といえばそれまでですが、常三郎の人生、それを支えた光枝の人生が『寅次郎紙風船』に垣間見えます。この後、フーテンを気取っている愛子に、寅さんが「お前のおかげで楽しい旅だったけど、いつまでも続けるわけにはいかねえ。おまえは焼津に帰れ。俺も故郷に帰る」と置き手紙を残して去っていきます。

愛子、光枝との出逢い、カラスの常の死、光枝への想い。このあと、寅さんは生業《なりわい》について考え、真剣に就職を考えます。それは、常三郎の遺言である、光枝との結婚を考えてのことですが、この作品は、懸命に生きる人々のさまざまな人生が、見事に交錯して、観客であるわれわれに深い印象を残します。人生って何だろう？と。

二〇一一年十月十四日

大人の「男はつらいよ」の味わい

昭和五十六（一九八一）年、ぼくは高校生でした。

この頃から、というか中学高校の六年間、往年の映画や音楽に夢中でしたし、「男はつらいよ」の新作が公開される時期になると、そわそわして、落ち着きませんでした。この頃、すでに映画の仕事に就くのが大きな目標となっており、フィルムセンターや名画座に足しげく通う、映画少年でありました。

洋画のロードショーや、名画座での洋画鑑賞は、映画好きの友人と出かけることもありましたが、邦画、特に「男はつらいよ」だけは、特別なことでもない限り、一人で初日に観に行くことがほとんどでした。さて昭和五十六年の映画興行のランキングはどうだったのでしょうか? 社団法人・日本映画製作者連盟のデータをご覧ください。

【邦画】

一位『連合艦隊』(東宝)
二位『ドラえもん　のび太の宇宙開拓史』(東宝)
　『怪物くん　怪物ランドへの招待』(東宝)
三位『男はつらいよ　寅次郎かもめ歌』(松竹)
　『土佐の一本釣り』(松竹)
四位『男はつらいよ　浪花の恋の寅次郎』(松竹)
　『俺とあいつの物語』(松竹)
五位『典子は、今』(東宝)
六位『ブルージーンズメモリー』(東宝)
　『ねらわれた学園』
七位『駅 STATION』(東宝)
八位『さよなら銀河鉄道999　アンドロメダ終着駅』(東映)
九位『青春グラフティ　スニーカーぶるーす』
　『帰ってきた若大将』(東宝)
十位『魔界転生』(東映)
十一位『古都』(東宝)

【洋画】

一位『エレファント・マン』
二位『007／ユア・アイズ・オンリー』
三位『スーパーマンⅡ　冒険編』
四位『レイズ・ザ・タイタニック』
五位『ブルース・ブラザーズ』
六位『アメリカン・バイオレンス』
七位『ハンター』
八位『ブラック・ホール』

九位　『ヤングマスター 師弟出馬』

　邦画は一位の松林宗恵監督の『連合艦隊』や、五位の松山善三監督の『典子は、今』、七位の高倉健さんの『駅 STATION』をのぞけば、ハイティーン向けの、アイドル映画とアニメでした。三位と四位に「男はつらいよ」が堂々のランクインというのは、このシリーズの人気を物語っていますが、四位の『浪花の恋の寅次郎』の併映作、朝間義隆監督の『俺とあいつの物語』も主演の武田鉄矢さんの相手役は、伊藤蘭さんでした。十一位の『古都』は、市川崑監督による山口百恵さんの引退記念映画です。

　一九八〇年はそういう年でした。洋画に目を向けると、「００７」に「スーパーマン」が相変わらず強く、七位の『ハンター』は、我らがスティーブ・マックィーンの遺作です。ぼくは、高校二年の冬に、『柴又慕情』のロケ地を訪ねる独り旅をして、その帰りに夜行列車を待つ間に金沢で、八位の『ブラック・ホール』と二本立で観ました。

　一位の『エレファントマン』は、のちに「ツインピークス」で日本でもカルトな存在となるデヴィッド・リンチ監督作品。これは、高校の映画鑑賞会の作品に選定して、日比谷の有楽座を貸し切り、同級生と観ました。

　『エレファントマン』といえば、第二十七作『浪花の恋の寅次郎』の冒頭で、源ちゃんが穴の空いた風呂敷を被り、参道を歩きながら「エレファントマン～」と叫びながら、参道を歩く女の子たちをからかう、というギャグがありました。

　そうした時代、「変わらないこと」を身上としていた「男はつらいよ」シリーズのなかでも、第二十八作『寅次郎紙風船』は、高校生のぼくにとっても、少しヘビーで渋い作品という印象でした。

　テキ屋仲間の常三郎（小沢昭一）が、患っていると聞いた寅さん、九州は福岡県甘木市（現・朝倉市）、筑前の小京都といわれる秋月まで見舞いにやって来ます。寅さんが、野鳥川にかかる秋月眼鏡橋を渡るのですが、このショットが実に素晴しいです。晩秋の陽射しを歩く、寅さんのロングショットは、高羽哲夫キャメラマンと山田監督のマジックです。この時間、観客は風景のなかに入り込んでしまいます。

　常三郎は、自宅療養中。今では夫に変わって、テキ屋をしている光枝(音無美紀子)が買物に出ている間、常三郎は寅さんに「万一俺が死んだらくさ、あいつば女房にしてやってくれんと」と真剣に頼みます。死を前にした男が、この世に未練を残したくないからと、恋女房を、寅さんに引き受けて欲しいと頼む。今でこそ常三郎の心境がわかりますが、十代の映画少年には、生々しかったことを覚えています。

常三郎の部屋に張ってある北原白秋の「帰去来」の拓本とともに、大人になってからは、味わい深い名場面となりました。高校生の時は、むしろ、岸本加世子さん扮する、フーテン娘・愛子のキャラクターのほうに目がいってました。

岸本加世子さんといえば、ぼくらの世代では、TBSのドラマ、久世光彦さん演出の「ムー」(一九七七年)の、新潟県親不知から上京してきたお手伝いのカヨコ役が忘れられません。アイドルなのに、コメディエンヌというイメージがありました。ドラマでも共演した、樹木希林さん(第三作『フーテンの寅』の冒頭、木曽の旅館の女中さんで出演、当時は悠木千帆)とのフジフィルムのCMは、一九八〇年代から二十年も続くほどのロングランとなりました。

その岸本加代子さんを、山田監督がどういう風に演出するのか、『寅次郎紙風船』の楽しみはそこにもあります。大分県の夜明《よあけ》の鄙《ひな》びた旅館で、寅さんの相部屋となった女の子として登場。旅館の女将(杉山とく子)が申し訳なさそうに相部屋をお願いします。気の良い寅さんは、男性客と思って、気楽に応じますが、帳場で待っていたのは、まだ年端もいかない、それゆえ突っ張っている愛子(岸本加世子)でした。

愛子は寅さんに「どうしてフーテンって言うの？」と問います。その時の寅さんの答えがふるってます。

「故郷を捨てた男だからよ」

こういう時の寅さん、実にカッコいいです。「ということは、奥さんとか子供とも別れたっていうわけ？」と愛子。口をきかないで欲しいと言っていた割には、立ち入った質問をします。そこで寅さん「そんな面倒なものは最初っからいやしねえよ」とさらに決めます。ん。このやり取り、絶品です。結局、このかしましい愛子と寅さんはしばらく旅を続けて行きます。

この賑やかな愛子は、フーテン予備軍です。そして常三郎が、博多の旅館の仲居を口説き落として女房にした光枝が今回のマドンナ。光枝は、おそらくは幼い頃から苦労を重ねて、今ではテキ屋の女房。しかも夫は病に臥せっていて、苦労ばかりを背負い込んでいる。その光枝の現在と、このままで行けば愛子がたどってしまうであろう将来を、観客にイメージさせます。

　これも山田監督の見事な人物描写とドラマ構成です。寅さんにしてみれば、愛子にはフーテンになって欲しくない。かつて、舎弟の登に抱いたのと同じような気持ちになります。愛子には焼津から漁師をしている兄(地井武男)がいて、「男はつらいよ」のテーマでもある「あにいもうと」の物語が展開されていきます。

　やがて常三郎が亡くなり、光枝は上京して、本郷の旅館につとめ、寅さんと再会、そこから『寅次郎紙風船』の味わいがさらに深まります。常三郎の遺言をどこか真に受けている寅さんと、男の身勝手な約束にどこか腹を立てている光枝。

「とらや」を訪ねてきた光枝が、茶の間で煙草を吸うショットがありますが、こうした仕草に彼女の世界が垣間見えます。仕事が忙しいからと、「とらや」を辞する光枝を見送る寅さん。柴又駅前での二人の別れは、渥美清さん、音無美紀子さんのキャラクターの掘り下げのうまさと、山田監督の見事な演出で名シーンとなりました。

　果たして、光枝は寅さんのことをどう思っていたのか？ 観る人によって、さまざまな解釈があると思います。これもまた「男はつらいよ」の楽しみなのです。とは、高校生の時にはさっぱりわからず、大人になってから思ったことですが……。

二〇一二年十月十八日

寅さんと同窓会

　前作、第二十七作『浪花の恋の寅次郎』から、満男役は、中村はやとくんから吉岡秀隆くんにバトンタッチされました。第二十八作が公開されたのは、ちょうど倉本聰脚本の「北の国から」(一九八一年十月)がスタートして二ヶ月、吉岡くんは「北の国から」の純役と、「男はつらいよ」の満男役と、のちに国民的と呼ばれるテレビシリーズと、映画の両方で、二十世紀後半の「国民的少年俳優」として、その成長が両シリーズのファンの注視を集めることとなります。

満男役が吉岡くんにシフトされたのには、様々な理由があります。一つは、第二作『続 男はつらいよ』の赤ちゃん役から、ずっと満男を演じて来た中村はやとくんが、小学校高学年を迎え、子役ではない一般の子だったため、でした。撮影所の近くの少年を、赤ちゃんとして借りて来て、「とらや」のシーンのたびに出演することになり、その自然なふるまいは、いかにも博とさくらの一粒種、という感じで、微笑ましくもありました。

第二十七作『浪花の恋の寅次郎』からの、吉岡くんの満男は、さすが達者な子だけに、さくらや博、寅さんとの絡みもより深く、楽しくなって、主要登場人物の一人として、大きな存在となります。

さて第二十八作『男はつらいよ 寅次郎紙風船』では、寅さんの母校「柴又小学校」の同窓会の報せが届いて、茶の間の話題となります。おばちゃんが「ちゃんと卒業したんだよね」と懐かしげに、少し寅さんをほめるような感じで言うと、寅さんが「そうだよ、おばちゃん。俺あの六年生の終わりのときはがんばったからなぁ」と真剣な顔です。記憶違いも甚だしいのでしょうが、小学生時代の寅さんを思い出すおばちゃん。「とらや」の家族が重ねてきた幾星霜が窺える瞬間です。

寅さんの思い込みとはいえ、その暖かい時間に、水を差してしまうのは、満男の「誰だって卒業できるんだよ、小学校は」です。当たり前のことですが、寅さんにとって、その当たり前がいかに大変だったか？　ぼくたちは、満男に「それを言っちゃおしまいよ」とイエローカードを示したくなるわけです。

寅さんが異を唱えようとしたときに、おいちゃんが「そうじゃないんだ満男。そりゃな、普通の人間ならば卒業できるのが当たり前だけども、このおじさんがこの頭で卒業するのは並大抵の努力じゃなかったんだ。それを考えなくちゃ」とフォローをします。

この連携がおかしく、みんなで寅さんを擁護している感じがまたいいのです。このあたりから、満男が茶の間のドラマに濃密に関わってくるようになり、吉岡秀隆くんの成長とともに「男はつらいよ」の魅力がさらに増していきます。

さて、寅さんは、苦労して卒業した柴又小学校の同窓会に出かけます。それまでシリーズには、寅さんの小学校時代の悪ガキ仲間が二回ほど登場しています。

第十二作『私の寅さん』では、風体の怪しい中年男が、土手からさくらと満男をつけて来て、今で言うストーカーではないかと騒ぎになります。寅さんが懲らしめようとしたら、なんとデベソというあだ名の病院の御曹司・柳文彦（前田武彦）だったという展開となります。この二人のやりとりは、見ていて楽しいです。今は、妹・りつ子（岸惠子）が住む実家で話す、キリギリスというあだ名の音楽の先生にまつわる、切なくも哀しい想い出に、ぼくらは、小学生だった寅さんたちの、センチメントな感情を感じることが出来るのです。

また第二十四作『寅次郎春の夢』には、マドンナ・高井圭子（香川京子）の娘・めぐみ（林寛子）の英語塾の増築工事を請け負った大工の棟梁・茂（犬塚弘）が登場します。茂は高井家の工事を、女所帯と高をくくって、片手間のようにダラダラとして工期を延ばしています。それを知った寅さんが「こういうことでしたら、アタシにお任せください」と茂に掛け合います。小学校時代、ビリの席次を争っていた劣等生同士の関係は中年になっても、変わらないのです。

さて第二十八作『寅次郎紙風船』です。川魚料理の老舗・川甚で行われる同窓会に、かつての少年少女たちが集まってきます。第十二作の柳文彦も、第二十四作の棟梁・茂もいます。受付をしているのは、やはり同級生のすみ子。演じるは柳家金語楼さんの姪で、喜劇女優だった小桜京子さん（声優の引田有美の母）。そしてシラミというあだ名のクリーニング屋さんの息子・安男が登場します。演ずるは、トリオスカイラインとして昭和四十年代の演芸ブームの中心にいた東八郎さん。東貴博さんのお父さんです。

茂「お前なんか、いじめられたクチだろう」
安男「ん、あいつの顔見るの嫌でよ、オレはずいぶん学校休んだよ」
柳「もしあいつ来たら今日俺帰るからね」

寅さんがやって来る前の、同級生たちの会話です。イジメっ子の登校前、戦々恐々としている時のようです。おそらく、こうした光景が毎日のように展開されていたのでしょう。もちろん寅さんには悪気はないのです。ただ陽気に、毎日を楽しんでいただけだったのでしょうが。

「棟梁、どうした? 相変わらず材料ごまかして、儲けてるか?」「カワウソ! 俺だよ俺だよ、寅だよ寅だよ忘れたかおい」「(安男に)シラミ猿。なんだおまえ生意気に背広なんか着やがって。へえ、まだシラミいるのか?」

案の定、寅さんが現れるや、川甚は、柴又小学校、当時は柴又尋常小学校(途中から国民学校に)の時代へとタイムスリップします。

調子に乗った寅さんは、かつてのクラスメイトをからかいますが、どう見てもやり過ぎです。寅さんの少年時代が思い浮かびます。ここで第十二作では「デベソだ」った柳のあだ名が「カワウソ」となっています。カワウソとは演じている前田武彦さんのニックネームでもあり、そのあたりでのチェンジでしょう(第十二作とはキャラが微妙に変わっていますが)。

最大級のからかいが、東八郎さん扮する安男に対してです。「シラミ」とはいくら愛着があっても、かなりひどい言い方です。ここまで傍若無人な態度の寅さんは、シリーズでは久しぶりです。それは同級生への甘え、子供時代を知っている仲間への甘えでもあるのですが、これがその後の「安男の涙」の前ふりになっていくのです。

二次会、三次会と、寅さんに付き合わされた安男は、「とらや」まで酔っぱらった寅さんを見送ってきます。おそらく子供の頃から、こんな関係だったのでしょう。翌日の仕事を気にして帰ろうとする安男に寅さんは、ひどい事を言います。

「店なんかどうなったっていいんだよおまえ。へへへ白鵬舎だ? チッ、そんなおまえケチな店の一軒や二軒潰れたって世間は痛くも痒くもなんともないよ、ねぇ、潰しちゃえ。」

寅さんは少年時代に戻っていますから、仕事なんてどうでもいい、大人の世界は邪魔だぐらいの勢いです。あの頃の気持ちでいたいがために、社会性を乱暴に否定してしまうのです。寅さんを擁護したい側としては、つらいものがあります。そういう寅さんに対して、安男は涙ながらに言います。

間口二間の小さな店だから、大型チェーンの出店により売り上げが落ちて、店を畳もうと思ったことが何度もある。そのたび「女房や娘が、父ちゃん、頑張ろう。オヤジから受け継いだこの店をなんとか守っていこう」と言ってくれて「歯を食いしばって、沈みかけた船を、操るように今日までやって来たんだよ」と。

堅気として懸命に誠実に働き、妻子を守ってきた安男のこのことばは重いです。生きていくこと、働く事の尊さにあふれています。これが寅さんの旅立ちのきっかけとなるわけですが、ここからの展開は、寅さんの安男への反省、自戒の念、改悛の情を抱いての旅と捉えると、より味わい深いです。

九州での愛子(岸本加世子)との出逢いと旅、そしてテキ屋仲間・カラスの常三郎(小沢昭一)の女房・光枝(音無美紀子)たち、堅気とは正反対の世界に住む人々との出逢い、別れ、再会のなかで、寅さんがどう考えていくのか、それが『寅次郎紙風船』の味わいです。

二〇一一年十月十六日

第二十九作　男はつらいよ　寅次郎あじさいの恋

一九八二年八月七日

寅さんとかがり、男と女の恋……

寅さんは旅人です。啖呵売をしながら、祭から祭へと、さまざまな土地を旅しています。第二十九作『寅次郎あじさいの恋』の冒頭、信州で寅さんは、絵を描いているおじさん(田口精一)に、「懐かしいって、どう書くのかい?」と質問、結局、その人に柴又へのハガキを代筆してもらいます。この回のタイトルバックは、変則的です。主題歌の一番が終わっての間奏が、新たに作曲されて、そこに、寅さんの旅の絵描きの芝居が入るのです。

旅先で柴又を思う寅さんは、葉書をしたため、それを手にしたさくらに、博は「残雪の北アルプスから、新緑の京都か。いいなぁ、君の兄さんは……」

と言います。裏の工場で、額に汗して油まみれになって働いている博は定住者です。仕事と仕事の合間に、妻の実家で「コーヒーを入れてくれ」というのが関の山。定住者である博や観客にとって、寅さんの旅は、羨ましく映ります。

では、旅先の寅さんはどうしているのでしょう？　柴又で葉書を読む場面に続いて、葵祭の寅さんと、人間国宝の陶芸家・加能作次郎（片岡仁左衛門）との出会いが描かれます。鴨川のほとりで、下駄の鼻緒をすげ替えてあげたことで、二人の交流が始まります。神馬堂《じんば》での会話。そして御礼にと連れて行かれたお茶屋。翌朝、寅さんが目覚めると、そこは加能作次郎宅。という展開のなかで、そこに息づく人々が次第にクローズアップされていきます。

「よう、いろいろ世話になったな、ねえちゃん」と立ち去ろうとする寅さんに、お手伝いをしているかがり（いしだあゆみ）が、「今、朝ご飯の支度出来ますけど。」かがりは、今、買ってきたばかりの豆腐を入れた桶を手にしてます。

ここで山本直純さんの音楽。切ないギターの音色で「かがりのテーマ」が流れます。この音楽のタイミングで、観客のこころのなかに、寅さんと、その寅さんに眼差しを送る、幸せとは縁遠いような雰囲気のかがり（いしだあゆみ）の気持ちがすっと入ってくるのです。これが映画音楽のチカラです。

寅さんを見送るかがり。寅さんの後ろ姿に「かがりのテーマ」のギターが重なることで、切ない気持ちになります。同時に、このかがりという女性が抱えている屈託とは何だろう？と想いを馳せてゆくのです。

そこで寅さんは振り向きます。「あぁ、俺は今どこにいるんだっけ？」。かがりは「ここは五条坂いうとこですけど」と答えます。「あ、五条、じゃぁ、こっちが四条で、こっちが七条ということになるわけか。はは、京都は道がわかりやすくていいやなぁ、じゃぁ」再びかがりに背を向ける寅さん。ギターがジャジャン、と鳴り「かがりのテーマ」のコーダー（演奏の終り）となります。

ここで寅さんがスッと行けば、映像的にも観客的にも「かがりが、寅さんのことを気にし始めた」というサインとなるのですが、最後に、寅さんがもう一度振り向くと、かがりは画面の左に去った後。寅さんもまたかがりを強く意識したことが暗示されます。

こうして『寅次郎あじさいの恋』の「恋」が始まります。深い会話で心を通わすのでなく、江戸前の寅さん、うつむきがちのかがり。まるでフランス映画のように、ことばによる説明はなく、観客に登場人物の気持ちを察してもらうことで、恋が始まるのです。

しばらくして、かがりが台所で片付けものをしていると、カラカラと下駄の音。引き戸がスッと開いて「よぉ！じいさんいるか」と寅さんが入ってきます。先生はお仕事中、寅さんは「いいんだ、いいんだ」と先日の御礼と、商売モノの下駄を持って来ます。

「でもいいもんを選んで来たんだ。これ、爺さんにやってよ。一応は会津桐ということになってるからな。それから、これ、あんたに……」と、女物の下駄を、かがりにプレゼントします。キョトンとするかがり。明らかに寅さんに男性を意識して、こわばった表情をします。

山田監督は、丁寧に、いしだあゆみさんに、こうした お芝居を付けているのですが、実に見事です。もう、この瞬間に、寅さんよりもかがりの方が、恋愛度がアップしているのです。

かがりは寅さんに、故郷は丹後であること、月に一度ぐらい帰ること、母親と小学生の娘がいることを話します。

何気ない会話のなかに、かがりの屈託が垣間見えます。その一瞬の間《ま》に、これまでの寅さんの恋愛遍歴にはなかった「男と女」が強調されます。かがりにとっては、自分にまでお土産を持ってきてくれた寅さんに対する特別な感情が芽生え、寅さんにとっては病気で夫を亡くし、子供を育てるために、加能作次郎宅で働いているかがりという女性への同情がわき出す瞬間です。

さて、ここから先は、山田監督が仕掛けた「大人の恋」となります。山本直純さんの「かがりのテーマ」がこの映画の感情として、観客のこころに沁みて、しっとりとした印象となります。

やがて、作次郎のもとを辞めたかがりが気になって、寅さんは丹後半島の伊根町の実家を訪ねます。寅さんに身の上話をするかがりは「苦労が身に付いて、臆病になってしまったんやね」と自分を分析します。やがて船の最終便が出てしまい、寅さんは帰れなくなり、一夜、かがりの家に泊まります。夜遅く、寅さんがウトウトしていると、かがりが、すっと寅さんの寝床のある部屋へとやって来ます。娘のランドセルを取りに来たのですが、明らかに、かがりは、何かを期待して……というシーンです。

高校生のとき、これにはドキドキしました。それまで「男はつらいよ」では描かれることのなかった、夜のシーンが待ち受けているのです。このことについて山田監督に伺ったことがあります。監督は「劇場の反応が違うんだよね。東京ではそれこそシーンとなってしまうのに、大阪の天王寺の映画館では「寅、いてまえ!」ということばが客席から出て来たと聞いんだよ」と話してくれました。

おとなしいかがりは、寅さんの優しさに、特別な感情を抱いて、大胆な行動に出ます。内に秘めたる情熱です。

この夜は寅さんが寝たふりをして回避しますが、この後、かがりは上京し、寅さんに付け文をして、デートに誘うのです。このデートが映画の要となりますが、同行した小学生の満男は何を感じたのか?

この十二年後、第四十七作『拝啓車寅次郎様』で、再び、寅さんは満男と鎌倉に来ます。最後、江の電の駅での寅さんと満男が七里ヶ浜を見つめるショットがありますが、その時、満男の胸に去来していたのは、かがりとのデートのことだったのかな、と想いを馳せるのも、映画の愉しみです。

二〇一一年十月二十一日

京の五條の寅次郎

平成二十四(二〇一二)年八月十八日から、京都四條南座で行われていた「山田洋次の軌跡 フィルムよ、さらば」が、十月二十四日に千秋楽を迎えました。「みんなの寅さん」の木曜日「寅さんご意見箱」のコーナーでご報告しましたが、ぼくは初日と最終日に、南座で寅さんに会ってきました。シリーズ全四十八作+特別篇に加えて、山田洋次監督作品を、すべてフィルムで上映する空前絶後の「山田洋次大全集」でした。

劇場のロビー空間を巧みに使ってのパネル展示や、渥美清さんの楽屋の再現、そして寅さんの衣裳やゆかりの品々の展示だけでも、寅さんファンにはたまらないのですが、なんと言っても映画上映の合間に、劇場のスクリーンが上がると、舞台上になんと、実物大の「くるまや」がまるまる一軒再現されて、夢の空間が現出するのです。

しかも日本最古の劇場で、関西での歌舞伎の拠点でもある南座の花道を、江戸川の土手よろしく歩きながら、舞台にしつらえられた「くるまや」に向かってゆくという、普段なら絶対に味わえない体験でした。花道には、寅さんが縁日で啖呵売をした、ネタがずらりと店を広げています。易断本、骨董品、レコード、防災用品……映画同様、山田組のスタッフが揃えたという点ではすべてホンモノです。

そして「くるまや」です。シリーズの美術監督をつとめた出川三男さんによる、完全な再現です。映画でおなじみの店に入ると、寅さんがアリアを語る茶の間、タコ社長が入ってくる裏口、そして寅さんが「幸せについて」考えながら上がる階段など、車一家にお邪魔している気分にさせてくれます。

一九九〇年代はじめ、取材に通った松竹大船撮影所のセットを訪れたような、感慨がありました。しかも階段を上がっていくと、寅さんの部屋がちゃんとあるのです！ これには感動しました。なぜならば、映画のセットは階段の上は、別に組まれているので、階段の途中までしかないのです。

先日、倍賞千恵子さんが南座で山田洋次監督と対談をされたときに、この「くるまや」のセット体験をしたそうです。その時のことを伺ったら、倍賞さんは「私も初めて二階に上がったわ！」と興奮気味に話してくれました。

初日に訪れて以来、なんとしてでも、もう一度、と思ってましたが、なんとか最終日に再び南座の舞台に立つ事が出来ました。最終日、南座でリクエスト一位の第二十五作『寅次郎ハイビスカスの花 特別篇』を観終わったところで、大空小百合さんを演じた女優の岡本茉利さんが、南座に来られ、一緒にセット体験をしました。

その興奮冷めやらぬなか、どうしても行きたかったのが、第二十九作『寅次郎あじさいの恋』で、寅さんがかがり（いしだあゆみ）と出会った、五條坂の加納作次郎（片岡仁左衛門）のお宅でした。南座を後に、つまり柴又の「とらや」を後に、京都の加納作次郎先生のお宅へ、という映画の中に入り込でしまったような体験をしました。これは大瀧詠一さん提唱の「映画カラオケ」体験に他なりません。

「映画カラオケ」とは「映画の場面から役者を抜いて、登場人物や演出家の視点でロケ現場を歩く」というもので、映像から撮影現場を特定して歩くロケ地探訪、発見の旅でもあります。大瀧さんと数年間、成瀬巳喜男監督や小津作品のロケ地巡りができたのは、ぼくの財産です（追記）。

『寅次郎あじさいの恋』で、寅さんは新緑の京都・葵祭で瞬間接着剤「ピッタリコン」の啖呵売をするも、調子が出ず、早仕舞いをします。その頃、鴨川の流れを眺めていた老人が立ち上がり、歩こうとしたところで鼻緒が切れてしまい往生。そこに寅さんが通りかかり「え、チビた下駄履いているな、おい、買ってもらえねえのか？ 息子の嫁に」と言いながら、鮮やかな手つきで、手ぬぐいを裂いて、鼻緒をすげ替えます。

やがて二人は上賀茂神社近くの「やきもち（葵餅）」で有名な神馬堂《じんば》でひととき会話をします。老人は寅さんの親切と、人柄に惹かれたのか、「いろいろ親切にしてもろうたお礼にな、冷たいビールでもあげたいねんけど、ちょっとつきおうてんか」と、寅さんを木屋町のお茶屋さんに招待します。

この老人がただ者でないことは第十七作『寅次郎夕焼け小焼け』や、第十九作『寅次郎と殿様』を観ているファンならすぐに分かります。お茶屋では芸妓さんに先生と呼ばれている老人が誰なのか、寅さんには分かりません。昼間の疲れが出たのか、寅さんは一杯機嫌で、ウトウトしています。神馬堂での会話で、老人が陶芸を焼いていることが明らかになりますが、その仕事への姿勢は、このお茶屋でのことばでヒシヒシと伝わってきます。「こんなええもん作りたいとかな、人に褒められようってな、あほな事考えてるうちは、ロクなもんはでけんわ。作るでない、これ、掘り出すのや。」「美しいもんがいてなあ、出してくれ、はよ出してくれ、言うて、泣いてんねん。」

酩酊の寅さんは上の空。でも老人の作陶への情熱には、ただならぬものがあります。そして翌朝、寅さんが目覚めて、旅館と間違えてしまうのが、五條坂にある加納作次郎宅でした。この作次郎宅の撮影が行われたのが、日本を代表する陶芸家・河井寛次郎(一八九〇〜一九六六)の遺邸を公開している河井寛次郎記念館です。

ぼくがこの記念館を最初に訪れたのは中学三年の時のことですから、寅さんより前でした。河井寛次郎記念館で撮影といっても、ロケに使っているのは、外景と二階部分で、主要な芝居場は、松竹大船撮影所のセットで撮影されました。しかし驚いたのは、その再現のチカラです。

記念館の一階に入った途端、映画のなかに紛れ込んでしまったような、不思議な気分に包まれました。南座の「くるまや」で味わった感覚と同じです。美術の出川三男さんは、河井寛次郎記念館にロケハンし、図面をもとにセットを再現したのです。映画で作次郎が座る、長い背もたれの椅子が、映画と同じ場所に置いてあるのです。デザインは異なりますが印象は同じです。これぞ映画カラオケの醍醐味です。

寅さんが泊まった部屋はセットではなく、この記念館の二階で撮影が行われました。二階の部屋に布団を敷いて寅さんがここに……と思うだけで鳥肌モノです。足を伸ばす椅子もテーブルもそのままです。

南座の「くるまや」セット体験と、五條坂の河井寛次郎記念館での「加納作次郎宅」体験を通して感じたのは、山田組の再現力の凄さであり、そこから生まれるリアリティの素晴らしさです。

寅さんを身近に感じること。それはことばだったり、寅さんの心情を推し量ることでもありますが、寅さんが歩いた風景や、佇んだ空間のチカラでもあるのです。そのことを改めて体感しました。帰りの新幹線で、タブレット端末で観た『寅次郎あじさいの恋』は、これまでとはまた違う印象で、新鮮な映画体験となりました。

ロケ地を訪ねる旅、ロケ地を散策する楽しみは、映画の中に入り込む「映画カラオケ」の楽しみでもあると、改めて感じました。

二〇一二年十月二十六日

「男はつらいよ」主題歌クロニクル

渥美清さんが唄う主題歌「男はつらいよ」には、

様々なバリエーションがあります。その主題歌の変遷は「みんなの寅さん」でも二回ほど特集してきました。レコードやカラオケでは「俺がいたんじゃ、お嫁にゃ行けぬ」で始まります。これは第一作『男はつらいよ』のみで使われている、最初のヴァージョンです。

テレビ「男はつらいよ」のために、フジテレビの小林俊一プロデューサーが、作詞家の星野哲郎さんに作詞を依頼したのが、昭和四十三(一九六八)年八月二十七日のこと。映画『男はつらいよ』公開日のちょうど一年前の同じ日でした。なぜ星野さんに作詞を依頼したのか? それは「男はつらいよ」という題名に関わってくるのです。

小林俊一さんは、渥美清さんのたっての要望で企画が進められていた、テキ屋の兄貴と、堅気のしっかり者の妹の「あにいもうと」を主人公にしたホームドラマにつけられた仮題「愚兄賢妹《ぐけいけんまい》」では、少し固すぎると判断していました。

そこでタイトルをどうするか? となり、渥美清さんが好きだった北島三郎さんの「意地のすじがね」(作詞・星野哲郎 作曲・島津伸夫)にある「つらいもんだぜ男とは」のフレーズが、主人公にピッタリということになりました。

「つらいもんだぜ男とは」その心情をそのままタイトルにすると「男はつらい」となります。渥美清さんで「男はつらい」とくれば、TBSの人気ドラマ「泣いてたまるか」の最終回の題名です。そこで主題歌の作詞は星野哲郎さん、ドラマの原作・構成・脚本は山田洋次監督です。脚本は山田洋次監督に依頼することになったと、小林俊一さんや、渥美清さんのマネージャーだった高島幸夫さんとともに最初の打ち合わせに参加した俳優座の古賀伸雄さんが、後に回想されています。

ともあれ「意地のすじがね」の作詞者である星野哲郎さんは、小林俊一さんの依頼を受けて、作詞を始めたときには、山田洋次監督による「男はつらいよ」の基本プロットが出来ていました。「俺がいたんじゃ　お嫁にゃいけぬ」の唄い出しは、車寅次郎の心情と妹・さくらへの想いが凝縮されています。星野哲郎さんに伺ったことがありますが、渥美清さんのキャラクターをイメージして、ドラマの骨子を聞いて、すぐに詞の世界が出来上がっていったそうです。

作曲は、ドラマの音楽も手掛けることになる山本直純さん。多忙を極めていた山本直純さんからのメロディーがなかなか出来上がらず、レコーディングの日が近づいて、小林俊一さんは、やきもきしたそうです。なんと出来上がったのがレコーディングの直前。あの印象的なイントロを編曲されたのは、山本直純さんのお弟子さんで、作曲家の玉木宏樹さん。昭和四十三年九月に放映がスタートした円谷プロの特撮ドラマ「怪奇大作戦」の音楽を担当されていました。玉木さんによれば「怪奇大作戦」の主題歌も基本アイデアは山本直純さんで、アレンジは玉木さんです。「男はつらいよ」も同時期の仕事で、玉木さんがイントロ、伴奏の譜面を書かれたと、述懐されています。

イントロが長かったので、小林俊一さんは渥美さんと相談して、その場で仁義を吹き込みました。

こうして完成した渥美清さんの唄う主題歌「男はつらいよ」は、映画版でもそのまま使われることになりました。ところが山田監督はシリーズものになるとは考えてなく、さくらが博と結婚、ラストには息子・満男が生まれます。急遽、作られることになった第二作『続 男はつらいよ』では「俺がいたんじゃ、お嫁にゃ行けぬ」では都合が悪いということで、新たな歌詞が書かれたのです。

ドブに落ちても　根のある奴は
いつかはハチスの花と咲く
意地は張っても心の中じゃ
泣いているんだ　兄さんは
目方で男が売れるなら
こんな苦労も　こんな苦労も
かけまいに　かけまいに

これも寅さんの心意気と自戒の念が込められた素晴らしい歌詞です。続く第三作は、テレビ版で東盛作のペンネームで脚本を手掛けていた森崎東監督作品です。このときは、制作から公開までの時間もなかったそうで、主題歌は再び「俺がいたんじゃお嫁にゃいけぬ」に戻ります。当初はテレビ版の別テイクの主題歌が使われる予定だったことが、当時の音楽シートの記録でわかります。

続いてフジテレビの小林俊一さんがメガホンをとった第四作『新 男はつらいよ』ではこうなりました。

どうせ俺らは底抜けバケツ
わかっちゃいるんだ妹よ
入れたつもりがスポンのポンで
何もせぬより　まだ悪い
それでも男の夢だけは
何で忘れて 何で忘れて
いるものか　いるものか

寅さんが自らを「底抜けバケツ」と見立てているのが、初期の寅さんのキャラクターにピッタリです。この歌詞は第四作のみとなりました。そして、山田洋次監督が第二作以来、演出することになった第五作『望郷篇』で、ようやくこのヴァージョンが登場します。

どうせ俺らはやくざな兄貴
わかっちゃいるんだ妹よ
いつかお前の　よろこぶような
えらい兄貴になりたくて
奮闘努力の甲斐もなく
今日も涙の　今日も涙の
陽が落ちる　陽がおちる

「どうせ俺らはやくざな兄貴」に落ち着くまで、紆余曲折ありました。また第七作『奮闘篇』では、こんなマイナーチェンジがなされています。

どうせおいらはやくざな男
わかっちゃいるんだ妹よ

「兄貴」が「男」になっています。妹・さくらだけでなく、おいちゃん、おばちゃん、家族のみんなへの自戒の念が込められているのかもしれません。さて、その後も、中期にかけては、作品ごとに主題歌は録音されています。ぼくは子供の頃から、この微妙な感じを味わうのが好きでした。渥美清さんの唄い方が、毎回、微妙に違うのです。

第十一作『寅次郎忘れな草』の主題歌、改めて聴いてみてください。少しエコーがかかって、それが味わいになっています。そういうこともあり、『続・みんなの寅さん』では、毎回、別ヴァージョンの主題歌でお届けしています。

さらに第十七作『寅次郎夕焼け小焼け』から第十九作『寅次郎と殿様』にかけて、歌詞違いのヴァージョンが使われているのです。一番は「どうせ俺らはやくざな兄貴」ですが、違うのは二番です。

あてもないのにあるよなそぶり
それじゃ行くぜと風の中
止めに来るかとあと振り返りゃ
誰も来ないで汽車が来る
男の人生一人旅
泣くな嘆くな泣くな嘆くな
影法師　影法師

歌詞が変則なのは、このヴァージョンが使われたのは第十九作『寅次郎と殿様』までですが、変則といえば第二十九作『寅次郎あじさいの恋』では、一番と二番の間に芝居が入ります。場所は、新緑も眩しい長野県大町市の木崎湖。寅さんが柴又へのはがきを書いています。

ところが「懐かしい」という漢字が書けずに、近くにいた画家のおじさんに訊ねます。演じているのは、劇団民藝のベテラン田口精一さんです。問わず語りに寅さんが、「とらや」のこと、さくらのことを話します。旅先で寅さんが柴又のことを語る場面、ぼくは大好きです。帰ればいつもけんかになってしまうのですが、「ふるさとは遠きにありて想うもの」でもあり、故郷と家族を想う、その望郷の念がしみじみ伝わってきます。

おじさんに「ほう、どこなんだ。君の故郷は?」と問われ、「東京は、葛飾柴又、江戸川のほとりよ」と答えたところで、主題歌が続いてゆくのです。

何度観ても、聞いても、鳥肌が立つほど「いいなぁ」と思います。

二〇一三年十月二十三日

第三十作　男はつらいよ　花も嵐も寅次郎

一九八二年十二月二十八日

〝花も嵐も踏み越えて〟往くが、男の寅次郎！

昭和四十四（一九六九）年にスタートして十三年。毎年、お盆と正月に封切られて来た「男はつらいよ」が第三十作を迎えました。この時はちょっとしたお祭り騒ぎでした。松竹宣伝部は記念のトランプやグッズを作り、夢のシーンに特別出演したSKDの踊子さんたちが、「TORASAN！ 30！」と掛け声をかける特報が、映画館やテレビから流れていました。ファンもマスコミも、それぞれの歩んで来た日々を重ねて「寅さんも三十作か……」と感じていました。

その三十作目のゲストには、ジュリーこと沢田研二さん、マドンナには旬の女優だった、田中裕子さんです。お祭り騒ぎとは言え、作品は賑やかなだけではありません。そこは山田洋次監督。これまでのシリーズのイメージだった「奮闘努力」と「失恋」の寅さんに、さらに「余裕」と「若者への恋愛指南」という新しい要素をもたらしました。思えば、第二十作記念の『寅次郎頑張れ！』でも、中村雅俊さんと大竹しのぶさんという、若いスターを中心に、不器用な恋愛青年に、寅さんが、その経験を活かして「恋愛指南」をするという展開でした。

寅さんにはマンガの主人公のように歳をとって欲しくない。いつまでも恋をして失恋をしていて欲しい、と思うファンも多かったことも確かです。しかし生身の俳優が、現代を生きている寅さんやさくらを演じているのです。

時代の変化、変わるものと、変わらないものを、どんな風にシリーズに盛り込んで、新機軸にしていくか。山田洋次監督は苦吟しながらも、次々と、いろいろと試みます。

ぼくはこの第三十作から第四十一作にかけては、オールタイムでご覧頂きたい、充実の作品群だとも思っています。

マドンナは田中裕子さん。天下の二枚目と、三枚目の寅さんが、田中裕子さんを張り合うというイメージで宣伝展開していました。

舞台は、大分県湯平《ゆのひら》温泉。松茸騒動があって、柴又を飛び出した寅さんが、やってきたのは大分県。馴染みの温泉旅館があるのは、さすが旅先の寅さん。湯平館のご主人(内田朝雄)と昵懇《じっこん》の寅さんの前に、三郎青年(沢田研二)が現れ、この宿で母親が働いていたこと。東京で二人暮らしをしていたけど、最近、病気で亡くなったこと。母親の遺骨とともに思い出の地をめぐっていることなどを話します。

それを聞いた寅さん、いつもの仕切りのうまさで、たちまち三郎青年の母・おふみさんの弔いのセッティング。彼女に惚れていた僧侶(殿山泰司)、ゆかりの人々(梅津栄、大杉侃二朗など)が集まり賑やかに法事が営まれます。そこへ、宿に泊まっていた東京のデパートガール、小川螢子(田中裕子)と同僚の野村ゆかり(児島美ゆき)が、何事かとやってきて、物語は動き出します。

これは第九作『柴又慕情』の歌子(吉永小百合)たちと寅さんの出会いのバリエーションですが、この回が面白いのは、三郎が二枚目だけど、女性には奥手の純情青年だということ。男女交際のイロハも判らず、螢子に一目惚れ。寅さんが恋愛コーチとしてイキイキと指南するという展開です。一方の螢子も、三郎に「ぼくと付き合うてくれませんか?」と告白されますが、寅さんを通じて断ります。その理由は「あまりにも二枚目過ぎるから」。

これまで三枚目の寅さんの受難を描いてきたシリーズですが、ここで二枚目ゆえの受難という喜劇的状況となります。不器用な若者たちが、二人の気持ちを寄り添わせていくプロセスは微笑ましくもあります。この映画をきっかけに、沢田研二さんと田中裕子さんがゴールインしたことは、皆さんご承知の通り。

さて、この映画の見せ場は、冒頭の寅さんの夢のシーンにもあります。一九三〇年代、禁酒法時代のシカゴが舞台です。ここで沢田研二さんが唄うのが「SCANDAL!!」です。一九八三年三月に発売の沢田研二さん十九作目となるオリジナルアルバム「JULIE SONG CALENDER」に収録された、微々《びび》杏里《あんり》さんが作詞、沢田さんが作曲した曲です。微々杏里さんは、女優の藤真利子さんのペンネームです。

二〇一一年十月十八日

螢子の母

　この第三十作『男はつらいよ 花も嵐も寅次郎』のマドンナは田中裕子さん扮する、デパートガールの小川螢子。ゲストには、寅さんや螢子と大分県湯平温泉で出会う、三郎青年を演じたジュリーこと沢田研二さん。沢田さん扮する二枚目だけど、女性には奥手の三郎青年と、ごく普通の家庭に育ち、適齢期を迎えている螢子が、寅さんの恋の指南を受けて、果たして結ばれるのか？という物語です。

　三郎青年は、母ひとり、子ひとりで苦労をしてきましたが、最近、母親が亡くなり、納骨の前に想い出の湯平温泉に立ち寄ったところ、葬儀婚礼法事一切を取り仕切ることにかけては右に出るものはない、寅さんの機転で法事を執り行うことが出来ました。三郎青年は、天涯孤独の身、そこで新しい家庭を持つことに大きな意味が出てきます。

　その状況設定やドラマの運びは、山田洋次監督の語り口の良さでもあります。

　一方の螢子は、千葉県船橋（撮影は千葉市花見川区幕張本郷）に住む、会社の管理職の父・肇（安藤安彦）と、良妻賢母の母・絹子と、浪人生の弟の四人家族。平均的な中流家庭のお嬢さんです。両親は、適齢期の娘の結婚に頭を悩ませていて、この日の朝も、お見合い相手から断ってきた理由が、螢子が特定の男性とつき合っていることだと、ひと悶着。両親は、螢子がどんな男なのかと問いただします。「そりゃ、つき合っている人はいるわよ」と言ったところに、寅さんからの電話がかかってきます。

　母・絹子は「つき合ってる人って、今の人？」と問いただします。「二枚目でスマートで優しい人よ！」と言い放ちます。そのあと、絹子は「あの娘の部屋にあったんだけど」と父・肇に、一枚の写真を見せます。ギョッとする肇「こんなのと付き合ってんのか」。それは湯平駅で肩を寄せ合ってニッコリ笑っている寅と螢子の写真でした。

　寅さんの写真を見て、がっかりする両親。絶妙のタイミングというか、重苦しくて、厄介な家庭のもめ事も、この写真と先ほどの寅さんの電話が融合して、喜劇的状況に転じてゆく。これぞ「男はつらいよ」の醍醐味であり、山田作品の豊かな面白さなのです。

螢子の母親を演じたのが、平成二十四(二〇一二)年十月三日、急逝されたベテラン女優の馬淵晴子さんです。昭和二十九(一九五四)年、製作再開を果たした日活にスカウトされ『女人の館』(春原政久)でデビュー。三國連太郎さんと、北原三枝さんの主演作でした。

その後、昭和三十二年にNHKの専属女優としてテレビへ転身、小林千登勢さん、冨士真奈美さんとともに「NHK三人娘」としてお茶の間で親しまれたそうです。その後、俳優の井上孝雄さんと結婚し、芸能界を引退。

その馬淵晴子さんが女優として復帰したのが、TBSの木下恵介劇場「記念樹」(一九六六〜一九六七年)でした。横浜の養護施設「あかつき子供園」を舞台に、若い保母と子どもたちの交流を一話完結で描くというものです。先生が結婚をして別れるときに、子どもたちが先生の家の庭に植えた「記念樹」を中心に、その成長と子供たちの成長を描いた感動的なドラマです。馬淵晴子さんは「あかつき子供園」の水原園子先生、結婚して池貝園子となり、夫が亡くなり、再び子供園に戻ってきます。

このドラマには、様々なゲストが登場しますが、圧巻だったのが、シリーズ終盤に、森川信さん、松村達雄さん、下条正己さんが、毎週、順番に出演した時です。今の目線では、どうしても「おいちゃん!」と呼びたくなってしまいます。

下条正己さんの翌週、昭和四十一(一九六六)年の最後の放送には、笠井一彦さん、タコ社長の工場の中村くんも出演。昭和四十二(一九六七)年、最初の放送の第四十話「報恩記」には、子供園の子供たちにボランティアで頭を刈ってあげる床屋さんに渥美清さん!その奥さんに春川ますみさん!そして最終回の一回前には、登こと津坂匡章さんも出演されています。後に「男はつらいよ」に出演される面々が次々と出演していました。

さて家族はもう一人。浪人生の弟がいます。ボクと呼ばれている螢子の弟は、劇中で名前が出て来ませんが、シナリオには拓郎とあります。ちなみに拓郎がテレビを観て笑っているのは、山田洋次監督の『吹けば飛ぶよな男だが』(一九六八年)です。テレビから流れるBGMは、なぜか第十九作『寅次郎と殿様』の「殿様のテーマ」でした。佐藤蛾次郎さんが初めて出た山田作品です。そのオーディションでの抱腹絶倒のエピソードは「みんなの寅さん」でも放送しました。こうしたディティールを味わうのも、「男はつらいよ」を繰り返し観る愉しみでもあります。

二〇二二年十一月二日

人見明さんの味

『男はつらいよ』に限らず、映画を観る愉しみの一つに、ごひいきの役者さんを見つけることがあります。山田洋次監督の作品は、そのフィルムキャリアの初期から、松竹の大部屋俳優だけでなく、練達の喜劇人や、軽演劇の役者を好んでキャスティングしています。

例えば『下町の太陽』(一九六三年)の武智豊子さん、左卜全さん、『馬鹿まるだし』(一九六四年)の長門勇さん、そしてなんといっても『九ちゃんのでっかい夢』(一九六七年)で殺し屋・竜を演じた佐山俊二さん！ のちに初代備後屋として「男はつらいよ」にも出演される佐山さんは、『吹けば飛ぶよな男だが』(一九六八年)での涙もろい看守の役などで、その場の笑いをさらっていました。

ちょっとだけ出てきて、観客をワーッとわかせてしまうのは、役や台詞の面白さもさることながら、喜劇人のパーソナリティによるところ大です。佐山さんは、戦前、フレッド・アステアのようなタップダンサーを目指して芸能界に入り、軽演劇の世界で活躍。昭和二十年代、渥美清さんも活躍していた浅草のストリップ劇場、フランス座で人気を博しました。こうしたコメディアンは、ほんのわずかな時間でも、瞬間最大風速の笑いで、観客を引きつけるチカラを持っています。山田監督は、そうした軽演劇の役者さんが醸し出すパーソナリティを愛して、ちょっとしたシーンに起用してきました。

そのコメディアンの一人が、人見明さんです。戦後ほどなく、人見明とスイング・ボーイズを結成。音楽を演奏しながら、笑いを展開していくという、戦前の「あきれたぼういず」から連なるボーイズものの若手として、昭和二十年代から三十年代にかけての演芸場や、ラジオなどで活躍されました。

そのなかの持ちネタの一つに「民謡教室」があります。全国各地の民謡をレクチャーするというもので、人見明さんが先生となり、メンバーに民謡の極意を教えるのですが、それがなんともおかしいのです。「ウエストに力を入れて」「先生、ウエストってなんですか?」「君、ウエストも知らないのかい? 上半身、つまりは身体の上だね、それと下半身、身体の下の間にある、真ん中のところ、ここ、上と下だからウエシタ」「ウエシタ?」「そうウエシタ」。人見明さんは、ズーズー弁でこれをやるものだから、「ウエスト」を「ウエシタ」と訛ってしまうギャグでした。

ぼくは子供の頃、テレビの演芸番組で、これを見て大笑いをしました。その人見明さんは、昭和三十年代に数多くの喜劇映画に出演されていました。場面食いと呼ばれる、ワンシーンの出演が多いのですが、強烈な印象を残してくれるのです。近江俊郎監督が新東宝で連作した喜劇映画には、由利徹さんとともに、人見明さんがよく顔を見せてくれます。近江俊郎さんといえば「湯の町エレジー」のヒットで知られる歌手ですが、昭和三十年代は映画監督として、数多くの喜劇映画を撮っていたのです。

新東宝の『坊ちゃんとワンマン親爺』(一九五九年)では、冒頭から由利徹さんと珍妙なやりとりを見せてくれます。映画俳優になろうと、田舎から出てくる若者役です。由利徹さん扮するワンマン親爺(これが、滝田ゆうさんの漫画「カックン親父」(一九五九年)とソックリ!)と、汽車の中で交わす会話のチグハグぶりがおかしいのです。東京で有名なオオミヤ監督のところへ行って映画俳優になろうという意気込みを語るのですが、由利さんに「オオミヤ監督知っているの?」と聞かれた人見さん「こっちは知っているんだけど、向こうは知らない」と万事この調子。

本編とはほとんど関係ない、コメディアンたちの間合いだけで笑わせてくれるアチャラカ映画。ぼくは大好きです。とにかく人見さんが出てくるだけでおかしい。近江俊郎監督だけでなく、人見明さんを好んで使ったのが、東宝の古澤憲吾監督です。

山田洋次監督もNHK-BSの喜劇映画ベスト50で選んだ『ニッポン無責任時代』(一九六二年)で、植木等さんの無責任男・平均《たいらひとし》の下宿先のオヤジとして登場。無責任男の傍若無人ぶりにあきれ果て、何か言いたげだけど、声が聞こえてこない、そんな人見さんの芝居は、これぞ軽演劇のリアクションの味です。

以来、人見さんは東宝クレージー映画に欠かせない顔となります。『日本一の色男』（一九六三年）あたりから、植木等さんの上司役を演じるようになり、無責任男の行動が理解できない市井の人間の代表として、声にならない感じで「ばか」と言い放つ感じが受けて、作品を重ねるうちに、この「ばか」が定番となって行きます。古澤監督だけでなく、他の監督の作品にも登場し、結局、人見明さんは東宝クレージー映画全三十作のうち二十作品に出演することとなります。

『日本一のゴリガン男』（一九六六年）で、植木さんと挿入歌「シビレ節」を唄うのですが、人見明さんはまるでクレイジー・キャッツの一員のようで、何度見てもシビレます。こうして人見さんがスクリーンで培ってきた、バイプレイヤーとしての味が「男はつらいよ」でも存分に味わえます。

さて、第三十作『男はつらいよ　花も嵐も寅次郎』の話です。

冒頭、「とらや」の向かいにある江戸屋の娘・桃枝（朝丘雪路）と寅さんが久々に再会、焼け木杭《ぼっくい》に火が瞬間的について、すぐに沈火してしまいます。シリーズ史上、最速の失恋に、劇場は大いに湧きました。

このシーンで、御徒町でゴルフ屋を成功させて羽振りが良い、桃枝の亭主・友男に扮しているのが、人見明さんです。寅さんと桃枝と再会、二人は、昔、訳ありだったことが匂わされます。渥美清さんのテレビでのキャリアの初期「すいれん夫人とバラ娘」（NTV・一九五七年）で共演した、昔なじみの二人ですから、その醸し出す雰囲気が、二人の親和力を高めてくれます。そこに、車で待っていた、桃枝の亭主・友男役の人見明さんが、いまいましい表情で現れます。

亭主「誰なんだ?」
桃枝「幼なじみ……」
亭主「ちょっと目を離すとすぐこれだよ」

これだけです。でも、ちゃんと人見さんは、その数秒間に、御徒町のゴルフ店で当てて、調子づいている親父、というキャラクターを、観客が瞬時にわかるよう演じます。しかも基本的には「とらや」の中からのカメラアングル。いつもの「寅の帰還」のように、店内からの映像です。それゆえ、小さな劇場のコント、すなわち軽演劇のような味わいとなっています。このときのいまいましげな、人見さんのリアクションこそ、それまでの人見さんのフィルモグラフィーの延長にあるような、待ってました！の味です。

その後、人見明さんは、コンスタントにシリーズに登場します。

第三十一作『旅と女と寅次郎』佐渡島の食堂の親父。
第三十二作『口笛を吹く寅次郎』柴又駅の駅員。
第三十三作『夜霧にむせぶ寅次郎』釧路の理容店の親父。
第三十六作『柴又より愛をこめて』麒麟堂。
第四十三作『寅次郎の休日』大分県の山国川の釣り人。
第四十六作『寅次郎の縁談』寝台特急の客。

全部で七作品に出演。第四十三作『寅次郎の休日』は、タイトルバックで、大分県は日田市を流れる山国川で渓流釣りをしている釣り人役で出演。寅さんからウィスキーをごちそうになって、へろへろになってしまうのがおかしかったです。

秀逸なのが、第三十六作『柴又より愛をこめて』で、装飾・小道具の露木幸次さん演じる備後屋と、名コンビを発揮した麒麟堂役です。露木さんに伺った話では、人見明さんが「ツユちゃんなら意気が合わせやすい」と言ったそうです。

人見さんは、御年九十歳を越えてもご壮健で、北島三郎さんの特別公演はファイナルまで舞台に立たれていました。人見明さんや佐山俊二さんたち、軽演劇出身の名傍役と渥美清さんの共演もまた「男はつらいよ」を観る愉しみです。

二〇一三年十月三十日

第三十一作　男はつらいよ　旅と女と寅次郎
一九八三年八月六日

寅次郎とはるみ　佐渡の休日

『男はつらいよ』のお楽しみの一つが、松竹マークが開けてすぐの「寅の夢」です。第三十一作『旅と女と寅次郎』では、前田吟さんのナレーションで、歴史ドキュメンタリー風に、佐渡金山一揆の首謀人・葛飾無宿寅吉について解説。その様子を描いた絵は、まるで郷土資料館所蔵の古文書、という感じですが、寅吉の絵は、寅さんそのもの。徹底したフェイク古文書から始まります。

今回の「寅の夢」は、新国劇のような舞台装置で、おなじみの面々が登場。芝居仕立てで、柴又に戻ってきた寅吉が、妹の夫で、ダメな岡っ引きの博吉（前田吟）の手柄のために、捕縛されるという人情もの。三味線のBGMに、大向こうからの「目千両！」「後家殺し！」の掛け声（備後屋役の露木幸次さんたち）。舞台中継のようなカメラワーク。登場人物の心理を反映させた照明。音楽は、なぜかベルリオーズの「幻想交響曲」となり、良い意味でのなんでもありの「寅の夢」が繰り広げられます。やがて寅さんが見栄を切る、最高の瞬間で幕切れ。寅さんが目覚めると、そこは茶店。寅さんは、チンドン屋（関敬六）の荷物を枕に寝ていた、という展開となります。

「寅さんの夢」は、第二作『続 男はつらいよ』の「瞼の母」が最初です。これは本編での「瞼の母との再会」の伏線となっています。続いては第五作『望郷篇』の「おいちゃんの死」ですが、これも本編の冒頭の展開と繋がります。本編と関係ない落語の「マクラ」のようなかたちでの「寅さんの夢」が本格的にスタートするのが、第九作『柴又慕情』から。当時は空前の「木枯し紋次郎」ブーム。渡世人の寅さんが、浦の苫屋で借金取りから布団まで剥がされて困っている、おさくと博吉夫婦の窮状を救うというヒーローものでした。

毎回さまざまなバリエーションで展開される夢は、喜劇映画的には、本編のペーソス溢れる人情喜劇とは、百八十度異なる、アチャラカ喜劇の味わいです。

松竹蒲田時代、ナンセンス喜劇を連打した喜劇の神様・齋藤寅次郎監督を敬愛してやまない、山田洋次監督の戯作精神と、遊び感覚が、お盆とお正月、シリーズを待ち望んでいる大衆にとってのお楽しみとなりました。

「寅の夢」がナンセンス喜劇だとすれば、続く主題歌の流れる「タイトルバック」ではスラップスティック喜劇の話法で、ドタバタが展開されていきます。大抵は、懐かしさいっぱいの寅さんが、江戸川に帰ってきます。サックスの練習をしているミュージシャンだったり、アベックだったり、測量技師だったり、普通に過ごしている人のところに、寅さんがやってきて、大騒動となります。この時のリアクションに、渥美清さんの抜群の喜劇的な運動神経が堪能できるのです。

シリーズ中期からは、第三十六作『柴又より愛をこめて』で式根島小学校の卒業生を演じた、アパッチけん(現・中本賢)さんと光石研さんや、第二十五作『寅次郎ハイビスカスの花』で内科の知念先生を演じた津嘉山正種さんが、タイトルバックでの被害者となります。

第三十一作『旅と女と寅次郎』では、なんと、当時「矢切の渡し」で大ヒット中の細川たかしさんが特別出演、本物の矢切の渡しで美しい女性と道行きの場面となります。相手の女性を演じていたのが、第二十一作『寅次郎わが道をゆく』で留吉(武田鉄矢)が夢中になるSKDの若手スター、梓しのぶさん。寅さんは、細川たかしさんの道行きを手伝うも……。といったドタバタが展開されます。第三十一作のマドンナは都はるみさんですが、その前座というわけではありませんが、まず細川たかしさんが登場するだけでもこの回のコンセプトが明確です。

しかも細川さん「矢切の渡し」を唄わず、歌声も流れません。唄うのはタイトルが開けてから、参道をゆく備後屋(露木幸次)と、劇中デュエットする寅さんとはるみさんです。

大の都はるみファンの渥美清さんのラブコールで成立した『旅と女と寅次郎』は、人気歌手が仕事とプライベートの狭間で疲れ果て失踪。新潟の出雲崎港で寅さんと出会います。誰が見ても彼女が「京はるみ」なのは明らかなのですが、寅さんは全く気づきません。その浮世離れしたところが寅さんの良さでもあり、はるみは、普通の女性として寅さんと佐渡島へと渡ります。

これが欧州某国の王女様と、新聞記者なら『ローマの休日』(一九五三年)となるわけですが、寅さんはグレゴリー・ペックのような二枚目ではありません。

佐渡島の民宿での夜。はるみと寅さんがひとときを酌み交わします。「どっかで見た顔だなぁ」「前、俺と会ったことなかった?」と畳み掛ける寅さんに、はるみは正体がバレたかと気が気ではありません。そこで「あ、思い出した! 去年、岐阜の千日劇場、あそこの前でトウモロコシ焼いてたろう?」場内は大爆笑でした。

寅さんとはるみの「佐渡の休日」はこうして始まります。劇中ではタップリと都はるみさんの歌唱シーンが盛り込まれています。往年の「歌謡映画」の味わいです。

余談ですが、ぼくがとある音楽番組の仕事をしたとき、たくさんの歌手の方が次々と舞台袖にやってきて出番を待つという状況でした。ステージのスクリーンに、倍賞千恵子さんの『下町の太陽』が映されているとき、とある女性歌手が「誰、この可愛い女優さん?」と、都はるみさんに聞いていました。するとはるみさん「知らないの? さくらさんよ!」。ぼくは、聞くともなく、この会話を耳にして、ああ、京はるみさん、柴又のこと忘れていないんだなぁ、と感無量でした。

二〇一一年年十一月四日

旅と女と歌謡曲

さくらと博の息子・満男も小学六年生。最後の運動会の前日、折悪しく、寅さんが帰京。満男としては、普段、仕事が忙しく、学校の行事にほとんど参加してこなかった博に、運動会に出席して欲しいのですが、仕事で行かれません。昼間、満男の運動会のことを聞いて、やる気マンマンの寅さん。あんパンを買い込んで、パン食い競走の練習に励みます。そんな寅さん、父兄として出席することを申し出るのですが、多感な思春期に差し掛かっている満男は、伯父さんでは、嬉しいというより、迷惑この上ない。でも、傷つけてまいと気を使って「退屈だよ、大人の人には子供の運動会なんて」と言うのですが、

「オレ大好き、子供の運動会」と寅さん、満男の気持ちを全く理解していないので、例によってひと悶着となります。

稲垣浩の名作『無法松の一生』(一九四三年)では、松五郎(阪東妻三郎)のため、運動会で奮闘努力をします。敏雄少年(沢村アキヲ、のちの長門裕之)のため、運動会で奮闘努力をします。おそらく、寅さんのイメージでは、敏雄と松五郎の関係があったのかもですが、現実はそうは行きません。世話になった吉岡大尉の息子との交流を描いた物語で、映画の後半、立派に成長した敏雄が、世話焼きの松五郎を迷惑がる、というシークエンスがありますが、現代っ子の成長は早く、満男は運動会に出たがる寅さんを、気を使いながらも拒んでしまいます。

第三十一作『旅と女と寅次郎』は、渥美清さんが大ファンだった、都はるみさんをフィーチャーした歌謡映画テイストたっぷりの、楽しい一編です。都はるみさんは、長年、人気歌手として第一線で活躍してきた京はるみ。人気者とはいえ、浮き草稼業の身。恋より、私生活よりも、あまりにも仕事優先で疲れ果てて失踪。そこで寅さんと出会います。しかも浮世離れしている寅さんは、彼女が演歌の大スターなどつゆとも思わない、といういわば、オードリー・ヘップバーンの『ローマの休日』(一九五三年)のような、お伽話でもあります。

この回には、普段にも増して、数多くの歌が登場します。

1 「矢切の渡し」(備後屋)
2 「たんたんタヌキ」(寅さん)
3 「海行かば」(寅さん)
4 「うみ」(寅さん)
5 「砂山」(はるみ)
6 「矢切の渡し」(寅さん、はるみ)
7 「佐渡おけさ」(寅さん、はるみ)
8 「涙の連絡船」(タコ社長)
9 「涙の連絡船」(はるみ)
10 「アンコ椿は恋の花」(はるみ)
11 「大阪しぐれ」(源公)
12 「惚れちゃったんだよ」(はるみ)
13 「おんなの海峡」(はるみ)

鼻歌も交えて、十三のタイミングで十一曲も登場するのです。普段は二、三曲ですから、歌謡映画度は高いです。マドンナは、どう見ても都はるみさんです。京はるみという名前は、実はデビュー時に、都はるみさんが名乗るはずだった芸名でもあるのです。寅さんが佐渡島で出会った女性が、はるみと判明してのち、寅さんは柴又へと帰ってきます。

ＣＤのライナーノーツのように曲解説をしましょう。これは東海ラジオはじめ、地方でのネット局で続けていたコーナー「寅さん、あの歌、この曲」のナレーション原稿の採録です。

「矢切の渡し」

シリーズでおなじみの江戸川の、柴又側と松戸側を結ぶ渡し船・矢切の渡しは、江戸時代初期から設置した渡し場で、古くから庶民の足でした。明治時代、伊藤左千夫が「野菊の墓」で、この渡しを描いて、全国的に知られるようになり、昭和四十年代後半になると「男はつらいよ」の舞台として知られるようになりました。

歌謡曲「矢切の渡し」は、石本美由起さんが作詞、船村徹さんが作曲し、一九七六年にちあきなおみさんがシングル「酒場川」のＢ面曲として発表。

一九八三年に、細川たかしさん、瀬川瑛子さん、春日八郎さん、島倉千代子さんの競作で大ヒットしました。第三十一作『旅と女と寅次郎』では、タイトルバックに細川たかしさんが出演、寅さんとマドンナ・都はるみさんがデュエットしました。

第三十二作『口笛を吹く寅次郎』では、そば屋の出前持ちに扮した石倉三郎さんが唄い、第三十三作『夜霧にむせぶ寅次郎』では、寅さんとマドンナ・中原理恵さんが唄いました。

「アンコ椿は恋の花」

東京オリンピックに沸き立つ、昭和三十九(一九六四)年十月、この年「困るのことヨ」でデビューした都はるみさん三枚目のシングルとして大ヒット、日本レコード大賞新人賞を受賞しました。

このヒットを受けて、昭和四十(一九六五)年、松竹では都はるみさん出演による映画『アンコ椿は恋の花』を製作。都はるみさんは、松竹で『涙の連絡船』などの歌謡映画に出演することになります。

渥美清さんは、都はるみさんの大ファンで、寅さんのマドンナ役に彼女を推薦、第三十一作『旅と女と寅次郎』への出演が実現しました。作詞は、後に「男はつらいよ」を手掛ける星野哲郎さん、作曲は市川昭介さんです。

この『旅と女と寅次郎』以外でも、都はるみさんの歌が「男はつらいよ」にも登場します。二〇一二年八月五日(日)にオンエアされたネット局の「寅さん、あの歌、この曲」の台本から引用します。

今日は、第二十七作『男はつらいよ 浪花の恋の寅次郎』に登場した都はるみさんの「大阪しぐれ」をご紹介します。大阪を舞台に、江戸っ子の寅さんと、松坂慶子さん扮する浪花の芸者・おふみさんの、切ない大人の恋を描いた作品です。この作品では、都はるみさんの「大阪しぐれ」が効果的に使われていました。「大阪しぐれ」は、映画公開の前年、一九八〇年の大ヒット曲で、当時新しい「浪花ソング」として話題となりました。

都はるみさんは第三十一作『旅と女と寅次郎』では、はるみさん自身をモデルにしたマドンナ、京はるみ役で出演することとなります。渥美清さんがはるみさんの大ファンだったことから、実現したそうです。それでは、吉岡治さん作詞、市川昭介さん作曲、都はるみさん歌、「大阪しぐれ」をお送りします。

ことほど左様に「男はつらいよ」には、数々の歌謡曲が登場します。登場人物が唄う曲、劇中に流れる曲、そして寅さんが鼻歌や調子良く唄う場面など、様々な曲がシリーズを彩ってきました。

二〇二一年十一月九日

男はつらいよ 歌謡曲篇

第三十一作『旅と女と寅次郎』は、デビュー以来の都はるみさんの大ファンだった渥美清さんのたっての希望で、はるみさんのマドンナが実現しました。都はるみさんは、幼い頃から日本舞踊とバレエを習い、お母さんから浪曲と民謡を教わって、高校在学中に歌手デビューが決まりました。昭和三十九(一九六四）年、コロムビアレコードからのデビュー曲は「困るのことヨ」です。作詞は西沢爽さん、作曲は遠藤実さん。小林旭さんの「ズンドコ節」「ダンチョネ節」の「アキラ節」と呼ばれる一連のコミカルな曲の延長にあるような、楽しい曲です。そして三枚目のシングルが、ビッグヒットとなった「アンコ椿は恋の花」です。作詞はのちに「男はつらいよ」を手掛けることになる星野哲郎さん、作曲は「はるみ節」の育ての親ともいうべき市川昭介さんです。

はるみさんの歌声は、東京オリンピックに沸き立つ、高度成長下のニッポンに響き渡り、昭和四十年代を駆け抜けてゆくこととなります。その頃、松竹映画では、次のような作品に、ヒット曲とともにフィーチャーされました。

昭和四十年四月　『アンコ椿は恋の花』（共演・香山美子、勝呂誉）
昭和四十年八月　『馬鹿っちょ出船』（共演・竹脇無我、香山美子）
昭和四十一年三月『涙の連絡船』（共演・香山美子、宗方勝巳）
昭和四十一年八月『スチャラカ社員』（ゲスト出演）
昭和四十一年十月『さよなら列車』（共演・香山美子、宗方勝巳）

いずれも歌唱シーンを中心に青春ドラマ、喜劇、メロドラマが展開される歌謡映画です。映画界はレコード会社とタイアップして、人気歌手の歌をメインにした「歌謡映画」を連綿と作ってきました。

戦前の無声映画時代にすでに「小唄映画」というジャンルがあり、大正十二（一九二三）年には、野口雨情・作詞、中山晋平・作曲の「船頭小唄」が、松竹で映画化されています。池田義信監督、岩田祐吉さん、栗島すみ子さん主演の『船頭小唄』は、もちろんサイレントですが、画面や字幕に歌詞が出たそうです。そこから日本映画と流行歌、歌謡曲の蜜月が始まったのです。

日本映画黄金時代、山田洋次監督も『黄色いさくらんぼ』（一九六〇年・野村芳太郎）や、坂本九さんの『九ちゃん音頭』（一九六二年・市村泰一）など、歌謡映画の脚本を手掛けてきました。中村八大さん作曲の「ボクの星」という坂本九さんの唄を、山田監督が作詞をしています。そういえば『九ちゃんのでっかい夢』もある意味、歌謡界のスター、坂本九さんの歌謡映画でもあります。

さて『旅と女と寅次郎』です。渥美さんが大好きな都はるみさんをフィーチャーするということで、彼女の唄もふんだんに出てくることになります。それを自然に見せるには、マドンナは歌手、しかも都はるみさんのような演歌のスターにした方が良いわけです。なのでマドンナは新たに作り上げるのではなく、「都はるみを想起させる演歌歌手が寅さんと出会い、旅をしたら?」という発想で『旅と女と寅次郎』の物語が紡ぎだされました。

若い頃から人気スターとなり、多忙な日々が続き、女性としての私生活を犠牲にしたまま、二十年という月日が経過。仕事か、恋人か、人生の岐路に立たされたこともある。恋人と別離して、仕事に生きようと思ったけど、どこか虚しい。疲れ果てた彼女は、コンサートをすっぽかして失踪。これが京はるみのバックボーンです。ちなみに「京はるみ」という名前は、都はるみさんが最初に名乗るはずだった芸名です。

寅さんは新潟で「コンパクトやセカンドバック」の啖呵売をしています。ちょうどその後ろにある新潟市民ホールでは、コンサート直前、京はるみが失踪して大騒ぎに。関係のない二つの出来事が、交差して、やがてそれが一つの物語になっていくのは、映画の醍醐味であり、観客を惹き付けるエモーションでもあります。第九作『柴又慕情』でも、金沢の兼六園の前で、寅さんが「瑪瑙《メノウ》」のバイをしていると、歌子(吉永小百合)たちが通り過ぎるショットがあります。この時点では、寅さんとはまだ出会っていないのですが、観客はそこに「運命」を感じるわけです。

しばらくして、寅さんは出雲崎の良寛堂の前で「虫眼鏡」のバイをしていますが、パッとしません。「この町は商売には向かねえな」と店じまい。出雲崎港で、漁師のおじさん(山谷初男)に佐渡島の金山で金を掘れるのかと、浮世離れした話をして、たまたま居合わせた旅の女性に笑われます。その女性こそ、仕事に疲れて失踪した京はるみだったのです。寅さんは佐渡島まで帰る船に乗せて欲しいと、頼みます。時間がかかるという船長に、寅さんはこんなことを言います。

「そりゃあ、かまわねえよ、オレは暇だったらな、もう腐るほど持ってるんだ。持ってねえのは金だけだい。よしそうと決まったら渡りに船だ」。そこへ「私も乗せてくれないかな」とはるみが申し出ます。

こうして、寅さんとはるみの人生が交錯します。もちろん寅さんは、はるみが人気歌手だということを知りません。けれども、何か訳ありの旅の女性、ということだけは、直感的に分かっているのです。寅さんは、人を立場や身分では判断しません。佐渡島に渡った二人は宿根木《しゅくねぎ》の民宿・吾作に泊まります。

寅さんははるみの身の上話を聞き、二人は「矢切の渡し」を口ずさみます。はるみの歌に「銭とれるよ」と寅さん。二人の「佐渡島の休日」がこうして展開されます。

この映画では、都はるみさんが「惚れちゃったんだよ」「アンコ椿は恋の花」といったヒットを唄い、山本直純さんが編曲した「涙の連絡船」が二人の佐渡島の別れのシーンのBGMで流れます。源ちゃんが「大阪しぐれ」を唄い、タコ社長も「涙の連絡船」をうなります。クライマックスを、はるみさんの「女の海峡」が盛り上げます。ことほど左様に『旅と女と寅次郎』は、歌謡映画でもあるのです。

数ある挿入歌のなかで印象的なのは、佐渡島で楽しいときを過ごすはるみが唄う、北原白秋・作詞、中山晋平・作曲の「砂山」です。

海は荒海
向うは佐渡よ
すずめ啼け啼け、もう日はくれた
みんな呼べ呼べ、お星さま出たぞ

大正十一（一九二二）年、新潟に招かれた白秋が、新居浜から眺めた佐渡島の風景に感銘を受けて着想を得たのが「砂山」です。作曲は、流行歌の父であり、新民謡運動を展開していた中山晋平。歌謡映画のルーツとしてご紹介した『船頭小唄』の作曲者です。渥美さんも吹き込んでいます。連綿と続く、流行歌、歌謡曲と映画の歴史を考えると、はるみの唄う「砂山」は、また深い意味を持ってくるのです。

二〇一三年十一月七日

第三十二作　男はつらいよ　口笛を吹く寅次郎

一九八三年十二月二十八日

門前の寅さん、習わぬ経を詠む

初めて『男はつらいよ』をご覧になる方に、「何から観ればいいでしょう?」とご質問を受けることが時々あります。シリーズ全作をご覧になりたい、という方には迷わず第一作『男はつらいよ』(一九六九年)をオススメします。全く予備知識がなく映画を楽しみたい、という方には、いつも第三十二作『口笛を吹く寅次郎』をご紹介しています。その理由は「幸せな気分になれるから」です。シリーズ後半、昭和五十九(一九八四)年のお正月映画として公開された『口笛を吹く寅次郎』を劇場で観たときに、なんて幸せな映画なんだろうと、心の底から味わいました。

舞台は、備中高梁市。第八作『寅次郎恋歌』に登場した、博の父・飇《ひょう》一郎(志村喬)が生まれ育った街です。『寅次郎恋歌』では、博の母が危篤となり、博とさくらが駆けつけるも急逝、それを聞いた旅先の寅さんが駆けつけるという展開でした。妻を喪い、男やもめは寂しかろうと、寅さんがそのまま居残って、博の父としばし共に暮らして「りんどうの花」のエピソードが語られます。

『口笛を吹く寅次郎』では、旅先の寅さんが、三年前に亡くなった、博の父の墓参りに菩提寺の蓮台寺を訪れます。寅さんは墓前で「博はちゃんとやってるからな、さくらとも仲良くやってるし、何の心配もいらねえよ」と報告します。第一作、第八作、そして第二十二作『噂の寅次郎』での、博の父と寅さんの交流を観てきた観客にとっては、しみじみと味わいの深い名場面です。

志村喬さんは昭和五十七(一九八二)年二月に亡くなりましたが、こうしたかたちで、名優を悼み、リスペクトをして物語を紡ぐ、山田洋次監督の眼差しが素晴らしいです。第一作で博の父をキャスティングする際に、山田監督は、『男ありて』(一九五五年・東宝・丸山誠治監督）で志村さんが演じた、家族を顧みず仕事に専念するプロ野球の監督をイメージしたそうです。仕事ではプロだけど、家族とのコミュニケーションはてんでダメな日本の男の無骨さ、無粋さを、志村さんは「男はつらいよ」でも好演しました。

やがて寅さんは、蓮台寺の和尚・泰道（松村達雄）と、その娘・石橋朋子（竹下景子）と出逢い、朋子の美しさに惹かれて、その晩は寺に泊まります。ところが翌朝、寅さんとしこたま飲んだ和尚さんが二日酔いで法事に出ることができず、困った朋子に「私が代わって参りましょう」と申し出ます。

「私にも責任あります。門前の小僧習わぬ経を詠む。私お寺の前で育った男ですから。法事の真似事くらいなんとかなります。余ってる衣ありませんか。」

寅さんが納所《なっしょ》さんとして、ハンコ屋・大阪屋（長門勇）のおばあちゃんの法事に向かうことになります。

納所とは、禅寺で、施物の金品やお米などの出納業務を司る、いわばお寺の事務担当の「納所坊主」のこと。寅さんは啖呵売で鍛えた話術で、口から出任せ、しかし説得力のある法話で、たちまち檀家の人気者となります。

やがて博の父の三回忌の法事が蓮台寺で行われることになり、さくら、博、満男が、備中高梁市にやって来ます。

ぼくたちは、さくらたちを待ち受けているものが何かが、判っています。寅さんの稚気ある企みに、ワクワクしながらその時を待ちます。納所坊主＝寅さんが、いつさくらにバレるか？　まるで寅さんと一緒にイタズラをしている気分です。この映画の「幸せな感覚」はこのシーンにも溢れています。

『寅次郎恋歌』でも描かれていた、博と長兄・毅（梅野泰靖）と次兄・修（穂積隆信）との確執が、ここでもリフレインされ、重苦しい雰囲気になったときに、蓮台寺の納所さんから、翌日の法事の出席人数の確認の電話がかかっています。電話をかけてくるのは、もちろん寅さん。電話に出た博は、真面目に受け答えをします。電話を切ったあと、寅さんは「奥さまはさくらさん、フフフ、お待ちしております」。この時の渥美さんの顔！　イタズラ小僧時代の寅さんが浮かびます。このおかしさ。

喜劇的状況ということだけでなく、寅さんの微笑みに、渥美清さんの表情に、ぼくらは笑いながら、とても幸福な気分で、映画を愉しむことができます。寅さんがなぜ、お坊さんの真似事をしているのか？　その理由はもちろん、美しき朋子です。

寅さんは「俺から恋を取ったら何が残るか？」とかつて断言したほどの恋多き男です。ここのところ若い恋人たちの恋愛指南などをしていた寅さんの久々のときめきは、観客をワクワクさせてくれます。

いろいろあって、なんとなく朋子との結婚を意識した寅さんは、家族への報告と坊主になるための修業を相談するために柴又へ戻ってきます。どこで入手したのか、朋子の写真を源ちゃんに見せる寅さん。

源公「この人が兄貴に惚れとるんでっか？　結婚するんでっか？」

寅「そうはいかない。その人と一緒になるためには、どうしても坊主になる資格をとらなきゃいけない。それは簡単にはできない。」

源公「でも兄貴、愛があればなんとかなるんやないか？」

寅「それは若者の考えることだ。俺ぐらいに分別が出てくると、そうは簡単にはいかない。お前たち若者がうらやましいよ。」

寅さんのこの言い方がまたおかしいです。なんとも余裕のある感じで。こんな寅さん、源ちゃん以外の前では絶対見せない分別ある大人を気取ってます。BGMは、第二十八作『寅次郎紙風船』で初登場した「口笛のテーマ」です。この音楽もまた幸せな気分をもたらしてくれます。ことほど左様に『口笛を吹く寅次郎』は、最初から最後まで、幸福な気持ちを味わうことができる傑作の一本です。

二〇一一年十一月十日

寅さんの幸福、観客の至福

年末、お盆になると、決まって思い出すのは、映画館のにぎわいと、劇場に響き渡る寅さんの声、それをかき消してしまうほどのお客さんの笑い声です。映画館にやってくる観客は、それぞれの人生を歩んでいて、屈託や幸せを抱きながら、ひととき「男はつらいよ」を楽しんで、幸福な気持ちを味わっていました。少なくとも、ぼくはそうでした。一人で映画館の暗闇に座っていても、映画が始まると、劇場全部に「寅さん」を愉しむ連帯感が生まれ、物語を共有し、ともに笑い、ともに泣いて、それを至福のときと感じていました。

第三十二作『口笛を吹く寅次郎』は、博の父(志村喬)と寅さんのこれまでの関係を知っていると、より味わいが深くなります。第一作『男はつらいよ』のさくらと博の結婚式、第八作『寅次郎恋歌』の「りんどうの花」の挿話、そして第二十二作『噂の寅次郎』での寅さんとの木曽路の楽しい同行二人旅……。名優・志村喬さん演じる博の父と、寅さんの組み合わせは、数ある「インテリと寅さん」コンビのなかでもダントツです。

第三十二作が作られる前年、志村喬さんは亡くなられ、この名コンビは二度とスクリーンで観ることは叶わなくなりましたが、冒頭のお墓参りの寅さんの台詞には、さくらの義父への、寅さんの想いに溢れていて、数々の名場面が甦ってきます。

寅さんは、備中高梁の蓮台寺にある、博の父の墓所に一人立ち寄って、ことばをかけます。その後、寅さんは「さて、どうするか。柴又に帰るか。それとも」と思案をしているところに、素晴らしきめぐり逢いをすることになります。

蓮台寺の和尚・泰道(松村達雄)が法事の席でしこたま呑んで、酔っぱらってしまい、階段で往生、その娘・朋子(竹下景子)が「お父さん、大丈夫?」と身体を支えて途方にくれています。朋子の美しさに見とれていた寅さん、泰道の手から風呂敷包みが落ちるのを目に留めて、急いで階段を駆け下りて、「私が持ちます」と云います。

この瞬間、寅さんには幸福が訪れて、『口笛を吹く寅次郎』の物語が動き出します。寅さんにしてみれば、博の父からの贈り物です。寅さんは、寺に逗留し、二日酔いで役に立たない泰道の代わりに、和尚の代役をつとめて、これが大当たり。結局、博の父の三回忌に、備中高梁へやってきたさくらと博、満男と、文字通り衝撃の再会と相成ります。

シリーズ屈指の幸福な笑いに包まれた一篇ですが、同じ備中高梁が舞台となった第八作『寅次郎恋歌』の後日談として、きめが細かい演出がなされているのも、ファンにとっては嬉しい一篇です。例えば、朋子の弟・一道（中井貴一）のガールフレンド、ひろみ（杉田かおる）の家として、白神食料品店という酒屋さんが登場します。この店は『寅次郎恋歌』で、寅さんが博の父とお酒を買いに行くお店です。博の長兄・毅（梅野泰靖）とその妻（上野稜子）、次兄・修（穂積隆信）も再登場して、再び兄弟の確執のドラマも展開されます。

二〇一二年十一月二十三日

寅さんと博の父

初めて「寅さん」を観るということでいえば、第三十二作『口笛を吹く寅次郎』を迷わず推薦します。この作品にはシリーズの魅力と、車寅次郎という人がもたらす多幸感、渥美清さんの至芸、映画の語り部としての山田洋次監督のうまさ、などなど、様々な楽しい要素に満ちあふれているのです。

ビデオで観てもよし、テレビ放送で観てもよし、出来ることならスクリーンで大勢の人と一緒に観るとなおさら良いのが『口笛を吹く寅次郎』です。映画は大勢の人と一緒に観ると、その笑いや感動、面白さが倍増します。作品に対峙している自分だけでなく、同席している、同じ空間を一にしている観客の皆さんと「共有」することで、その喜びは間違いなく倍加するのです。平成二十五年のお正月に、今は閉館してしまった映画館・銀座シネパトスで「新春！みんなの寅さんまつり」をプロデュースさせて頂いたときも、この『口笛を吹く寅次郎』を、第八作『寅次郎恋歌』と二本立て上映をしました。

寅さんファン、「みんなの寅さん」のリスナーなら、この二本立ての意を汲んで頂けると思います。ぼくは初めて「男はつらいよ」をご覧になる方に、『口笛を吹く寅次郎』をおすすめして、その次に第八作『寅次郎恋歌』を推薦しています。そして三本目には、第二十二作『噂の寅次郎』を是非に！とご紹介します。時系列ではありませんが、この三作を観ると、「男はつらいよ」に込められた、さまざまなことが、観客のなかで連鎖的につながるのです。

そのココロは、博の父・諏訪飇《ひょう》一郎（志村喬）であり、その実家がある岡山県備中高梁市にあります。

第二十二作には、備中高梁は出てきませんが、寅さんが飈一郎と木曽路を走るバスの中で再会、楽しいひとときを過ごします。備中高梁から来た飈一郎と、柴又から旅に出た寅さんの再会が『噂の寅次郎』のドラマの中核をなすのです。

志村喬さん演じる諏訪飈一郎は、第一作『男はつらいよ』のさくらと博の結婚式のシーンで、寅さんと初対面します。八年前、父親に反発して北海道から東京へ家出をしてグレていた博は、タコ社長の温情で印刷工場の職工となり、三年前にさくらに恋をします。若い博が一人前になったのは、タコ社長の印刷工場での日々でした。飈一郎は妻とともに、家出以来会うこともなかった博の結婚式に出席。

無骨で息子とのコミュニケーションがうまくとれない飈一郎の心に触れた寅さんは、大感激。それから二人はシリーズでしばしば、楽しい日々を過ごすことになります。

第八作『寅次郎恋歌』では、飈一郎の妻の訃報を知った寅さんが、備中高梁に現れ来て、お葬式でさくら夫婦と再会。男やもめは寂しかろうと、一人暮らしの飈一郎の話相手にと、寅さんはそのまま高梁に逗留することになります。そこで語られるのが「りんどうの花」のエピソードです。

その話を聞いた寅さんは、改悛の情とともに柴又へ戻ってきます。そして茶の間のアリアとなるわけです。飈一郎は、根無し草の寅さんに「本当の人間の暮らし」について示唆してくれました。博に対しては、そんな話はしたことがないであろう飈一郎ですが、寅さんに「後悔の人生」を遅らせまいと、人生を説くのです。

それは第二十二作『噂の寅次郎』でも同じでした。木曽路を旅する二人でしたが、寅さんは毎晩、芸者を上げてどんちゃん騒ぎをしようと、飈一郎をけしかけます。そんなある夜、飈一郎は人間の儚《はかな》さについて「今昔物語」を例に、寅さんに説きました。

美人だ、芸者だ、と子供のようにはしゃぐ寅さんに「いくら美人でも死んじまえば、骸骨だからな」と人の生命の儚さと、移ろい行く時間の残酷さについて語る飈一郎。またしても寅さんは、猛省をして翌朝、柴又に帰ることとなります。

シリーズの折々に飈一郎が登場して、寅さんと二人だけの時間を過ごしました。それは寅さんにとってかけがえの無い時間であり、われわれにも忘れられないシーンでもあるのです。

颷一郎を演じたのは、黒澤明監督の『酔いどれ天使』（一九四八年）、『野良犬』（一九四九年）、『生きる』（一九五二年）などの名作で知られる名優・志村喬さんです。志村さんといえば、黒澤明監督の『七人の侍』（一九五四年）の頼もしきリーダー勘兵衛役が忘れられません。仕事のために家族を顧みなかったワーカホリックのプロ野球監督を演じた『男ありて』（一九五五年）も代表作です。颷一郎は、この『男ありて』の志村さんのイメージと重なるところがあります。その志村喬さんは、昭和五十七（一九八二）年二月に七十六歳で亡くなりました。生涯に四四三本の作品に出演した、文字通りの映画俳優です。

第三十二作『口笛を吹く寅次郎』が作られたのが、志村さんが亡くなった翌年の昭和五十八（一九八三）年の秋です。物語は寅さんが、颷一郎の墓参をするところから動きだします。備中高梁市にある、諏訪家の菩提寺である蓮台寺の墓所に、寅さんがやってきて、颷一郎に語りかけます。

「俺は元気だよ。相変わらずのフーテン暮らしで、嫁さんも貰えねえけどもな。これは持って生まれた性分でしょうがねえや、へへへ。博はちゃんとやってるからな。さくらとも仲良くやってるし、なんの心配もいらねえよ。」

しみじみとしたいい場面です。寅さんと颷一郎、二人に流れてきた時間、二人だけで過ごしたことに想いを馳せる寅さん。その胸に去来する感情を、観客であるぼくらも想像することが出来るような、そんな名場面です。この墓参をきっかけに、寅さんは、蓮台寺の娘・朋子（竹下景子）と出会い、その父で住職の石橋泰道（二代目おいちゃん・松村達雄）の名代で、なんとお坊さんになってしまうのです。二日酔いで起き上がれない泰道の代わりに寅さんが判子屋・大阪屋（長門勇）のおばあちゃんの法事を取り仕切ることとなります。

ここから、寅さんにとっても、観客にとっても至福のときが訪れます。その楽しさは、どんな解説よりも、どんな話よりも、本編を観て頂くに限ります。備中高梁で展開される至福の時間は、颷一郎が寅さんたちを見守っているようで、それが多幸感の源泉のような気がします。特に冒頭と、ラストに登場する、レオナルド熊さん扮する季節労働者の父娘のエピソードに、第八作『寅次郎恋歌』で飈一郎が語った「りんどうの花」が投影されていて、それが深い感動につながるのです。

『口笛を吹く寅次郎』を初めてご覧になる方が、羨ましいです。なぜなら、これから展開する物語を、わくわくしながら、大笑いしながら、楽しみながら、新鮮な気持ちで味わうことが出来るからです。

もちろん、何回も、何十回観ても、その都度、新たな発見があります。それがまた、このシリーズの味わいでもあるのです。

二〇一三年十一月十四日

第三十三作　男はつらいよ　夜霧にむせぶ寅次郎

一九八四年八月四日

フーテンの寅と風子

シリーズのなかでも、良い意味での異色作が、根無し草の孤独、渡世人の世界、そしてフーテンの人生をテーマにした第三十三作『夜霧にむせぶ寅次郎』です。マドンナは、フジテレビ「欽ドン！良い子悪い子普通の子」（一九八一～一九八三年）の「良い妻、悪い妻、普通の妻」のコーナーで、お茶の間でブレイクしていた歌手の中原理恵さん。彼女が演じたマドンナが、根無し草のフーテンの風子。

初夏の北海道を舞台に、渡世人として生きてきた寅さんが、自由気ままに生きようとする若い娘の行く末を案じる大人の物語です。

寅さんは釧路で、フーテンを気取った若い娘・風子と出会います。彼女の叔母がいる根室で、理容師として落ち着く筈の風子は、寅さんと旅を続けたいと、その想いを伝えます。

寅さんは、風子の申し出をキッパリと断ります。渡世人の虚しさが身にしみているからです。第八作『寅次郎恋歌』で博の父に教えられた「庭先にりんどうの花が咲いている、本当の人間の暮らし」に反して生きて来た寅さんは、若い風子には、そんな生き方をさせてはいけない、と思っているのです。

しかし、若い風子は、心を許した寅さんから拒絶されたことの方がショックだったのでしょう。自棄になっているところに、やはり渡世人でサーカスのバイク乗りのトニー(渡瀬恒彦)が現れ、そのままトニーの旅についていきます。寅さんの知らないうちに……。

寅さん、風子、トニーの関係は、フェデリコ・フェリーニの名作『道』(一九五四年・イタリア)のザンパノ(アンソニー・クイン)、ジェルソミーナ(ジュリエッタ・マシーナ)、綱渡り芸人(リチャード・ベイストハート)のようでもあります。この危うい三角関係は、これまでの「男はつらいよ」で描かれることのなかった世界です。

ある日、トニーが「とらや」に現れ来て、病気の風子が「寅さんに会いたがっている」と告げます。そこで、寅さんも観客も、風子の「その後」を知るわけです。寅さんはトニーとともに、品川のトニーの下宿へ向かいます。その荒れた感じ、掃き溜めのような空間に、渡世人の侘しさが窺えます。

やがて風子は「とらや」に引き取られて病気は快癒。さくらたちは、彼女を暖かく家族として迎え入れようとします。一方、寅さんは、トニーに風子のことで決着をつけに行きます。このシーンが素晴らしいです。

風子のために「渡世人らしく話をつけよう」と寅さん。今までのシリーズで見せることのなかった厳しい表情です。

トニーは「女のことで人に指図なんかされたかねえな」とにべもありません。寅さんは「あの子は苦労して育ったからな。どこか無理しているところがある。ヤクザな女に見えるけども、本当はそうじゃねえ。」そんなことは百も承知のトニー。それでも寅さんは「頼む」と頭を下げます。

寅さんが生きてきた世界が垣間見える瞬間です。ドキドキする緊張感あふれる場面です。しかし、寅さんの想いを理解して「見掛けによらず純情ですねぇ」というトニーのはにかんだ顔。荒れた暮しをしているであろう、トニーがみせる人懐っこい笑顔、これが素晴らしいです。すべてを呑み込みながら、寅さんの「純情」に、自分が失ってしまった「何か」を感じたのかもしれません。

渡世人・車寅次郎のこうした顔は、後にも先にもこのシーンだけです。この作品は、登と妻・倶子、トニーといった「渡世人の世界」を知る人々が登場します。対称的に中学生になった満男、お嫁に行くタコ社長の娘・あけみ(美保純)のエピソードも描かれます。放浪者と定住者。このシリーズの大きなテーマでもあります。風子は果たして、寅さんのような放浪者になるのか、それともさくらのような定住者になるのか? 映画はクライマックスに向けて進みます。

山田洋次監督に『夜霧にむせぶ寅次郎』について伺ったことがあります。釧路にシナリオハンティングに行ったときに、霧に包まれた街で霧笛を聞いて、こうしたドラマを思いついたと。「でも、暗くなり過ぎたなぁ」と笑っておられました。

しかし、ぼくは、その「暗さ」こそ、渡世人・車寅次郎の笑顔の裏にある屈託であり、それを垣間見せてくれたという点でも、この『夜霧にむせぶ寅次郎』が好きなのです。

二〇一一年十一月八日

幸せな恋もあれば、不幸せな恋もある

この『夜霧にむせぶ寅次郎』は、その危うさゆえ、異色作ゆえに、年に一度は、噛み締めたくなる味のある作品です。中原理恵さん扮するフーテンの風子と、サーカスの旅芸人・トニー(渡瀬恒彦)、そして寅さん。初夏のまだ肌寒い、霧笛が聞こえる北海道で繰り広げられる、苦く切ない、男と女の三角関係の物語です。

前作『口笛を吹く寅次郎』が、心温まる笑いと幸福感に満ちた「男はつらいよ」らしさに満ちた傑作とすれば、この『夜霧にむせぶ寅次郎』は色々な意味で「男はつらいよ」らしくない、それゆえ「寅さん」の持つもう一つの顔が味わえる佳作です。

さくらの「幸せな恋もあれば、不幸せになる恋だってあるわけでしょ」という台詞がありますが、この作品では「多幸感」あふれる「男はつらいよ」では直接描かれることの少ない「不幸せ」にふれています。当初、山田監督のシナリオには「だから人間て哀しいのね」ということばがありました。この作品の暗さは、風子・寅さん・トニーの三人の根無

し草の渡世人の危うさでもあり、「幸せと不幸せ」の隣り合わせの対比も随所にあります。

さて、寅さんは釧路で風子と出会います。その夜、風子と寅さんが泊まった宿で、相部屋となる福田栄作(佐藤B作)の物語は、悲劇であり喜劇であるという「幸せと不幸せ」が隣り合わせています。茨城県牛久沼に念願のマイホームを建て、ローンが大変だからと、奥さんがパートに働きに出て三週間で上司と駆け落ち。気がついたら一年も経っていたという、「男はつらいよ」らしからぬ挿話です。

栄作には小学生の女の子がいて、パパのお土産「おしゃべりクマちゃん」を待っています。マイホームという幸せを手に入れたための悲劇です。この「北海道のネクラ」に付き添って、寅さんと風子は、栄作の女房がいるという町(厚岸郡浜中町暮帰別東)まで付き合う事になります。

「ひょっとしたら、かみさん苦労してるかもしれねぇぞ」と、「ネクラ」を元気づけます。この「妻が待ってるかもしれない」というのは、山田洋次監督の代表作『幸福の黄色いハンカチ』(一九七七年)の高倉健さんと同じ状況です。山田監督、ここでセルフパロディをしているのです。その顛末は「残念なこと」になるのですが。この挿話、単なる喜劇的なエピソードではなく、この後、明らかになる風子の幼い頃とオーバーラップする仕組みになっているのです。

「母さんが子供の時に家出てしまったから、いつも一人で寝ていたでしょう。夜中目を覚ますと遠くからチャルメラが聞こえて来るの。もう寂しくて、寂しくて涙がポロポロ出てきちゃって。」

風子が人を恋しがる遠因は、実は、この境遇にあったことが、それとなく観客に伝えられます。福田栄作が釧路の旅館で電話をかけた、牛久沼のマイホームでパパを待つ小学生の娘は、母親が出奔したということでは風子と同じ境遇。でも、その母親は不幸ではなく、幸福に暮らしているのです。ここに「人間の哀しさ」があるのです。

ことほど左様に、『夜霧にむせぶ寅次郎』は、「幸福と隣り合わせの不幸」が次々と提示されていきます。それが味わいでもあり、この作品に流れる「暗さ」でもあるのです。でも、さすが山田監督、笑いの案配も絶妙で、全体のバランスを保ってます。この作品で、タコ社長の娘・あけみ（美保純）が初登場。あけみは、この父にして、この娘あり。第三十九作『寅次郎物語』まで、「とらや」の茶の間に明るい笑いをもたらしてくれる強力なキャラクターです。そのあけみの結納から、「とらや」の物語が始まり、お嫁入りがサイドストーリーとして描かれます。

社長の家が狭いからと、「とらや」で花嫁支度をするあけみと、花嫁の父・タコ社長の会話です。「お前が幸せになってくれたなら」という父親の想い。ここにも「りんどうの花」が咲いているのです。この父娘の「幸せ」も、風子を心配する寅さんに言わせれば『労働者を搾取した金でハワイに新婚旅行に行く娘もいれば、寝ぐらのない小鳥のように、夜露にうたれながら泣いている娘だっているんだなぁ」です。

風子は根室で「寅さんと勝手気ままな旅をしてみたいの」と申し出るも、寅さんに断られ、その後トニーと共に上京。その風子が病で倒れ、寅さんに助けを求めてくる、という展開になるのです。そこでの寅さんとトニーのやりとり。これまで描かれることがなかった寅さんの渡世人としての一面が垣間見えます。この一連のシークエンスで印象的なのは、病気の風子を、トニーの宿舎から、寅さんが連れ出そうとする場面のさくらへの電話です。

博に頼んで工場の車に、毛布と蒲団を積んで、さくらも一緒に来て欲しい、と頼むのです。

寅さんがさくらに何かを頼むときは、肉親ゆえの「甘え」を感じることが多いのですが、この時は「渡世人」が「堅気の人」に申し訳ない気持ちで頼む、という感じです。たとえ実の妹でも、この件は、自分の世界の話だという寅さん。こんな厳しい表情の寅さんは、シリーズではほとんど見られません。第十一作『寅次郎忘れな草』で、逃げるように引っ越していったリリーのアパートを訪ねる場面以来です。

そんな寅さんは、風子には堅気の男と結婚して欲しいと願っています。給料日の朝日印刷のシーンに続く、「とらや」の夕餉のひととき。寅さんが帰って来て風子の幸せを願うアリアとなります。その前後に、二階で風子がさくらに「トニーとちゃんと話し合いたい」と告げる場面がインサートされます。ここにも「幸せと不幸せ」の対比があるのです。

このコラムでも、ぼくは『男はつらいよ』シリーズは「放浪者と定住者の物語」と書いてきました。『夜霧にむせぶ寅次郎』は、より「放浪者＝寅さん」の濃度が高いのです。それゆえアットホームな世界を期待すると、裏切られたような気分になるかも知れません。

　お互いの気持ちが相容れないまま、寅さんと風子は哀しい別れをします。その時、さくらはこう言います

「幸せな恋もあれば、不幸せになる恋だってあるわけでしょ。不幸せになることがわかっていながら、どうしょうもなかったのね、風子さんは。でも大丈夫よ、きっと立ち直るわよ、あの娘は。」

　これで映画が終わったら、観客の気持ちは重いままです。でも、その後、風子は北海道で昔馴染みと結婚することになり、さくらと博、満男が、中標津の養老牛《ようろううし》温泉での結婚式に向かいます。そこで、たまたま北海道に来ていた寅さんと再会するのですが、寅さんが熊に襲われるというハプニングが待っているのです。この「熊騒動」は、斎藤寅次郎監督のスラップスティック喜劇のようでもありますが、最後は明るく、という山田監督の狙いでもあります。

「熊騒動」の印象が強烈ですが、実はこのラスト、他の作品にはない幸福な幕切れなのです。第二十七作『浪花の恋の寅次郎』でマドンナ・ふみ（松坂慶子）のその後を寅さんが訪ねたり、第七作『奮闘篇』のようにさくらと寅さんが一緒に過ごすというラストはありました。

　でも今回はマドンナ、さくら、博、満男と寅さんが一堂に会して映画が終わります。「別離」ではなく「再会」です。「不幸せな結末」ではなく「幸福な結末」となりました。雨の日もあれば晴れの日もある。これが嬉しいのです。

　追記。『夜霧にむせぶ寅次郎』では、冒頭の夢のシーンに、工場のゆかりちゃんことマキノ佐代子さんが、第二十五作『寅次郎ハイビスカスの花』のラストでリリーが着ていた黄色いドレスを着ているのです。重箱の隅かも知れませんが、ファンというのは、こういう発見も嬉しいのです。

二〇一二年十二月一日

寅さんと登の再会

北海道は釧路で出会った、根無し草のフーテンの風子(中原早苗)がマドンナの第三十三作『夜霧にむせぶ寅次郎』は、これまでよりも、放浪者と定住者のドラマが色濃く描かれています。タイトルバックが開けて、寅さんが盛岡の城址公園のさくら祭りで、地球儀のバイをしていると、可愛い女の子を肩車しながら、寅さんに声をかける男が出てきます。「登じゃねえか!」「兄貴!」懐かしく再会を喜ぶ二人。

秋野太作さん演じる舎弟・登は、第十作『寅次郎夢枕』以来の登場となります。この時、寅さんは、甲州で旧家の奥様(田中絹代)から、テキ屋仲間の伊賀の為三郎の死を知り、奥様たちに手厚く葬られたことを知り、浮き草稼業の儚《はかな》さをしみじみ感じていたに違いありません。その夜、寅さんが泊まったのは、信州は奈良井宿の「かぎや旅館」という鄙《ひな》びた宿。一人わびしく、徳利を傾ける寅さん。隣の部屋から、耳馴染みの声が聞こえてきます。

「俺か、俺の故郷はな、東京は葛飾柴又というところよ」登が、寅さんの口調で、仲居さんたち相手に、ありもしない家族の自慢をしていたのです。「おいちゃん、おばちゃんは元気かなぁ」と。それに気づいた寅さん。襖を開けて、いたずらっぽい顔で「葛飾柴又の生まれだってねえ。そんじゃフーテンの寅という色男の御兄さんですか?」と、登に声をかけます。

テキ屋稼業の侘しさを、身を以て感じているときです。懐かしい舎弟との再会の嬉しさはなおさらです。これが、旅の暮らしの醍醐味でもあります。その翌日からの登との旅は、寅さんにとっても楽しく、そのハレの気分が、ヴィヴァルディの「四季」の「秋」の旋律に乗せて綴られるショットからも窺えます。二人は楽しげに笑い合い、縁日で啖呵売に興じて、それまでと変わらない時間を過ごします。しかし、寅さんはきっと「このままではいけない」と思ったのでしょう。やはり、伊賀の為三郎の死が大きかったと思います。ある朝、登が旅館で目覚めると、枕元に置手紙が置いてあります。

若い登への、寅さんの精一杯の気持ちが込められている手紙です。「一日も早く足を洗って地道に暮らせ。このままじゃ末はろくなことにならねえからな」ということばは、第一作以来、繰り返し、登に対して寅さんが言いかけてきたものです。寅さんは登に、若いときの自分を見ていたのです。寅さんにも、あのとき、足を洗っていれば……と思うことがあったと思います。

「顔で笑って、肚で泣く」とは主題歌の歌詞ですが、この登との関係においては、すでに中年となっている寅さんの、若者へのせめてもの想いが窺えます。それゆえ、登と寅さんの関係は濃密で、シリーズ前半のアクセントをなしていました。思い起こせば、川又登は、フジテレビで放映されていた「男はつらいよ」以来、寅さんの舎弟として登場しているわけです。

そんな登も、第十作『寅次郎夢枕』から、シリーズには顔を見せなくなりました。多分、堅気の暮らしをしているのだろうと、ファンは漠然と思っていたはずです。それからちょうど十年、『夜霧にむせぶ寅次郎』の盛岡城址公園で、寅さんと登が再会します。

「兄貴、まだやってんのかい、こんなこと」という登の台詞に、彼が十年前に寅さんに言われた通り、堅気になっていることがわかります。放浪者を続けている寅さんと、定住者となった登の間には、もう交わることのない、大きな隔たりがあるのです。分をわきまえている寅さんは、昔のように「兄貴」と慕ってくれる登に、厳しいことばを残して、立ち去ります。

「今は、お前は堅気の商人《あきんど》だぞ。オレは股旅烏の渡世人だ。俺がお前の家に訪ねて来ても、私は今堅気の身分です。あんたとは口もききたくありませんから帰ってください。お前にそう言われても俺は「そうですか、すいませんでした。」そう言って引き取らなきゃならねえんだぞ。それをなんだお前、酒を買えの、肴を買えの、店を閉めろの、そんな気持ちでもってこれから長い間、堅気の商売ができるか。」

これまでの寅さんと登の関係を知っていると、つらいシーンですが、寅さんの気持ちは痛いほどわかります。第一作のラスト近く、上野駅で、登に「故郷に帰れ！」と厳しい言葉を言い放った後、涙ながらにラーメンをすすった場面。第五作『望郷篇』の北海道の宿で、「俺とお前は金輪際、兄弟分じゃない」と盃を割った場面などが、よみがえってきます。とはいえ、その後、必ず二人は旅の途中で再会、楽しい時間を過ごしてきました。

しかし、今、登は盛岡で、小さいながらも今川焼屋の主人として、恋女房の倶子《とも》（中川加奈）、可愛い娘、そして妻の父親らしき人と暮らしています。自分の存在が堅気の暮らしに迷惑をかけてしまう。寅さんはそれを判っているのです。

そして、店を出た寅さんを、登の女房が追いかけてきます。寅さんの置き土産を忘れ物と思ってです。彼女に寅さんがこう言います。「おかみさん、登のことよろしくお願いします。」頭を下げて立ち去る寅さんに、女房は「道中ご無事に、親分さん」と声をかけるのです。短い一言ですが、中川加奈さんの毅然とした芝居が良いです。

この台詞一つで、彼女は、かつての登がいた世界の出身であることが判ります。若いときの登の行状を知っている、ぼくたちは、彼女が今日までどんな苦労を重ねてきたかが、容易に想像できるのです。『夜霧にむせぶ寅次郎』は、このトップシーンから、寅さんが住む「テキ屋の世界」のなかに深く入って行くのです。

かつて寅さんは、第八作『寅次郎恋歌』で心を寄せた、六波羅貴子（池内淳子）にこう言いました。「好きで飛び込んだ稼業ですから、いまさら愚痴も言えませんが、ハタで見ているほど楽なもんじゃないですよ。」貴子の家の縁側に腰掛けて、ポツリ、ポツリとことばを交わすうちに、寅さんは貴子が堅気の人間であり、二人の間には大きな隔たりがあることを実感して立ち去ります。ぼくは『夜霧にむせぶ寅次郎』を観るたびに、寅さんの「ハタで見ているほど楽なもんじゃないですよ」いうことばを思い出します。

さて、『夜霧にむせぶ寅次郎』は、ここから、より深く、寅さんが住む世界と、自ら望んでそうした暮らしを選ぼうとする、若い風子のドラマが描かれて行きます。口当たりの良い笑いに慣れていたファンにとって、この作品が「異色作」と感じられるのも頷けます。だからこそ、ぼくは、この作品が好きなのです。親に恵まれず、理容師の資格を持っているものの、その若さゆえ、お客とトラブルを起こしては、北海道を点々としてきた風子。手に職はあるけれども、寅さんと楽しい旅を続けたい、いざとなったら、バーにでも勤めればいいんだという、彼女の安易さに寅さんは、優しく、噛んで含むように、こんな話をします。

妹のさくらに十年か、十五年前「こんな暮らしを続けていたら、そのうちきっとお兄ちゃん後悔するわよ」って、意見をされたと寅さん。しかしまだ若い寅さんは「太く短く生きるんだ!」と相手にしなかったけど、ふと気づいたら、気の利いた仲間は、みんな足を洗って所帯を持っている。「いい年こいて渡世人稼業やってんのは、俺みてえなバカばっかりだ」と。

寅さんの後悔の気持ち、自戒の念が込められた台詞ですが、若い風子は「でも、私はまだ若いんだからいろんなこと経験したっていいじゃない」と、その想いが判らないのです。

ここからの展開は、それまでの『男はつらいよ』では描かれることのなかったものです。渡世人としての車寅次郎の内面が垣間見える作品として、忘れがたい一本となりました。

二〇一三年十一月二十一日

第三十四作　男はつらいよ　寅次郎真実一路

一九八四年十二月二十八日

宇宙大怪獣あらわる

「あってはならない事が起きてしまいました。今まで映画でしか観た事がなかった怪獣が、本当に現れたのです。信じられない事件が、今年は随分あったけど、ああ、ついにこんな事が起きてしまいました。」

レオナルド熊さんのオーバーなナレーションで始まる、第三十四作『寅次郎真実一路』の夢には、なんと大怪獣が出現! 吉田茂のような宰相に扮したタコ社長と、なぜか軍服姿の官房長官・源ちゃんが、筑波山麓の車博士のもとにやってきます。なぜ筑波山麓なのか? この『寅次郎真実一路』の舞台となるのが、茨城県牛久沼ですので、筑波山麓なのです。

おかしいのは源ちゃんのヘアスタイル。いつものアフロではなく、佐藤蛾次郎さんのデビュー当時のトレードマークで、テレビ「男はつらいよ」で異父弟・雄二郎に扮したときに、渥美清さんがアドリブで「ドイツの鉄兜」とあだ名をつけた、あの独特のスタイルなのです。

寅さんが対峙する怪獣は、昭和四十二（一九六七）年に松竹が製作した唯一の怪獣映画『宇宙大怪獣ギララ』（二本松嘉瑞）です。昭和四十一（一九六六）年にTBSでオンエアされた空想特撮番組「ウルトラQ」とその後番組「ウルトラマン」に始まる怪獣ブームは、映画界にも波及。本家東宝の「ゴジラ」シリーズ（一九五四年〜）や、大映の「ガメラ」シリーズ（一九六五〜一九七一年）の両雄に加え、大映京都では時代劇「大魔神」三部作（一九六六年）、そしてアクション王国・日活からは『大巨獣ガッパ』（一九六七年）と、次々とスクリーンで怪獣が大暴れしていました。

松竹の『宇宙大怪獣ギララ』は、海外輸出による外貨獲得が見込まれて、政府の社団法人映画輸出振興会から、輸出映画産業振興金融資措置に基づいて、製作資金が融資されました。アメリカでは"The X from Outer Space"というタイトルで公開され、フランス、イタリア、ルーマニアでも上映。ギララは、世界的に知られた怪獣なのです。

さて、その「宇宙大怪獣ギララ」が十七年ぶりにスクリーンに戻ってきたのには理由があります。この『寅次郎真実一路』が公開された昭和五十九（一九八四）年末、東宝では昭和五十（一九七五）年の『メカゴジラの逆襲』（本多猪四郎）から九年ぶりに『ゴジラ』（橋本幸治）を製作。連日マスコミを賑わせていました。「東宝がゴジラなら。松竹にはギララがいるじゃないか」と戯作精神溢れる山田監督が、ギララを再登場させたのではないかと、公開当時、思いました。

ぼくがこの映画を観たのは、昭和五十九（一九八四）年十二月二十八日の封切日の銀座文化でした。同じ頃、竣工されたばかりの有楽町マリオンの日劇では『ゴジラ』が公開中なので、この二大怪獣のスクリーンでの復活は、子供の頃からの特撮映画好きで怪獣ファンとしては、嬉しい限りでした。

さて、車博士の研究室に、緑色の小さなギララの模型があります。タコ社長の宰相と、源ちゃんの官房長官が、車博士の研究室を訪れるシーンで、博士がこのギララの粘土原型の前に立つと、眼が赤く発光します。実は松竹大船撮影所に保存されていたオリジナルなのです。

ギララは松竹の美術監督の重田重盛さんがデザインしました。重田さんは、山田洋次監督の『なつかしい風来坊』(一九六六年)、『九ちゃんのでっかい夢』(一九六七年)、『ハナ肇の一発大冒険』(一九六八年)、『吹けば飛ぶよな男だが』(同年)などを手掛けた、往年の山田組の美術監督でもあります。そのデザインをもとに、着ぐるみを製作するために作成されたのが、一尺大の緑色の粘度原型です。寅さんと粘土原型の共演というのも、怪獣マニア的にはなかなかの見ものです。

渥美さんは「泣いてたまるか」六十六話「お、怪獣日本一」(一九六六年)で、「ウルトラマン」の怪獣・キーラの着ぐるみ役者を演じていました。同時期の怪獣ブームとは深い縁があるのです。

この『寅次郎真実一路』のギララはオリジナル作品からのフッテージを使っています。一九六〇年代の良い意味での手作り感溢れる特撮シーンが、寅さんの夢のムードとピッタリ。この特撮を手掛けたのが、戦前、東宝で円谷英二監督の門下で、昭和十八(一九四三)年に松竹に引き抜かれた川上景司さんと、東宝で初代『ゴジラ』(一九五四年)の美術監督をつとめた渡辺明さんたちです。特撮の神様・円谷英二の薫陶を受けた二人が参加しているのです。世界に誇る日本のミニチュア特撮の伝統がここにも活かされています。

少し脱線します。特撮は東宝のお家芸でもありますが、戦後松竹映画を象徴する名作メロドラマ『君の名は』(一九五三年・大庭秀雄監督)の東京大空襲のシーンは、今観ても大迫力です。このシーン実は円谷英二さんの在籍していた東宝特技課に協力要請、かつての弟子・川上景司さんのためにと、円谷さんが『君の名は』の特撮に参加しているのです。

寅さんと怪獣のミスマッチ。これが笑いを誘うわけですが、一九六〇年代の怪獣ブームの洗礼を受けた世代は、実は、この夢のシーンには、こうした思い入れがあるのです。結局、ギララは寅さんの印ならぬ御守からの強力なビームで絶命します。「夢」の話が長くなりましたが、『寅次郎真実一路』

のマドンナは、第二十二作『噂の寅次郎』以来となる大原麗子さんです。前回は、夫と別居し離婚問題に心を痛めている美しい人妻・早苗役でした。今回は、寅さんが上野の飲み屋で出会う、証券マンの健吉（米倉斉加年）の妻・ふじ子の役です。健吉とふじ子夫妻は、小学生の息子とともに、茨城県牛久沼の建売住宅に住んでいます。寅さんがその美しさについて、「花にたとえりゃ、薄紫のコスモスよ」と讃えます。「仮におれがあんなきれいな奥さんをもらったとしたらだな。一日中その顔をジーっと見てる」「すやすやと可愛い寝息をたてるその美しい横顔をジーっと見つめているな。俺は寝ない。」

そう断言する寅さんに、博は「問題があるなぁ、その考え方には」と渋い顔。でも、寅さんが礼讃するのも無理はありません。初めてふじ子に会ってウットリしている寅さんに「でもしょうがねえよな、人妻じゃ」と例によって余計な一言を放つのがタコ社長です。

ある日、苛烈な仕事で自分を見失いそうになりノイローゼとなった健吉が失踪、なぜ夫が自分と子供の前から姿を消してしまったのか？　ふじ子は苦しみます。ふじ子は頼みの綱の寅さんとともに、健吉が生まれ育った鹿児島県へと、夫探しの旅に出るのです。寅さんがふじ子へ思慕を抱いていることは、誰の目にも明らかなのですが、寅さんは「無法松の一生」の主人公・富島松五郎のように、ふじ子への思慕を胸に抱きつつ、自分の役割を果たそうとします。

健吉の思い出の地をたどる寅さんとふじ子ですが、鹿児島県指宿市のうなぎ温泉の「鰻荘」に、わずか一週間前に車寅次郎の名で泊まった男がいるというところまで判明しますが、肝心の健吉に会う事はできません。宿でふじ子と酒を酌み交わした寅さんが、昼間道案内をしてくれたタクシー運転手（桜井センリ）の家に泊めてもらうことになったからと、部屋を出て行こうとします。

そこでふじ子「つまんない、寅さん……」

この「つまんない」という大原麗子さんのことば、しぐさ、間《ま》は、車博士のビームより強力です。第二十二作『噂の寅次郎』をラジオで「萌えの映画」と言いましたが、あの早苗さんの「あたし、寅さん好きよ」とは、また別な意味で、この大原麗子さんの「つまんない」は強烈です。続く台詞に、寅さんの複雑な想いが垣間見えます。

「奥さん、俺は汚ったねえ男です。」寅さんが扉を開けると、それは押入れで、枕が落ちてきて、ひと笑いとなります。

『無法松の一生』の無法松の吉岡大尉夫人への思慕。その無法松に憧れる『馬鹿まるだし』(一九六四年・山田洋次監督)の安五郎(ハナ肇)のご新造さん(桑野みゆき)への想いと、寅さんのふじ子への想いは同じです。しかも、寅さんは「花にたとえりゃ、薄紫のコスモスよ」と讃えたふじ子への想いのあまりに、心のどこかで、恐ろしいことを考えていたことに気づいてしまったのです。それが、寅さんの「俺は汚ったねえ男」です。それを理解しているのが、ラスト近くの博です。「あの奥さんに恋するあまり、蒸発しているご主人が帰ってこなければいい、そんなことを心のどこかで願っている自分に気づいてぞっとする、ということかなあ。」

『寅次郎真実一路』は、久々に人妻に思慕を抱く寅さんの物語です。初期の作品、例えば第六作『純情篇』では、さくらに自制を促されながらも「もう一人の自分」が突っ走ることもありました。ですが作品を重ね、歳を重ねてきた寅さんは、一瞬でもよぎった自分のなかの恐ろしさに苦しむのです。

この寅さんの成熟は、当時のぼくは、映画の成熟と感じました。六歳で初めて『男はつらいよ』に出会ったぼくは、この時、すでに社会人、二十一歳でした。怪獣好きは変わりませんでしたが、それなりに大人になっていたのだな、と、今となってはそう思います。

二〇一二年十二月八日

寅さん、健吉、ふじ子の真実一路

第二十二作『噂の寅次郎』以来、大原麗子さんが二度目のマドンナを演じたのが第三十四作『寅次郎真実一路』です。今回は、茨城県牛久沼にある建て売り住宅に住む、証券会社のサラリーマン富永健吉(米倉斉加年)の妻・ふじ子役です。小学生の息子と夫の三人で、一見何不自由なく暮らしていますが、ある日、ハードな仕事に疲れ果てた夫が失踪してしまい、茫然自失となります。そういうときに、頼りになるのが、われらが車寅次郎です。

牛久沼は、山田監督が敬愛する「橋のない川」の住井すゑさんの夫で農民作家の犬田卯《しげる》さんの故郷で、住井さん終の住処となりました。山田監督は住井さんとの対話を「寅さんと日本の民衆」として抱樸舎から発表しています。その想いから前作の「ネクラ」の家に続いて、牛久沼を舞台にしたのだと思います。

さて、寅さんがふじ子と出会ったのは、夫・健吉と寅さんが、上野は、アメ横近くの居酒屋で、偶然知り合ったことがきっかけです。久しぶりに柴又に帰ってきた寅さんが、ひと騒動をおこして、御前様に叱られて、上野に飲みに行ったものの、例によって懐が「旅先」で、いつものようにさくらに助けを求めますが、見事に断られます。それを聞いていた健吉に、これからどうするのか？と問われて、寅さんはこんな風に答えます。

「ま、ここのオヤジと相談して最寄の警察へ行きますか。そこの、留置所に楽しく一泊させていただいて、明日の朝、早く、今ここで電話しておりました妹が、あたくしの身柄を引き取りに来ると、ま、そういったような図式ですね。」

その言い回しも、なんか他人事みたいで、おかしいです。これまでも、第二作『続 男はつらいよ』で、入院中の寅さんが舎弟・登（津坂匡章／現・秋野太作）を連れて焼き肉屋へ行ったもののツケがきかずに、警察ホテルの厄介になったことがあります。第十八作『寅次郎純情詩集』でも、長野県の別所温泉でお金もないのに、馴染みの坂東鶴八郎一座に宴会を奢ってしまい、やはり警察ホテルに泊まって、さくらに迎えに来てもらいました。

ラジオ「みんなの寅さん」で、こういう時、寅さんが頼りにするのは「柴又銀行」すなわち、さくらだという話をしました。寅さんは「もうしない、二度とこういうことをしないから」と反省の弁を言いますが、さくらは「今まで何べんその言葉を言ったと思うの？もう信用しないから」と、この状況では、さくらもプンプンです。頼みの綱が切れてしまいます。

そこで先ほどの、寅さんの覚悟の台詞です。その開き直りに、「俺もそげな風にやってみたか」と、感心する健吉。そのことばから、健吉が九州出身だということを指摘する寅さん。

寅「九州のどこ?」、健吉「鹿児島」。寅さんは噴煙わき上がる桜島をジェスチャーで表現します。健吉「錦江湾、開聞岳……」とても楽しそうです。

意気投合する二人。しかし健吉はもう帰らなければと、寅さんの分の伝票を持って立ち去ろうとします。「酒の五本や六本で君、留置所に行くことはない」と優しいところを見せてくれます。

この短い出会いで、健吉の寅さんへの眼差しに、自由な寅さんへの憧憬を感じます。ストレスを抱えている企業戦士と、寅さんの出会い。二人の友情が芽生える瞬間です。健吉は、当時『男はつらいよ』を上映している劇場に足を運んでいるサラリーマンたちでもあり、高度成長から低成長時代にかけて、経済大国ニッポンを支えて来た、疲れきったお父さん、そのものでもありました。

こうしたサラリーマンと寅さんの組み合わせは、しばしば描かれてきました。第十五作『寅次郎相合い傘』の兵頭パパこと謙次郎(船越英二)もそうでした。疲弊しきった男たちは「風の吹くまま 気の向くまま」に生きる寅さんと出会うことで、本来の自分がしたかったことに気づいて、行動を起こします。謙次郎の場合は、小樽にいる初恋の人(岩崎加根子)に逢う事でした。

健吉の場合は、故郷への望郷の念でした。「どうして、自分はこんな風になってしまったんだろう」と、人生のスタート地点である少年時代に過ごした故郷へタイムスリップしたかったのだと思います。美しい妻・ふじ子を迎え、息子も利発に育ってくれている。仕事はハードだけど、家族を養うには十分だ。しかし、何かが違う、俺はこのままでいいのだろうか? 健吉が日頃から抱いていた不満をつのらせ、その違和感から、失踪することになります。

話を戻します。寅さんはごちそうになった返礼をすべく、日本橋にある健吉の勤務先であるスタンダード証券を訪ね、仕事が終わったら一杯やろうと誘います。会社の会議室で待たされた寅さん、結局健吉の仕事が終わったのは夜九時過ぎ。上野で一杯やって、上機嫌の健吉は、寅さんを牛久沼の自宅へと招きます。上野から常磐線で、二時間近くかかる、遠いマイホームです。翌朝、寅さんが目覚めると、健吉はすでに会社に出かけています。そこで美しい、健吉の妻・ふじ子と出会うのです。

「花にたとえりゃ、薄紫のコスモスよ。仮に俺があんなきれいな奥さんをもらったとしたらだな、一日中その顔をジーっと見てる。台所で洗い物をしている。そのきれいなうなじをオレは見つめている。針仕事をする。白魚のようなきれいな指先をオレはじーっと見惚れる。」

これが、ぼくたちの好きな車寅次郎その人でもあります。

美しい花を愛でるように、ふじ子の美しさを称えます。コスモスは、健吉の故郷、鹿児島県枕崎市に咲き乱れている花であり、寅さんを見送るふじ子のショットに、さりげなく咲いています。ところが、ある日、健吉は、愛しい筈の妻・ふじ子と息子を置いて、突然、失踪します。羽田空港にタクシーを走らせる健吉のショットに、故郷に乱れ咲くコスモスの花がフラッシュバックされます。

健吉は、ふじ子に故郷の花を見て恋をしたのかもしれません。健吉の息子が「とらや」で唄う「里の秋」のメロディと、山本直純さん作曲の「ふじ子のテーマ」のメロディがどこか似ているのも、健吉のふじ子への想いを感じさせてくれます。故郷のコスモスのように美しいふじ子が、健吉にとっての「里の秋」の故郷だった筈なのに、健吉は、美しい妻と息子を残して、どこかへ姿を消してしまうのです。

夫の浮気を疑うふじ子に寅さんは「でも、そのことだけはちゃんと答えられるよ」「課長さんは大丈夫だ。奥さん、そのことは安心していいよ」とキッパリ言います。

寅さんは失意のふじ子に寄り添って、優しく、そして力強く、こう話します

さて、富永家のリビングには、こんな詩が書かれた色紙が額装されて、かけられています。

真実　諦めただ一人
真実一路の　旅を行く
真実一路の　旅なれど
真実　鈴振り　思ひ出す

北原白秋が大正三(一九一四)年に発表した「巡礼」の詩です。生きていくということには、様々な迷いがあります。かつて抱いた志や夢を、見失いそうになるときもあります。そうした迷いがあるときは、故郷の

鈴を振って、初心を思い出して、自分の真実を見極めながら、前進して行こう。ぼくはこんな風に解釈しています。

迷いの多いこの人生のなかで、真実を見極めることは難しく、何が真実か、時には判らなくなります。寅さんの「課長さんは大丈夫だ。奥さん、そのことは安心していいよ」ということばは、ふじ子にとって「真実鈴振り思ひ出す」でした。

山本有三の小説「真実一路」にもこの白秋の詩が出てきますが、山田洋次監督はこの詩が、富永健吉の座右の銘であることを、さりげないショットで教えてくれるのです。

この詩に想いを寄せて生きて来た健吉が、仕事に疲れ、自己を見失い「真実一路の旅」に出たことは、物語が進むにつれて明らかになって来ます。

白秋の「巡礼」は、こう続きます。

二人で居たれど　まだ寂し
一人になったら　なほ寂し
真実二人は　遣瀬《やるせ》なし
真実一人は　堪えがたし

ふじ子にとっては、健吉と息子と暮らす日常が一つの真実でした。故郷枕崎から青雲の志を抱いて上京し、エリートサラリーマンとなった健吉にとっても、その日常が真実だった筈ですが、仕事に追われ、家庭を顧みることができなくなって、真実を見失っていたのかもしれません。「二人で居たれど まだ寂し 一人になったら なほ寂し」。深いことばです。

そして、失踪した健吉を追って、僅かの手がかりと、夫への想いから、健吉が少年時代を過ごした鹿児島県枕崎へと向かう妻のふじ子も「真実一路の旅」をするのです。もちろん、同行した寅さんも、です。

『寅次郎真実一路』は、この三人のそれぞれの人生が、「真実一路の旅」をするという形に集約されていきます。

健吉が発作的に旅立つときのイメージショットで、故郷の風景のなかで一面に咲き乱れるコスモスの畑がインサートされます。寅さんがふじ子を「薄紫のコスモス」に例えたように、健吉にとってふじ子は、ふるさとのコスモスと同じ、かけがえのない存在なのです。多忙な日々のなか、現実に直面して、自分を見失った健吉は、いつか息子を連れていってやりたいと思っていた、故郷の枕崎の浜辺を訪れます。

そこで彼の胸に去来していたものは何か。具体的には説明されていませんが、ぼくたちは、健吉が見失っていたと思い込んでいた故郷のコスモスは、妻のふじ子であり、息子と三人のかけがえのない日常だったことに気づいたことを、感じ取ることが出来ます。

同時に寅さんとの旅を通して、ふじ子は、夫の自分への愛と、夫への変わらぬ気持ちを改めて知ったのだと思います。一方の寅さんは、健吉を探すという「真実」を見失いそうになり、同時にふじ子への恋慕という「真実」にも気づいてしまいます。だから寅さんは、ふじ子に「汚ったねえ男です。」と、同宿を断り、タクシー運転手（桜井センリ）の家に泊まるのです。

『寅次郎真実一路』は、いつものように、爆笑と微苦笑と、心温まるエピソードを積み重ねながら、この三人の「真実一路の旅なれど」を描いた作品でもあるのです。

山田監督は、健吉の足取りを追うふじ子と寅さんの旅を通して、美しい故郷の山や河に立ち戻った健吉の魂が浄化されていくプロセスを、観客に体感させてくれます。夫が見たであろう風景をみつめることでふじ子は、次第に自分の真実を見い出していったのではないかと、『寅次郎真実一路』の幸福なラストシーンを見るたびに、ぼくの心も浄化されるのです。

二〇一三年十一月二十八日

第三十五作　男はつらいよ 寅次郎恋愛塾

一九八五年八月三日

若菜のワルツ

「男はつらいよ」シリーズの大きなテーマは、「幸福」だと、改めて思うことがあります。寅さんは旅先で、さまざまな人と出会い、触れ合います。寅さんはその人に困ったことがあれば、話を聞いてやり、優しいことばをかけて、その悩みや苦しみを和らげてくれます。旅先で出逢ったマドンナは、大抵、悩みを抱えています。寅さんは彼女たちのために、奮闘努力をすることで、彼女たちは「幸福」に一歩近づくのです。

寅さんと兄弟分のポンシュウ(関敬六)が、長崎県上五島で、路上で転倒している老婆・江上ハマ(初井言榮)を助けて、おばあちゃんの家に招かれます。一人暮らしの侘住まいには、美しい孫娘の写真がさりげなく貼ってあります。寅さんとポンシュウの親切に、ハマは心づくしのもてなしをします。

楽しい酒盛り、宴会の夜が更けていきますが、朝方にハマが急逝。袖すり合うも多生の縁と、寅さんとポンシュウは、クリスチャンのハマのために、教会の墓地の墓掘りや葬儀の手伝いをします。

東京から孫娘の江上若菜(樋口可南子)が駆けつけます。美しい若菜には、寅さんならずとも心がときめきます。しかし若菜には悲しい出生の秘密がありました。ハマの娘は島でも評判の美人で、東京から来た男に騙されて出来たのが私生児の若菜でした。

しかし田舎のことです。皆に陰口を言われて、若菜の母は自殺。カトリックでは自殺は罪、信心深いハマは、そのことを一生苦にしていたという話を宿の女中から聞いた寅さん。美しい若菜のことが気になります。彼女のために、何かしてやることができないか? 寅さんは、きっとそう思ったに違いありません。

若菜という名前は、劇中、さくらの台詞にもありますが、「古今集」の光孝天皇の句「君がため 春の野に出でて 若菜つむ　わが衣でに雪は降りつつ」からの命名です。

東京へ戻って来た寅さんは、若菜からの手紙を持って、文京区にある、彼女の住むアパートを訪ね、おばあちゃんの人生の最後の夜について、天涯孤独となってしまった若菜に語ります。ここから明るく楽しい、いつもの『男はつらいよ』の世界が拡がってゆくのですが、寅さんと、観客は、美しい若菜が抱えている屈託を知っているだけに、その幸せを願わずにはいられません。

『寅次郎恋愛塾』では、タイトルにあるように、さまざまな「愛のかたち」が描かれています。タコ社長の娘・あけみは、結婚二年目、仕事に疲れて会話もない夫に幻滅。夫婦喧嘩の種もないと嘆き、さくらに「結婚生活って、もっと楽しいもんだと思っていた」と愚痴をこぼします。あけみにとっては、愚痴を聞いてくれるさくらは、何よりの存在です。

後半では、さくらと博のなりそめについて、博がしみじみと思い出し、満男に話そうとしますが「やめてよ、そんな話」と照れたさくらに制止されます。微笑ましいシーンですが、これもまた博とさくら、満男の家庭にあふれる「愛」です。

若菜の出生をめぐるエピソードも、「悲しい愛の物語」です。そうした母親を持つ若菜も十九歳のときに、結婚を約束した恋人に裏切られて自殺しようと思ったことがあると、若菜を慕う酒田民夫（平田満）に告白するシーンがあります。第二十五作『寅次郎ハイビスカスの花』で流れた沖縄の流行歌「十九の春」にまつわる悲しい物語を連想させる若菜とその母のエピソードです。

これはまた「女性の自立」の物語でもあります。若くして上京した若菜は、印刷会社につとめながら、写植オペレーターの技術を身につけ、懸命に生きて来ました。一方、その美しさと、家庭環境ゆえに、男性社会のなかで、色眼鏡で見られて来たことが窺えます。若菜の抱えている屈託の数々。寅さんは、彼女のために博に就職を頼みます。若菜の幸せを考えることが、寅さんの幸せでもあるのです。

また、この映画の「幸せ」は、若菜の住むアパート「コーポ富士見荘」をめぐる人々の暖かさです。世話好きで気の良い大家には、シリーズではおなじみのベテラン杉山とく子さんが扮しています。杉山さんはテレビ「男はつらいよ」でおばちゃんを演じていました。彼女が出てくるだけで「家庭的雰囲気」が醸し出されます。

そのアパートの一階に住んでいるのが、法曹家をめざして、司法試験の勉強を続けている、東大出身の風変わりなインテリ、酒田民夫。民夫は密かに若菜に恋をして、最近では寝ても覚めても、若菜のことばかり。

第十作『寅次郎夢枕』以来の、インテリとマドンナの恋の仲立ちをする寅さん。恋愛とは無縁のカタブツに、寅さんがどんな恋愛指南をするのか？　それが後半のお楽しみでもあります。一九八〇年代に入り、若者をめぐる状況、恋愛観も大きく変わってきても、変わらないものがある。「男はつらいよ」に出てくる若者たちは、いつも、懸命に自分の人生と向き合っています。家庭に恵まれなかった若菜が天涯孤独となったときに、寅さんに出会い、彼女の人生が大きく好転していきます。寅さんは、若菜にとって、守護天使のような存在です。

民夫は男性としては頼りないかもしれませんが、苦労を重ねてきた若菜にとっては、その真面目さも魅力なのです。また、民夫には、彼を心配してくれる、秋田の家族がいます。おばあちゃん、お父さん、そして親戚……。民夫の父親には、声楽家の築地文夫さんが扮しています。第二十作『寅次郎頑張れ！』で、柴又のふるさと亭の主人を演じシューベルトの「冬の旅」より「菩提樹」を朗々と唄った人です。

今回のタイトル「若菜のワルツ」は、ぼくがプロデュースしたCD「男はつらいよ 続・寅次郎音楽旅〜みんなの寅さん〜」に収録した、本作の音楽モチーフです。若菜の登場場面、若菜について語られるシーンに流れる、美しいワルツの旋律に、山本直純さん、山田監督の優しいまなざしが感じられます。

若菜が民夫と結ばれることは、天涯孤独となった彼女に家族、親戚が出来る事でもあります。誰にでもあるささやかな幸せです。寅さんが、若菜の幸せを願うことで、若菜の人生がこうして幸福で豊かなものになっていくのです。それを眺めているぼくたちは、その幸せのお裾分けを頂戴して、またまた幸せな気分になってゆくのです。

二〇一二年十二月二日

天に軌道のある如く……

「人それぞれに運勢というものを持っております。とかく丙午《ひのえうま》の女は夫を食い殺す、子《ね》の干支《えと》の方は終わり晩年が色情的関係においてよくない。」

寅さんが、五島列島南松浦郡新上五島町の祖母君《おじぎみ》神社（有川神社）の縁日で易断本を売っています。鮮やかなな啖呵売は、いつ聞いてもほれぼれします。

平成二十四（二〇一二）年十一月十五日に亡くなった、元フジテレビのディレクターでテレビプロデューサーの小林俊一さんが、昭和四十三（一九六八）年、渥美清さんとの新番組を企画したときのことです。何度か打ち合わせを重ね、脚本を山田洋次監督にお願いしようということになり、渥美清さんを交えて打ち合わせしたときに、渥美さんは少年時代にテキ屋に憧れたこと。その鮮やかな啖呵売に夢中になったことを、山田監督に話したそうです。

渥美さんは少年時代を思いだしながら、次々と歯切れの良い七五調で、啖呵売を再現しました。

それがテレビ版「男はつらいよ」へと発展するのですが、山田監督は、渥美さんから聞いた口上が、いかに見事だったか、面白かったかを、その直後に『なつかしい風来坊』（一九六六年）などで、共作をしていた脚本家で後に監督となる森崎東監督に、興奮気味に話したと、森崎監督から伺いました。

第二作『続 男はつらいよ』の中盤、夏子（佐藤オリエ）の演奏会に行かずに夜の神社で易断本のバイをしていた寅さんが、一仕事終えて、源ちゃんとラーメンをすすっている場面で、身仕舞いを終えたテキ屋仲間が「お先に！」と帰っていきます。

この時の寅さんがまた、カッコいいのです。威勢良く、しかも短めに「お疲れッ！」と答える寅さんに、渡世人の世界が垣間見えます。

かつて田所少年が憧れたその姿を演じ、山田監督が映画にしてゆく。ぼくらはその寅さんを観てほれぼれする。渥美さんが山田監督に話した口伝が、山田監督の視点を通して映像化され、ぼくらの心に伝わってゆく。そのリレーションを感じます。寅さんのバイの口上が素晴らしいのは、七五調の気持ち良さ、渥美さんの口跡の良さだけでなく、田所少年の「憧れ」が詰まっているからなのです。

第三十五作『寅次郎恋愛塾』の上五島での啖呵売では、寅さんはなんと「ここにあるこういう道具も、ネタ元という問屋へ言って、一日幾らでこれ借りて来るんだ。」と企業秘密を明かします。寅さんはトランク一つの旅暮らしです。土地土地の元締めで、ネタを借りて商売をしていることが、この口上から明らかになります。それもまた口上にしてしまう寅さん。惚れ惚れとします。

かくいうぼくも、少年時代、テキ屋の口上に憧れました。といってもスクリーンでの寅さんの口上にです。寅さんにはまってほどなく、六歳の頃「四谷赤坂麹町、チャラチャラ流れるお茶の水」と学校の友だちの前や、誰彼問わずに語りかけたものです。

毎年、お盆と正月の「男はつらいよ」の新作の楽しみは、マドンナやストーリーだけでなく、実は、寅さんの啖呵売のシーンにもありました。DVDやビデオ、放送で楽しむも良いのですが、こうした場面は、スクリーンで味わうのが一番です。考えてみれば、お正月の映画館で寅さんが観られなくなって、かなり経ちます。寅さんファンもどんどん若い世代が増えてきて、スクリーンで観たことのないファンも多いと思いますが、機会があれば是非、劇場で体験してください。

二〇一二年十二月十四日

旅の仲間、寅さんとポンシュウ

関敬六さんが演じるポンシュウは、シリーズ後期を彩った名物キャラクターです。寅さんのテキ屋仲間にして、旅を共にする渡世の相棒です。寅さんの旅の仲間といえば、川又登(津坂匡章、後の秋野太作)が思い出されますが、登は寅さんを兄貴と慕う舎弟でした。その登も第十作『寅次郎夢枕』での奈良井宿での別れを最後に、姿を見せなくなりました。それから、寅さんは孤独な旅人として、気ままな一人旅を続けていました。ポンシュウが初めて登場したのが、第二十四作『寅次郎春の夢』でした。和歌山県紀の川市の粉河《こかわ》寺で寅さんが下駄のバイをしていると、女房に逃げられ、息子と旅をしているテキ屋仲間・ポンシュウが登場します。演じているのは、関敬六さんではなく、小島三児さん。

昭和四十年代の演芸ブームでブレイクしたトリオ・スカイラインの一人です。トリオ・スカイラインといえば、第二十八作『寅次郎紙風船』で寅さんの柴又小学校時代の同級生、シラミを演じた東八郎さんもメンバーの一人でした。さて、小島三児さんが演じた初代ポンシュウは、その後、新しい女房(田中世津子)と息子と三人で「りんどうの花」を咲かすことになります。

さて、関敬六さんです。渥美清さんとは浅草フランス座で出会い、谷幹一さんと三人でスリーポケッツを結成、いわば駆け出しの頃からの仲間です。第一作では、さくらの結婚式の司会役を演じています。さて、シリーズでポンシュウと思しきテキ屋を初めて演じたのは、第二十六作「寅次郎かもめ歌」。北海道江刺町で開催の「江差追分大会」で寅さんがバイをしたときです。奥尻で仲間のシッピンの常の死を知って、寅さんに香典を託すテキ屋仲間です。役名はありません。ぼくは、勝手にポンシュウだと思っていますが、このときは、まだ旅を共にするのではなく、旅先で出会う仲間という感じです。

そして第二十九作『寅次郎あじさいの恋』では、京都の葵祭で一緒にバイをして、同じ旅館に泊まっています。このあたりから、ポンシュウとしてのキャラクターが明確になってきます。続く第三十作『花も嵐も寅次郎』では、九州は臼杵の福良天満宮の縁日で、寅さんと息の合ったところを見せてくれます。寅さんの威勢の良い啖呵売に、「菜っ葉の肥やし、掛け声(肥)ばかり」と合いの手を入れます。こうして関敬六さんのポンシュウは、次第に寅さんの相棒として定着。とはいえ、関敬六さんは第一作の結婚式の司会だけでなく、様々な役を演じています。

ここで、ポンシュウ以外の関敬六さんの役柄をご紹介します。

第二十七作『浪花の恋の寅次郎』野球帰りの「とらや」の客

第二十八作『寅次郎紙風船』本郷の旅館・章文館の客

第三十一作『旅と女と寅次郎』新潟で寅さんが夢から覚めたところにくる、チンドン屋

第三十二作『口笛を吹く寅次郎』備中高梁のタクシー運転手

それぞれ、出番はわずかですが印象的な役柄です。ぼくらは、後からシリーズを観て関敬六さんが登場すると「あ、ポンシュウ！」と、漠然と思ってしまいます。寅さん脳が発動しての条件反射です。渥美清さんが出演された他の作品を観ても「寅さんが演じている」とついつい思ってしまうのと似ています。それは、キャラクターと演者のイメージがピッタリ一致しているということです。

そして、第三十三作『夜霧にむせぶ寅次郎』です。寅さんは盛岡城址公園で、地球儀のバイをしています。そこへ小さな娘を連れた登がやってきて、寅さんと第十作『寅次郎夢枕』の奈良井宿での別れ以来の再会を果たします。長くシリーズを観てきたぼく

たちにとって、このシーンは特別な意味を持っています。登が久しぶりに兄貴分の寅さんの姿をみつけたカットに注目してください。城址公園のなだらかな坂の向こうで、寅さんがバイをしている姿を登が見つけたとき、寅さんは相棒のポンシュウのお尻を威勢良く蹴飛ばしているのです。それを見た登は「兄貴かもしれない」と瞬時に思ったのでしょう。近づいて行きます。

かつての登のポジションに、現在はポンシュウがいるのです。そして次のカット、登が間違いなく兄貴だと思った瞬間のカットで、蹴飛ばされたポンシュウが、バイネタが入った段ボールを抱えて、画面を横切ります。やがて寅さんは、北海道へ渡り、風子(中原理恵)と出逢い、「ねむろ新緑祭り」でのバイのために、根室へと行くのですが、宿泊した「きたみ館」ではポンシュウたちと同宿をしています。寅さんが、ポンシュウと一緒に旅から旅の渡世をしていることが、明確に描かれているのが、この回でした。

続く第三十四作『寅次郎真実一路』のラスト、鹿児島県吹上町の伊作駅で、既に廃線になったことも知らずに、電車を待つ寅さんとポンシュウが描かれています。「ダメだ寅、こりゃいっくら待ったって汽車なんて来ねえよ。」

二人は、枕木だけが残っている線路の跡をトボトボと歩いて行きます。その後ろ姿には、侘しさや切なさはありません。むしろ、二人の、何にも縛られない自由さが伝わってきて、観ているぼくたちは幸福な気持ちになります。放浪者である寅さんとポンシュウの自由さ。これが後期『男はつらいよ』の旅のシーンの魅力です。

続いて、第三十五作『寅次郎恋愛塾』です。この回のファースト・シークエンスとエンディングは、ポンシュウがメインといってもいいほどの活躍を見せます。寅さんとポンシュウは、長崎から五島列島の上五島へと旅を続けています。しかし懐は例によって旅先。ポンシュウは「あぁ、穫れたての魚で焼酎をキューッとやりてえな」とあんパンを口に放り込みます。寅「銭はどれぐらいあるんだい?」ポンシュウ「あるわけないだろう。今夜の泊まり賃でギリギリだよ」寅さんは、しょうがねぇな、という顔をして笑います。そんな二人のそばで、ヨタヨタ歩いているおばあちゃんが道で転んでしまい、とっさに二人はおばあちゃんを助けます。それが縁で、おばあちゃん、江上ハマ（初井言榮）の家に、二人は厄介になります。

一人暮らしのハマおばあちゃんは、寅さんとポンシュウと三人で楽しい夜を過ごします。飲むほどに酔うほどに陽気になるポンシュウは、三門忠司さんの「片恋酒」を唄って踊ります。月明かりに映るポンシュウのシルエットは、天使のような無垢さ、神々しさすら感じます。この後、ハマおばあちゃんが亡くなるのですが、それも天寿を全うし、天に召される、という表現がふさわしい描き方です。おばあちゃんが亡くなり、若い男手のない島のこと、青砂ヶ浦教会の墓地で、寅さんとポンシュウが、墓堀を買って出ます。暑い夏の日差しのなか、二人はスコップを動かして、おばあちゃんのために、労働の汗を流します。

そのとき、昼食に出されたおにぎりを食べたポンシュウ「うめえなぁ」寅さん「働いた後だからな、労働者ってのは、毎日美味い飯食ってるのかもしれねえな」と働く喜びを身を以て味わいます。寅さんは、何度か労働者になる決意をしたことがあります。額に汗して働くことに、憧れと畏敬を抱いています。第五作『望郷篇』では機関士に憧れ、労働者になる決意をします。第十一作『寅次郎忘れな草』では、根無し草の暮らしに決別するために、北海道の牧場で牧童になったこともあります。しかし、本当の意味で労働する喜びを知ったのは、このシーンなのです。「労働者ってのは、毎日美味い飯食ってるのかもしれねえな」という寅さんのことば、実感がこもっています。

さて、寅さんとポンシュウは、その後、ハマおばあちゃんの葬儀に駆けつけた、美しい孫娘・若菜（樋口可南子）にまつわる噂をめぐって、宿で大げんかをして、別れ別れに。そこから『寅次郎恋愛塾』の物語が動き出します。やがてラストシーンで、寅さんが再び上五島の青砂ヶ浦教会を訪ねると、神父さん（丹羽勝海）が「ポンシュウさん、お迎えがきましたよ」と声をかけるのです。なんとポンシュウが、「ノートルダムの鐘」のカジモドのような、ルパシカ姿で、教会の下男、すなわち帝釈天題経寺の寺男・源ちゃんと同じようなことをしているのです。

ポンシュウは「聞いてくれよ。墓掘ってからよ、全くツキが落ちてよ、全然稼ぎにならねえんだ。つい、出来心でこの教会忍び込んで、銀の燭台盗んで、御用になっちまったんだ。」しかし神父さんの慈悲で事件にはならず、こうして寺男になったことがわかります。

「レ・ミゼラブル」のジャン・バルジャンのパロディです。アンドリュー・ロイド＝ウエバーのミュージカル「レ・ミゼラブル」がロンドンで初演されるのは、一九八五年十月二十八日ですから、ポンシュウ版が二ヶ月も早いのです。また現在の目で観ると、関敬六さんは二〇一二年に大ヒットした映画版のヒュー・ジャックマンの先取りだったとも言えます。さて、このラストシーンはシリーズのなかでも白眉です。寅さんはポンシュウの耳を引っぱり、神父さんの前へと差し出します。寅さんは神父さんに「どうぞこの男を一生奴隷としてこき使ってやってください。」と、立ち去ろうとします。そこでポンシュウに「あなたにも神のお恵みがありますように。さやうなら」と言います。

この「さやうなら」が抜群におかしいです。この作品からポンシュウは、寅さんの旅先の相棒として、二人のコンビは、トップシーンとラストシーンを飾るようになります。ポンシュウと寅さんのコンビに注目して、シリーズ中盤から後期を観るのも、またファンにとってのお愉しみなのです。

二〇一三年十二月六日

第三十六作　男はつらいよ　柴又より愛をこめて

一九八五年十二月二十八日

愛ってなんだろ?

タコ社長の娘・あけみ（美保純）は、シリーズ中期を支えた重要なキャラクターの一人です。第三十三作『夜霧にむせぶ寅次郎』で結婚をし、第三十四作『寅次郎真実一路』では早くも夫婦喧嘩、第三十五作『寅次郎恋愛塾』ではワーカホリックの夫と「喧嘩のタネもない」と愚痴をこぼしています。実の父親を「タコ」呼ばわりし、その奔放な言動や行動が、ちょっとした台風の目となり、「とらや」の茶の間を明るく、楽しく、華やかに盛り上げてくれていました。あけみは、そのサバサバした気性ゆえ、寅さんとは相性もピッタリ。第二十八作『寅次郎紙風船』の愛子(岸本加世子)同様、若い女の子と寅さんの組み合わせが、シリーズ中期の画面にフレッシュさをもたらしました。

さて『柴又より愛をこめて』は、タイトルに「愛」という字がある通り、今回もまた、さまざまな愛のかたちが描かれています。結婚して後悔したこと、結婚しなくて後悔したこと。あけみをめぐるドラマと、式根島で「おなご先生」としてその青春を教壇に捧げてきたマドンナの真知子先生のドラマが、好対照をなしていきます。

夫との短調な生活で「愛を見失ってしまった」あけみが、ある日、突然失踪。柴又は大騒ぎとなります。タコ社長は、テレビのワイドショーの「尋ね人」のコーナーに出演。テレビを通して、行方不明のあけみに、その想いを不器用ながら懸命に伝えます。当時、TBSで放映されていた「モーニングeye」のセットに、タコ社長が現れるだけでおかしいのに、キャスターの森本毅郎さんとアシスタントの石井和子さんが、リアルにリアクションすればするほど喜劇的な状況となります。放送を見たあけみがさくらに電話をかけて、静岡県の下田にいることだけがわかります。

そこへ帰ってきた寅さん、早速、タコ社長、家族の期待を背負って下田へ、あけみを捜しに出かけます。蛇の道は蛇ということで、かつて面倒をみたテキ屋の伊豆の長八(笹野高史)のネットワークで、あけみの居所を突き止めるわけです。

本作から「一人大部屋俳優」を自認することになる、名バイプレイヤーの笹野高史さんが登場。その経緯は、平成二十三(二〇一一)年十一月から十二月にかけての「みんなの寅さん」で笹野さん自身のことばで語って頂きました。

伊豆の長八のキャラだけで、寅さんが生きている渡世人の世界を、ぼくらは垣間見ている。そんな気持ちになります。堅気ではないけど、根はいい男。「おーい寅」と、寅さんのいる旅館の二階に声をかける長八、丹前を肩にかけている寅さんが、窓から顔を出して応える。この呼吸。これもまた寅さんの生きる世界なのです。

さて、下田のスナックで「さくら」という名で勤めていたあけみ。寅さんが訪ねて来たことに、喜びながらも、タコ社長に頼まれて迎えに来たことが少し面白くありません。子供の頃から、寅さんのことを知っていたあけみは、柴又の外で、寅さんと二人きりになったのは、おそらくこの時が初めてでしょう。「隣の家のおじさん」ではなく、「一人の男」として車寅次郎を意識した瞬間でもあります。そこでの会話です。

あけみの「ねえ、愛ってなんだろう？」との問いに、寅さんは「ほら、いい女がいたとするだろう？な、男はそれを見て、「ああ、いい女だなぁ、この女を俺は大事にしてえ」そう思うだろ？ それが愛ってもんじゃねえか？」と明快に答えます。

これは第十六作『葛飾立志篇』で、東大考古学教室の田所先生(小林桂樹)から愛について問われた時の名台詞と同じです。寅さんのポリシーであることは、シリーズを観てきたファンにとっての了解事項です。続くあけみの「どうして寅さんに、お嫁さん来ないんだろう？」ということばには、彼女の優しさがあります。ぼくたちだって、そう思って、映画を観ているのです。

柴又に帰りたくないあけみと、しばらく旅を続けることになった寅さん。二人で式根島行きの船に乗ります。ところが、そこから、あけみにとっての「カッコいい寅さん」のイメージはもろくも崩れ去り、いつもの「恋多き、隣の困ったおじさん」に戻っていきます。ここから『柴又より愛をこめて』の本筋が動き出します。

船で出逢った若者が、島の小学校の同窓生たちで、彼らと意気投合した寅さん。生徒たちを出迎えた、担任のおなご先生・島崎真知子(栗原小巻)の美しさにまたまた惹かれてしまいます。

そんな寅さんに呆れ顔のあけみは、赤の他人を装って、島の民宿に泊まります。その民宿の息子・茂(田中隆三)は、あけみに、島のあちこちを案内し、次第に心惹かれて行きます。あけみもまた、心の隙間を埋めてくれるような、ときめきを感じたのかもしれません。ここにも、一瞬ですが、ある「愛のかたち」が描かれています。茂を演じた田中隆三さんは、ＮＨＫ朝の連ドラ「カーネーション」(二〇一一年)で、ヒロインの叔父を演じていました。山田洋次監督の『息子』(一九九一年)にも出演しています。朴訥とした雰囲気、島の若者が抱えている結婚事情も垣間見えるエピソードです。

さて、一方の寅さんは、美しき真知子先生の案内で、島で一番眺めの良い場所にやってきます。

真知子先生は「寅さん、もしかしたら独身じゃない？」とズバリ言い当てます。「首筋のあたりがね、どこか涼しげなの、生活の垢が付いていていないっていうのかしら。」これは、寅さんの「粋」の秘密です。

ここから、真知子先生の「愛についての物語」がクローズアップされていきます。学生時代の親友が病気で亡くなり、その遺児との長年に渡る交流。そして親友の夫・酒井文人(川谷拓三)との関係。寅さんと出逢ってからの真知子先生は、人生の大切な決断をどうしていくのか、これも「男はつらいよ」の世界です。

結婚したものの「愛ってなんだろう？」と迷う二十四歳のあけみ。独身のまま、今日まで来てしまった真知子先生、そして寅さん。さまざまな世代が、さまざまな立場で、愛について悩み、そして人生を歩んで行く姿が、この『柴又より愛をこめて』に込められています。明るい笑いのなかに見え隠れする、人生の屈託とよろこび、ぼくは「ああ、いい映画だなぁ、この映画を大事にしたい、それがファンていうものよ」と寅さんのように思うのです。

二〇一一年十二月九日

From Shibamata With Love

「男はつらいよ」のお楽しみの一つに「禁句の笑い」があります。「みんなの寅さん」でも、吉田照美さんとぼくの「寅さん四方山話」でご紹介したことがあります。例えば『続 男はつらいよ』で、寅さんが京都で「瞼の母」に再会したものの、想像とは真逆で、傷心のまま柴又に帰って来たシーンで、博が、「とらや」の皆に「お母さんとか、おふくろとか、母親を連想させることばを言ってはいけない」とＮＧワード指定をします。ところが、肝心の博がその禁を破ってしまった上に、テレビを付けたら、ハナマルキ味噌のＣＭで「おかーさーん」というフレーズが茶の間に流れてしまいます。間の悪いことに、そこへタコ社長がやって来て、さらに不用意な一言を言ってしまい、寅さんはさらに意気消沈。という笑いです。

「禁句の笑い」には、様々なバリエーションがあります。この『柴又より愛をこめて』では、式根島で美しいおなご先生・島崎真知子（栗原小巻）に、例によって夢中になってしまった寅さんが、柴又に帰ってきて、まるで抜け殻のようです。寅さんと一緒に式根島に行った、タコ社長の娘・あけみ（美保純）が、「島とか海とか女の先生とかその手の言葉」を一切言ってはならないと、禁じていることが、おいちゃんの台詞で明らかになります。おばちゃんが、うっかりしてアジの干物を出したら「寅ちゃんそれを見て涙ぐむんだからね」とボヤいています。具体的には描かれてませんが、さくらとおいちゃん、おばちゃんの会話で明らかになります。

それが前ふりとなって、満男が帰宅して、「新しい女の先生」「すごい美人。独身だって」と、この場における「禁句」を連発。その度に寅さんが、真知子先生を思ってか、ハッと顔色を変え、溜息をつきます。山田作品の笑いは、こうした場合、畳み掛けるような波状攻撃が続きます。満男が読んでいるのが、壷井栄の「二十四の瞳」でしたから、寅さんもうダメです。うなだれていた寅さんが、フラフラと畳に横たわってしまいます。ここで映画館ではどっと笑いが起きるのですが、これはまだまだ前哨戦に過ぎません。

「とらや」へ、参道の旦那衆、麒麟堂（人見明）と備後屋（露木幸次）が、釣り道具一式を持って、お土産の団子を買いにやって来ます。

おばちゃんが「どこの海だい?」と尋ねると、麒麟堂は「式根島、伊豆七島の」と答えます。すかさず反応をする寅さん。

これはNGワードどころではありません。寅さんの頭の中にはこのことばしかないのです。「式根島」が出た瞬間、観客の笑いで、劇場が揺れたのを覚えています。それが「禁句」だと知らないのは、麒麟堂と備後屋の二人だけ。備後屋は「よお、寅、たまには魚釣りでもやらねえか」、麒麟堂「寅が釣るたってお前、ダボハゼ位なもんだろ、鰓《エラ》の張った」とからかいます。

しかし寅さんは、それに怒るでなく、古びた麦わら帽子をかぶり、細い釣り竿と小さな魚籠《びく》を両手に、スタンバイOK。「おばちゃん、魚獲ってくる、こんなでっかい。包丁研いでくれ」と、二人についで行こうとします。いつも寅さんの身になってしまうおばちゃんは「そうかい、行っておいで」と泣き出します。さくらやおいちゃんは止めようとしますが、おばちゃんは、涙ながらに「行かしておやりよ」。

おばちゃんにしてみれば、そこまで寅さんが思い詰めているなら、好きな様にさせてやりたい、という想いです。それが「行かしておやりよ」になるわけです。おばちゃんにしてみれば必死の気持ちです。観客は、寅さんへのそのおばちゃんの想いと態度も含めて、ドッと笑います。身につまされることと、おかしいことが、同居している。それが「男はつらいよ」の世界でもあります。

装飾・小道具スタッフで、おなじみの備後屋を演じている露木幸次さんと、シリーズにしばしば出演しているベテラン喜劇人・人見明さんのコンビネーションが抜群です。

余談ですが、いつも備後屋さんの商売は何？と いう疑問が湧いてきます。第十四作『寅次郎子守唄』で博がケガをしたとき、タコ社長が気を利かせて出前を頼んだ寿司屋は、露木さんが演じているので、備後屋は寿司屋かもと思いますが、自転車には「松寿し」とあります。第二十五作『寅次郎ハイビスカスの花』でも、沖縄から寅さんが飲まず食わずで帰ってきて行き倒れになった夜、「とらや」に集金に来る露木さん(明らかに備後屋)におばちゃん「お寿司いくらだっけ？」と聞きますので、この時も松寿しなのか、備後屋が寿司屋なのか？ 悩みます。あるとき、露木さんに「備後屋さんは何屋なんでしょう？」と伺ったことがあるのですが「多分食べ物屋じゃないでしょうか？」ご本人も定かではないようです。

ともあれ、結局、麒麟堂と備後屋、寅さんに付き合って、式根島への釣りを諦めたことが、この後の、さくらと博の会話で明らかになります。放心状態の寅さんと、オーバーな演技の麒麟堂と備後屋、まるで軽演劇のようなシチュエーションですが、このシーンのおかしさは、寅さんの真知子先生への想いのバロメーターでもあるのです。

さて、この映画のタイトル『柴又より愛をこめて』は、この後、真知子先生が「とらや」を訪ね、その状況をさくらと博から聞いた満男が言う「I'm very Happy said Tora, From Shibamata With Love」に由来します。もちろん、イアン・フレミング原作の『００７／危機一発』、いや『００７／ロシアより愛をこめて』のもじりです。

真知子先生を演じた栗原小巻さんのイメージと、真知子に求婚する亡き親友の夫・酒井文人（川谷拓三）がロシア語辞典の編集者であること、真知子たちが出かけるレストランが新宿三丁目のロシア料理屋であることにも関連ありでしょう。ボンドマニアは**"From Russia With Love"**を**"FRWL"**と頭文字で呼んでおりますので、ぼくら寅さんマニアは『柴又より愛をこめて』を**"FSWL"**と呼ぶ事にしましょう。

二〇一二年十二月二十二日

寅さんの「夢」あれこれ

『男はつらいよ 柴又より愛をこめて』の「寅さんの夢」はこう始まります。

「毎朝新聞」の一面に踊る「日本人宇宙飛行士 第一号 決まる 柴又出身 車寅次郎氏」という見出し。「庶民を代表して快諾」「最も日本人らしい日本人」の文字に、神妙な顔の寅さんの大きな写真。第三十六作『柴又より愛をこめて』は、なんと寅さんが宇宙飛行士になって、アメリカはＮＡＳＡの（おそらくはケープカナベラル）発射基地から今、まさに飛び立とうとするところから始まります。

もちろん「寅さんの夢」です。この頃、ＮＡＳＡは「スペースシャトル計画」を進めていて、この年だけでも「ディスカバリー」「チャレンジャー」「アトランティス」などのシャトルが打ち上げられて、数々のミッションを遂行していました。余談ですがぼくたちの世代で、スペースシャトルを初めてヴィジュアルで観たのは、昭和四十三（一九六八）年のスタンリー・キューブリック監督の『２００１年宇宙の旅』でした。またＳＦアクション・ドラマ「600万ドルの男」（一九七三年〜七八年）の主人公・スティーブ・オースティン（リー・メジャース）は、スペースシャトルの事故がきっかけでサイボーグとして蘇生されたというヒーローでした。

この「スペースシャトル計画」が持ち上がったのが、一九六九年のアポロ11号の月面着陸の頃です。『男はつらいよ』が誕生した年です。人類が宇宙に進出する時代に、われらが車寅次郎は、二十年ぶりに柴又に帰って来たということになります。それから十五年、スペースシャトルのニュースは日常的なものとなりました。「日本人初の宇宙飛行士」は誰なのか？　そんな話がささやかれていた頃です。平成元（一九八九）年、ＴＢＳ社員の秋山豊寛さんがソ連（当時）の宇宙ステーション「ミール」に「宇宙特派員」として派遣されたのが、日本人初の宇宙飛行でしたから、我らが寅さんはそれよりも五年も早かったのです。

「もしも、寅さんが宇宙へ行くことになったら？」ということで、「夢」のシーンではありますが、それなりのディテールで、その状況が描かれます。冒頭のナレーションバックの映像は、朝焼けのレーダーのヴィジュアルです。オレンジ色した巨大な太陽、回転するレーダー、そして空を飛ぶ鳥たち。なかなかリアリティがあります。このショットは、アメリカロケをしたものでも、過去の映画のフィルムライブラリーからの流用でもありません。昭和六十（一九八五）年、山田組が撮った映像です。

この映像を撮ったのが、チーフ助監督の五十嵐敬司さんと、キャメラマン助手の寺尾隆一さんたち、Ｂ班スタッフでした。山田監督、高羽哲夫キャメラマンたちのメインスタッフは、大体のロケを終えると大船撮影所に戻ってセット撮影が待っています。タイトなスケジュールの中で、ロケ地に残って撮りこぼしたショットや、インサート用の外景ショットを抑えるのは、Ｂ班の仕事です。この「寅次郎宇宙飛行士になる」のときは、山田監督から「ＮＡＳＡの基地みたいな画を撮って欲しい」という注文が出たそうです。

五十嵐助監督たちは、あちこち歩いて、それらしいヴィジュアルが撮れる場所を探し続けたものの、石油精製工場、建設現場のクレーン……なかなか、これ、という場所がありません。何カ所か歩いたあげく、ようやく見つけたのが、羽田空港にある管制塔のレーダーの一つで、海から昇る太陽とのコントラストが抜群で、早朝からスタンバイして、朝焼けのショットを撮影したそうです。ラッシュでこのショットを見た山田監督は「すごいねぇ」と感嘆。「この画は迫力があるから、長く使って」と言ったそうです。

この「寅さん宇宙飛行士になる」の夢を、初めて劇場のスクリーンで観たときに、思い浮かべたのが、前年に公開された、フィリップ・カウフマン監督の傑作『ライトスタッフ』(一九八三年)でした。

アメリカとソ連の宇宙開発の歴史を様々なエピソードを交えて描く、この「宇宙開発映画」がイメージの原点ではないかと思います。寅さんが、いよいよ出発というときに、どうしてもオシッコがしたくなってしまう笑いがあります。これは『ライトスタッフ』のなかで、スコット・グレンが演じたアラン・シェパード海軍中佐のエピソードの再現です。

一九六一年五月五日、アラン・シェパードは、マーキュリー宇宙船フレンドシップで、アメリカ人としては初の有人宇宙飛行をするために、出発を待っていました。初めてのこともあって、次々とトラブルが発生。その都度、カウントダウンがストップ。シェパードは、コックピットに座ったまま、長時間が過ぎていました。記録によると午前五時二〇分にフレンドシップに乗り込み、それから二時間、待てど暮らせど出発の気配がありません。

さらにトラブルで「あと一時間半待つように」と言われたシェパードは基地で交信を担当していた盟友のゴードン・クーパーに「オシッコがしたくなった!」とSOSを出したのです。

寅さんならこう言うでしょう。「出物ハレ物ところ構わず」と。映画『ライトスタッフ』でも、このエピソードが描かれています。当時、ぼくはスクリーンを見て笑いながら、アラン・シェパードのエピソードを思い出していました。

思えば「寅さんの夢」は、毎回、劇場に足を運ぶ「男はつらいよ」ファンにとって、織り込み済みのお約束のお楽しみでした。007シリーズの冒頭、タイトル前に本編とは直接関係のない、派手なアクションシーンがあります。このアバンタイトルのアクション同様、ぼくたち映画ファンにとって「寅さんの夢」は、いつも何の予備知識もなく、いや、ないからこそのお楽しみでありました。

先日、ぼくは東京藝術大学の映像研究科の大学院生の皆さんに、喜劇の神様と呼ばれた、斎藤寅次郎監督についての講義をさせて頂きました。山田監督は子供の頃から斎藤寅次郎監督の喜劇映画のファンで、これまでも何度か、寅次郎喜劇のおかしさを、監督から伺ってきました。「みんなの寅さん」でも、ぼくは「男はつらいよ」は、あらゆる喜劇映画のショウケースである、と話をしました。

渥美清さんの主題歌が流れるタイトルバックは、台詞が一切ない「サイレント喜劇」の味わい、本編は誰しも「身につまされる」ペーソスあふれる「人間喜劇」。そして冒頭の「寅さんの夢」は、かつて斎藤寅次郎監督が世に送り出していた「アチャラカ喜劇」の味わいがあるという持論です。映画を学ぶ学生さんたちに、斎藤寅次郎喜劇の魅力を話すときに、引き合いにしたのが「寅さんの夢」でした。

「寅さんの夢」は、「男はつらいよ」名物のイベントであると同時に、車寅次郎という人物が、どんな映画や社会現象の影響を受けているかを、覗き見るというか垣間見ることが出来る「イントゥ・ザ・トラサン・マインド」でもあるとぼくは思います。第十作『寅次郎夢枕』の「マカオの寅」や、第十九作『寅次郎と殿様』の「鞍馬天狗」は、寅さんの好きな日本映画のバリエーションです。この「寅さん宇宙飛行士になる」は、ニュースで知ったスペースシャトル打ち上げの話題が、寅さんの潜在意識にあったのでしょう。「最も日本人らしい日本人」が、日本人初の宇宙飛行士に選ばれるのであれば、もしかしたら自分かも知れない、でもそれは嫌だなぁ。第一ご不浄に困っちゃうじゃないか……などなど、寅さんの脳味噌を駆け巡ったことが、この夢なのだと、ぼくは思います。

第二作『続 男はつらいよ』の「瞼の母」から、ぼくたちは「寅さんの夢」を観続けて来ました。第五作『望郷篇』の「おいちゃん危篤」までは、本編のドラマの伏線としての「夢」でしたが、第九作『柴又慕情』の「渡世人車寅次郎」からは、本編とは関係なく、毎回、趣向を凝らした「寅さんの夢」が展開されることとなります。

「寅さんの夢」は、様々なバリエーションがあります。オーソドックスなのは、二十年前に行方をくらました男、寅さんが、窮地に陥った女性のピンチを救う物語。その女性こそは、生き別れになった妹・

さくらだった、という「あにいもうとの再会」が繰り返されます。

二〇一三年十二月十二日

第七章

昭和六十一～平成七年

第三十七作　男はつらいよ　幸福の青い鳥

一九八六年十二月二十日

幸福の青い鳥をもとめて

寅さんが久し振りにスクリーンに帰ってきました。第三十七作『幸福の青い鳥』は、前作『柴又より愛をこめて』から一年ぶりです。第一作『男はつらいよ』以来、最初は年三作、三年目からは年二作、お盆と正月の顔として寅さんは、日本の風物詩となっていました。

この年、昭和六十一（一九八六）年の夏、山田洋次監督は、松竹創業九十周年記念映画『キネマの天地』を演出したため「男はつらいよ」は一回、お休みしたのです。後に、年一作となるわけですが、この頃の感覚だと「一年ぶりの寅さん」の満を持して登場でした。

今回は、第八作『寅次郎恋歌』の冒頭、四国は高知の漁港（撮影は神奈川県三崎漁港）で雨の降る、とある秋の日に、寅さんが出会った旅役者一座の座長の娘で、花形役者・大空小百合の「その後」が描かれます。坂東鶴八郎一座と当時は名乗っていた彼らは、第十八作『寅次郎純情詩集』、第二十作『寅次郎頑張れ！』、第二十四作『寅次郎春の夢』で登場。旅先の寅さんや、第二十四作ではマイケル・ジョーダン（ハーブ・エデルマン）が芝居を観たり、彼らとひとときのふれあいをします。

柴又で家族と些細なことで喧嘩して、二度と帰らない覚悟で旅の人となる寅さんにとっては、その途上で出会うテキヤ仲間や、馴染みの旅一座は、仲間であり、寅さんのもう一つの世界でもあります。第八作で座長を演じたのは、東映時代劇で数々の悪役を演じてきたバイプレイヤーの吉田義夫さん。座長役以外でもシリーズでは、冒頭の夢のシーンの悪役を演じ続けていました。その娘・大空小百合を演じたのは、ぼくらの世代では、アニメ「いなかっぺ大将」（一九七〇年・CX）でキクちゃんの声を担当していた、岡本茉利さん。

第八作『寅次郎恋歌』で、そぼ降る雨のなか、傘を差して寅さんを宿まで送るシーンが印象的です。寅さんが格好つけて、小遣いを渡すのですが、間違

え て五千円を出して手痛い出費となります。その時、小百合は寅さんのことを「フーテンの寅先生」と呼びますが、そのイントネーションがなかなか可愛らしいのです。この時のことを第三十七作『幸福の青い鳥』で「千円札と間違えた」と寅さんが告白します。

この時は雨で、寅さんの商売も、一座の芝居もうまくいかず、お互いの境遇を座長と話し合うシーンで、寅さんは「今夜中にこの雨もカラッと上がって明日はきっと気持ちのいい日本晴れだ」と励ましました。第八作のラスト、甲州路で再会するのですが、その時の日本晴れが忘れられません。苦しくても、悲しくても、頑張っていれば良いことがある。寅さんの人生哲学でもあります。

以後シリーズには、しばしば一座が登場しました。また第二十二作『噂の寅次郎』の併映作、『俺は田舎のプレスリー』(満友敬司監督)にも、一座と大空小百合が登場。青森のりんご園のご隠居(嵐寛寿郎)がパトロンとして肩入れするのですが、なんとも贅沢な気分の二本立てでした。

さて、第三十七作『幸福の青い鳥』です。寅さんは、風の吹くまま、下関から関門海峡を渡って、かつて炭坑で賑わった、飯塚の嘉穂劇場へとやってきます。嘉穂劇場は、昭和六(一九三一)年に開場、歌舞伎や女剣戟、漫才など、数々のエンタテインメントを上演してきました伝統ある小屋です。

慈しむように、歴史ある小屋を見渡す寅さん「俺は前この小屋で東京の歌舞伎を観たことがあったっけな、高麗屋、あれはいつだったたっけ」と呟きます。すると、掃除のおじさんが「昭和三十八年三月十日」と明快に答えます。寅さんが「勧進帳良かったなぁ」としみじみいうと、おじさんは、モップを小脇に抱えて、眼を剥いて六方の型をして見せます。「おじさん元役者やっていたんじゃないか?」

男と寅さんの、ひとときの会話。ここに流れる空気は、寅さんと一座との間のそれと同じです。この「掃除の男」を演じているのは、一九六〇年代末から一九七〇年代にかけて「アングラの帝王」の異名を持った役者・すまけいさんです。すまさんは、七〇年代前半に引退、昭和六十(一九八五)年に井上ひさしさんのこまつ座の芝居でカムバック。シリーズでは本作が初出演ですが、ここから最終作『寅次郎紅の花』まで、様々なキャラクターを演じ「男はつらいよ」をさらに豊かにしてくれました。

ここで、寅さんは、かつて馴染みだった一座の座長・中村菊之丞（かつての坂東鶴八郎）の消息を、男に尋ねます。聞けば座長は、この夏に亡くなったと。「葬式に人の集らなんで、ほんに寂しかった」とその最後を憐れむ男。「男はつらいよ」は、こういう深い印象を残す名シーンがあります。寅さんの生きる世界の光と影です。

ちなみに、吉田義夫さんは、この映画の公開の二日後、昭和六十一（一九八六）年十二月二十二日に七十五歳でその生涯を閉じます。当時、映画を観た直後の訃報に驚きました。

やがて、寅さんはかつての炭住にある、座長の家を尋ねます。そこで、かつて大空小百合として旅役者をしていた、美保（志穂美悦子）と再会。今回は寅さんが美保と会うまでの旅の描写が実に丁寧です。

山口県下関市の赤間神宮で、寅さんは鳩笛の啖呵売をしています。同行していたポンシュウ（関敬六）とはここで別れ、関門海峡を船で渡り、門司港の桟橋で、キューシュー（不破万作）と会います。

続いて福岡県は遠賀川の沈下橋を渡るシーンがあり、飯塚市の嘉穂劇場で、座長の死を知り、飯塚の炭住で、大空小百合＝美保と会うのです。旅先の寅さんを丁寧に描きながら、寅さんが炭坑で賑わっていた劇場を昭和三十八年（一九六三）年に訪れていたことや、昭和四十七（一九七二）年に高知で一座と出会っていた旅の歴史を、観客に伝えてくれるのです。『幸福の青い鳥』は、一年ぶりの作品ということもあってか、寅さんをめぐる描写が細やかです。

そして、本作の大空小百合＝美保（志穂美悦子）さんが登場してからは、第二十六作『寅次郎かもめ歌』のテキヤ仲間の娘・すみれ（伊藤蘭）の時と同じ様に、不幸な境遇にいる若い娘のため、寅さんが奮闘努力をする、という展開となります。

志穂美悦子さんは、岡本茉利さんと同世代、昭和四十七（一九七二）年、高校生の時に千葉真一さん主宰のジャパン・アクション・クラブ（ＪＡＣ）に参加、スタントウーマンを経て、日本を代表するアクション女優となります。旅一座の娘という設定は、実は彼女のキャリアにも重なります。同時に、

『幸福の青い鳥』では、志穂美悦子さんのために、大空小百合のキャラクターを微妙に変えています。確かにそこに違和感がありますが、独立した物語として楽しむと、いつもの寅さん映画の世界でもあるのです。

今は、旅館のコンパニオンをしている美保が、翌朝、寅さんを見送りに田川伊田駅のホームへとやってきます。

寅さんは「何か、俺に出来ること、あるかい?」「何か欲しいもんでもねえのか?」と美保に優しく声をかけます

そこで、美保はお伽噺の「青い鳥」の話をします。彼女は幸福の青い鳥を探しているのです。寅さんは、下関の神社で売をしていた、青い鳩笛をプレゼントします。笛を吹いた美保は「うれしか」と少女のように素直に喜びます。ささやかな寅さんの気持ちです。この瞬間、二人の間に暖かい感情が流れます。別れ際、寅さんは美保に「幸せになるんだぞ!」と言います。「男はつらいよ」の幸福感はこうしたシーンにあります。

この後、美保は「幸福の青い鳥」を求めて、これまでのマドンナ同様行動を起こします。寅さんの故郷・葛飾柴又へとやってきます。そこで、さくらやおばちゃんたちの優しさに包まれ、新しい人生の一歩を踏み出すことになります。

なお、本作がきっかけで、九州出身の画家を目指す青年・健吾を演じた長渕剛さんと、志穂美悦子さんがゴールインしたことは、皆さんご存知の通り。ここにも「幸福の青い鳥」の物語があったのです

二〇一一年十二月十五日

寅次郎とファンの春の夢

1　鉄道官舎(寅次郎の夢)

満男「あ、帰って来た。伯父さん帰ってきた!」

夕闇せまる坂道を機関士の寅が同僚二人と上がって来る。

「ご苦労さん」と声を掛け合い、同僚と別れて我が家に近づく寅。

家の中からさくらと博が飛び出す。

さくら「お兄ちゃん、お帰んなさい」

博「一日の乗務、ご苦労さまでした」
寅「ありがとう、今日もつつがない運転であった」
うれしそうに顔を見合わせる博とさくら。
寅「どうしたんだ、うれしそうな顔して。何かあったのか」
さくら「お兄ちゃん、とうとうお嫁さんが決まったのよ」
寅「え、俺の嫁さんが」
さくら「さ、早く」

これは映像化されなかった第三十七作『幸福の青い鳥』の「寅の夢」のシーンです。完成作では「青い鳥」を求めて、「とらや一家」が深山に入り込む「寅の夢」でしたが、当初の予定は鉄道機関士。公開当時、映画雑誌「キネマ旬報」にも掲載された第二稿からの引用です。寅さんは第五作『望郷篇』でも「額に汗して油まみれになって働く」機関士に憧れたことがありますが、子供の頃からの夢だったのかもしれません。一日の仕事を終え、家路につく鉄道機関士の寅さん。マジメな渥美さんの顔が浮かびます。

未だ見ぬ「寅の夢」を夢想しながら読むのも楽しいです。この第三十七作『幸福の青い鳥』は、かつて寅さんが旅先で出会った旅役者・坂東鶴八郎(吉田義夫)一座の花形女優・大空小百合(岡本茉利)のその後の物語として着想されています。「一座の花形・大空小百合」は、さくら同様、シリーズには大切なキャラクターです。

第三十七作で志穂美悦子さんが演じた、かつての大空小百合＝島崎美保は、厳密には、岡本茉利さんが演じていたおなじみの大空小百合とは全くタイプの違うキャラクターです。そこに違和感はありますが、第三十七作の島崎美保は、これまで寅さんが旅先で触れ合ってきた人の娘というニュアンスで味わえば良いのでは、と思います。

少女時代から寅さんが知っている旅役者の娘が、父が亡くなり、芝居も下火となり、旅館のコンパニオンをしている現実。寅さんは彼女の幸福のために何をしてあげられるのか？「放浪者と定住者の物語」がこのシリーズのテーゼとすれば「放浪者」の美保が、どんな風に「定住者」になってゆくのかの物語でもあるのです。それゆえ、山田監督は、当初「寅の夢」に「額に汗して、油まみれになって働く」機関士を登場させたのでしょう。

美保の「幸福になる物語」として観直すと『幸福の青い鳥』は、味わいがあります。第七作『奮闘篇』の太田花子(榊原るみ)、第二十六作『寅次郎かもめ歌』のすみれ(伊藤蘭)に対して、「とらや」一家が、自分で出来る範囲のことで、彼女たちの幸せを願ったのと同じように。美保は寅さんを頼って九州から上京。そこで、芸術家を目指す青年・健吾(長渕剛)と出会い、不器用な二人が愛を育む姿が紡ぎ出されていきます。

美保は、ラーメン屋「上海軒」(かつては、帝釈天参道柴又屋の隣にあった)の看板娘として、柴又の住人として定住していきます。幼い頃からの旅の暮らしで、満足に学校も通えなかったでしょう。その彼女が、前半のコンパニオン姿や、男まさりにバイクにまたがる姿とは一転、白衣を着て、岡持ち下げて町内に出前にゆく姿が描かれます。

本来ならそれでめでたしですが、寅さんは次第に自分の間尺で、彼女の「幸福について」考えはじめます。それが葛飾区役所のコンちゃん(笹野高史)への結婚相談だったり、彼女の結婚についての「寅のアリア」だったりするわけです。

山田映画のヒロインは「自分の幸福は自分で掴む」ことが「本当の幸せ」だと気づいています。しかし健吾は不器用で、彼女を傷つけることしかできません。意を決した健吾が「とらや」を訪ねると、寅さんが健吾の気持ちを察して、二人の仲を取り持ってくれます。

柴又駅に向かった健吾を美保が追いかけます。ホームのベンチでしょんぼりしている健吾の前に美保が息を切らせて……このシーン、山田洋次監督らしいリリカルな名場面です。

思えば第一作『男はつらいよ』で、愛を告白して、田舎に帰ろうとする博をさくらが追いかけてきたのも柴又駅です。第二十二作『噂の寅次郎』で、不器用ないとこの肇(室田日出男)を追いかけてきた早苗(大原麗子)も、こんな感じだったのでしょう。幸福のリフレインがここにもあるのです。

二〇一二年十二月二十八日

追悼・すまけいさん

平成二十五(二〇一三)年十二月七日、俳優のすまけいさんが亡くなられました。一度お話をお伺いしたかった方でした。

平成二十三(二〇一一)年十月二十七日(木)に放送した、文化放送「吉田照美のソコダイジトコ」で月～金の帯番組だった「みんなの寅さん」での、高橋将市アナウンサーとの「寅さんご意見箱」で、「すまけい特集」を放送しました。文字で再現してみます。

高橋　今日のお便り、ご紹介します。

「みんなの寅さん」毎日拝聴しております。それを聴いてから仕事になります。いつも気になっていたのですが、「すまけい」さん、良いですよね。『知床慕情』『サラダ記念日』などなど、好演ですよ。どうですか！ ゲストにお呼びください。お願いいたします。私としては、助演の人々もすばらしい好演をしてくれたと思います。

ということです。「すまけい」さんという俳優さん、ぼくはあまり存じ上げないのですが……

佐藤　後期シリーズでは、笹野高史さんと並ぶ、名傍役、バイプレイヤーとして活躍されたのが「すまけい」さんです。一九六〇年代「すまけいとその仲間」を結成して、「アングラの帝王」と呼ばれ、演劇界の伝説となりました。「ゴドーを待ちながら」などで伝説の舞台を作られた、俳優であり演出家です。一九七二年に劇団を解散した後は、印刷会社にお勤めになられ、普通の暮らしをされていたそうですが、一九八五年、井上ひさしさんのこまつ座の「日本人のへそ」で復帰されました。その直後に、『男はつらいよ』シリーズの第三十七作『幸福の青い鳥』に出演されて、ぼくたちも驚きました。

高橋　へえ、そうなんですか。『男はつらいよ』シリーズではどんな役柄を演じられたんでしょうか?

佐藤　まずは第三十七作『幸福の青い鳥』では、飯塚の「嘉穂劇場」の従業員のおじさんとして、圧倒的な存在感を見せてくれます。

高橋　ほかには？

佐藤　第三十八作『知床慕情』では、寅さんと仲良くなる船長さん。すまさんは国後島の生まれですから、表情一つに、深い意味があるような気がします。そして第三十九作『寅次郎物語』でも賢島の遊覧船の船長さん。秀吉少年の父親になってくれるあの人です。

高橋　はいはい。

佐藤　そして第四十作『寅次郎サラダ記念日』では、三田佳子さん扮する真知子先生のつとめる小諸病院の院長先生に扮しておられます。

佐藤　その後の第四十七作『拝啓車寅次郎様』では、満男の勤める、浅草の靴メーカーの専務役で出演されてます。短いシーンですが、いずれも名演です。

この後すぐ、番組スタッフが、ご出演をオファーしましたが、お芝居のスケジュールなど、なかなかタイミングが合わず、ご出演は叶いませんでした。

この『幸福の青い鳥』が公開されたのは、昭和六十一(一九八六)年十二月二十日です。前作は第三十六作『柴又より愛をこめて』から一年ぶりの「男はつらいよ」でした。その間、昭和六十一年の夏は、松竹創業90周年記念作品として、山田洋次監督の『キネマの天地』が鳴り物入りでロードショー公開されたのです。

この作品で、松竹蒲田撮影所の小倉監督役で、すまけいさんがご出演されました。「寅さんご意見箱」でご紹介したように、すまけいさんは、昭和四十七年に劇団を解散された後、演劇界から一度引退され、市井の人として印刷会社の校正係などのお仕事をされていたそうです。しかし、俳優として、そのまま引退しているのではもったいないと、こまつ座を率いていた井上ひさしさんが「日本人のへそ」への出演を要請。昭和六十(一九八五)年、十二年ぶりに俳優として復帰されたのです。

『キネマの天地』はその翌年に作られましたが、脚本に井上ひさしさんも参加されています。井上さんの声がけで、舞台に復帰されたすまけいさんが、山田洋次監督作品に出演されるようになったのには、こうした背景がありました。『幸福の青い鳥』の嘉穂劇場のおじさんは、寅さんが舞台を観た、昭和三十八年の演目をピタリを言い当ててしまうほどのプロフェッショナル。

すまけいさんが演じる役は、このおじさんのように、この道でずっと生きて来た、その人の人生を感じさせてくれるのです。第三十八作『知床慕情』の北海道の漁船の船長、第三十九作『寅次郎物語』での秀吉少年の新しい父親になるであろう伊勢志摩の観光船の船長、そして第四十作『寅次郎サラダ記念日』の小諸病院の院長……。不器用だけど、誠実に生きて来た男と、寅さんのふれ合い。いずれも決して長いシーンではありませんが、物語に深みをもたらしてくれます。

特に第四十作の小諸病院の院長は、地域医療と終末医療をテーマにしたドラマのなかで、自分のことより患者のこと、医療を求める地元の人々のことを考えてきた人生を垣間見せてくれます。「寅のアリア」のように、院長の独り語りは、何度観ても、また音だけ聞いていても、シナリオでその台詞を目にするだけで、生きていく上で「大切なことは何か」を気づかせてくれます。

第四十六作『寅次郎の縁談』の栃木県での花嫁行列に出会《でくわ》した寅さんに、祝詞を求める、花嫁の父の朴訥とした味わい。娘の結婚を心から喜ぶお父さんと、寅さんのひとときの出会いは、まさに至芸です。そして第四十七作『拝啓車寅次郎様』で、満男が就職した浅草の小さな靴メーカーの専務さんが、中途半端な満男にかけたことばも、忘れがたいです。人の上に立ち、人に慕われるのは、こういう人なのかもしれないと思わせてくれます。

二〇一三年十二月十八日

第三十八作　男はつらいよ 知床慕情

一九八七年八月十五日

世界のミフネと日本の寅さん

世界のミフネこと三船敏郎さんがシリーズに出演！この意外なキャスティングによる『知床慕情』は、後期シリーズを彩った傑作の一本です。三船敏郎さんは、昭和二十二(一九四七)年、第一回東宝ニューフェースとして谷口千吉監督、黒澤明脚本の『銀嶺の果て』での銀行ギャング役で、銀幕デビューを果たし、ギラギラした野獣のような男性的魅力をスクリーンに振りまいて、戦前からの二枚目スターの概念を大きくぶち破りました。

黒澤明監督の『酔いどれ天使』(一九四八年)の結核に冒された若きヤクザの孤独、『野良犬』(一九四九年)で拳銃を奪われてしまう刑事の焦燥を、それぞれ演じて、日本映画を牽引する男性俳優NO.1となりました。ベネチアでグランプリを獲得した黒澤明監督の『羅生門』(一九五〇年)や、アカデミー外国語映画賞名誉賞受賞の『宮本武蔵』(一九五四年)、ベネチア国際映画祭グランプリの『無法松の一生』(一九五八年)と、世界で高い評価を受けた日本映画の顔となり、ハリウッドやヨーロッパ映画に次々と出演した、ビッグスターです。

その三船敏郎さんと寅さんの組み合わせの妙。山田洋次監督が、この二人でどんな『男はつらいよ』を展開するのか? 公開前からぼくは、とても楽しみでした。しかもタイトルが「知床慕情」もちろん第六作にゲスト出演した森繁久彌さんの大ヒット曲「知床旅情」にかけたタイトルです。

舞台は北海道知床。旅先の寅さんが、たまたま車に乗せてくれた初老の獣医に誘われるまま、その家に泊まることになります。その男やもめの無骨な獣医・上野順吉に扮したのが三船敏郎さんです。

初対面のとき、車のエンジンが不調で、いったん乗り込んだ寅さんに「ちょっと降りてフェンダー蹴っ飛ばしてくれ」と有無を言わせず指示をします。順吉のペースに巻き込まれる寅さん。「ちょっと寄っていかんか、茶を入れる」と順吉の家に誘われた寅さん、殺風景な家を見渡し「どうして後添い貰わねえんだ。歳だとかさ、器量だとか、そんな贅沢言わねえで、よく、茶飲み友だちっていうじゃねえか、なぁ、白髪頭の婆ァでもいいから女房貰いなよ、その方がいいぞ」と、知り合ったばかりの順吉に言います。

これがテーマとなっていくのですが、ここで順吉、カステラを箱から取り出し、手で豪快にちぎって、寅さんに差し出しながら「君は日本の農政についてどう考える?」と激します。

「何百年もの間、人間と動物は深い愛情で結ばれて来た。病気の牛を家族中で一生懸命看病して、ようやく元気になって草を食べ出した時の喜び。長年働いてくれた牛を遂に屠殺場に送る時の悲しみ。それが農民の心なんだ。今はどうだ。（中略）駄目な牛は殺してしまう。恐ろしい思想だと思わないか、人間に当てはめればどういうことになると思う？ 役に立たん奴は切って捨てろというんだぞ。」

刀を上段に構え、バッサリを斬り捨てるポーズ。さすが用心棒、椿三十郎だけあります。

寅さんがタジタジになるリアクションのおかしさ。この台詞もまた、山田洋次監督が『家族』（一九七〇年）や『遥かなる山の呼び声』（一九八〇年）など北海道を舞台にした作品で描いてきた「農政」というテーマを集約しています。名作『七人の侍』で脚本家の橋本忍さんが、娯楽時代劇のなかに「農民」というテーマを盛り込んだように、山田監督は「男はつらいよ」のなかに、こうしたテーマを、直裁的な台詞や、離農する一家のショットをさりげなく入れることで、娯楽映画に深みをもたらしてくれます。

三船さんには、こうした「怒り」がよく似合います。若い時は、それがアクションとなり、ときには「正義」というかたちで、その問題の根源である「悪」を叩き斬ることで、カタルシスとなります。無骨な医者ということでは上野順吉は、かつて三船さんが演じた『赤ひげ』（一九六五年）でもあります。そうしたスクリーンイメージをキャラクターに巧みに反映させながら、寅さんが言った「女房、貰いなよ」の一言が、映画のなかの現実となっていくのです。初老の獣医の恋、これが『知床慕情』です。

寅さんが順吉の家でお茶をごちそうになっていると、そこへ、一人の女性が洗濯物を持ってやってきます。シナリオには《洗濯物らしい包みを下げて入って来たのは、この町のスナック「はまなす」のママ、森山悦子——長年水商売を続けてそなわった色気のようなものが漂う女である。》とあります。

演じるは、昭和三十年代、東宝映画「社長シリーズ」や「駅前シリーズ」でバーのマダムから下町の小料理屋の女将を演じて、水商売の女性を演じたら天下一品の淡路恵子さんです。

淡路さんが中村錦之助さんとの結婚引退する直前の作品が、渥美清さん主演の『父子草』（一九六七年)でのおでん屋台の女将役でした。それから二十年。離婚を機に女優に復帰した最初の作品が『知床慕情』です。かつて淡路さんにインタビューしたとき「渥美ちゃんの映画で引退して、渥美ちゃんの映画で復帰したの」とおっしゃっていたのが印象的です。「渥美ちゃん」とは、NHKのバラエティ・ドラマ「若い季節」で共演していた頃から、親しい間柄でした。

キャスティングの素晴らしさは、三船さんの相手役に淡路さんを選んだことです。実は、淡路さんが十六歳で、スクリーンデビューを果たしたのが、黒澤明監督、三船敏郎さん主演の『野良犬』(一九四九年)でした。二十年振りの映画出演で、共演するのがデビュー作で一緒だった三船さんと、引退作品の主演だった渥美清さんだったわけです。『知床慕情』では、無骨な順吉に、何かと世話を焼いてきた、スナックのママ・悦子のドラマもじっくりと描かれていきます。

寅さんは、順吉と出会ったことで、知床に住む人々と知り合い、そのコミュニティのなかしばし暮らします。旅先の渡世人ではなく、知床の人々と寅さんの愉しい日々が、実に幸福に描かれていきます。もちろん父と娘の確執の物語もあります。順吉に猛反対され、東京で結婚していた娘・りん子(竹下景子)が、結婚生活に失敗して、故郷に帰ってきます。十年前に奥さんに先立たれ、頼りの娘も東京で結婚、順吉の孤独を癒してくれるのは悦子でした。

りん子が帰ってくることは順吉にとって、本当は嬉しいことなのですが、素直にそれが表現できません。娘と父のコミュニケーション不全といえば第九作『柴又慕情』と第十三作『寅次郎恋やつれ』での歌子(吉永小百合)と小説家の父・高見修吉(宮口精二)の関係を思い出しますが、『知床慕情』のりん子と順吉の関係も、歌子の時のように、寅さんが両者のコミュニケーションの潤滑剤となります。

父と子のコミュニケーション不全と寅さんといえば、博と父(志村喬)との関係もそうでした。志村喬さん、宮口精二さん、そして三船敏郎さん。山田洋次作品に登場する、子供とのコミュニケーションが苦手の父親を演じた俳優はいずれも名優で、共通点があります。それは、黒澤明監督の『七人の侍』(一九五四年)の侍を演じた俳優の共通点でもあります。

そして『知床慕情』がぼくにとって、忘れがたい一本となっているのは、出戻りであるりん子を暖かく迎える「おかえりなさい」の優しい感覚にあふれているからでもあります。

二〇一一年十二月二十三日

「おかえり」と「ただいま」

第三十八作『知床慕情』は、懐の大きい作品です。北海道知床の大自然の風景の雄大さ、そこを故郷にしている人々の暖かさ、三船敏郎さんと淡路恵子さんの日本映画黄金時代を支えたスターの恋愛！など様々な要素がありますが、ぼくがこの作品が好きなのは、やはり、この映画にあふれる「おかえり」という感覚にあると思います。

マドンナは、第三十二作『口笛を吹く寅次郎』に次いで、二回目となる竹下景子さん。今回は北海道知床出身の上野りん子役です。厳格な父・上野順吉（三船敏郎）の反対を押し切って、東京で結婚をしたものの、しばらく前に離婚。母親はすでに亡く、りん子は、離婚を父に言えないまま故郷へ。そのことへの後悔はないのですが、父親は、故郷は、自分を迎えてくれるのか？不安な気持ちで帰郷します。

山田監督は丁寧にショットを重ねて、家に電話をかけるりん子の姿や、居心地悪そうにタクシーに乗る姿を描いていきます。東京で暮らしてきたりん子には、知床の匂いがしないのか、タクシーの運転手は、彼女を観光客と思い込みます。

さてギクシャクした父娘の潤滑油となるのが、たまたま居合わせた寅さんです。居場所がないと思っていたりん子を、故郷の人々は暖かく迎え入れます。彼女が「ただいま」という前に、みんなが「おかえり」と言ってくれる、そんな雰囲気があります。

それは寅さんも同じです。たまたま、道ばたで車に乗せてもらったのが縁で、順吉の家に泊まることになった寅さん。男やもめで無粋な順吉に代り、スナック「はまなす」のママ、森山悦子（淡路恵子）や、船長（すまけい）、船員のマコト（赤塚真人）、ホテルの二代目婿養子（冷泉公裕）、漁協の理事（油井昌由樹）の面々が、寅さんを厚くもてなします。

皆、それぞれ悩みや問題を抱えているのかもしれません。でも、そんな屈託よりも、自然に寅さんの居場所を用意してくれる。どんな所でも順応してしまう寅さんですが、今回はむしろ、皆が積極的に寅さんの居場所を作ってくれている、その幸福感に溢れています。

東京でいろいろあって、傷ついているりん子にも、多くは問わずに「おかえり」と迎え入れる知床の人々。寅さんとの楽しい日々が続きます。

しばらくして、りん子はアパートを引き払うために、もう一度、東京へ戻ります。小田急線沿線のアパートで、引っ越しの準備をしているりん子のところへ、管理人（笹野高史）が清算にやって来ます。小さな掃除機をみるや「もし、いらなかったらこれ、貰っていいかな。息子が自動車掃除するのにこういう小型のが欲しいって言ってたから。いい？もったないけどしょうがないもんねぇ、捨てるしかないんだから」と一方的にまくしたてます。コミュニケーションもあったもんじゃありません。りん子にとって、東京はもはや自分の居場所ではなくなったことを描いています。

やがてりん子は、柴又を訪れます。マドンナが「とらや」を訪ねるのは、大抵、旅先で出会った寅さんに会いに来るのが目的です。寅さん不在では意味がありません。ところが、今回は寅さんの近況をさくらたちに伝えに来るのです。これまで、こういうシーンはありませんでした。心配する家族に、りん子はこう言います。「寅さんは、人生にはもっと楽しいことがあるんじゃないかなって、思わせてくれる人なんですよ。」

傷ついて故郷に帰ってきたりん子が、寅さんによって、どんな風に癒されたのか、ということが、このことばに込められています。りん子は、東京の土産を手に、堂々と斜里駅に帰って来ます。駅には、昔からりん子に恋をしていたマコトが車で迎えに来ています。この前のタクシーとは大違いです。

そして、のんびりと港で午後のひとときを過ごしている寅さんの元へ、りん子が「ただいま」と帰ってくるのです。寅さんがマドンナを、彼女の故郷で優しく迎え入れるのです。実に幸福な気分にさせてくれます。りん子の幸福、寅さんの幸せ、そのお裾分けを、観客であるぼくたちが享受し、共有できる瞬間なのです。

『知床慕情』では、寅さんとマドンナの恋は、こうした幸福な感覚のなかで展開していきます。メインとなるのは、りん子の父・順吉と「はまなす」のママ悦子の「熟年の恋」。シルバー世代の第二の人生、といった大仰なことでなく、自分を想ってくれる人を想う、ある意味プラトニックな恋です。順吉は、洗濯ものや食事の面倒をみてくれる悦子を「近所の女だ」と寅さんに紹介しますが、本当は彼女への感謝と恋心でいっぱいです。さわやかで過ごしやすい知床の夏が、いつまでも続いて欲しいように、順吉もこの日々が続けば良いと、密かに想っていたのかもしれません。

ところがある日、悦子はオーナーが店を閉めることにしたのを機に、新潟で芸者をしている妹（東宝映画ファンとしては池内淳子さんあたりをイメージします）と一緒に暮らすことを決意。順吉に告げます。悦子ママが北海道を去ることになった、という展開は、前半の離農していく一家のエピソードを思い出させます。もう「ただいま」と言える場所でなくなってしまうのです。

寅さんは二人について「五年も十年も面突《ツラ》き合わせていてだ、愛のことばひとつ言えないような男に、あのおばさんが惚れるかい」と、りん子に話します。ここから、映画は一気に、三船敏郎さんと淡路恵子さんの恋愛物語になっていくわけです。この映画のハイライトは、その次の大自然の中のバーベキューの場面です。

すまけいさん演じる船長の挨拶です。

「俺がうれしかったことは、秋アジが生まれた川に戻って来るように、りん子ちゃんが帰って来てくれたということであり、尾白鷲《おじろわし》がシベリアから飛んで来て、この知床半島に羽根を休めるように、寅さんという色男が仲間に入ってくれたことだ。」

かくも「おかえり」と「ただいま」の優しさにあふれています。しかし、この楽しいバーベキューは、悦子にとっては、仲間たちとも、北海道とも、そして順吉との別れのパーティでもあるわけです。ここからこの映画はクライマックスを迎えます。

順吉の悦子への愛の告白シーン。寅さんの力を借りて、大自然のなか、無骨な男が思いの丈を大声で叫ぶ。少し気恥ずかしいですが、ぼくはこのシーンに、昭和二十四（一九四九）年、戦後の青春映画の金字塔となった『青い山脈』（今井正監督）のクライマックスを連想します。自転車で海辺にサイクリングに来た主人公たちが、大声で相手のことを「好きだ！」と告白するシーンです。この映画が作られたのは、敗戦から四年目。三船敏郎さんが東宝ニューフェースとして黒澤明監督の映画に出演し、淡路恵子さんがスターを夢見て踊りの世界に入ろうとしていた、そんな時代です。

このシーンには、二人が生きて来た時代の青春への限りないリスペクトがあります。少なくとも、ぼくは、そう感じます。順吉が告白するときの寅さんの表情、りん子の姿、実に幸福な気分にさせてくれるのです。

二〇一一年十二月三十日

跡取り息子

第三十八作『男はつらいよ 知床慕情』は、昭和六十二(一九八七)年八月十五日の公開ですから、この作品を観たとき、ぼくはもう二十四歳でした。シリーズも円熟期を迎え、それゆえに、毎回、新たなチャレンジをしていた三十作台は、味わい深い佳作が揃っています。その幕開けは、第三十二作『口笛を吹く寅次郎』でした。寅さんが、博に父が眠る岡山県、備中高梁の蓮台寺の、お坊さんになってしまうという発想の良さ。その動機に美しき寺の娘がいるという展開は、思い出すだけでもおかしい一篇です。そのマドンナ・朋子を演じた、竹下景子さんの二度目の登板となったのが、この『知床慕情』でした。

『男はつらいよ』に三船敏郎さんが出演する！それだけでも映画ファンとしてはワクワクしました。寅さんと世界のミフネの共演は、思いもよらないことでした。山田監督としては、一見ミスマッチのこの二人を起用して、晩年の宮本武蔵と、武蔵を騙ってきた男の「それから」を描く企画を温めていました。その「それからの武蔵」を念頭に置いていた山田監督が、日本映画を代表するサムライ・ヒーローを演じてきた三船敏郎さんと、われらが寅さんをどう絡めてゆくのか、興味津々でした。当時、すでに映画の原稿を書いていたぼくは、そんな視点もあって、いつも以上に、期待をして映画館に出掛けました。

冒頭、秋田県角館の桧木内《ひのきない》川の花見風景に、寅さんのモノローグが流れます。十六歳で家出をしたとき、江戸川土手は、一面の桜吹雪だったこと。幼き日、さくらの手を引いて、両親と花見見物に出掛けた時の思い出を、懐かしく語る寅さん。

「私の故郷と申しますのは、東京は葛飾柴又、江戸川のほとりにございます。」

満開の桜と、寅さんのモノローグ。第一作『男はつらいよ』のトップシーンのリフレインでもあります。ここで矢切の渡しが登場したら、と思っていると、今回の寅さんはタイトルバックで矢切の渡しに乗って、千葉県側から懐かしい柴又へと戻ってくるのです。

シリーズがスタートして十八年、様々なことがありました。日本にも、寅さんにもです。子供の頃、初めて第一作を観たぼくも、二十四歳です。変わりゆく時代、変わらない寅さん。山田洋次監督にはじめてインタビューするのは、もう少し後の話になりますが、そのときに山田監督と「寅さんは三年に一歳ずつ、ゆっくりと歳を重ねてゆく」という話になりました。この頃「寅さんは変わらない」ことが、当たり前のような気もしていましたが、確実に時間は経っています。

漫画やアニメの主人公なら「変わらなくて当たり前」なのですが、寅さんや「とらや」の人々は、ぼくたち同様、普通に歳を重ねてきています。その「変化」にも、向き合って作られていることが、シリーズを観ているとよくわかります。第三十八作の寅さんは、第一作と同じコースで柴又に戻ってきますが「とらや」は臨時休業。おいちゃんが入院してしまったからです。ここで後継者問題がクローズアップされ、それが前段の笑いとドラマになっていくのですが、こうしたシビアな現実が織り込まれているのもこのシリーズの味わいです。

おいちゃんが入院しているのは、柴又の病院という設定ですが、ロケーションは、京成関屋駅にほど近い、足立区柳原の吉田病院です。病院が映るショットで、ガードの上を電車が走りますが、これは東武伊勢崎線です。今は東武スカイツリーラインと改称していますが、浅草と群馬県の伊勢崎市を結ぶ路線です。

この吉田病院、第十四作『寅次郎子守唄』で、マドンナ、木谷京子（十朱幸代）が看護師としてつとめていた病院です。前述の電車のカットに映るガードは、第十四作で寅さんが京子を見つめる場所でもあります。

幸い、おいちゃんの病状は回復して、すぐに退院出来るということで一同ホッとしているのですが、おいちゃんが倒れてしまうと店を閉めなければならない。その現実をどうするか。

御前様はさくらに「こういう大切な時に、何をしているんですかねえ、跡取りの寅は」と心配します。

病院へ見舞いに行って来た寅さん、医師（イッセー尾形）と付け届けのことでひと悶着。呆れ顔のおばちゃんが、寅さんが同室の皆にと持っていったバナナを「これ、みんな返されちゃった。仕様がない男だよ」と言いつつ「どっか隠しておいて」それでも寅さんに気を使っています。

翌日から店を開けることになり、あけみ（美保純）と工場のゆかりちゃん（マキノ佐代子）が手伝いに来る段取りをさくらとおばちゃんが打ち合わせしています。おばちゃんは「そういう訳でね、寅ちゃん、明日忙しい日なんだよ。寅ちゃんのめんどうみてらんないからね。お金あげるからお昼はラーメンでも何でも好きな物を食べに行っとくれ。」と、寅さんを子供扱いです。

では、肝心の寅さんは？

「俺だけがブラブラしていられるか。まがりなりにも跡取りなんだぞ、この俺は」と跡取りの自覚だけはあります。手伝う気まんまん。でも「ダンゴをこねるのだけは駄目だぞ」「アンコは苦手だなぁ」「自転車に乗るとすぐ股ずれ出来ちゃう」となんとも頼りないです。博が「じゃ、帳場に座って帳面でもつけてたらどうですか、収入とか支出とか」と言ったところで、ハタと気づいて「あ、無理か」と、寅さんに出来ること、全くありません。結局、さくらの提案で、帳場に座るだけの金庫番と電話番をすることになりますが……。

それまでも寅さんは、第二十一作『寅次郎わが道をゆく』などで、改悛して店を手伝うことがありましたが、今回は、おいちゃんの代わり、跡取りとしてデンと帳場に座ります。このシーンがなんともおかしいです。すぐに飽きてしまう寅さん。漫画を読んで笑っていたり、矢鱈とトイレへ行ったり、注文の電話をとっても、相手の名前も連絡先も聞かない。あげくには居眠り。見かねたあけみが「もう解放してあげたら」と言います。

この跡取り見習いは、見事に失敗するわけです。「とらや」の人々には深刻な問題ですが、この騒動は、落語のような絶妙の語り口でユーモラスに展開されるので、観客にとっては久々に若々しい寅さんを観ている喜びもあります。寅さんがこんな様子だからおばちゃんは「さくらちゃん、店やめよう。つくづく嫌になっちゃったよ」と嘆きます。さくらは「それは言わないっていう約束でしょう」となだめます。それを受けての寅さんの旅立ちとなります。

やがていよいよ北海道で、寅さんは、三船敏郎さん扮する老獣医・上野順吉と出会い『知床慕情』の物語は動き出します。

二〇一三年一月四日

寅さんのテレビ出演歴

この『知床慕情』が公開された頃、ぼくは広告代理店につとめていました。子どもの頃からの習慣ということもあり、「男はつらいよ」の新作の封切には、必ず初日に劇場で観ることにしていました。これだけは譲れない習慣、ということでもありましたが、このときは、確か土曜日出勤だったのですが、東銀座の松竹で朝の一回目の『知床慕情』の上映を観てからオフィスに行きました。オフィスは新橋演舞場の近くにありました。

『知床慕情』は、公開たちまち、古くからのファンたちや、普段「男はつらいよ」についてあまり語ったことがない評論家の諸先輩方も、「シリーズの復権」「久々に寅さんらしい」と、すこぶる評判が良かったです。

さて『知床慕情』です。おいちゃんが退院して、快気祝いの宛名書きをしている茶の間。つね「お見舞いもらったり、お返ししたり、どうして日本人はこんなめんどくさい事すんだろうね」、竜造「貧乏人同士がわずかなものをやったりくれたりな」、さくら「うちはいらないからね」とさりげない会話に、お互いを気遣う感じが伝わってきます。

おいちゃんが退院して、「とらや」に平穏な日々が戻ってきての茶の間シーンです。何気なく観ているテレビでは、北海道の阿寒国立公園の川湯温泉から、観光シーズン真っ盛りの生中継が写っています。それまでは日常の光景なのですが、レポーターが「おじさん、おじさん」と声をかけたのが、何と、旅先の寅さん。ここから喜劇的な状況となるわけです。この転調こそが、山田洋次監督の喜劇の味であり、「男はつらいよ」の醍醐味です。

これまでも寅さんがテレビに出演したことが、しばしばあります。まず最初は、テレビ版の第八話で下着泥棒を捕まえてお手柄の寅さんと登が、フジテレビの「小川宏ショー」に出演しています。生放送で寅さんは段取りを無視して暴走してしまいます。

第三作『フーテンの寅』のラスト、三重県の湯の山温泉でお志津(新珠三千代)に失恋した寅さんは、「とらや」には、寅さんのおかげで復縁をした駒子(春川ますみ)たちが年末の挨拶に来ています。「寅さんはどうしてるでしょうねぇ」と茶の間では寅さんの噂。森川信さんの初代おいちゃんが「馬鹿だねぇ、あいつは本当に馬鹿だねぇ」と嘆いている、いつもの光景です。この夜は昭和四十四(一九六九)年の大晦日です。

テレビでは「ゆく年くる年」風の番組が放映されています。アナウンサーが「ごらんのように参道の両側には、昔懐しい裸電球の列がズラリと軒を並べまして、参拝客が足を止めております」と鹿児島県は霧島神宮からの中継をしています。さくらが目をやると、そのアナウンサーの後ろには寅さんがいます。ギョッとなる一同。そこでアナウンサーは寅さんに「あなた方も大変ですねえ。家族の方も淋しいでしょう」と質問。寅さんは「こういう稼業だからね、皆馴れてるよ」と画面を気にしながら答えます。「お子さんは?」と聞かれた寅さん「子供? 子供二人、いや三人になるかな、俺に似てかわいいよ」と。

寅さんの見栄というか、願望というか、『フーテンの寅』は冒頭の宿の女中にさくらと満男たちが写っている写真を見せて、女房と子どもだと、得意げに自慢します。初期の寅さんの「ケツを暖める暖かい家」への憧れが、垣間見えて、なんとも切なくなります。

第六作『純情篇』の冒頭では、紀行番組「ふるさとの川 江戸川」を茶の間で観るシーンがあります。柴又が舞台のドキュメントで、御前様、おいちゃん、おばちゃん、さくら、満男が次々と登場します。ワイワイいいながら家族で観ていると、同じ番組を山口県の食堂で寅さんが観ています。画面に映る懐かしい光景と人々に、寅さんの望郷の念は高まります。今度は寅さんが旅先で、家族の消息をテレビを通じて知るのです。

また第三十六作『柴又より愛をこめて』の冒頭は、タコ社長がテレビに出演することになり大騒ぎです。あけみ(美保純)が失踪。藁をもすがる思いでTBSの「モーニングeye」の尋ね人のコーナーに出演することとなります。涙ながらのタコ社長の呼びかけは、博さんの言うように「かえって逆効果」としか思えませんが、そこへ頼もしい寅さんが帰ってきて、あけみを探しに出掛けることになります。

「尋ね人」といえば、第四十八作『寅次郎紅の花』の冒頭では一月の半ばに神戸からビスケットを送ってきたきり、音沙汰がない寅さんを、さくらたちが心配しています。いつもなら便りのないのは元気な証拠なのですが、平成七(一九九五)年。阪神淡路大震災の年です。「もしかしたら?」と不安なさくらは、新聞の「尋ね人」欄に、「みんな心配しています　連絡して下さい。さくら」の広告を載せます。

寅さんがこの新聞を見る可能性は極めて低いので、効果はサッパリ。あるとき、茶の間で「もう一回新聞広告を出そうか」と会話をしていると、テレビでは「大震災その後、ボランティア元年」(サンテレビ制作)という震災のドキュメンタリーを放映しています。おいちゃん、おばちゃん、さくらが画面を凝視していると、なんと被災地に寅さんがいるではありませんか!

ことほど左様に「男はつらいよ」シリーズでは、テレビを通じて、お互いの消息を知るという描写があります。「ばかだねぇ」とおいちゃんに嘆かれることもありましたが、最終作では「消息」を知る大事な手だてになっています。同時に、リアルな震災のドキュメント映像のなかに寅さんがいることで、フィクションとノンフィクションが逆転していくこととなります。東日本大震災の直後、倍賞千恵子さんは、「もしもお兄ちゃんだったら、被災地に飛んで行くに違いない」とおっしゃっていました。山田洋次監督も「もしも寅さんだったら、どうしただろう」と真っ先に考えたそうです。

ともあれ、この二〇一三年も、現実は厳しく、この先への不安がぼくたちに重くのしかかっています。こんな時代だからこそ、こんな時だからこそ、ぼくたちはテレビや、映画館のスクリーンに、ふらりと現れる寅さんとの再会が、たまらなく嬉しく、かけがえのない時間に思えるのです。「とらや」の茶の間のテレビに寅さんが映るように、ぼくたちの家庭の茶の間のテレビにも、望みさえすれば、いつでも寅さんがそこにいてくれる、のです。

二〇一三年十二月二十六日

第三十九作　男はつらいよ 寅次郎物語

一九八七年十二月二十六日

寅次郎と少年の物語

数ある「寅の夢」のなかでも、少年時代を回想した『寅次郎物語』の冒頭は、深い印象をもたらしてくれます。これまでも第一作の家族写真、第六作『純情篇』で柴又駅の「あにいもうとの別れ」の名場面でさくらと語った思い出、第三十二作『口笛を吹く寅次郎』で父親に薪で頭をぶん殴られた話など、寅さんの少年時代が窺えるエピソードは、しばしば語られてきました。往時の柴又をミニチュアセットで再現した『寅次郎物語』の冒頭、第一作で寅さんが唄ったディック・ミネさんの「人生の並木路」の大正琴のメロディーが流れるなか、寅さんが「男になった」と第三十二作でマドンナ、朋子さんに語った家出の場面を、モノローグで綴っていきます。

題名『寅次郎物語』は、当時、話題だった映画『次郎物語』のパロディと思われますが、ここで紡ぎ出される物語は、とても暖かく、そして寅さんの「人生」が垣間見える、素晴らしいものです。

ある日、寅さんを訪ねて、福島県郡山市から、一人の少年が柴又へとやってきます。小学校低学年のその少年、聞けば、寅さんのテキヤ仲間・般若の政吉の息子で、父親は亡くなり、今は郡山の養護施設で暮らしているといいます。名前は佐藤秀吉。少年が施設を抜け出してきたのは、父親が亡くなる前に「俺が死んだら、寅さんを頼れ」と遺言を残したらしいから、ということが、少しずつ判って来ます。

満男が柴又の駅前で少年と出会い、あけみが佐藤秀吉（伊藤祐一郎）という名前に笑い、満男に嗜《たしな》められます。そして博が事情を分析し、おばちゃんが秀吉の面倒をみるわけですが、このあたりの展開は流石です。ぼくらは、寅さんが捨て子同然で、「とらや」の前に置かれていたことや、育てのお母さんが優しくしてくれたことを、山田監督執筆の「けっこう毛だらけ 小説・寅さんの少年時代（悪童 小説 寅次郎の告白）」で、その詳しい経緯を知っているわけです。秀吉に対する一家の優しい対応は、寅さんがこの家にやって来た時と同じだったことを、改めて思うわけです。

そこへ寅さんが帰ってきます。少年の名前は秀吉と大層立派ですが、それもそのはず、寅さんが名付け親と判明します。寅さんはさくらたちに、かつて夫の極道にあきれ果て出奔した、秀吉の母・おふでの話をします。

寅さんの口から語られることばは、厳しいものです。夫にたまりかねて妻は家出。それからの父子の暮しも決して幸せではなかったことが、容易に想像できます。その事情を呑み込んでいる寅さんが、真っ先に考えるのが、眼前の秀吉の幸せと、行方知れずのおふでの幸せのこと。こうなれば「秀吉をおふでさんの許に連れていってあげよう」寅さんは思ったら即行動です。

早速、テキヤ仲間の小岩のポンシュウのところへ、情報収集に出掛けた寅さん、おふでが和歌山の旅館で仲居をしていることを突き止め、翌朝、秀吉を連れて旅に出ます。

こうして、寅さんと秀吉少年の「母を訪ねて」の旅が続くなか、奈良県吉野の旅館で、秋吉久美子さん扮する高井隆子との出逢いとなります。袖すり合うも多生の縁といいますが、今回のマドンナ・隆子は、ほんの二夜、同じ旅館で隣の部屋になるだけの女性です。それゆえ寅さんとは、ある意味、濃密な時間を過ごすことになります。

長旅がたたって、秀吉が高熱を発して大騒動となります。それを聞きつけて、隆子が秀吉の看病を寅さんと共にしますが、この展開もいいです。老医師・菊田（松村達雄）が駆けつけます。

菊田医師に扮しているのは、二代目おいちゃんを演じた松村達雄さん。おいちゃん交代後も、第三十二作『口笛を吹く寅次郎』の備中高梁の住職など、さまざまなキャラクターを演じて来ました。今回は、寅さんと隆子を、秀吉の両親と勘違いします。それがきっかけで、初対面同志の二人は「とうさん」「かあさん」と互いの名前を知らぬまま、呼び合うことになります。秀吉の看病を通して、行きずりの二人が心を通わせ、「とうさん」「かあさん」と互いを呼ぶのですが、その親和力がなんとも心地良いのです。

二人の懸命な看病により、秀吉の病気は快癒していくのですが、そのプロセスを通して、隆子の心も浄化されたことが、翌日、地蔵堂のシーンで明らかになります。

「昨日の晩、男と二人で泊まる筈だったの、向こうに用事が出来て断って来たんで、勝手にしろって喧嘩してもうて、もうどうにでもなれって、旅館の窓から崖に飛び込んで死んでしまおうか。そんなこと思うてたの。」

寅さんは「死ぬなんて言葉を簡単に口に出さない方がいいよ。かあさんのようなきれいな人との約束を破るようなヤツは、どうせろくな男じゃねえ」と優しく話します。

『寅次郎物語』には、「人は何のために生きているのか?」という人生の大命題への明快な答えがあります。放浪時代、寅さんは隆子以上にヤケクソな思いになったことがあるでしょう。でも、寅さんは妹さくらのことを案じ、育ての母親のことを想い、故郷への望郷の念を抱いて、秀吉の父親・般若の政のような修羅の道を歩まずに、今日まで生きた筈です。

秀吉との旅が終り、柴又へ報告に戻って来た寅さんが、再び旅に出るときに、見送る満男が寅さんに。「人間は何のために生きてんのかな」と問います。そのときの寅さんの答えが明快です。「あぁ、生まれてきてよかったなあ、って思うことが何べんかあるじゃない。ねっ。そのために人間生きてんじゃないのか?」

寅さんのこのことばがあるから、この物語があるから、ぼくたちは「男はつらいよ」を繰り返し繰り返し、観てしまうのです。人生に迷ったとき、くじけそうになったとき、心が折れそうになったとき、寅さんは、いつもぼくたちに寄り添ってくれるのです。秀吉少年や、隆子にそうしたように……。

二〇一二年一月五日

生きてりゃ、いいこときっとある

後期「男はつらいよ」シリーズのなかで、車寅次郎という人物の生い立ちから、その心情にまで寄り添ったという点でも、第三十九作『寅次郎物語』は、ぼくも大好きな作品です。

公開された昭和六十二(一九八七)年は、バブル経済まっただ中、毎日が躁状態という感じで、今思えば不思議な時代でした。イケイケのお姐ちゃんたちが街を闊歩し、六本木や麻布にはブランドを身につけ、高級外車を乗り回す。バブル紳士と淑女が溢れていました。ともすれば「寅さん＝ダサい」なんて乱暴なことを言われてしまうような、そんな時代の「男はつらいよ」です。

マドンナには、一九七〇年代「シラケ世代」の象徴として、数多くの映画やドラマに出演していた秋吉久美子さん。それまで寅さんに抱いていたイメージは、子供の頃に観た「泣いてたまるか」やテレビ版「男はつらいよ」の「やんちゃな下町のお兄さん」で、自分がマドンナになるという意識はなかったそうです。ご自身「イケイケだった」という一九八〇年代後半、秋吉さんが「男はつらいよ」の現場を通して、何を感じたかは、二〇一二年四月の「みんなの寅さん」で語って頂きました。

秋吉さんが演じたのは、化粧品会社の美容部員として、奈良県エリアをルートセールスしている高井隆子という女性。軽自動車に沢山の化粧品を積み込んで、旅から旅の暮らしをしています。そういう意味では寅さんと同じ渡世人です。彼女が、身勝手な恋人と、一夜を過ごそうとした奈良県吉野の旅館・八木屋翠山荘に、寅さんと秀吉少年がやってきます。恋人が都合で来れなくなり「もうどうにでもなれ」と思っていたときに、隣室に泊まっていた寅さんと一緒の秀吉が高熱を出して大騒ぎとなります。

寅さんが医者を呼びに行くので慌てていると、隣室の隆子が「大丈夫、私が看てるからお父さん、早う行きなさい」と、看病を引き受けます。ここでは、支配人の長吉(笹野高史)と隆子、寅さんに加えて、ベテラン・松村達雄さんが老医・菊田医師の役で登場。二代目おいちゃんを演じた松村さんは、こうしたインテリが似合います。この旅館のシーンは、非常事態ですが、喜劇的状況でもあり、芸達者の抜群の間《ま》が楽しめます。

細かいギャグがちりばめられ、練り上げられた名場面です。この後、寅さん部屋から出ていくときに、隆子が「おとうさん、帳場に寄ってタオル何枚か、届けるように言うて」と声をかけると、寅さんが「うん、かあさん、あと頼んだぜ」と答えます。ここで、隆子が寅さんを「とうさん」、寅さんが隆子を「かあさん」と呼ぶことになります。

不幸な身の上の秀吉の病気を、縁もゆかりもない人たちが懸命に看病することで、つながりが出来る名場面です。ここから寅さん、秀吉、隆子は、まるで家族のような関係となります。ひとときの疑似家族が、隆子の心の屈託、親を失った秀吉、そして孤独な寅さんの心の隙間を埋めていきます。

家族と縁遠い三人が、家族のように子供の病気という問題を乗り越えようと懸命になります。『寅次郎物語』のメイン・ストーリーは、寅さんの友だちだったテキ屋の遺児・秀吉の母親探しの旅です。その旅の途中で、行きずりで出会った隆子というマドンナが、寅さんと秀吉との出会いによって、癒されていく、いわば再生の物語です。山田洋次監督は、デビュー作『二階の他人』（一九六一年）から『東京家族』（二〇一三年）など一貫して、「幸福について」をテーマに、さまざまな「家族のかたち」を描いてきました。

それは『寅次郎物語』にも通底しています。隆子は寅さんとともに必死の看病をして、その甲斐あって秀吉は回復をします。朝、喉が渇いたと秀吉に起こされた隆子が「良かった、がんばったねえ、坊や」と声をかけます。隆子の心が浄化されていったような爽やかなシーンです。翌日、寅さんと隆子が金峯山寺でお礼参りをします。

隆子はここで初めて名乗ります。寅さんも、隆子もお互いの名前を知らずに「とうさん」「かあさん」と呼び合って、緊急事態のなか、お互いの本質的な部分で触れ合って、お互いを知りました。名前や地位よりも大切な、お互いの人間としての本質です。

こういう時の寅さんは、まずは相手の話を聞きます。絶対に頭ごなしに否定をしたり、適当な受け答えをしません。まずは「うんうん」と聞いてあげるのです。寅さんは「人の幸せを願うことが、自分の幸せ」なのだと、以前にもこのコラムで書き、番組でお話をしましたが、まさにこのシーンがそれです。

その夜、隆子は寅さんと秀吉の部屋にやってきて、寅さんとお酒を酌み交わします。寅さんが「俺も女断ちして待ってるよ」と冗談まじりに言うと、二人は顔を見合わせてクスクス笑います。ところが、笑っている隆子の目から、突然、涙が溢れ出してきます。

隆子は「私、祖末にしてしまったのねえ、大事な人生なのに」とそれまでの自分を悔やみます。そのとき、寅さんは優しく、隆子に寄り添うようにこう言います。

寅さんは「大丈夫だよ。まだ若いんだし、な。これからいい事いっぱい待ってるよ、な。」と優しく声をかけます。これが「男はつらいよ」の本質であり、車寅次郎の「相手を思う」性質なのです。ぼくらが「男はつらいよ」を観て、いいなぁと思うのは、こうした心が浄化されていくような台詞や、状況、気持ちにふれるからなのです。この映画のラスト近く、秀吉のことを「とらや」に報告した後、寅さんはまた旅に出ます。

隆子と寅さん、秀吉は、ほんの二晩の疑似家族でしたが、それぞれの心の隙間を補完し合って、かけがえのない時間を過ごします。それは、寅さんとの交流で、隆子の心が再生をしていくプロセスでもあります。そのとき隆子が感じた「生きていることの喜び」を、今度は寅さんがことばで満男に伝えます。このリレーションは実に素晴らしいです。「人間って何のために生きているんだろう。」誰もが思い悩むことに、寅さんは明快に、誰もが納得する答えを出してくれるのです。

二〇一三年一月十二日

何のために生きるのか

「男はつらいよ」シリーズには尽きせぬ魅力があり、語り尽くせぬ面白さと、何度観ても新たな気づきがあります。まるで清水が沸き出す源泉のように、ダイナミックに溢れ出る魅力に満ちあふれているのです。映画でありながら、それ以上のもの。文学や音楽でもそういう作品がありますが、それを味わう者にとって、特別なチカラを与えてくれる不思議なエネルギーに溢れています。

寅さんの溌剌とした姿を観るだけでも、なんだかチカラが湧いて来ます。山本直純さんのメロディーを聴いただけでも、たまらなく切ない気持ちになります。

山田洋次監督による緩急自在の演出に、大笑いして、時にはセンチメンタルな想いになります。高羽哲夫キャメラマンがとらえた、昭和四十年代半ばから平成の始めにかけての美しい日本の風景。渥美清さん、倍賞千恵子さん、三崎千恵子さん、森川信さん、松村達雄さん、下条正巳さんを始めとするレギュラー陣のアンサンブルの良さ。シリーズは、昭和四十四年から平成七年にかけての日本とともに歩んできました。リアルタイムでは、変わりゆく日常のなかで、変わらない寅さんの行状を親しみを込めて見つめる楽しみがありました。

ぼく自身の感覚では「もう十作にもなるのか」「もう十年も経つのか」と、いつまでも続いていくシリーズに、自分のそれまでの日々を振り返ったり、経った時間に想いを馳せたり、気がついたら二十六年間という月日が経っていた、という感じでした。

それから折々に味わい直すことで、「男はつらいよ」と寅さんが、もたらしてくれたものの大きさを、改めて知ることにもなりました。

幸運なことに、リアルタイム世代だけでなく、いつでも「男はつらいよ」を自分たちのペースで、全作楽しむことが出来るのです。順番に作品を観ていくことで、その人、その人なりの、味わいのツボというべき、お好みポイントを見いだすことが出来る。それが尽きせぬ魅力なのです。

さて、第三十九作『寅次郎物語』は、シリーズ後期のなかでも珠玉の一篇です。

タイトルは、当時、映画リメイク作品が話題となっていた、下村湖人の長編教養小説「次郎物語」にインスパイアされているのは明らかです。昭和十六(一九四一)年から、昭和二十九(一九五四)年にかけて発表され、全五作が刊行されましたが、未完となった長編小説です。幼くして里子に出され、苦労を重ねる主人公・本田次郎の少年期から青年期にかけての成長を描いてます。それに倣《なら》ってというわけではありませんが『寅次郎物語』は、冒頭の夢のシーンから「車寅次郎の少年時代」を描いています。

後に山田洋次監督が「けっこう毛だらけ 小説・寅さんの少年時代（悪童 小説 寅次郎の告白 講談社）」で描いた寅さんの少年時代が在りし日の柴又のノスタルジックな風物のなかで展開されていきます。父親との確執、優しかった育ての母、そして妹さくらの兄への想い。第一作のさくらとの再会のシーンの直後、庭で立ち小便をする寅さんが鼻歌まじりに唄うのが、ディック・ミネさんの「人生の並木路」です。昭和十二（一九三七）年の日活映画『検事とその妹』の主題歌として、大ヒットした曲です。この映画も「妹を思う兄の気持ち」が描かれたものであり、おそらく寅さんは少年時代、この歌を耳にしていて、放浪時代に、この歌を聴くたび、唄うたびに、柴又に残してきた妹さくらを思い出していたのかもしれません。

『寅次郎物語』は、「車寅次郎伝」ではありませんが、寅さんがこれまで生きて来た人生のなかで、感じた孤独や、どん底に追いつめられたことがあったとしても「生きていて良かった」と思える瞬間があったことを、物語のなかで、ぼくらに感じさせてくれます。寅さんのテキ屋仲間の「般若の政」が亡くなり、その遺児・佐藤秀吉（伊藤祐一郎）が、柴又に寅さんを訪ねてくるところから物語が始まります。福島県郡山市の児童養護施設を抜け出して来たのは、父親から「俺が死んだら寅を訪ねて行け」という遺言があったからです。

秀吉の母・ふで（五月みどり）は、飲む打つ買うの三拍子揃った、どうしようもない亭主に嫌気が差して、秀吉を残したまま出奔。寅さんはそのふでを探す旅に、秀吉とともに出るのです。どんな事情があれ、出て行った母親を、責めるのではなく「おふでさんも我が子に会いたいだろう」と思うのが寅さんです。「ひどい母親」とは責めません。こうしてぼくたちは、秀吉の母を探す旅を、寅さんとともに始めるのです。

その行きずりに出逢った、化粧品のルートセールスをしている美容部員の高井隆子（秋吉久美子）もまた、心に大きな屈託を抱えています。身勝手な恋人と、ひととき過ごそうと思った奈良県吉野の宿で、待ち人来らず、自暴自棄になっているところに、たまたま隣り合わせた、秀吉が高熱を出してしまいます。右往左往する寅さんに、協力を申し出る隆子。欲得なく、動いてしまうのは、隆子も寅さんと同じ。気持ちの人だからです。

その秀吉の看病を通して、寅さんは隆子を「かあさん」と呼び、隆子は「とうさん」と呼びます。暖かい家庭とは縁遠い、寅さん、隆子、秀吉が、ほんのひとときだけ「三人家族」として過ごすのです。隆子は、寅さんと秀吉との時間を通して、心が浄化されて行きます。今まで、自分が生きて来たこと、してきたことを後悔して泣き出します。寅さんは、そんな隆子にこういいます。「大丈夫だよ。これからいいことといっぱい待ってるよ」と。

この瞬間、隆子は「生きていて良かった」と思ったに違いありません。そして秀吉少年は、伊勢志摩の老舗真珠店の優しい女将(河内桃子)の世話になっている、病気療養中の母・ふでと再会します。抱き合う母と息子。ふでも「生きていて良かった」と涙を流し、秀吉は母親との再会に安堵を覚えます。そして「おじさん」と慕っていた寅さんとの別れがやって来ます。

再会と別れ。人生にはつきものです。『寅次郎物語』は、まだ幼い秀吉の目を通して、こうした様々なめぐりあいと、沢山の「生きていて良かった」が描かれています。

その締めくくりが、最後に、秀吉とふでの再会を報告に、柴又に戻った寅さんが、再び旅に出るときの、満男と寅さんの会話にあります。「おじさん。人間は何のために生きてるのかな?」と満男に問われた寅さん。「難しいことを聞くな」としばし考えて、こう答えます。

「ああ、生まれてきて良かったな、って思うことが何べんかあるじゃない。そのために人間生きてんじゃないのか。」

このことばに、ぼくたちが生きている理由、「男はつらいよ」を観続けている理由、車寅次郎という人のことを大好きな理由、そのすべてがあります。「男はつらいよ」シリーズを観ること、「寅さん」を思うこと、それは「ああ、生まれてきて良かったな」って思うことでもあるのです。

これからも、ぼくたちが生きていくには、あまりにもつらいこと、悲しいこと、理不尽なことがあると思います。それでも、ぼくたちには「男はつらいよ」があり、いくつもの「生きていて良かったと思える瞬間」を映画の中で味わうことが出来るのです。だからこそ、今日も、明日も、明後日も「大丈夫だよ。これからいいことが、いっぱい待ってるよ」なのです。

二〇一四年一月一日

第四十作　男はつらいよ
寅次郎サラダ記念日
一九八八年十二月二十四日

雲白く、遊子悲しむ

昭和四十四（一九六九）年にスタートして以来、いつしか国民映画と呼ばれるようになった「男はつらいよ」も、十九年で四十作目となりました。今回は俵万智さんのベストセラー短歌集「サラダ記念日」が原作です。「風の吹くまま、気の向くまま」と自由な旅暮らしを続けて来た寅さんが、信州は小諸で出会ったのが、美しい女医の原田真知子先生（三田佳子）でした。

今回は、映画が始まってほどなく、マドンナが登場します。前作『寅次郎物語』のマドンナ・高井隆子（秋吉久美子）との「出会いと別れ」がたった二日間だっただけに、久しぶりに寅さんとマドンナの物語が濃密に展開します。真知子先生が抱える悩みや、過疎化、終末医療といった様々な問題を提示しながら物語が進みます。

信州は小諸の駅前で知り合った、お婆さん・中込キクエ（鈴木光枝）に誘われるがまま、孤独なキクエの家で昔話を聞く寅さん。実はキクエは病気で、翌朝、かかりつけの小諸病院の医師・原田真知子が入院させるために訪れますが、キクエは「この家で死にたい」と拒みます。しかし、寅さんの説得でなんとか入院します。

真知子が寅さんにお礼にと、家に招待したときに、東京の早稲田大学に通う、真知子の姪・由紀（三田寛子）が遊びに来ていて、楽しいひとときとなります。島崎藤村の千曲川旅情の歌の「小諸なる古城のほとり、雲白く遊子悲しむ」の話になり、真知子に「遊子って、寅さんみたいな人のこと言うのね」と言われ「とんでもねぇ、俺みたいな意気地なしが勇士だなんて。でも、爆弾三勇士とか真田十勇士ってのはガキの頃ずいぶん憧れました」と、「遊子」を「勇士」と勘違い。

真知子は、寅さんの面差しが、山で亡くなった夫に、どこか似ていると好意を持ちます。ちなみに亡夫の写真は、チーフ助監督の五十嵐敬司さんです。

東京の母（奈良岡朋子）に一人息子を預けて、長野で医師として忙しい日々を送っている真知子ですが、人生の曲がり角に立ち、様々な悩みを抱えています。キクエ婆さんの「この家で死にたい」という気持ちに共感しながら、一人暮らしの老人を放っておけない使命感、果たして医師に何が出来るのか？

寅さんは、寂しい老婆に、たった一晩だけど寄り添い、キクエは亡父との大事な想い出を語ります。入院を決意したキクエが、もう戻ってくることはない、想い出がつまった家に別れを告げる場面、彼女と家族の長い人生が刻み込まれている家を、しみじみ眺め「これが、見納めだ」と両手を合わせ、家を拝み、涙を拭きます。

山田洋次監督は、この作品で「生と死」という大きなテーマに取り組んでいます。医学の進歩で長寿大国となった現在。独居老人の孤独。志を抱いて医大に進み、医療の道を歩んで来たマドンナは、自分では解決することが出来ない、大きな悩みを抱えています。そこへ「遊子」の寅さんが現れ、彼女が忘れかけていた何かを思い出し始めます。

同時に、真知子の姪で、早稲田大学で国文学、短歌を学んでいる由紀や、そのボーイフレンドとなる尾崎（尾美としのり）たちの、屈託のないキャンパスライフも描かれます。満男は高校三年生、これからの人生、進路について大いに悩んでいます。真知子と由紀、寅さんと満男、二つの世代が向き合う現実を、穏やかな笑いで包みながら描いていきます。

寅さんが、早大に由紀を訪ねて、西欧近代史の講義にまぎれ込んでしまう場面が傑作です。日本初のラジオパーソナリティで、エッセイストとしても活躍した三国一朗さんが大学教授に扮して、寅さんと絶妙のやりとりを繰り広げます。「ワットの蒸気機関」という話から、寅さんは第二十作『寅次郎頑張れ！』で二階に下宿した失恋青年・ワット君こと島田良介（中村雅俊）のエピソードを学生たちに披露します。「こいつについちゃ面白い話があるんだ。聞きたい？」と。寅さんは、どこでもマイペースです。

そして、この『寅次郎サラダ記念日』で印象的なのは、江戸川土手で満男から「大学に行くのは何のためかな？」と質問された寅さんが、明快に答える、このことばです。

「人間長い間生きてりゃいろんなことにぶつかるだろう、な。そんな時に俺みたいに勉強していない奴は、この振ったサイコロで出た目で決めるとか、その時の気分で決めるよりしょうがない、な。ところが、勉強した奴は、自分の頭でキチンと筋道を立てて、はて、こういう時はどうしたらいいかな、と考えることが出来るんだ。だからみんな大学行くんじゃないか、だろ？」

ここに、寅さんがこれまでの人生で経験してきたことの様々な想いが込められています。第十六作『葛飾立志篇』で、「人間は何のために勉強するのか？」という大命題に、受け売りですが「己を知るためよ」と明快に答えた寅さん。理屈っぽい相手に「手前、さしずめインテリだな」と、「人間は理屈じゃない」と言ってきた寅さんだからこそです。

キクエ婆さん危篤の知らせを受けて、寅さんと由紀が尾崎の車で小諸に向かいますが、残念ながら間に合いません。前半で、キクエ婆さんが別れを告げた真田町傍陽の家（内海家で撮影）が、再び画面に出てくるのは、その葬儀のシーンです。あの晩、お婆さんと二人でお酒を酌み交わした茶の間で、寅さんが静かに佇んでいるショットの寂寥感。

やがて、キクエの死に、自分の無力さと限界を感じた真知子は、院長（すまけい）に、本年を漏らします。「しばらく仕事から離れて、自分を見つめなおしてみたいんです。子どもとも一緒に暮らしたいし」と。それを聞いた院長は檄します。

「この病院はあなたを必要としている、それが何よりも大事なことで、あなたが抱えている問題などはたいしたことじゃない。子供と会いたければ呼び寄せればいい。悩み事があれば働きながら解決すればいい。そうやって苦しみながらですね、この土地で医者を続けていくことが、自分の人生だってことに、あなた、どうしてその確信が持てないんですか。」

院長は、真知子が抱えている悩みを承知の上で、明快にこう言うのです。寅さんが満男に「自分の頭でキチンと筋道を立てて、はて、こういう時はどうしたらいいかな、と考えることが出来るんだ」と言ったことばと、この院長のことばが、呼応します。

しかも院長は現場で日々闘っている人です。理屈だけじゃなくて「行動の人」です。同時に、真知子先生に惚れていることもあるのですが。

この作品では、寅さんは明確に失恋するわけではありません。時が来て、また「遊子」は、旅に出るだけです。真知子先生の悩みは、寅さんによってゆっくりと融け始めて、院長先生のこの一言で、消え去った訳ではないでしょうが、行動することで、解消していくことが、示唆されます。この院長が実にいいです。これなら寅さんも納得の二枚目です。見た目はそうでもないですが。

二〇一二年一月十三日

マドンナが柴又を訪れるとき

マドンナが柴又にやってくる。ウキウキ、ドキドキ、寅さんは落ち着かない。で、どう迎えるのか？段取りが命の寅さんにとって、何度も、シミュレーションを重ねるのは当然、とばかりに、イメージトレーニングして、念入りにリハーサルをと思っているようです。「とらや」(この回から「くるまや」に屋号が変わりました)に、意中の女性がやってくるのは、寅さんにとっては、色んな意味で一歩前進なのですが、実は寅さんの恋はここが限界点でもあります。

女性と出会い、その女性に困ったことがあって、その身の上話を聞いてあげる。そこで「何かあったら、東京は葛飾柴又、帝釈天参道に、俺の伯父夫婦がケチな団子屋を営んでいるから、そういって訪ねて行きな。悪いようにはしないから」と優しく声をかけます。屈託を抱えたマドンナは、寅さんに話を聞いてもらい、胸の支えが取れて、心の負担が軽くなります。「寅さんに会って良かった」そう思って、一歩前進出来そうな、前向きな気持ちになります。

寅さんが男として、女性のために、何か出来るのは、実はここまでで、それが旅の途中であれば、いつ彼女が柴又にやってくるか？もし、やってきたら、おいちゃん、おばちゃん、さくらはどう思うだろう、そう言ったものの、ちゃんと迎えてくれるだろうか？ いろいろ考えているうちに、矢も盾も溜まらなくなって、旅の風は柴又に向いて吹き始めます。こうして、寅さんは、その作品でいうと、二度目の帰郷をすることになります。

この状況が何度繰り返されたことでしょう。その最初は、第七作『奮闘篇』の静岡県沼津で出会った、太田花子（榊原るみ）でした。第九作『柴又慕情』では、福井県でひとときを過ごした、高見歌子（吉永小百合）のときは、寅さんは、その来訪を待ちわびて、こんなことになってしまいます。

一日千秋の思いで「あーぁ、今日もとうとう来なかったか」と呟く寅さんに、さくらも博も腫れ物に触るように気を使っていますが、そこへタコ社長が大声で「あーあ、今日も彼女は来なかったか」と言いながら入ってきます。

寅さんの独り言が、タコ社長との壮絶なバトルに発展する、シリーズ屈指のギャグの一つですが、マドンナを待ちわびる寅さんは、すでに恋の虜になっていて、彼女を想うことだけがすべて、という感じです。これではマドンナが「とらや」に現れても、旅先で「ああ、この人いいなぁ」と想った男性とは、ほど遠いというか、全然イメージが違うので、拍子抜けしてしまいます。

それはなぜだろう、もったいないなぁ、と子どもの頃から思っていました。でも、よく考えてみれば、好きな女の子のことを想うことにかけては、誰しも「恋の達人」です。二人きりになったら、ああも言おう、こうもしようと思って、その妄想は果てしなく広がります。

ところが、いざ二人で話すチャンスがあっても、結局は相手のことを意識しすぎて、何も言えなくなる。好きな人と二人きりになったり、再会したりすること自体が目的になってしまって、それが限界点になってしまうのです。

よく考えれば、これは相手のことを想っているようで、相手を想う自分の事ばかり意識しているのです。つまり自意識過剰で、顔が耳まで赤くなる、という状況です。寅さんの場合も、この自意識過剰がかなりエスカレートしてしまいます。

で寅さんの場合、アウェイで出会ったマドンナとの念願の再会は、ホームである柴又、というケースが多いのです。マドンナは、自分の悩みをさらに解消したく、人生の次の一歩を進めることが出来そうだからと、寅さんとの再会を心待ちにして、柴又へとやって来るのです。第二十八作『寅次郎紙風船』では、テキ屋仲間のカラスの常(小沢昭二)が「万一オレが死んだらくさ、あいつば女房にしてやってくれんと」とのことばを残して亡くなります。上京して本郷の旅館の仲居となった、その奥さんの光枝(音無美紀子)が、寅さんを訪ねて来るのですが、常の遺言を本気で考えている、寅さんの「意識のゲージ」はピークに達してしまいます。落ち着きがなく、茶の間に腰を据えて、光枝の相手をすることが出来ません。

おいちゃんは「照れくさいんだよ、きれいな人が来てるから」とからかいます。そこでおばちゃんがこう言います。「寅ちゃんのおかげで、たくさんきれいな人に会えますよ、私達は。」

おばちゃんのこのことばに、観客はドッと笑います。この「落ち着きのない寅さん」も、ぼくらにとってはおなじみだし、恋はここまで、ということも判っています。でも、多くのマドンナは、旅先の寅さんの格好良さと、柴又での寅さんの落ち着きのなさを見て、こんな暖かい家族に囲まれているから、と納得して、次のステップへと踏み出して行きます。でも、そんな寅さんにがっかりしたことを、寅さんに告げた女性もいます。

第二十九作『寅次郎あじさいの恋』のかがり(いしだあゆみ)です。「とらや」を訪ねた彼女は、帰り際に付け文を渡します。鎌倉のあじさい寺で待っているとのデートの申し入れです。この回では、ご存知のように、丹後半島の伊根のかがりの実家で、二人はドキドキの夜を過ごしました。この時も、かがりは寅さんの寝床にそっとやってくるのですが、寅さんは寝たふりをして、その先の発展を回避してしまいます。そして柴又への来訪、鎌倉でのデートとなるわけです。かがりの秘めたる想いを察知している寅さんは、満男にデートの付き添いをさせます。かがりにすれば中途半端なまま、別れの時が近づきます。

「私が会いたいなあ、と思っていた寅さんは、もっと優しくて、楽しくて、風に吹かれるタンポポの種みたいに、自由で気ままで。せやけど、あれは旅先の寅さんやったんやね。」

このかがりのことばは、寅さんという人の本質をついています。ぼくらは薄々、そのこと感じながら、おばちゃんが言った「寅ちゃんのおかげで、たくさんきれいな人に会えますよ」と同じ気持ちで、寅さんの恋を毎回、観てきました。とはいえ、柴又の寅さんも、ぼくらにとっては魅力的です。さくら、博、おいちゃん、おばちゃんに囲まれ、ついつい家族に甘えてしまう寅さん。多くの女性は、その家庭の暖かい雰囲気に、癒され、ひとときを過ごし、「やっぱり来て良かった」と思って、帰途につきます。

マドンナが柴又にやってきて、楽しいひとときを過ごす。「男はつらいよ」シリーズではおなじみの場面が、第四十作『寅次郎記念日』でも展開されます。信州小諸で、地域医療と終末医療に取り組む原田真知子(三田佳子)は、東京に小学生の息子を残しています。医師として、母として、一人の女性として、このままで良いのだろうか？と悩んでいる真知子は、寅さんとの出会いで、少しずつ変わっていきます。おなじみの「男はつらいよ」の展開です。

その真知子が息子と、姪の由紀(三田寛子)と、由紀の大学の友人・尾崎茂(尾美としのり)と一緒に、とある日曜日に、柴又を訪ねてきます。その前の真知子から、電話がかかって来るシーンが傑作です。さて、真知子たちが柴又にやって来るにあたり、寅さんは、おいちゃん、おばちゃんに、その迎え方について、例によって滔々と説明をします。段取りは完璧だった筈ですが、またしても寅さんの「意識のゲージ」が高まって、真知子がやって来た途端に、用意周到のはずの準備はどこへやら、頭の中が真っ白になってしまいます。

この後、真知子たちは、満男と源ちゃんの案内で、帝釈天にお詣りして、矢切の渡しに乗って、対岸の千葉県松戸市にある野菊の墓まで出掛けます。このシーンは、観ていてどこか懐かしく、楽しいのです。そして「くるまや」の茶の間での食事、とおなじみの場面が展開されます。思えば、マドンナが来訪してのひとときは、第四十作『寅次郎サラダ記念日』が最後となりました。この映画が封切られている間に、時代は昭和から平成へと移り、「男はつらいよ」シリーズも「満男シリーズ」へと変化を遂げて行きます。寅さんが「恋らしい恋」をするのも、この

『寅次郎サラダ記念日』と次作『寅次郎心の旅路』でピークを迎えることとなります。

二〇一三年一月十三日

第四十一作　男はつらいよ　寅次郎心の旅路
一九八九年八月五日

夏になったら啼きながら、必ず帰ってくるあの燕さえも……

毎年、お盆とお正月、必ず「男はつらいよ」シリーズが封切られて来ました。クオリティを維持しながら、年に二作も新作を撮るということは、とてつもないことだったと、シリーズを振り返るたびに、ぼくは思います。

思い起こせば第一作が昭和四十四(一九六九)年八月二十七日の公開、その翌昭和四十五(一九七〇)年八月二十六日には第五作『望郷篇』が封切られ、夏の寅さんは、日本のお盆の風物詩となっていきました。それからずっと、寅さんは全国津々浦々、旅をして、沢山の出逢いを繰り返して、数多くの物語を紡いできました。

第四十一作『寅次郎心の旅路』は、なんと寅さんが、ヨーロッパのウィーンに出掛けるという、予想外の展開をします。公開されたのは昭和六十三(一九八八)年八月五日。吉岡秀隆さん演じる満男をメインにした「満男シリーズ」の『ぼくの伯父さん』が、この年の十二月公開です。以降、最終作まで年一作、お正月の公開になりますから、この『寅次郎心の旅路』は、最期の「夏の寅さん」ということになります。

オーストリアのウィーン市長、観光局の熱烈なロケ誘致のラブコールに応えるかたちで企画されたものですが、山田洋次監督は、だからこそ登場人物たちのキャラクター、ドラマを練り上げて、この物語を作り上げています。

主題歌の前、トップシーンでは、寅さんが旅先の旅館で、風邪を引いて弱気になっているところに、さくらから兄を気遣う手紙が届きます。さくらの手紙には一万円が添えてありました、モノトーンに近い暗い色調のなか、旅暮らしの侘しさと、肉親の優しさを身にしみて感じる寅さん。この暗いシーンは、中盤のウィーンロケの華やかさとの好コントラストをなします。

満男が大学受験に失敗して、浪人していることが明らかになります。当初のシナリオでは、さくらが一緒に合格発表を見に行くシーンや、浪人はさせずに就職させるんだと息巻く博が描かれていました。不合格の報せをさくらから電話で聞いた博、おいちゃん、おばちゃんが、「くるまや」で待っていると満男が帰宅。「父さん落ちました。あのう、それでもう一度挑戦したいんだけど、いいかな浪人して」と満男が言いにくそうに話すと、博は口ごもりながら「がんばるんだぞ」とだけ言うシーンが用意されていました。映画では描かれていませんが、前作『寅次郎サラダ記念日』で受験生だった満男の「それから」の物語が始まるのです。

さくらが寅さんを気づかい、博は満男の心情を推し量る。いつもは家族ならではの厄介さで、大げんかをしてしまうのですが、今回は、互いを思いやる、家族の暖かさを、より丁寧に描こうという監督のスタンスが見てとれます。

これから登場する孤独と屈託を抱えた登場人物と寅さんとの心の交流、そしてウィーンで出会う、やはり心にある寂しさを抱えているマドンナとの物語への前段としては、見事な滑り出しです。

やがて旅先の寅さんです。宮城県の登米市～栗原市を走るローカル線の栗原電鉄に乗っていると、すわ人身事故か！と急停車。車掌(笹野高史)や寅さんが降りると、仕事に疲れたサラリーマン、坂口兵馬(柄本明)が自殺未遂。幸いケガはなく、事なきを得ますが、寅さんは一晩、兵馬の面倒を見ようと、栗原市にある馴染みの花園旅館に連れて行きます。

しかし、エリートサラリーマンの兵馬は「無断で会社を休んできたから」と、その日のうちに東京へ帰ろうとします。それを聞いた寅さん「おい、お前がいないと、会社つぶれちゃうのか?」と問います。

社会とのしがらみを持たずに、自由に生きてきた寅さんならではのことばです。そこで寅さん、風呂に行くことをすすめます。「桶にね、お湯をこう汲んで、何杯も何杯もこうやってかける、わかったな。」寅さんの「お前がいないと、会社つぶれちゃうのか?」「よし風呂に行ってこい」このことばで、兵馬の心に溜まっていた澱が、少しずつ溶けていくのです。

しかも兵馬は、この瞬間から寅さんを慕ってしまうのです。寅さん曰く、「金魚のウンコ」みたいに、寅さんの後追いをする兵馬。その話を聞いた博は「気の小さな秀才がガキ大将に憧れるようなもの」と冷静に分析します。

心身が疲れたサラリーマンは、これまでも第十五作『寅次郎相合い傘』の兵頭パパ(船越英二)、第三十四作『寅次郎真実一路』の健吉(米倉斉加年)たちが登場、寅さんとの出会いにより、しがらみに雁字《がんじ》搦《がらめ》めになっていた自分を次第に解放して、再生していく物語が描かれてきました。

今回の坂口兵馬もその一人です。兵頭パパは小樽で初恋の人に逢いに行き、健吉は生まれ故郷の枕崎へと心の旅をします。いずれも自分の「果たせなかった夢」を、寅さんと出会って実現させ、再生していったのです。

今回の兵馬の「果たせなかった夢」は、音楽の都、ウィーンに行って舞踏会でワルツを踊ること。それを実現させるために、寅さんにウィーンへの同行を頼みます。この展開が「男はつらいよ」の魅力でもあります。でも第二十五作『寅次郎ハイビスカスの花』で、あれほど飛行機に乗るのを嫌がった寅さん、ヨーロッパに行くにはパスポートが必要なのに、大丈夫なの? という観客の疑問もちゃんと映画のなかで応えてくれるのです。

ある日、「くるまや」に、旅行代理店の馬場(イッセー尾形)が、寅さんのウィーン行きについての説明と、パスポートの照会にやってきます。そこで馬場「なんでも一昨年の夏、お友達と二人で、競輪で万車券をお取りになり、ハワイに行こうということになって、その時取得されたそうですけど」と寅さんのパスポート取得の経緯を説明してくれます。

第四作『新 男はつらいよ』で、名古屋の競馬場で大穴を当てた寅さんが、おいちゃんとおばちゃんをハワイ旅行に招待したことがありましたが、それを思えば、それもあり得るとファンは納得してしまうのです。いずれのハワイ旅行も実現はしませんでしたが……。

こうして映画のなかで、具体的な描写とエピソードを重ねて、丁寧に寅さんの渡航の手はずが整います。そこへ寅さんが、久し振りに柴又に帰ってきます。ここから『寅次郎心の旅路』の物語がいよいよ動き出すのですが、続きは次回のコラムで……

二〇一二年一月二十日

故郷のかたまりのような人

平成に入って初めて作られた『男はつらいよ 寅次郎心の旅路』は、最後の「夏の寅さん」であり、寅さんがマドンナと心を交わし、そして別れがやってくる、という、いつものパターンの最後の作品となりました。しかも初のヨーロッパロケ作品です。実は寅さんが海外に行くのは、今回が初めてではありません。第二十四作『寅次郎春の夢』では、マイケル・ジョーダン(ハーブ・エデルマン)の故郷、アメリカのアリゾナ州のシーンがありました。物語では、アメリカロケのシーンには、渥美清さんが登場しませんが、実は、撮影クルーとともに渥美さんも渡米。寅さんのスタイルで、マイケルと共演するシーンが、スチール写真や予告篇、特報の映像に残されています。こちらはあくまでもパブリシティのためのショットでしたが。

しかし寅さんが、大嫌いな筈の飛行機に乗って、正真正銘の海外旅行をしたのは、今回だけ。心を病んだサラリーマンの坂口兵馬(柄本明)の長年の夢であるウィーン旅行へ付き合った寅さん。相変わらずのマイペースです。兵馬は、ブルグ公園に寅さんを置いて、ひとり宮廷美術館に向かいます。しばらくして日本人の団体旅行客を率いる美しい現地ガイドがやってきて、寅さんは、ホーフブルク宮殿までついて行きます。結局、迷子となった寅さんは、ガイドの江上久美子(竹下景子)の世話になります。

マドンナとの出会いも、かつての「男はつらいよ」のような喜劇的状況です。ウィーンの美しい風景、観光名所を紹介しながら、いつものように物語が進みます。海外ロケの特別な作品なのに「いつものような」印象を受けるのは、山田監督の丁寧な映画作り、周到な計算があってのことです。

ヨーロッパに住み着いて、日本人のツアー客のために現地ガイドを務めている女性が今回のマドンナです。久美子は、高い志を持って海外で働くバリバリのキャリアウーマンでもなく、高学歴を活かして仕事をしている自立する女性でもありません。結婚を約束していた男性に幻滅し、何もかも放り出して、あてもなくヨーロッパへ来てそのまま、一度も故郷に帰っていない女の子です。仕事もうまくいかず、貯金も尽きて困っていたとき、お金持ちのマダム(淡路恵子)の親切に助けられたことが、次第に判ってきます。

竹下景子さんは、第三十二作『口笛を吹く寅次郎』では備中高梁の蓮台寺の娘でバツイチの朋子、第三十八作『知床慕情』でも東京で結婚に失敗して故郷の知床に帰ってきたりん子を演じ、いずれも寅さんと深く心を交すマドンナを演じてきました。今回は、海外でボヘミアンとなった現代女性を好演しています。

久美子はいつしか故郷を喪失し、日本人であることも忘れかけています。そんな日々のなか、この土地で知り合ったマダムとの繋がりだけが縁になっています。そんな久美子が、寅さんと出会うことで、望郷の念が強くなり、故郷を思うようになります。

ある日、寅さんは久美子の案内で、ドナウ川沿いまでドライブをします。寅さんはドナウのほとりに佇んで、バタヤンこと田端義夫さんの「大利根慕情」をしみじみ唄いますが、これが実にいいのです。江戸川も、利根川も、ドナウ川も、その流れは海に通じている、というわけです。そこで久美子は「故《こ》郷《きょう》のかたまりみたい」と寅さんを評します。異郷で生きる久美子にとって、寅さんは「故郷」を感じさせてくれるのです。

寅さんに出会い、マダムの家で楽しいひとときを過ごした晩、久美子は故郷の夢を見たと寅さんに話します。帰国して、田舎の家の玄関を明けると、廊下の向こうから亡くなったおばあちゃんが迎えてくれたと。そのおばあちゃんは、久美子が家を飛び出す時に「困ったことがあったらこれを売るんだよ」と指輪を渡してくれたのです。祖母は久美子のことを一番可愛がってくれた人でした。心の中に秘めていた、久美子の望郷の想いが一気に語られる、このドナウ川のシーン。ぼくは「久美子のアリア」と名付けています。

寅さんは久美子の話を聞いて、その気持ちを察し、優しく「久美ちゃん、帰ろう。なぁ、意地なんか張ることないよ」と一緒に帰ることを促します。旅先での孤独、望郷の想いを誰よりも知っている寅さんは、異国で自分を見失いかけている久美子の気持ちに寄り添います。

寅さんは出会った人の幸福を一番に考えます。それが寅さんの幸せでもあります。これが『男はつらいよ』が、ぼくらを惹き付けている最大の理由でもあると思います。

久美子は「故郷のかたまりのような」寅さんと出会い、ことばを交わし、心を通わせることで、忘れかけていた自分のアイデンティティを取り戻します。それが帰国の決意となるわけです。忙しい日々のなかで、自分を見失っていた坂口兵馬が、寅さんとの出会いで、自分を取り戻していたように。この『寅次郎心の旅路』には、寅さんが出会った人にもたらす「幸福力」に溢れています。映画を観ているぼくらもまた、この「幸福力」に触れることで、幸せな気分になれるのです。少なくとも、ぼくが『男はつらいよ』に惹かれる理由はここにあります。

さて久美子ですが、ウィーンで出会ったチェリストのヘルマン（マルティン・ロシュバーガー）という恋人がいます。二人の交際について、多くは描かれていませんが、故郷を喪失しつつある久美子の「心の居場所」は、マダムだけでなく、この「（寅さん曰く）外人の青年」にあった事が、次第に明らかになります。

帰国を決意した久美子はヘルマンに、そのことを告げます。ヘルマンは「故郷に帰ることが君の幸せなら、ぼくは寂しさに耐えるつもりだ。君を愛してるから」と、優しいことばをかけます。この会話で、久美子にとって、長良川のほとりの故郷と同じように、ドナウ川のほとりのウィーンにも新しい故郷が生まれつつあることが示唆されます。

やがて寅さんは、柴又へと戻ってきます。帰国しても旅先のことはほとんど話さない寅さん。題経寺にお土産を届けたさくらが、そのことを御前様に話します。御前様の「寅の人生そのものが夢みたいなもの」ということばに、万感の想いがあります。このことばをさくらから聞いた寅さん「なるほど、しかし、その夢を見てるのは俺なんだ。すると今、俺は覚めてるのかな、それともこれも夢か。あー、頭痛くなった」(シナリオ)と話します。映画では「じゃ、また夢の続きを見るとするか」とシンプルですが、実に素晴らしい名台詞です。

繰り返し『寅次郎心の旅路』を観るうちに、このことばは沁みてきます。渥美清さんが亡くなり、シリーズが終焉してしまった後は尚更です。「男はつらいよ」という大河ドラマは、車寅次郎が見た長い「夢」だったのかもしれません。「故郷のかたまりのような」寅さんは、ぼくたちの「心の故郷《ふるさと》」であることは間違いありませんが。

『寅次郎心の旅路』はこうして幕を閉じ、それが最後の「夏の寅さん」となります。次作『ぼくの伯父さん』からシリーズは、甥の満男を中心に、新たな展開を見せることとなります。

二〇二二年一月二十七日

そう、いずこも同じ

はるか遠い異国の地、オーストリアはウィーンまでやって来た寅さんが、そこで出逢った現地ガイドの久美子(竹下恵子)と、一日、ドナウ川河畔をドライブしたときのこと。ヨーロッパで異邦人となってしまった、久美子のこれまでの話を聞いた寅さんが、こんな風に言います。

「恥ずかしいけどね、俺なんか、旅先で風邪引いて、宿屋のせんべい布団にくるまって寝ているとね、無性に故郷が恋しくなって、涙なんか出てきちゃったりするんだよ。」

放浪者である寅さんは、十六歳で家出してから、昭和四十四(一九六九)年、二十年ぶりに故郷・柴又へ帰ってきてからは、およそ半年に一回のペースで帰郷してるので、偉そうなことは言えませんが。

この寅さんの台詞は「放浪者」と「定住者」を描き続けてきた「男はつらいよ」の本質を見事に笑いに転化させています。寅さんは、父・車平造と大げんかして、頭から血が出るほどぶん殴られて、二度と故郷に戻るまいと決意して旅に出たのです。二十年は行く方知れずでしたが、以後は事あるごとに柴又に帰ってきています。

これは「放浪者」を主役にした「ホームドラマ」である「男はつらいよ」の本質でもあります。旅人だけど、帰れる家があり、家族がいる。寅さんのように、二度と故郷に戻るまいと、岐阜から遥かヨーロッパにやってきた久美子は、ウィーンにたどり着いて、歯を食いしばりながら、今日まで頑張ってきました。それゆえ、帰るチャンスを逸してしまい、ボヘミアンになりつつあります。この『寅次郎心の旅路』は、異邦人の久美子と寅さんの出逢いを通じて、彼女のアイデンティティをもう一度見つめるというドラマでもあります。

海外に行くと、妙に味噌汁やお新香が恋しくなります。まして純和風のライフスタイルを貫いている寅さんなら、尚更です。寅さんがウィーンに行くという、意外や意外の設定の『寅次郎心の旅路』が優れているのは、外国にいる日本人の心情を、深く掘り下げたドラマ作りの勝利です。

久美子は、それまでのマドンナと同様、悩みを抱えています。彼女は、長いヨーロッパ暮らしのなかで、何もかも中途半端で、自分を見失いそうになっています。そこに「故郷のかたまりのような人」寅さんが現れたので、彼女の望郷の念が、いっそう強くなります。

久美子を演じたのは、第三十二作『口笛を吹く寅次郎』、第三十八作『知床慕情』に続いて、これが三度目となる竹下景子さんです。それまでの両作品では、結婚に失敗して、故郷に戻ってくる女性を演じていました。そういう意味で、今回は、自分を見失いかけて、故郷に戻ろうとする女性です。彼女がそれまで繋がっていた「日本」は、身も心もお財布も寒い、ウィーンの冬で優しくしてくれたマダム(淡路恵子)だけ。困ってるときには、何かにつけて面倒を見てくれるマダムは心強い存在でしたが、同時に、久美子にとっては都合の良い、居心地の良い存在であったと思います。

久美子はおそらく、このまま行けば、ヘルマンと結婚して、いつしかウィーンに根を生やしていくだろう、と惰性で考えていたのかもしれません。そこへ、寅さんが現れたのです。寅さんとの出会いによって、久美子は一気に望郷の念にかられます。懐かしい故郷に戻りたくなって、寅さんと一緒に帰国する決意をします。

ところが……ここからが『寅次郎心の旅路』の素晴らしいところです。日本を離れた動機も、ウィーンで暮らし続けていた現実も、寅さんと一緒に帰国することも、久美子にとっては「流されてしまうこと」なのです。そういう意味は今までのマドンナと違い、どこか危うげな、しかし誰もがそういう部分を持ち合わせている、等身大のキャラクターでもあります。一見、おもしろおかしく、情感たっぷりの「男はつらいよ」らしい作品でありながら、日々、流されがちな普通の女性をマドンナに据えているのです。

マダムへの借金も返済できず、恋人ヘルマンとも別れ、日本への飛行機代もマダムに出してもらい、寅さんに付き添われて帰国しようとする久美子。このままで行けば、きっと後悔するに違いありません。予定調和の人生が待っているだけ。しかし、ここで大どんでん返しがあります。久美子が自分の許を去ってしまうことに納得がいかないヘルマンが、空港に駆けつけ、久美子を行かせまいとするのです。

このパッション。愛のチカラです。第一作『男はつらいよ』で、独身時代、さくらに失恋したと思い込んだ博が故郷に帰る決意をしたとき、そのことで自分が愛されていること知ったさくらが、柴又駅に博を追いかけて行きます。上り電車のドアが閉まりそうになり、さくらは博の乗った京成線に飛び乗ります。ここでさくらは博との結婚を決意するのです。

第四十三作『寅次郎の休日』で、九州の父に逢いに行く決意をした泉の乗った新幹線に、満男が飛び乗り、一緒に旅をすることになりましたが、この満男の行動も母親のさくら譲りのパッションです。人生には、こうした瞬間が誰にもある。愛のチカラは、何にも勝るということを、このシリーズは描いてきました。

さくらと博は、寅さんに言わせれば、面白味のない夫婦かもしれませんが、この二人を結びつけているのは、あの夜の柴又駅でのパッションに他なりません。泉と満男の、その後の人生でも、きっとあの若いときの新幹線に飛び乗ったパッションと、その記憶が、二人の気持ちのよすがになっていくに違いありません。

誰にも一度は訪れる奇跡の瞬間。久美子は、空港にかけつけたヘルマンの情熱を受け入れたとき、本当の自分を見つけたのだと思います。寅さんにとっては酷な展開になりますが、今になって思えば、この『寅次郎心の旅路』が、夏に公開された最後の作品となったわけで、この失恋は、いかにも「男はつらいよ」だったのです。

『寅次郎心の旅路』は、柄本明さん扮する疲弊したサラリーマン、坂口兵馬に付き合うかたちで寅さんがウィーン旅行をする物語です。この映画は、現代社会で自己を見失いかけている兵馬と久美子、それぞれの心の悩みが、寅さんとの日々のなかで解決に向かい、アイデンティティを取り戻す自己回復の物語でもあります。

もちろん風光明媚な異国情緒がタップリ味わえる優れた観光映画にもなっています。寅さんがウィーンに行くまでのプロセスも楽しいですし、なんと言っても帰って来てからのオチも含めて、実に芳醇な作品となっています。

ウィーンから帰って来た寅さん、茶の間で皆に旅の事を話します。ドナウ河畔に西洋のお寺があって、お坊さんがいて、お寺の前に西洋の団子屋みたいなのがあって、と語る寅さんに、さくら「柴又と同じじゃないの」と言います。そこで寅さんの「そう、いずこも同じ」ということばは、まさしく真理なのですが、兵馬や久美子のように、何かを見失っていると、それが判らない、それゆえもがき苦しむのです。でも、その屈託を克服し、自分を見いだすことが出来たときに、寅さんのような「そう、いずこも同じ」ということが判る様になるのかな、と、いうのが今回の結論ということで。

二〇一三年一月二十六日

追悼・淡路恵子さん

第三十八作『知床慕情』以来、二年ぶりのお盆公開となった第四十一作『寅次郎心の旅路』は、シリーズ最後の「夏の寅さん」となり、しかも『知床慕情』と並ぶ、後期シリーズのなかで、ぼくらが考える「男はつらいよ」らしい傑作となりました。二作品とも、竹下景子さんがマドンナとして登場。寅さんが恋をするというおなじみの展開のなかに、様々なドラマを織り込んで、良い意味で満足感、満腹感のある作品となっています。

忘れられないのが、両作ともに出演されている淡路恵子さんです。先日、平成二十六(二〇一四)年一月十一日に亡くなられた、淡路さんの訃報は、本当にショックでした。淡路さんといえば、娯楽映画好きには、まず東宝の「社長シリーズ」で演じた、バーのマダム役が、挙げられます。『続・社長三代記』(一九五八年・松林宗恵)で、森繁社長に変わって代理社長となった加東大介さんが鼻の下を伸ばす、バーのマダム・お園は、なんともスマートで、この道で生きて来た女性の矜持を感じさせてくれます。続いての『社長太平記』(一九五九年・松林宗恵)と『続・社長太平記』(同・青柳信雄)で演じた、銀座のバー「くまん蜂」のマダム・くま子さんは、森繁社長がご執心にも関わらず、独身の小林桂樹専務に夢中で、純情な面を見せてくれました。

余談ですが、このくま子さんは、銀座と九州に出店をして、飛行機で両方の店に顔を出す「空飛ぶマダム」。実はモデルがいて、京都の木屋町で「おそめ」というバーを出して、作家・川口松太郎さんや、川島雄三監督など、文壇や映画人に愛された、上羽秀さんです。通称「おそめ」と呼ばれた彼女は、銀座にも出店して、その内装を手掛けたのが、森繁久彌さんの『夫婦善哉』(一九五五年・豊田四郎)や、木下恵介監督の『野菊の如き君なりき』などの映画美術で知られる伊藤熹朔《きさく》さんでした。「おそめ」さんは、京都と東京の店を行ったり来たり、飛行機で伊丹空港と羽田空港を往復する日々を送っていましたが、それが週刊誌に取り上げられて「空飛ぶマダム」と呼ばれるようになりました。

昭和三十二(一九五七)年、川口松太郎さんが、「おそめ」さんをモデルにした「夜の蝶」という小説を発表。同年には京マチ子さん主演により大映が、吉村公三郎監督で映画化。この『夜の蝶』のマダムが、昭和三十年代の映画における、バーのマダムのイメージを決定付けました。東宝の「社長シリーズ」でも初期は、待合の女将や芸者さんが、森繁社長の浮気相手でしたが、高度経済成長時代に突入する頃から、銀座のバーや、大阪の北新地のナイトクラブなどのマダムが、ぐっとモダンなかたちで登場するようになりました。それを一手に演じていたのが、淡路恵子さんです。

淡路さんは、昭和二十三(一九四八)年に、松竹歌劇団・SKDの養成学校である松竹音楽舞踊学校の四期生として入学。倍賞千恵子さんの先輩です。母親の女医になって欲しいという想いから、淡路さんは女学校に通っていましたが松竹舞踊学校に入るため中退。以後、レビューの世界で活躍、一躍、脚光を浴びることになりました。松竹音楽舞踊学校在学中、まだ本名の井田綾子だった時代、黒澤明監督の『野良犬』(一九四九年・映画芸術協会)の踊り子・ハルミ役に抜擢され、映画デビューをすることになりました。そこで芸名をつけることになり、大好きだった宝塚のトップスター、淡島千景さんにちなんで「淡路恵子」となったそうです。

ぼくは、平成十八(二〇〇六)年秋、クレイジーキャッツ総出演の映画『無責任遊侠伝』(一九六四年・杉江敏男)のＤＶＤ(発売・東宝)のオーディオ・コメンタリーで、淡路恵子さんと長時間の対談をさせて頂きました。

映画のコメンタリーは、映像を観ながら、その場面や撮影裏話を伺うのが基本ですが、このとき、ぼくは女優・淡路恵子さんの足跡を、ご本人のことばで、たっぷり語って頂こうと、あまり本編とは関係なく、少女時代、デビューの経緯、そして映画界での活躍、中村錦之助さんとの結婚引退、息子さんのことなどを、ゆっくりと伺いました。

淡路さんの訃報を聞いて、思い出したのは、その収録のことでした。「社長シリーズ」で演じたマダム、やはり東宝系の東京映画の「駅前シリーズ」では東京近郊や地方都市の飲み屋の女将やトリスバーのママ役が多かった淡路さんのイメージそのままの、惚れ惚れするような、大人の女性でした。ぼくの妻を「奥ちゃま」と呼び、携帯にはディズニーの『ナイトメア・ビフォア・クリスマス』の主人公・ジャックの大きなストラップがついていて「これオバケよ」という言い方がとてもチャーミングでした。

「社長シリーズ」が大好きなぼくは、淡路さんの「オバケ」という言い回しに『続・社長三代記』のマダム・お園(明らかに「おそめ」がモデル)が、節分の仮装アトラクションを「オバケ」と呼んだ、淡路さんの映画での姿とだぶって、なんとも嬉しい心持ちでした。

さて、その時伺ったのが、デビュー作『野良犬』で共演した三船敏郎さんのこと、中村錦之助さんとの結婚引退の頃の話。家庭に入るためにスッパリと芸能界を辞めてしまおうと思ったこと。引退前、最後に出演した、丸山誠治監督の『父子草』(一九六七年）で共演した渥美清さんのこと、などでした。特に『父子草』は、各地の工事現場を点々としている労働者の平井（渥美清）と、京成電鉄のガード下のおでん屋台の竹子（淡路恵子）の心の交流を描いた傑作です。

華やかな銀座のマダムから一転、ここでの淡路さんは、戦後、苦労を重ねて生きてきた女性を、見事に演じています。映画はほとんど、この屋台を挟んで、客と女将の会話が中心です。そこから浮かび上がってくる、それぞれの屈託。渥美さんも、淡路さんも、映画で描かれていない、それぞれの人生を「佇まい」で表現して、ぼくらに、その悲しみを、感じさせてくれるのです。

それからちょうど二十年、錦之助さんと離婚した淡路さんが映画界に復帰。それが第三十八作『知床慕情』でした。久しぶりの映画出演となった淡路さんですが、その相手役がデビュー作『野良犬』で共演した三船敏郎さんであり、引退映画となった『父子草』の渥美清さんだったことは、淡路さんにとっても、ぼくたち映画ファンにとっても、幸運というか、嬉しい大事件でもありました。

無骨な老獣医・上野順吉（三船敏郎）の身の回りの世話をしている、近所のスナック「はまなす」のママ・悦子役は、これまで淡路さんが数多くの映画で演じて来た、さまざまな水商売の女性のイメージの延長線にあります。小言を言いながら、時には悪態をついても、好きな男性の面倒を見る。『父子草』の竹子もそうでした。そして、男として煮え切らない態度の順吉と別れて、故郷の新潟に帰ろうと決意をする、女の哀しみ。それを引き止める順吉の告白。不器用な男と、苦労人の女性。二人のシニアの恋が感動的に描かれていました。

そして山田監督の『ダウンタウン・ヒーローズ』（一九八八年）に、三男・小川晃廣さんとともに出演。第四十一作『寅次郎心の旅路』では、ウィーン在住で、マドンナ久美子（竹下景子）の頼もしい後見人的存在のマダムを演じて再び、シリーズに登場。

寅さんが「葛飾柴又」というと、マダムは「あら私、金町よ」と意気投合。異国の地でご近所出身者にあって、お互いホッとする感じがなんともいいです。これで意気投合した寅さんはマダムの家で、タップリと日本食をごちそうになります。『寅次郎心の旅路』は、寅さんがウィーンに出掛けるという、およそ「男はつらいよ」らしからぬ展開でもありましたが、それが違和感なく、むしろなるほどと納得させてくれる、様々なエピソードや設定が、かえって楽しい作品です。

淡路恵子さんのマダム役もそうで、日本から遠く離れて、望郷の念がしだいに薄れてきて、ボヘミアンになりつつあった久美子にとって、日本との唯一のつながりがマダムだったことが、わかります。そこへ「故郷のかたまりのような」寅さんが現れて、久美子の望郷の想いが一気に高まって、彼女は自分をみつめ直していく、という物語でもあります。

ひととき、楽しい夕餉の後の、寅さんとマダム、久美子との団欒。なんともおかしく、そして暖かい場面が展開されます。ドナウ川で寅さんは「そう、いずこも同じ」としみじみ言いますが、これが『寅次郎心の旅路』のテーマであり、このシリーズのぶれない良さでもあります。淡路恵子さんが出演された二本の「男はつらいよ」は、シリーズ後期を代表する作品となり、多くの人に愛されています。

淡路さんは、『ダウンタウン・ヒーローズ』に出演した三男の小川晃廣さんをバイク事故で亡くされ、その後も波瀾万丈の人生を送られます。前述の『無責任遊侠伝』のオーディオ・コメンタリーでも、山田監督との出会い、渥美清さんの再会、そして息子さんの話を語ってくださいました。クレージー映画のコメンタリーなのに、いつしか「寅さん」の話になってしまうのは、聞き手のぼくが「寅さん脳」に他ならないからでもありますが、長い女優人生のなかで、淡路さんにとっても「男はつらいよ」、そして山田洋次監督との出会いは大切な出来事だったことが、残されたインタビューから、おわかり頂けると思います。

素晴らしいのは、映画を通して、いつでも、淡路さんの生き生きとした姿、名演を味わうことが出来ることです。ぼくたちは「男はつらいよ」や、数々の映画を通して、名優たちが紡ぎだす、かけがえのない時間を、いつでも楽しむことが出来るのです。淡路恵子さんのご冥福を、心よりお祈り申し上げます。

二〇一四年一月十六日

第四十二作　男はつらいよ　ぼくの伯父さん

一九八九年十二月二十七日

平成の若者たちへ

平成元年の年末に封切られた『ぼくの伯父さん』からは、後に「満男シリーズ」と呼ばれる、若い世代を描いた新展開となります。『ぼくの伯父さん』は、冒頭、満男のナレーションで始まりますが、以降の作品では満男の心象風景、寅さんへの想いが、ナレーションで綴られます。

「いつも人の世話ばかり焼いていて、世間では変人扱いされている伯父さんだが、ぼくは近頃、なぜかこの人に魅力を感じるんだ。今頃、どこで何をしているんだろう、ぼくの伯父さんは。」

観客にとって身近な存在だった寅さんが、ここからは満男の目を通して「ぼくの伯父さん」というかたちで描かれていきます。

第二十七作『浪花の恋の寅次郎』で、中村はやとくんからバトンタッチした吉岡秀隆くん演じる満男も、平成に入って浪人生となり、さまざまな悩みを抱えています。博とさくら夫婦が、手塩にかけて育ててきた筈の息子でしたが、親の意に反して、なかなか思うようにはなりません。それはいつの世にも、どの家庭にもあることです。本作から、そんな諏訪家のドラマが主軸となってきます。

山田洋次監督は、吉岡秀隆少年と『遥かなる山の呼び声』(一九八〇年)で出会い、小学生、中学生、高校生と、その成長過程を、満男を通して見つめてきました。「吉岡くんがいいんだよ」「とても良くなってきたんだ」と、撮影中に山田監督にインタビューしたときも、まるで我が子のように、吉岡くんについて話してくれました。その吉岡秀隆＝満男が、これからどういう人生を歩んでいくのか? 人生に迷い、青春に悩む甥っ子を寅さんが、どう応援していくのか? かつて「俺から恋をとったら何が残る?」との名言を残した寅さんの甥として、どんな恋愛遍歴を経験していくのか? 山田洋次監督は、国民的シリーズと呼ばれて久しい、この「男はつらいよ」に、新しい風を吹き込むことになったのです。

満男が想いを寄せる美しき少女・及川泉には、「国民的美少女コンテスト」でグランプリに輝いた後藤久美子さんを抜擢。ここで観客層も大いに若返ることとなります。今まで寅さんを観たことのない若い世代のための「男はつらいよ」を作るにあたって、山田監督は実に丁寧に、シナリオを構築し、寅さんのことばの一つ一つを吟味して、悩める若い世代に向けての大きなエールを、という「志のある」作品となっています。

映画は、ローカル線から始まります。茨城県水戸市の水戸駅から福島県郡山市の安積永盛駅までの水郡線です。結婚式帰りの老人(イッセー尾形)が立っているのに、学校帰りの高校生たちが、我が物顔で座席に坐っています。寅さんは憤然として、学生たちに席を譲るように促します。しかし老人は、自分を年寄りと思っていないので、寅さんの行為を余計なお世話だと怒り出します。立つ瀬がなくなった寅さんは、猛然と老人に食ってかかり、大げんか。そこに仲裁に入るのが、さきほど迷惑行為をしていた学生たち。このタイトル前の騒動に、伯父さんを想う満男のナレーションが流れます。

このオープニングに「若者と寅さん」という本作の骨子がはっきりと見てとれます。主題歌に続いて、諏訪家の朝の情景。浪人生の満男と、さくら、博が言い合いをしています。バイクで予備校に通う満男と、自転車通勤の博の対比が笑いを誘います。さくらは満男が恋をしているのかもと、母親の敏感さで察知しています。こうして満男の泉への想いが少しずつ明らかになります。父親とはうまくいかない、こんな時「お兄ちゃんだったら」とさくらが想っているところへ、寅さんが帰ってきます。

いつもなら江戸川堤を金町方向から歩いてくる寅さんですが、今回は悠然と流れる江戸川を、矢切の渡しに乗って、渡ってきます。迎えるのは源ちゃん。特別な雰囲気すら感じられますが。初めて「男はつらいよ」を観る観客には、ここで寅さんが登場するんだなぁ、と実感させてくれる良いショットです。

そして「くるまや」に懐かしさいっぱいに入ってくる寅さん。さくらに満男の悩みを聞いて欲しいと頼まれて、満男を連れて、浅草のどぜう屋さんへとやってきます。このどぜう屋は、大船撮影所のセットなのですが、浅草にある老舗・飯田屋をモデルにしています。そこで寅伯父さん、満男を一人前の男として扱って、酒の飲み方を指南するのです。

「いいか、まず、片手に盃を持つ、酒の香りを嗅ぐ、な、酒の匂いが腹の芯にジーンと染み通った頃、おもむろに一口飲む。さぁ、お酒が入って行きますよ、ということを五臓六腑に知らせてやる。」

堅物の博には教えることの出来ない、男の作法の伝授。こういう時の寅さんは実に頼もしく、観ていて幸福な気持ちになります。ここで満男の泉ちゃんへの想い、彼女の唇など肉体のことまで考えてしまう自分は不潔だという悩みを聞いた寅さんは、かつて博に「自分を醜いと知った人間は、決してもう醜くない」と言われた話をします。

「な、考えてみろ、田舎から出てきて、タコの経営する印刷工場で職工として働いていた、お前の親父が、三年間、じっとさくらに恋をして、何を悩んでいたか、今のお前と変わらないと思うぞ。そんな親父をお前、不潔だと思うか?」

第一作で描かれていた博の青春の悩み、さくらへの想いを、二十年後に、息子の満男に伝える寅さん。満男は「やっぱり伯父さんは苦労してんだなぁ」と感心します。こうして、寅さんの指南を受け、満男は、名古屋に住む、泉に会うため、初めての家出をします。

『ぼくの伯父さん』からの寅さんは、人生の先輩として、自分のような愚かな男にならないで欲しいという想いもあって、満男の成長を暖かく見守り、時にはこうした具体的なことばでサポートをしていきます。そして本作から、満男と泉の世代の音楽として徳永英明さんの曲が挿入歌として登場します。それまで折々の流行歌が、街角や酒場、テレビのバックグラウンド音楽として劇中に流れることはありましたが、徳永英明さんの「MYSELF～風になりたい～」は、満男が名古屋から泉の住む、九州佐賀へと向かうバイクのシーンの音楽として使用されています。山本直純さんの音楽同様、徳永英明さんの曲が、「満男シリーズ」の重要なファクターとなってきます。

寅さんは、満男だけでなく、若くして苦労をしている泉に対しても、守護天使のように優しく寄り添い、見守ってくれるのです。その優しさに触れることが出来るのも「満男シリーズ」の魅力なのです。

二〇一二年二月三日

頼もしい寅おじちゃま

佐賀の伯母さんの家に、及川泉（後藤久美子）が住んでいると聞いた満男は、はるばるバイクを飛ばして九州へとやって来ます。泉と再会を果たした満男が、その夜、泊まろうとした旅館は満室。仕方なく相部屋となりますが、なんと部屋には寅さんが！　実際の確率を考えると、有り得ない偶然でありますが、そこは映画です。しかも寅さんはヒーローですから。

しかも『ぼくの伯父さん』の前半で、満男は寅さんに、恋の悩みを打ち明けています。さくらも博も、介入することが出来ない、伯父さんと甥、男と男の秘密を共有しているのですから、この再会は、偶然ではなく、必然であると、ぼくらは納得してしまうのです。

そして、ようやく満男は、寅さんのチカラを借りて、柴又の両親に電話をして、突然の家出を詫びます。電話口で男泣きする満男。怪訝そうな旅館の仲居さん（田中リカ）が寅さんに「どげんしなさっと？」と聞くと、寅さんは一言「青春よ」と答えます。

この「青春よ」ということば、いいじゃないですか。寅さんの一言で、満男の抱えているすべての問題や状況が、ズバッと説明出来てしまうのです。その「青春の悩み」に的確に答えてあげることが出来るのが、われらが寅さんなのです。

翌朝、泉の迷惑を考えて、東京に帰ろうとする満男に、寅さんは「女はそんな風には思わない」と、恋愛の先達者らしく、またしても断言します。第一作から、数えて四十一本の『男はつらいよ』で経験してきたことを踏まえてのこのことば。これまでの寅さんにも、誰か、そのことばを伝えて欲しかった、とも思います。

寅さんは「俺が芋食って、お前のケツから屁が出るか」（第一作）の名言を残しているように、情に厚いですが、他者と馴れ合わないことを身上として来ました。孤高のヒーローといえばカッコいいですが、おそらくは、若い頃、色々なことで傷ついて、そういう生き方を選んでいったのではないかとも思います。

特に恋愛に関しては、相手の幸福を願うことにかけては、誰にも負けないほどの懐の大きさを持っています。それゆえに、自らの引き際を知っている人でもあります。しかし、若い満男には、相手の迷惑よりも、自分の気持ちに素直に行動しろと、檄を飛ばしますし、惜しみなくその手助けもします。

それは、第四十二作から最終作となった第四十八作『男はつらいよ　寅次郎紅の花』まで一貫しています。寅さんが「青春よ」と云ったように、本作からシリーズは「青春映画」へとシフトしていくのです。

徳永英明さんの「MYSELF～風になりたい～」を挿入歌にセレクトしたのも、満男の相手役に「国民的美少女」後藤久美子さんをキャスティングしたのも、「満男シリーズ」が、山田洋次監督流の「青春映画」だからです。

満男が恋をする及川泉も、単なる可愛い女の子ではなく、両親が離婚し、心に屈託を抱えている少女として描かれています。父母の離婚後、母・礼子（夏木マリ）と共に、名古屋へ引っ越し。ほどなく母はミニクラブ「礼」で雇われママをすることになり、水商売をはじめます。母を気遣いながらも、泉は母の妹・寿子（檀ふみ）の嫁ぎ先である奥村家の世話となっています。彼女が、奥村家に気を使いながら暮らしている様子は、短いショットで、すぐに明らかになります。

さまざまな屈託を抱えた泉にとって、満男は心の拠りどころであり、光明の一つであることが、泉からの手紙によって、彼女の登場シーンよりも先に伝えられます。

満男は泉を気遣い、泉は満男に希望を感じていることが、映画が進むにつれ観客に伝えられて行きます。泉を思う満男の切ない気持ちが、いつしか観客のセンチメンタルな気持ちと重なります。そのイメージ醸成に大いに貢献しているのが、後藤久美子さんの「美しさのなかにある翳り」であり、山本直純さん渾身の「泉のテーマ」の美しくも切ないメロディです。

佐賀の旅館で寅さんと再会してからは、泉の屈託、満男の悩みを吹き飛ばすかのように、物語も、画面も、音楽も、明るく、楽しいひとときが展開します。

この幸福感こそが「男はつらいよ」シリーズの醍醐味でもあります。しかし楽しい時は長くは続きません。泉の伯母・寿子は、姪をはるばる訪ねてきた満男の気持ちに、好感を抱いているのですが、学校の教師をしている伯父・嘉一（尾藤イサオ）は、不快感をあらわにします。

満男に「受験ば控えた今頃、バイクで九州旅行するぐらいじゃけんが、よっぽど秀才じゃろ」と吐き捨てるように嫌味を言います。そのことばを背に、満男は泉に別れを告げ、東京へと戻ります。

翌朝、寅さんが奥村家に詫びを入れに行く場面は、本作のハイライトです。またしてもお説教口調で、満男の行動を非難する嘉一の言動は、まさに「大人は判ってくれない」の典型で、これまで幾多の青春映画や小説で、若者たちが反発してきた対象である大人そのものです。カタブツの奥村嘉一という人物を、車寅次郎の対極にある人物として描く事で、「学校じゃ教えてくれないこと」「人生にとって大切な何か」を満男に、そして映画を観る若者たちに教えてくれる「寅さん」という人の魅力が倍増するのです。

かつて寅さんは、博に「人間理屈じゃないんだ」と言い放ったことがあります。それから二十年経った寅さんは、もの静かに、嘉一に対して、世間の理解のない大人に対して、満男のために、若者たちのために、はっきりと言います。

「私は甥の満男は、間違った事をしていないと思います。慣れない土地へ来て、寂しい思いをしているお嬢さんを慰めようと、両親にも内緒で、はるばるオートバイでやって来た満男を、私はむしろ良くやったと褒めてやりたいと思います。」

このシーンを観るたびに、この台詞を聞くたびに、ぼくが何故、車寅次郎という人物を愛してやまないのか、その答えがあると実感するのです。この時の寅さん、惚れ惚れするほどカッコいいです。寅さんの成熟を感じることができます。そして、寅さんは、泉の通っている高校を訪ねます。やがて「はやいとこ、この土地の言葉覚えて、良い友達を作んな、よかか？」とアドバイスをするのです。

満男だけでなく、泉のことも案じる寅さんの優しさ。このシーンを思い出すだけでも、幸福な気持ちになれます。『ぼくの伯父さん』は、こうした名場面や、珠玉の名台詞溢れる、傑作の一つなのです。

　寅さんを「おじちゃま」と慕う泉。彼女にとって「寅おじちゃま」は頼もしい存在となり、寅さんにとっても可愛い姪のような女の子となっていきます。

　泉にとって満男は、単なる先輩、ボーイフレンドではなく、その伯父の寅さんを含めての、懐かしく、頼りがいのある存在となっていくのです。こうして泉をめぐる物語は、一年後の『男はつらいよ　寅次郎の休日』へと続くこととなります。

二〇一二年二月十日

第四十三作　男はつらいよ 寅次郎の休日

一九九〇年十二月二十二日

幸せのかたち

シリーズを観ていくと、そのテーマは「幸せ」であることに気づかされます。寅さんは出会った人の「幸福」のために、欲も得もなく行動します。寅さんの恋愛は、悩みを抱えたマドンナの「幸せ」を考えることであり、彼女が「幸福」になるためなら、それが失恋という結果に終わっても、という人です。

　寅さんの「愛」は、自分のためでなく、常に人のために注がれています。そんな寅さんの心根に触れることが、「男はつらいよ」の大きな魅力だと思います。

　さて、吉岡秀隆さんの満男と、後藤久美子さんの泉の恋を主軸にした「満男シリーズ」第二弾、第四十三作『寅次郎の休日』は、この「幸せ」が大きなテーマです。前作『ぼくの伯父さん』では、満男の葛飾高校の後輩・及川泉の抱えている家庭的な悩み、厳しい現実に、彼女に恋する満男が「自分には何が出来るだろうか」と行動を起こします。それはバイクで彼女に会いに行くという直裁的なことでしたが、それを「青春よ」と応援してくれる寅さんが、二人を協力にサポートしてくれます。

『寅次郎の休日』では、泉が、佐賀の叔母の嫁ぎ先から、名古屋で水商売をしている母・及川礼子（夏木マリ）の元へ戻り、二人暮らしをしています。父・一男（寺尾聰）とはまだ正式に離婚が成立しておらず、泉は父に、母との復縁を頼みに上京。高校生の泉にとっての「幸せ」は、母と父が元の鞘に収まること。その想いを聞いたさくらも、寅さんも、泉のアクションに賛同します。

突然、泉が柴又を訪ねてきても、さくらたちは快く迎え入れ、諏訪家では楽しい夕餉となります。何かと息子を気づかい、いささか過保護気味のさくらに反発して、大学の側にアパートを借りて一人暮らしをしようとしている満男。それに反対する博とさくら。冒頭で、諏訪家の親子喧嘩が描かれている後だけに、泉を囲む食事のシーンは、微笑ましく、家族の「幸福」を実感させてくれます。

その翌日、満男は大学を休んで、泉とともに、泉の父・一男を訪ねて、勤務先の秋葉原の電気店に向かいますが、一男は八月に店を辞めて、恋人の実家である大分県日田市へ引っ越したことが明らかになります。泉の決意は「空振り」となり、満男にもどうすることもできません。

そんな時、久しぶりに寅さんが柴又に帰ってきて、泉を囲むくるまやの茶の間の夕餉は、おいちゃん、おばちゃん、タコ社長も加わり、より楽しいものとなります。前作の泉は、佐賀の伯母さんの家で、気詰まりな暮らしをしていて、その後名古屋に戻っても水商売の母とはすれ違いの日々でした。

この第四十三作からは、泉にとっても、柴又のくるまや、諏訪家は、もう一つの「懐かしい故郷」のような存在となっていきます。

おばちゃんは、泉に「寂しいだろうけど、お母さんと一緒に頑張るんだよ」、タコ社長だって「お父さんのことなんか忘れた方がいいよ」と、それぞれの間尺で、泉にエールを送ります。そして別れ際、寅さんが言います。

「つらいことがあったら、いつでもまた柴又へおいで。この家でもいいし、さくらの家でもいいし、みんな泉ちゃんが幸せになればいいなと思っているんだから。」

寅さんが泉にかけるこのことば。「故郷」をテーマにした第六作『純情篇』の最後、柴又駅でのさくらと寅さんの別れの名シーンで、さくらが「つらいことがあったら、いつでも帰っておいでね」とかけたことばでもあります。寅さんはきっと、このさくらのことばがあるから、旅の暮らしを続けてこられたに違いありません。

「帰れる場所」があり、「想う相手」がいることで、寅さんは旅の暮らしを続けて来たのです。そしてこのシーン、この台詞で、家庭的には決して「幸せ」とはいえない泉にとっての、第二の「ふるさと」が誕生したのだと、ぼくは思います。さらに、寅さんは泉に「またどっかで会おうな」「頑張れよ！」と声をかけるのです。そうした声援は、心細い気持ちで上京してきた泉にとって、何よりの励みになったはずです。

翌日、二人は東京ディズニーランドを望む葛西臨海公園で、ことば少なに時間を過ごします。ここに流れる、山本直純さんの「青春のテーマ」のメロディは実に素晴らしいです。若い二人に去来するさまざまな想い、それが音楽に昇華されています。

ディズニーランドのある千葉県浦安は、第五作『望郷篇』で、寅さんが豆腐店「三七十屋《みなと》」の一人娘・節子（長山藍子）に恋をした想い出の場所です。ファンはそんなことにも想いを馳せてしまうのです。

やがて別れの時。東京駅の新幹線ホーム。名古屋へ帰る泉を見送る満男に、泉は博多行きの切符を見せて「やっぱりお父さんに会いたいの」と告白。帰ってきてって、無駄でもいいから頼みたいの」と告白。意外な泉のアクションに、狼狽した満男は「お金あるの？」と財布からアルバイトのお金を出して、泉に渡します。さくらが寅さんにするように。やっぱりさくらの息子です。

発車のベルが鳴ります。ドアが閉まろうとした瞬間、満男は思わず新幹線に乗り込みます。驚く泉は、あっけにとられています。少し微笑む満男。そしてゆっくりと流れ出すのが、徳永英明さんの「JUSTICE」です。このシーン、おそらく『男はつらいよ』のなかで、最もエモーショナルで感動的な名場面の一つです。

泉の心細さがわかるけど、どうしていいかわからない満男。寅さんのように明快なことばも持ち合わせない満男が、とっさにとった行動。それが、この時の泉にとって、どんなに頼もしく、どんなに嬉しかったか。ぼくらは新幹線のデッキで、微笑み合う二人の姿に、徳永英明さんの歌声に、さまざまな想いを重ねて、感動してしまうのです。

この満男の行動は、第一作で博を追いかけて、京成電鉄に飛び乗ったさくらと同じです。この母にしてこの息子ありです。

やがて九州に着いた泉は、父・一男と、その恋人・幸枝（宮崎美子）の幸福そうな姿をみて、父に「帰ってきて」とは言えなくなります。父にとって、幸枝にとっての「幸福」が、この日田でのささやかな暮らしであることに気づかされたからです。

パパとママがもう一度よりを戻すことが「幸せ」と思っていた泉が、パパと幸枝の「幸せ」を目の当たりにして、「パパをよろしくお願いします」と頭を下げる。それ以上は何も言えない泉。満男も黙っているしかない。若い二人は精一杯頑張ったのです。

こんな時に寅さんがいたらと、満男ならずとも思います。満男が、歯を食いしばって涙をこらえている泉に「泣いちゃダメだよ」と声をかけた直後、目線の先にはなんと、二人を追いかけてきた寅さんと泉の母・礼子が！　悲劇から一転、喜劇へとなる、この悲喜こもごもこそが「男はつらいよ」なのです。

そして、いろいろあって、ラスト、満男のモノローグが流れます。

「おじさん、人間は誰でも幸せになりたいと、そう思っている。ぼくだって幸せになることについて、もっと貪欲になりたいと考えている。でも、それじゃ幸せって何なんだろう。」

泉は父・一男が幸せそうに暮らしていると言っているけど、満男は「あのお父さんは本当に幸せなのだろうか？」と疑問を持っています。

寅さんに関しては「タコ社長は、寅さんが一番幸せだよ」言っているものの「本当に幸せなんだろうか。仮におじさん自身は幸せだと思っていたとしても、お母さんの目から見て不幸せだとすれば、一体どっちが正しいのだろうか？」

この満男のことばに、寅さんはなんと答えるのでしょうか？「天に軌道のあるごとく、人それぞれに生まれ持ったる運命があります」とは、啖呵売の口上ですが「幸せ」とは事ほど左様に、人それぞれなのです。その答えは、おそらく『男はつらいよ』シリーズ全四十八作のなかに、そしてこのシリーズを観てきているぼくらの人生のなかにあるのかも知れません。

二〇一二年二月十七日

三崎千恵子さんのこと

『男はつらいよ』第一作から最終第四十八作まで、寅さんのおばちゃん、車つねを演じた三崎千恵子さんが、平成二十四(二〇一二)年二月十三日、九十歳で亡くなられました。

三崎さんは、大正九(一九二〇)年、東京は西巣鴨のお生まれで、東洋高校女学校卒業後に、就職したのが、日本橋の白木屋百貨店でした。寅さんの啖呵売で「角は一流デパートの赤木屋、白木屋、黒木屋さんで紅白粉つけたお姉ちゃんから……」とありますが、その「白木屋さん」です。

白木屋ではコーラス部に所属していたこともあって、そのまま松竹演芸部に入り、芸能界の道へと進みます。その後、十九才で新宿のムーランルージュに入団し、夫となる座長・宮坂将嘉さんと二人三脚で、劇団を支える女将さんぶりを発揮。座員に給料が支払えないときは、着物を質に入れたり、自らデパートの着物ショーに出演するなどして、ブレイク前の森繁久彌さんや由利徹さんを支えたというエピソードに、おばちゃんのイメージが重なります。

その後、劇団民藝に所属し、新藤兼人監督の『どぶ』(一九五四年)を皮切りに映画でも活躍。民藝の宇野重吉さん、三代目おいちゃんを演じた下条正巳さんらとともに、日活の石原裕次郎さんの映画などに出演。山田洋次監督とは、倍賞千恵子さん主演の『霧の旗』(一九六五年)で出会い、昭和四十四(一九六九)年の第一作『男はつらいよ』では、テレビ版でおばちゃんを演じていた杉山とく子さんに変わって、映画のおばちゃんとして車つね役にキャスティングされました。

おばちゃんは、いつも寅さんやさくらの事を、我が子のように想っています。夫・竜造に嫁いでからずっと、ほとんど柴又を出たことがないおばちゃんですが、情にあつく、涙もろい、いつも人の心配ばかりしています。その心根の優しさ、持ち前の明るさ、面倒見の良さが、寅さん一家の茶の間に明るい笑いをもたらしてくれました。

シリーズ後半、撮影現場に取材でお邪魔したときも、三崎さんは「お仕事、ご苦労さま」と優しく声をかけてくださいました。部外者であるぼくにも、気づかいをしてくださる「気ばたらき」の人でした。その人柄が垣間見えるエピソードはたくさんあります。このコラムでも折に触れて、ご紹介させて頂ければと思っています。

山田監督が「寅さんファミリーの大黒柱ともいうべきおばちゃんを失って寂しい限りです。どうかファンの皆さんは、スクリーンの上でおばちゃんは永遠に生き続けていると信じてください」とコメントを寄せておられるように、ぼくらはいつ、いつでも『男はつらいよ』を観ることで、おばちゃんの生き生きとした姿、寅さんへの優しい気持ちに触れることが出来るのです。

おばちゃん、本当にありがとうございます。そしてこれからも『男はつらいよ』シリーズのなかで、タップリと楽しませていただきます。

三崎千恵子さんのご冥福を心よりお祈り申し上げます。

二〇一二年二月十七日

第四十四作　男はつらいよ 寅次郎の告白

一九九一年十二月二十三日

世の中でいちばん美しいもの

「満男シリーズ」ともいうべき新展開の三作目となる、第四十四作『男はつらいよ 寅次郎の告白』が公開されたのは、平成三（一九九一年）年の年末でした。この年の一月一日には、東京二十三区の電話番号が10桁になり、ビジネスマンだけでなく、若者たちがポケットベルや携帯電話を持つようになって、コミュニケーションのスタイルが大きく変わってきました。若者たちの恋愛も、それこそ第一作の博やさくらたちの頃と様変わりしていました。

ちなみにこの年の映画興行では、一位『ターミネーター2』、二位『ホーム・アローン』、三位『プリティ・ウーマン』といったハリウッド映画が上位を占めていますが、第八位には前作『寅次郎の休日』と『釣りバカ日誌3』の二本立てがランクイン。つまり、バブル経済がはじけて、若者文化が大きく転換しても、オールドスタイルを守り続けている、われらが寅さんが、アーノルド・シュワルツェネッガーや、マコーレ・カルキン、ジュリア・ロバーツと並んで、あらゆる世代の映画ファンを魅了していたことになります。

この頃の「男はつらいよ」の封切日には、有楽町の丸の内ピカデリーに、沢山のファンが駆けつけ、渥美清さんはじめ、キャストの舞台挨拶は、大変な盛況でした。ワイドショーでも「寅さんの初日」が大々的に放映されており、平成に入っての「満男シリーズ」は、若い観客層を巻き込んで、常に「旬の映画」であり続けていました。

さて、第四十四作『寅次郎の告白』は、及川泉(後藤久美子)が、高校の先生の紹介で銀座の楽器店に就職活動をするために上京してくるところから物語がはじまります。朝の諏訪家の描写、泉ちゃんが来るのでウキウキして愛想の良い満男。いつもは口喧嘩が絶えない母と息子も、父・博も嬉しそうにしています。前作で柴又は泉にとって第二の故郷になったと書きましたが、さくらや博にとっても泉は、息子のガールフレンドというだけでなく、娘のような存在になっていることがわかります。ああ、泉ちゃんの居場所はここにあるんだな、ということが観客にも伝わり、微笑ましい場面となっています。

ならば、広い座敷で、みんなと食事をする方がいいだろうと、さくらの配慮で「くるまや」で泉を歓待することになります。その前、店先でのタコ社長やおいちゃん、おばちゃんの会話のテーマが「人手不足」。タコ社長は頼みの職人が辞めてしまって、三平ちゃん(北山雅康)を引き抜こうとして、おいちゃんに叱られます。ならば「寅ちゃんを雇って欲しい」とおばちゃんが提案。そこへ寅さんが帰ってきて、テキ屋も人材不足ということで、一日だけ「サクラ」になって欲しいと、三平ちゃんに白羽の矢を向けるのですが……。

この冒頭の「くるまや」のシーンが、実に丁寧で、泉を囲んむ夕餉のひとときの「寅のアリア」から、タコ社長と寅さんの大喧嘩まで、ぼくらは「寅さん映画を観ている」ことを実感できるのです。もちろんシリーズが始まって二十年以上も経ていますが、往時のような派手な動きはないにせよ、山田洋次監督の演出は、実にうまく、肝心のケンカは映さずに、声だけで、派手な印象を与えてくれるのです。みんなが元気でイキイキしている、そういう印象が、この冒頭の茶の間のシークエンスにあります。

寅さんも、「くるまや」も、諏訪家も、みんなが暖かく泉を受け入れ、楽しいひとときが展開されます。別れ際、泉が寅さんに「今度はいつ会えるのかな」と聞くと、寅さんは「泉ちゃんがな、俺に会いてえなぁ、と思った時だよ」と優しく答えます。そうです。ぼくらも「寅さんに会いたいなぁ」と思った時に「男はつらいよ」を観ることで、心の屈託が晴れるような、悩みが解消されるような気分になります。こういう台詞を聞くと、車寅次郎というキャラクターが、時を重ね、守護天使のような存在になっているような気がします。

高校を三度も変わり、母親が水商売をしている泉にとって、高卒での就職は、なかなか厳しく、楽器店に同行した満男は、またもや、どうすることもできない自分の非力さを感じます。そして名古屋へ戻った泉の「寂しさ」が具体的に描かれていきます。

母・礼子（夏木マリ）を恋人（津嘉山正種）が送ってきて、それを受け入れがたい泉とひと悶着。孤独を抱えた泉は、家出をしてしまいます。泉から満男に届いた一枚の絵はがきは鳥取からのもので、そこには「日本海が見たくて、鳥取に来ました。寂しい海が、私の寂しさを吸い取ってくれるようです。泉」とだけ書かれていました。これを読んだ満男は、矢も盾もたまらず、泉を探しに鳥取へと向かいます。

またしても「青春よ」です。思い立ったら即行動です。映画はここから動きだし、孤独な一人旅を続ける泉を中心に展開していきます。

鳥取県の倉吉市の白壁土蔵群を歩く泉。後藤久美子さんの美しさが際立つショットが続きます。泉が駄菓子屋であんパンを食べていると、店のおばあちゃん（杉山とく子）がお茶を入れてくれ、「おばちゃん一人暮らしだから、遠慮はいらない」と晩ご飯を作ってくれることになります。

ここでおばあちゃんを演じているのが、テレビ版「男はつらいよ」でおばちゃんを演じ、第五作『望郷篇』の「三七十《みなと》屋豆腐店」のおかみさん役や、第三十五作『寅次郎恋愛塾』のアパートの管理人役などで、しばしば出演してきた、杉山とく子さんです。駄菓子屋の前には川が流れていて、子供たちが遊んでいます。

　時折、駄菓子屋にも子供がやってきて、彼らの居場所がここにあることが伝わってきます。子供たち同様、ここが居場所を見失っている泉にとっての癒しの場所となっていくわけですが、さらに寅さんが、偶然通りかかって、泉と感動の再会となります。

　その夜、泉が寅さんに、自分の心の屈託を打ち明けます。

「ママを一人の女性として見ることが出来ないのは、あたしの心に何かいやらしい汚いものがあるからなのよ。だから、あたし間違ってるの。」

　泉は自分の気持ちをこう伝えます。「頭で判っているけど、心はそうじゃない」。これは寅さんがしばしば恋愛について、さくらに嗜められた時に、言ったことばです。泉の正直な告白を受け、寅さんは「泉ちゃんは偉いなぁ」と、自分の出生の秘密、母親・お菊についての話を始めます。私生児だったこと、産みっぱなしで母親が逃げてしまったこと、一生恨んでやろうと思ったこと……。でも泉の話を聞いて「あんなババアでも、一人の人間として見てやらなきゃいけねえんだって」と反省の弁を述べます。

　こうして泉の心は癒されていきます。頼もしい「おじちゃま」とのひとときで、泉は笑顔を取り戻します。寅さんの「幸福力」です。そして満男との再会。楽しい三人の旅は、思わぬ展開となります。

　今回、「満男と泉のテーマ」として劇中に流れる徳永英明さんの曲は「どうしょうもないくらい」です。寅さんと別れ、二人で汽車に乗り、大阪へ向かう列車のシーンです。

　美しい日本海の風景、満男はそっと泉の手に、自分の手をのせ、泉はそっともう一方の手を満男にのせる。寄り添う二人の心と、徳永さんの歌声が見事にリンクして感動的なショットが続きます。泉の手には「幸福の黄色いハンカチ」が。寅さんなら、これも「青春よ」と言うに違いありません。

「おじさん、世の中でいちばん美しいものは恋なのに、どうして恋をする人間は、こんなに無様なんだろう。今度の旅でぼくがわかったことは、ぼくにはもうおじさんのみっともない恋愛を、笑う資格なんかない、ということなんだ。」

　最後に流れる満男のモノローグです。「満男シリーズ」の素晴らしさは、やはり、青年の成長を描きながら、ぼくらが愛してやまない、車寅次郎という人物をこういうことばで、きちんと表現して、改めて「寅さん」という人間の限りない魅力を、気づかせてくれることです。

二〇一二年二月二十三日

満男の告白

二〇一二年十二月二十一日、ユニバーサルミュージックからCD「男はつらいよ×徳永英明　新・寅次郎音楽旅」をリリースしました。第四十二作『ぼくの伯父さん』からはじまる「満男シリーズ」ともいうべき、シリーズ後期の作品で、物語の要となってきた、寅さんの甥・満男(吉岡秀隆)とガールフレンド、及川泉(後藤久美子)の若い二人に寄り添う音楽となった徳永英明さんの歌をフィーチャーしたアルバムです。シリーズに登場した徳永英明さんの楽曲は、次の六曲です。

●MYSELF ～風になりたい～／第四十二作『ぼくの伯父さん』一九八九年九月二十一日リリース　徳永英明八枚目のシングル。

●JUSTICE／第四十三作『寅次郎の休日』徳永英明六枚目のオリジナルアルバム「JUSTICE」――一九九〇年十月九日リリースの表題曲。

●どうしようもないくらい／第四十四作『寅次郎の告白』一九九一年十月五日リリースされた徳永英明七枚目のオリジナルアルバム「Revolution」のラストを飾る曲。

●夢を信じて／第四十五作『寅次郎の青春』一九九〇年一月六日にリリースされた曲、テレビアニメ「ドラゴンクエスト」のエンディング曲。

●最後の言い訳／第四十五作『寅次郎の青春』、第四十六作『寅次郎の縁談』一九八八年十月二十五日にリリースされた徳永英明の六枚目のシングル。

●君とぼくの声で／第四十八作『寅次郎紅の花』

一九九五年十二月八日にリリースされた徳永英明九枚目のオリジナルアルバム「太陽の少年」収録曲。

そのどれもが、一番良い場面で流れます。というより、徳永さんの透明感のある歌声が、作品の印象をさらに盛り上げてくれるのです。アルバム「新・寅次郎音楽旅」では、これらの楽曲を映画のイメージで味わって頂くために、前後に山本直純さんによるサウンドトラックをセレクトしました。一切、台詞も名場面も収録しておりませんが、映画をご覧頂いた方には、映画のイメージをさらに膨らませていただけるように、まだご覧になっていない方には、アルバムを聴いて頂いたうえで映画を観ると、より興趣が湧くと想って、選曲しました。

このアルバムの発売に併せて、平成二十四(二〇一二)年十一月十四日、文化放送「みんなの寅さん スペシャル」ということで、特別番組を放送しました。そこで「男はつらいよ」シリーズは、天才俳優・渥美清さん、山田洋次監督の脚本と演出、そして山本直純さんの音楽、三位一体で出来ているという話をしました。

平成元(一九八九)年十二月に公開された第四十二作『ぼくの伯父さん』から、山本直純さんの音楽も、作品のテイストに併せて少しずつ変わってきました。例えば「泉のテーマ」は、切ないメロディが印象的です。楽器もエレキピアノが導入されたり、それまでとは音楽の味も変わってきているのです。そして、若い恋人たちのテーマ曲として、山田監督がセレクトしたのが、徳永英明さんの楽曲でした。

第四十四作『寅次郎の休日』で、泉は母・礼子(夏木マリ)が結婚を前提に付き合っている恋人(津嘉山正種)と交際していることを理解しながらも、実際面と向かうと受け入れることが出来ず、家出をします。鳥取へと一人旅に出た泉は、満男にハガキを出します。「寂しい海が、私の寂しさを吸い取ってくれるようです」と。

これを受け取った満男は、矢も盾もたまらず、あてもないのに泉を探しに鳥取に向かいます。何が自分に出来るのか？ 判らないまま、とりあえず行動に出る満男は青春まっただ中です。

第四十二作『ぼくの伯父さん』ではバイクに乗って泉の住む佐賀県へと走り、第四十三作『寅次郎の休日』では父親に逢いに行くと告げた泉の乗った新幹線に同乗して日田市へと向かいました。満男にとっては、三度目の泉のための旅です。

一方、傷心の泉は、鳥取県倉吉市の白壁土蔵群にある駄菓子屋のおばあちゃん(杉山とく子)と出会い、泊めてもらいます。おばあちゃんに言われるがまま、夕餉のための豆腐を買いに出たところで寅さんと再会します。前半、柴又にやってきた泉が「今度はいつ会えるのかな?」と言うと、寅さんは「泉ちゃんがな、俺に会いてえなぁ、と思った時だよ」と答えるシーンがあるのですが、その通りになります。傷心の泉のために、満男が行動に出ている間に、ちゃんと寅さんが、泉の心のケアをしてくれるのです。

寂しい気持ちの泉にとって、不器用な満男と、粋な寅おじちゃま、二人は、守護天使のように頼もしい存在に違いありません。満男には足りない部分を、そっと寅さんが補ってくれる。それを知っているのは、観客です。柴又のくるまやの人々も、タコ社長までもが、決して幸福とはいえない環境にいる泉の幸福を願っています。

前作『寅次郎の休日』では泉の家庭環境に心を痛め、今回は就職の心配をしてくれます。満男のガールフレンドである泉は、おいちゃん、おばちゃんにとっても、可愛らしい姪っ子のような存在。このくるまやの人々が、心の底から泉のことを想う姿は、第七作『奮闘篇』でマドンナ、太田花子(榊原るみ)のために、自分たちは何が出来るのか?を考えたときと重なります。

寅さんと再会して、心の平安を取り戻した泉は、翌日、満男が待つ鳥取砂丘へと向かいます。ここから『寅次郎の告白』には、泉と満男、そして寅さんにとって楽しい時間となります。砂丘での再会、そして鳥取市内の料亭「新茶家」の女将で、かつて訳ありだった聖子(吉田日出子)と寅さんの意味深な夜、そして例によって満男の不用意な行動によるアクシデント。それらがコンパクトに展開されます。

料亭に泊まった翌朝、八東川《やつかがわ》の堰で、満男は泉に寅さんの恋愛観について話します。自分のことは、あまりよくわかっていない満男ですが、寅さんのことはさすが理解していて、鋭い分析です。「手の届かない女の人には夢中になるんだけど、その人が伯父さんのことを好きになるとあわてて逃げ出すんだよ」とは寅さんの本質でもあり、シリーズを観続けてきた観客は、膝を叩いて共感するでしょう。

続いて満男は「きれいな花が咲いてるとするだろう、その花をそっとしておきたいなあって気持ちと奪い取ってしまいたいという気持ちとが男にはあるんだよ」と男の気持ちを説明します。「じゃぁ、先輩はどうなの?」と泉に聞かれた満男は「奪い取ってしまう方だよ」とうそぶきます。このことばを寅さんが聴いたら「まだまだ、だな」と言うでしょう。これもまた「青春よ」です。

そして鳥取駅。満男と泉を見送る寅さんに、満男は「伯父さんは、寂しくなることないの?」と聞きます。寅さんは「馬鹿野郎、俺は男だい、寂しさなんてのはな、歩いているうちに風が吹き飛ばしてくれらあ」と、うそぶきます。この寅さんの孤独を、満男はおそらく理解しているのだと思います。

二人を見送った寅さんには、いつもより一層、孤独の影を感じさせてくれます。駅近くの旅館で「部屋空いているかい?」と寅さんが聞くと、女中さんに「満室で」と断られてしまいます。こうしたショットに、旅先の寅さんの孤独を見るのです。大阪行きの山陰線急行のなか、満男と泉の二人のショットに、徳永英明さんの「どうしようもないくらい」が流れます。

CD「新・寅次郎音楽旅」のライナーからの引用です。

一夜が明けて、満男と泉は寅さんに見送られて、鳥取駅から二人で電車に乗る。言葉少なの二人だが、心は通い合っている。美しい「泉のテーマ」がリフレインされ、車窓を過ぎてゆく景色を眺めながら、二人はそっと手を重ねる。そこに徳永英明の「どうしようもないくらい」の美しいメロディーとヴォーカルが流れてくる。この曲は一九九一年十月五日リリースされた徳永英明七枚目のオリジナルアルバムのラストを飾る曲。満男の泉への切ない想い、泉の満男への温かい気持ちを観客にイメージさせてくれる。

こうして『男はつらいよ』の物語は、寅さんだけでなく、満男と泉の人生の物語を紡いでゆくのです。ラストは、満男は寅さんに向けた、こんなモノローグで締めくくられます。

「今のぼくには、恋する伯父さんの無様な姿が、まるで自分のことのように悲しく思えてならないんだ。だから、ぼくはもう、これから伯父さんを笑わないことに決めた。だって、伯父さんを笑うことは、ぼく自身を笑うことなんだからな。」

満男は一作ごとに、迷いながらも確実に成長しています。

寅さんのことを、きちんと語ることが出来る満男は、まぎれもなく、この物語の主人公の一人であることを、改めて感じさせてくれる素晴らしいことばです。「満男シリーズ」は、ぼくらが愛してやまない車寅次郎という人物を、こうしたことばで語ってくれるのです。

二〇一三年二月十五日

第四十五作　男はつらいよ 寅次郎の青春

一九九二年十二月二十六日

君の幸せをいつも想って

一九九〇年代に入り、年一作のペースで、満男（吉岡秀隆）と及川泉（後藤久美子）をめぐる青春ドラマとしても作られてきた「満男シリーズ」は四作目を迎えました。満男は東京郊外にある私立大学の三年生、泉は名古屋の高校を卒業し、東京の表参道にある楽器店・カワイミュージックショップ青山店に勤め、二人の交際は順調に続いています。泉が店の定休日に、諏訪家を訪ねての夕餉のひとときを過ごします。お店での出来事を満男、博、さくらに、楽しそうに話す泉の姿は、彼女が家庭的に恵まれていないことを知る観客にも、心暖かい気持ちにさせてくれます。かつての「とらや」の茶の間のシーンのような、を迎えての、「男はつらいよ」での、マドンナ幸福感に満ちています。諏訪家の食卓には寅さんはいませんが、泉が話題にした「俺、好きな歌があるんだけど探してくれないか」というおじさんが唄った曲を、博が「北原ミレイの「石狩挽歌」」とすぐに言い当てます。

泉が、その客にCDを「はい、これです」と渡したら、そのおじさん五千円札を出して「お釣りはいらねぇよ」と立ち去り、慌てて追いかけたと話します。それを聞いた満男、「いるんだねえ、おじさんみたいのが」と、次第に寅さんの話題になっていきます。

満男に物語がシフトしているので、寅さんは、これがシリーズ最後となった「柔道八段の文學博士の夢」から覚める宮崎県青島の鬼の洗濯板に続く、タイトルバックからしばらく画面に登場しません。青島神社で寅さんとポンシュウがバイをしていると、警官（赤塚真人）の取締りを受けるシーンがありますが、これは前年に施行された暴対法の影響です。

この作品以降、啖呵売そのものを、はっきりとは描かなくなります。

それだけに、寅さんへの、観客の期待が高まったところで「石狩挽歌」のおじさんの話題となり、満男やさくらが「寅さん」を思い出す展開で、笑いを誘うのです。

「寅さんのいない」諏訪家の風景は、平成の「男はつらいよ」の日常でもあります。社会人となった泉には、仕事でつらい事はあるでしょうが、これまでのような屈託は描かれていません。この夜、諏訪家に泊まることになった泉と満男の会話で、葛飾高校時代の親友が結婚することになり、泉が近く宮崎へ行くことが示唆されます。

この『寅次郎の青春』では、久し振りに寅さんと「大人の女性」の味わい深い恋が、満男と泉の若い恋と平行して描かれて、華やかなイメージの作品となりました。泉が諏訪家を訪れたシーンが明けると、九州の朝まだきのショットとなります。ここで、宮崎県油津で小さな理髪店を営む本作のヒロイン・蝶子（風吹ジュン）が登場します。

彼女の店は古びた港町の通りの一角にあり、すぐ側を流れる運河を、汽笛を鳴らしながら、小さな漁船が通り過ぎて行きます。蝶子は客を送り出すと、ドアを閉めて「二時までお昼休み」とプレートをかけて、橋を渡り、小さな食堂へと昼食をとりに行きます。丁寧な描写を積み重ねて、大人の色香を漂わす蝶子の日常が描かれます。食堂のカウンターに坐った蝶子が、店のママに愚痴っぽく話しかけます。「あーあ、どっかにいい男でもおらんじゃろか。沖縄でん北海道でんついて行くっちゃけんど。そんな男がおったら。」

そこまで話したところで、話を聞いていた後ろ姿の男が「お姐さん、その男この俺じゃ駄目かな?」とカッコ良く言い放ちます。蝶子は狼狽し、男に「聞こえたですか?」と声をかけます。その男が、我らが車寅次郎なのです。実は蝶子が店に入るとき、ドアから寅さんのカバンがチラリと見えるのです。実はシリーズで「夢」以外で、これほどカッコいい寅さんの登場シーンはありません。まるでフランス映画のようです。

退屈な日々に飽きたヒロインの眼の前に突然現れた男。これがそのまま、彼女の理髪店に居着いてしまったら、それこそフランス映画です。寅さんが良い男ぶって、蝶子におごった直後、橋の上で財布を広げて困っています。「あれ、まだ五千円残ってると思ったんだけど、まいったなぁ、これは。」鳶の鳴き声、木材を運ぶ船のポンポンというエンジン音、のどかな時間が流れています。通りかかった蝶子が「さっきはごちそうさま」と挨拶して、立ち止まります。しばし会話した二人、蝶子はこう言います。「散髪して行かんね」。

『寅次郎の青春』の寅さんと蝶子の関係は、多くを語らずにこうして始まります。後で明らかになるのですが、蝶子はかつて、フラリと店にあらわれた男性客から「俺と一緒に暮らさないか」と言われたことがあり、心の片隅でその男性がまたやって来ないかと期待していたのです。そこへ寅さんが現れたわけです。この微妙な感覚、風吹ジュンさんの雰囲気にピッタリ。寅さんとしては、久々の「大人の恋」です。

さて、蝶子の家に居着いてしまった寅さんですが、ある時、泉とバッタリ再会。そこでアクシデントとなり、寅さんが足をケガしてしまいます。泉からの電話で、満男が宮崎へと飛んできます。もちろん伯父さんを心配して、というより、泉に会いたさの満男なのですが……。

ここからの展開は、いつものように賑やかですが、満男に泉への気持ちを糾す、伯父と甥の会話に、寅さんの恋愛観が伺えます。

「思っているだけで、何もしないんじゃなあ、愛してないのと同じなんだよ。お前の気持ちを相手に通じさせなきゃ。愛してるんだったら態度で示せよ」と、寅さんの満男への檄です。

肝心の寅さんは、蝶子に多くを語らなかったために、とんでもないことになるのですが……。

さて、四作に渡って描かれてきた、満男と泉の恋物語は、泉の母・礼子（夏木マリ）が心臓を患い入院することになり、泉が名古屋に帰ることとなります。終盤、そのことを聞いたさくらが、大学に電話をして、満男がバス、中央線を乗り継ぎ、東京駅の新幹線ホームに向かうシーンには徳永英明さんの「最後の言い訳」が流れます。泉と満男の別れは、第四十三作『寅次郎の休日』の新幹線で二人が九州に向かうシーンと呼応して、切ない名シーンです。ラスト、満男から泉にあてた年賀状がモノローグとして登場します。

「何か今困っていることはありませんか？ 泉ちゃんは人の助けに甘えるような人ではないことはよく知っているけれど、どうか君の幸せをいつも思っているドジな人間がいることを時々思い出してください。」

想いを寄せる人の「幸せを願う」寅さんの「幸福力」は、甥の満男にもこういうかたちで受け継がれているのです。

二〇一二年三月二日

ちょいとだけ、良い男ぶらしてくれ

場所は、宮崎県油津《あぶらつ》。古い運河の前にある小さな橋のたもとの食堂。近くの理容院の女主人・蝶子（風吹ジュン）が、昼休みのひとときを過ごしています。女主人を前に、つい漏らした愚痴。「どこかにええ男でもおらんじゃろうか？」それをじっと聴いていた、窓辺の席の客。「お姐さん、その男、この俺じゃ駄目かな？」。第四十五作「寅次郎の青春」の寅さんの登場シーンです。実にカッコいいです。確かに「寅の夢」では、こうした伊達男ぶりが、パロディにもなり、幾度となく展開されてきました。それは寅さんの見る夢ですから、当然といえば当然です。しかし本篇ではおそらく、空前絶後かも知れません。「まぁ、いいさ。ちょいとだけ良い男ぶらしてくれよ。」このときの渥美清さん、本当にダンディです。

第四十二作『ぼくの伯父さん』から、甥の満男（吉岡秀隆）とガールフレンドの泉（後藤久美子）の二人の青春の日々を描く「満男シリーズ」ともいうべき展開を見せてきた「男はつらいよ」ですが、ここでは久々に寅さんと大人の女性の心の交流が描かれます。風吹ジュンさん演じる蝶子は、油津で小さな理容院を経営しています。漁師をしている、年の離れた弟・竜介（永瀬正敏）と二人暮らし。一生、この地で暮らそうと思っているわけではなく、冒頭の台詞のように「どこかにええ男でもおらんじゃろうか。沖縄でん北海道でんついて行くっちゃけんど」と、「ここではない、どこかへ」に行きたいと思っています。そういったパッションに火をつけてくれる男性を、心のどこかで待っている、そんな女性です。そこへたまたま寅さんが現れて、二人の物語が始まります。

共同脚本の朝間義隆さんが、ある時、喫茶店のカウンターで「いい男がいたら、世界の果てまで行っちゃうのになぁ」という、女性のことばを聞いたことがあり、それが、山田監督との対話のなかで、シナリオに取り入れられていきました。そのプロセスは、一九九三年に刊行された「山田洋次＋朝間義隆シナリオをつくる」（筑摩書房）にドキュメントとして、二人の対話形式で収録されています。

この朝間さんの語るエピソードに、山田監督が「半分、本気なんだなぁ、きっとなあ」と、その女性の気持ちに寄り添って、それを聞いた男が「寅さんだったら」という発想で、二人の出会いのシーンのデッサンが出来上がっていきます。

その女性は一体、どんな仕事をして、どんなことを考えて、この小さな街で暮らしているんだろう？そこから山田監督はヒロインのキャラクターを造形していきます。この本は、第四十五作のシナリオ創作課程での、山田洋次監督と朝間義隆監督の対話を通して「男はつらいよ」の物語が、毎回、どんな風に構築されていったかを、味わうことができます。ぼくら愛してやまない「男はつらいよ」の物語は、こうして紡ぎだされてきたのかと、様々な想像を巡らせてしまいます。

蝶子が小さな理容店を経営する四十歳ぐらいの

女性。という設定になったのは、山田監督がこの頃、パトリス＝ル・コント監督の『髪結いの亭主』(一九九〇年)を観たことを、朝間さんに話したことがきっかけになったことが、前述の「シナリオをつくる」を読むとわかります。山田監督は『髪結いの亭主』について、「なんだか知らんけど、感覚というか、そういうもんじゃないかしらねえ。特に、男なら覚えがある、きれいな女の人に顔剃ってもらう時の感覚。そんなものをまざまざ描いたという、そんなことじゃないかなあ」と本のなかで、雑談しています。

ですから、寅さんが蝶子に理容をしてもらうシーンは、実に、しっとりと、艶かしい、なんともいえない雰囲気があります。店のカーテンがそよ風にそよぎ、丁寧なカット割りで「きれいな女の人に顔剃ってもらう時の感覚」を、映像で再現しています。これまでのシリーズにない、ドキリとする描写です。蝶子のラジカセから流れてくる音楽は、モーツアルトの「クラリネット五重奏　ラルゴ　第二楽章」です。ゆったりとした音楽に身を委ねている寅さんにとっても至福のときです。

風吹ジュンさんは、この撮影にあたって、プロの美容師の方の指南を受けて、段取りを覚えたそうです。渥美さんのスタンドインは、前作第四十四作『寅次郎の告白』まで、監督助手としてシリーズを支えて来られてきた五十嵐敬司さんが、わざわざ撮影所に呼ばれて、つとめられたそうです。いずれも「みんなの寅さん」で伺ったエピソードです。

寅さんにとって、こうした思いがけない至福のときがあって、いよいよ別れか、という時に、雨が降ってきます。蝶子は「急がないんでしょう、雨宿りしていけば?」と優しく声をかけてくれます。寅さんという人を考えれば、蝶子と二人きりなら、雨のなかでも出ていってしまうでしょうが、そこに蝶子の弟・竜介が帰って来たので、蝶子の好意に甘えることになります。

このとき、蝶子が嬉しそうに「わたし、晩ご飯の買い物してくるから」と土砂降りのなか出て行きます。この蝶子の嬉しさが、普段の彼女の退屈や、つまらなさを、感じさせてくれます。寅さんが現れて、ハレの日になる。蝶子の気持ちの華やぎが、久しぶりに「寅さん現役復帰か?」と思わせてくれるのです。それでも節度をわきまえた寅さん、蝶子に夕飯をごちそうになり、例によって「お開き」ということで帰ろうとしますが……。

蝶子は、寅さんの財布の中身が空っぽだと知っていても、「いい男」ぶっている寅さんを受け入れています。蝶子は、自分の寂しさを埋めてくれる男性として、寅さんを見ていることが、ここでわかります。そこから蝶子にとっても、寅さんにとっても楽しい日々が始まるのですが、このあたりは、さらっと、観客の空想に委ねて、続くアクシデントへと展開していきます。

しばらくして友人の結婚式で宮崎県にやってきた泉が、日南市の飫肥城《おびじょう》址の大手門前で、蝶子と一緒の寅さんと再会します。

蝶子は「寅さん、どうぞ、そんお嬢さんと。私は家に帰ってるから」と、少し嫉妬して、でもだんだん腹を立てていくのが態度からわかります。蝶子の情熱的な性格、九州女性としてのパッションが垣間見える場面です。

そこで寅さんがよろけて足をケガしてひと騒動。渥美さんは、この頃、体調の異変があり、実はドクターストップがかかっていました。映画を観るかぎり、そんなことは微塵にも感じられません。泉から寅さんのケガを聞いた満男が、宮崎まで飛んできます。満男が飛行機と、空港バスの中で、ヘッドホンステレオで聴いているのが、徳永英明さんの「夢を信じて」。ここから「満男シリーズ」としても物語が動き出します。

このあたりは喜劇的に展開され、後半の「寅さんと蝶子」「満男と泉」の物語へと展開。お正月映画らしい華やかさもあり、楽しい作品となっています。蝶子はというと、満男が来た日は、ちょうど油津のお祭りの日、寅さんのケガも軽く、退院して、蝶子にとっては、お客さんがいっぱいで、文字通り、ハレの日の晴れやかな気分が溢れています。

普段は弟と二人暮らし。弟が漁に出ているときは、一人で過ごすことが多い蝶子は、「ぎょうさん買ってきてしまった。今夜は大勢でしょう。嬉しいわ、賑やかで」と嬉しそうです。

この蝶子がどんな風に生きてきたのか、どんな想いなのか、この祭りの夜、泉との会話で、観客も垣間見ることができます。

五、六年前、無口な中年の男が、チリンとドアの鐘を鳴らして店に入ってきて、椅子に座って黙ってい髪を切られていたその男が突然「俺と一緒に暮らさんかって」と蝶子。「おばさんどうしたの?」と泉。なんて言っていいかわからない蝶子は、その時は黙っていたが、「私ね、もしこん次そん男の人が来て又同じことを言ったら、一緒になってもいいよって、そう答えようって思うようになってきたの」と泉に笑いながら話す。

山田監督は、前掲書で「いや蝶子さんだって、ほんとうは飛びたいんだよ。今は、つまり疲れた羽根を休めるようにしてね、この町で生活しているけれども。そうなんだよな、何もやたらに地道に生活しているように見えるからって、共感するだけが能じゃないんだよね」と語っています。

寅さんと出逢ったとき、蝶子が「どこかにええ男でもおらんじゃろうか。沖縄でん北海道でんついていくっちゃけんど」とつぶやいたのには、「ここではないどこかへ」行きたいという想いがあったからなのです。それが寅さんだった最高なのですが。

風吹ジュンさんのさりげない仕草に、蝶子という女性のこれまでと、これからを感じることができます。この『寅次郎の青春』は、蝶子という女性をヒロインにした女性映画としても味わうことができます。ぼくはシリーズ後期の傑作の一つだと思っています。

二〇一三年三月二日

寅さんとマドンナ、様々な出逢い

寅さんとマドンナの出逢い。これまでも様々なかたちがありました。第一作『男はつらいよ』での坪内冬子(光本幸子)とは、奈良県東大寺二月堂で、旅先の寅さんとバッタリ再会。二人は幼なじみでした。

第二作『続 男はつらいよ』では、葛飾商業時代の恩師・坪内散歩先生宅で、娘・夏子(佐藤オリエ)の美しく成長した姿を見て、立ち去りがたくなります。

最初は「幼なじみとの再会」が、寅さんの恋のはじまりでした。お互いを見知っているがゆえの気安さと、久しぶりという感情の高まりがあって、寅さんは、どこか少年時代の自分に戻って、恋愛感情が湧いたのかも知れません。それから「寅さんは美人に一目惚れする」という暗黙のルールが成立し、寅さんとマドンナの出逢いを描かずとも、観客の想像と、後日の話で知る、というパターンもありました。

第三作『フーテンの寅』では、三重県湯の山温泉で寅さんが立ち寄った温泉旅館の女将・志津（新珠三千代）に一目惚れしたことが、女中（野村昭子）によって語られます。

第五作『望郷篇』では浦安に青べかで流れ着いた寅さんが、豆腐店・三七十屋《みなと》の一人娘・三浦節子（長山藍子）に惚れて、額に汗して働く決意をした経緯は、さくらが浦安を訪ねたときに、観客は知ることとなります。その出逢いのシーンの省略が、笑いにつながるという、山田洋次監督、渥美清さんの語りのうまさで、寅さんのフォーリン・ラブの状況を観たような心持ちになるパターンもありました。

それから、寅さんが柴又に帰ってくると、美人が身近にいた。という棚ボタもありました。第四作『新 男はつらいよ』のルンビーニ幼稚園の宇佐見春子（栗原小巻）を見初めたのは、「ハワイ騒動」で「とらや」に潜伏しているときの、雨戸越しでした。

第六作『純情篇』の夫と別居中の人妻・明石夕子（若尾文子）は、彼女が寅さんの部屋に間借りしていたときに、家族の心配をよそに寅さんが帰ってくるという展開でした。タコ社長もおいちゃんも、今、寅さんが帰ってきたらどうしよう？と気を揉んでるのがおかしく、ついに逢ってしまう、というところで笑いが最高潮に達します。これも、寅さんが美人に一目惚れしてしまう、というお約束あればこそ。

美人と寅さんが逢ったら、大変なことになる。とは、よく考えたら、余計なお世話ですが、寅さんが必ず恋をするということを、タコ社長も家族も、観客も知っているからなのです。その「逢ったら大変」の最たるものは、第八作『寅次郎恋歌』で、帝釈天脇に喫茶店「ローク」を開業した美しき未亡人・六波羅貴子（池内淳子）に、寅さんを逢わせまいと、おいちゃん、タコ社長が苦心するシーンです。そこから始まる、寅さんとマドンナのふれあい、心の交流が、単なる恋愛物語でないところが、「男はつらいよ」の真骨頂です。寅さんのマドンナへの想いというのが、小学生のような「好きだなぁ」に終始しているうちに、彼女ひとりひとりが抱えている、心の屈託、悩みがクローズアップされてきて、それが寅さんとの交流を通して、解決こそしないけど、解決に向けて一歩踏み出すモチベーションになっていく、ことが多いです。

「いい女だなあ、と思う。その次には、話がしたいなあ、と思う。その次には、もうちょっと長くそばにいたいなあ、と思う。そのうちこう、なんか気分が柔らかくなってさ、ああ、もうこの人を幸せにしたいなあと思う。もうこの人のためだったら命なんかいらない、俺死んじゃってもいい、そう思う。それが愛ってもんじゃないかい。」

第十六作『葛飾立志篇』で、恋愛を研究したことがない、という東大考古学教室の教授・田所先生(小林桂樹)に、寅さんが自分の恋愛論を語る。これぞ名言です。これが寅さんの「愛について」のすべてを言い表していると想います。相手の幸せを願うことが、寅さんの恋愛であることが、このことばに込められています。そして、相手を幸せにするためなら「もうこの人のためだったら命なんかいらない、俺死んじゃってもいい」との献身的な本音も窺えます。若い時は、相手の全てを奪いたい、身も心も……という恋愛感情を抱いていたかもしれません。

しかし、相手を得ようとしても、かえって失ってしまうことを、失恋を重ねるうちに、人は身を以て知っていきます。それゆえ臆病になったり、恋愛が面倒くさいもの、と思う人もいます。でも、寅さんは、いいじゃないか、この美しい人が幸せになってくれれば、という境地に、いつしか達したのだと思います。

「花に例えりゃ、薄紫のコスモスよ」と第三十四作『寅次郎真実一路』で、富永藤子(大原麗子)の美しさを讃えるアリアがあります。

寅さんの恋は相手の美しさを礼賛することであり、寅さんの愛は相手の幸せを願うことなのです。シリーズ初期には豪快に、寅さんにしてみれば残酷ともいうべき失恋が描かれていましたが、劇場では寅さんの失恋を、愚かしきことの数々の一つとして、お客さんは大笑いをしていました。「男はつらいよ」は喜劇ですし、寅さんの失恋がハイライトとして描かれていましたから、それは当然のことでした。

しかし、作品を重ねるうちに、観客は寅さんの心情に寄り添うようになり、タコ社長のような無責任な気持ちで、寅さんをの失恋を笑うことが出来なくなっていきます。さくらではないけど「お兄ちゃん、可哀想」という気持ちです。

寅さんの恋は少しずつ変節していきました。それは、車寅次郎という人物の成熟、として捉えることも出来ます。人間は年齢を重ねると成長する。第一作から寅さんの恋を見届けていると、それを実感することが出来ます。

だからこそ、第四十五作『寅次郎の青春』での蝶子(風吹ジュン)との出逢いが、かくもカッコいいのです。「どこかいい男でもいないかなあ。沖縄でも北海道でも飛んで行っちゃうんだけどなあ。そんな男がいたら」と嘆く蝶子に、「お姐さん、俺じゃ駄目かい?」と振り返る寅さんは、二枚目です。このシーン、何度観てもいいです。

「寅さんの夢」ではなく、現実の出逢いとして描かれているのが、長年のファンとしては、たまらなく嬉しいです。でも、カッコいいのはここまで。「ちょいとだけ、いい男ぶらしてくれよ」と千円札を出したところで寅さんの男前もお金も尽きてしまいます。それを知っている蝶子は、寅さんを受け入れ、大人の恋が始まります。

「失恋しない寅さんなんて」と、シリーズ中期は、そういうファンも多く、それを映画評にしている評論家もいました。寅さんの愚かしきことの数々を笑うことが、シリーズ初期の「男はつらいよ」の楽しみ方でした。リアルタイムでは確かにそうだったかもしれません。

しかし、全四十八作を一つの長い物語として味わうことが出来る現在、車寅次郎という人の「恋」を発端にした「幸福について」をテーマに、一作一作が丁寧に紡ぎだされた作品であることを、皆さん、すぐに気づかれると思います。車寅次郎という人の「相手の幸せを考えることが自分の幸せ」という「生き方」に触れることができるのが観客の幸せでもあります。

初期の寅さんの、愚かしきことの数々は、何度観てもおかしく、天才俳優・渥美清さんの肉体からほとばしるエネルギーと、レギュラー陣のパワフルな元気を味わいながら「それもあり」と思ってしまうのです。

初期の作品を観るときは、ぼくたちも、寅さん同様に、若々しい気持ちになることが出来るのです。

だから、ぼくたちは「男はつらいよ」シリーズを一生の楽しみとして、これからも味わうことが出来るのです。

二〇一四年三月十三日

第四十六作　男はつらいよ 寅次郎の縁談

一九九三年十二月二十五日

瀬戸内の波光

満男（吉岡秀隆）も大学四年生、就職活動に明け暮れています。しかし思うような結果が出ずに、博（前田吟）と大げんか、何もかも嫌気が差して家出をしてしまいます。「満男シリーズ」もこれで五作目となり、いつまでも変わらない登場人物のなかで、その成長を観客が見守ってきた満男の学生時代も終りを告げようとしています。とはいえ、さくらと博にとって、満男は幾つになっても可愛い息子。第四十六作『男はつらいよ 寅次郎の縁談』の冒頭の、満男の就職をめぐる親子喧嘩のエピソードを見ていると、その「息子可愛さのあまり」に、さくらも博も、いささか過保護に見てしまいます。

ですが、このあたりの描写は、実にリアルというか、バブルが弾けて、世の中に不景気の風が吹いていた一九九〇年代初頭のニッポンの家族の断面を垣間見るようです。

家を飛び出た満男が東京駅から飛び乗ったのは、二十一時発のブルートレイン瀬戸号・高松行きです。今では「サンライズ瀬戸」として人気の寝台特急です。柴又で、皆が満男の家出を心配している頃、寅さんが江戸川堤を歩いて、帰ってきます。見慣れたシーンですが、山本直純さんの音楽も、土手で寝転んでいる源ちゃんの姿も、この頃になると「懐かしい、特別なもの」という感じで、映画館の観客の体温がグッと上がるという、そんな感じでした。

満男を心配するさくら、おばちゃんに、寅さんは「いいか、この俺はな、自慢じゃねえけれども、十六の歳に、この家をプイっと家出して、それから二十年間帰ってこなかったんだぞ。たかが一週間、目の色変えてガタガタ騒ぐんじゃないよ、お前、ガキじゃねえんだぞ、あいつは大人なんだ。」ごもっともです。

しかし、ここでおばちゃんが「お前の帰って来ない二十年間、あんたのおっ母さんや私たちがどんなに心配したことか、そんなこと考えてみたこともないだろ、この親不孝ものめ」と切り返します。

さて、その満男がどこにいるのか？　郵便で届いた「ママカリ」で判明します。香川県琴島、映画のための架空の島（撮影は香川県の高見島、志々島）ですが、瀬戸内海の小島で暮らしていることがわかり、寅さんが、満男を連れ戻すために島に向かうこととなります。

瀬戸内海の小島。山田洋次監督の映画にはこれまでもしばしば登場してきました。『馬鹿まるだし』（一九六四年）で安五郎（ハナ肇）が久し振りに戻ってくる故郷は瀬戸内海の平和な田舎町でした。姉妹編の『いいかげん馬鹿』（一九六四年）の主人公・安吉（ハナ肇）が育ったのも瀬戸内海の小島ですし、フランスの劇作家・マルセル・パニョルの「ファニー」を翻案した倍賞千恵子さん主演の傑作『愛の讃歌』（一九六七年）も瀬戸内海の日永《ひなが》島でした。

山田洋次監督は敗戦で、大連から引き揚げて来た時に、瀬戸内海に浮かぶ島々の風景を眺めて、日本に帰ってきたことを実感したそうです。いわば山田監督にとっての日本の原風景が、この波光きらめく瀬戸内海でした。

「男はつらいよ」シリーズがヒットするなか、昭和四十七（一九七二）年、山田洋次監督は『故郷』という作品を発表します。瀬戸内海の小島・倉橋島で、小さな砂利運搬船で石を運んで生計を立てている夫婦（井川比佐志、倍賞千恵子）が、開発と工業化の波に呑み込まれて、島での暮らしを諦めて、工場勤めをするために尾道に出るまでを描いた作品です。自然とともに暮らしていた人々が、生きて行くために、美しい故郷を捨てざるを得ない現実を、ドキュメンタリータッチで描いています。加藤登紀子さんによる主題歌「風の舟唄」も名曲です。

その後、瀬戸内海に暮らす人々の利便と、経済発展のために、本州と四国を結ぶ瀬戸大橋をはじめとする、架橋工事が行われ、それは自然破壊であるのですが、その工事で生計を立てている人の姿も『男はつらいよ』シリーズで描かれていました。

第三十二作『口笛を吹く寅次郎』のラスト、尾道市の因島大橋の工事現場の近くで、寅さんは、かつて吉備路で出会ったレオナルド熊さん扮する労務者と幼子と再会します。母を失った女の子を不憫に思っていた寅さんは、因島大橋工事の飯場の女性(あき竹城)が、女の子の新しい母親になったことを知ります。ラスト、物干にはためく、親子三人の洗濯物のショットに、第八作『寅次郎恋歌』の「りんどうの花」が庭先に咲いている本当の人の暮らしを感じることが出来るのです。

さて『寅次郎の縁談』ですが、山田洋次監督が映画を通してみつめてきた、瀬戸内海の小島の人々の暮らしのなかに、満男と寅さんが入っていくことになります。平成三年、社会学者の大野晃さんが「限界集落」という概念を提唱、琴島もご多分にもれず過疎化、高齢化で、往時のような活気はなくなり、でもそれゆえに、島の人々が濃密な関りを持って、ユートピアのような暮らしをしています。

満男は、かつて外国航路の船長だった田宮善右衛門(島田正吾)と、その娘・坂出葉子(松坂慶子)の屋敷の世話になり、若者のいない島では男手として重宝がられています。前半の就職試験に疲弊していた表情から一変、早朝からママカリ漁や畑仕事を手伝う姿は、イキイキとしています。この島が満男を癒し、再生させてくれたのです。

そんな満男を慕うのが巡回看護婦の亜矢(城山美佳子)。そこへ寅さんがやってきます。「両親の心配をよそに、この孤島で可愛い娘さんと歌を唄っていたか。さぞかし、気が晴れただろうな。」この時の寅さんの表情が実にいいです。満男に対して、少しからかい気味に、ニヤニヤと話す、寅さんの余裕。しかし、それも束の間のことで、満男は寅さんを葉子に会わせまいと必死になりますが、第八作『寅次郎恋歌』の貴子(池内淳子)の時と同じで、結局は、美しい葉子に一目惚れ。そのままミイラ取りがミイラとなってしまいます。

ここから『寅次郎の縁談』は、琴島のユートピア的な空間のなかで、実に楽しく展開していきます。善右衛門の屋敷では、島の人々を集めて、寅さん歓迎の宴会が拓かれ、駐在(笹野高史)、千代子(松金よね子)、和尚(桜井センリ)、連絡船の誠(神戸浩)といった人々が賑やかな宴を繰り広げます。まるで昔の日本映画を観ているような、このユートピア感覚こそが、この作品の味わいです。

島の人々はさまざまな問題を抱えているのかもしれませんが、それはさておいて、満男の伯父さんである寅さんを歓迎する空間を眺めていると、実に幸福な気持ちになります。

この宴会で、それまで無言だった善右衛門が、娘・葉子の手をとり、タンゴ「奥様お手をどうぞ」を踊ります。外国航路の船長だった父と、その愛人との間に出来た葉子には、さまざまな屈託があった筈です。しかし、それをおくびにも出さずに、琴島でゆっくりと養生している。疲弊していた満男がイキイキとしてきたように、葉子もまた父親のもとで、島の人々に囲まれ、癒されていることがわかります。

そこへ寅さんが現れて、さらに楽しい日々が続くのです。やがて、葉子と寅さんの、金比羅神宮へのデートのひとときが描かれます。このシーンがまた幸福感に満ちています。栗林公園の茶店で、葉子は神戸の店を閉めて、借金だけが残っていることを、寅さんに告白します。夜逃げするように島に来た話をする葉子、寅さんは「そんな苦労があったのか」と彼女の話を優しく聞いてあげます。

葉子は「一目逢うた時、ああ、この人なら何でも話聞いてもらえるわ、そう思ったんよ」「寅さんみたいな人もおるのね。どうしてもっと早う逢わなかったんやろ」としみじみ。苦労を重ねてきた葉子にとって、寅さんの優しさ、懐の大きさは、どんな男性よりも頼もしい存在なのです。

ああ『男はつらいよ』を観ている、そんな気分にさせてくれる二人のデートです。この後、二人は水上タクシーを奢って、夕焼けの瀬戸内海を、琴島に向かってクルージングします。小柳ルミ子さんの「瀬戸の花嫁」が流れ、葉子がそれを唄い、寅さんが潮風にあたる。そこに瀬戸大橋の威容が大きく画面いっぱいに拡がります。

「瀬戸の花嫁」がヒットした昭和四十七（一九七二）年、山田洋次監督は、開発の名の下に故郷の光景が破壊され、人々の暮らしが変わらざるをえない現実を『故郷』で提示しました。それから二十年、様々に変容を遂げながらも、瀬戸内海の波光、葉子や満男、傷ついた人を包み込んでくれる自然と人々の癒しのチカラの変わらなさを『寅次郎の縁談』は描いています。

ユートピアといえば、『寅次郎の縁談』の柴又に、思わぬゲストが二人登場します。いずれも寅さんは不在ですが、第一作のマドンナ、御前様のお嬢さん・坪内冬子（光本幸子）が登場します。久し振りにお里帰りをしたというシーンですが、笠智衆さんが、この年、平成五（一九九三）年三月十六日に八十八歳で亡くなり、出演が叶わなくなったために、映画のなかの御前様は永遠に生き続けている、そんな山田監督の優しさが感じられます。

そしてもう一人は、同時上映『釣りバカ日誌6』で劇場を笑いの渦に巻き込んでいた浜ちゃんこと浜崎伝助（西田敏行）です。浜ちゃんとおばちゃんのやりとりは、両シリーズのファンにとっては、たまらないプレゼントで、眺めているだけで幸せです。

ことほど左様に『寅次郎の縁談』は、幸福感に満ちていて、ぼくにとってはまさしくユートピアのような作品なのです。もう一つ、満男が寝台特急瀬戸に乗り込んだシーンで、乗客が「ろくなもんじゃねえや」と満男に捨て台詞を言いますが、この人、植木等さんの東宝クレージー映画で「ばか」と捨て台詞を言い放つ課長役を演じた人見明さんなのです。この「ろくなもんじゃねえや」は、劇中、おいちゃんが浜ちゃんを見て言う台詞でもあり、このあたりもまた、娯楽映画を観る愉しみなのです。

二〇一二年三月八日

瀬戸内ユートピアふたたび

二〇一二年十二月十五日から二〇一三年二月一日にかけての四十九日間、映画館・銀座シネパトスで開催した「新春！ みんなの寅さんまつり」は、フィルムで味わう「男はつらいよ」と山田洋次監督作品の二本立てということで、二十四作品を上映しました。番組でもお話しましたが、この二本立てには、それぞれ「ある意味」を込めてセレクトしました。

一月二十一日から二十四日にかけての上映プログラムは「瀬戸内ユートピア」と題して、第四十六作『男はつらいよ 寅次郎の縁談』と、昭和四十二（一九六七）年の倍賞千恵子さん主演『愛の讃歌』の二本を上映しました。いずれも瀬戸内海の小島を舞台にした作品です。

『愛の讃歌』は、フランスの劇作家・マルセル・パニョルの「ファニー」を山田監督と森崎東監督が脚色。瀬戸内海に浮かぶ日永《ひなが》島で、ブラジルに出稼ぎに言った恋人・竜太（中山仁）を待つ春子（倍賞千恵子）と、彼女を暖かく見守る島の人々の姿を様々な騒動と微苦笑と爆笑のなかに描いた傑作です。

ある日、春子は結婚を約束した竜太から、ブラジル行きを告げられて愕然としますが、愛する人の「夢の実現」のために、その旅立ちを応援します。竜太の家は、船着き場の前にある「待帆亭」という食堂で、連絡船の切符売り場です。その主人・千造を、ベテラン喜劇人・伴淳三郎さんが演じています。竜太は、千造とは確執があり、この小さい島で一生を終えることなど考えられないのです。ここではないどこかへ、という青年の想いでいっぱいです。春子は、その夢を理解していますが、両親が亡くなり、幼い妹二人を育てていかなければならないので、行動をともにすることができません。そこで若い恋人たちの別れがやってきます。

余談ですが千造とは、山田監督がその後、しばしば使う名前です。第六作『純情篇』で寅さんが旅の行きずりで出会った絹代（宮本信子）の父で、五島列島・福江島で小さな宿を営む、森繁久彌さん扮する老父の名前も千造でした。また、第二十二作『噂の寅次郎』の冒頭で、さくら、おいちゃん、おばちゃんたちが、寅さんとさくらの父の墓参をする場面がありますが、そこで御前様が「千造さん、あんたの息子が旅先から帰って来たぞ。」とお経をとなえます。寅さんの亡父は、本当は車平造ですが、ここでは「千造」と呼びかけています。ことほど左様に、千造という名前は山田作品に登場します。

さて『愛の讃歌』です。千造の「待帆亭」には、床屋の備後屋（太宰久雄）、船長（千秋実）、あんま（渡辺篤）、郵便屋（小沢昭一）たちが、たむろして、あれやこれやとうわさ話、無駄話をいつもしています。この作品で備後屋という屋号が登場するわけです。演ずるはタコ社長こと太宰久雄さん。初代備後屋は床屋さんだったのかと、〝寅さん脳〟では思ってしまうのです。小沢昭一さんの郵便屋さんは、『馬鹿が戦車でやって来る』（一九六四年）に続く二度目の登場です。この映画の舞台は日永村（架空）でした。

『愛の讃歌』で、恋人の子供を宿した春子は、彼女を不憫に思った、島の医者・伊作（有島一郎）のもとへ、幼い妹とともに住むこととなります。伊作の家は、島の高台にあります。『寅次郎の縁談』で、松坂慶子さん扮するマドンナ、葉子が病気療養をしている、父・田宮善右衛門（島田正吾）宅もまた、瀬戸内海に浮かぶ琴島（架空）の高台にあります。

『寅次郎の縁談』を封切で観たときに、とても懐かしい気持ちになりました。就職試験に嫌気が差して、あてもなく東京駅から高松行きの寝台特急「瀬戸号」に飛び乗った満男が、たどり着いたのは、波光きらめく瀬戸内海に浮かぶ小さな琴島。

東京では家の手伝いも、「くるまや」の手伝いもせずに、不平不満ばかりの満男ですが、若者がいない琴島では頼もしい労働力です。

早朝からママカリ漁を手伝い、畑仕事も進んで手伝います。満男は人の役に立つことの喜びを知り、イキイキと再生していきます。島の人々も、どこか浮世離れしていて、満男を頼りにする千代子（松金よね子）、駐在（笹野高史）、和尚（桜井センリ）、誠（神戸浩）たちが、ワイワイと寄り合っている様は、『愛の讃歌』の日永島の人々を思い出させてくれます。しかも、満男は、島の巡回看護師・亜矢（城山美佳子）といいムードです。

やがて、この瀬戸内ユートピアに、われらが寅さんがやって来ます。就職活動中の満男の突然の家出を心配する、さくらや博に頼まれて、甥の満男を連れ戻しにやってきたのです。ところが満男は「断ります」とにべもありません。寅さんは「仕様がねぇや、今夜はここに泊まってお前と一晩語り明かすとするか」と旅館に泊まろうとしますが、あいにく、この島には旅館もありません。寅さんは「お前の部屋に泊まれるんだろう?」と言い出します。

満男としては、寅さんに葉子を会わせたくないので、消極的です。察しのいい寅さんは、こう言います。

寅「誰がいるんだ、その家に?」
満男「年寄りの爺さんとあともう一人」
寅「誰だよ、もう一人って?」

既に、満男が美しい葉子さんのいる田宮家の居候だということを知っているので、劇場ではどっと笑いがおきます。この展開は、シリーズ初期によくあった、おいちゃんたちが寅さんをマドンナに会わせまいと必死になるシーンを思い出させてくれます。

やがて満男の心配どおり、その瞬間が訪れます。坂の上から、日傘を差した葉子と寅さんがバッタリ会ってしまうのです。葉子を一目見た瞬間、寅さんの態度がガラリと変わります。かつての「男はつらいよ」にあったような、寅さんの「恋愛スイッチ」が入る瞬間です。

寅さんがやって来たことは、すぐに島中の噂となります。連絡船の船着き場近くにある食料品店の前で千代子と駐在さんが、寅さんのことを、葉子のパトロンではないかと噂話。『愛の讃歌』の「待帆亭」での島の人々を思い出させてくれます。そこに和尚さんがやってきて「それでな、あの人の歓迎と葉子ちゃんの全快祝いを兼ねて、今夜みんなをお招きしたいとゆうことや」と。その夜は、島の人々が田宮のお屋敷に集まっての楽しい宴となります。

このシーンを観るたびに「ああ、このまま、この時間が続いて欲しい」と思ってしまうほど、幸福な気持ちになります。この多幸感、まさしく瀬戸内ユートピアです。満男も、寅さんもこの島で癒され、イキイキとしてきます。それからしばらくして、寅さんは、島を去ろうとします。葉子がスヤスヤと昼寝をしているので、寅さんは善右衛門に「あまり長居したんじゃ妙な噂が立ったりして、葉子ちゃんに悪いから、俺はこの辺で失礼するよ」と告げて、雨の中、港へ向かいます。

しかし、葉子が「寅さん！何で、何で黙って行ってしまうの！」と追いかけてきます。「お会いしたその日から、別れる時の来るのが辛うござんした」寅さん。それでも止めようとする葉子に、「葉子ちゃん、お幸せに。ごめんなすって」と、これまた、どこか懐かしいような場面です。

それもそのはず、このシーンは、山田監督の『馬鹿まるだし』(一九六四年)のハナ肇さんが雨のなか、桑野みゆきさんのお寺を出てゆくシーンのリフレインです。しかし、生憎の荒天で船は欠航、寅さんは島に留まることになり、多幸感に満ちた世界が続いてゆくことになります。

瀬戸内は、『東京家族』にも出てきましたが、山田洋次監督作品の原風景でもあります。『愛の讃歌』は山口県の上関町の室津、祝島で、『寅次郎の縁談』は香川県の志々島と高見島で、それぞれ撮影されています。場所は違いますが、山田監督が作り上げた「瀬戸内ユートピア」は、時代を超えて、観客を幸せな気分に包み込んでくれるのです。

二〇一三年三月九日

ぼくの寅さん

ぼくが「男はつらいよ」シリーズと出会ったのは昭和四十四(一九六九)年八月の第一作、六歳になったばかりのとき。以来、寅さんと「男はつらいよ」について、片時も忘れずに考えてきました。三つ子の魂百まで、とはよく言ったもので、まだ映画のなんたるかもわからない、右も左もわからない、危なっかしいヒヨッ子同然の子供にとっても、渥美清さんの鮮やかな口跡は、それは魅力的だったのです。

最初の印象は、さくらのお見合いの席で、寅さんが「二階(貝)の女が気にかかる」「しかし漢字ってのは、面白うございますね」「尸に水と書いて尿《しかばね》、尸に米と書いてフン」と、漢字の成り立ちの妙について、まさに立て板に水で話す、あのシーンのおかしさでした。ぼくはすっかり寅さんの話芸に魅了されました。

以来、車寅次郎という人は身近な存在となりました。もちろん幼いなりに、渥美清さんという俳優さんのことは知っていました。「泣いてたまるか」は、我が家の日曜日の定番でしたし、胃腸薬「パンシロン」のCMで、渥美さんが女の子(のちの歌手・沢田聖子さんです)を肩車して「パンシロンで、パンパンパン〜」と唄っている姿を見るのは日常的な光景でした。

でも『男はつらいよ』に出会ってからは、渥美清さんは「寅さん」になってしまったのです。「あ、寅さんがテレビに出てる」「あ、寅さんがCMにでている」そんな視点です。映画を一回だけ観ただけで覚えてしまったのか、「私、生まれも育ちも葛飾柴又です。帝釈天で産湯を使い、姓は車、名は寅次郎。ひと呼んでフーテンの寅と発します!」と寅さんの仁義を、タクシーのなかで披露したことがあります。家族と一緒で、どこかへ出掛けた帰りだったと思います。紅潮して、興奮していたのでしょう。覚えたことが嬉しかったのです。親父もおふくろも、おもしろがっています。そのときにタクシーの運転手さんが「坊や、寅さん好きかい?」とたいそう喜んでくれたのが、嬉しかったと同時に、妙に照れくさかったことを、今も鮮やかな印象として、そのときの匂いや空気とともに覚えています。

それが「ぼくの寅さん」体験の原点です。父は封切のたびに「男はつらいよ」シリーズを映画館で観せてくれました。大ヒットしているとはいえ、男性客であふれかえっている、初期の「男はつらいよ」封切館には、子供の姿はまだ珍しかったです。銀座、上野、浅草、その時々によって、足を運んだ劇場は、さまざまです。北千住の小さな映画館で『新 男はつらいよ』を観たこともあります。

ぼくの昭和四十四年から四十五年は、寅さんと大阪万博、そして怪獣映画の明け暮れでした。小学校に上がっても、その熱は冷めることがなかったのは「男はつらいよ」が定期的に封切られ、それを観ることができたことと、渥美清さんのテレビドラマが放映されていたからでした。

寅さんに限らず、その頃は、映画館で映画を観ることが何よりの楽しみでした。昭和四十年代半ば、すでに映画界は斜陽に歯止めがかからなくなり、都内の盛り場では映画館が軒並みボーリング場に商売替えをしたり、往時の勢いがなくなっていたことは、後から知ることになります。それでも、昭和一桁生まれの父は、ぼくをよく映画館に連れていってくれました。二つ年上の兄は、その頃野球に夢中で、後楽園球場や光の球場と呼ばれた東京スタジアムへも出掛けました。野球もそうですが、ぼくは映画館の暗闇に座って、沢山の人が、同じスクリーンを見つめて、寅さんの一挙手一投足に笑って、ときには次の台詞が聞こえないほどに声を上げて喜ぶ姿を、ともに共有するのが、嬉しくてたまりません。

まだ小学校に上がる前、勝新太郎さんの「座頭市」も、植木等さんのクレージー映画も、森繁久彌さんの「社長」シリーズも、加山雄三さんの「若大将」シリーズも続いていました。ですが、それぞれがシリーズの最終コーナーにさしかかっていました。それらの作品を、銀座や浅草の映画館で、父と一緒に体験することが出来たのは、娯楽映画研究家の原点となったのは間違いありません。それぞれのシリーズが終焉したのは、後になって知るのですが、斜陽が大きな要因でありますが、その役割を終えたからでもあります。高度経済成長の勢い、時代の象徴として、映画のヒーローが時代を駆け抜けていきました。

そんな時代に突如として現れたのが、われらが車寅次郎でした。寅さんは当時全盛だった任侠映画で、高倉健さんや渡哲也さんが演じていたヒーロー同様、ドロップアウトしたアウトローでした。東映やくざ映画での高倉健さんは、その映画のなかでの正義＝良い親分が理不尽なかたちで殺され、渡世人としてドロップアウトせざるを得ない状況のなか、最後の殴り込みで正義を全うします。日活ニューアクション映画での渡哲也さんは、世間からも時代からも疎外され、それでも自分の守るべきもの、大抵は美しいヒロイン・松原智恵子さんのため、自分のアイデンティティーを取り戻すために死地に赴く、ということを繰り返していました。

渡世人は何のために戦うのか? それは一九六〇年代末、七〇年安保闘争のなか、閉塞感を感じ、さまざまなことにやり場のない怒りを感じていた人たちが、任侠映画のヒーローを、ニューアクションのヒーローを支持していたのです。それが任侠映画ブームだったのです。


そうした時代を考えて「男はつらいよ」の車寅次郎を考えていくと、寅さんもまたドロップアウトした渡世人であり、幾多の任侠ヒーローのように、何より渡世の義理を重んじています。本人は大真面目に奮闘努力をして、渡世人を気取っていますが、やることなすことズッコケて、それが笑いとなります。「任侠映画のパロディ」、それが、昭和四十四年に登場した「男はつらいよ」の印象であり、映画館に駆けつけた男性観客に受けた大きな理由の一つでした。確かに寅さんは、他のヒーロー同様、ドロップアウトして、故郷の柴又を後にして二十年、旅から旅の暮らしをしています。十六歳で家出をして、三十八歳(第二作の年齢)まで、渡世をしてきた、その人生には、様々なことがあったと思います。

森崎東監督が第三作『フーテンの寅』を撮ることになり、渡世人としての寅さんを描いた幻のシナリオがあります。現在、ぼくらが観ている『フーテンの寅』も、ある意味異色作、という印象がありますが、森崎東監督が書いたシナリオ準備稿の寅さんは、渡世人になりきれない渡世人ですが、あきらかに「やくざ映画」の世界の住人ともとれます。スクリーンで描かれることがなかった、寅さんの放浪時代、若い時代の修羅場があるとすれば、きっとそうだったのだろう、と思わせてくれます。このシナリオは「森崎東党宣言！」（藤井仁子編）に収録されています。寅さんが生きてきた、もう一つの世界を垣間見る思いです。

第一作『男はつらいよ』で二十年ぶりに柴又に帰ってくるまでの寅さんの「旅」は、生きる為の「渡世」だったと思います。旅の暮らしの明け暮れに、いつも夢見るのは、幼くして別れた可愛い妹・さくらとの再会、十六才で飛び出して以来、一度も帰ることがなかった故郷・柴又への望郷の念を抱いていたと思います。故郷を失い、家族を失った男の二十年は、想像に難くはありません。その寅さんが、柴又にどうして帰ってきたのか？　それを考えることもファンの楽しみでありますが、きっと旅の人生のつらさに耐えかねて、といったこともあったのかもしれません。

けれども、ひとたび、柴又に帰ってきた寅さんにとって、さくらやおばちゃん、おいちゃんが住む柴又は「帰れない場所」から「帰るべき我が家」へと、その位置づけが大きく変わってきた筈です。旅先で「故郷を思うこと」がそれまでの寅さんの人生だとすれば、その「故郷に帰ること」もまた寅さんの人生となったのです。ドロップアウトした筈の寅さんを、暖かく受け入れてくれる家族。ぼくらは「とらや」「くるまや」の茶の間に、その暖かさを感じ、そこで繰り広げられる「家族ゆえ」の騒動の数々に笑い、ときには身につまされます。

故郷柴又に帰ってきてからの寅さん、第一作以降の寅さんにとって「旅」の意味がどう変わったのか？　シリーズを観ていくと、それがよくわかります。父・平造に頭を血の出るほどぶん殴られて、二度と帰らない覚悟で家出をした寅さんの二十年と、柴又に帰ってきてから繰り返し旅の暮らしをしていた寅さんの二十六年。それに想いを馳せながら、シリーズを観ていくと、色々な発見があります。

それは確かに「変節」かもしれませんが、作り手、演者、そして観客がその「変化」を望み、ゆっくりと重ねていった時間のなかで、寅さんも、映画も「成長」していったのだと思います。かつてのアウトローが、出会った人を幸福にしていくヒーローとなっていった「男はつらいよ」シリーズというのは、実に魅力的なのです。

二〇一四年三月二十九日

第四十七作　男はつらいよ

拝啓車寅次郎様

一九九四年十二月二十三日

もうひとつの愚兄賢妹

この第四十七作には、想い出が沢山あります。それまでも取材で、「男はつらいよ」の撮影現場にはお邪魔していたのですが、この時に、松竹で豪華プログラムを作成することになり、そのなかで、山田洋次監督にインタビューをすることになったのです。撮影の合間に山田監督にお話を伺いました。その時、ぼくは自分が子供の頃から「男はつらいよ」を観続けてきたこと、寅さんへの想いを、監督に一気呵成に話しました。そういう個人的な想いを告げるのは、インタビュアーとしては失格なのですが、監督はニコニコしながら「そう」「そう」と、まだ若輩の話を受け止めてくれました。

前作『寅次郎の縁談』が『愛の讃歌』を思わせるユートピアの物語と感じたこと、寅さんは三年に一歳ずつぐらいのスローペースで歳を重ねているような気がすること、そんな話をさせて頂いたことを、今でもハッキリと覚えています。

山田監督の隣には、ロケから帰ってきたばかりの高羽哲夫キャメラマンがおられて、一緒に話をして下さいました。その時、ぼくは「男はつらいよ」の世界に、少しだけ近づくことが出来た、そんな気がしました。この時のインタビューは、第四十七作の劇場用プログラムに掲載されています。マドンナ宮典子を演じた、かたせ梨乃さんには、キネマ旬報誌上でインタビューをしました。

さて、この第四十七作の頃は、大船撮影所のセットにもお邪魔して取材をする機会が多く、寅さんのアリアのシーンも、リハーサルから撮影までずっとセットの片隅で見つめていました。満男が浅草の靴メーカーの営業職について半年、寅さんとしては商売の先輩として、セールスの極意を伝授する場面です。寅さんは、その辺にあった鉛筆を満男に差し出して「俺に売ってみな」「お前がセールス、おれが客だ。さ、早く売れ」とセールス・トークの勝負を挑みます。

満男はあえなく敗退。そこで寅さんが、育ての母親と鉛筆の想い出について語り出します。寅さんのアリアに引き込まれる一同、さくらや博たちはいつしか、ものを大切にしていた昔を思い出します。そしていつしか寅さんのペースに巻き込まれて、満男は寅さんとの勝負を忘れて、寅さんの「どう、デパートでお願いすれば六十円はする品物だけど、削ってあるからね、三十円でいい、いいよ、いいよ、只でくれてやったつもりだ、二十円、すぐ出せ」のことばにつられて、鉛筆を買おうとしてしまいます。その鮮やかさ。テキ屋稼業で生きてきた、車寅次郎という人が、どうやって渡世をしてきたか。ぼくらは旅先の寅さんを知っていますが、さくらたちはそれを知りません。ここは、茶の間の家族が初めて目の当たりにするシーンでもあります。

寅さんの「いや、俺の場合はね、今夜この品物を売らないと腹すかせて野宿しなきゃならねえなってことがあってさ、のっぴきならねえところから絞り出した知恵みてえなもんなんだよ」に対し、博はしみじみ「だから迫力があるんですよ」と言います。

寅さんの生き方を、賞讃する博のことば。はっきりと寅さんのテキ屋という生き方を、博が受容している台詞は、後にも先にも、このシーンだけかもしれません。このやりとりは、いつものように寅さんの「今日はお開きに」で幕となるのですが、例によってタコ社長の不用意な一言で、大げんかとなります。シリーズがスタートして四半世紀、変わらない茶の間の光景が展開されます。レギュラー陣も齢を重ねて、往時のパワーはありませんが、それをリカバリーする演出は見事です。現実的には、かつてのような動きは望むべくもないのですが、寅さんとタコ社長のケンカは、派手に繰り広げられるイメージはそのままで、それが爆笑を誘発するのです。

余談ですが、このアリアの撮影のとき、黒柳徹子さんがセットを訪れて、待ち時間の間、渥美清さんとずっと話し込んでいました。黒柳さんと渥美さんといえば、ＮＨＫのバラエティ「夢であいましょう」

はじめ、テレビの黄金時代に共演されたお二人でもあります。その二人が「男はつらいよ」のセットで久々に再会、ひととき四方山話に興じられている姿に、不思議な感慨がありました。

さて『拝啓車寅次郎様』には「男はつらいよ」のテーマでもある、もうひと組の「愚兄賢妹」が登場します。琵琶湖のほとり、長浜に住む、満男の大学の先輩・川井信夫(山田雅人)と妹・菜穂(牧瀬里穂)です。満男に、信夫から「折り入って相談がある。お祭りに遊びに来い。大歓迎する」と一方的なハガキが届きます。サラリーマンとなったものの悩み多き満男は、リフレッシュも兼ねて、琵琶湖のほとり長浜の曳山まつりに出掛けます。

長浜に着いても信夫は祭りが忙しく、相手にしてくれません。満男が信夫の家に行くと、折悪しく、菜穂が昼寝をしていて、満男を痴漢呼ばわりしてしまいます。最悪の出会いをした満男と菜穂。不機嫌な菜穂の案内で、観光名所を歩く満男は面白くありません。恋愛コメディの常套である、最悪の出会い。勝ち気な里穂のキャラクターが、この『拝啓車寅次郎様』最大の魅力でもあります。

山田監督が「牧瀬が良いんだよ。勝ち気な感じが」とインタビューのときに話しておられましたが、彼女の初登場シーンから、名所案内するあたりにかけての、ぶっきらぼうな感じが、実に魅力的です。市川準監督の『つぐみ』(一九九〇年)で、牧瀬さんが演じたヒロインもそうでしたが、満男に限らず男の子は、こういう勝ち気な女の子に弱いのです。

さらに、山田雅人さんが演じたその兄・信夫は、実にテキトーな男です。チャランポランでお調子者。自分の行動と言動に全く責任を持たない、無責任なキャラです。信夫が満男を呼んだ目的は、妹と満男を結婚させて、満男と一緒に、この土地でビジネスを展開しようというもの。あらかじめ、満男にも菜穂にも、それを含ませておいて引き合わせれば良いのに、この手合いはそれができない。自分が判っていれば、あとは大丈夫というタイプなのです。

寅さんも、かつてシリーズの初期は「愚かな兄」として、「賢い妹」さくらの平穏な日々を乱したこともありましたが、この信夫と菜穂の「愚兄賢妹」ぶりもまた『拝啓車寅次郎様』の笑いを支えています。第一作のさくらも、寅さんに言わせれば「相当勝ち気な女」でしたが、その菜穂はその現代的な再生だったのかもしれません。最悪の出会いをした満男と菜穂は、やがてお互い、惹かれるようになりますが、信夫が間に入ってその仲をぶちこわしてしまいます。思えば、さくらと博の時もそうでした。ここで第一作のリフレインがなされているのも、ファンとしては嬉しい限りです。

リフレインといえば、寅さんが長浜で出会ったマドンナ、宮典子(かたせ梨乃)のその後が気がかりで、彼女の住む鎌倉に満男とともに出掛けるシーン。家のそばから寅さんは、彼女の幸せそうな姿を眺めるだけで納得します。若い満男は、そんな寅さんの行動が理解できません。江ノ電の鎌倉高校前駅のホームで、満男が旅に出る寅さんを見送るシーンがあります。寅さんと満男が、鎌倉にやって来たのは、第二十九作『寅次郎あじさいの恋』以来です。

駅のホームでの別れ際、恋愛に対して「くたびれるものな、恋するって」と消極的な満男に、寅さんは「くたびれたなんてことはな、何十ぺんも失恋した男の言う言葉なんだよ」と叱責します。そこで「燃えるような恋をしろ。大声出して、のた打ち回るような、恥ずかしくて死んじゃいたいような恋をするんだよ」と、寅さんの最高のエールで、『拝啓車寅次郎様』の幕が閉じるのです。

第二十九作『寅次郎あじさいの恋』で、かがりと寅さんの別れを見つめていた小学生の満男は、寅さんに「燃えるような恋をしろ」と檄を飛ばされるようになったのです。歳を重ねてゆくうちに、寅さんや満男、観客に流れた時間を考えると、ここにも感慨があります。変わってゆくもの、変わらないもの。それがフィルムのなかに刻まれているのです。それもまた「男はつらいよ」の魅力でもあるのです。

二〇一二年三月十七日

寅さんをかたる

平成二十五(二〇一三)年二月二十四日、寅さんが産湯を使った「男はつらいよ」ファンの聖地でもある、東京は葛飾柴又帝釈天で「男はつらいよ in 柴又帝釈天 春、寅さんをかたる」イベントが開催されました。平成二十三年十二月から続けてきたこのイベント、今回は、ゲストに第四十七作『拝啓 車寅次郎様』に、満男の大学時代の先輩・川井信夫役で出演された、山田雅人さんにご出演頂きました。

山田さんは「かたりの世界」という、漫談でも落語でもフリートークでもない、独自の話芸で、スポーツ選手の物語や、芸談を展開。メディアでも注目されて久しいです。「津田恒美物語」「江夏の21球」「藤山寛美物語」etc……。山田さんの「かたり」は、アメリカで言うスタンダップコミックの味と、日本の講談、落語が培ってきた「物をかたる」すなわち「物語」本来の魅力に溢れています。

山田雅人さんには、昨年「みんなの寅さん」にもご出演頂きましたが、ぼくと同様、小学生の時からの寅さんファンです。お兄さんと家の近所の映画館に三本立ての「寅さんまつり」を観に行ったときに出会ったのが、第十作『寅次郎夢枕』だったと、ラジオでも語ってくれました。

「みんなの寅さん」は、シリーズに縁のあるご出演者や、スタッフの方にゲストにおいで頂き、想い出話や知られざるエピソードを話して頂くことが多いのですが、山田さんは、もちろん出演者でありながら、生粋の「寅さんファン」です。むしろ、その「寅さんへの想いの強さ」が、キャスティングの後押しになったことは、お目にかかって、お話をしてみれば得心します。

ぼくと山田雅人さんが初めて出会ったのは、一九九四年の晩秋。第四十七作『拝啓 車寅次郎様』の撮影現場でした。当時、ぼくは劇場用パンフレットの仕事で、松竹大船撮影所に通っていました。パンフレットでは山田洋次監督へのインタビューを、初めて担当。子供の頃からの夢が叶った仕事でもあり、張り切って撮影所に通ったことを今でもよく覚えております。

そのセットで、出番が無い日も熱心に、現場におられたのが山田雅人さんです。山田さんも、子供の頃からの夢が現実のものとなり、その嬉しさもあったと思います。熱心に他のシーンが出来上がっていくプロセス、山田監督の演出をご覧になっていました。

ぼくもそうでしたが「見学する」というより

「見届けたい」という気持ちが先にあったと思います。現場の山田雅人さんからは、そんな体温が伝わってきました。そのときは、ぼくと山田さんは挨拶を交わしただけでした。しかし、少年時代から「男はつらいよ」が好きで、好きで、それぞれの道でこの憧れのシリーズに、仕事として関わることが出来たのが『拝啓 車寅次郎様』でした。ぼくと山田雅人さんが再会するのは、それから十七年後でした。

山田雅人さんは「拝啓 車寅次郎様」の頃、生まれたお嬢さんに「さくら」にちなんだ「桜子」と名付けたそうです。彼女を学校に送ってゆくときに、車で文化放送「みんなの寅さん」を聴くことが日課となるほどの「番組のヘビーリスナー」とメールを頂戴しました。

ぼくは昨年三月十日に調布映画祭で「日活100周年」を記念して、浅丘ルリ子さんとトークショーをしました。ルリ子さんといえば、日活映画黄金時代を築いたスターでもありますが、ぼくにとっては、放浪の歌姫・リリー松岡、その人でもあります。ルリ子さんとお仕事をご一緒するたびに、ぼくはつい寅さんの話になってしまいます。

その前日、山田雅人さんから「トークショーにぜひ伺いたい」とご連絡を頂きました。そのとき楽屋に訪ねてくだったのです。

「みんなの寅さん」に御出演願ったのも、それがきっかけです。山田雅人さんとぼくは同世代ということもあり、「寅さん」という共通言語があり、自ずと会話の体温が上がってきます。それがオンエアに反映されていたような気がします。その「みんなの寅さん」を機に、山田さんの「かたり」とぼくの「トーク」を一緒に出来ないかと、企画したのが、二月二十四日の「男はつらいよ in 柴又帝釈天春、寅さんをかたる」でした。ただのトークではなく、柴又そのものを舞台にと、昨年リニューアルした「寅さん記念館」で「山田雅人×佐藤利明」のトークを開催しました。

続いて帝釈天で、松竹、ぴあ主催の「男はつらいよ in 柴又帝釈天」では、歌舞伎座特製の「寅さん弁当」を味わい、ぼくと山田雅人さんの「二人かたり」と題して、少年時代のこと、始めての「男はつらいよ」現場体験、二人の奇縁について、タップリとトークしました。このイベントには、これまでもシークレットゲストとして、光本幸子さん、榊原るみさん、岡本茉利さんといったマドンナ、ご出演者に、お客様に内緒でサプライズとしてご出演頂いてきました。

今回は。山田雅人さんによる語り下し「男はつらいよ」物語」です。第四十七作『拝啓 車寅次郎様』のオファーが来たときのこと、神楽坂の脚本執筆中の旅館で、山田洋次監督と始めて会ったのが、オーディション面接だったこと、などのエピソードと共に、この日上映するの第十七作『男はつらいよ 寅次郎夕焼け小焼け』の「かたり」へと拡がってゆきます。お客様も、山田雅人さんの「かたりの世界」に引きこまれて、楽しくも、濃密なひとときとなりました。

「みんなの寅さん」も、柴又のイベントも、このコラムも、考えてみたら「寅さんの魅力をかたる」ことです。ぼくの生業も映画について「かたる」ことです。山田雅人さんとのジョイントは、とても刺激的でした。印象と気持ちを、伝え、共感して頂き、それが皆さんのなかで拡がってゆく。「寅さん」に限らず、映画を味わうことの、楽しみの一つです。これも「寅さん」が結ぶ縁です。

二〇一三年三月二十二日

撮影現場の渥美清さん

第四十七作『男はつらいよ 拝啓車寅次郎様』にも「寅さんのアリア」があります。就職した満男(吉岡秀隆)に、寅さんがセールスの極意を伝授しようと、お膳の上にある鉛筆を「売ってみな」と持ちかけるところから「寅さんのアリア」が始まります。

シリーズ後期、渥美清さんの体調も芳しくなかったときではありますが、長年、テキ屋を生業としてきた寅さんの話芸が光り輝く名場面となりました。平成六(一九九四)年十二月はじめ、松竹大船撮影所の第八ステージに組まれた「くるまや」のセットで、このシーンのリハーサルから、撮影の一部始終に、幸いなことに、ぼくは居合わせることができました。

第四十七作の劇場用プログラム編集のお手伝いをしていたぼくは、この日、どうしても山田洋次監督にインタビューの文字校正を頂くことと、装飾・小道具の露木幸次さんから、パンフレットで使うために、寅さんのトランクを拝借するという大任があったからです。

朝から「くるまや」のセットに入って、キビキビと動くスタッフたちが粛々と準備を進める姿に山田組の伝統を感じました。思えば「寅さんの撮影現場を目の当たりにしたい」というのが、高校、いや中学の頃からの夢でした。山田監督と渥美清さんに会うこと、それが人生の大きな目的でした。高校の進路指導のときに、将来の希望を「映画関係」と述べたのも、どこかに「寅さんの撮影現場に行く」という具体的な目的があったからだと思います。

六歳で『男はつらいよ』に出会い、渥美清さんの鮮やかな口上に魅せられ、寅さんの愚かしきことの数々を、おかしく、そしてときには切なく、心に沁みるドラマとして作り上げてきた山田洋次監督の映画は、ぼくの少年期に大きな影響を与えたことは、コラムに書いてきた通りです。『男はつらいよ』には必ず併映があり、映画を二本立てで観ることが、当たり前だった時代のプログラムピクチャーの空気を体感し、娯楽映画が生涯のテーマとなったのも、この頃の体験あればこそ。結局、二十歳の頃、テレビの制作会社につとめながら、映画の原稿を書くチャンスに巡りあい、それが娯楽映画研究家の道へとつながっていったのです。

そうして、本当に、幸運なことに山田組の撮影現場に、仕事として伺うことが出来るようになりました。そこで「寅のアリア」が出来上ってゆくまでを、目の当たりにすることが出来たのです。照明部が、それぞれの俳優さんにあてる照明の位置を決め、録音部が台詞に会わせてマイクを動かす。さくら、博、おいちゃん、おばちゃん、タコ社長、各々の定位置に座りながら、山田監督がそれぞれの動き、台詞の調子などを決めて行きます。

主役の寅さんはといえば、くるまやの店先、ちょうど参道のあたりにおいたベンチに座って、待機しています。この頃の渥美さんは、体力を温存して、準備の間はなるべく身体を休めていました。この日は、日曜日ということもあり、沢山の見学者がセットに来ていました。周囲のガヤガヤした雰囲気をよそに、渥美さんは、となりに座って、熱心に話している女性のことばに、うんうん、と優しくうなずいていました。

渥美さんに、とにかく、あれもこれも、という感じで話しかけていたのが、黒柳徹子さんでした。渥美清さんとは、一九六〇年代、NHKのバラエティ「夢であいましょう」で競演、名コンビだった方でもあります。渥美さんは黒柳さんのことを「お嬢さん」と呼び、黒柳さんは「渥美ちゃん」と親しみを込めて呼んでいました。二人はヒソヒソ、ヒソヒソ話し込んで、横に立っていたぼくは、二人に流れてきた三十年という月日に想いを馳せたり、眼前に展開している撮影準備のことを考えたり、そのときのことをよく覚えています。

　そしていよいよ、渥美さんがセットに呼ばれ「寅のアリア」の撮影がスタートしました。本当に数回、段取りを確認するように、小声で寅さんが語りだし、倍賞千恵子さんや吉岡秀隆さんがリアクションをする。現場の空気がピンとはりつめ、山田監督が「はい、本番」と声をかけ、撮影開始のブザーがなります。ゆっくり、本当にゆっくりと、育ての母親との鉛筆の思い出を語る寅さんに、家族だけでなく、現場にいる誰もが魅了されて行きます。第一作から四半世紀、四十七回もこのセットで、寅さんは家族に、様々なことを語り、ときにはそれが大騒動の原因となったり――。

　ぼくは「メロン騒動」や「鯉のぼり騒動」「犬のトラ騒動」など、シリーズで毎回展開されてきた、茶の間の出来事を思い出しながら、ああ、自分は「男はつらいよ」の現場にいるんだなぁ、という感激をしみじみ噛み締めていました。その後も大船撮影所には、山田作品だけでなく、「釣りバカ日誌」シリーズの撮影など、それほど数えきれないほど現場取材に通いました。横須賀線を大船駅で降りて、まっすぐ歩いていくと、正門に到着します。およそ十分ちょっとの道のりですが、昭和十一年の撮影所開所以来、たくさんの俳優、スタッフ、監督たちが、ここを車で通り、歩いたのかと思うと、感慨無量です。

　撮影所の周辺には、撮影所の人たちに愛されたレストラン「ミカサ」、蕎麦屋「浅野屋」、ラーメン屋「でぶそば」があります。いずれも現在も営業を続けており、松竹前というバス停が今でも残っています。大船に用事があると、ときおりこれらのお店を訪ねます。映画全盛時代の写真やサインを見せて頂き、お店の方から当時の話を伺うこともしばしばです。

大船撮影所は平成十二(二〇〇〇)年の山田洋次監督作品『学校Ⅳ』を最後に閉所され、現在は見る影もありません。時は移ろい、そこにあった時代の匂い、ぬくもりすらも拭い去ってしまいます。ここに撮影所があり、沢山の人が働き、数々の名作が誕生したことを知っているのは、古くからの住人や、そのレストランや、蕎麦屋、ラーメン屋の佇まいだけになりつつあります。

しかし、ひとたび映画を観始めると、フィルムにはその頃の空気、活気、人々の想いが込められている、そんな熱を感じることが出来ます。昭和三十年代から四十年代にかけて、映画が斜陽になっていくなか、「面白い映画を作ろう」「観客に楽しんでもらおう」と監督が俳優たちが、それぞれの持ち味を活かして作った娯楽映画の数々。山田監督とハナ肇さんのコンビによる『馬鹿まるだし』『いいかげん馬鹿』(一九六四年)、『馬鹿が戦車でやってくる』(一九六六年)などの「馬鹿シリーズ」、東映から移籍して松竹喜劇の黄金時代のきっかけを作った瀬川昌治監督とフランキー堺さんのコンビ作「喜劇・旅行シリーズ」(一九六八〜一九七二年)、野村芳太郎監督とコント55号の喜劇シリーズなどの、時代を象徴するプログラムピクチャーの数々には、そうした空気が満ちています。

そして何より「男はつらいよ」です。昭和四十四年の第一作にあふれているギラギラした一九六〇年代末の混沌、一九七〇年代の空前の寅さんブームの熱気、変わりゆく一九八〇年代の日本の風景、そして変わらない「男はつらいよ」シリーズを紡ぎだしていた一九九〇年代の後期作品群……。

スタッフ、キャストも年齢を重ね、円熟の境地に達していった後期シリーズは、ぼくにとっては二十代から三十代のかけがえのない思い出が詰まっています。歌は世につれ、ということばがありますが、映画も世につれです。DVDや放送で、ちらっと眺めたときに、目の前に広がる、時代の空気や熱、それも映画を味わう楽しみなのです。

二〇一四年三月三十日

第四十八作　男はつらいよ　寅次郎紅の花

一九九五年十二月二十三日

ご苦労さまでした。お幸せに！

映画の原稿を書くようになってからも、「男はつらいよ」は映画館で観てきました。上野松竹や銀座松竹で、満員のお客さんの熱気のなかで、寅さんの姿を見るのが、子供の頃からの楽しみでした。ただ一度だけ、当時、松竹本社の地下にあった試写室で観たのが、第四十八作『寅次郎紅の花』でした。平成七(一九九五)年十二月二十日、公開三日前のことでした。「男はつらいよ」は、いつも完成が公開ギリギリとなり、マスコミ向けの試写も数日前というのが常でした。山田洋次監督が、粘りに粘って作品と向き合っていたことの証でもあります。

この『寅次郎紅の花』は、第十一作『寅次郎忘れな草』、第十五作『寅次郎相合い傘』、そして第二十五作『寅次郎ハイビスカスの花』で、寅さんと幾多の物語を紡いできた放浪の歌姫、リリー松岡(浅丘ルリ子)が久々にマドンナとして登場。満男の恋人・泉(後藤久美子)も三作ぶりの出演ということもあり、製作発表の時から注目を集めていました。セット撮影、ロケ取材もさせて頂いたこともあり、特別な思い入れもあって、完成作を観ました。

物語の終盤、些細なことでリリーとケンカした寅さんは二階の部屋に上がったままです。奄美大島に帰るというリリーにさくらは「お願い、ね。もうちょっとだけ」と待たせて、二階へ上がっていきます。幾度となく繰り返されてきた二階の「あにいもうとの別れ」のおなじみのショットです。この二階は、寅さんが旅立つ決意をしたときに、寅さんとさくらが、お互いの本音をもらす「あにいもうと」の会話が幾度となく交わされてきました。ここは、誰にも立ち入ることができない、寅さんとさくらだけの聖域なのです。

第十一作『寅次郎忘れな草』で、寅さんがさくらに「あの女にも人並みの家族の味を味合わせてやりてえと。そう思ってよ」と、リリーを「とらや」に置いて欲しいと頼んだのも、この部屋でした。第十五作『寅次郎相合い傘』で、リリーが出て行った後、さくらが「お兄ちゃんは、リリーさんのことが好きなんでしょう」とリリーを追いかけていくべきと言ったのもこの部屋です。その時、寅さんは「言ってみりゃ、あいつも俺と同じ渡り鳥よ。腹へらしてさ、羽根を怪我してさ、しばらくこの家で休んだだけよ。いつかはパッと羽ばたいてあの青い空に……な、さくら、そういうことだろう」とさくらに話します。

そんな「あにいもうと」の聖域が映し出されると、ぼくらは寅さんの旅立ちが近づいていることを感じます。『寅次郎紅の花』でも、さくらは、いつものように、寅さんに本音をぶつけます。

「今だから言うけど、お兄ちゃんとリリーさんが一緒になってくれるのは、私の夢だったのよ。お兄ちゃんみたいに、自分勝手でわがままな風来坊に、もし一緒になってくれる人がいるとすれば、お兄ちゃんの駄目なところをよくわかってくれて、しかも大事にしてくれる人がいるとすれば、それはリリーさんなの、リリーさんしかいないのよ。そうでしょう。お兄ちゃん。」

さくらのこのことばは、ファンの気持ちでもあります。ところが寅さんは「お前は満男の心配でもしてろよ」とソッポを向きます。さくらは、寅さんとリリーが奄美群島の加計呂麻島で一緒に暮らしていると、満男から聞いたときに、どんなに嬉しかったか、とさらに本音を漏らします。その一言で寅さんの心が動いたのでしょう。さくらが去った後を、寅さんがふと見るショットがあります。

寅さんは二階から降りてきて「おい、リリー送って行くよ」と、リリーと一緒にタクシーに乗り込みます。この寅さんのカッコ良さ、二枚目です。寅さんは、これまでのシリーズにはなかった行動をとるのです。しかし、二階に寅さんのカバンは置いたまま……ということは寅さんは再び柴又に戻って来ることを意味します。その象徴としてのカバンの扱いが実に巧みです。ところが、さくらが機転を利かし、店員の三平ちゃん（北山雅康）に「お兄ちゃんのカバン二階から持ってきて」と頼みます。

ここからがサスペンスです。寅さんとリリーを乗せたタクシーに、果たしてカバンを持った三平が間に合うのか。まさしく大団円に相応しい展開です。

車内でのリリーと寅さんの会話、それにあきれ果てる運転手の犬塚弘さん。これまでは、寅さんとリリーの蜜月は、ちょっとしたことでバランスを崩してしまうので、ハラハラドキドキです。

しかし、運転手と揉めている間に、寅さんのカバンを持った三平が間に合うのです。三平が寅さんのカバンを車のトランクに入れて、見送ります。シナリオでは「行ってらっしゃい」の一言でしたが、映画では三平が「行ってらっしゃい、お幸せに」と手を振って見送ります。

「お幸せに」この一言で、寅さんとリリーのこれからが見えるような気がします。加計呂麻島で、リリーと楽しい南国の暮らしをしながら、二人は時を重ねていくに違いない、このシーンを観たとき、そんな風に思いました。第二十五作『寅次郎ハイビスカスの花』で、リリーに「オレと所帯もつか」と告白したものの、結局うまくいかなかった時、柴又駅でリリーを見送った寅さんは、電車の発車間際に「幸せになれよ！」と声をかけました。寅さんは出会った人の〝幸せ〟をいつも考えている人だと、ラジオでもこのコラムでも繰り返し言ってきました。

その寅さんに、三平ちゃんが「お幸せに」と声をかけるのです。

この映画が作られた平成七年は、阪神淡路大震災が起きた年でもあります。『寅次郎紅の花』では、冒頭、一年以上音沙汰ない寅さんのことを、家族が心配していると、テレビの震災を振り返る番組「大震災その後 ボランティア元年」に、なんと寅さんが映っていて、ボランティアをしていたことが次第に明らかになります。現実のなかの寅さん、ということでも、この『寅次郎紅の花』の冒頭は、実に巧みに作り上げられています。

ラスト、リリーからの手紙で、またしても些細なことでケンカして、寅さんが出ていってしまったことが伝えられます。その寅さんはまた旅の空なのですが、きっと寅さんが戻る場所は柴又ではなく、リリーの住む奄美大島のような気がします。

さて、寅さんはどうしても行かなければいけない場所がありました。それが神戸市長田区、阪神淡路大震災で最も被害が大きかった場所です。寅さんは、ここで被災し、ボランティアをしていたのです。その復興祭に、寅さんが再びやってきて、パン屋夫婦（宮川大助・花子）、会長（芦屋雁之助）たちと再会を果たします。そこへ自転車で青年（パンチ佐藤）が駆けつけます。元気そうな商店街の、あの顔、この顔に、寅さんが優しく声をかけます。

「苦労したんだなぁ、ご苦労さまでした」

この被災地への人々へのことばが、寅さんの、そして俳優・渥美清さんの最後の台詞、最後のことばとなりました。この台詞は当初のシナリオにはありませんでした。現場で撮影をしているときに、山田洋次監督と渥美清さんの間に、自然に出てきたものだと思われます。「みんなの寅さん」でもお話しましたが、この「苦労したんだなぁ、ご苦労さまでした」という台詞、実は、第一作『男はつらいよ』でも寅さんが言っていることばなのです。

二十年ぶりに寅さんが柴又に帰ってきて、さくらと感動の再会を果たします。両親も亡くなり、おいちゃんとおばちゃんに育てられ、見違えるように美しい女性となったさくらに、寅さんは言います。

「さくら、苦労かけたなぁ、ご苦労さん」（第一作）

さくらがどんな想いをして、ここまで来たのか、寅さんは想像するしかありません。寅さんは、大変だったね。苦労したんだね。ご苦労さん。という気持ちを伝えることしか出来ません。でも、それが寅さんの優しさであり、相手の幸せを願う人の、ことばでもあるのです。

第一作で妹・さくらにかけたことばが、第四十八作では被災地の人々へのことばへとなり、それから十七年、この『寅次郎紅の花』を通して、ニッポンの皆さんに向けての「ご苦労さまでした」となっているような気がします。このことを、ある時、山田監督に話したことがあります。監督によれば、この台詞は第一作を意識したわけでなく、「ご苦労さん」ということばは、下町出身の渥美清さんのなかにあるものだと、話してくれました。

『寅次郎紅の花』が公開されて八ヶ月後、渥美清さんが亡くなり、結果的には、これがシリーズ最終作となりました。この作品では満男は泉にようやく愛の告白をして、二人の結婚が匂わされます。次に予定されていながら実現されなかった、西田敏行さんと田中裕子さんが「あにいもうと」を演じる話もあった、幻の第四十九作『寅次郎花へんろ』が作られたなら、満男と泉の結婚が描かれたと思います。

ファンには「それから」を夢想する自由があります。例えば、満男の結婚式で、寅さんが伯父として挨拶することになり、博や御前様に相談してスピーチの原稿を用意するのですが、緊張のあまり行った便所に、その原稿をドッポーン、なんて場面を思い浮かべてしまうのです。

　そして、第四十八作まで見終わると、また第一作から「男はつらいよ」シリーズを新たな気持ちで、楽しむことが出来るのです。なんて幸福なことでしょう。「男はつらいよ」の良さは、リアルタイムに間に合わなかった世代でも、「面白いなぁ」と寅さんに触れることが出来る懐の大きさにあるような気がします。寅さんを想うわれわれに、いつも、いつでも寅さんは、寄り添ってくれる、そんな幸福な時間をもたらしてくれるのです。

　二〇一二年三月二十四日

寅さんとリリー、幸福な結末

　第一作から週に一作ごと「男はつらいよ」の魅力をぼくなりに綴ってきたこのコラムの三年目も、いよいよ最終作となりました。第四十八作『寅次郎紅の花』は、ひとことで言うと感慨無量な作品です。渥美清さんの急逝により、これがシリーズ最終作となってしまったこと。第四十五作『寅次郎の青春』のラストで、名古屋に戻ることになり、満男と別れてしまった後藤久美子さん演じる泉ちゃんの五度目の登場。そして、第二十五作『寅次郎ハイビスカスの花』のラストで幸福な再会を果たしたものの、その後の消息は杳《よう》として知れなかった、浅丘ルリ子さん演じるリリーの四度目の登場……。

　さまざまなエレメントが融合し、昭和四十四（一九六九）年の第一作『男はつらいよ』から二十六年間、続いてきた、車寅次郎とぼくたちの時間が、これでひとまずフィナーレを迎えてしまったこと……。一本の映画を味わうということより、ぼくにしてみれば、肉体の一部でもあった「男はつらいよ」が終焉してしまったということへの、哀惜というか、惜別というか、感謝というか、様々な気持ちが、湧き上がってくる作品です。

　もちろん、撮影現場に取材に行ったときには、これが最後になるとは思いもよりませんでした。ですが、平成七(一九九五)年十二月二十日に、完成作を松竹本社の試写室で観たときには、涙が止まりませんでした。クライマックス、奄美大島に帰るリリーを見送る寅さん。「男が女を送るって場合にはな、その女の家の玄関まで送るってことよ」この台詞に、万感の想いを抱きました。

ぼくたちは寅さんとリリーの別れを、これまで三度観てきて「今度こそ」というときに、さくらにとっても、ぼくらにとっても、残念な結末が待っていました。第十一作『寅次郎忘れな草』では、夜中に、酔ったリリーがやってきて、寅さんが諭します。「昼間みんな働いてな、疲れて寝てるんだから。ここは堅気の家なんだぜ」。リリーは「寅さんなんにも聞いてくれないじゃないか。嫌いだよ!」と自分の想いをぶつけます。

このとき、寅さんを同じ渡り鳥同士と思っていたリリーは、家族に気遣いを見せる寅さんに、自分の寂しさを受け止めてもらえないと思い、立ち去ります。しかし、寅さんにはその悲しみは十分に判っていたのだと思います。ただ、リリーの情熱を受け止めることができなかったのです。もしも、この晩、寅さんがリリーと旅に出ていたら……二人はどうなったのか?

それから二年後の夏、寅さんとリリーは北海道、函館で再会。このときはさくらが「リリーさんみたいな人がね、お兄ちゃんのお嫁さんになってくれたら、どんなに素敵だろうな、って」と冗談めいて、しかし本気で言ったときに、リリーは「いいわよ、私のような女でよかったら」と照れくさそうに応えます。そして寅さんが帰ってきて、さくらは「リリーさんがね、お兄ちゃんと結婚してもいいって言ってくれたのよ。よかったわねえ」と本当に嬉しそうです。しかし、どうしていいかわからない寅さん、リリーに「お前本当に、冗談なんだろ、え?」。

寅さんの困ったような顔を観た、リリーは本心とは裏腹に「そう、冗談に決まってるじゃない。」このときも、ぼくたちは、なんて惜しいことをしたんだろう、と思いつつ、でも、寅さんという人を思えば、恋をすることは出来ても、相手の気持ちを受け止めて恋愛をすることは、なかなか難しいことは、百も承知なのですが……やっぱり、もったいないなぁと、観るたびに思う訳です。

それから五年後の夏。寅さんは沖縄で倒れたリリーの手紙を読んで、苦手な飛行機で那覇へ飛び、懸命に看病します。その後、いろいろあって柴又へ訪ねてきたリリーに、寅さんが、前回のことを踏まえて、ついにプロポーズをします。

「リリー、オレと所帯持つか」

寅さんにしてみれば、やっとの思いです。告白するだけで精一杯。二人きりならともかく、茶の間で家族が凝視する中です。リリーは「やあねぇ寅さん、変な冗談言って、みんな真に受けるわよぉ」と混ぜっ返します。本当は、その気持ちは嬉しかった筈ですが、今度はリリーが「私達、夢見てたのよ、きっと。ほら、あんまり暑いからさ」と、寅さんに助け舟を出すように、この話を収めてしまいます。寅さんは「そうだよ、夢だ、夢だ」と自分を納得させるように言って、庭先に出て、ため息をつきながら「夢か……」と肩を落とします。

それでも寅さんは、リリーを柴又駅へ送っていき、別れ際に「幸せになれよ」と声をかけます。「幸せにしてやりたい」そう思っている筈なのに、それが出来ないことを、寅さんもリリーもよく判っているのです。だからこそ切なく、ぼくたちはいつも残念だなぁと思ってきました。

それでも山田監督は『寅次郎ハイビスカスの花』で、幸福な結末を用意してくれました。夏の暑い日差しが照りつけるバス停。群馬県は上荷付場《かみにつけば》停留所、草津と軽井沢を結ぶ草軽交通のバスを待つ寅さん。待てど暮らせど、お目当てのバスは来ません。そこへ一台のマイクロバスが通りかかり、止まります。中から日傘を差した女性がやってきます。

その女性がリリーと判るや、寅さん、ニッコリして「どこかでお目にかかったお顔ですが姐さん、どこのどなたです?」「以前お兄さんにお世話になったことのある女ですよ」「はて? こんないい女をお世話した憶えは、ございませんが」「ございませんか、この薄情者」と二人の渡り鳥の呼吸もピッタリです。

寅さんの「俺はリリーの夢を見ていたのよ」は、この物語の幕切れにはふさわしいです。

あの柴又駅でのリリーと寅さんの別れは「また日本のどこかで会おうな」という再会が約束されていたことは、誰しも思っていたことですが、それはあくまでもイメージのなかのことでした。しかし山田監督は、第二十五作のラストで、二人の幸福な再会を映像として残してくれました。面と向かって「愛している」「所帯を持つか」といったことばを交わすことはせずとも、二人の気持ちは通じ合っている。二人は人生という旅の途上で、お互いを理解している最高のパートナーなのです。

それから十五年、リリーはどうしているのだろう？　ファンはずっと想い続けていました。寅さんは人生の旅を続け、満男は大人になり、さくらも心の片隅では「お兄ちゃんに落ち着いてほしい」と思いながら歳月を重ねてきたと思います。寅さんとリリーの「その後」こそ、ぼくたちの「夢」でもありました。満男が泉の結婚式をぶちこわして、失意のまま奄美群島加計呂麻島へとやって来ます。

目的もなく旅をしている満男に「ちょっと、どこまで行くのお兄さん」とリリーが声をかけ、とりあえずカレーライスをごちそうします。困っている人がいたら黙っていられない。リリーもまた寅さん同様、苦労人ゆえに、まずは行動していしまいます。

そして、リリーが満男を連れて、家に帰ると、そこには寅さんがいた。ということこれもまた「夢」のような展開でした。それからの第四十八作『寅次郎紅の花』は、それまでの作品をふまえて味わっていくと、本当に幸福な展開となっていきます。

クライマックス。ちょっとしたことで寅さんとけんかしたリリーが、加計呂麻島に帰る時間が近づいてきます。二階で憮然としている寅さんに、さくらが言ったことばは、ファンの想いでもありました。「お兄ちゃんのようなわがままで自分勝手な風来坊に、もし一緒になる人がいるとすれば、お兄ちゃんの駄目なところをよくわかってくれて、しかも大事にしてくれるような人がいるとしたら、それはリリーさんなの、リリーさんしかいないの。そうでしょう。お兄ちゃん。」

ぼくたちは、何度となく、二階の寅さんの部屋でのさくらとの二人だけの会話を見てきました。さくらも、寅さんも、ここでの二人だけのときには、本音で話してきました。この会話のあと、寅さんは、直接的な行動に出るのです。「おいリリー、送って行くよ」とリリーの乗ったタクシーに乗り込んだ寅さんにリリーが「ねえ、寅さん。どこまで送っていただけるんですか？」。そこで寅さん「男が女を送るって場合にはな、その女の家の玄関まで送るってことよ」と言い放ちます。この一連のシーンは、まさしく「男はつらいよ」シリーズの大団円にふさわしい、幸せな結末だとぼくは思います。くるまやに、寅さんが忘れたトランクを、三平ちゃん（北山雅康）が届けるサスペンスも含めて。

昭和四十四（一九六九）年から平成七（一九九五）年にかけての二六年間、四十八作を重ねてきた「男はつらいよ」シリーズは、こうしてフィナーレを迎えましたが、ぼくたちは、第一作から第四十八作までを繰り返し、繰り返し、味わう楽しみがあります。二十年ぶりに帰ってきた寅さんの愚かしきことの数々の行状から、美しいマドンナに心を寄せるエピソード、そして少年から青年へと成長していく満男に寅さんがかけた数々のことば……。昭和から平成にかけての日本人の記録でもあり、観客にとってもう一つの家族である〝寅さん一家〟が過ごしてきた時間は、いつでも、いつまでも、ぼくたちとともにあるのです。

二〇一四年三月三十一日

男はつらいよ 寅次郎
ハイビスカスの花 特別篇

一九九七年十一月二十二日

伯父さんはどうしているのだろう

平成八（一九九六）年八月四日、ぼくは葛飾柴又にいました。前の日に、原稿を書くため、届いたばかりの第四十八作『寅次郎紅の花』の内覧ビデオを観たこともあるのですが、真夏の陽射しが照りつける、暑い日、どうしても柴又に行きたくて、金町の方から江戸川土手を、帝釈天題経寺の方に向かっていました。

昼すぎでしたが、土手から題経寺の方をみると、ポッカリと浮かんだ丸い雲が、題経寺の上にひろがり、ギラギラとした陽射しが遮られ、和らいだのです。題経寺の上だけ丸い雲、不思議なことがあるもんだなぁと思いました。

後から知ることになるのですが、その日、渥美清さんが六十八歳の生涯を閉じたのです。

それから一年、山田洋次監督は「男はつらいよ」から「一番好きな作品」を選んで、映像もクリアに、サウンドもドルビーサラウンドにリニューアルした特別篇を作ることとなります。それが『男はつらいよ寅次郎ハイビスカスの花 特別篇』でした。当時、ジョージ・ルーカスが「スターウォーズ エピソードⅠ」の公開に先駆けて『スターウォーズ エピソードⅣ 新たなる希望 特別編』を製作。スティーブン・スピルバーグが、巨匠デヴィッド・リーンと『アラビアのロレンス 完全版』を製作したり、世界の映画界では、過去の名作をデジタル修復してリニューアル、オリジナルに間に合わなかった若い世代にも、新作としてプレゼンテーションするのが風潮となっていました。

「男はつらいよ」の新作はもう観ることができない。ならば、とびきりの一本を選んで新装開店しよう、という発想で『ハイビスカスの花 特別篇』が作られたのです。

その前に、二度ほど「男はつらいよ」が甦ったことがあります。平成八年九月十二日、山田洋次監督、倍賞千恵子さん、佐藤蛾次郎さん、前田吟さん、三崎千恵子さん、下條正己さん、太宰久雄さんらが柴又に集まり、とある作品の撮影が行われました。「東京のゴミはつらいよ」と題されたキャンペーンのポスター撮りでした。寅さんは旅の空、柴又のくるまやでは相変わらずの日常が続いている、そんな雰囲気のヴィジュアルが展開されたのです。

この年の年末に、山田洋次監督が西田敏行さん主演で撮った『虹をつかむ男』(一九九六年)のラスト、四国は徳島で小さな映画館を営む主人公・白銀活男《しろがねかつお》が車を運転しながら「男はつらいよ」主題歌を口ずさんでいると、旅先の寅さんが佇んでいる。そんなヴィジュアルがありました。CG合成であるのですが、寅さんが元気に旅を続けている、それが嬉しくて、そのショットを観るために映画館に二度ほど足を運びました。

やがて平成九(一九九七)年、『寅次郎ハイビスカスの花 特別篇』が製作されました。「東京のゴミはつらいよ」では車一家、『虹をつかむ男』で寅さん、そして『特別篇』では旅先の満男が寅さんを回想する姿が描かれました。「男はつらいよ」の人々の日常が続いている、それがこの三つの作品のなかで描かれているのです。

『特別篇』の冒頭、セールスマンとなった満男が出張先の、JR東海道線国府津駅のホームのベンチで、ビールを飲んで一息ついているところに、満男の「伯父さんはどうしているのだろう?」とナレーションが流れます。満男がふと後ろの下りホームを見やると、東海道線が入ってきます。

その窓越しに、なんと寅さんが立っているのです。満男に気づいたのか、いつものように「ヨッ!」と右手を挙げます。ここにも旅先の寅さんが登場します。これは満男の幻想なのか、現実なのか、そんなことは構いません。寅さんがそこに佇んでいる、その一瞬がスクリーンに収められているのです。

そこから、電車に乗った満男が、寅さんのこと、寅さんとリリーのことを回想します。第十一作『寅次郎忘れな草』の網走での二人の渡り鳥の出会い、第十五作『寅次郎相合い傘』での再会、リリーのためにリサイタルを開いてあげたいという寅さんのアリア、そして別れ。まるで写真アルバムのように、画面の四隅が丸くぼかしてあるのは、『虹をつかむ男』でも引用されていた、木下恵介監督の名作『野菊の如き君なりき』(一九五五年)の手法です。

この冒頭の寅さんとリリーの名場面は、山田監督の想いが込められた素晴らしいダイジェストです。そこからリニューアルされた『ハイビスカスの花』が始まるのです。

この作品のために、山本直純さんの音楽がすべて新録音されています。しかもシリーズで初めてのステレオ、ドルビーサラウンドです。東京ニューフィルハーモニック管弦楽団の演奏が、素晴らしいのです。おなじみの「リリーのテーマ」「寅さんのテーマ」「柴又のテーマ」はもちろん、特別篇のために書き下ろされた「寅とリリーのテーマ」は、二人が寄り添い、ともに生きていることを示唆してくれるような音楽です。

平成二十三(二〇一一)年に、プロデュースさせて頂いたCD「男はつらいよ 続・寅次郎音楽旅~みんなの寅さん」のディスク2には、この『寅次郎ハイビスカスの花 特別篇』の音楽をふんだんに収録しました。シリーズ終了後、もう一度、寅さんのために音楽を作ろう、という山本直純さん、山田洋次監督の想いがサウンドに込められています。

『寅次郎ハイビスカスの花』で、「リリー、オレと所帯を持つか」とやっとの思いで告白したものの、結局うまくいかなかった寅さんが、リリーを柴又駅で見送るときに「幸せになれよ！」とかけたことば。それからしばらくして、群馬県吾妻郡六合村上荷付場《くにむらかみにつけば》のバス停でのリリーとの再会の幸福な幸福なラストシーン。そこに流れる新しい音楽。

続いて、出張から帰ってきた満男が、帝釈天参道のくるまやに立ち寄るショット。店員の三平ちゃん（北村雅康）と佳代ちゃん（鈴木三恵）が、満男を出迎えます。変わらない日常がさりげなく描かれます。三平ちゃんが満男に「ご苦労さま」と声をかけます。ここでも「ご苦労さま」なのです。

やがて参道を家路につく満男を捉えたキャメラが、参道の上空に上がっていきます。備後屋（露木幸次）と挨拶を交わす満男。カラスの鳴き声、そして源ちゃんが撞いているであろう鐘の音が聞こえてきます。キャメラが帝釈天の山門、二天門を捉えたあたりで、ワンフレーズ「男はつらいよ」のモチーフが流れるのです。

冒頭と最後の新撮影部分は、いわば額縁なのですが、このシーンは、山田洋次監督渾身の名場面です。「男はつらいよ」シリーズへのファンの想いを受け止めた暖かいまなざしにあふれた、素晴らしいラストとなっています。

この一連の音楽を、どうしてもCDに入れたくて「続・寅次郎音楽旅 みんなの寅さん」を企画しました。「満男の帰宅～伯父さんはどうしているのだろう」とタイトルを付けたこの曲は、昭和四十四（一九六九）年から二十六年間、四十八作続いた「男はつらいよ」という大河ドラマの、クラシック音楽でいうところのコーダー（終曲）ともいうべき曲なのです。「伯父さんはどうしているのだろう」。満男でなくても、ファンであるわれわれはいつも「寅さんはどうしているのだろう」という思いになることがあります。その答えは、渥美清さんと山田洋次監督、多くのスタッフ、キャストが二十六年間に渡って作り続けてくれた「男はつらいよ」全四十八作のなかにあります。映画を観れば、いつも、いつでも、どこでも、寅さんやさくら、博、満男、おいちゃん、おばちゃん、御前様、タコ社長、源ちゃんに会うことができるのです。
　また「寅さんはどうしているのだろう」という熱い想いは、山田洋次監督の書き下し小説「けっこう毛だらけ（悪童 小説 寅次郎の告白）」や、文化放送「みんなの寅さん」のようなかたちに結実して、次の世代へと語り継がれてゆくのです。寅さんは、今でも、旅の空で、変わらず、元気にやっているのだと、ぼくはいつも思っています。

二〇一二年三月三十日

エピローグ

拝啓「みんなの寅さん」リスナーの皆さまへ

皆さまに御愛聴頂いて参りました「みんなの寅さん」は、二〇一六年九月二十四日(北海道では二十五日)の放送をもちまして、フィナーレを迎えることとなりました。スタート以来、五年半、七〇〇回を超す放送回数となり、おかげさまで長寿番組となりました。

　この「みんなの寅さん」は、ラジオで聴く「男はつらいよ」の世界と銘打って、山田洋次監督五十周年、文化放送六十周年を記念して、二〇一一年四月四日(月)にスタートしました。当初は「吉田照美 ソコダイジナトコ」のコーナーとして月曜日から金曜日までの週二日、二年間にわたって放送しました。

　浅丘ルリ子さん、吉永小百合さん、竹下恵子さんを初めとするキャストやスタッフが語る秘話、そして皆様からのお便りをご紹介する「寅さんご意見箱」、倍賞千恵子さんが朗読する、山田洋次監督作「けっこう毛だらけ 小説・寅さんの少年時代」と盛りだくさんの一週間でした。

　日曜日には「みんなの寅さん 日曜版」、ネット局では週一回の三〇分版と、様々なスタイルでの放送で、二〇一二年には「春らんまん みんなの寅さんスペシャル」と銘打って三時間特番も放送しました。

　そして二〇一三年からは、高橋将市アナとの「続・みんなの寅さん」を毎週日曜日に放送、二〇一四年には、石川真紀アナとの「新・みんなの寅さん」となり、倍賞千恵子さんと佐藤利明による「ようこそ、くるまやへ」のコーナーも一年半続きました。

　わたくし佐藤利明は、最初は構成作家として裏方を務めておりましたが、ほどなく初代パーソナリティ吉田照美さんとの「寅さん四方山話」に出演させていただき、〝寅さん博士〟なる称号も頂戴して、いつしかパーソナリティにさせて頂きました。

　番組の中からは「続・寅次郎音楽旅 みんなの寅さん」(松竹レコーズ)や「新・寅次郎音楽旅 男はつらいよ×徳永英明」(ユニバーサル ミュージック)、「寅次郎音楽旅 寅さんのことば」(同)、三タイトルのＣＤアルバムが誕生しました。

東京新聞での「寅さんのことば」連載、夕刊フジでの「みんなの寅さん」連載、デイリースポーツでの「天才俳優・渥美清 泣いてたまるか人生」連載も、この番組から派生していきました。「映画を語るラジオ」がCDや新聞連載、単行本へと拡がっていったのも、「男はつらいよ」の尽きせぬ魅力のなせるわざでした。

ＳＮＳ時代ゆえに、リスナーの皆さんからの反響もビビッドに頂き、銀座シネパトスでの名画座上映企画「新春！みんなの寅さんまつり」や、柴又帝釈天での公開録音など、楽しい思い出をたくさん作ることができました。

現在の十分番組、ひとり語りになってから早二年「みんなの寅さん」は、旅立ちの時を迎えました。五年半の長きにわたり、「みんなの寅さん」を応援してくださった皆さんには、本当に感謝！のことば以外には見当たりません。

そして、これだけぼくらを魅了してくれる「男はつらいよ」を紡ぎ出してくれた、山田洋次監督、渥美清さん、そして映画に関わった全ての皆さんに、心より、素晴らしい作品をありがとうございます！

です。

「男はつらいよ」の楽しさ、素晴らしさ、面白さを、ぼくなりにお伝えして参りましたが、これからは、皆さんの番です。まだ、寅さんの魅力を知らない方がいたら、皆さんのことばでその素晴らしさをお伝えしてください。「みんなの寅さん」は送り手だけのものではありません。寅さんを愛する全ての人、これから「男はつらいよ」を楽しんでくれる全ての皆様のことなのですから。

わたくし、文化放送のスタジオでマイクの前に座っておりました時は、思い起こせば恥ずかしきことの数々、今はただ後悔と反省の日々を過ごしております。

末筆ながら、皆様のご健勝とご多幸、豊かな「寅さん」ライフを過ごされんことを、遠い他国の空から、お祈り申し上げます。

平成二十八年九月吉日

「みんなの寅さん」パーソナリティ
娯楽映画研究家・佐藤利明 拝

終章　お帰り 寅さん

第五十作　男はつらいよ お帰り 寅さん

二〇一九年十二月二十七日

幸福な結末

平成三十(二〇一八)年九月、東京のシネコン、新宿ピカデリーで、４Kデジタルリマスターされた第一作『男はつらいよ』が、マスメディアを集めて上映されました。最新技術で蘇る映像は美しく、色あせたフィルムに慣れていると、あまりの鮮やかさに、まったく別の作品を観ているような不思議な気持ちになりました。

昭和四十四(一九六九)年五月二十三日、『男はつらいよ』は松竹大船撮影所の「とらや」のセットからクランクインしました。その頃の空気が、渥美清さん、倍賞千恵子さんの息遣いとともに鮮やかに蘇り、まるで当時にタイムスリップしたかのような映像体験でした。ぼくの隣には、録音の鈴木功さん、その隣には寅さんの衣装を担当してきた本間邦仁さんがおられて、とても贅沢な時間を過ごしました。

この新宿ピカデリーは、かつて新宿松竹があった場所に建つシネコンです。昭和四十四年八月二十七日の公開日、世田谷の自宅にいた山田洋次監督に、プロデューサーが電話してきて、監督が新宿松竹に駆けつけると、満員の観客が、寅さんの一挙手一頭足に大笑い。山田監督は、そのとき映画が受け入れられたことを実感したそうです。その同じ場所で四十九年後に、第一作を観ているんだなぁと、感無量でした。

上映後、記者会見が行われました。山田洋次監督、倍賞千恵子さん、深澤宏プロデューサーが登壇して「男はつらいよ」の新作を、五十周年のアニバーサリー・イヤーの二〇一九年末に公開するというものでした。

この発表には、長年のファンのぼくも驚きました。果たしてどうなるのか？ 特別篇やオマージュのアンソロジーではなく、シリーズ最新作として製作。キャストは追って発表されるとのことでした。

やがて山田洋次監督、脚本は山田監督と朝原雄三さん、吉岡秀隆さん、倍賞千恵子さん、前田吟さん、佐藤蛾次郎さんに加えて、後藤久美子さん、浅丘ルリ子さんのキャストが発表され、映画はクランクインしました。

期待と不安。むしろ不安の方が大きいまま、ぼくは撮影現場にも行かず、なるべく情報を入れないようにしていました。クランクアップ、完成会見を経て、元号は平成から令和となり、しばらくした頃、佐藤蛾次郎さんから電話がありました。「新作、もう観た？ 泣いちゃったよ。素晴らしいよ」。その一言で不安が安心となりました。

ぼくが娯楽映画研究家を名乗ったのは、平成七（一九九四）年、第四十七作『拝啓車寅次郎様』の取材をしている頃でした。キネマ旬報に宮典子役のかたせ梨乃さんインタビューを執筆したり、劇場プログラムの編集のお手伝いをしていました。なので、寅さんが旅の空だった四半世紀近く、ぼくは娯楽映画研究家として仕事をしてきたわけです。

佐藤蛾次郎さんと話しながらそんなことを、思い出していました。

僕は、第一作からずっと劇場で「男はつらいよ」を観てきました。幼稚園から小学生、中高生、成人してからも初日か、その翌日に必ず映画館で、みんなと一緒に「寅さん」に会ってきました。だから「みんなの寅さん」なのです。

唯一の例外は、コラムにも書きましたが、第四十八作『寅次郎紅の花』を、当時の松竹本社の地階にあった試写室で観たことです。それが最終作となるとは思わずに……。それから二十四年後、もう一度の例外が『男はつらいよ お帰り 寅さん』のマスコミ試写となりました。

諏訪満男は、脱サラして小説家となったものの、まだ駆け出し。六年前に妻・ひとみが亡くなり、今は男やもめとして、高校生の娘と二人暮らし。かつておばちゃんが「満男は優しい子だよ」と言っていたように、人を思いやる優しさはおじさん譲り。それゆえ、この厳しい社会で生きてくるのは、大変だったと思います。それを支えてくれたのが、妻・ひとみであり、愛娘・ユリ（桜田ひより）だったことは、満男とユリの暮らしをみればわかります。

描いていないことを、登場人物のさりげない仕草や会話で、観客に伝えてくれる。「男はつらいよ」シリーズの良さが、ここにもあります。

冒頭、シリーズのフォーマット通り「夢」から始まり、おなじみの主題歌、そして物語が始まる。それだけで、自分たちが「寅さん映画を観ていた、あの頃」に帰ったような気持ちになります。

妻・ひとみの七回忌の法事で、久しぶりに柴又の「くるまや」に帰ってきた満男。京成柴又駅を降り、帝釈天参道を歩いてきた満男を、三平（北山雅康）と源公（佐藤蛾次郎）が迎え、それだけで胸がいっぱいになります。

団子屋からカフェとなった「くるまや」を仕切るのは、蝶ネクタイ姿で決めている店長の三平ちゃん。テレビ版の最終回で「とらや」が喫茶「メモワール」となり、寅さんの舎弟・登が同じようなスタイルでボーイをしていた故事に倣《なら》ってるんだと、またもや〝寅さん脳〟が発動です。

茶の間も、間取りも変わらず、リタイアした博とさくらのためのリフォームも、歳月を感じさせてくれます。茶の間への上がり框《かまち》に手摺があるのは、高齢となったおいちゃん、おばちゃんのために設置したのかなとか、さくら夫婦が、くるまやに住むきっかけは、おいちゃんが亡くなったのを機に、おばちゃんのケアを兼ねての同居だったのかな、とか、描かれていないことまで、イメージしてしまいます。

しかも朱美（美保純）も相変わらずで、タコ社長の娘であることをパワフルな笑いで実感させてくれます。映画は、満男が「寅さん」を思い出すかたちで、シリーズの名シーンが次々と登場します。それが「名場面集」「アンソロジー」ではなく、あくまでも満男やさくら、博たちの回想シーンとしてスクリーンに展開されます。

ぼくたちは、満男の「おじさん」、さくらの「お兄ちゃん」、博の「兄さん」の思い出を共有しているのです。まるで親戚の伯父さんように、寅さんへ想いを馳せることができる。長い映画史のなかで、これほど、観客の主観に訴えるシリーズは、なかったと思います。懐かしの映画の主人公としてではなく、まるで自分の家族のように「寅さんを想う」、その体験を提供してくれる作品なのです。

しかも、五十歳を迎えた満男の前に、かつて心を寄せた「初恋の人」及川泉（後藤久美子）が現れ『お帰り寅さん』の物語が動き出します。ここから『ぼくの伯父さん』『寅次郎の休日』『寅次郎の告白』『寅次郎の青春』『寅次郎紅の花』で七年に渡り、ゆっくりと紡ぎ出されてきた「満男と泉の愛の物語」の二十四年後が展開されていきます。

吉岡秀隆さん、後藤久美子さんに流れた四半世紀という時間。映画館で二人を見届けてきた観客の四半世紀。山田洋次監督、倍賞千恵子さん、前田吟さんたちが生きてきた「あれから」……。すべてが、この映画のためだったのではないかと想いながら、ぼくはスクリーンを見つめました。

第一作『男はつらいよ』で田舎に帰ろうとする博を追って、柴又駅から京成線に飛び乗ったさくら。第四十三作『寅次郎の休日』で、九州に住む父を訪ねる泉の新幹線に飛び乗った満男。さまざまな記憶が、この映画のクライマックスに向けて、ぼくたちの脳内スクリーンに映し出されてきます。まさに「みんなの寅さん」の映画体験にほかなりません。

果たして満男と泉はどうなるのか？「こんな時、おじさんならどうする？」。シリーズが終わって六年後、吉岡秀隆さんに取材したとき「ビデオで、寅さんのことばを、改めて聞いて、しみじみ色んなことを考えてます」と話してくれました。満男も、きっと、四半世紀の間「寅さんのことば」を繰り返し想い出してきたに違いない。「お帰り 寅さん」の満男を観ていると、そう思います。この「お帰り 寅さん」は、回想シーンの寅さんだけでなく、満男のなかで生きている寅さんが、はっきりと見えてきます。

平成二十(二〇〇八)年に、CD「寅次郎音楽旅〜寅さんの〝夢〟〝旅〟〝恋〟〝粋〟〜」(ユニバーサル ミュージック)を企画した時に、山田洋次監督がライナーに寄稿してくれました。

「主役は三枚目でも音楽は二枚目じゃなきゃいけないよ」と直純さんが云ったことがあるが、寅さん映画における音楽のあり方だけでなく、映画音楽はいかにあるべきかを的確にあらわした言葉だと思う。

寅さんはつねに失恋する。だから「男はつらいよ・シリーズ」は悲劇なのである。失恋することがわかっていながら美女に恋する滑稽な寅さんに、そっとよりそう音楽は悲しくなければならない。その表現が直純さんは素晴らしかった。決してセンチメンタルにならずに、悲しみが透明で、初夏の青空のようにからっとしているのだ。

凡庸な作曲家には決して浮かばないだろう見事な発想にぼくは唸らされたものだった。(後略)

山田監督は「男はつらいよ」は、渥美清さん、山本直純さんの「天賦の才」なくしては完成しえなかったと、CDを制作した時に、話してくれました。『お帰り 寅さん』でも、さくらや満男の回想シーンとして、寅さんの様々な名シーンが次々とインサートされます。

そこに流れる心にしみる音楽は、山本直純さんが紡ぎ出した美しいメロディーの数々です。「泉のテーマ」「リリーのテーマ」「柴又のテーマ」などなど。その全ての音楽は、山本直純さんのオリジナルスコアと長男の山本純ノ介さんによるもの。しかも新録音にあたっては、次男の山本祐ノ介さんの指揮による新録音。シリーズではモノラルだった音楽がステレオで鮮やかに蘇って、観客の感動を呼び起こします。

やがて、長い長い物語が、本当の大団円を迎えます。観終わったあと、まぎれもなく『男はつらいよ お帰り 寅さん』が五十作目であることを実感できます。

まだ高校生だった満男が、寅さんを見送る柴又駅前で「おじさん、人間はどうして生きているのかな?」と寅さんに質問したことがあります。

「ああ、生まれてきて良かったな、って思うことが　何べんかあるじゃない、ね。そのために人間生きてんじゃないのか。」

この映画を観ている間、ぼくは「生きてて良かったな」と想い続けていました。第三十九作『男はつらいよ 寅次郎物語』の寅さんのことばが、鮮やかに蘇ってくるのです。

そして本作のタイトルに込められた、いくつもの「お帰り」と「ただいま」が、ラスト・シークエンスで、見事なかたちで提示されます。

山田洋次監督は「みんなの寅さん」を、令和のスクリーンに連れて帰ってきてくれたのです。

そこで「寅さん」の物語は、観客であるわれわれが「語り継いでいく物語」なのだと、エンディングに流れる渥美清さんの歌声に包まれながら、万感の想いとともに実感することが出来るのです。

二〇一九年九月十七日

あとがき

令和元(二〇一九)年十二月二十七日。待望の第五十作『男はつらいよ お帰り 寅さん』が公開されます。平成七(一九九五)年の第四十八作『男はつらいよ 寅次郎紅の花』から二十四年ぶりに、銀幕に、寅さんが帰って来ました。第一作『男はつらいよ』から半世紀。さくらも博も、源ちゃんにも、そして観客にも五十年という歳月が流れました。４Ｋデジタルリマスターの美しい映像で、渥美清さん演じる車寅次郎のハツラツとした姿に、懐かしさ以上の感慨を覚えます。

脱サラをして、作家になった息子の満男に「食べていけそうなの?」と心配するさくら。柴又駅のホームのベンチで、さくらと満男が語り合い、ホームには満男の娘・ユリがスマホを手にしている。このホームでは、寅さんとさくらの「あにいもうと」の別れが繰り返されました。

スクリーンを見つめる僕たちの頭の中に、数々の名場面が蘇ります。さくらも、第十八作『寅次郎純情詩集』のお兄ちゃんとの切ない別れを想い出します。この『お帰り 寅さん』は、それまでの寅さんの様々な行状を、満男やさくら、博が「想い出す」かたちで、あの懐かしい四角い顔が、僕たちの前に蘇るのです。

満男やさくらの「寅さんの想い出」と、ぼくたちの「寅さんへの想い」がシンクロして、実に幸福な気分に包まれます。半世紀前にスタートした映画が多くの人々に愛され、それぞれのなかで「みんなの寅さん」になっていることに、改めて感動しました。

「男はつらいよ」シリーズを観続けてきて、良かったと、心の底から思いました。

この「みんなの寅さん ｆｒｏｍ １９６９」は、東日本大震災直後の平成二十三(二〇一一)年四月にスタートした、文化放送開局60周年特別番組、山田洋次監督50周年プロジェクト「みんなの寅さん」公式サイトに、番組の構成作家でパーソナリティをつとめた佐藤利明が、三年間に渡って連載したコラムを中心に、デイリースポーツ「人間発掘シリーズ 渥美清 泣いてたまるか人生」（二〇一五年）連載、夕刊フジ「みんなの寅さん」（二〇一三年〜二〇一四年）連載をまとめたものです。

さらに「平成二十九年 柴又地域文化的景観調査委員会・葛飾区教育委員会編《葛飾・柴又地域 文化的景観調査報告書》」に執筆した論文「『男はつらいよ』にみる柴又」を採録しました。

本書でも触れてきましたが、ぼくは六歳の時に第一作に出会って、二十六年間、映画館で『男はつらいよ』の新作を観続けることができました。幼稚園から、社会人となり「娯楽映画研究家」を名乗ったのは第四十七作『男はつらいよ 拝啓車寅次郎様』の頃でした。ぼくの映画人生の前半は、寅さんとともにありました。

本書では第一作から第五十作までの、各作品について、思うままに、様々な角度から綴っています。「寅さん論」であると同時に、ぼくの映画体験史にもなっています。映画を観る楽しみを「体験」という形で教えてくれた父親・佐藤茂雄と母親・佐藤玲子のおかげで、現在の自分がいます。そして、妻の佐藤成とは、出会った時から、一緒にビデオやＤＶＤで『男はつらいよ』シリーズを、繰り返し一緒に観てきました。それまでシリーズを観たことがなかった妻からは、彼女ならではの視点や、気づきを教えてもらいました。「寅さんは放浪者でさくらは定住者」と、本書で繰り返してきた視点も、彼女が第八作『寅次郎恋歌』を観ているときに、指摘してくれたことです。「寅さん博士」の視点は、ぼくの感性だけでなく、妻の豊かな感受性もあればこそです。

さて、ラジオ「みんなの寅さん」は、五年半続く、長寿番組となりました。構成台本を執筆し、マイクの前でトークをする。しかも「寅さん」のことです。実に幸福な時間でした。番組では、山田洋次監督作「悪童 小説 寅次郎の告白」のオリジナル「けっこう毛だらけ 小説・寅さんの少年時代」を倍賞千恵子さんに朗読して頂きました。毎回、ぼくが山本直純さんの音楽をセレクトして、音楽演出をしました（その音源は、講談社「悪童 小説 寅次郎の告白」特装版に二枚組CDに十九話分収録)。

倍賞千恵子さんには、「続・みんなの寅さん」「新・みんなの寅さん」でも「ようこそ、くるまやへ」コーナーでは、スペシャル・パーソナリティーとして、ぼくと二人で、毎月、様々なゲストをお迎えして楽しいトークを繰り広げました。そうした日々のなか、毎週、綴ってきたのが「みんなの寅さん」公式サイトのコラムです。各作品の魅力や、繰り返し観て気づいたことなどを、ぼくなりにまとめたコラムです。作品を楽しむ時のガイドになれば幸いです。

「みんなの寅さん」は、今やラジオ界のレジェンド、吉田照美さんの番組としてスタートしましたが、一ヶ月を過ぎたところで、裏方だったぼくを照美さんがピックアップしてくれて「寅さん四方山話」というコーナーが始まり、以来、照美さんとラジオで長い間、共演させて頂いています。ラジオの世界の恩人です。

これも「みんなの寅さん」の縁です。

番組を企画した文化放送の斎藤清人さん、吉住由木夫さん、塚本茂さん、岩田清さん、番組をご一緒した髙橋将市アナウンサー、石川真紀子アナウンサーとの仕事は、有意義で充実したものとなりました。

本書に素晴らしい表紙、挿絵を描いて下さった近藤こうじさんは、ラジオ「みんなの寅さん」を聴いて、「男はつらいよ」のファンになられた方です。ぼくのトークイベントや、ロケ地巡りのツアーに参加してくださったご縁で、お付き合いをしています。漫画家として活躍中の近藤さんが趣味で描かれていた「寅さん」の画を拝見して、いつか挿絵をお願いしようという想いが叶いました。表紙は江戸川の寅さんの笑顔、裏表紙はさくらとおばちゃんがヨモギを摘んできて、参道を歩く姿。いずれも映画からインスパイアされた、近藤さんの心のスクリーンの映像です。

また、佐藤蛾次郎さんには、二十年来、お付き合い頂いており、これまでも映画祭、テレビ番組、トークショー、ラジオなど、数限りなくご一緒して頂いてます。本書には素敵な帯文を頂戴しました。ありがとうございます。

「男はつらいよ」シリーズは、山田洋次監督の人間を見つめるまなざし、天才俳優・渥美清さんの類稀なる表現力の奇跡的なコラボレーションにより、現在まで続く素晴らしき世界となりました。その企画を立ち上げた、フジテレビのディレクターでプロデューサーだった小林俊一さん、テレビ版からシナリオに参加して、初期の寅さんのキャラクター作りに大いに貢献した森崎東監督、第七作『男はつらいよ 奮闘篇』から第四十八作『男はつらいよ 寅次郎紅の花』まで、山田洋次監督とシナリオを共作した朝間義隆監督をはじめとするメインスタッフの素晴らしい仕事が、このシリーズを「映画を超える世界」にしたのだと思います。

本書は「石原裕次郎 昭和太陽伝」刊行の日に、アルファベータブックスの春日俊一社長との話から生まれました。これまでぼくが執筆してきた「寅さん」に関する原稿をまとめると、一つのクロニクルになると、ご提案いただいた春日社長自らが編集にあたってくださいました。春日さんもリアルタイムには間に合わなかった遅れてきた世代ですが、大の「寅さん」ファンです。

巻末のデータベースのロケ地は、「寅さん」研究での盟友・吉川孝昭さんと、寅福さん、ちび寅さん、小手寅さんたちが、長年、現地を訪ね歩いて、映画に記録された撮影地を特定したものです。在野の専門家の地道な研究の成果です。ありがとうございます。

柴又の伊達男「フーテンの寅さん」をスクリーンで楽しんだ世代の皆様、ビデオやテレビで「寅さん」に笑い涙したファンの皆様、シリーズ終了後に「寅さん」と出会ってファンになった皆様。すべての「寅さん」ファン、シリーズに関わったスタッフ、キャストの皆様、いつも僕たちに明るい笑いと希望をもたらしてくれる渥美清さんに本書を捧げます。ありがとうございます。

二〇一九年十一月

佐藤利明

みんなの寅さん　データベース

※NC＝ノンクレジット

主題歌　男はつらいよ

作詞／星野哲郎
作曲／山本直純
唄／渥美清
一九七〇年二月十日発売　クラウンレコード　CW-1026

テレビ　男はつらいよ

フジテレビ
一九六八年十月三日～一九六九年三月二十七日　毎週木曜日二十二時～二十二時四五分　全二十六話
【スタッフ】企画／小林俊一、高嶋幸夫　プロデューサー・演出／小林俊一　原案／山田洋次　脚本／山田洋次（一話・二話・五話・六話・八話・十話・十一話・十二話・十三話・十四話・十五話・十八話・十九話・二十話・二十五話・二十六話）、東盛作（森崎東・六話・十話・十二話・十五話・二十話・二十六話）、稲垣俊（一話・三話・四話・八話）、光畑碩郎（九話・十七話・二十三話）、山根優一郎（七話・十六話・二十一話・二十二話・二十四話）音楽／山本直純　技術／永島敏夫　美術／山本修身、中田竜介　装飾／北林福夫　衣装／黒川文博　香具師指導／加太こうじ　制作／フジテレビ、高嶋幸夫
【配役】車寅次郎／渥美清　車櫻／長山藍子　車竜造／森川信　車つね／杉山とく子　諏訪博士《ひろし》／井川比佐志　川又登／津坂匡章　川島雄二郎（自称・寅の異父弟）／佐藤蛾次郎　お染（寅の母）／武智豊子　山本久太郎（泥棒）／佐山俊二　鎌倉道夫（さくらの恋人）／横内正　坪内冬子／佐藤オリエ　坪内散歩／東野英治郎
【ゲスト】【一話】テキ屋仲間／二見忠夫　宮沢元【二話】沢田雅美【三話】正夫（道夫の父）／松本克平　道夫の母／中村美代子　大宮部長（櫻の上司）／浜田寅彦　高野ひろみ【五話】スナック狐のマスター／田武謙三　平岡奈津美【六話】マクナマラ／マーティー・キナート【八話】特別出演／小川宏、露木茂、田代美代子【十話】東雲《しののめ》の銀蔵親分／杉狂児　石山律雄、石田茂樹【十一話】女中／春江ふかみ　老女中／賀原夏子【十二話】北小路／野々村潔【十三話】愛子／寺田路恵【十六話】中村タミ子／市原悦子　高橋英吉／田中邦衛【十七話】竹千代／松村知毅【十八話】アケミ／宮本信子【二十一話】病院の部長／斎藤英雄　美容師／三木弘子　助手／益海愛子　司会者／維田修二　博士の父／陶隆　博士の母／川上夏代　博士の伯父／清水彰　さくらの友人／石橋幸、谷口由美子、照井湧子【二十三話】岡村亀雄／塚本信夫　佐藤正範／森幹太【二十四話】畠山三太郎（寅の「日銀一家」時代の仲間）／谷幹一　三太郎の妻ツル子／春川ますみ【二十五話】藤村薫（冬子の恋人）／加藤剛【二十六話】榎本良三、筒井竜介
【提供】日本石油、いすゞ自動車、ニチバン、花王石鹸、浅田飴

第一作　男はつらいよ

【マドンナ】坪内冬子（光本幸子）
【啖呵売】古本（豊島区巣鴨・高岩寺）

【ロケ地】千葉県松戸市矢切（寅が佇む江戸川土手）、東京都葛飾区柴又七丁目・菜花（タイトルバックの店）、経栄山題経寺、千代田区紀尾井町・ホテルニューオータニ（さくらの見合い）、中央区佃島（寅、テキ屋仲間に挨拶）、豊島区巣鴨・高岩寺（とげぬき地蔵）、奈良県生駒郡斑鳩町・法起寺～奈良市五条町・唐招提寺～法隆寺（冬子と御前様の旅）、奈良市雑司町・東大寺二月堂～大仏殿～奈良公園・蓬莱橋浮身堂～奈良ホテル（寅と冬子、御前様の再会）、千代田区有楽町一丁目・スクランブル交差点、葛飾区柴又七丁目・川甚（さくらの結婚式）、品川区勝島二丁目・大井オートレース場～大田区西蒲田（冬子とのデート）

【うた】寅「人生の並木道」、寅・冬子「喧嘩辰」、印刷工・さくら「スイカの名産地」

【スタッフ】監督／山田洋次　製作／上村力　企画／高島幸夫、小林俊一　脚本／山田洋次、森崎東　撮影／高羽哲夫　美術／梅田千代夫　音楽／山本直純　照明／内田喜夫　編集／石井巖　録音／小尾幸魚　調音／松本隆司　監督助手／大嶺俊順　装置／小野里良　進行／池田義徳　製作主任／峰順一　現像／東京現像所　協力／柴又帝釈天読誦会、柴又川甚、東京きものセンター

【配役】車寅次郎／渥美清　さくら／倍賞千恵子　坪内冬子／光本幸子（新派）　御前様・日奏／笠智衆　諏訪飈一郎／志村喬（特出）　車竜造／森川信　諏訪博／前田吟　川又登／津坂匡章　源吉／佐藤蛾次郎　司会者／関敬六　車つね／三崎千恵子　共栄印刷社長・梅太郎／太宰久雄　部長／近江俊輔　鎌倉道男／広川太一郎　道男の父／石島房太郎　道男の母／志賀真津子　鎌倉郁子／津路清子　川甚の仲居／村上記代　印刷工／石井愃一　同／市山達己　香具師／北竜介　同／川島照満　印刷工／みずの晧作　参道の旦那／高木信夫　大久保敏男　梅太郎の妻／水木涼子　とらやの店員／米本善子　博の母・郁／大塚君代　ご近所・結婚式の参列者／谷よしの　ご近所／後藤泰子　同／秩父晴子　佐藤和子　大学教授／山内静夫（NC）　オリエンタル電機の社員・スナックの客／篠原靖夫（NC）　満男／石川雅一（NC）

【併映】喜劇 深夜族（渡邊祐介）

一九六九年八月二十七日　九一分

第二作　続 男はつらいよ

【マドンナ】坪内夏子（佐藤オリエ）

【夢】寅さん、瞼の母と再会する

【啖呵売】易断（京都府京都市・渡月橋・都内の神社）

【ロケ地】三重県伊賀市・草津線柘植駅前旅館・小崎亭（夢から覚める）、東京都葛飾区東金町・葛西神社前（散歩先生の家）、金町中央病院、本田警察署（寅が勾留）、京都府京都市・渡月橋（寅と夏子、再会）、右京区嵯峨天龍寺造路町・琴きき茶屋、中京区・巴家旅館、東山区・花見小路通り、同・小松町、毘沙門町（お菊のホテル）、葛飾区東金町三・純喫茶スカイラーク（藤本と夏子のデート）、鴨川・三条大橋

【うた】寅「チンガラホケキョー」、散歩先生「第三高等学校寮歌」、寅「ハナマルキCMソング」

【スタッフ】原作・監督／山田洋次　製作／齋藤次男　企画／高島幸夫　脚本／山田洋次、小林俊一、宮崎晃　撮影／高羽哲夫　美術／佐藤公信　音楽／山本直純　照明／内田喜夫　編集／石井巖　録

音／小尾幸魚　調音／松本隆司　監督助手／大嶺俊順　装置／小野里良　進行／池田義徳　現像／東京現像所　製作主任／峰順一　協力／柴又神明会

【配役】車寅次郎／渥美清　さくら／倍賞千恵子　お菊／ミヤコ蝶々　坪内夏子／佐藤オリエ　藤村薫／山崎努　車つね／三崎千恵子　諏訪博／前田吟　登／津坂匡章　お澄／風見章子　梅太郎／太宰久雄　源吉／佐藤蛾次郎　京城園の主人／江幡高志　刑事／山本幸栄　患者／小田草之介　葬儀屋／北竜介　患者／大杉侃二郎　葬式の客／水木涼子　看護婦／呉恵美子　患者／高木信夫　ご近所／土田桂司　印刷工／市川達巳　千草旦子　藤間恵美　とらやの店員・友ちゃん／脇山邦子　印刷工／石井愃一　御前さま／笠智衆（特出）　患者／財津一郎（特出）　おじさん／森川信　坪内散歩先生／東野英治郎　満男／中村はやと（NC）　患者の付添・葬式の客／谷よしの（NC）

【併映】喜劇 よさこい旅行

一九六九年十一月十五日　九三分

第三作 男はつらいよ フーテンの寅

【マドンナ】お志津（新珠三千代）

【啖呵売】蝦蟇の油売（片瀬諏訪神社）、正月飾り（霧島神宮）

【ロケ地】長野県塩尻市大字奈良井・越後屋（寅さんが宿泊）、神奈川県藤沢市・片瀬諏訪神社（寅が蝦蟇の油売）、三重県三重郡菰野町菰野・三重県湯の山温泉・三之浦（竜造夫婦がバスで到着）、菰野町菰野・翠月（餃子の店）、同・蒼瀧橋（寅と信夫が対決）、同・三岳寺（僧兵まつり）、大石橋、四日市・磯津漁港（染子の実家付近）、御在所ロープウエイ、湯の山街道・四日市市川島町付近（寅が一人歩いていると志津の車が停まる）、霧島神宮、鹿児島県桜島・錦江湾の連絡船

【うた】寅「花笠音頭」「旅笠道中」

【スタッフ】監督／森崎東　製作／上村力　企画／高島幸夫　原作／山田洋次　脚本／山田洋次、小林俊一、宮崎晃　撮影／高羽哲夫　美術／佐藤公信　音楽／山本直純　照明／青木好文　編集／杉原よ志　録音／鈴木正男　調音／佐藤広文　監督助手／熊谷勲　装置／横手輝雄　進行／萩原辰雄　現像／東京現像所　製作主任／池田義徳　協力／三重県湯の山温泉、近鉄観光ホテル、湯の山ホテル、柴又神明会　衣裳協力／きもの鳴河株式会社、帯いづくら

【配役】車寅次郎／渥美清　お志津／新珠三千代（東宝）　さくら／倍賞千恵子　染奴／香山美子　信夫／河原崎建三　博／前田吟　駒子／春川ますみ　つね／三崎千恵子　お澄／野村昭子　信州の女中／悠木千帆　千代／佐々木梨里　吉井／高野真二　徳爺／左卜全　源吉／佐藤蛾次郎　梅太郎／太宰久雄　為吉／晴乃ピーチク　茂造／晴乃パーチク　越後屋・宴会の客／山本幸栄　同・伊勢屋／土田桂司　高杉和宏　ハイヤーの運転手／高木信夫　大杉侃二郎　花井緑太郎　石井愃一　アナウンサー（中部日本放送）／山内光男　光映子　白河恵子　水木涼子　秩父晴子　藤間恵美　とらやの店員・友ちゃん／脇山邦子、坂田多恵子　道子／酒井久美（ひまわり）　竜造／森川信　御前様／笠智衆（特出）　清太郎／花沢徳衛

【併映】美空ひばり・森進一の花と涙と炎（井上梅次）

一九七〇年一月十五日　九〇分

第四作　新 男はつらいよ

【マドンナ】宇佐美春子（栗原小巻）

【啖呵売】易断（川崎大師）

【ロケ地】山梨県南都留郡道志村（茶店）、千葉県松戸市矢切（タイトルバック）、愛知県名古屋市・名古屋競馬場、東京都大田区・羽田空港、神奈川県川崎市・川崎大師（啖呵売）、大分県由布市湯布院（九大線の中で寅さん「ハワイ騒動」話をする）

【うた】寅「酋長の娘」「春が来た」「めだかの学校」、印刷工「世界は二人のために」

【スタッフ】監督／小林俊一　製作／齋藤次男　企画／高島幸夫　原作／山田洋次　脚本／山田洋次、宮崎晃　撮影／高羽哲夫　美術／宇野耕司　音楽／山本直純　照明／青木好文　編集／石井巌　録音／小尾幸魚　調音／松本隆司　監督助手／大嶺俊順　装置／小野里良　装飾／町田武　進行／福山正幸　衣裳／東京衣裳　現像／東洋現像所　製作主任／池田義徳　協力／柴又・神明会

【配役】車寅次郎／渥美清　さくら／倍賞千恵子　宇佐美春子／栗原小巻　つね／三崎千恵子　博／前田吟　登／津坂匡章　源吉／佐藤蛾次郎　梅太郎／太宰久雄　蓬莱屋／佐山俊二　峠茶屋の老婆／村瀬幸子　郵便配達／関口銀三　旅行会社社長／浜村純　印刷工／東光生　警官／山本幸栄　釣り人／北竜介　参道の旦那／園田健二　今井健太郎　小田草之介　弁天屋／二見忠夫　小森英明　ご近所／城戸卓　参道の旦那／高木信夫　印刷工／市川達巳　川島照満　尾和義三郎　ご近所／谷よしの　ご近所／大塚君代　印刷工／みずの晧作　大久保敏男　ご近所／江藤孝　印刷工／長谷川英敏　印刷工／羽生昭彦　印刷工／石井愃一　とらやの店員・友ちゃん／脇山邦子　九大線のおばちゃん／水木涼子（NC）　同／後藤泰子（NC）　御前さま／笠智衆　隆夫／横内正　吉田／三島雅夫　泥棒／財津一郎　おじちゃん／森川信

【併映】アッと驚く為五郎（瀬川昌治）

一九七〇年二月二十七日　九二分

第五作　男はつらいよ 望郷篇

【マドンナ】三浦節子（長山藍子）

【夢】おいちゃん危篤！

【啖呵売】瀬戸物・源吉が売っている（説江山正福寺）

【ロケ地】葛飾区柴又四丁目・コーポ江戸川（さくらのアパート）、北海道札幌市中央区大通、南一条西（寅が病院を訪ねる）、小樽市・花園三丁目（寅、澄夫を探す）、築港機関区～余市郡仁木町・銀山駅（函館本線）～岩内郡共和町・小沢駅（寅たちが澄夫を追う）、同・末次旅館、千葉県浦安市、神奈川県藤沢市（浦安として撮影）、堀江フラワー通り・説江山正福寺（源公がバイをする）、小樽市・朝里一丁目五付近（寅、登と再会）

【うた】寅「月の法善寺横丁」「メーデーの歌」

【スタッフ】原作・監督／山田洋次　製作／小角恒雄　企画／高島幸夫、小林俊一　脚本／山田洋次、宮崎晃　撮影／高羽哲夫　美術／佐藤公信　音楽／山本直純　録音／小尾幸魚　調音／松本隆司　照明／青木好文　編集／石井巌　監督助手／宮崎晃　装置／小島勝男　装飾／町田武　進行／福山正幸　衣裳／東京衣裳　現像／東京現像所　製作主任／峰順一　協力／柴又・神明会

【配役】車寅次郎／渥美清　さくら／倍賞千恵子　三浦節子／長山藍子　木村剛

／井川比佐志　博／前田吟　登／津坂匡章　石田澄雄／松山省二　つね／三崎千恵子　朝日印刷社長・梅太郎／太宰久雄　三浦富子／杉山とく子　源吉／佐藤蛾次郎　竜岡親分／木田三千雄　子分／谷村昌彦　ご近所／大塚君代　宿屋の仲居／谷よしの　光映子　山田百合子　高木孔美子　二宮順一　天ぷら屋／山本幸栄　印刷工／石井愃一　菊の湯主人／大杉侃二郎　印刷工／市山達巳　尾和義三郎　参道の主人／高木信夫　高杉和宏　樫明男　印刷工／みずの皓作　御前さま／笠智衆　おじちゃん／森川信

【併映】なにがなんでも為五郎（野村芳太郎）

一九七〇年八月二十六日　九二分

第六作　男はつらいよ 純情篇

【マドンナ】明石夕子（若尾文子）

【啖呵売】瀬戸物（成田山横浜別院）、縁起物の鶴亀（猪鼻湖神社）

【ロケ地】長崎県長崎市元船町・大波止港（寅、絹代と会う）、五島市東浜町・福江島（牛が船に吊り上げられる）〜東浜町・宝来軒（寅たちが食事をするちゃんぽんの店）〜五島市玉之浦町玉之浦・中村旅館（千造の家）、玉之浦教会（寅が散歩）、神奈川県横浜市宮崎町・成田山横浜別院（野毛山不動尊・啖呵売）、静岡県浜松市北区三ヶ日町大崎・猪鼻湖神社（啖呵売）

【うた】寅「ふるさと」「圭子の夢は夜ひらく」、博・竜造他「草津節」

【スタッフ】原作・監督／山田洋次　製作／小角恒雄　企画／高島幸夫、小林俊一　脚本／山田洋次、宮崎晃　撮影／高羽哲夫　美術／佐藤公信　音楽／山本直純　録音／中村寛　調音／小尾幸魚　照明／内田喜夫　編集／石井巌　監督助手／大嶺俊順　装置／若林六郎　装飾／町田武　進行／柴田忠　衣裳／東京衣裳　現像／東京現像所　製作主任／池田義徳　協力／柴又神明会、五島観光連盟、福江市、玉之浦町

【配役】車寅次郎／渥美清　明石夕子／若尾文子（大映）　さくら／倍賞千恵子　博／前田吟　おばちゃん／三崎千恵子　堤梅太郎／太宰久雄　源公／佐藤蛾次郎　テキ屋／北竜介　ご近所／大杉侃二郎　ご近所／大塚君代　絹代の亭主／城戸卓　梅太郎の妻／水木涼子　旅館の女中／谷よしの　ご近所／山本幸栄　竹田昭二　印刷工／みずの皓作　印刷工／市山達巳　印刷工／長谷川英敏　源勇介　松原直　ご近所／高木信夫　芸者／秩父晴子（ＮＣ）　芸者／戸川美子（ＮＣ）　絹代／宮本信子　夕子の夫／垂水悟郎　医師山下／松村達雄　おじちゃん／森川信　御前さま／笠智衆　千造／森繁久彌

【併映】やるぞみておれ為五郎（野村芳太郎）

一九七一年一月十五日　九〇分

第七作　男はつらいよ　奮闘篇

【マドンナ】太田花子（榊原るみ）

【啖呵売】鎌倉彫の下駄・草履（富士市本町望月下駄屋前）、易断（瀧口明神社）

【ロケ地】新潟県魚沼市・越後広瀬駅（只見線・巻頭の場面）、千葉県松戸市矢切（タイトルバック）、東京都千代田区内幸町・帝国ホテル（お菊が宿泊）、静岡県富士市本町（啖呵売）、沼津市・沼津駅（東海道線）、神奈川県鎌倉市・瀧口明《りゅうこうみょう》神社、青森県弘前市・弘前駅〜国鉄五能線〜青森県深浦町・田野沢小学校（さくらが花子を訪ねる）、西津軽郡深浦町北金ケ沢・千畳敷〜鰺ケ沢町〜弘前市・岳温泉前バス停（さくら、寅と再会）

【挿入歌】「あなたならどうする」いしだ

あゆみ

【うた】寅「あなたならどうする」「知床慕情」、花子「故郷の廃家」、寅・花子「旅愁」

【スタッフ】原作・監督／山田洋次　製作／齋藤次男　企画／高島幸夫、小林俊一　脚本／山田洋次、朝間義隆　撮影／高羽哲夫　美術／佐藤公信　音楽／山本直純　録音／中村寛　調音／小尾幸魚　照明／内田喜夫　編集／石井巌　監督助手／今関健一　装置／小野里良　装飾／町田武　進行／長島勇治　衣裳／東京衣裳　現像／東京現像所　製作主任／池田義徳　協力／柴又神明会

【配役】車寅次郎／渥美清　さくら／倍賞千恵子　太田花子／榊原るみ　冬子／光本幸子(特別出演)　菊／ミヤコ蝶々　福士先生／田中邦衛　巡査／犬塚弘　ラーメン屋／柳家小さん　博／前田吟　おばちゃん／三崎千恵子　桂梅太郎／太宰久雄　源公／佐藤蛾次郎　福原秀雄　小野泰次郎　印刷工／城戸卓　職人の仲間／江藤孝　印刷工／長谷川英敏　山村桂二　職人の仲間／高畑喜三　職人風の客／北竜介　梅太郎の妻・小春／水木涼子(NC)　おじちゃん／森川信　御前さま／笠智衆

【併映】花も実もある為五郎(野村芳太郎)

一九七一年四月二十八日　九二分

第八作　男はつらいよ 寅次郎恋歌

【マドンナ】六波羅貴子(池内淳子)

【啖呵売】古本(金町駅前)

【ロケ地】神奈川県三浦市・三崎漁港(四国の港町として撮影)、同・海外町(芝居小屋)、岡山県備中高梁武家屋敷通り・岡村邸(諏訪家)、同・光明山寿覚院、同・白神食料品店、東京都葛飾区・柴又七丁目「ローク」、金町駅前(常磐線)、山梨県北杜市・西出地区(寅が一座と再会)

【挿入歌】「誰か故郷を想わざる」霧島昇

【うた】さくら「かあさんの歌」、寅「七つの子」「タンタンたぬき」「誰か故郷を想わざる」、学たち「チンガラホケキョーの歌」

【スタッフ】原作・監督／山田洋次　製作／島津清　企画／高島幸夫、小林俊一　脚本／山田洋次、朝間義隆　撮影／高羽哲夫　美術／佐藤公信　音楽／山本直純　録音／中村寛　調音／小尾幸魚　照明／内田喜夫　編集／石井巌　監督助手／五十嵐敬司　装置／小野里良　装飾／町田武　進行／玉生久宗　衣裳／東京衣裳　現像／東京現像所　製作主任／池田義徳　衣裳協力／きもの洛趣織、いづくら帯　協力／柴又神明会

【配役】車寅次郎／渥美清　さくら／倍賞千恵子　おいちゃん／森川信　御前様／笠智衆　博／前田吟　博の長兄・毅／梅野泰靖　博の次兄・修／穂積隆信　座長／吉田義夫　おばちゃん／三崎千恵子　梅太郎／太宰久雄　学／中沢祐喜(若草)　大空小百合／岡本茉利　労務者／谷村昌彦　毅の妻・咲江／上野稜子　満男／中村はやと　修の妻・ひろ子／山本豊子　中田昇　座員／志馬卓也　高梁の奥さん／村上記代　座員／秩父晴子　労務者／大杉侃二郎　花売／谷よしの(NC)　劇団日本児童　諏訪颯一郎／志村喬　六波羅貴子／池内淳子(東宝)

【併映】春だドリフだ！全員集合!!(渡邊祐介)

一九七一年十二月二十九日　一一四分

第九作　男はつらいよ 柴又慕情

【マドンナ】高見歌子(吉永小百合)

【夢】漁師の女房さくらを、渡世人・寅

が救う。

【啖呵売】めのう(金沢城址前)

【ロケ地】福井県福井市長橋町・海岸(寅の夢)、石川県小松市・金平駅(尾小屋鉄道・夢から覚める)、金沢市・南町・中屋薬舗(歌子たちが立ち寄る)、長町武家屋敷通り、兼六園、野町一丁目「蛤坂」付近・白山旅館、福井県吉田郡永平寺町・京善駅(京福電鉄永平寺線)～坂井市三国町・東尋坊越前松島～東古市駅(当時は京福電鉄・歌子との旅)、岐阜県多治見市(歌子夫婦の窯場)、瑞浪市土岐町・木造橋(登と寅、再会)

【うた】寅「チンガラホケキョーの歌」、寅・登「幸せなら手をたたこう」、寅「いつでも夢を」

【スタッフ】原作・監督/山田洋次 製作/島津清 企画/高島幸夫、小林俊一 脚本/山田洋次、朝間義隆 撮影/高羽哲夫 美術/佐藤公信 音楽/山本直純 録音/中村寛 調音/松本隆司 照明/青木好文 編集/石井巖 監督助手/五十嵐敬司 装置/小野里良 装飾/町田武 進行/玉生久宗 衣裳/東京衣裳 現像/東京現像所 製作主任/池田義徳 協力/京成電鉄、福井新聞社、京福電鉄、きもの・洛趣織、ペプシコーラ、柴又神明会

【配役】車寅次郎/渥美清 さくら/倍賞千恵子 おいちゃん/松村達雄 おばちゃん/三崎千恵子 博/前田吟 登/津坂匡章 梅太郎/太宰久雄 源公/佐藤蛾次郎 戸枝屋のおばさん/新村礼子 みどり/高橋基子 マリ/泉洋子 満男/沖田康裕 夢の子分/中田昇 夢の子分/北竜介 金平駅・駅員/大杉侃二郎 金沢の旅館の仲居/戸川美子 同/後藤泰子 同/谷よしの 夢の親分/吉田義夫 不動産屋/桂伸治 林不動産/青空一夜 周旋屋/佐山俊二 高見修吉/宮口精二 御前様/笠智衆 高見歌子/吉永小百合

【併映】祭りだお化けだ全員集合!!(渡邊祐介)

一九七二年八月五日 一〇八分

第十作 男はつらいよ 寅次郎夢枕

【マドンナ】志村千代(八千草薫)

【夢】マカオの寅

【啖呵売】古本(唐戸神社)

【ロケ地】長野県塩尻市・日出塩駅(中央本線・夢から覚める)、奈良井駅前・奈良井館(かぎ屋旅館・登と再会)、山梨県北杜市明野町(旧家の奥様)、須玉町江草・唐戸神社(登とのバイ)、東京都国立市・一ツ橋大学(東大として撮影)、江東区亀戸三丁目・亀戸天神(お千代とのデート)、須玉町江草・篠原商店、須玉町藤田・清水橋(登と寅の旅)

【挿入歌】「君恋し」二村定一

【うた】寅「どうにもとまらない」、岡倉「きよしこの夜」、寅「七つの子」「お馬の親子」「すずめの学校」「都の西北」「草津節」「もしもし亀よ」

【スタッフ】原作・監督/山田洋次 製作/島津清 企画/高島幸夫、小林俊一 脚本/山田洋次、朝間義隆 撮影/高羽哲夫 美術/佐藤公信 音楽/山本直純 録音/中村寛 調音/松本隆司 照明/青木好文 編集/石井巖 監督助手/五十嵐敬司 装置/小野里良 装飾/町田武 進行/宗本弘美 衣裳/東京衣裳 現像/東京現像所 製作主任/池田義徳 協力/ダイハツ自動車販売株式会社、柴又神明会

【配役】車寅次郎/渥美清 さくら/倍賞千恵子 志村千代/八千草薫 竜造/松村達雄 つね/三崎千恵子 登/津

坂匡章　博／前田吟　梅太郎／太宰久雄　源公／佐藤蛾次郎　満男／中村はやと　老婆／岡崎夏子　老婆／武智豊子(未出演)　夢の子分・辰／三角八郎　夢の子分・政／中田昇　ストーブ屋／江藤孝　印刷工／長谷川英敏　印刷工／羽生昭彦　印刷工／村上猛　千代の息子・さとし／栗辻聡　夢の女給／笹原光子　同／安井真樹子　ご近所／後藤泰子　かぎや旅館の仲居／秩父晴子(NC)　同／谷よしの(NC)　長次郎親分／吉田義夫　高垣刑事／河村憲一郎　湯中教授／清水将夫　岡倉金之助／米倉斉加年　御前様／笠智衆　旧家の奥様／田中絹代

【併映】舞妓はんだよ全員集合!!(渡邊祐介)

一九七二年十二月二十九日　九八分

第十一作　男はつらいよ　寅次郎忘れな草

【マドンナ】リリー・松岡清子(浅丘ルリ子)

【夢】旅姿・寅次郎。おさくを女衒から守る！

【啖呵売】レコード(網走神社前、網走橋)、スリッパ(浅草雷門前)

【ロケ地】千葉県松戸市矢切(タイトルバック)、葛飾区柴又六丁目(さくらがピアノを見る家)、北海道女満別町、美幌峠(寅の旅)、網走市南四条東三丁目・網走神社、網走橋(リリーとの出会い)、網走市北一条東二付近・帽子岩(寅が佇む)、卯原内(栗原の牧場)、東京都台東区浅草雷門(啖呵売)、目黒区西五反田・新開地(リリーと母)、墨田区錦糸町(リリーのアパート)、千葉県松戸市・五香駅近く・割烹おふみ(清寿司)

【挿入歌】「あなたの灯」五木ひろし

【うた】寅「あなたの灯」、リリー「越後獅子の唄」、寅「野ばら」、リリー「港が見える丘」「夜来香」、印刷工たち「幸せなら手をたたこう」

【スタッフ】原作・監督／山田洋次　製作／島津清　企画／高島幸夫、小林俊一　脚本／山田洋次、宮崎晃、朝間義隆　撮影／高羽哲夫　美術／佐藤公信　音楽／山本直純　録音／中村寛　調音／松本隆司　照明／青木好文　編集／石井巌　監督助手／五十嵐敬司　装置／小野里良　装飾／町田武　進行／玉生久宗　衣裳／松竹衣裳　現像／東京現像所　製作主任／池田義徳　協力／柴又神明会

【配役】車寅次郎／渥美清　さくら／倍賞千恵子　博／前田吟　つね／三崎千恵子　源公／佐藤蛾次郎　社長／太宰久雄　吾作／吉田義夫　栗原久宗／織本順吉　石田良吉／毒蝮三太夫　清子の母／利根はる恵　満男／中村はやと　水原／江戸家小猫　めぐみ／北原ひろみ　栗原の娘・美由紀／成田みるえ　栗原の妻・紀子／中沢敦子　江藤孝　印刷工／羽生昭彦　同／長谷川英敏　同／木村賢治　江戸家／高木信夫　アパートの隣人／村上記代　村井洋　清寿司の客／加島潤(NC)　同／北竜介(NC)　網走の電気屋／露木幸次(NC)　竜造／松村達雄　御前様／笠智衆　リリー／浅丘ルリ子

【併映】チョットだけョ全員集合!!(渡邊祐介)

一九七三年八月四日　一〇〇分

第十二作　男はつらいよ　私の寅さん

【マドンナ】柳りつ子(岸恵子)

【夢】大正時代、飢饉にあえぐ柴又村を黒ずくめの闘士・寅が救う！

【啖呵売】古本(浅草仲見世)、張子の虎・虎の絵(阿蘇市黒川・山上身代不動)

【ロケ地】熊本県上天草市合津港(夢から覚める)、大分県大分ホーバーフェリー〜高崎山〜熊本県杖立温泉〜小国町・下城の大銀杏〜阿蘇〜栃木温泉〜熊本城公園(とらや一家の旅)、葛飾区新宿(りつ子の家)、神奈川県鎌倉市・稲村ヶ崎(画伯宅)、東京都台東区浅草・仲見世(啖呵売)、阿蘇市黒川・山上身代不動(啖呵売)

【うた】寅「あら、パンツが逆さまよ」、さくら「どんぐりころころ」、寅「背くらべ」、社長「草津節」

【スタッフ】原作・監督/山田洋次　製作/島津清　企画/高島幸夫、小林俊一　脚本/山田洋次、朝間義隆　撮影/高羽哲夫　美術/佐藤公信　音楽/山本直純　録音/中村寛　調音/松本隆司　照明/青木好文　編集/石井巌　監督助手/五十嵐敬司　装置/小野里良　装飾/町田武　進行/福山正幸　衣裳/松竹衣裳　現像/東京現像所　製作主任/池田義徳　協力/柴又神明会

【配役】車寅次郎/渥美清　さくら/倍賞千恵子　博/前田吟　つね/三崎千恵子　源公/佐藤蛾次郎　社長/太宰久雄　買占め商人/吉田義夫　画伯/河原崎国太郎　画伯夫人/葦原邦子　満男/中村はやと　買占め商人の取巻き/加島潤　土紀養児　高木信夫　印刷工/羽生昭彦　同/木村賢治　同/長谷川英敏　同/村上猛　大原みどり　龍造/松村達雄　御前様/笠智衆　一条/津川雅彦　柳文彦/前田武彦　柳りつ子/岸恵子　夢の柴又芸者/川井みどり(NC)　夢の柴又村民/谷よしの(NC)　ご近所/秩父晴子(NC)　八百満のおかみ/後藤泰子(NC)　門久小百合/バスガイド(NC)

【併映】大事件だよ 全員集合!!(渡邊祐介)

一九七三年十二月二十六日　一〇八分

第十三作　男はつらいよ　寅次郎恋やつれ

【マドンナ】鈴木歌子(吉永小百合)

【夢】寅さん、ついに嫁さんを貰う

【啖呵売】傘(大日霊神社)、易断(上野不忍池)

【ロケ地】神奈川県横須賀市長井・熊野神社(寅の夢)、島根県大田市小浜・温泉津町(山陰本線)、島根県益田市木部町・大日霊神社(啖呵売)、島根県江津市・浅利海岸、温泉津町・石見福光海岸、安富町・安富橋、鹿足郡津和野町・津和野城址・出丸(遠景)、同・後田「すさや」、藩校・養老館(町立図書館)、同・津和野大橋(寅と歌子が話す)、同・後田・永明《ようめい》寺(歌子の夫の墓所)、同・寺田・バス停(歌子との別れ)、古橋酒造、橋本酒造(歌子の嫁ぎ先)、東京都台東区上野・不忍池(啖呵売)、港区青山、横浜市港北区・大倉山駅(高見がさくらを送る)、島根県益田市・持石海岸海水浴場

【挿入歌】「三色すみれ」桜田淳子

【うた】寅「喧嘩辰」

【スタッフ】原作・監督/山田洋次　製作/島津清　企画/高島幸夫、小林俊一　脚本/山田洋次、朝間義隆　撮影/高羽哲夫　美術/佐藤公信　音楽/山本直純　録音/中村寛　調音/松本隆司　照明/青木好文　編集/石井巌　監督助手/五十嵐敬司　装置/小野里良　装飾/町田武　衣裳/松竹衣裳　現像/東京現像所　進行/玉生久宗　製作主任/内藤誠　協力/益田市観光協会、温泉津町観光協会、津和野町観光協会、柴又神明会

【配役】車寅次郎/渥美清　さくら/倍賞千恵子　博/前田吟　つね/三崎千恵子　源公/佐藤蛾次郎　社長/太宰久雄　絹代/高田敏江　老紳士/吉田義夫　歌

子の姑／小夜福子　満男／中村はやと　みどり／高橋基子　マリ／泉洋子　夢の花嫁／石原昭子　老婦人／武智豊子　印刷工／羽生昭彦　同／長谷川英敏　同／松下努　松原直　ご近所／秩父晴子　八百満のおかみ／後藤泰子　梅太郎の妻／水木涼子　すさやのおばちゃん／谷よしの　温泉芸者／光映子　竜造／松村達雄　御前様／笠智衆　高見修吉／宮口精二（東宝）　鈴木歌子／吉永小百合

【併映】超能力だよ全員集合!!（渡邊祐介）

一九七四年八月三日　一〇四分

第十四作　男はつらいよ 寅次郎子守唄

【マドンナ】木谷京子（十朱幸代）

【夢】産土の神、さくら夫婦に子宝を授ける

【啖呵売】兎の人形（唐津神社・唐津くんち祭）

【ロケ地】群馬県妙義町上高田付近～安中市磯部温泉・高田川～松井田町小日向・成就院（タイトルバック）、東京都足立区千住曙町（吉田病院）、佐賀県唐津市・唐津神社、呼子町殿ノ浦（ストリップ小屋、寅があんパンを買う店）、呼子港、大村や旅館（寅が泊まる）、東京都江戸川区北小岩・江戸川駅（京成本線）、足立区・柳原銀座商店街、聖和幼稚園（コーラス会場）、千住曙町・京成関屋駅（京成本線）

【うた】寅「好きになった人」、江戸川合唱団「ククウェチカ」（ポーランド民謡）、寅「斎太郎節」、社長・寅・弥太郎「旅の夜風」、寅「メーデー歌」、江戸川合唱団「ファニタ」（スペイン民謡）

【スタッフ】原作・監督／山田洋次　製作／島津清　企画／高島幸夫、小林俊一　脚本／山田洋次、朝間義隆　撮影／高羽哲夫　美術／佐藤公信　音楽／山本直純　録音／中村寛　調音／松本隆司　照明／青木好文　編集／石井巖　監督助手／五十嵐敬司　装置／小野里良　装飾／町田武　進行／玉生久宗　衣裳／松竹衣裳　現像／東京現像所　製作主任／内藤誠　協力／柴又神明会

【配役】車寅次郎／渥美清　さくら／倍賞千恵子　博／前田吟　社長／太宰久雄　源公／佐藤蛾次郎　つね／三崎千恵子　踊子／春川ますみ　佐藤幸夫／月亭八方　大川弥太郎／上條恒彦　満男／中村はやと　印刷工／内村友志　印刷工／羽生昭彦　印刷工／長谷川英敏　印刷工／松下努　医者／木村賢治　行員／渡辺隆司　中原美樹　薬局のおばさん／秩父晴子　戸川美子　松原直　江戸家／高木信夫　土田桂司　松寿司／露木幸次（NC）　協力／統一劇場　竜造／下條正巳　御前様／笠智衆　木谷京子／十朱幸代

【併映】ザ・ドリフターズの極楽はどこだ!!（渡邊祐介）

一九七四年十二月二十八日　一〇四分

第十五作　男はつらいよ　寅次郎相合い傘

【マドンナ】リリー・松岡清子（浅丘ルリ子）

【夢】海賊キャプテン・タイガー

【啖呵売】易断（青森・善知鳥《うとう》神社）、万年筆（札幌・大通公園）、帽子（東京・錦糸町楽天地）

【ロケ地】青森県青森市栄町安方（映画館・スバル座・夢から覚める）、善知鳥神社（啖呵売）、青森市安方一丁目・陸奥屋支店（寅さんの宿）、、青函連絡船・十和田丸、北海道函館市・函館港、函館本線、小樽市・蘭島海水浴場、蘭島駅（函館本線）、札幌市・大通り公園、苫小牧市美沢（寅、リリー、パパの馬車）、小樽市・小樽運河・北浜橋、相生坂、緑町一丁目（喫茶ポケッ

ト)、小樽港・第三埠頭、東京都墨田区錦糸町・楽天地(啖呵売)、葛飾区新小岩一丁目・新小岩コーポ(リリーの友人宅)、函館市高岱町・恵山日ノ浜海岸

【うた】江戸川合唱団(統一劇場)「海賊の唄」、社長「ソーラン節」、博・リリー/寅「悲しい酒」

【スタッフ】原作・監督/山田洋次　製作/島津清　企画/高島幸夫、小林俊一　脚本/山田洋次、朝間義隆　撮影/高羽哲夫　美術/佐藤公信　音楽/山本直純　録音/中村寛　調音/松本隆司　照明/青木好文　編集/石井巌　スチール/長谷川宗平　監督助手/五十嵐敬司　装置/小野里良　装飾/町田武　衣裳/松竹衣裳　現像/東京現像所　進行/玉生久宗　製作主任/内藤誠　協力/柴又神明会

【配役】車寅次郎/渥美清　さくら/倍賞千恵子　竜造/下條正巳　博/前田吟　つね/三崎千恵子　社長/太宰久雄　源公/佐藤蛾次郎　満男/中村はやと　奴隷商/吉田義夫　信子/岩崎加根子　君子/久里千春　鞠子/早乙女愛　印刷工/笠井一彦　同/羽生昭彦　同/長谷川英敏　渡辺隆司　渡辺紀行　ラーメン屋台の親父/大杉侃二郎　城戸卓　酔払い/北竜介　朱美/佐藤壽美　青森の旅館の仲居/宇佐美ゆふ　小樽の主婦/村上記代　函館の旅館の仲居/谷よしの　八百満のおかみ/後藤泰子　八百満の客・ホステス/秩父晴子　八百満の客/戸川美子　ホステス/光映子　統一劇場　海賊/上條恒彦(NC)　海賊/米倉斉加年(NC)　兵頭謙次郎/船越英二　御前様/笠智衆　リリー/浅丘ルリ子

【併映】ザ・ドリフターズ　カモだ!!御用だ!!(瀬川昌治)

一九七五年八月二日　九二分

第十六作　男はつらいよ　葛飾立志篇

【マドンナ】筧礼子(樫山文枝)

【夢】西部の男、タイガー・キッド

【啖呵売】鞄(かみのやま温泉・水岸山観音寺)、文具(金町すずらん通り)

【ロケ地】山形県寒河江市・中郷(夢から覚める)、上山市・かみのやま温泉・水岸山観音寺(啖呵売)、西村山郡大江町・深沢の渡船場、寒河江市・本山慈恩寺八千代公園(お雪の墓所)、東京都文京区本郷・東京大学弥生キャンパス、葛飾区金町すずらん通り(寅と源公の啖呵売)、静岡県沼津市西浦足保・用心崎～天神社前(寅と田所博士の旅)

【うた】チェリー「さくらのバラード(西部劇版)」、轟巡査「わたしの青い鳥」、社長「心のこり」、田所教授「ソーラン節」

【スタッフ】原作・監督/山田洋次　製作/島津清、名島徹　企画/高島幸夫、小林俊一　脚本/山田洋次、朝間義隆　撮影/高羽哲夫　美術/出川三男、佐藤公信　音楽/山本直純　録音/中村寛　調音/松本隆司　照明/青木好文　編集/石井巌　スチール/長谷川宗平　監督助手/五十嵐敬司　装置/小野里良　装飾/町田武　衣裳/松竹衣裳　現像/東京現像所　進行/玉生久宗　製作主任/内藤誠　協力/ブルドックソース株式会社、柴又神明会

【配役】車寅次郎/渥美清　さくら/倍賞千恵子　竜造/下條正巳　つね/三崎千恵子　博/前田吟　社長/太宰久雄　源公/佐藤蛾次郎　満男/中村はやと　旦那/吉田義夫　中村/笠井一彦　印刷工/羽生昭彦　同/木村賢治　同/長谷川英敏　坂大勝也　野球応援のご近所/谷よしの　ご近所/後藤泰子　戸川美子

統一劇場　西部のギター弾き／上條恒彦（NC）　馬子／露木幸次（NC）　轟巡査／米倉斉加年　住職／大滝秀治　御前様／笠智衆　最上順子／桜田淳子　寛礼子／樫山文枝　田所先生／小林桂樹

【併映】正義だ！味方だ！全員集合!!（瀬川昌治）

一九七五年十二月二十七日　一〇〇分

第十七作　男はつらいよ　寅次郎夕焼け小焼け

【マドンナ】ぼたん（大地喜和子）

【夢】人食いザメ対寅船長

【啖呵売】玩具・猿の人形（西新井大師）

【ロケ地】兵庫県龍野市御津町・岩見港（夢から覚める）、東京都足立区・西新井大師、千代田区神田神保町・大屋書房（大雅堂）、龍野市揖西町佐江・中垣内川・清江橋（寅と青観が再会）、梅玉旅館、龍野橋、同・門の外（寅が車で案内される）、龍野公園、武家屋敷跡、同・日山・中原邸前（志乃が青観に手を振る）、台東区上野二丁目、港区赤坂八丁目・新坂（鬼頭のマンション）、赤坂三丁目龍野町日山・ヒガシマル第二工場前（東京どっち）、同・国民宿舎「赤とんぼ荘」屋上からの俯瞰（ラストシーン）

【うた】寅／ぼたん／観光課長「お座敷小唄」、青観「せんせい」「俺は待ってるぜ」、観光課長「酋長の娘」

【スタッフ】原作・監督／山田洋次　製作／名島徹　企画／高島幸夫、小林俊一　脚本／山田洋次、朝間義隆　撮影／高羽哲夫　美術／出川三男　音楽／山本直純　録音／中村寛　調音／松本隆司　照明／青木好文　編集／石井巌　スチール／長谷川宗平　監督助手／五十嵐敬司　装置／小野里良　装飾／町田武　衣裳／松竹衣裳　現像／東京現像所　進行／玉生久宗　製作主任／内藤誠　協力／ブルドックソース株式会社、柴又神明会

【配役】車寅次郎／渥美清　さくら／倍賞千恵子　芸者ぼたん／大地喜和子　竜造／下條正巳　つね／三崎千恵子　博／前田吟　社長／太宰久雄　源公／佐藤蛾次郎　満男／中村はやと　観光課長／桜井センリ　市長／久米明　青観夫人／東郷晴子　焼鳥屋の女性／西川ひかる　印刷工／笠井一彦　池ノ内家のお手伝い／岡本茉利　マンション管理人／佐山俊二　加島潤　城戸卓　印刷工／長谷川英敏　同／木村賢治　同／羽生昭彦　江藤孝　原大介　江戸家／高木信夫　土田桂司　とらやの客／谷よしの　芸者／光映子　統一劇場　宴会の仲居／水木涼子（NC）　志乃宅のお手伝いさん／榊原るみ（NC）　ヒガシマル醤油従業員／露木幸次（NC）　観光係員・脇田／寺尾聡　鬼頭／佐野浅夫　大雅堂主人／大滝秀治　御前様／笠智衆　志乃／岡田嘉子　池ノ内青観／宇野重吉

【併映】忍術　猿飛佐助（山根成之）

一九七六年七月二十四日　一〇九分

第十八作　男はつらいよ　寅次郎純情詩集

【マドンナ】柳生綾（京マチ子）

【夢】アラビアのトランス

【啖呵売】入浴用品（長野県上田市・塩野入神社）、鯨尺（東京都文京区・根津神社）

【ロケ地】長野県上田市・中塩田駅（上田電鉄別所線・夢から覚める）、塩田平・前山寺（寅があんパンを食べる）、塩野入神社（啖呵売）、北佐久郡立科町牛鹿《うしろく》（夕暮れの農道を寅が歩く）、別所温泉駅、土産・ますや前（一座呼び込み）、北向観世音（坂東鶴八郎一座）、土産・山楽（いづみ屋旅館と

して撮影）、別所村役場（別所警察・寅が拘留）、葛飾区柴又七丁目（綾の家）、金町三丁目・日本キリスト教団金町教会（綾の葬儀）、新潟県南六日町（雅子の転任先）

【うた】寅「むしのこえ」、柴又第二小生徒「故郷の人々」、葬儀の参列者「賛美歌320番 主よ身許に近づかん」

【スタッフ】原作・監督／山田洋次 製作／名島徹 企画／高島幸夫、小林俊一 脚本／山田洋次、朝間義隆 撮影／高羽哲夫 音楽／山本直純 美術／出川三男 スチール／長谷川宗平 監督助手／五十嵐敬司 録音／中村寛 調音／松本隆司 照明／青木好文 編集／石井巌 スチール／長谷川宗平 監督助手／五十嵐敬司 装置／小島勝男 装飾／町田武 衣裳／松竹衣裳 現像／東京現像所 進行／玉生久宗 製作主任／峰順一 協力／スバルの富士重工、長野県上田市別所温泉観光協会、柴又神明会

【配役】車寅次郎／渥美清 さくら／倍賞千恵子 柳生雅子／壇ふみ 竜造／下條正巳 つね／三崎千恵子 博／前田吟 社長／太宰久雄 源公／佐藤蛾次郎 満男／中村はやと 座長・坂東鶴八郎／吉田義夫 座員・坂東文次郎／谷村昌彦 婆やの孫／赤塚真人 座員／星清子 渡辺巡査／梅津栄 柳生家の婆や／浦辺粂子 印刷工／笠井一彦 座員・立女役者／志馬琢哉 座員／大杉侃二朗 巡査／城戸卓 いづみ屋の仲居／谷よしの 大空小百合／岡本茉利 印刷工／羽生昭彦 印刷工／木村賢治 印刷工／長谷川英敏 葬儀の参列者／村上記代 倉橋順子 満男の担任／橋浦総子（ＮＣ） 統一劇場 根津神社の巡査／永六輔 御前様／笠智衆 柳生綾／京マチ子

【併映】おとうと（山根成之）

一九七六年十二月二十五日 一〇三分

第十九作 男はつらいよ 寅次郎と殿様

【マドンナ】堤鞠子（真野響子）

【夢】寅の鞍馬天狗あらわる！

【啖呵売】長靴（興居島・厳島神社）、ぬいぐるみ（設定は小岩・撮影は鎌倉市大船駅前）

【ロケ地】愛媛県伊予市双海町・下灘駅（国鉄予讃線・夢から覚める）、松山市興居島・厳島神社（啖呵売）、愛媛県大洲市大洲・肘川河畔、大洲城址（殿様と出会う）、旧加藤家住宅（殿様の御殿）、東京都葛飾区・青戸団地（鞠子の住まい）、神奈川県鎌倉市・大船駅前（設定は小岩）、東京都中央区晴海・東洋埠頭倉庫（鞠子の勤務先）

【うた】満男「こいのぼり」、寅「鞠と殿様」「浪曲 壺阪霊験記」

【スタッフ】原作・監督／山田洋次 製作／島津清 企画／高島幸夫、小林俊一 脚本／山田洋次、朝間義隆 撮影／高羽哲夫 音楽／山本直純 美術／出川三男 録音／中村寛 調音／松本隆司 照明／青木好文 編集／石井巌 スチール／長谷川宗平 監督助手／五十嵐敬司 装置／小島勝男 装飾／町田武 衣裳／松竹衣裳 現像／東京現像所 殺陣／足立怜二郎 進行／玉生久宗 製作主任／峰順一 協力／柴又神明会

【配役】車寅次郎／渥美清 さくら／倍賞千恵子 鞠子／真野響子 竜造／下條正巳 つね／三崎千恵子 博／前田吟 社長／太宰久雄 源公／佐藤蛾次郎 満男／中村はやと 党首／吉田義夫 山嶽党の一味／上條恒彦（ＮＣ） 巡査／寺尾聰 藤堂宗通／平田昭彦（東宝） 御前様／笠智衆 藤代佳子 伊洲屋旅館・女将／齋藤美和 こずえ／田中世津子 モデル／ロジェ中山 印刷工・中村／笠井一

彦　印刷工／羽生昭彦　同／長谷川英敏　同／木村賢治　林家源平　カメラマン／津嘉山正種　同・助手／久世竜之介　伊洲屋旅館仲居・おふみ／谷よしの　臨月の主婦／光映子　岡持ち／岡本茉利　仕出し屋／露木幸次（NC）　殿様・藤堂久宗／嵐寛壽郎　執事／三木のり平

【併映】坊ちゃん（前田陽一）

一九七七年八月六日　九十九分

第二十作　男はつらいよ　寅次郎頑張れ！

【マドンナ】島田藤子（藤村志保）

【夢】「とらや」一家お金持ちになる

【啖呵売】易断（鎌倉市大船一丁目）、ゴム手袋（平戸島・浜尾神社）

【ロケ地】長崎県佐世保市吉井町春明（夢から覚める）、東京都葛飾区柴又・かなん亭（ふるさと亭）、葛飾区柴又四丁目・こいわ荘（さくらのアパート・場所は同じ）、神奈川県鎌倉市大船一丁目、台東区上野・不忍池、長崎県平戸市・平戸島、平戸市田助町・浜尾神社（啖呵売）、大久保町・常灯の鼻（良介が釣りをする）、おみやげの店・おたち（藤子の店）、岩の上町・幸橋（オランダ橋・寅が歌いながら自転車で走る）、宮の町・平戸カトリック教会（藤子と寅、日曜礼拝へ）、長崎県佐世保市柚木町（坂東鶴八郎一座と再会）

【挿入歌】「憧れのハワイ航路」岡晴夫

【うた】寅・良介「憧れのハワイ航路」、満男・良介「電線マン音頭」、幸子の叔父「シューベルト『冬の旅』より『菩提樹』」

【スタッフ】原作・監督／山田洋次　製作／島津清　企画／高島幸夫、小林俊一　脚本／山田洋次、朝間義隆　撮影／高羽哲夫　美術／出川三男　音楽／山本直純　録音／中村寛　調音／松本隆司　照明／青木好文　編集／石井巌　スチール／長谷川宗平　監督助手／五十嵐敬司　装置／小島勝男　装飾／町田武　衣裳／松竹衣裳　現像／東京現像所　進行／玉生久宗　製作主任／峰順一　協力／柴又神明会

【配役】車寅次郎／渥美清　さくら／倍賞千恵子　島田藤子／藤村志保　幸子／大竹しのぶ　竜造／下條正巳　つね／三崎千恵子　博／前田吟　社長／太宰久雄　源公／佐藤蛾次郎　満男／中村はやと　座長／吉田義夫　船長／石井均　神父／桜井センリ　幸子の叔父／築地文夫　パチンコ屋の客／杉山とく子　印刷工／笠井一彦　同／羽生昭彦　同／長谷川英敏　同／木村賢治　座員／志馬琢哉　大空小百合／岡本茉利　源公の女友達／川井みどり　立石涼子　トランペットの男／久世竜之介　サックスの男／津嘉山正種　伊勢屋／露木幸次（NC）　轟巡査／米倉斉加年　御前様／笠智衆　島田良介／中村雅俊

【併映】ワニと鸚鵡とおっとせい（山根成之）

一九七七年十二月二十九日　九五分

第二十一作　男はつらいよ　寅次郎わが道をゆく

【マドンナ】紅奈々子（木の実ナナ）

【夢】宇宙人寅次郎、第三惑星に帰る

【啖呵売】運動靴（竹田市・広瀬神社）、生地（浅草六区・常盤座脇）

【ロケ地】大分県玖珠郡南山田村菅原・あそづる駅（宮原線・夢から覚める）、熊本県阿蘇市・大観峰、上益城郡山都町大字長原・矢部の通潤橋、阿蘇下田駅（高森線）、竹田市竹田町・広瀬神社（啖呵売）、南小国町・田の原温泉、旅館「大朗館」、小国町・阿弥陀杉（留吉失恋す）、

東京都台東区西浅草三丁目・国際劇場、とんかつの河金、浅草一丁目・常盤座横(啖呵売)、阿蘇郡小国町・杖立温泉、阿蘇市乙姫町・内牧駅(豊肥本線)、浅草五丁目「河金」、浅草六区常盤座脇(啖呵売)、荒川区東日暮里(奈々子の実家)

【挿入歌】「道」木の実ナナ

【うた】寅「唄入り観音経」「詩吟 錬成」「さくら咲く国」

【スタッフ】製作/島津清 企画/高島幸夫、小林俊一 原作・監督/山田洋次 脚本/山田洋次、朝間義隆 撮影/高羽哲夫 美術/出川三男 音楽/山本直純 録音/中村寛 調音/松本隆司 照明/青木好文 編集/石井巌 スチール/長谷川宗平 監督助手/五十嵐敬司 装置/小島勝男 装飾/町田武 衣裳/松竹衣裳 現像/東京現像所 進行/玉生久宗 製作主任/峰順一 SKD振付/新井重美、松見登、花柳龍蔵、藤間貴与志、西崎真由美、藤井世津子 SKD装置/三林亮太郎、三輪祐補 SKD衣装/所治海、川路龍子 協力/柴又神明会

【配役】車寅次郎/渥美清 さくら/倍賞千恵子 紅奈々子/木の実ナナ 竜造/下條正巳 つね/三崎千恵子 博/前田吟 社長/太宰久雄 満男/中村はやと 源公/佐藤蛾次郎 旅館の主人/犬塚弘 備後屋/佐山俊二 宮田隆/竜雷太 留吉の母/杉山とく子 奈々子の妹・勝子/左時枝 奈々子の母/寺島信子 春子/岡本茉利 カメラの男/津嘉山正種 縞シャツの男/久世竜之介 小林伊津子 夢のご近所/後藤泰子 印刷工/木村賢治 同/長谷川英敏 同/羽生昭彦 印刷工・中村/笠井一彦 夢のご近所・とらやの客/谷よしの(NC) 留吉/武田鉄矢 御前様/笠智衆 松竹歌劇団 夕月静香/小月冴子 古城ゆかり/春日宏美 SKD/千羽ちどり SKD/藤川洋子 SKD/姫路涛希 富士しのぶ/梓しのぶ

【併映】俺は田舎のプレスリー(満友敬司)

一九七八年八月五日 一〇七分

第二十二作 男はつらいよ 噂の寅次郎

【マドンナ】水野早苗(大原麗子)

【夢】南無観世音寅地蔵尊

【啖呵売】電子リング(静岡県島田市・大井神社)、易断(浅草神社)

【ロケ地】長野県木曽郡木曽町日義・徳音寺(夢から覚める)、静岡県島田市阪本・蓬莱橋(寅が雲水と出会う)、島田市伊太・大井神社(啖呵売)、川根本町・塩郷ダム(寅、弁当を使う)、川根本町千頭・千頭駅前「食事処おざわ屋」、長野県木曽郡南木曽町田立・木曽紅葉館〜大桑村大字野尻・妙覚寺〜大桑村須原宿・定勝寺〜大桑村野尻・旅館庭田屋(寅と颱一郎の旅)、葛飾区立石四丁目・京成立石駅(京成押上線)、神奈川県藤沢市片瀬・瀧口寺付近(柴又の結婚式場として撮影)、墨田区横網・墨田区役所、葛飾区柴又一丁目・晃文堂(早苗が電話をかける)、台東区浅草・浅草神社(啖呵売)、江戸川区北小岩七丁目(早苗のアパート)、北海道小樽市港町・小樽運河〜同・富岡二丁目・舟見坂(早苗からの葉書)、静岡県榛原郡川根本町下泉・塩郷駅(大井川鐵道・年賀状の声バック)、榛原郡川根本町下泉(SLが走るラストシーン)

【うた】寅「木曽節」、社長「昔の名前で出ています」「浪曲子守唄」

【スタッフ】原作・監督/山田洋次 製作/島津清 企画/高島幸夫、小林俊一 脚本/山田洋次、朝間義隆 撮影/高羽

哲夫　美術／出川三男　音楽／山本直純　録音／中村寛　調音／松本隆司　照明／青木好文　編集／石井巌　スチール／長谷川宗平　監督助手／五十嵐敬司　装置／小島勝男　装飾／町田武　衣裳／松竹衣裳　現像／東京現像所　進行／玉生久宗　製作主任／峰順一　パナビジョン協力／柴又神明会

【配役】車寅次郎／渥美清　さくら／倍賞千恵子　竜造／下條正巳　つね／三崎千恵子　博／前田吟　社長／太宰久雄　源公／佐藤蛾次郎　満男／中村はやと　さくの父／吉田義夫　住職／明石潮　江戸川の画伯／津嘉山正種　江戸川のカップル／久世龍之介　遠藤正登　友子の亭主／熊倉正博　とらやの客／池田まさる　友子／宗田千恵子　滝真奈美　ご近所／光映子　泉マキ　印刷工／長谷川英敏　同／木村賢治　同／羽生昭彦　同／笠井一彦　ご近所／谷よしの（NC）　同／高木信夫（NC）　同／土田桂司（NC）　同／秩父晴子（NC）　瞳／泉ピン子　添田／室田日出男　雲水／大滝秀治　御前様／笠智衆　博の父／志村喬　早苗／大原麗子

【併映】俺は上野のプレスリー（大嶺俊順）

一九七八年十二月二十七日　一〇五分

第二十三作　男はつらいよ　翔んでる寅次郎

【マドンナ】入江ひとみ（桃井かおり）

【夢】昭和初期、車博士の発明が人類の悩みを解決！

【啖呵売】ネクタイ（北海道虎杖浜神社）、カーテン生地（浅草・新世界前）

【挿入歌】「とまり木」布施明

【ロケ地】神奈川県伊勢原市大山・森林組合事務所（日下部医院・夢から目覚める）、北海道胆振総合振興局白老町・虎杖浜《こじょうはま》神社、登別市地獄谷温泉・大湯沼、支笏湖湖畔・美笛キャンプ場付近、支笏湖・丸駒温泉旅館（旧翠明閣・若旦那の実家）、東京都千代田区・ホテルニューオータニ、横浜市栄区上郷町（邦男の勤先）、台東区浅草・新世界前（啖呵売）、葛飾柴又・川千家（ひとみと邦男の結婚を祝う会）

【挿入歌】「とまり木」布施明

【うた】御前様「本居宣長の和歌」

【スタッフ】原作・監督／山田洋次　製作／島津清　企画／高島幸夫、小林俊一　脚本／山田洋次、朝間義隆　撮影／高羽哲夫　美術／出川三男　音楽／山本直純　録音／中村寛　調音／松本隆司　照明／青木好文　編集／石井巌　スチール／長谷川宗平　監督助手／五十嵐敬司　装置／小島勝男　装飾／町田武　衣裳／松竹衣裳　現像／東京現像所　進行／玉生久宗　製作主任／峰順一　パナビジョン協力／柴又神明会、いすゞ自動車、ホテルニューオータニ

【配役】車寅次郎／渥美清　さくら／倍賞千恵子　ひとみ／桃井かおり　竜造／下條正巳　つね／三崎千恵子　博／前田吟　社長／太宰久雄　満男／中村はやと　源公／佐藤蛾次郎　タクシー運転手／犬塚弘　ホテルの宴会係／桜井センリ　丸駒旅館の若旦那／湯原昌幸　江戸川の男／上條恒彦　江戸川のカップル／久世龍之介　江戸川の女／ナンシー・チェニー　ＳＫＤ／東野利香　ＳＫＤ／滝真奈美　親戚の女性／齋藤美和　山本武　ひとみの父／入江正徳　益田愛子　礼吉の妻／たうみあきこ　邦男の妹・京子／戸川京子　入江正夫　司会／加島潤　中村／笠井一彦　印刷工／羽生昭彦　同／木村賢治　同／篠原靖夫　村木誠　丸駒旅館・仲居／谷よしの　中村の妻・規子／伊藤

昌子　看護師／岡本茉利　松田礼吉／松村達雄　御前様／笠智衆　小柳邦男／布施明　絹子／木暮実千代
【併映】港町紳士録
　一九七九年八月四日　一〇七分

第二十四作　男はつらいよ　寅次郎春の夢

【マドンナ】高井圭子(香川京子)
【夢】一九三〇年代、桑港チャイナタウンの寅次郎
【啖呵売】下駄(紀の川市・粉河寺)、易断(上野・寛永寺弁天堂)、縁起物(西伊豆・天神社)
【ロケ地】和歌山県和歌山市・加太港(夢明け)、紀ノ川、岩出市・根来寺、紀の川市粉河・粉河寺、アメリカアリゾナ州、中央区銀座・数寄屋橋交差点、銀座二丁目・三共製薬、葛飾区柴又六丁目(英語塾・高井家)、京都市・四条大橋、下長者通り・旧大宮角(山口薬局)、上七軒付近真盛町・歌舞会歌舞練場(芝居小屋)、台東区上野・寛永寺弁天堂、台東区上野六丁目(ガード下の飲み屋)、上野駅前、静岡県沼津市西浦足保・天神社(啖呵売)
【うた】大空小百合／さくら「ある晴れた日に」、寅「ごんべさんのあかちゃん」、マイケル「聖リパブリック賛歌」
【スタッフ】原作・監督／山田洋次　製作／島津清　企画／高島幸夫、小林俊一　ストーリー／山田洋次、レーナード・シュレイダー　脚本／山田洋次、朝間義隆、栗山富夫、レナード・シュレイダー　撮影／高羽哲夫　美術／出川三男　音楽／山本直純　録音／中村寛　調音／松本隆司　照明／青木好文　編集／石井巌　スチール／長谷川宗平　監督助手／五十嵐敬司　装置／小島勝男　装飾／町田武　衣裳／松竹衣裳　現像／東京現像所　進行／玉生久宗　製作主任／峰順一　パナビジョン　協力／柴又神明会、日本航空
【配役】車寅次郎／渥美清　マイケル・ジョーダン／ハーブ・エデルマン　さくら／倍賞千恵子　竜造／下條正巳　つね／三崎千恵子　博／前田吟　社長／太宰久雄　源公／佐藤蛾次郎　満男／中村はやと　座長／吉田義夫　棟梁・茂／犬塚弘　柳田／梅野泰靖　ポンシュウ／小島三児　芝居の客／殿山泰司　江戸川のコーチ／津嘉山正種　山口明　中村／笠井一彦　座員・女形／志馬琢哉　ポンシュウの女房／田中世津子　大空小百合／岡本茉利　印刷工／羽生昭彦　印刷工／木村賢治　同／篠原靖夫　夢の娼婦・紀州の旅館の仲居／谷よしの　夢の娼婦／秩父晴子　夢の眼鏡の女／後藤泰子　ご近所／土田桂司　江戸家／高木信夫　高井めぐみ／林寛子　御前様／笠智衆　高井圭子／香川京子
【併映】神様のくれた赤ん坊(前田陽一)
　一九七九年十二月二十八日　一〇四分

第二十五作　男はつらいよ　寅次郎ハイビスカスの花

【マドンナ】リリー・松岡清子(浅丘ルリ子)
【夢】鼠小僧・寅吉
【啖呵売】サンダル・草履(那覇市・新天地市場)
【挿入歌】「東京夜曲」「白浜節」浅丘ルリ子
【ロケ地】群馬県吾妻郡嬬恋村・鎌原神社 鎌原の郷倉(寅、夢から目覚める)、長野原町北軽井沢、白糸の滝(タイトルバック)、江戸川区南小岩八丁目・国鉄小岩駅前、群馬県(駅前安食堂)、東京都

大田区・羽田空港、沖縄県那覇市鏡水・那覇空港〜安里一丁目・牧志〜中頭郡嘉手納町屋良・嘉手納基地(寅のバス)、首里石嶺町・たがみ病院(現・オリブ山病院)、牧志二丁目・ホテル入船、市場中央通りと新天地市場の境(啖呵売)、国頭郡本部町・浜崎漁港、本部町建堅(国頭家・寅とリリーの住まい)、今帰仁村与那嶺・慰霊碑(寅、暑さにクラクラ)、海洋博記念公園(寅遊ぶ)・水族館、金武町・新開地(リリーの仕事探し)、国頭村字奥間・オクマビーチ(寅遊ぶ)、群馬県吾妻郡六合《くにむら》村・上荷付場《かみにつけば》停留所(寅とリリーの再会)

【挿入歌】喜納昌吉&チャンプルー「ハイサイおじさん」、大城美佐子「十九の春」

【うた】寅「十九の春」、リリー「東京夜曲」「白浜節」、フミ「下千鳥」、イルカスタジオの職員たち「唐船ドーイ」

【スタッフ】原作・監督/山田洋次　製作/島津清　企画/高島幸夫、小林俊一　脚本/山田洋次、朝間義隆　撮影/高羽哲夫　美術/出川三男　音楽/山本直純　録音/鈴木功　調音/松本隆司　照明/青木好文　編集/石井巌　スチール/長谷川宗平　監督助手/五十嵐敬司　装置/小島勝男　装飾/町田武　衣裳/松竹衣裳　現像/東京現像所　進行/玉生久宗　製作主任/峰順一　PANAVISION　協力/日本航空、沖縄県、沖縄県観光連盟、琉球映画貿易、柴又神明会

【配役】車寅次郎/渥美清　さくら/倍賞千恵子　竜造/下條正巳　つね/三崎千恵子　博/前田吟　社長/太宰久雄　源公/佐藤蛾次郎　満男/中村はやと　山里かおり/新垣すずこ　比嘉美也子　国頭富子/金城富美江　国頭フミ/間好子　伊舎堂正子　伊舎堂千恵子　知念先生/津嘉山正種　印刷工・中村/笠井一彦　印刷工/羽生昭彦　同/木村賢治　同/篠原靖夫　喜田晋平　茶屋のアベック/一氏ゆかり　茶屋のアベック/光石研　ご近所/土田桂司　江戸家/高木信夫　ご近所/秩父晴子　よもぎ売・ご近所/谷よしの　入院患者/後藤やつこ　酒井栄子　ホステス/川井みどり　テキヤ/北竜介(NC)　備後屋/露木幸次(NC)　国頭高志/江藤潤　御前様/笠智衆　リリー/浅丘ルリ子

【併映】思えば遠くへ来たもんだ(朝間義隆)

一九八〇年八月二日　一〇四分

第二十六作　男はつらいよ　寅次郎かもめ歌

【マドンナ】水島すみれ(伊藤蘭)

【夢】世直し寅さん、悪代官を成敗!

【啖呵売】スカーフ(江差港・かもめ島頂上)

【ロケ地】徳島県鳴門市大津町木津野西川田・厳島神社(夢から覚める)、柴又五丁目(さくらの家)、北海道檜山郡江差町江差港・かもめ島頂上(全国江差追分大会)、奥尻町・奥尻港、稲穂岬・賽の河原(常の墓)、葛飾区立石・南葛飾高校(都立葛飾高校として撮影)、足立区綾瀬五丁目・五兵衛橋(高校前として撮影)、葛飾区青戸八丁目セブンイレブン(すみれのバイト先)、徳島県鳴門市大麻町板東字塚鼻・霊山寺、鳴門スカイライン展望台(寅、イカ工場のおばさんたちと再会)

【挿入歌】「順子」長渕剛

【うた】寅、すみれ「江差追分」

【スタッフ】原作・監督/山田洋次　製作/島津清　製作補/佐生哲雄　企画/高島幸夫、小林俊一　脚本/山田洋次、朝間義隆　撮影/高羽哲夫　美術/出川三男　音楽/山本直純　録音/鈴木功

調音／松本隆司　照明／青木好文　編集／石井巌　スチール／長谷川宗平　監督助手／五十嵐敬司　装置／小島勝男　装飾／町田武　衣裳／松竹衣裳　現像／東京現像所　進行／玉生久宗　製作主任／峰順一　PANAVISION　協力／北海道奥尻島　江差町　柴又神明会

【配役】車寅次郎／渥美清　さくら／倍賞千恵子　水島すみれ／伊藤蘭　竜造／下條正巳　つね／三崎千恵子　博／前田吟　社長／太宰久雄　源公／佐藤蛾次郎　満男／中村はやと　代官／吉田義夫　忠さん／関敬六　生徒／梅津栄　スルメ工場員／あき竹城　国勢調査員／杉山とく子　隣家の主人／林家珍平　若い先生／伊藤敏孝　ボクサー／津嘉山正種　トレーナー／久世龍之介　テキ屋・越中／小野泰次郎　生徒／高野浩之　同／光石研　印刷工・中村／笠井一彦　印刷工・羽生昭彦　同／木村賢治　テキ屋・マコト／篠原靖夫　遠藤正登　夢の村民・セブンイレブン店長／加島潤　江戸家／高木信夫　生徒／田中美佐　酒井栄子　夢の村民・ホテル奥尻仲居・ご近所／谷よしの　夢の村民／秩父晴子　同・ご近所／後藤泰子　同／大杉侃二郎（ＮＣ）　青山巡査／米倉斉加年　菊地貞夫／村田雄浩　すみれの母／園佳也子　林先生／松村達雄　御前様／笠智衆

【併映】土佐の一本釣り（前田陽一）

一九八〇年十二月二十七日　九八分

第二十七作　男はつらいよ　浪花の恋の寅次郎

【マドンナ】浜田ふみ（松坂慶子）

【夢】浦島寅次郎

【啖呵売】アッパッパ（広島大崎下島・豊町大長）、水中花（東大阪・石切劔箭神社）

【ロケ地】長崎県対馬市豊玉町・和多都美神社（夢から覚める）、広島県呉市豊町大長・大崎下島・豊町大長（啖呵売）、豊浜町・室原神社〜豊浜船着場（寅とふみの出会いと別れ）、大崎上島・きのえ温泉清風館の庭から海の俯瞰撮影、大阪市浪速区・新世界（新世界ホテル）、東大阪市東石切町・石切劔箭神社（寅とふみの再会）、奈良県生駒市・宝山寺（寅とふみのデート）、大阪市港区波除六丁目・安治川大橋近く（山下運輸）、此花区春日出一丁目（英男のアパート松風荘）、天王寺動物園入口付近（ふみの朝帰り）、通天閣本通り（寅、浪花を去る）、対馬市厳原町〜峰町・青海の里（寅、ふみを訪ねる）

【挿入歌】「星影のワルツ」千昌夫、「大阪しぐれ」都はるみ、「道頓堀行進曲」内海一郎

【うた】寅・ふみ「星影のワルツ」

【スタッフ】原作・監督／山田洋次　製作／島津清、佐生哲雄　企画／高島幸夫、小林俊一　脚本／山田洋次、朝間義隆　撮影／高羽哲夫　美術／出川三男　音楽／山本直純　録音／鈴木功　調音／松本隆司　照明／青木好文　編集／石井巌　スチール／長谷川宗平　監督助手／五十嵐敬司　装置／小島勝男　装飾／町田武　衣裳／松竹衣裳　現像／東京現像所　進行／玉生久宗　製作主任／峰順一　振付／松見登　方言指導／土部歩　衣裳提供／銀座三越　PANAVISION　協力／柴又神明会、鈴木自動車（株）、対馬島観光協会

【配役】車寅次郎／渥美清　さくら／倍賞千恵子　浜田ふみ／松坂慶子　竜造／下條正巳　つね／三崎千恵子　博／前田吟　社長／太宰久雄　源公／佐藤蛾次郎　満男／吉岡秀隆　芸者／正司照江　同／正司花江　信子／マキノ佐代子　喜介の母・かね／初音礼子　老人／笑福亭松

鶴　とらやの客／関敬六　吉田／冷泉公裕　板前・誠／斉藤洋介　テキ屋／浮世亭とん平　サイクリングの男／久世龍之介　サイクリングの男／津嘉山正種　中村／笠井一彦　印刷工・羽生昭彦　同／木村賢治　同／篠原靖夫　入江正夫　小田草之介　宴席の客／加島潤　九十九八十一　東竜司　上野純　団巌　酒井栄子　石切参道の茶店店員／光映子　秩父晴子　とらやの客／谷よしの　サイクリングの女の子／一氏ゆかり　齋藤悦子　水木涼子　伊藤晶子　小川由夏　村上記代　松竹歌劇団　運転主任／大村崑　御前様／笠智衆　新世界ホテル・喜介／芦屋雁之助

【併映】俺とあいつの物語（朝間義隆）

一九八一年八月八日　一〇四分

第二十八作　男はつらいよ　寅次郎紙風船

【マドンナ】倉富光枝（音無美紀子）

【夢】ノーベル医学賞受賞、外科医・車先生

【啖呵売】コンピュータゲーム（大分県・原鶴温泉）、バッグ・ポーチ（久留米水天宮）

【ロケ地】佐賀県鳥栖市京町・鳥栖駅前（東京屋食堂で夢から覚める）、柴又・川甚（柴又小学校同窓会場）、大分県日田市大字夜明・夜明駅（久大本線）、福岡県うきは市浮羽町山北・筑後川橋梁、同・保木橋（沈下橋）、朝倉市杷木町・原鶴温泉（啖呵売）、夜明駅前・坂本商店（駅前旅館夜明）浮羽郡田主丸町・法林寺門前～田主丸町・田主丸・法林寺～月読神社（寅と愛子の旅）、福岡県久留米市・久留米水天宮（啖呵売・光枝との再会）、朝倉町菱野・三連水車、福岡県甘木市秋月・秋月眼鏡橋（常の見舞いに行く）、廣久葛本舗、朝倉市秋月・秋月橋たもと（常の家）、秋月城址～秋月郷土館～市立秋月中学校～野鳥川～今小路橋（寅を送る光枝）、柳川市矢留町（商人宿・沖吉）、江戸川区東篠崎町・江戸川水門（博と満男が釣り）、文京区本郷五丁目・章文館（光枝の勤務先）、静岡県・旧焼津港（寅、愛子と兄を見送る）

【挿入歌】「もう一度逢いたい」八代亜紀

【スタッフ】原作・監督／山田洋次　製作／島津清、佐生哲雄　企画／小林俊一　脚本／山田洋次、朝間義隆　撮影／高羽哲夫　美術／出川三男　音楽／山本直純　録音／鈴木功　調音／松本隆司　照明／青木好文　編集／石井巌　スチール／長谷川宗平　監督助手／五十嵐敬司　装置／小島勝男　装飾／町田武　衣裳／松竹衣裳　現像／東京現像所　進行／玉生久宗　製作主任／峰順一　PANAVISION

協力／柴又神明会

【配役】車寅次郎／渥美清　さくら／倍賞千恵子　倉富光枝／音無美紀子　竜造／下條正巳　つね／三崎千恵子　博／前田吟　社長／太宰久雄　源公／佐藤蛾次郎　満男／吉岡秀隆　棟梁・茂／犬塚弘　柳／前田武彦　安男／東八郎　健吉／地井武男　本郷・章文館の客／関敬六　すみ子／小桜京子　テレビの司会者／高橋基子　旅館夜明・女将／杉山とく子　中村／笠井一彦　印刷工／羽生昭彦　同／木村賢治　同／篠原靖夫　金岡秀秋　志馬琢哉　俵一　山岡甲　松岡たくみ　小川由夏　酒井栄子　章文館の仲居／後藤泰子　旅館沖吉・仲居／谷よしの　斎藤由美　河野登志美　長岡恵利子　ご近所／高木信夫（NC）　ご近所／秩父晴子（NC）　御前様／笠智衆　常三郎／小沢昭一（特別出演）　愛子／岸本加世子

【併映】シュンマオ物語タオタオ（監修・山田洋次、演出・島村達雄・アニメーション）

一九八一年十二月二十八日　一〇一分

第二十九作　男はつらいよ　寅次郎あじさいの恋

【マドンナ】かがり（いしだあゆみ）
【夢】抜け雀（すずめのお宿）
【啖呵売】接着剤ピッタリコン（京都・鴨川公園付近）、瀬戸物（滋賀県・彦根城）
【ロケ地】長野県大町市・木崎湖〜清流姫川・大出の吊橋（タイトルバック）、京都市左京区下鴨宮河町・府立鴨川公園付近（啖呵売）、加茂川べり（寅と作次郎の出会い）、上賀茂御薗口町・神馬堂〜木屋町御茶屋（寅と作次郎）、東山区五条坂鐘鋳町・河井寛次郎記念館（作次郎宅）、国鉄宮津線（北近畿タンゴ鉄道）、与謝郡伊根町亀島（かがりの実家）、伊根・船着場、鎌倉市立大船保育園（柴又近辺としてロケ）、鎌倉市・成就院（あじさい寺）〜稲村ヶ崎公園付近・レストランメイン（現・サンディッシュ）〜江ノ島電鉄、江島神社参道〜江ノ島亭（寅とかがりのデート＋満男）、東京駅新幹線ホーム、滋賀県彦根・旧池田屋敷長屋門、彦根城（寅と作次郎の再会）
【挿入歌】「祇園小唄」
【うた】備後屋／御前様「草津節」
【スタッフ】原作・監督／山田洋次　製作／島津清、佐生哲雄　企画／小林俊一　脚本／山田洋次、朝間義隆　撮影／高羽哲夫　美術／出川三男　音楽／山本直純　録音／鈴木功　調音／松本隆司　照明／青木好文　編集／石井巌　スチール／長谷川宗平　監督助手／五十嵐敬司　装置／小島勝男　装飾／町田武　衣裳／松竹衣裳　アニメーション／白組　現像／東京現像所　進行／玉生久宗　製作主任／峰順一
PANAVISION　協力／柴又神明会、株式会社リコー　河井寛次郎記念館
【配役】車寅次郎／渥美清　さくら／倍賞千恵子　かがり／いしだあゆみ　竜造／下條正巳　つね／三崎千恵子　博／前田吟　社長／太宰久雄　源公／佐藤蛾次郎　満男／吉岡秀隆　はる／岡島艶子　かがりの母／杉山とく子　かがりの友人／西川ひかる　蒲原／嘉山正種　編集者／園田裕久　ポンシュウ／関敬六　学生／マキノ佐代子　松谷たくみ　学生／土部歩　三星東美　芸妓／光映子　鮎川十糸子　片岡當勝　木崎湖の画家／田口精一　印刷工／羽生昭彦　印刷工／篠原靖夫　金谷通利　印刷工・俊男／星野浩司　竹村春彦　中村／笠井一彦　学生／戸川京子　北村克美　田島敬子　市丸和代　神馬堂の店員／川井みどり　齋藤悦子　後藤泰子　江ノ島亭のおばさん／谷よしの　近藤／柄本明　御前様／笠智衆　加納作次郎／片岡仁左衛門
【併映】えきすとら（朝間義隆）

一九八二年八月七日　一一〇分

第三十作　男はつらいよ　花も嵐も寅次郎

【マドンナ】小川螢子（田中裕子）
【夢】ブルックリンの寅
【啖呵売】鏡・色紙（大分県・臼杵福良天神）、正月飾り（温泉山・永福寺）
【ロケ地】神奈川県鎌倉市今泉・今泉白山神社（夢から覚める）、大分県別府市・鶴見岳、志高湖湖畔（寅、ハングライダーを見る）、豊後臼杵臼杵市大字深田・臼杵磨崖仏《まがいぶつ》、満月《まんがつ》寺・宝篋《ほうきょう》印塔、臼杵福良天神、由布市湯布院町湯平・湯平温泉・白雲荘（湯平荘として撮影）、湯布院町下湯平・湯平駅（久大本線）、杵築市・養徳寺（三郎の母の墓）、杵築市・志保屋

の坂（三郎の車に寅さんたち乗る）、由布市湯布院町塚原、別府市十文字原（三郎の車でドライブ）、宇佐市・アフリカンサファリ～城島後楽園遊園地～別府港・ホーバーフェリー乗場（寅、三郎、螢子たち）、大丸東京店（螢子の勤務先）、千葉県習志野市・谷津遊園（三郎の勤務先）、千葉市花見川区幕張本郷（螢子の家）、別府市・鉄輪温泉（寅さんが電話する）、温泉山・永福寺（啖呵売）

【挿入歌】「SCANDAL !!」沢田研二

【うた】寅「旅の夜風」

【スタッフ】原作・監督／山田洋次　製作／島津清、佐生哲雄　企画／小林俊一　脚本／山田洋次、朝間義隆　撮影／高羽哲夫　美術／出川三男　音楽／山本直純　録音／鈴木功　調音／松本隆司　照明／青木好文　編集／石井巌　スチール／長谷川宗平　監督助手／五十嵐敬司　装置／小島勝男　装飾／町田武　衣裳／松竹衣裳　現像／東京現像所　進行／玉生久宗　製作主任／峰順一　PANAVISION　協力／柴又神明会　大分県

【配役】車寅次郎／渥美清　さくら／倍賞千恵子　小川螢子／田中裕子　竜造／下條正巳　つね／三崎千恵子　博／前田吟　社長／太宰久雄　源公／佐藤蛾次郎　満男／吉岡秀隆　勝三／内田朝雄　野村ゆかり／児島美ゆき　小川絹子／馬渕晴子　和尚／殿山泰司　観覧車係／桜井センリ　小川肇／安藤安彦　桃枝の亭主・友男／人見明　ポンシュウ／関敬六　測量技師／アパッチけん　同／光石研　スナックのママ／高城美輝　湯平荘の仲居／田中世津子　法事の客／梅津栄　印刷工・中村／笠井一彦　印刷工／篠原靖夫　金谷通利　印刷工・俊男／星野浩史　スナックの客／川井みどり　花売り／谷よしの　印刷工／羽生昭彦　同／竹村晴彦　江戸屋の親父／川村禾門　法事の客／大杉侃二郎（NC）　夢の踊り／SKD松竹歌劇団　振付 松見登　桃枝／朝丘雪路　御前様／笠智衆　島田三郎／沢田研二

【併映】次郎長青春篇 つっぱり清水港（前田陽一）

一九八二年十二月二十八日　一〇六分

第三十一作　男はつらいよ　旅と女と寅次郎

【マドンナ】京はるみ（都はるみ）

【夢】舞台劇・天保佐渡一国騒動

【啖呵売】虫眼鏡（出雲崎　良寛堂前）

【挿入歌】都はるみ「砂山」「惚れちゃったんだよ」「涙の連絡船」「アンコ椿は恋の花」「おんなの海峡」

【うた】備後屋「矢切の渡し」、寅・はるみ「佐渡おけさ」、寅・はるみ「矢切の渡し」、社長「涙の連絡船」

【ロケ地】新潟県小千谷市・船岡公園（夢から覚める）、新潟市西蒲区並岡・はさ木（寅が歩く）、同・南区白根中ノ口川沿い・白根の大凧合戦、新潟市・万代橋、新潟市民ホール（市民プラザ）、関新一丁目・食堂、出雲崎・良寛堂前、出雲崎港（寅とはるみの出会い）、佐渡島・矢島、経島（漁船がアーチを潜る）、同・宿根木（民宿・吾作）、沢崎鼻灯台付近、小木港、北海道虻田郡京極町・京極駅（胆振線）、留寿都村・羊蹄山夏祭り（寅、熊と再会）

【スタッフ】原作・監督／山田洋次　製作／島津清、佐生哲雄　企画／小林俊一　脚本／山田洋次、朝間義隆　撮影／高羽哲夫　美術／出川三男　音楽／山本直純　録音／鈴木功　調音／松本隆司　照明／青木好文　編集／石井巌　スチール／長谷川宗平　監督助手／五十嵐敬

司　装置／小島勝男　装飾／町田武　衣裳／松竹衣裳　美粧／宮沢兼子　現像／東京現像所　進行／玉生久宗　製作主任／峰順一　ダン池田とニューブリード　PANAVISION　協力／柴又神明会　日本生命　新潟県

【配役】車寅次郎／渥美清　さくら／倍賞千恵子　竜造／下條正巳　つね／三崎千恵子　博／前田吟　社長／太宰久雄　源公／佐藤蛾次郎　満男／吉岡秀隆　民宿吾作のおばあちゃん／北林谷栄　プロダクション社長・三田／桜井センリ　吉岡／ベンガル　富子／木ノ葉のこ　長万部の熊／佐山俊二　船長／山谷初男　記者／梅津栄　警備員／内藤安彦　石田英二　山本屋みやげ店・食堂の親父／人見明　チンドン屋／関敬六　ゆかり／マキノ佐代子　矢切の女／梓しのぶ　チンドン屋の妻／石井富子　夢の群衆・食堂のおばちゃん／谷よしの　記者／川井みどり　印刷工／篠原靖治　印刷工・中村／笠井一彦　丸谷小一郎　矢切の女の母親／秩父晴子(NC)　備後屋／露木幸次(NC)　矢切の男／細川たかし(特別出演)　御前様／笠智衆　久子／中北千枝子　北村／藤岡琢也　京はるみ／都はるみ

【併映】いとしのラハイナ(栗山富夫)

一九八三年八月六日　一〇一分

第三十二作　男はつらいよ　口笛を吹く寅次郎

【マドンナ】石橋朋子(竹下景子)

【夢】ニセ寅次郎(レオナルド熊)、あらわる！

【ロケ地】吉備線(夢から覚める)、岡山県総社市・備中国分寺跡(タイトルバック)、備中高梁市・紺屋町美観地区(白神食料品店)、薬師院(蓮台寺として撮影)、高梁川(一道が撮影)、武家屋敷通り・岡村邸(諏訪家)、高梁市本町・油屋旅館、鳥取県江府町・御机(一道の写真旅行)、備中高梁駅(伯備線)、高梁市落合町・方谷林公園(寅がひろみを励ます)、渋谷駅・ハチ公前、尾道市・因島大橋付近(寅、労務者と再会)

【うた】寅・泰道「誰か故郷を想わざる」、蕎麦屋「矢切の渡し」

【スタッフ】原作・監督／山田洋次　製作／島津清、中川滋弘　企画／小林俊一　脚本／山田洋次、朝間義隆　撮影／高羽哲夫　美術／出川三男　音楽／山本直純　録音／鈴木功　調音／松本隆司　照明／青木好文　編集／石井巖　スチール／長谷川宗平　監督助手／五十嵐敬司　装置／小島勝男　装飾／町田武　美粧／宮沢兼子　衣裳／松竹衣裳　現像／東京現像所　進行／玉生久宗　製作主任／峰順一　PANAVISION　協力／柴又神明会　高梁市

【配役】車寅次郎／渥美清　さくら／倍賞千恵子　石橋一道／中井貴一　ひろみ／杉田かおる　竜造／下條正巳　つね／三崎千恵子　博／前田吟　社長／太宰久雄　源公／佐藤蛾次郎　満男／吉岡秀隆　博の長兄・毅／梅野泰靖　博の姉・信子／八木昌子　博の次兄・修／穂積隆信　親方・熊／レオナルド熊　そば屋／石倉三郎　飯場の女性／あき竹城　柴又駅駅員／人見明　運転手／関敬六　ゆかり／マキノ佐代子　毅の妻／上野稜子　諏訪家の近所のおばあちゃん／岡島艶子　大阪屋の妻／市川千恵子　ひろみの母／光映子　法事の客／谷よしの　毅の娘・衿子／灘陽子(森口瑤子)　西屋東　中村／笠井一彦　諏訪家の法事の客／和沢昌治　夢の花嫁・カメラマン助手／川井みどり

星野麗　備後屋／露木幸次　モデル／レイチェル　カメラマン／森山徹（特別出演）　法事の客／大杉侃二朗（NC）　同／秩父晴子　とらやの客／篠原靖治（NC）　御前様／笠智衆　石橋泰道／松村達雄　大阪屋／長門勇　石橋朋子／竹下景子

【併映】喜劇 家族同盟（前田陽一）

　一九八三年十二月二十八日　一〇五分

第三十三作　男はつらいよ　夜霧にむせぶ寅次郎

【マドンナ】小暮風子（中原理恵）

【夢】復讐の男・車寅次郎、トニーと対決！

【啖呵売】地球儀（盛岡城址）、オルゴール（根室新緑まつり）

【ロケ地】岩手県紫波《しわ》郡紫波町・願圓寺（夢から覚める）、岩手県八幡平市大更、紫波郡紫波町・新山神社里宮（タイトルバックの剣舞）、盛岡市・盛岡城址（さくら祭り）、中津川沿い・上の橋（登の店）、北海道釧路市・釧路駅、幣舞《ぬさまい》橋・ぬさまい河畔公園（寅と風子の出い）、厚岸郡浜中町・茶内駅（花咲線）、同・暮帰別東・汐見橋（ヤンマーの屋根）、根室新緑まつり、根室市、根室本線、同・常盤町一丁目・北の勝酒造場前（夜霧の風子とバイクのトニー）、同・清隆町一丁目・理容室小田原（風子の店）、同・花咲港・きたみ館（寅の宿）、花咲港・車石入口（風子が雨の中歩く）、品川区北品川・北品川橋付近（トニーの下宿）、釧路空港、標津郡中標津町・計根別《けねべつ》駅（標津線）、養老牛温泉（風子の結婚式）

【挿入歌】中原理恵「千年接吻」

【うた】寅「どうせ拾った恋だもの」、寅・風子「矢切の渡し」、トニー「ハッピーバースディ」

【スタッフ】原作・監督／山田洋次　製作／島津清、中川滋弘　企画／小林俊一　脚本／山田洋次、朝間義隆　撮影／高羽哲夫　美術／出川三男　音楽／山本直純　録音／鈴木功　調音／松本隆司　照明／青木好文　編集／石井巌　スチール／長谷川宗平　監督助手／五十嵐敬司　装置／小島勝男　装飾／町田武　美粧／宮沢兼子　衣裳／松竹衣裳　現像／東京現像所　進行／玉生久宗　製作主任／峰順一　PANAVISION　協力／北海道観光誘致宣伝協会　釧路市　根室市　中標津町　北上市・花巻温泉　柴又神明会　東亜国内航空

【配役】車寅次郎／渥美清　さくら／倍賞千恵子　木暮風子／中原理恵　竜造／下條正巳　つね／三崎千恵子　博／前田吟　社長／太宰久雄　源公／佐藤蛾次郎　満男／吉岡秀隆　登／秋野太作　風子の伯母・きぬ／文野朋子　理髪「ヒロシマ」店主／人見明　黒田／谷幹一　ポンシュウ／関敬六　印刷工・松田／笠井一彦　口上の男／志馬琢哉　竹下佳男　仲人／高木信夫　結婚式の参列者／統一劇場　キグレオートバイサーカス　ゆかり／マキノ佐代子　登の妻・倶子／中川加奈　理髪店の妻／村上記代　ご近所／秩父晴子　釧路の旅館仲居／谷よしの　社長の妻／水木涼子　ウェイトレス／川井みどり　佳代子／坂元かず子　夢のナレーション／小林清志（NC）　備後屋／露木幸次（NC）　御前様／笠智衆　金吾／加藤武　福田栄作／佐藤B作　あけみ／美保純　トニー／渡瀬恒彦

【併映】ときめき海岸物語（朝間義隆）

　一九八四年八月四日　一〇二分

第三十四作　男はつらいよ
寅次郎真実一路

【マドンナ】富永ふじ子（大原麗子）
【夢】宇宙大怪獣ギララ対車寅次郎博士
【啖呵売】健康サンダル（筑波山神社）
【ロケ地】鹿児島県日置市・薩摩湖湖畔（夢から覚める）、台東区上野六丁目ガード下（居酒屋まるき）、日本橋（スタンダード証券）、茨城県つくば市小茎・森の里団地付近（健吉の家）、中央区八重洲・呉服橋交差点（通勤中の健吉が失踪）、筑波山神社、鹿児島県坊津市・丸木浜（健吉が彷徨う）、鹿児島市電、指宿枕崎線、枕崎駅、南さつま市・加世田武田上鴻巣武家屋敷、指宿市山川成川・鰻温泉（健吉の足跡が判明）、鹿児島市吉野町・島津家別邸仙巌園（寅とふじ子が帰京を決意）、JR東戸塚駅（土浦駅として撮影）、吹上町・伊作駅（南薩線、廃線になった駅）、龍ヶ崎市庄兵衛新田町（健吉と息子、釣り）
【うた】ふじ子／隆・満男「里の秋」、進介「薩摩琵琶」
【スタッフ】原作・監督／山田洋次　製作／島津清、中川滋弘　企画／小林俊一　脚本／山田洋次、朝間義隆　撮影／高羽哲夫　美術／出川三男　音楽／山本直純　録音／鈴木功　調音／松本隆司　照明／青木好文　編集／石井巌　スチール／長谷川宗平　監督助手／五十嵐敬司　装置／小島勝男　装飾／町田武　美粧／宮沢兼子　衣裳／松竹衣裳　現像／東京現像所　進行／玉生久宗　製作主任／峰順一　PANAVISION　協力／東亜国内航空　柴又神明会
【配役】車寅次郎／渥美清　さくら／倍賞千恵子　竜造／下條正巳　つね／三崎千恵子　博／前田吟　社長／太宰久雄　源公／佐藤蛾次郎　満男／吉岡秀隆　静子／津島恵子　和代／風見章子　ポンシュウ／関敬六　タクシー運転手／桜井センリ　バイクの男／アパッチ・けん　部長／津嘉山正種　芦田友秀　会議の外国人／ディビー・スミス　受付嬢／マキノ佐代子　同／伊東さゆり　同／岩渕菜穂　ウエイトレス／川井みどり　鰻温泉の仲居／谷よしの　戸川美子　証券マン／加島潤　印刷工・中村／笠井一彦　あけみ／美保純　備後屋／露木幸次（NC）　富永健吉／米倉斉加年　御前様／笠智衆　進介／辰巳柳太郎　富永ふじ子／大原麗子
【併映】ねずみ小僧怪盗伝（野村芳太郎）
一九八四年十二月二十八日　一〇七分

第三十五作　男はつらいよ
寅次郎恋愛塾

【マドンナ】江上若菜（樋口可南子）
【夢】寅さんの「楢山節考」
【啖呵売】易断（新上五島町・祖母君神社）、
【ロケ地】上田電鉄別所線・舞田駅（夢から覚める）、長野県東御市・海野宿（タイトルバック・寅が歩く）、東御市島川原・諏訪神社付近（寅と雲水が出会う）、長崎県南松浦郡新上五島町・祖母君神社、新上五島町太田郷・太田港（寅とポンシュウ、ハマに出会う）、丸尾教会・墓地（寅たちが墓掘り）、青砂ケ浦天主堂（寅と若菜の出会い）、有川地区・有川旅館西海屋、文京区白山二丁目（コーポ富士見・若菜の住まい）、文京区水道一丁目（若菜、就職試験を受ける）、本郷・東京大学、小石川三丁目伝通院（恋愛指南）、京成上野駅～新宿区・ライブハウスピットイン～上野不忍池（若菜と民夫のデート）、秋田県鹿角市・陸中花輪駅、八幡平水晶山スキー場、夜明島渓谷（民夫が彷徨う）

【挿入歌】「片恋酒」三門忠司
【挿入曲】I Sing Samba 丸山繁雄酔狂座
【うた】ポンシュウ「片恋酒」、葬儀の参列者「典礼聖歌82番・神を敬う人の死は」
【スタッフ】原作・監督／山田洋次　製作／島津清、中川滋弘　企画／小林俊一　脚本／山田洋次、朝間義隆　撮影／高羽哲夫　美術／出川三男　音楽／山本直純　録音／鈴木功　調音／松本隆司　照明／青木好文　編集／石井巖　スチール／長谷川宗平　監督助手／五十嵐敬司　装置／小島勝男　装飾／町田武　美粧／宮沢兼子　衣裳／松竹衣裳　現像／東京現像所　進行／玉生久宗　製作主任／峰順一　PANAVISION　協力／秋田県鹿角市　柴又神明会
【配役】車寅次郎／渥美清　さくら／倍賞千恵子　坂田民夫／平田満　竜造／下條正巳　つね／三崎千恵子　博／前田吟　社長／太宰久雄　源公／佐藤蛾次郎　満男／吉岡秀隆　ポンシュウ／関敬六　旅の雲水／梅津栄　面接官／園田裕久　民夫の父親／築地文夫　神父／丹羽勝海　小春／杉山とく子　江上ハマ／初井言榮　旅館の仲居／田中世津子　着物の女／藤川洋子　印刷工・中村／笠井一彦　面接官／島田順司　同／志馬琢哉　同／竹村晴彦　舞田駅の行商／谷よしの　戸川美子　喫茶店の客／川井みどり　ゆかり／マキノ佐代子　ピットインでの演奏／丸山繁雄酔狂座　あけみ／美保純　牛山教授／松村達雄　牛山教授の助手／橋浦総子（NC）　備後屋／露木幸次（NC）　御前様／笠智衆　江上若菜／樋口可南子
【併映】おら東京さ行ぐだ（栗山富夫）

一九八五年八月三日　一〇八分

第三十六作　男はつらいよ　柴又より愛をこめて

【マドンナ】島崎真知子（栗原小巻）
【夢】日本人初の宇宙飛行士・車寅次郎
【啖呵売】張子の虎（浜名湖・舘山寺港）
【ロケ地】国鉄只見線・会津高田駅待合室（夢から覚める）、只見線、福島県河沼郡・柳津町（会津桐下駄・小川屋）、円蔵寺（縁日）、港区赤坂TBSテレビ、静岡県下田市、葛飾区金町九丁目・アカシヤ荘（あけみのアパート）、弥治川付近（あけみの勤めるスナック）、みなと橋（寅があけみを見つける）、入田浜、式根島、地鉈《じなた》温泉、大浦海岸、神引展望台、式根島小学校、千代田区駿河台・文化学院（ロシア語辞典編集部として撮影）、御茶ノ水・ニコライ堂、有楽町マリオン～新宿・伊勢丹会館・ロシア料理ペチカ（真知子と千秋、文人）、調布飛行場、静岡県浜名湖・舘山寺港（寅、生徒と再会）
【挿入歌】「モスクワ郊外の夕べ」（ペチカにて）
【うた】寅・同級生たち「七つの子」、寅「さよなら三角」
【スタッフ】原作・監督／山田洋次　製作／島津清、中川滋弘　企画／小林俊一　脚本／山田洋次、朝間義隆　撮影／高羽哲夫　美術／出川三男　音楽／山本直純　録音／鈴木功　調音／松本隆司　照明／青木好文　編集／石井巖　スチール／長谷川宗平　監督助手／五十嵐敬司　装置／小島勝男　装飾／町田武　美粧／宮沢兼子　衣裳／松竹衣裳　現像／東京現像所　進行／玉生久宗　製作主任／峰順一　PANAVISION　協力／柴又神明会　式根島観光協会　東海汽船
【配役】車寅次郎／渥美清　さくら／倍賞千恵子　竜造／下條正巳　つね／三崎千恵子　博／前田吟　社長／太宰久雄　源公／佐藤蛾次郎　満男／吉岡秀

隆 ポンシュウ／関敬六 麒麟堂／人見明 下田の長八／笹野高史 青年B／光石研 青年A／アパッチけん TBSアシスタント／石井和子 夢のTVレポーター・女子高生／松居直美 小島りべか 同窓生／中島唱子 酒井千秋／磯崎亜紀子 ゆかり／マキノ佐代子 NASAの男／レオ・メンゲッティ 中村／笠井一彦 スナックのママ／田中利花 中長旅館の仲居／谷よしの 秩父晴子 ブティック店員／川井みどり 備後屋／露木幸次 小島あけみ／美保純 茂／田中隆三 キャスター／森本毅郎 備後屋／露木幸次(NC) 御前様／笠智衆 酒井文人／川谷拓三 島崎真知子／栗原小巻

【併映】祝辞(栗山富夫)

一九八五年十二月二十八日 一〇五分

第三十七作 男はつらいよ 幸福の青い鳥

【マドンナ】島崎美保(志穂美悦子)

【夢】とらや一家、幸福の青い鳥を求めて

【啖呵売】スニーカー(萩市城址公園・平安橋)、鳥の笛(下関・赤間神宮)、鳥の笛(芦ノ湖・桃源台港)

【ロケ地】山口県下関市豊北町(電車風景)～萩市・城址公園(萩時代祭)～城址公園横・平安橋～平安古町東区～新堀川(タイトルバック)、下関市長府宮の内町・忌宮神社前(寅が電話)、阿弥陀町・赤間神宮(啖呵売)、関門橋、門司港、福岡県鞍手郡小竹町赤池・遠賀川鉄橋、鞍手郡小竹町大字赤地・沈下橋、飯塚市菰・飯塚市住友忠隈炭鉱、筑豊富士、嘉穂劇場、若宮市鶴田・貝島大之浦炭鉱住宅(美保の家)、飯塚・旅館かどや(寅が宿泊)、田川伊田駅(筑豊鉄道・寅と美保の別れ)、葛飾区・新小岩駅南口、葛飾区四つ木二丁目(創美社)、柴又駅前上海軒、台東区上野・都立美術館、葛飾区東立石一丁目・川端南児童遊園(美保と健吾)、立石五丁目・葛飾区役所、神奈川県足柄下郡箱根町・箱根町港(啖呵売)

【うた】美保「炭坑節」、備後屋「蒲田行進曲」、寅「こんにちは赤ちゃん」

【スタッフ】原作・監督／山田洋次 製作／島津清、中川滋弘 企画／小林俊一 脚本／山田洋次、朝間義隆 撮影／高羽哲夫 美術／出川三男 音楽／山本直純 録音／鈴木功 調音／松本隆司 照明／青木好文 編集／石井巌 スチール／長谷川宗平 監督助手／五十嵐敬司 装置／小島勝男 装飾／町田武 美粧／宮沢兼子 衣裳／松竹衣裳 現像／東京現像所 進行／副田稔、玉生久宗 製作主任／峰順一 PANAVISION 協力／柴又神明会

【配役】車寅次郎／渥美清 さくら／倍賞千恵子 島崎美保／志穂美悦子 竜造／下條正巳 つね／三崎千恵子 博／前田吟 社長／太宰久雄 源公／佐藤蛾次郎 満男／吉岡秀隆 ポンシュウ／関敬六 上海軒／桜井センリ 親方／じん弘 車掌／イッセー尾形 近藤／笹野高史 俊男の父／坂本長利 キューシュー／不破万作 中村／笠井一彦 印刷工・俊男／星野浩司 上海軒の女房／村上記代 中華料理店員／川井みどり コンパニオン／田中リカ 江戸家／石川るみ子 ゆかり／マキノ佐代子 あけみ／美保純 芦ノ湖の娘／有森也実 同／エドはるみ(NC) 備後屋／露木幸次(NC) 板前姿の男／出川哲朗(NC) テキ屋／篠原靖治(NC) 劇場の男／すまけい 御前様／笠智衆 健吾／長渕剛

【併映】愛しのチイパッパ(栗山富夫)

一九八六年十二月二十日 一〇七分

第三十八作　男はつらいよ 知床慕情

【マドンナ】上野りん子(竹下景子)
【啖呵売】ゴッホのひまわり(札幌・大通公園)、花火(岐阜長良川まつり)
【ロケ地】秋田県仙北市角館町小勝田中川原付近・桧木内川堤防(みちのくさくらまつり)、玉川鉄橋(秋田内陸線)、東京都足立区千住曙町(吉田病院)、北海道札幌市・大通公園、阿寒国立公園・川湯温泉(寅さんテレビ出演)、標津郡中標津町俣落地区(知床として撮影)、斜里郡清里町札弦《さっつる》町・札弦駅前(寅、順吉と出会う)、目梨郡羅臼町本町(順吉宅・ウトロとして撮影)、中標津町西竹(離農者を見送る)、斜里郡斜里町ウトロ東(スナックはまなす)、知床五湖、斜里駅(釧網本線)、オシンコシンの滝、ウトロ港、カムイワッカの滝、知床自然センター付近の原っぱ(バーベキュー)、岐阜長良川まつり(啖呵売)
【挿入歌】「知床旅情」作詩・作曲／森繁久彌
【うた】婿養子・文男「知床旅情」、寅「歌曲マルタより(じいさん酒飲んで)」、船長「憧れのハワイ航路」、北海道の仲間たち「知床旅情」

【スタッフ】原作・監督／山田洋次　製作／島津清　企画／小林俊一　脚本／山田洋次、朝間義隆　撮影／高羽哲夫　美術／出川三男　音楽／山本直純　録音／鈴木功　調音／松本隆司　照明／青木好文　編集／石井巖　スチール／長谷川宗平　監督助手／五十嵐敬司　装置／小島勝男　装飾／町田武　美粧／宮沢兼子　衣裳／松竹衣裳　現像／東京現像所　進行／副田稔　製作担当／峰順一　PANAVISION　協力／北海道斜里町　羅臼町　中標津町　柴又神明会
【配役】車寅次郎／渥美清　さくら／倍賞千恵子　りん子／竹下景子　竜造／下條正巳　つね／三崎千恵子　博／前田吟　社長／太宰久雄　源公／佐藤蛾次郎　満男／吉岡秀隆　ポンシュウ／関敬六　医師／イッセー尾形　アパートの管理人／笹野高史　ホテルの二代目・婿養子／冷泉公裕　船員・マコト／赤塚眞人　漁協理事・文男／油井昌由樹　離農する男／坂本長利　中村／笠井一彦　ゆかり／マキノ佐代子　柴又マラソンスタッフ／川井みどり　江戸家／石川るみ子　倉山理恵　天野立子　はまなすの客／篠原靖治　テレビレポーター／小原忍(HBC)　板前姿の男／出川哲朗(NC)　船長／すまけい　あけみ／美保純　御前様／笠智衆　悦子／淡路恵子　上野順吉／三船敏郎
【併映】塀の中の懲りない面々(森崎東)
一九八七年八月十五日　一〇七分

第三十九作　男はつらいよ　寅次郎物語

【マドンナ】高井隆子(秋吉久美子)
【夢】昔日の柴又、寅の最初の家出
【啖呵売】ぬいぐるみ(常総市・清安山願成寺不動院)、正月飾り・破魔矢(伊勢市・二見興玉神社)、沼津市内浦(エンドマーク)
【ロケ地】茨城県常総市・中妻駅(常総線・夢から覚める)、関東鉄道常総線～水海道駅～小貝川～つくばみらい市・清安山願成寺不動院(タイトルバック)、葛飾区亀有・葛飾野高校(葛飾高校として撮影)、JR阪和線、和歌山駅、和歌の浦・北村荘グランドホテル、JR和歌山線、吉野川橋梁、奈良県吉野郡吉野町・銅の鳥居、吉野山・八木屋翠山荘、金峯山寺、大和上市駅(近鉄)、奈良県宇陀市榛原山辺三・踏切(近鉄特急風景)、伊勢志摩、三重県志摩市阿児町神明(松井真

珠店)、神奈川県三浦市(ふでと秀吉が再会)、伊勢市・二見浦、二見興玉神社(啖呵売)、静岡県沼津市内浦三津・みかん畑の道の丘から俯瞰撮影(エンディングの海)

【うた】船長「男と女のラブゲーム」

【スタッフ】原作・監督/山田洋次 プロデューサー/島津清 企画/小林俊一 脚本/山田洋次、朝間義隆 撮影/高羽哲夫 美術/出川三男 音楽/山本直純 録音/鈴木功 調音/松本隆司 照明/青木好文 編集/石井巌 スチール/長谷川宗平 監督助手/五十嵐敬司 装置/横手輝雄 装飾/露木幸次 美粧/宮沢兼子 衣裳/松竹衣裳 現像/東京現像所 進行/副田稔 製作担当/峰順一 PANAVISION 協力/吉野山観光協会 柴又神明会

【配役】車寅次郎/渥美清 さくら/倍賞千恵子 高井隆子/秋吉久美子 ふで/五月みどり(特別出演) 竜造/下條正巳 つね/三崎千恵子 博/前田吟 社長/太宰久雄 源公/佐藤蛾次郎 満男/吉岡秀隆 警官/イッセー尾形 翠山荘主人・長吉/笹野高史 テキ屋仲間/じん弘 ポンシュウ/関敬六 中村/笠井一彦 篠原靖治 光映子 翠山荘の仲居/谷よしの 江戸家/石川るみ子 翠山荘勤務/川井みどり ゆかり/マキノ佐代子 児童福祉相談員/橋浦総子 秀吉/伊藤祐一郎 宿のパート/正司敏江 板前姿の男/出川哲朗(NC) 備後屋/露木幸次(NC) あけみ/美保純 船長/すまけい 君子/河内桃子 菊田医師/松村達雄 御前様/笠智衆

【併映】女咲かせます(森崎東)

一九八七年十二月二十六日 一〇一分

第四十作 男はつらいよ 寅次郎サラダ記念日

【マドンナ】原田真知子(三田佳子)

【啖呵売】スニーカー・スポーツウェア(小諸市・本町交差点横)、デイバック・カバン(島原市・島原城天守閣下)

【ロケ地】山梨県北杜市大泉町西井出・吐竜の滝~JR小海線~佐久広瀬駅~湊神社付近の千曲川鉄橋(アバンタイトル)、長野県小諸市・懐古園三の門(信州小諸大浅間山火焔太鼓)~常磐橋~健速神社(祇園祭)~こもろ市民まつり~本町交差点横(啖呵売・タイトルバック)、相生町・小諸駅前・大手鹿島商店街・さかい(寅、りんごを買う)、小諸駅前・バス停、長野県上田市真田町傍陽(キクエの家)、荒町・小諸病院、東京都大田区上池台(真知子の家)、都電荒川線、東京都新宿区早稲田・早稲田大学南門通り商店街、早稲田大学(西早稲田キャンパス)、同文学部(戸山キャンパス)、同南門前・高田牧舎(由紀と茂が待ち合わせ)、長崎県島原市城内・島原城天守閣下(啖呵売)

【挿入歌】「ステレオ太陽族」サザンオールスターズ

【うた】寅「草津節」「佐渡おけさ」「都の西北」

【スタッフ】原作/山田洋次、俵万智「サラダ記念日」河出書房新社刊より 監督/山田洋次 プロデューサー/島津清 企画/小林俊一 脚本/山田洋次、朝間義隆 撮影/高羽哲夫 美術/出川三男 音楽/山本直純 録音/鈴木功 調音/松本隆司 照明/青木好文 編集/石井巌 スチール/長谷川宗平 監督助手/五十嵐敬司 装置/森篤信 装飾/露木幸次 美粧/宮沢兼子 衣裳/松竹衣裳 現像/東京現像所 進行/副田稔 製作担当/峰順一 PANAVISION

協力／早稲田大学　小諸市　柴又神明会
【配役】車寅次郎／渥美清　さくら／倍賞千恵子　由紀／三田寛子　尾崎茂／尾美としのり　竜造／下條正巳　つね／三崎千恵子　博／前田吟　社長／太宰久雄　源公／佐藤蛾次郎　満男／吉岡秀隆　院長／すまけい　富永教授／三國一朗　靴泥棒／笹野高史　ポンシュウ／関敬六　中村／笠井一彦　ゆかり／マキノ佐代子　北上三平／北山雅康　車掌／武野功雄　キクエの親族／篠原靖司　葬儀の親戚／川井みどり　看護師／光映子　江戸屋／石川るみ子　恵子／菅野志桜里　早大生／吉住由木夫（NC）　同／吉田剛（NC）　小諸の若い衆／出川哲朗（NC）　同／西条昇（NC）　備後屋／露木幸次（NC）　葬儀の手伝い／谷よしの（NC）　中込キクエ／鈴木光枝　八重子／奈良岡朋子　御前様／笠智衆　原田真知子／三田佳子
【併映】釣りバカ日誌（栗山富夫）
一九八八年十二月二十四日　一〇〇分

第四十一作　男はつらいよ　寅次郎心の旅路

【マドンナ】江上久美子（竹下景子）
【啖呵売】小刀（松島・瑞巌寺）、バッグ（沼津氏・氣多神社）
【ロケ地】宮城県松島湾内・松島（タイトルバック）、松島町・瑞巌寺（啖呵売）、葛飾区東金町六丁目（二番目のさくらの家）、東京都新宿区・代々木駅前、栗原電鉄（くりはら田園鉄道線）、宮城県栗原市鶯沢南郷日照（兵馬自殺未遂）、鳴子温泉字新屋敷（花園旅館として撮影）、陸羽東線線路脇（寅「湯布院」の会話）、オランダ・スキポール空港、オーストリア・ウィーンの森～聖シュテファン寺院、ホテル・ツア・ウイーナー・シュターツオーパー（寅と兵馬の宿）、ブルク庭園、ウイーン美術史博物館、カールスプラッツ地下鉄駅～セセッション（分離派会館）～シェーンブルン宮殿～ウイーン国立歌劇場～聖シュテファン寺院インターコンチネンタル・ウイーン（久美子のガイドでバス観光）、ホーフブルグ王宮・舞踏会場、ドナウ河畔、リヒテンシュタイン美術館付近（ヘルマンのアパート）、ウィーン・シュベヒャート空港、静岡県沼津市内浦三津・氣多神社（啖呵売）、内浦長浜（エンディングの富士山風景）

【うた】車掌「浪花しぐれ『桂春団治』」、寅「大利根月夜」
【スタッフ】原作・監督／山田洋次　製作／内藤誠　プロデューサー／島津清、黒須清晧　企画／小林俊一　脚本／山田洋次、朝間義隆　撮影／高羽哲夫　美術／出川三男　音楽／山本直純　録音／鈴木功　調音／松本隆司　照明／青木好文　編集／石井巌　スチール／金田正　監督助手／五十嵐敬司　製作担当／峰順一　装置／森篤信　装飾／露木幸次　美粧／宮沢兼子　進行／副田稔　衣裳／松竹衣裳　現像／東京現像所　PANAVISION　柴又神明会　協力／ウィーン市観光局　オランダ政府観光局　インターコンチネンタルホテル・ウィーン　KLMオランダ航空
【配役】車寅次郎／渥美清　さくら／倍賞千恵子　竜造／下條正巳　つね／三崎千恵子　博／前田吟　社長／太宰久雄　源公／佐藤蛾次郎　満男／吉岡秀隆　ポンシュウ／関敬六　旅行社員／イッセー尾形　部長／園田裕久　車掌／笹野高史　福士／じん弘　中村／笠井一彦　三平／北山雅康　巡査／武野功雄　テキ屋／篠原靖治　兵馬の上役／雁坂彰　同／田端

宗寿 同／入江正夫 女将／西川さくら ゆかり／マキノ佐代子 田中リカ 江戸家／石川るみ子 志麻充子 芸者／光映子 宿の仲居／谷よしの ヘルマン／マルティン・ロシュバーガー テレーゼ／ヴィヴィアン・デュバル 老婦人／マルタ・ダングル ヘルマンの母／ブリギッテ・アントニウス 備後屋／露木幸次（NC） 会議の社員／吉田剛（NC） テキ屋の若い衆／出川哲朗（NC） 遊覧船の男／小形雄二（NC） 坂口兵馬／柄本明 マダム／淡路恵子 御前様／笠智衆 江上久美子／竹下景子

【併映】夢見通りの人々（森崎東）

一九八九年八月五日 一一〇分

第四十二作 男はつらいよ ぼくの伯父さん

【マドンナ】及川泉（後藤久美子）

【ヒロイン】奥村寿子（壇ふみ）

【啖呵売】スカーフ・手袋（佐賀市・佐嘉神社）、易断（小城市・須賀神社）

【ロケ地】水郡線～茨城県太子町大字袋田・袋田駅（タイトルバック）、葛飾区東金町六丁目（さくらの家）、東京都葛飾区亀有・都立葛飾野高校（葛飾高校として撮影）、台東区西浅草三丁目・飯田屋（寅と満男が呑む）、愛知県名古屋市（泉のマンション）、同・栄（スナック礼）、神奈川県大船市大船一丁目（満男がバイクに乗る・名古屋として撮影）、大阪市北区中之島・阪神高速一号環状線（満男がバイクで走る）、佐賀県三瀬村三瀬・三瀬峠（満男がバイク転倒）、同「モクモクハウス」（満男がライダーとカレーを食べる）、福岡県北九州市・関門橋、佐賀県佐賀市松原・佐嘉神社、嘉瀬川河川敷・バルーンさが駅（バルーンフェスタ）、小城郡・三日月町・千代雀酒造古川家（奥村家として撮影）、三日月町堀江・山王神社（満男が泉にソングブックを渡す）、佐賀市水ヶ江・ゑびす旅館（寅と満男が同宿）、杵島郡白石町堤（奥村家の裏庭）、吉野ヶ里遺跡、佐賀市富士町・東畑瀬（礼子の実家）、富士町大字古湯・古湯温泉・えびす旅館（寅たちが泊まる）、小城市小城町・小城高校（泉の高校）、小城市三日月町久米・小城駅（寅が電話）、小城町松尾・須賀神社

【挿入歌】「MYSELF～風になりたい～」徳永英明

【うた】小城高校生徒たち「追憶」

【スタッフ】原作・監督／山田洋次 製作／内藤誠 プロデューサー／島津清 企画／小林俊一 脚本／山田洋次、朝間義隆 撮影／高羽哲夫 美術／出川三男 音楽／山本直純 録音／鈴木功 調音／松本隆司 照明／青木好文 編集／石井巌 スチール／金田正 監督助手／五十嵐敬司 装置／森篤信 装飾／露木幸次 美粧／宮沢兼子 進行／副田稔 衣裳／松竹衣裳 現像／東京現像所 PANAVISION 製作担当／峰順一 協力／佐賀県 佐賀県観光連盟 製作協力／シネマ倶楽部富士 柴又神明会 本田技研工業（株）

【配役】車寅次郎／渥美清 さくら／倍賞千恵子 奥村寿子／壇ふみ 満男／吉岡秀隆 竜造／下條正巳 つね／三崎千恵子 博／前田吟 社長／太宰久雄 源公／佐藤蛾次郎 御前様／笠智衆 淳平／石井均 老人／イッセー尾形 ライダー／笹野高史 ポンシュウ／関敬六 飯田屋・こずえ／戸川純 マンションの隣人／田中世津子 郵便配達／武野功雄 キュウシュウ／不破万作 袋田駅長／じん弘 中村／笠井一彦 ゆかり／マキノ佐代子 三平／北山雅康 印刷工／篠原

靖治　ゑびす旅館の仲居／田中リカ　ホステス／川井みどり　佐久間哲　満男の友人・吉田／古本新之輔　備後屋／露木幸次（ＮＣ）　奥村章之助／今福将雄　奥村嘉一／尾藤イサオ　及川礼子／夏木マリ　及川泉／後藤久美子
【併映】釣りバカ日誌２（栗山富夫）
一九八九年十二月二十七日　一〇八分

第四十二作　男はつらいよ　寅次郎の休日

【マドンナ】及川泉（後藤久美子）
【ヒロイン】及川礼子（夏木マリ）
【夢】平安時代、車小路寅麿、妹・桜式部に再会す
【啖呵売】ＣＤ（大分県・亀都起神社）
【ロケ地】大分県日田市源栄町皿山・小鹿田焼き窯元、坂本家の縁側（夢から覚める）、山国川・五連の石橋～山国川（寅、釣り人と酒を呑む・タイトルバック）、江戸川区北小岩七丁目（三番目のさくらの家）、神奈川県南足柄市矢倉沢・杉山酒店（寅電話をかける）、東京都八王子市堀之内・東京薬科大学（満男の通う、城東大学）、八王子駅前、江戸川区中葛西三丁目（八王子のレンタカー店として撮影）、千代田区外神田・ヤマギワ電気（泉の父の勤務先）、江戸川区臨海町・葛西海浜公園、東京駅、大分県日田市・三隈川、港町（ふたば薬局）、豆田町、隈一丁目（寅と礼子、満男と泉が再会）、天ヶ瀬温泉（観光旅館本陣）、日田バス・きっぷ売り場、名古屋市・中区錦三丁目（礼子の勤め先）、ＪＲ金町駅前、大分県玖珠町大隈地区・亀都起《さつき》神社
【挿入歌】「JUSTICE」徳永英明
【うた】大分民謡「まて突きうた」、満男「おどるポンポコリン」
【スタッフ】原作・監督／山田洋次　製作／内藤誠　プロデューサー／島津清　企画／小林俊一　脚本／山田洋次、朝間義隆　撮影／高羽哲夫　美術／出川三男　編集／石井巌　音楽／山本直純　録音／鈴木功　調音／松本隆司　照明／青木好文　スチール／金田正　進行／副田稔　プロデューサー補／深澤宏　装置／森篤信　装飾／露木幸次　美粧／宮沢兼子　衣裳／松竹衣裳　現像／東京現像所　PANAVISION　製作担当／峰順一　監督助手／阿部勉　撮影助手／池谷秀行　録音助手／原田真一　照明助手／藤田繁夫　編集助手／後藤彦治　美術助手／菅沼史子　協力／大分県日田市　宣伝協力／郵政省貯金局　撮影協力／柴又神明会
【配役】車寅次郎／渥美清　さくら／倍賞千恵子　礼子／夏木マリ　満男／吉岡秀隆　竜造／下條正巳　つね／三崎千恵子　博／前田吟　社長／太宰久雄　源公／佐藤蛾次郎　御前様／笠智衆　ポンシュウ／関敬六　釣り人／人見明　酒屋の主人／小島三児　ヤマギワ電気・内藤／笹野高史　酒屋の女房／田中世津子　武野功雄　本陣の女中／田中利花　三平／北山雅康　ゆかり／マキノ佐代子　葛西／笠井一彦　満男の友人・吉村／古本新之輔　同・田辺／白鳥勇人　井上ユカリ　ホステス／川井みどり　同／杏さち子　篠原靖治　備後屋／露木幸次（ＮＣ）　及川一男／寺尾聰　幸枝／宮崎美子　及川泉／後藤久美子
【併映】釣りバカ日誌３（栗山富夫）
一九九〇年十二月二十二日　一〇六分

第四十四作　男はつらいよ　寅次郎の告白

【マドンナ】及川泉（後藤久美子）
【ヒロイン】聖子（吉田日出子）

【啖呵売】電気スタンド（鳥取しゃんしゃん傘踊り）、健康サンダル（安弘見神社・杵振り祭り）

【ロケ地】中央本線・落合ダム湖上流～岐阜県・中津川市・落合川駅（寅とポンシュウ、バスに乗り遅れる）、恵那峡下りの遊覧船～農家の船（タイトルバック）、八王子市堀之内・東京薬科大（満男の大学として撮影）、東京駅、中央区銀座四丁目・三越（ラデュレサロン・ド・テ）、同・山野楽器銀座本店、鳥取市若桜町若桜通り（鳥取しゃんしゃん傘踊り）、名古屋市（泉の家）、鳥取県倉吉市仲ノ町・打吹公園、鳥取県倉吉市魚町・倉吉白壁土蔵群、同・ふしみや商店（駄菓子屋）、倉吉市河原町・地蔵通り（泉、豆腐を買いに行く）、鳥取市気高町八東水・魚見台、鳥取砂丘（満男と泉再会）、鳥取市河原町・新茶家、河原町円通寺（聖子の夫の墓所）、八東川の堰（満男と泉）、出会い橋バス停（聖子との別れ）、ＪＲ鳥取駅、山陰本線、八頭郡八頭町日下部・安部駅（若桜鉄道・寅が柴又へ電話）、岐阜県中津川市蛭川・安弘見神社（杵振り祭り・啖呵売）

【挿入歌】「どうしようもないくらい」徳永英明

【うた】寅「月がとっても青いから」、寅・おばあちゃん「貝殻節」

【スタッフ】原作・監督／山田洋次　総指揮／奥山和由　製作／島津清　プロデューサー／深澤宏　企画／小林俊一　脚本／山田洋次、朝間義隆　撮影／高羽哲夫　音楽／山本直純　美術／出川三男　撮影／花田三史　照明／青木好文　編集／石井巖　録音／鈴木功　調音／松本隆司　スチール／金田正　進行／副田稔　製作担当／峰順一　装置／森篤信　装飾／露木幸次　美粧／宮沢兼子　衣裳／松竹衣裳　現像／東京現像所　PANAVISION　監督助手／阿部勉　撮影助手／池谷秀行　録音助手／原田真一　照明助手／藤田繁夫　編集助手／渡辺松男　美術助手／菅沼史子　ステディカムオペレーター／佐光朗　協力／鳥取県　鳥取市　撮影協力／柴又神明会　岐阜県蛭川村　製作協力／大船撮影所

【配役】車寅次郎／渥美清　さくら／倍賞千恵子　新茶家の女将・聖子／吉田日出子　礼子／夏木マリ　竜造／下條正巳　つね／三崎千恵子　博／前田吟　社長／太宰久雄　源公／佐藤蛾次郎　御前様／笠智衆　礼子の恋人・北野／津嘉山正種　釣り人／笹野高史　おばあちゃんの孫／武野功雄　楽器店主任／山口良一　駄菓子屋の老女／杉山とく子　ポンシュウ／関敬六　中村／笠井一彦　ゆかり／マキノ佐代子　三平／北山雅康　サブ／渡部夏樹　松岡章夫　花井直孝　長谷川裕　木曽川の女房／光映子（ＮＣ）　新茶家の仲居／川井みどり　備後屋／露木幸次（ＮＣ）　宴会の客／篠原靖治　満男／吉岡秀隆　及川泉／後藤久美子

【併映】釣りバカ日誌4（栗山富夫）

一九九一年十二月二十三日　一〇四分

第四十五作　男はつらいよ　寅次郎の青春

【マドンナ】及川泉（後藤久美子）

【ヒロイン】富永蝶子（風吹ジュン）

【夢】柔道八段の文學博士・車寅次郎、甥の満男と越後屋の娘・泉を救う（最後の夢）

【啖呵売】ガッツボール（青島神社）、易断（下呂温泉・湯之島橋）

【ロケ地】、宮崎県宮崎市青島・鬼の洗濯岩（夢から覚める）、青島神社（啖呵売）～弥生橋（ガッツボールが散乱）、八王子市堀之内・東京薬科大（城東大学として撮影）、渋

谷区神宮前・カワイミュージックショップ青山（泉の勤務先）、宮崎県日南市油津・堀川運河、堀川橋（たもとに蝶子の店、喫茶・いづや）、宮崎県都城市山之口麓地区・前田家（泉の親友・忍の嫁ぎ先）、日南市飫肥《おび》・飫肥城址大手門（寅、怪我をする）、宮崎空港、日南市材木町・吾平津神社（秋の例大祭）、油津港みなとまつり、串間市石破海岸・幸島の浜、岐阜県下呂市湯之島・下呂温泉・湯之島橋（啖呵売）

【挿入歌】「夢を信じて」「最後の言い訳」徳永英明、HILLBILLY BOPS「嵐のカーニバル」

【うた】泉・博／三平「石狩挽歌」、竜介「For the boys・・・」、竜介「ビシバシ純情」、寅・蝶子「港が見える丘」、寅・蝶子「港が見える丘」

【スタッフ】原作・監督／山田洋次　製作／中川滋弘　プロデューサー／島津清深澤宏　企画／小林俊一　脚本／山田洋次、朝間義隆　撮影／高羽哲夫　音楽／山本直純　美術／出川三男　撮影／花田三史　照明／青木好文　編集／石井巌録音／鈴木功　調音／松本隆司　スチール／金田正　進行／副田稔　製作担当／峰順一　装置／森篤信　装飾／露木幸次美粧／宮沢兼子　衣裳／松竹衣裳　現像／東京現像所　監督助手／阿部勉　撮影助手／池谷秀行　録音助手／原田真一照明助手／藤田繁夫　編集助手／石島一秀　美術助手／加藤史子　語り／神田山裕　ステディカムオペレーター／佐光朗理髪指導／小泉信二　凝斗／インフィニティプロモーション　PANAVISION　協力／宮崎県　日南市　撮影協力／柴又神明会　全日空

【配役】車寅次郎／渥美清　さくら／倍賞千恵子　富永蝶子／風吹ジュン　竜造／下條正巳　つね／三崎千恵子　博／前田吟　社長／太宰久雄　源公／佐藤蛾次郎　御前様／笠智衆　ポンシュウ／関敬六　中村／笠井一彦　警官／赤塚真人カワイミュージックショップ青山・店長／田山涼成　麒麟堂／櫻井センリ　ゆかり／マキノ佐代子　三平／北山雅康　満男の友人・吉田／古本新之輔　満男の友人・田辺／白鳥勇人　忍／西尾まり　いづやのママ／大江泰子　由美／野崎直子ご近所／川井みどり（NC）同／篠原靖治（NC）備後屋／露木幸次（NC）竜介／永瀬正敏　礼子／夏木マリ　満男／吉岡秀隆　及川泉／後藤久美子

【併映】釣りバカ日誌5（栗山富夫）
一九九二年十二月二十六日　一〇一分

第四十六作　男はつらいよ　寅次郎の縁談

【マドンナ】坂出葉子（松坂慶子）

【ヒロイン】亜矢（城山美佳子）

【啖呵売】易断（那須烏山市）、犬のぬいぐるみ（小豆島・富丘八幡神社）

【ロケ地】栃木県那須烏山市（花嫁行列）、同・平群山からの眺望〜那須烏山市役所付近（山あげ祭り・タイトルバック）、江戸川区北小岩四丁目（四番目のさくらの家）、千代田区麹町三丁目・内藤一水社（満男が面接を受ける）、渋谷区道玄坂一丁目（満男とよっちんが会う）、ブルートレイン瀬戸（東京〜高松）、高見島（葉子の家、大聖寺）、志々島（漁港、霊屋、花畑）、三富市国民健康保険・志々島診療所（琴島診療所）、仲多度郡琴平町・金毘羅宮〜琴平電気鉄道琴平線〜高松市・栗林公園〜瀬戸大橋（水上タクシー、葉子と寅のデート）、高松城天守閣、高松祭り、高松市牟礼町牟礼・第八十五番札所八栗寺参道（樫原福善商店・寅が柴又へ電話）、小豆島土庄町・

富丘八幡神社(啖呵売)

【挿入歌】「最後の言い訳」徳永英明、「瀬戸の花嫁」小柳ルミ子

【うた】寅「瀬戸の花嫁」、亜矢／琴島の人々「金比羅船々」、葉子「瀬戸の花嫁」

【スタッフ】原作・監督／山田洋次 製作／櫻井洋二 プロデューサー／丸山富之、島津清 企画／小林俊一 脚本／山田洋次、朝間義隆 撮影／高羽哲夫 音楽／山本直純 美術／出川三男、横山豊 撮影／池谷秀行 照明／野田正博 編集／石井巌 録音／鈴木功 調音／松本隆司 スチール／金田正 進行／副田稔 製作担当／峰順一 装置／森篤信 装飾／露木幸次 美粧／宮沢兼子 衣裳／松竹衣裳 振付／灰原明彦 現像／東京現像所 PANAVISION 監督助手／阿部勉 撮影助手／近森眞史 録音助手／原田真一 照明助手／青本隆司 編集助手／石島一秀 美術助手／加藤史子 協力／香川県 撮影協力／栃木県烏山町 全日空 柴又神明会 撮影監督／高羽哲夫

【配役】車寅次郎／渥美清 さくら／倍賞千恵子 満男／吉岡秀隆 竜造／下條正巳 つね／三崎千恵子 博／前田吟 社長／太宰久雄 源公／佐藤蛾次郎 ポンシュウ／関敬六 花嫁の父／すまけい 駐在／笹野高史 和尚／桜井センリ 千代子／松金よね子 誠／神戸浩 医師／小形雄二 車掌／関時男 瀬戸号の親父／人見明 中村／笠井一彦 ゆかり／マキノ佐代子 三平／北山雅康 吉田／古本新之輔 田辺／白鳥勇人 いとう可奈子 花嫁の母／川井みどり 佳代／鈴木美恵 琴島のおばあちゃん／谷よしの(NC) 上田亜矢／城山美佳子 冬子／光本幸子 田宮善右衛門／島田正吾 坂出葉子／松坂慶子 浜崎伝助／西田敏行(NC)

【併映】釣りバカ日誌6(栗山富夫)

一九九三年十二月二十五日 一〇四分

第四十七作 男はつらいよ 拝啓車寅次郎様

【マドンナ】宮典子(かたせ梨乃)

【ヒロイン】川井菜穂(牧瀬里穂)

【啖呵売】易断(上越市・春日山神社)

【ロケ地】新潟県上越市・雁木通り商店街～大山薬局(大山レコードとして撮影)、高田駅前郵便局、上越市・春日山神社(謙信公祭)、台東区浅草六丁目・光陽商事(満男の勤務先)渋谷区道玄坂二丁目・東急百貨店本店(満男の営業先)、滋賀県長浜市余呉町・余呉湖(典子が撮影)、長浜市西浅井町・菅浦の湖岸集落・大八商店(典子が朝食を買う)、湖岸(寅と典子が出会う)、奥出浜園地(奥出港)、長浜市西浅井町大浦・大浦村落(典子がケガ)、菅浦集落・真蔵院(柔道場)、菅浦集落(整骨院)、菅浦集落(民宿・栄次郎)、長浜市朝日町・鍋庄商店(川井商店)、無礙智山大通寺(菜穂が満男を案内)、元浜町(カフェ)、長浜市木之本町木之本・富田酒蔵(長浜の酒蔵夕方風景)、長浜市宮前町(起こし太鼓)、長浜曳山祭、神奈川県鎌倉市(典子の家)、江ノ島電鉄・鎌倉高校前駅(満男との別れ)、長崎県雲仙市小浜町雲仙・九州ホテル前(寅とポンシュウが待つバス停)

【挿入歌】「あれから一年たちました」「おもいで酒」小林幸子

【うた】典子「琵琶湖周航の歌」

【スタッフ】原作・監督／山田洋次 製作／櫻井洋二 プロデューサー／野村芳樹、深澤宏 脚本／山田洋次、朝間義隆 企画／小林俊一 音楽／山本直純、山本純ノ介 美術／出川三男、横山豊 撮影／池谷秀行 照明／野田正博 編集／石井巌 監督助手／阿部勉 録音／鈴木功

調音／松本隆司　スチール／金田正　進行／副田稔　製作担当／峰順一　装置／秋元重矩　装飾／露木幸次　美粧／宮沢兼子　衣裳／松竹衣裳　現像／東京現像所　PANAVISION　ファッションアドバイザー／ピーコ　ステディカムオペレーター／佐光朗　撮影助手／近森眞史　録音助手／原田真一　照明助手／青本隆司　編集助手／石島一秀　美術助手／土志田佳世　協力／滋賀県　長浜市湖北十二町　撮影協力／上越市　全国特定郵便局長会　柴又神明会　特別協力／郵政省貯金局　撮影監督／高羽哲夫

【配役】車寅次郎／渥美清　さくら／倍賞千恵子　満男／吉岡秀隆　信夫の妹・川井菜穂／牧瀬里穂　竜造／下條正巳　つね／三崎千恵子　博／前田吟　社長／太宰久雄　源公／佐藤蛾次郎　ポンシュウ／関敬六　専務・向井／すまけい　川井信夫／山田雅人　信夫の母・千鶴／八木昌子　信夫の父・晋／河原崎長一郎　柔術家／岩下浩　宮幸之助／平泉成　中村／笠井一彦　ゆかり／マキノ佐代子　三平／北山雅康　佳代／鈴木美恵　江戸家／平田京子　篠原靖治　マネージャー／関谷次朗　橋本淳　サブ／渡部夏樹　行商のおばちゃん／光映子　民宿栄次郎のおばあちゃん／谷よしの　民宿栄次郎の青年／神戸浩　満員電車の女性／川井みどり（NC）　歌手／小林幸子　宮典子／かたせ梨乃

【併映】釣りバカ日誌7（栗山富夫）

一九九四年十二月二十三日　一〇一分

第四十八作　男はつらいよ　寅次郎紅の花

【マドンナ】リリー松岡（浅丘ルリ子）、及川泉（後藤久美子）

【啖呵売】消火器（秋の津山祭り）

【ロケ地】岡山県津山市堀坂・美作滝尾《みまさかたきお》駅（因美線）、真庭市江川の線路（旭川の鉄橋を渡る姫新線）～真庭市勝山町・町並み保存地区～御前酒蔵・元辻本店（ポンシュウと寅、試飲）～津山市中之町・作州城東邸付近（秋の津山祭り・タイトルバック）、東京駅、台東区浅草六丁目・光陽商事（満男の会社）、鹿児島県鹿児島市吉野町磯・中川家（寅が柴又に電話）、岡山県津山市山下・津山国際ホテル（泉と礼子）、瓜生原・目瀬家（新郎の実家）、上之町地区（満男が花嫁の車を止める）、鹿児島県大島郡瀬戸内町（奄美大島）・古仁屋港（リリーと満男の再会）、加計呂麻島・瀬相港（生間港として撮影）、沖永良部島国頭・シューミチの浜（満男自殺未遂?）、瀬戸内町諸数スリ浜・レストラン・マリンブルー・カケロマ（リリーと満男、カレーを食べる）、諸鈍長浜（リリーの家）、沖永良部島知名町・ジッキョヌホー（働いた光男が服を洗う）、奄美空港（泉が到着）、大島海峡（泉が水上タクシーに）、加計呂麻島・徳浜海岸（満男の愛の告白）、東京都八王子市・青陽園（老人介護施設）、兵庫県神戸市長田区・菅原市場

【挿入歌】「君と僕の声で」徳永英明

【うた】ポンシュウ「おはら節」、寅・リリー「島育ち」

【スタッフ】原作・監督／山田洋次　製作／中川滋弘　プロデューサー／深澤宏　脚本／山田洋次、朝間義隆　企画／小林俊一　撮影／長沼六男・高羽哲夫　音楽／山本直純、山本純ノ介　美術／出川三男　照明／野田正博　編集／石井巖　監督助手／阿部勉　録音／鈴木功　調音／松本隆司　スチール／金田正　進行／副田稔　製作担当／峰順一　装置／森篤信　装飾／露木幸次　美粧／宮沢兼子　衣裳

／本間邦人（松竹衣裳） 現像／東京現像所 PANAVISION 撮影助手／池谷秀行 録音助手／原田真一 照明助手／青本隆司 編集助手／後藤彦治 美術助手／須江大輔 協力／鹿児島県 奄美群島 岡山県 津山市 撮影協力／柴又神明会 ニュースフィルム提供／サンテレビジョン 島唄／坪山豊 皆吉佐代子 元ちとせ 挿入歌／徳永英明 CG技術協力／（株）日立製作所 システム開発研究所・武田晴夫

【配役】 車寅次郎／渥美清 さくら／倍賞千恵子 満男／吉岡秀隆 竜造／下條正巳 つね／三崎千恵子 博／前田吟 社長／太宰久雄 源公／佐藤蛾次郎 ポンシュウ／関敬六 世話役・伸吉／笹野高史 タクシー運転手／犬塚弘 美作滝尾駅の委託役務員／桜井センリ 政夫／神戸浩 パン屋「いしくら」主人・石倉／宮川大助 その妻／宮川花子 中村／笠井一彦 ゆかり／マキノ佐代子 三平／北山雅康 佳代／鈴木美恵 江戸家／平田京子 篠原靖治 新郎／前田淳 関谷次朗 親戚の青年／渡部夏樹 事務員／光映子 津山の美容師／川井みどり 自転車の男／佐藤和弘（パンチ佐藤（NC）） 備後屋／露木幸次（NC） 巡査／亀井威（NC） 美作滝尾駅の妻／田中世津子 でいご丸・船長／田中邦衛 礼子／夏木マリ リリーの母／千石規子 菅原市場の会長／芦屋雁之助 及川泉／後藤久美子 リリー／浅丘ルリ子

【併映】 サラリーマン専科（朝原雄三）

一九九五年十二月二十三日 一〇八分

男はつらいよ 寅次郎ハイビスカスの花 特別篇

【マドンナ】 リリー松岡（浅丘ルリ子）

【ロケ地】 神奈川県小田原市・JR国府津駅

【主題歌】「男はつらいよ」八代亜紀

【スタッフ】 原作・監督／山田洋次 脚本／山田洋次 朝間義隆 CG技術／（株）日立製作所 システム開発研究所・武田晴夫 オーケストラ／東京ニューフィルハーモニック管弦楽団 Dolby 技術協力／森幹生 PANAVISION

【配役】 満男／吉岡秀隆 三平／北山雅康 佳代／鈴木美恵 備後屋／露木幸次

【併映】 新サラリーマン専科（朝原雄三）

一九九七年十一月二十二日 一〇七分

アニメ 男はつらいよ 寅次郎忘れな草

【スタッフ】 原作／山田洋次 学研刊コミック寅さん第6巻「男はつらいよ 寅次郎忘れな草」 脚色／林律雄 作画／高井研一郎 製作総指揮／村田英憲 製作協力／荒井雅樹（大船撮影所）、林律雄、高井研一郎 プロデューサー／小野辰雄、山村俊史（TBS）アニメーションプロデューサー／出崎哲 コーディネイター／鷲巣政安 音楽／山本直純 キャラクターデザイン・総作画監督／小林ゆかり 音響監督／加藤敏 美術監督／阿部幸次 色彩設定／西川裕子 撮影監督／岡崎英夫 絵コンテ・総監督／四分一節子 演出／棚橋一徳 文芸／小出一巳 原著作／松竹株式会社 テレビ版アニメ製作／エイケン 制作協力／マジックバス TBS

【声の出演】 寅さん／山寺宏一 リリー／冬島由美 さくら／岡本茉利 竜造／矢田稔 つね／東美江 博／大塚芳忠 タコ社長／峰恵研 御前様／槐柳二 源

公／龍田直樹　満男／増田ゆき　備後屋／田原アルノ　栗原・夫／岡部政明　栗原・妻／種田文子　あや子／荒木春恵　進一／津村まこと　水原／志賀克也　めぐみ／菊地祥子　良吉／塩屋浩三　母親／有馬瑞香　司会者／星野充昭　社員A／小野塚貴志　社員B／鈴木正和　マサル／喜田あゆみ　少年A／黒田やよい　隣人／坂東尚樹

一九九七年八月七日十九時〜二〇時五十四分TBS「金曜テレビの星！」枠放映

第五十作　男はつらいよ　お帰り 寅さん

【マドンナ】イズミ・ブルーナ（後藤久美子）

【ロケ地】葛飾区柴又、銀座、八重洲ブックセンター、日本橋、神田神保町、神奈川県横須賀市長井

【主題歌】オープニング主題歌／「男はつらいよ」桑田佳祐）、エンディング主題歌／渥美清

【スタッフ】原作・監督／山田洋次　プロデューサー／深澤宏　脚本／山田洋次、朝原雄三　音楽／山本直純　音楽／山本直純、山本純ノ介　指揮／山本祐ノ介　撮影／近森眞史　美術監修／出川三男　美術／倉田智子、吉澤祥子　照明／土山正人　編集／石井巌、石島一秀　録音／岸田和美

【配役】車寅次郎／渥美清　諏訪満男／吉岡秀隆　諏訪さくら／倍賞千恵子　イズミ・ブルーナ（及川泉）／後藤久美子　諏訪博／前田吟　原礼子／夏木マリ　高野節子／池脇千鶴　リリー／浅丘ルリ子　朱美／美保純　源公／佐藤蛾次郎　諏訪ユリ／桜田ひより　カフェくるまや店長・三平／北山雅康　編集長・飯田／カンニング竹山　書店の客／濱田マリ　出版社社員・山中／出川哲朗　ジャズ喫茶店長／松野太紀　ケアセンターの職員／林家たま平　噺家／立川志らく　満男の義父・窪田／小林稔侍　御前様／笹野高史　及川一男／橋爪功

二〇一九年十二月二十七日　一一六分

関連番組　テレビ

「私の寅さん」

衛星劇場「私の寅さん My Memories of TORA san」ホスト／佐藤利明　企画・プロデューサー／深田誠剛　プロデューサー／鵜沢由紀　ディレクター／本多克幸

第一期二〇〇八年四月〜二〇〇九年六月

第二期二〇〇九年十月よりハイビジョン放送開始〜二〇一〇年三月

製作松竹・衛星劇場

【出演者 キャスト】

さくら／倍賞千恵子（二〇〇九年三月）
博／前田吟　（二〇〇九年一月）
源公／佐藤蛾次郎（二〇〇八年四月）
冬子／光本幸子（二〇〇九年十月）
節子／長山藍子（二〇〇九年十二月）
貴子／池内淳子（二〇一〇年一月）
登／秋野太作（二〇一〇年二月）

【出演者 スタッフ】

助監督／大嶺俊順（二〇〇九年十二月）
助監督・脚本／宮崎晃（二〇〇九年十一月）
助監督／五十嵐敬司（二〇〇八年五月）
助監督／阿部勉（二〇〇九年五月）
美術／出川三男（二〇〇八年八月）
音楽／山本純ノ介（二〇〇九年六月）
照明／青木好文（二〇〇八年十一月）
照明／野田正博（二〇〇九年二月）
録音／鈴木功（二〇〇九年四月）
調音／松本隆司（二〇一〇年二月）

装飾・備後屋／露木幸次(二〇〇八年五月)
スチール／金田正(二〇〇八年十月)
撮影／長沼六男(二〇一〇年三月)
脚本・監督／森崎東(二〇〇九年九月)
原作・脚本・監督／山田洋次(二〇〇八年八月)

「私の寅さん」スペシャル

衛星劇場「私の寅さん My Memories of TORA san」スペシャルホスト／佐藤利明 プロデューサー／深田誠剛 鵜沢由紀 ディレクター／本多克幸
二〇一四年八月
【ゲスト】源公／佐藤蛾次郎

関連番組 ラジオ

「みんなの寅さん」

二〇一一年四月四日～二〇一三年三月二十九日「吉田照美 ソコダイジナトコ」
月曜～金曜 八時十三分頃～二十分頃(七分)
【スタッフ】構成／佐藤利明 演出／斎藤清人、塚本茂、坪内大介
【出演】パーソナリティ／吉田照美、佐藤利明、高橋将市(文化放送)
「けっこう毛だらけ 小説・寅さんの少年時代」
朗読／倍賞千恵子(全一〇四回・五十話)
作／山田洋次 音楽／山本直純 選曲・音楽演出／佐藤利明 演出／斎藤清人
【マンスリーゲスト】
倍賞千恵子(二〇一一年四月)
浅丘ルリ子(二〇一一年五月)
竹下景子(二〇一一年五月～六月)
吉永小百合(二〇一一年六月～七月)
米倉斉加年(二〇一一年七月)
佐藤蛾次郎(二〇一一年八月～九月)
光本幸子(二〇一一年九月～十月)
前田吟(二〇一一年十月～十一月)
笹野高史(二〇一一年十一月～十二月)
木の実ナナ(二〇一一年十二月～二〇一二年一月)
岡本茉利(二〇一二年二月)
倍賞千恵子(二〇一二年三月)
秋吉久美子(二〇一二年四月)
湯原昌幸(二〇一二年四月～五月)
中本賢(二〇一二年五月～六月)
山田雅人(二〇一二年六月～七月)
榊原るみ(二〇一二年八月)
露木幸次(二〇一二年八月～九月)
山本純ノ介(二〇一二年九月～十月)
三田佳子(二〇一二年十月)
風吹ジュン(二〇一二年十月～十一月)
五十嵐敬司(二〇一二年十一月～十二月)
若尾文子(二〇一二年十二月～二〇一三年一月)
阿部勉(二〇一三年一月～二月)
壇ふみ(二〇一三年二月)
犬塚弘(二〇一三年三月)

「みんなの寅さん 日曜版」

二〇一一年十月九日～二〇一二年四月一日 毎週日曜九時三十分～五十五分(二五分)
【スタッフ】構成／佐藤利明 演出／斎藤清人、岩田清
【出演】パーソナリティ／吉田照美、佐藤利明、高橋将市(文化放送)
「けっこう毛だらけ 小説・寅さんの少年時代」
朗読／倍賞千恵子(全一〇四回・五十話)
作／山田洋次 音楽／山本直純 音楽演出／佐藤利明 演出／斎藤清人

「続 みんなの寅さん」

二〇一三年四月七日～九月二十九日　毎週日曜十六時～十六時三十分（三〇分）番組
二〇一三年十月六日～二〇一四年三月三十日　毎週日曜十七時～十七時二十七分（二十七分）
【スタッフ】構成／佐藤利明　演出／岩田清、永野英二
【出演】パーソナリティ／佐藤利明、高橋将市（文化放送）
「ようこそ、くるまやへ」スペシャル・パーソナリティ／倍賞千恵子
【ゲスト】
柳家花緑（二〇一三年五月）
佐藤竹善（二〇一三年六月）
【マンスリーゲスト】
佐藤蛾次郎（二〇一三年五月）
北山雅康（二〇一三年七月）
犬塚弘（二〇一三年八月）
露木幸次（二〇一三年十月）
山田洋次（二〇一三年十二月～二〇一四年一月）
佐藤蛾次郎（二〇一四年二月～三月）
北山雅康（二〇一四年四月）

「新 みんなの寅さん」

二〇一四年四月六日～九月二十八日
毎週日曜十七時～十七時二十七分（二七分）
【スタッフ】構成／佐藤利明　演出／岩田清、永野英二
【出演】パーソナリティ／佐藤利明、石川真紀（文化放送）
「ようこそ、くるまやへ」スペシャル・パーソナリティ／倍賞千恵子
【ゲスト】
山田雅人（二〇一四年四月～五月・公開録音）
【マンスリーゲスト】
北山雅康（二〇一四年四月）
早乙女勝元（二〇一四年六月）
前田吟（二〇一四年八月～九月）

「みんなの寅さん」

【スタッフ】構成／佐藤利明　演出／岩田清、永野英二
【出演】パーソナリティ／佐藤利明
二〇一四年九月三十日～二〇一五年三月二十四日
毎週火曜日十九時五分～十九時十五分（十分）
二〇一五年四月四日～二〇一六年九月二十四日 毎週土曜日六時四〇分～六時五〇分（十分）
【ゲスト】
いとうせいこう（二〇一六年九月）
吉田照美（二〇一六年九月）

関連CD

男はつらいよ 寅次郎音楽旅 ～寅さんの“夢”“旅”“恋”“粋”～

【特別寄稿】山田洋次
【プロデューサー&コンセプト・解説】佐藤利明
二〇〇八年十一月二十六日発売　ユニバーサル ミュージック　UPCY-6498/9（二枚組）

男はつらいよ 続・寅次郎音楽旅～みんなの寅さん～

【特別寄稿】秋本治
【プロデューサー&コンセプト・解説】佐藤利明
二〇一一年十一月二十三日発売　松竹レコーズ　SOST-3003（二枚組）

男はつらいよX徳永英明
新・寅次郎音楽旅

【プロデューサー&コンセプト・解説】
佐藤利明
二〇一二年十一月二十一日発売　ユニバーサル シグマ　UMCK-1435（二枚組）

男はつらいよ 寅次郎音楽旅
〜寅さんのことば〜

【プロデューサー&コンセプト・解説】
佐藤利明
二〇一四年四月十六日発売　ユニバーサルミュージック　UICZ-4297/8（二枚組）

参考文献・資料

【書籍】

男はつらいよ1　山田洋次　立風書房　一九七三年
男はつらいよ2　山田洋次　立風書房　一九七三年
男はつらいよ3　山田洋次　立風書房　一九七四年
男はつらいよ3　山田洋次　立風書房　一九七六年
立風寅さん文庫　男はつらいよ1　山田洋次　立風書房　一九七六年
立風寅さん文庫　男はつらいよ2　山田洋次　立風書房　一九七六年
立風寅さん文庫　男はつらいよ3　山田洋次　立風書房　一九七七年
立風寅さん文庫　男はつらいよ4　山田洋次　立風書房　一九七七年
立風寅さん文庫　男はつらいよ5　山田洋次　立風書房　一九七七年
立風寅さん文庫　男はつらいよ6　山田洋次　立風書房　一九七七年
立風寅さん文庫　男はつらいよ7　山田洋次　立風書房　一九七九年
立風寅さん文庫　男はつらいよ8　山田洋次　立風書房　一九八一年
立風寅さん文庫　男はつらいよ9　山田洋次　立風書房　一九八一年
男はつらいよ　登場篇　山田洋次他　ちくま文庫　一九九七年
男はつらいよ　リリー篇　山田洋次・朝間義隆　ちくま文庫　一九九七年
男はつらいよ　慕情篇　山田洋次・朝間義隆　ちくま文庫　一九九七年
男はつらいよ　立志篇　山田洋次・朝間義隆　ちくま文庫　一九九七年
男はつらいよ　青春篇　山田洋次・朝間義隆　ちくま文庫　一九九七年
映画をつくる　山田洋次　大月書店　一九七八年
映画館がはねて　山田洋次　講談社　一九八四年
落語作品集 真二つ　山田洋次　新潮社　一九九四年
山田洋次+朝間義隆　シナリオを作る　筑摩書房　一九九四年
山田洋次　寅さんと日本の民衆　抱樸社文庫　旬報社　一九九八年
対話　山田洋次1　人生はつらいか　旬報社　一九九九年
対話　山田洋次2　映画は面白いか　旬報社　一九九九年
わがフーテン人生　渥美清　毎日新聞社　一九九六年
きょうも涙の日落ちる　渥美清　展望社　二〇〇三年
お兄ちゃん　倍賞千恵子　廣済堂　一九九七年
倍賞千恵子の現場　倍賞千恵子　PHP研究所　二〇一七年
あの人の話　佐藤蛾次郎　文芸社　二〇〇一年
さらば友よ　関敬六　ザ・マサダ　一九九六年
男はつらいよ うちあけ話　池田荘太郎　主婦と生活社　一九九〇年
寅さんの旅「男はつらいよ」ロケハン覚え書き　五十嵐敬司　日本経済新聞社　一九九三年
映像の狩人　小林俊一　紀尾井書房　一九八〇年
森崎東党宣言！ 藤井仁子編　インスクリプト　二〇一三年
ドキュメント 男はつらいよ　報知新聞特別取材班篇　一光社　一九八七年
寅さん大全　井上ひさし編　筑摩書房　一九九三年
男はつらいよ パーフェクト・ガイド　NHK出版　二〇〇五年
朝日新聞版　寅さんの伝言　小泉信一　講談社　二〇一三年
寅さんの向こうに　小泉信一監修　朝日新聞出版　二〇一六年
「男はつらいよ」寅さんロケ地ガイド　講談社　二〇一三年
悪童　小説 寅次郎の告白　山田洋次　講談社　二〇一八年
特装版・倍賞千恵子朗読CD付き「悪童 小説 寅次郎の告白」山田洋次　講談社　二〇一九年
みんなの寅さん　佐藤忠夫　朝日文庫　一九九二年
山田洋次の〈世界〉　切通理作　ちくま新書　二〇〇四年
寅さんのことば　佐藤利明　中日新聞社　二〇一四年
男はつらいよを旅する　川本三郎　新潮社　二〇一七年

文化放送
デイリースポーツ
夕刊フジ
松竹株式会社
葛飾区・郷土と天文の博物館
吉田照美
早乙女勝元
斎藤清人
吉住由木夫
小倉研一
岩田清
塚本茂
坪内大介
高橋将市
石川真紀
永野英二
深田誠剛
鵜沢由紀
本多克幸
小泉信一
森本智之
北村泰介
佐々木浩二
古川大介
谷口榮
須山保
大須賀仁
伊藤毅（伊藤研究室）
初田香成

【協力】
相馬裕子
切通理作
アーサー・ビナード
タブレット純
吉川明利
梅津龍太郎
岩瀬弥栄子
つボイノリオ
源石和輝
佐藤蛾次郎
佐藤亮太
北山雅康
吉川孝昭
ちびとら
福井茂夫（寅福）
江見潮（小手寅）
正調五円屋本舗
21世紀寅さん研究会
小林聖
栗原陽
長井英一
佐藤成

【WEB】
松竹映画『男はつらいよ』公式サイト
男はつらいよ 覚え書きノート
ちびとらの寅さんロケ地の旅
男はつらいよ　飛耳長目録
潮Gの車中泊DEロケ地旅
TV版寅さんサイト通信

佐藤 利明(さとう としあき)
構成作家・ラジオ・パーソナリティー。娯楽映画研究家として、ハナ肇とクレイジーキャッツ、「男はつらいよ」、エノケン・ロッパなどの昭和の喜劇人の魅力を、新聞連載やコラム、CDアルバム、映像ソフトのプロデュースを通して紹介を続けるエンタテイメントの伝道師。テレビ、ラジオなどで「昭和のエンタテインメント」をテーマに活躍中。音楽プロデューサーとしても活躍。ラジオ番組「みんなの寅さん」(文化放送)では2011年から5年半に渡り、構成とパーソナリティを担当。CD「寅次郎音楽旅」四部作のプロデュースを手掛けている。「みんなの寅さん」「夕暮れの阿久悠」で2015年文化放送特別賞受賞。著書『クレイジー音楽大全 クレイジーキャッツ・サウンド・クロニクル』(シンコーミュージック)、『植木等ショー! クレージーTV大全』(洋泉社)、『寅さんのことば 風の吹くまま 気の向くまま』(東京新聞)、『石原裕次郎 昭和太陽伝』(アルファベータブックス)、『寅さんのことば 生きてる? そら結構だ』(幻冬舎) など多数。

叢書・20世紀の芸術と文学

みんなの寅《とら》さん from 1969

発行日　2019年12月10日 初版第1刷

著　者　佐藤 利明

発行人　春日俊一
発行所　株式会社アルファベータブックス
〒102-0072 東京都千代田区飯田橋2-14-5 定谷ビル
Tel 03-3239-1850 Fax 03-3239-1851
website http://ab-books.hondana.jp/
e-mail alpha-beta@ab-books.co.jp
印　刷　株式会社エーヴィスシステムズ
製　本　株式会社難波製本
装　画　近藤こうじ
装　幀　アンシークデザイン

ISBN 978-4-86598-074-5 C0374
日本音楽著作権協会(出)許諾第1912417-901号

アルファベータブックスの本

石原裕次郎 昭和太陽伝

ISBN978-4-86598-070-7（19·07）

佐藤 利明 著

「西部警察」世代が知らない裕次郎がここにいる‼ 石原裕次郎三十三回忌に娯楽映画研究の第一人者がおくる、渾身の本格評伝。生涯の軌跡と、全出演映画の詳説、さらに「だれもが愛した裕ちゃん」のエピソードの数々をまじえ、昭和とともに生きた大スターの生涯を様々な角度から描き、これ一冊で昭和のエンタメ・文化史としても読める一冊‼ 巻頭カラー32ページに主演作品ポスター、シングルレコードジャケット多数収録！ 全出演映画の徹底紹介！ 石原プロモーション 監修

A5判上製　定価3800円＋税

三船敏郎の映画史

ISBN978-4-86598-063-9（19·04）

小林 淳 著

日本映画界の頂点、大スター・三船敏郎の本格評伝‼ 不世出の大スター、黒澤映画の象徴、世界のミフネ。デビューから最晩年までの全出演映画を通して描く、評伝にして、映画史。全出演映画のデータ付き‼ 三船プロダクション監修　生誕100周年（2020年）記念出版‼
「三船さんはこれからも日本映画界の頂点に君臨していくに違いない」（宝田明）

A5判上製　定価3500円＋税

実相寺昭雄 才気の伽藍

鬼才映画監督の生涯と作品

ISBN978-4-86598-018-9（16·12）

樋口 尚文 著

『ウルトラマン』『帝都物語』『オーケストラがやってきた』…テレビ映画、映画、クラッシック音楽などさまざまな分野で多彩な活動を展開した実相寺昭雄。実相寺と交流のあった気鋭の評論家が、作品を論じつつ、その生涯と作品を、寺院の伽藍に見立てて描く。初めて公開される日記、絵コンテ、スナップなど秘蔵図版多数収録。没後10年、生誕80周年記念出版‼

A5判上製　定価2500円＋税

ゴジラ映画音楽ヒストリア

1954-2016

ISBN978-4-86598-019-6（16·08）

小林 淳 著

伊福部昭、佐藤勝、宮内國郎、眞鍋理一郎、小六禮次郎、すぎやまこういち、服部隆之、大島ミチル、大谷幸、キース・エマーソン、鷺巣詩郎……11人の作曲家たちの、ゴジラとの格闘の歴史。音楽に着目したゴジラ映画通史。最新作『シン・ゴジラ』までの全作品ガイド&映画音楽論。

四六判並製　定価2500円＋税

本多猪四郎の映画史

ISBN978-4-86598-003-5（15·09）

小林 淳 著

助監督時代から初期～晩年までの46作品、また黒澤明氏との交流まで、豊富な資料とともに、本多猪四郎の業績を体系的に網羅！ 「特撮怪獣映画の巨匠」として数々の日本映画を手掛けた監督・本多猪四郎は、その作品の中で常に時代を意識し、社会に対する鋭い問いをなげかけてきた。本書では、普段あまりスポットの当たらない本多の人間ドラマを題材とした作品にも焦点を当て、初期から晩年まで、体系的に彼の作品を読み解いていく。　A5判上製　定価4800円＋税